"一带一路"国家
工程与投资法律制度及风险防范

上海市建纬律师事务所　组织编写

中国建筑工业出版社

图书在版编目（CIP）数据

"一带一路"国家工程与投资法律制度及风险防范 / 上海市建纬律师事务所组织编写. —北京：中国建筑工业出版社，2018.4
ISBN 978-7-112-22061-8

Ⅰ.①一… Ⅱ.①上… Ⅲ.①投资－金融法－研究－中国 Ⅳ.①D922.280.4

中国版本图书馆CIP数据核字(2018)第061117号

责任编辑：张智芊
责任设计：李志立
责任校对：焦 乐

"一带一路"国家工程与投资法律制度及风险防范
上海市建纬律师事务所　组织编写

*

中国建筑工业出版社出版、发行（北京海淀三里河路9号）
各地新华书店、建筑书店经销
北京建筑工业印刷厂制版
环球东方（北京）印务有限公司印刷

*

开本：787×1092毫米　1/16　印张：35½　字数：885千字
2018年4月第一版　　2018年4月第一次印刷
定价：99.00元
ISBN 978-7-112-22061-8
(31921)

版权所有　翻印必究
如有印装质量问题，可寄本社退换
（邮政编码 100037）

本 书 编 委 会

编委会主任：朱树英

主　　　编：谭敬慧

副 主 编：刘思俣　　郭　珩

编 写 人 员：（按编写章节顺序排列）

张春玲	陈　军	李成林	秦明杰
朱中华	胡　敏	裴　敏	杨睿奇
林芳漩	赵国宇	李晨阳	刘彦林
王思捷	金哲远	王梦璇	王文娟
彭　丹	曹　珊	李文林	林　桢
吴冬雪	刘　蕊	薛佳林	张　良
陈可意	王　垚	徐寅哲	张校闻
栗　魁	徐海亮	徐燕君	孙宁连
张庆亮	李贵修	刘　柳	李志灵
杨石朋	毛亦浓	林　隐	李　玉
苏保伍	夏　晶	易　飞	吴炜春
刘　健	陈　然	庄林冲	戴儒杰
章梦艺			

前言 Preface

惟事事，乃其有备，有备无患
——防范涉外法律风险，服务"一带一路"建设

2013年，中国国家主席习近平先后提出共建"丝绸之路经济带"和"21世纪海上丝绸之路"的重大倡议。2015年，中国政府发布《推动共建丝绸之路经济带和21世纪海上丝绸之路的愿景与行动》，提出以政策沟通、设施联通、贸易畅通、资金融通、民心相通为主要内容，坚持共商、共建、共享原则，积极推动"一带一路"建设，得到国际社会的广泛关注和积极回应。2017年，习近平总书记在中国共产党第十九次全国代表大会上的报告《决胜全面建成小康社会 夺取新时代中国特色社会主义伟大胜利》中再次强调，要以"一带一路"建设为重点，积极促进"一带一路"国际合作。

在"一带一路"倡议中，加强基础设施建设，推动跨国、跨区域互联互通是共建"一带一路"的优先合作方向。中国政府鼓励实力强、信誉好的企业走出国门，在"一带一路"沿线国家开展铁路、公路、港口、电力、信息通信等基础设施建设，促进地区互联互通，造福广大民众。加强投资贸易合作，促进投资便利化，扩大相互投资，是共建"一带一路"的另一优先合作方向。中国政府支持本国优势产业走出去，以严格的技术和环保标准，在"一带一路"沿线国家开展多元化投资，培育双边经济合作新亮点。

"一带一路"沿线经过东南亚、南亚、西亚、东亚、中亚、中东欧等60多个国家，乃至更多。各个国家经济政治发展水平不一、历史文化差异很大、法律制度各有不同，这给我国企业走出去开展基础设施建设和投资贸易合作带来了极大的制度障碍和法律风险。从法律渊源上来看，"一带一路"沿线国家成文法、判例法及宗教法相互交织，将导致"走出去"的中国企业所参与的法律关系及适用的法律依据越发复杂化。从法律体系上来看，"一带一路"沿线国家分属大陆法系、英美法系和伊斯兰法系，法律环境多元化，中国企业"走出去"将产生一系列具有不确定性的法律风险。从法律发展上来看，沿线国家大多属于新兴经济体和发展中国家，其法律制度并不完善，法治程度亟待提高，"走出去"的中国企业在基础设施的互联互通、贸易投资和金融的便利化及自由化等方面获取利益的同时，不可避免地会产生相应的商事争议。随着中国企业对"一带一路"国家投资规模、基建项目的增加，各类合同合作纠纷呈增长态势。

2016年10月28日，"一带一路"（中国）仲裁院正式成立，这是中国仲裁界首家服务"一带一路"倡议的专业仲裁院。建纬律师事务所朱树英主任任副院长，杨良宜、秦玉秀、于腾群等77名境内外专家被聘为仲裁员，其中包括央企的法律顾问、资深的专业律师、香港仲裁界人士、高校法学学者等。鉴于目前中国企业在"一带一路"沿线国家的投资项目主要是基础建设，"一带一路"（中国）仲裁院的仲裁员和专家咨询委员会成员，也多为

工程建设和投资领域的专家，包括跨国投资、合资合作、PPP、基础设施、工程总承包、造价结算、工程质量、合同工期、总分包、工程监理、签证索赔、仲裁程序等12类专业方向的仲裁员。

"一带一路"（中国）仲裁院主要审理"一带一路"建设工程和贸易投资领域的争议或纠纷，制定有专门受理"一带一路"项目双方均为中国法人、在境外发生的三类基本合同关系引发纠纷的仲裁章程和仲裁规则，致力于妥善处理中国企业在海外的项目投资、工程承发包和总分包之间的纠纷，保障"一带一路"沿线项目的顺利进行。"一带一路"（中国）仲裁院成立至今已受理沿线国家的商事纠纷5起，均为建筑合同纠纷，总标的额6亿元人民币，其中3起发生在利比亚，另外2起分别在科威特、越南。这些案件都是两家中国企业之间在境外的工程分包合同争议。其中4起纠纷产生的原因为项目地局势动荡，发生了战乱。

倘若我国"走出去"的企业能够有效地了解和掌握"一带一路"投资目标国的外资准入与监管制度、外资企业设立和运营机制、贸易进出口的限制与优惠政策、关税和本地税收制度、建设工程相关的法律制度和司法体系，将直接加强"走出去"的企业在工程建设和对外投资方面的风险防范，降低法律纠纷发生的概率，减少造成巨额财产损失的可能。同时，倘若我国涉外仲裁机构的仲裁员能够熟知"一带一路"沿线国家在工程建设和贸易投资方面的法律制度，在以"第三方"身份仲裁"一带一路"沿线国家建设工程和贸易投资相关的法律纠纷时，便能够更好地适用法律，做到有法可依、有据可循、有的放矢。

《尚书·说命（中）》云："惟事事，乃其有备，有备无患。"意思是说：做事情，就要有准备，有准备才没有后患。小到家事如此，大到国事更是如此。发展"一带一路"建设要有所准备，服务"一带一路"建设亦要有所准备。为防范涉外法律风险，服务"一带一路"建设，"一带一路"（中国）仲裁院特委托建纬律师事务所编写了本书，以期为我国"走出去"的企业在一带一路沿线国家从事建设工程和贸易投资活动中提示法律风险，为仲裁员仲裁涉外案件时更好地了解一带一路沿线国家的法律制度提供参考，使我国"走出去"的企业和涉外仲裁员在"一带一路"工程和投资法律纠纷上能够做到有备无患。

我们谨以本书献给广大读者，希望对"走出去"的中国企业有所裨益，实现我们共同防范涉外法律风险，服务"一带一路"建设之目标。

正春华枝俏，待秋实果茂，与君共勉！

"一带一路"（中国）仲裁院院长

于2018年春节之际

目录 Content

第一章 中国政府"一带一路"建设工程相关领域法律法规概览	1
第二章 中国政府"一带一路"政策实践	25
第三章 蒙古国、俄罗斯联邦、中亚地区国别法律及实务案例	53
蒙古	54
俄罗斯	63
哈萨克斯坦	71
乌兹别克斯坦	79
土库曼斯坦	86
吉尔吉斯斯坦	92
塔吉克斯坦	99
第四章 东南亚地区国别法律及实务案例	107
印度尼西亚	108
泰国	115
马来西亚	122
新加坡	130
东帝汶	138
菲律宾	144
缅甸	154
柬埔寨	159
老挝	165
文莱	171
越南	177
第五章 南亚地区国别法律及实务案例	191
印度	192
巴基斯坦	200
孟加拉国	207
阿富汗	214
尼泊尔	220
不丹	228
斯里兰卡	234
马尔代夫	241

第六章 西亚、北非地区国别法律及实务案例　　249

- 卡塔尔 ······ 250
- 阿联酋 ······ 256
- 沙特 ······ 264
- 伊朗 ······ 271
- 巴林 ······ 278
- 土耳其 ······ 284
- 埃及 ······ 295
- 阿塞拜疆 ······ 303
- 亚美尼亚 ······ 309
- 叙利亚 ······ 316
- 伊拉克 ······ 321
- 科威特 ······ 326
- 黎巴嫩 ······ 331
- 约旦 ······ 337
- 格鲁吉亚 ······ 344
- 以色列 ······ 351
- 巴勒斯坦 ······ 360
- 阿曼 ······ 365
- 也门共和国 ······ 373

第七章 中东欧地区国别法律及实务案例　　381

- 阿尔巴尼亚 ······ 382
- 白俄罗斯 ······ 388
- 斯洛伐克 ······ 394
- 塞尔维亚 ······ 402
- 保加利亚 ······ 410
- 乌克兰 ······ 416
- 摩尔多瓦 ······ 424
- 捷克 ······ 430
- 波兰 ······ 436
- 罗马尼亚 ······ 443
- 匈牙利 ······ 450
- 斯洛文尼亚 ······ 457
- 克罗地亚 ······ 463
- 黑山 ······ 469
- 马其顿 ······ 473
- 波黑 ······ 479

爱沙尼亚·································· 485
　　立陶宛···································· 491
　　拉脱维亚·································· 498
　　塞浦路斯·································· 503
　　希腊······································ 512
第八章 附录　　　　　　　　　　　　　　**521**
　　"一带一路"政策法规列表···················· 522
　　"一带一路"相关案例列表···················· 530
参考文献······································ 542
本书各章节作者列表···························· 557

第一章

中国政府"一带一路"建设工程相关领域法律法规概览

据不完全统计，截止到 2018 年 1 月 10 日，我国建设工程相关领域（包括境外投资、国有资产等）的"一带一路"政策法规文件共计 35 个，其中司法解释性文件 4 个，部门规范性文件 7 个，地方规范性文件 24 个。4 个建设工程相关领域的"一带一路"司法解释性文件为：《最高人民法院关于人民法院为"一带一路"建设提供司法服务和保障的若干意见》、《最高人民法院为"一带一路"建设提供司法服务和保障的典型案例》、《最高院第二批涉"一带一路"建设典型案例》和《最高人民检察院职务犯罪预防厅关于印发〈关于做好检察机关预防职务犯罪工作服务和保障"一带一路"倡议的十条意见〉的通知》。7 个建设工程相关领域的"一带一路"部门规范性文件包括国家发展和改革委员会、商务部、外交部、国家税务总局、国家国防科技工业局、国家质量监督检验检疫总局、环境保护部、中国保险监督管理委员会、国务院推进"一带一路"建设工作领导小组办公室等部门单独或联合发布的规范性文件。24 个建设工程相关领域的"一带一路"地方规范性文件遍及 13 个省份，其中山西省 1 个，辽宁省 3 个，江苏省 3 个，江西省 1 个，山东省 1 个，湖南省 3 个，湖北省 1 个，广东省 1 个，广西壮族自治区 1 个，四川省 2 个，云南省 1 个，陕西省 3 个，宁夏回族自治区 3 个。

一、"一带一路"建设工程相关领域的司法解释性文件概述

我国"一带一路"建设工程相关领域的司法解释性文件共计 3 个：最高人民法院 2015 年 6 月 16 日发布的《最高人民法院关于人民法院为"一带一路"建设提供司法服务和保障的若干意见》（法发〔2015〕9 号）、最高人民法院 2015 年 7 月 7 日发布的《最高人民法院为"一带一路"建设提供司法服务和保障的典型案例》、最高人民法院 2017 年 5 月 15 日发布的《第二批涉"一带一路"建设典型案例》以及最高人民检察院职务犯罪预防厅 2015 年 6 月 4 日发布的关于印发《关于做好检察机关预防职务犯罪工作服务和保障"一带一路"倡议的十条意见》的通知。四个文件中涉及建设工程相关领域的内容具体如下：

（一）《最高人民法院关于人民法院为"一带一路"建设提供司法服务和保障的若干意见》从宏观上指出了"一带一路"建设工程相关领域案件的指导方针和原则。

最高人民法院 2015 年 6 月 16 日发布的《最高人民法院关于人民法院为"一带一路"建设提供司法服务和保障的若干意见》（法发〔2015〕9 号）指出：

1. 公正高效审理涉"一带一路"建设相关案件，营造公平公正的营商投资环境。要密切关注新亚欧大陆桥经济走廊建设等国际经济合作，依法及时审理相关的基础设施建设、经贸往来、产业投资、能源资源合作、金融服务、生态环境、知识产权、货物运输、劳务合作等涉外民商事案件，依法积极保障"走出去""引进来"战略实施。要密切关注重点港口、航运枢纽等海上战略通道建设，依法及时妥善审理相关的港口建设、航运金融、海上货物运输、海洋生态保护等海事海商案件，依法促进海洋强国战略。要正确理解和把握自贸区建设有关"准入前国民待遇"和"负面清单"的相关规定和政策，处理好当事人意思自治与行政审批的关系，及时修订和调整相关司法政策，严格限制认定合同无效的范围，促进对外开放。要严格贯彻对中外当事人平等保护原则，坚持各类市场主体的诉

讼地位平等、法律适用平等、法律责任平等。

2. 依法行使司法管辖权，为中外市场主体提供及时、有效的司法救济。要充分尊重"一带一路"建设中外市场主体协议选择司法管辖的权利，通过与沿线各国友好协商及深入开展司法合作，减少涉外司法管辖的国际冲突，妥善解决国际平行诉讼问题。要遵循国际条约和国际惯例，科学合理地确定涉沿线国家案件的联结因素，依法行使司法管辖权，既要维护我国司法管辖权，同时也要尊重沿线各国的司法管辖权，充分保障"一带一路"建设中外市场主体的诉讼权利。要严格落实《最高人民法院关于人民法院登记立案若干问题的规定》，对依法应当受理的涉"一带一路"建设相关案件，一律接收诉状，当场登记立案，依法尽快做出裁判，及时解决纠纷。要进一步完善境外当事人身份查明、境外证据审查、境外证人作证等制度，最大限度方便中外当事人诉讼。

3. 加强与"一带一路"沿线各国的国际司法协助，切实保障中外当事人合法权益。要积极探讨加强区域司法协助，配合有关部门适时推出新型司法协助协定范本，推动缔结双边或者多边司法协助协定，促进沿线各国司法判决的相互承认与执行。要在沿线一些国家尚未与我国缔结司法协助协定的情况下，根据国际司法合作交流意向、对方国家承诺将给予我国司法互惠等情况，可以考虑由我国法院先行给予对方国家当事人司法协助，积极促成形成互惠关系，积极倡导并逐步扩大国际司法协助范围。要严格依照我国与沿线国家缔结或者共同参加的国际条约，积极办理司法文书送达、调查取证、承认与执行外国法院判决等司法协助请求，为中外当事人合法权益提供高效、快捷的司法救济。

4. 依法准确适用国际条约和惯例，准确查明和适用外国法律，增强裁判的国际公信力。要不断提高适用国际条约和惯例的司法能力，在依法应当适用国际条约和惯例的案件中，准确适用国际条约和惯例。要深入研究沿线各国与我国缔结或共同参加的贸易、投资、金融、海运等国际条约，严格依照《维也纳条约法公约》的规定，根据条约用语通常所具有的含义按其上下文并参照条约的目的及宗旨进行善意解释，增强案件审判中国际条约和惯例适用的统一性、稳定性和可预见性。要依照《涉外民事关系法律适用法》等冲突规范的规定，全面综合考虑法律关系的主体、客体、内容、法律事实等涉外因素，充分尊重当事人选择准据法的权利，积极查明和准确适用外国法，消除沿线各国中外当事人国际商事往来中的法律疑虑。要注意沿线不同国家当事人文化、法律背景的差异，适用公正、自由、平等、诚信、理性、秩序以及合同严守、禁止反言等国际公认的法律价值理念和法律原则，通俗、简洁、全面、严谨地论证说理，增强裁判的说服力。

5. 依法加强涉沿线国家当事人的仲裁裁决司法审查工作，促进国际商事海事仲裁在"一带一路"建设中发挥重要作用。要正确理解和适用《承认及执行外国仲裁裁决公约》（以下简称《纽约公约》），依法及时承认和执行与"一带一路"建设相关的外国商事海事仲裁裁决，推动与尚未参加《纽约公约》的沿线国家之间相互承认和执行仲裁裁决。要探索完善撤销、不予执行我国涉外、涉港澳台仲裁裁决以及拒绝承认和执行外国仲裁裁决的司法审查程序制度，统一司法尺度，支持仲裁发展。实行商事海事仲裁司法审查案件统一归口的工作机制，确保商事海事仲裁司法审查标准统一。要探索司法支持贸易、投资等国际争端解决机制充分发挥作用的方法与途径，保障沿线各国双边投资保护协定、自由贸易区协定等协定义务的履行，支持"一带一路"建设相关纠纷的仲裁解决。

6. 建立常态化调研指导机制，增强工作的系统性与针对性。要将"一带一路"建设司法保障作为一项常规性工作抓紧抓实，坚持近期问题与长期应对相结合，坚持司法专门保障与国家整体推进相结合，坚持司法职能与中央战略规划、地方实际相结合，及时研究"一带一路"建设中的司法需求和司法政策。要深入分析研判"一带一路"建设各类相关案件的特点和规律，加强司法解释和案例指导，规范自由裁量，统一法律适用，及时为市场活动提供指引。要建立健全涉"一带一路"相关案件的专项统计分析制度，发布典型案例，及时向有关部门和社会发出司法建议和司法信息，有效预防法律风险。要与国家和地方相关部门建立沟通联系机制，深入研究国际法规则和沿线国家法律法规，提出前瞻性应对策略，增强推进"一带一路"建设的整体合力。

7. 支持发展多元化纠纷解决机制，依法及时化解涉"一带一路"建设的相关争议争端。要充分尊重当事人根据"一带一路"沿线各国政治、法律、文化、宗教等因素作出的自愿选择，支持中外当事人通过调解、仲裁等非诉讼方式解决纠纷。要进一步推动完善商事调解、仲裁调解、人民调解、行政调解、行业调解、司法调解联动工作体系，发挥各种纠纷解决方式在解决涉"一带一路"建设争议争端中的优势，不断满足中外当事人纠纷解决的多元需求。

8. 拓展国际司法交流宣传机制，增进沿线各国的法治认同。要充分发挥上海合作组织最高法院院长会议、中国—东盟大法官论坛、亚太首席大法官会议、金砖国家大法官会议等现有多边合作机制，办好区域国际司法论坛，共同研讨解决"一带一路"建设中的相关问题，与沿线各国携手打造稳定透明、公平公正的"一带一路"国际法治环境。要推动建立新机制，进一步加强我国与沿线国家司法机构之间的交流与合作，建立外国法查明工作平台，支持国内相关单位与"一带一路"沿线国家高等院校、科研机构之间积极开展法学交流活动，增进国际社会对中国司法的了解，促进各国法治互信。

（二）《最高人民法院为"一带一路"建设提供司法服务和保障的典型案例》中包括建设工程保函纠纷和建设工程纠纷仲裁解决办法的重要案例。

最高人民法院 2015 年 7 月 7 日发布的《最高人民法院为"一带一路"建设提供司法服务和保障的典型案例》中共发布了八个典型案例，其中三个案例与建设工程纠纷密切相关，即，案例 6：浙江逸盛石化有限公司与卢森堡英威达技术有限公司申请确认仲裁条款效力案；案例 7：江苏太湖锅炉股份有限公司与卡拉卡托工程有限公司、中国银行股份有限公司无锡分行保函欺诈纠纷案；案例 8：波兰弗里古波尔股份有限公司申请承认和执行波兰共和国法院判决案。其中案例 7 是建设工程领域工程保函纠纷的典型案例，案例 6 是建设工程纠纷采取仲裁办法解决争议的重要参考案例，对于我国工程企业走出去具有重要的借鉴意义。详见如下：

1. 案例 7：严格把握保函欺诈标准，维护国际金融秩序——江苏太湖锅炉股份有限公司与卡拉卡托工程有限公司、中国银行股份有限公司无锡分行保函欺诈纠纷案

（1）基本案情

太湖公司与卡拉卡托公司协议完成一项发电机组建设工程，双方合同明确约定如修改合同必须采用合同修正案形式，会议纪要、传真等不能产生合同变更的效力。如果太湖公司违约，卡拉卡托公司可以索付见索即付保函。后卡拉卡托公司以太湖公司违约要求保函出具中国银行股份有限公司无锡分行兑付保函。太湖公司提起诉讼，称双方已经通过会议纪要修改了合同，卡拉卡托公司索付保函行为不符合合同约定，构成欺诈，请求止付保函。江苏省无锡市中级人民法院一审判决驳回太湖公司诉讼请求，太湖公司提起上诉。

（2）裁判结果

江苏省高级人民法院审理认为，法院审查基础合同仅限于受益人是否存在明知基础交易债务人不存在违约事实或其他付款到期事实，仍然滥用索赔权恶意索赔的情形。未按合同约定的形式和程序作出修改合同的会议纪要不产生变更合同的效力。在基础合同中保函条款约定的性质、支付条件等存在争议的情形下，受益人按银行出具保函时的条件提出索付，不构成保函欺诈，应按"先赔付、后争议"规则兑付保函。江苏省高级人民法院于2014年5月27日作出终审判决，维持一审判决。

（3）典型意义

人民法院在该案判决中，充分尊重当事人约定适用的国际交易惯例，按照国际商会关于见索即付保函"先赔付、后争议"的处理规则予以裁判，严格把握保函欺诈标准，保障受益人依据保函迅速得到偿付的合法权利，维护了国际金融秩序。该案被美国2014年9月《跟单信用证杂志》重点介绍。同时，该案也反映出中国企业在"走出去"过程中，必须充分了解国际金融结算及担保工具的特点，不严格按照合同履行将产生巨大的法律风险。

2. 案例6：尊重当事人仲裁意愿，推动仲裁国际化——浙江逸盛石化有限公司与卢森堡英威达技术有限公司申请确认仲裁条款效力案（2014年）

（1）基本案情

逸盛公司与英威达公司于2003年4月28日及6月15日分别签署了两份技术许可协议，约定："有关争议、纠纷或诉求应当提交仲裁解决；仲裁应在中国北京中国国际经济贸易仲裁中心（'CIETAC'）进行，并适用现行有效的《联合国国际贸易法委员会仲裁规则》"（以上约定的原文为英文，即"*The arbitration shall take place at China International Economic Trade Arbitration Centre（CIETAC），Beijing，P. R. China and shall be settled according to the UNCITRAL Arbitration Rules as at present in force*"）。2012年7月11日，英威达公司向中国国际经济贸易仲裁委员会提出仲裁申请。2012年10月29日，逸盛公司以双方约定的仲裁本质上属于我国仲裁法不允许的临时仲裁为由，向宁波市中级人民法院申请确认仲裁条款无效。

（2）裁判结果

宁波市中级人民法院经逐级报请最高人民法院审查后，于2014年3月17日作出终审裁定，认为：当事人在仲裁条款中虽然使用了"Take place at"的表述，此后的词组一般被理解为地点，然而按照有利于实现当事人仲裁意愿目的解释的方法，可以理解为也包括了对仲裁机构的约定。虽然当事人约定的仲裁机构中文名称不准确，但从英文简称CIETAC可以推定当事人选定的仲裁机构是在北京的中国国际经济贸易仲裁委员会。本案所涉仲裁条款不违反我国仲裁法的规定，裁定驳回逸盛公司请求确认仲裁条款无效的诉请。

（3）典型意义

该案首次认可当事人约定由中国的常设仲裁机构依据《联合国国际贸易法委员会仲裁规则》管理仲裁程序的条款效力，并明确该条约定的是机构仲裁，而非临时仲裁。该案对当事人理解存在分歧的合同用词,采取了有利于实现当事人仲裁意愿的目的解释方法,在仲裁条款未明确限定仲裁机构特定职能的情形下,认定当事人关于常设机构适用另一仲裁规则的约定应理解为该机构依仲裁规则管理整个仲裁程序。本案对于推动多元化纠纷解决机制建设、支持仲裁国际化、提升仲裁公信力,具有典型示范意义。

(三)最高人民法院2017年5月15日发布的《第二批涉"一带一路"建设典型案例》中包括见索即付保函和涉外股权转让合同性质认定的重要案例。

1. 案例6:依约适用国际商会见索即付保函,统一规则保障独立保函交易秩序——现代重工有限公司与中国工商银行股份有限公司浙江省分行独立保函索赔纠纷上诉案。

(1) 基本案情

现代公司系在韩国注册成立的公司,其与浙江中高公司签订柴油发电机组供货合同,约定浙江中高公司向中国工商银行浙江分行申请开立不可撤销见索即付保函即独立保函,作为基础交易的付款方式。工商银行浙江分行向现代公司开立的独立保函载明,现代公司索赔时需提交"凭指示的标注运费到付通知人为申请人的清洁海运提单副本"。后浙江中高公司未能按期付款,现代公司向工商银行浙江分行索赔并提交记名提单副本被拒。现代公司向浙江省杭州市中级人民法院提起诉讼,请求工商银行浙江分行偿付独立保函项下款项6648010美元和滞纳金。工商银行浙江分行答辩称,现代公司依据独立保函作出的索赔系无效索赔,工商银行浙江分行已依约发出拒付电文,并指出三个不符点,请求驳回现代公司的诉讼请求。

(2) 裁判结果

浙江省杭州市中级人民法院一审认为,案涉保函约定适用国际商会第758号出版物《见索即付保函统一规则》,该约定有效。根据该规则的规定,在保函条款和条件明确清晰的情况下,担保人仅需考虑单据与保函条款条件是否表面相符即可,基础合同的履行情况不是审单时应考虑的因素。因案涉单据与保函条款之间有不符点,工商银行浙江分行多次拒付均合规有效,据此判决驳回现代公司诉讼请求。现代公司不服一审判决,提起上诉。

浙江省高级人民法院二审认为,独立保函作为开立银行与受益人之间具有法律约束力的合同,一旦受益人接受保函条款或根据保函条款向开立银行提出索赔,即表明受益人自愿接受保函的全部条款并受其约束。工商银行浙江分行开立的保函明确列明了单据条件,受益人现代公司接受保函时并未提出异议,其索赔时即应提供与该保函条款和条件相符的全部单据。根据独立保函载明的审单标准即国际商会第758号出版物《见索即付保函统一规则》第2条的规定,开立人在审单时应当适用表面相符、严格相符的原则。现代公司提交的记名提单副本与案涉保函所要求的指示提单副本在提单类型上显著不同,两者在国际贸易和海上运输中存在差异,工商银行浙江分行以存在不符点为由拒付款项符合保函约定。现代公司以基础合同的履行主张其提交单据和保函要求的单据并无区别,违背了独立保函的单据交易原则和表面相符原则,故该院判决驳回上诉,维持原判。

(3) 典型意义

独立保函具有交易担保、资信确认、融资支持等重要功能,已经成为中国企业"走出去"和"一带一路"建设过程中必不可少的常见金融担保工具。人民法院在审理独立保函索赔案件中,充分尊重并且适用当事人约定的国际交易规则,对于准确界定当事人权利义务,保障独立保函交易秩序至关重要。本案独立保函载明适用国际商会《见索即付保函统一一规则》，一、二审法院均以该规则为依据调整当事人之间的权利义务关系，适用严格相符、表面相符原则，基于交单本身，审查单据是否严格遵循保函的条款和条件，从而认定了不符点的存在，展示了中国法院准确适用国际规则的能力。本案判决明确指出不能依据基础合同的履行情况得出表面相符的结论，体现了对独立保函的单据交易原则和独立性原则的充分尊重，平等保护了中外当事人的合法权益，有力保障了独立保函的交易秩序。该案也反映出中国银行业了解并运用国际金融交易规则保护自身权益以及切实防范金融风险的重要性。

2. 案例7：正确界定涉外股权转让合同性质，维护合资企业投资者权益——山东华立投资有限公司与新加坡 LAURITZ KNUDSEN ELECTRIC CO. PTE. LTD. 股权转让合同纠纷上诉案

（1）基本案情

埃尔凯公司原为外商独资企业，于2010年9月14日变更为中外合资经营企业，新加坡 LAURITZ KNUDSEN ELECTRIC CO. PTE. LTD.（以下简称LKE公司）是合资方之一。2010年10月，LKE公司与华立公司签订《增资扩股协议》，约定华立公司对埃尔凯公司投资人民币2000万元，华立公司和LKE公司增资扩股，并约定如果LKE公司违反协议任何条款并使协议目的无法实现，华立公司有权终止协议并收回增资扩股投资款项。2010年12月6日，双方又签订一份《股权转让协议》，约定：鉴于埃尔凯公司将申请改制成立股份有限公司即目标公司，改制后华立公司占有目标公司股份800万股。在2013年10月10日后，华立公司有权向LKE公司提出以原始出资额为限转让目标公司股权份额，LKE公司承诺无条件以自身名义或指定第三方收购华立公司提出的拟转让股份。2011年1月27日，埃尔凯公司的各方股东签订《增资扩股协议》，华立公司溢价认购埃尔凯公司增资，并占10%股权。华立公司有权在出现合同约定情形时通知LKE公司后终止本协议，并收回此次增资扩股的投资。该协议经主管部门批准后各方办理股权变更登记，华立公司持有埃尔凯公司10.001%股权，LKE公司拥有76.499%股权。华立公司以LKE公司拒不依约履行增资义务，又不及时履行回购股份担保责任为由，向广东省珠海市中级人民法院提起诉讼，请求判令LKE公司收购华立公司所持有的埃尔凯公司股权并支付款项人民币2000万元及利息。

（2）裁判结果

广东省珠海市中级人民法院一审认为，华立公司请求LKE公司收购华立公司持有的埃尔凯公司的股权缺乏事实和法律依据。据此判决驳回华立公司的全部诉讼请求。华立公司不服一审判决，以双方协议性质实为股权投资估值调整协议，故其有权在融股公司不能按期上市时请求回购股权为由提出上诉。

广东省高级人民法院二审认为，《股权转让协议》的内容是附事实条件的股权转让，即只有在埃尔凯公司改制成为股份有限公司后，华立公司才能将其所持有的埃尔凯公司的股权转让给LKE公司。该协议对将来发生事实的约定未违反中国法律、行政法规的强制性规定，依法应认定有效。股权投资估值调整协议是投资公司在向目标公司投资时为合理控制风险而拟定的估值调整条款。订约双方一般会约定在一个固定期限内要达成的经营目标，在该期限内如果企业不能完成经营目标，则一方应当向另一方进行支付或者补偿。但《股权转让协议》并没有将埃尔凯公司改制成为股份有限公司作为双方预先设定的经营目标，且协议中也没有约定作为股东的 LKE 公司在目标公司埃尔凯公司无法完成股份制改造情况下应承担股权回购的责任。双方在履行协议过程中，既没有出现违约行为导致协议终止的情形，华立公司也已于 2011 年 6 月 9 日取得埃尔凯公司的股权，故华立公司依据《股权转让协议》和《增资扩股协议》请求收回增资扩股投资款的理由缺乏事实和法律依据。据此，广东省高级人民法院判决驳回上诉，维持原判。

(3) 典型意义

本案是一宗中国国内公司通过股权转让形式对中外合资企业进行投资的案件，其典型意义在于如何判断当事人在合同中约定的股权回购条款的性质，是否属于新型的投融资方式即股权投资估值调整协议，以及该种约定能否得到支持。该判决一方面肯定了股东之间为适应现代市场经济高度融资需求有权自治约定股权投资估值调整的内容；另一方面坚持股权投资估值调整的合意必须清晰地约定于合同中的原则。针对本案《股权转让协议》没有约定经营目标也没有约定埃尔凯公司无法完成股份制改造时由 LKE 公司承担股权回购责任的情况，认定双方真实意思表示是先将埃尔凯公司改制成为股份有限公司，故股权转让协议性质为附未来事实条件的股权转让。在埃尔凯公司改制成为股份有限公司这一条件未成就前，华立公司无权请求 LKE 公司回购股权。该案判决运用文义解释方法，确定当事人的投资意思表示，并有效避免公司资本被随意抽回，维持了中外投资者合资关系的稳定性，依法保护了投资者权益，对于"一带一路"新型投资方式的有序开展起到强有力的保障作用。

（四）最高人民检察院职务犯罪预防厅发布的关于印发《关于做好检察机关预防职务犯罪工作服务和保障"一带一路"倡议的十条意见》的通知指出了如何对重大项目建设、中国企业"走出去"方面的职务犯罪提供预防服务。

最高人民检察院职务犯罪预防厅 2015 年 6 月 4 日发布的关于印发《关于做好检察机关预防职务犯罪工作服务和保障"一带一路"倡议的十条意见》的通知指出：

1. 围绕重大项目建设提供预防服务。基础设施互联互通是"一带一路"建设的优先领域。各级检察机关预防部门要抓住交通、能源、通信、生态环保等基础设施的关键通道、关键节点和重点工程，建立工程建设腐败预防监督机制，推动健全公开透明机制。推动实行并严格落实工程立项报告和腐败犯罪风险防控报告"双报告"制度。对"一带一路"建设中的重大项目在提交立项报告的同时提交腐败犯罪风险防控报告，明确腐败犯罪风险防控措施，明确预防责任主体和责任要求。围绕工程建设中的重点环节和岗位积极开展预防调查、预防咨询、腐败犯罪风险预警和行贿犯罪档案查询等，帮助和督促有关部门、单位完善内部防范机制，堵塞制度和监管漏洞，确保重大工程建设顺利实施。工程项目预防工作要建立档案，规范记录预防工作开展情况。

2. 围绕保障和促进中国企业"走出去"提供预防服务。鼓励中国企业"走出去"是我国扩大和深化对外开放合作战略的重要举措，是"一带一路"建设的重要方式。各级检察机关预防部门要及时收集合作"走出去"企业前往国家或地区涉及境外投资合作、工程承包等方面的相关法律规定，编制专题性预防手册，对"走出去"中国企业在境外并购投资、项目洽谈、合同签订等方面给予法律风险提示，依法合理有效维护企业法益，捍卫国家利益。通过法制讲座、警示教育等方式加强对"走出去"企业的腐败犯罪预防，帮助

"走出去"企业建立廉洁自律长效机制,防范借"走出去"之机谋取私利,贪污、挪用、侵占资产、非法经营同类营业、恶意竞争、失职渎职等腐败犯罪行为的发生,避免资产流失。高检院预防厅和中国铁建股份有限公司合作开展"国有企业'走出去'反腐败法律风险防控"课题研究。各省级院要结合各自实际选准合作对象,联合高校、科研机构等探索实践中国企业"走出去"预防腐败犯罪法律风险防控机制建设。

3. 健全预防协作机制促进工作合力。根据《推动共建丝绸之路经济带和21世纪海上丝绸之路的愿景与行动》,建立完善高检院与"一带一路"核心区和其他16个相关省份检察机关预防职务犯罪部门的"18+1协作机制"(或称"厦门机制"),连带相关职能部门、辐射有关企业及中介组织,经常联系沟通,信息互通共享,工作密切协作,经验互相交流,促进形成预防腐败犯罪,保障"一带一路"倡议实施的大机制、大格局。实施"一带一路"倡议相关省份和各节点城市检察机关预防部门要有计划地组织开展跨区合作,整合力量,合理分工,定向服务,切实增强合力和成效。高检院加强总体协调,并通过编发"一带一路"预防工作专刊及时反映工作开展情况,总结交流经验。要加强与"一带一路"沿线国家和投资、承建项目所在国预防腐败犯罪执法机构的联系和沟通,加强交流与合作,探索建立和完善交流合作机制。省级检察院要在有关主管部门的统一领导、指导下,利用双边或多边条约加强与我国投资、承建项目所在国的司法机构、预防腐败犯罪机构的联系,探索建立跨境工程建设项目预防腐败合作机制。在开展服务"一带一路"倡议的预防职务犯罪工作中要严格工作纪律,不得借预防之名干预正常工程建设,不得借预防之名谋取个人和单位利益,不断提高公信力和亲和力。

二、"一带一路"建设工程相关领域的部门规范性文件概述

七个涉及建设工程相关领域的"一带一路"部门规范性文件为:国家发展改革委、外交部、商务部2015年3月28日发布的《推动共建丝绸之路经济带和21世纪海上丝绸之路的愿景与行动》、中国保险监督管理委员会2017年4月27日发布的《中国保监会关于保险业服务"一带一路"建设的指导意见》(保监发〔2017〕38号)、国家税务总局2017年04月24日发布的《国家税务总局关于进一步做好税收服务"一带一路"建设工作的通知》(税总发〔2017〕42号)、国家税务总局2015年4月21日发布的《国家税务总局关于落实"一带一路"发展战略要求做好税收服务与管理工作的通知》(税总发〔2015〕60号)、国家国防科技工业局,国家发展和改革委员会(含原国家发展计划委员会、原国家计划委员会)2016年10月22日发布的《国防科工局、发展改革委关于加快推进"一带一路"空间信息走廊建设与应用的指导意见》(科工一司〔2016〕1199号)、国家质量监督检验检疫总局2015年4月14日发布《国家质量监督检验检疫总局关于推进"一带一路"建设工作的意见》(国质检通〔2015〕151号)、国务院推进"一带一路"建设工作领导小组办公室2015年10月22日发布的《标准联通"一带一路"行动计划(2015—2017)》和环境保护部、外交部、国家发展和改革委员会、商务部在2017年4月24日发布的《关于推进绿色"一带一路"建设的指导意见》。这七个文件涉及"一带一路"建设工程相关领域的宏观指导方针、保险服务政策、税收优惠政策、空间信息政策、监督检验政策、标准联通政策和生态环保服务政策。

（一）国家发展改革委、外交部、商务部从宏观上指出基础设施互联互通是"一带一路"建设的优先领域。

国家发展改革委、外交部、商务部2015年3月28日发布的《推动共建丝绸之路经济带和21世纪海上丝绸之路的愿景与行动》指出：

设施联通。基础设施互联互通是"一带一路"建设的优先领域。在尊重相关国家主权和安全关切的基础上，沿线国家宜加强基础设施建设规划、技术标准体系的对接，共同推进国际骨干通道建设，逐步形成连接亚洲各次区域以及亚欧非之间的基础设施网络。强化基础设施绿色低碳化建设和运营管理，在建设中充分考虑气候变化影响。抓住交通基础设施的关键通道、关键节点和重点工程，优先打通缺失路段，畅通瓶颈路段，配套完善道路安全防护设施和交通管理设施设备，提升道路通达水平。

（二）中国保险监督管理委员会规定了"一带一路"建设工程相关领域的保险服务政策。

中国保险监督管理委员会2017年4月27日发布的《中国保监会关于保险业服务"一带一路"建设的指导意见》（保监发〔2017〕38号）指出：

1. 我国企业"走出去"过程中将面临较多的政治、经济、法律风险和违约风险。保险业作为管理风险的特殊行业，自身特点决定了行业服务"一带一路"建设具有天然优势，能够为"一带一路"跨境合作提供全面的风险保障与服务，减轻我国企业"走出去"的后顾之忧，为加快推进"一带一路"建设提供有力支撑。

2. 大力发展出口信用保险和海外投资保险，服务"一带一路"贸易畅通。综合运用中长期出口信用保险、短期出口信用保险、海外投资保险、资信评估等产品和服务，加大对"一带一路"沿线国家的支持力度，对风险可控的项目应保尽保，推动国家重大项目加快落地。鼓励政策性保险机构扩大中长期出口信用保险覆盖面，增强交通运输、电力、电信、建筑等对外工程承包重点行业的竞争能力，支持"一带一路"示范项目及相关共建行动的落实。推动放开短期出口信用保险市场。鼓励政策性保险机构加快发展海外投资保险，创新保险品种，扩大承保范围，支持优势产业产能输出，推动高铁、核电等高端行业向外发展，促进钢铁、水泥和船舶等行业优势产能转移。

3. 积极构建国别风险咨询服务体系。充分发挥保险机构、保险中介机构在资信渠道、风险管理、数据收集、信息处理等方面的优势，提供"一带一路"沿线国家的国别和行业风险指导以及信息咨询，为我国企业开展跨境投资贸易合作提供决策参考，提高我国企业风险管理水平，提升国际竞争力。

4. 创新保险产品服务，为"一带一路"沿线重大项目建设保驾护航。鼓励保险机构根据国内"一带一路"核心区和节点城市建设中的特殊风险保障需求，积极发展各类责任保险、货物运输保险、企业财产保险、工程保险、失地农民养老保险、务工人员意外伤害保险等个性化的保险产品服务，化解核心区和节点城市建设中出现的各类风险，减轻政府和企业压力，优化社会治理，保障民生。

5. 鼓励保险机构大力发展跨境保险服务，根据"一带一路"沿线国家和地区的风险特点，有针对性地开发机动车出境保险、航运保险、雇主责任保险等跨境保险业务，为沿线"互联互通"重要产业、重点企业和重大建设项目提供风险保障。大力发展建筑工程、交通、极端事件等意外伤害保险和流行性疾病等人身保险产品,完善海外急难救助等附加服务措施。加快特种保险业务国际化进程,服务航空航天、核能及新能源等高新领域的国际合作。鼓励保险机构针对"一带一路"沿线不同国家、地区的差异化保险需求,努力提供一揽子综合保险解决方案。鼓励保险中介机构主动发挥专业技术优势,为"一带一路"建设重大项目提供风险管理、保险及再保险安排、损失评估等全方位的保险中介服务。

6. 创新保险资金运用方式,为"一带一路"建设提供资金支持。充分发挥保险资金规模大、期限长、稳定性高的优势,支持保险机构在依法合规、风险可控的前提下,多种方式参与"一带一路"重大项目建设。支持保险资金通过债权、股权、股债结合、股权投资计划、资产支持计划和私募基金等方式,直接或间接投资"一带一路"重大投资项目,促进共同发展、共同繁荣。支持保险机构通过投资亚洲基础设施投资银行、丝路基金和其他金融机构推出的债权股权等金融产品,间接投资"一带一路"互联互通项目。推动保险机构不断提高境外投资管理能力,进一步拓展保险资金境外投资国别范围,完善境外重大投资监管政策,加强保险资金境外投资监管。积极发展出口信用保险项下的融资服务,发挥撬动融资的杠杆作用,满足"一带一路"建设多样化的融资需求。

(三)国家税务总局规定了"一带一路"建设工程相关领域的税收优惠政策。

1. 国家税务总局 2017 年 4 月 24 日发布的《国家税务总局关于进一步做好税收服务"一带一路"建设工作的通知》(税总发〔2017〕42 号)指出:

(1) 落实税收协定政策,营造优良营商环境,保障我国"走出去"企业的合法权益。加强我国居民享受税收协定待遇的服务、管理、统计分析工作,跟踪我国对外投资企业经营情况,及时反映境外涉税争议,配合税务总局与"一带一路"沿线国家税务主管当局就跨境纳税人提起的涉税争议开展相互协商。

(2) 结合全面开展营改增试点工作,落实跨境应税服务退税或免税政策、天然气等资源进口税收优惠政策、对外投资和对外承包工程出口货物退(免)税政策;按照所得税政策规定,落实境外所得税收抵免政策,减轻企业税收负担,促进国际资源共享和国际产能合作。

(3) 落实"放管服"改革要求,推动税收服务优化升级。落实出口退(免)税企业分类管理、简化出口退(免)税流程、简化消除双重征税政策适用手续等规定,进一步减轻纳税人办税负担。做好《中国税收居民身份证明》开具工作,便利纳税人境外享受税收协定待遇,助力"走出去"企业和"一带一路"建设重点项目。创新境外税收服务模式与内容,提高服务的针对性和有效性,探索对"走出去"纳税人实行分类服务。针对大型跨国企业着重提供政策确定性相关的个性化服务,针对中小型企业着重提供政策宣传辅导的普惠性服务。发挥优势,运用"互联网+"思维,提升国际税收办税便利度。

(4) 深入推进国别税收信息研究工作,做好境外税收政策跟踪和更新,配合税务总局陆续发布国别投资税收指南,实现年底前全面发布"一带一路"重点国家的投资税收指南,进一步完善和丰富纳税人可获取的境外税收信息。

(5) 丰富政策咨询途径,有条件的地区要加强 12366 国际税收服务专席或"走出去"服务专线建设。按照"互联网+税务"工作要求,丰富网站、微信、微博等税收咨询服务渠道，提升咨询服务水平。以"走出去"企业涉税风险为重点，探索为纳税人提供专家咨询、定制咨询、预约咨询等服务，响应涉税需求，促进纳税遵从。建立和完善国际税收知识库，整理并发布国际税收问题答疑手册。

（6）各地税务机关应积极落实对外投资、所得报告相关制度，结合各地区特点以及"走出去"企业类型、所属行业、对外投资目的地等，有针对性地开展数据统计和税收分析，并在此基础上归纳税收风险类型，有针对地为纳税人提示风险

2. 国家税务总局 2015 年 4 月 21 日发布的《国家税务总局关于落实"一带一路"发展战略要求做好税收服务与管理工作的通知》（税总发〔2015〕60 号）指出：

（1）完善境外税收信息申报管理。做好企业境外涉税信息申报管理，督促企业按照《国家税务总局关于发布〈中华人民共和国企业所得税年度纳税申报表（A 类，2014 年版）〉的公告》（国家税务总局公告 2014 年第 63 号）和《国家税务总局关于居民企业报告境外投资和所得信息有关问题的公告》（国家税务总局公告 2014 年第 38 号）的规定履行相关涉税信息申报义务，为企业遵从提供指导和方便，并分类归集境外税收信息，建立境外税收信息专门档案。

（2）开展对外投资税收分析。依托现有征管数据，进一步拓展第三方数据，及时跟进本地区企业投资"一带一路"沿线国家情况，了解投资分布特点、经营和纳税情况。从 2015 年起，省税务机关要每年编写本地区"走出去"企业税收分析年度报告，并于次年 2 月底前上报税务总局。

（3）探索跨境税收风险管理。根据国际经济环境变化和对外投资特点研究涉税风险特征，探索设置风险监控指标，逐步建立分国家、分地区风险预警机制，提示"走出去"企业税收风险，积累出境交易税收风险管理办法和经验。

（四）国家国防科技工业局、国家发展和改革委员会的政策规定支持"一带一路"重大工程开展空间信息应用，鼓励采用 PPP 模式。

国家国防科技工业局，国家发展和改革委员会 2016 年 10 月 22 日发布的《国防科工局、发展改革委关于加快推进"一带一路"空间信息走廊建设与应用的指导意见》（科工一司〔2016〕1199 号）指出：

1. 支持以企业为主体、市场为导向的商业航天发展新模式，通过政府和社会资本合作模式（PPP）等多种模式鼓励社会和国际商业投资建设商业卫星和技术试验卫星，完善空间信息走廊。

2. 助推基础设施建设企业"走出去"。聚焦铁路、水利水电、港口、信息通信等重点基础设施领域，支持国家"一带一路"重大工程开展空间信息应用，针对工程设计、建设监管、运行管理等方面的需求，提供卫星遥感监测与评估、位置信息采集、时间基准和卫星宽带信息传输等空间信息服务。为公路、铁路设计施工和运营管理企业及时提供卫星遥感影像和实时采集导航信息服务，支持车辆调度和安全运行，提高交通通行效率。为水利水电勘察选址、建设监管和运行管理提供卫星遥感信息支持。在国内沿海港口开展试点应用的基础上，加强与沿线港口建设运营企业合作，提升港口和航运的信息获取、精准定位和通信传输能力。

3. 支持现代服务业"走出去"。鼓励重大工程承包企业与空间信息服务企业强强联

合,同步建设、运营重大工程和空间信息服务设施,促进携手开拓国际市场。

(五)国家质量监督检验检疫总局提出了暂时进口的大型工程设备免于检验、助推我国认证检测机构跟随工程建设走出去等政策。

国家质量监督检验检疫总局2015年4月14日发布的《国家质量监督检验检疫总局关于推进"一带一路"建设工作的意见》(国质检通〔2015〕151号)指出:

1. 支持经济走廊建设。支持国家经济走廊建设,对用于走廊建设暂时进口的大型工程设备免于检验。创新走廊边境口岸查验机制,方便货物及人员进出。

2. 促进实施"走出去"战略。加强对"一带一路"沿线国家技术法规和贸易政策的研究,及时收集有关强制性法规、产品计量、标准和技术等要求,为"走出去"企业提供信息技术服务。助推我认证检测机构跟随产业转移、工程建设走出去。服务境外贸易合作区,对"走出去"企业自用建筑材料、机械设备、员工自用食品等物品采取便利检验检疫措施,便利境外设厂,建设园区。

3. 推动中国标准在沿线国家的应用。结合沿线国家的重大工程建设,在装备、电力、高铁等优势产业以及动植物检疫领域开展"走出去"急需的国家标准英文版翻译研究工作;开展东盟、中亚、西亚、东南亚、俄罗斯、中东欧等国家大宗进出口商品标准比对分析研究;加强与沿线国家开展标准化专家交流及人才培训,举办面向俄罗斯、中亚和东盟等国家(地区)的标准化援外培训。

(六)国务院推进"一带一路"建设工作领导小组办公室提出了与沿线重点国家的标准化互利合作、推进与沿线国家标准互认工作、配合我国海外工程服务推广中国标准等政策。

国务院推进"一带一路"建设工作领导小组办公室2015年10月22日发布的《标准联通"一带一路"行动计划(2015—2017)》指出:

1. 深化与沿线重点国家的标准化互利合作。以经中亚、俄罗斯至欧洲,经中亚、西亚至波斯湾、地中海,以及东盟国家和南亚国家等为重点方向,以中蒙俄、中国-中亚-西亚等国际经济合作走廊为重点,寻求利益契合点,研究构建稳定通畅的标准化合作机制。

着力推动与蒙古、俄罗斯、哈萨克斯坦、塔吉克斯坦、乌兹别克斯坦、越南、柬埔寨、泰国、马来西亚、新加坡、印尼、印度、亚美尼亚、海合会标准化组织及沙特等主要海合会国家、埃及和苏丹等重点国家标准化机构签署标准化合作协议,积极推动与阿塞拜疆探讨解决标准化合作问题。探索形成沿线国家认可的标准互认程序与工作机制,加快推进标准互认工作。

聚焦沿线重点国家产业需求,充分发挥各行业、地方、企业、学协会和产业技术联盟作用,建立标准化合作工作组,深化关键项目的标准化务实合作。在钢铁、有色、铁路、公路、水运工程、石油天然气等领域,配合我国海外工程服务推广中国标准。

2. 组织翻译优先领域急需标准外文版。围绕装备、产能、动植物检疫等"走出去"优先领域,发挥国内专业标准化技术委员会的平台作用,开展面向"一带一路"沿线国家标准"走出去"需求调研,梳理形成优先领域标准外文版目录,分步下达国家标准外文版制定计划。优先组织开展服务设施联通、贸易畅通等急需的铁路、公路、水运工程、电力、海洋、冶金、建材、工程机械、航空航天、中医药等领域 500 项国家、行业标准外文版翻译及出版工作。

（七）环境保护部、外交部、国家发展和改革委员会、商务部规定要加大对"一带一路"沿线重大基础设施建设项目的生态环保服务与支持。

环境保护部、外交部、国家发展和改革委员会、商务部 2017 年 4 月 24 日发布的《关于推进绿色"一带一路"建设的指导意见》指出：

推进绿色基础设施建设，强化生态环境质量保障。制定基础设施建设的环保标准和规范，加大对"一带一路"沿线重大基础设施建设项目的生态环保服务与支持，推广绿色交通、绿色建筑、清洁能源等行业的节能环保标准和实践，推动水、大气、土壤、生物多样性等领域环境保护，促进环境基础设施建设，提升绿色化、低碳化建设和运营水平。

三、"一带一路"建设工程相关领域的地方规范性文件概述

关于"一带一路"政策法规，除了中央层面的规定之外，各级地方政府也积极出台了一系列的地方规范性文件。其中涉及建设工程相关领域的"一带一路"地方规范性文件共计 24 个，遍及山西、辽宁、江苏、江西、山东、湖南、湖北、广东、广西、四川省、云南、陕西和宁夏 13 个省份和自治区。各地关于"一带一路"建设工程相关领域的地方规范性文件规定详见如下：

（一）山西省关于建设工程相关领域的"一带一路"地方性政策规定。

山西省大同市人民政府办公厅 2016 年 3 月 16 日发布的《关于参与省"一带一路"倡议工作推进方案》（同政办发〔2016〕19 号）指出：

1. 开展对外工程承包和劳务合作。支持大同煤矿集团外经贸有限责任公司在煤炭领域开展对外工程、劳务输出、技术咨询和技能培训等方面的业务；支持山西新星项目管理有限责任公司等企业在建筑、煤炭、市政、水利、电力、农林及化工等工程领域的外经合作业务。

2. 创新"走出去"产能合作方式。发挥骨干企业的龙头带动作用，引导支持有条件的优势产业组建行业商会协会，建立我市"走出去"企业联盟。依托我市能源矿产、装备制造、地质勘探、建筑工程等优势资源，吸引上下游关联产业企业联合"走出去"，提升产业配套能力和综合竞争力。鼓励企业以 BOT、PPP 等方式开展基础设施投资，带动设备、技术、标准、服务和人员"走出去"。支持企业以工程换资源、以项目换资源，采取多种方式开展国际产能合作。

3. 加大金融创新鼓励商业银行对企业以多种方式进行融资，对参与"一带一路"的企业在融资、人民币境外放款、资金利率、风险防控等方面予以引导和扶持。鼓励保险机构创新保险品种，为境外投资和对外承包工程项目提供风险保障，并给予优惠保费费率。发挥"助保贷"平台作用，帮助企业融资。

（二）辽宁省关于建设工程相关领域的"一带一路"地方性政策规定。

1. 辽宁省政府 2015 年 1 月 21 日发布的《关于贯彻落实"一带一路"倡议推动企业"走出去"的指导意见》（辽政办发〔2015〕14 号）指出：

（1）到"十三五"末期，全省对外投资总额、对外工程承包营业额年均增长 15% 以上。重点加强与"一带一路"沿线国家的经贸合作，建成一批高质量的境外经贸合作区，并购一批拥有高技术的境外科技企业，形成一批高起点的境外资源基地，搭建一批高效率的境外营销网络，培育一批高水平的总集成、总承包跨国企业集团。

（2）带动对外贸易发展。通过在"一带一路"沿线国家投资办厂，带动我省相关产品出口。通过参与"一带一路"开发建设，把资源开发与基础设施建设结合，把工程承包与建设运营结合，促进贸易合作。通过建立服务贸易促进体系，推动我省服务业企业向"一带一路"沿线国家拓展业务。

（3）提高对外承包工程的规模和水平。积极参与对外基础设施建设，重点承揽铁路、公路、机场、输变电等领域的承包工程，带动我省设备和技术输出。提升企业境外供应管理、研发设计、检验检测、专业维修等综合性服务水平，推动从单一工程承包向总集成总承包方向转变，带动装备出口和服务贸易的扩大。积极承揽国家援外项目，支持省内企业"借船出海"。

（4）充分利用俄罗斯的"远东地区发展规划"和蒙古国"草原之路"计划，抓住中蒙俄三国共同打造经济走廊的契机，积极参与俄罗斯远东地区和蒙古的开发建设。努力承揽俄罗斯公路、港口、机场和电力工程等基础设施开发项目，加快与蒙古铁路出海通道的互联互通建设。大力开展资源类投资合作项目。

（5）非洲及拉美地区。充分利用国家支援非洲和拉美的各项政策，引导我省电力、冶金、农业、装备制造、资源开发、建筑安装等优势企业开展境外投资合作，承揽国际工程。

（6）创新"走出去"方式。支持企业组成联合体或采取联盟方式组团"走出去"，实行资源开发与基础设施建设相结合、工程承包与建设运营相结合，探索"资源、工程、融资"捆绑模式，实现综合投资效益最大化。鼓励企业以建设－运营－移交（BOT）、公私合营（PPP）等方式，开展基础设施投资，带动设备、技术、标准和服务"走出去"。

（7）加大政策扶持力度。一是省财政设立专项扶持资金，对省内企业在境外建设经贸合作区、建设资源基地、转移富余产能、建立海外营销网络、对外承包工程和对外劳务合作等给予政策支持。二是鼓励金融机构提供优惠利率、保险融资、跨境人民币结算等业务。积极探索以境外股权、资产等抵押融资担保，第三方担保、融资租赁等方式，支持企业开展对外投资合作。引导企业用好出口信用保险及政府保险费用补贴和贷款贴息等扶持政策。

2. 2016 年 7 月 28 日大连市人民政府办公厅发布的关于印发《大连市对接"一带一路"倡议构建开放新格局发展规划（2016—2020 年）》（大政办发〔2016〕111 号）的通知指出：

大力发展境外工程承包。建立健全对外承包工程、外派劳务服务管理的各项规章制度，简化审批程序，提高办事效率和服务水平。制定相关促进政策，为企业扩大对外承包工程、外派劳务提供优质服务。积极支持符合条件的国有大中型企业和有实力的民营企业取得对外承包工程经营资格,发挥企业自身优势,开展对外承包工程业务。推动对外工程承包高端化、多元化发展。充分发挥龙头企业的带动作用,扶持大连市境外工程承包企业联盟,推动企业组团式"走出去",从单一工程承包向总集成、总承包方向转变,从低层次、低利润、价值链低端领域向设计咨询、后续运营等高技术、高利润、高附加值领域拓展,带动专有技术、机电产品、成套设备和服务出口。在巩固发展土建、房建、路桥等承包工程项目的同时,扩展设备制造、电厂建设、矿产勘探和炼炉设计等承包工程项目。支持符合条件的对外承包工程企业申请国家援外企业资质,积极争取援外项目。

3. 大连市人民政府办公厅 2015 年 9 月 11 日发布的《大连市人民政府办公厅关于贯彻"一带一路"倡议扩大国际经贸合作的实施意见》(大政办发〔2015〕82 号)指出:

组建境外工程承包企业联盟,推动企业组团式走出去发展。赋予符合条件的国有大中型企业和有实力、有技术的民营企业对外承包工程经营资格,开展对外工程业务,扩大境外承包工程企业队伍。在巩固发展路桥、房建、土建等承包工程项目的同时,扩展设备制造、矿产勘探、炼炉设计等承包工程项目。支持对外承包工程企业自主成立国际承包工程企业联盟,充分发挥龙头企业的带动作用,逐步实现信息共享、优势互补、抱团出海、合作共赢。鼓励有国际承包工程业务、达不到资质要求的企业加入国际承包工程企业联盟,借船出海。支持华锐重工、中冶焦耐、中冶北方等具有对外承包工程资质的装备制造企业,从单一工程承包向总集成总承包方向转变,从低层次、低利润、价值链低端领域向高技术、高利润、高附加值领域拓展,带动专有技术、机电产品、成套设备出口。支持符合条件的对外承包工程企业申请国家援外企业资质,争取援外项目。

(三)江苏省关于建设工程相关领域的"一带一路"地方性政策规定。

1. 连云港市人民政府 2015 年 8 月 12 日发布的关于转发人行市中心支行《关于金融支持"一带一路"交汇点建设的实施意见》(连政办发〔2015〕123 号)的通知指出:

强化"一带一路"基础设施建设项目融资服务。一是支持港口基础设施建设。围绕连云、赣榆、徐圩、灌河和前三岛等五大港区功能定位,积极支持 30 万吨级航道,30 万吨级原油、LNG、液体散货、木材等大型专业化泊位和防波堤建设。二是支持交通运输重大项目建设。支持连盐铁路、连青铁路、连淮扬镇铁路、陇海客专徐连段等铁路建设,支持北疏港高速公路、徐新公路等在建续建公路项目建设,支持连云港花果山机场建设项目 PPP 融资。三是支持重要基地建设。支持上合组织(连云港)国际物流园区建设,重点支持园区内中心货运站、铁路专用线及铁路货运配送中心、冷链物流中心基础物流服务项目,保税物流中心、大宗商品交易市场、"一带一路"特色产品商贸园、物流航运科技研发孵化服务中心及其他物流配套服务项目建设。支持"一带一路"连云港农业国际合作示范区建设,围绕现代农场核心园区和赣榆、东海、灌云、灌南等五大特色园区,支持农产品物流基地、农产品加工示范基地、中哈国际农产品物流基地等外向型农业示范基地建设。支持工业基地建设,重点支持日韩、中亚国家及中西部地区的城市和企业在东中西区域合作示范区以"区中区"、"园中园"形式合作共建,支持进口资源加工基地、出口产品生产加工基地、产业承接与转移基地建设。

2. 南通市政府 2015 年 4 月 16 日《南通市人民政府关于抢抓"一带一路"建设机遇进

一步做好境外投资工作的意见》(通政发〔2015〕28号)中指出:

支持开展境外基础设施建设。发挥我市建筑铁军品牌优势,支持房建、路桥、市政、安装等工程企业走出去,积极采用BOT(建设一经营一转让)、PPP(公私合作模式)和EPC(工程总承包)等国际通用方式,主动参与"一带一路"互联互通和基础设施项目的投资建设。推动海洋工程、港口机械、建材设备等成套企业开拓国际装备市场,同时带动设计咨询、施工建设、运行维护等领域全方位发展。

3. 无锡市政府2015年2月26日发布的《无锡市人民政府关于抢抓"一带一路"建设机遇进一步做好境外投资工作的实施意见》(锡政发〔2015〕57号)指出:

支持开展境外基础设施建设。鼓励我市具有优势的新能源、环保工程、路桥建设等对外承包工程企业加强与央企对接,提升境外工程接包能力,积极参与"一带一路"及周边国家互联互通、非洲"三大网络"(高速铁路网络、高速公路网络、区域航空网络)及拉美地区重大基础设施投资建设。引导企业与金融机构合作,以BOT(建设一经营一转让)、PPP(公私合作模式)和EPC(工程总承包)等多种形式开展境外基础设施和重要产业项目的投资建设。支持企业利用中信保等政策性保险机构开展境外投资及境外工程,设立我市境外投资、境外工程政策性保险服务支持统一保障平台,防范境外风险。

(四)江西省关于建设工程相关领域的"一带一路"地方性政策规定。

2016年4月20日江西省人民政府办公厅发布的关于印发《江西省2016年参与"一带一路"建设工作要点》(赣府厅字〔2016〕48号)的通知指出:

1. 围绕促进开放型经济提质增效,加强对外经贸交流,支持龙头企业开拓沿线市场,扩大我省优势产品出口,确保全年全省对外直接投资额增长15%、对外承包工程营业额增长10%以上。

2. 扩大对外工程承包。依托工程承包龙头企业,积极承揽"一带一路"沿线重点国家和区域工程项目,重点推进江西国际经济技术合作公司赞比亚国际机场扩建、江西中煤建设集团肯尼亚国家公路、江西水利水电公司埃塞俄比亚大坝等项目建设,带动相关产品、机电设备、劳务出口和对外投资。

(五)山东省关于建设工程相关领域的"一带一路"地方性政策规定。

2016年7月3日青岛市人民政府办公厅发布的《关于推动工程建设企业参与"一带一路"建设的实施意见》(青政办字〔2016〕86号)指出:

1. 强化企业培育力度。支持勘查、设计、施工、监理、咨询行业企业申报对外工程承包经营资格,取得境外承包项目的劳务派遣权。支持符合条件的对外工程承包企业申报"对外援助成套项目总承包实施企业资格"和"对外援助物资项目总承包实施企业资格",培育一批在国际上具有较强竞争力的对外工程承包企业。

2. 大力拓宽国际市场。引导企业采用建设一转让(BT)、建设一经营一转让(BOT)、政府和社会资本合作(PPP)及工程总承包(EPC)等方式,主动参与"一带一路"沿线国家电力设施、海洋工程、公路铁路、机场港口等项目的投资建设。深入推广"青建+"发展模式,支持对外工程承包企业抱团发展、资源共享,带动我市设计院所和项目管理、施工监理、造价咨询企业合作承揽项目,共同开拓市场。推动对外工程承包与境外资源开发、经贸合作园区建设相结合，带动大型成套设备、标准、设计、劳务和运营服务的输出。鼓励企业按照巩固非洲、拓展拉美、强化东南亚、开拓欧美的定位，培育我市国际品牌。

3. 完善评优支持政策。建立企业境外工程业绩认可机制，对完成的业绩给予信用考核评分奖励，并在资质升级、增项及招投标审查时予以认可。企业在本市参加招投标时，获得的境外荣誉与国内荣誉享受同等待遇。倡导建设（开发）单位在安排有交易自主权的项目建设和到境外投资建设时，优先选用有境外工程业绩的施工企业。推荐境外工程经营业绩较好的施工企业申报特级资质。在市级建筑工程质量评优奖项中设立"国外工程特别奖"，授予在境外独立承建的符合条件的建筑工程。

4. 对境外承包工程项目中使用符合国家出口退税政策的国产设备、原材料的，及时办理退税。强化以工程带动经贸合作和资源能源输入，按照扶持外贸发展的相关政策规定。指导企业利用自贸协定节约境外工程成本，以境外投资带动成套机电设备、大型装备和其他产品出口。

5. 争取亚洲基础设施投资银行、中国进出口银行、国家开发银行、中国出口信用保险公司等政策性金融机构对我市工程建设企业的信贷、保险支持。用足用好出口信贷担保、援外优惠贷款等"一带一路"金融信贷优惠政策。鼓励金融机构创新金融产品和服务方式，简化放贷和投保手续，解决企业资金需求。引导保险机构和银行合作开发适合建筑业特点的信用保险和抵押贷款。抓住人民币纳入特别提款权（SDR）货币篮子的契机，鼓励有条件的大型企业在境内外资本市场直接融资，使用人民币开展境外投融资和结算。探索推动我市金融机构出台工程建设企业在对外担保、境内外融资、跨境资金流动等方面的配套服务政策。

6. 加大专项资金支持力度。根据财政部、商务部《关于印发外经贸发展专项资金管理办法的通知》（财企〔2014〕36号）及我市相关政策规定，对企业参与境外投资、对外工程承包、对外劳务合作、境外经济贸易合作区建设等，采取直接补助或贷款贴息方式给予支持。

（六）湖南省关于建设工程相关领域的"一带一路"地方性政策规定。

1. 湖南省人民政府2015年8月14日发布的关于印发《湖南省对接"一带一路"倡议行动方案（2015—2017年）》（湘政发〔2015〕34号）的通知指出：

（1）行动目标：力争到2017年，对外投资中方合同额突破30亿美元，年均增长20%以上；对外承包工程营业额突破40亿美元，年均增长15%以上；培育20家左右在国内外有较大影响的产能"走出去"和国际工程承包重点企业。

（2）创新模式带动产业"走出去"。鼓励有实力的企业建设境外经贸园区，吸引上下游产业链转移和关联产业协同布局，带动一批配套中小企业和上下游产业"走出去"。支持在湘的工程咨询设计单位通过工程总承包，带动产能"走出去"。引导企业以工程、项目、设备（含二手设备）换资源等多种方式开展合作，实行资源开发与基础设施建设相结合。工程承包与建设运营相结合，向系统集成、工程总承包方向拓展。积极发挥行业商协会作用，组建并推进一批产业联盟"抱团"出海。鼓励和引导省内企业以资本或业务为纽带，联合央企"借船"出海。

2. 湖南省人民政府办公厅 2015 年 9 月 26 日发布的关于印发《湖南省对接"一带一路"倡议推动优势企业"走出去"实施方案》（湘政办发〔2015〕80 号）的通知指出：

（1）力争到 2017 年，全省外贸出口额突破 400 亿美元，对外承包工程营业额突破 40 亿美元，对外投资中方合同额突破 30 亿美元。

（2）抢抓东南亚地区基础设施建设和非洲实施公路网、铁路网、港口建设契机，积极跟进老挝、印度、斯里兰卡、孟加拉、埃塞俄比亚、加纳、阿尔及利亚、乍得等重点国家基础设施建设项目，推动我省工程承包企业在东南亚及非洲地区做大做强。

（3）充分把握西亚、中亚、中东欧基础设施建设机遇，积极跟进哈萨克斯坦、白俄罗斯、土耳其、巴林、阿联酋、沙特等国保障房、城市轻轨、铁路建设等领域项目，推动企业开展项目投资和工程承包。

（4）建立央企湘企合作机制。密切与中国对外承包工程商会的联系，促进我省企业与央企之间的对接合作，减少和降低企业境外投资合作风险和经营成本，提升企业经济效益。

（5）加快转变发展模式，鼓励企业探索开展海外工程 BOT、PPP 等建营一体化高端项目模式，带动省内相关产业出海。

（6）充分发挥援外平台作用。充分利用国家对外援助改革的契机和政策，推动省内具有援外资质的物资、工程、技术合作和专业培训单位更好、更大规模走出去。

3. 岳阳市人民政府办公室 2016 年 2 月 23 日发布的关于印发《岳阳市对接"一带一路"推动优势企业"走出去"实施方案》（岳政办发〔2016〕9 号）的倡议通知指出：

（1）力争到 2017 年，全市外贸进出口额突破 20 亿美元，对外承包工程和劳务合作营业额突破 2.6 亿美元，对外投资中方合同额突破 7000 万美元。

（2）抢抓东南亚、中东、西亚等"一带一路"国家基础设施建设机遇，推动企业开展项目投资和工程承包。

（3）建立与央企省企合作机制。密切与中国对外承包工程商会的联系，促进我市企业与央企省企之间的对接合作，减少和降低企业境外投资的合作风险和经营成本，提升企业经济效益。

（4）加快转变发展模式，鼓励企业探索开展海外工程 BOT、PPP 等建营一体化高端项目模式，带动市内相关产业出海。

（5）充分发挥援外平台作用。充分利用国家对外援助改革的契机和政策，推动市内具有援外资质的工程建设、技术合作和专业培训等单位更好、更大规模"走出去"。

（七）湖北省关于建设工程相关领域的"一带一路"地方性政策规定。

湖北省宜昌市政府 2015 年 9 月 16 日发布的关于印发《2015 年宜昌市对接落实"一带一路"长江经济带长江中游城市群"一元多层次"等国家和省重大战略工作要点》（宜府办发〔2015〕44 号）的通知指出，支持本土企业开展境外工程承包和境外投资，开拓国际市场，扩大出口份额。

（八）广东省关于建设工程相关领域的"一带一路"地方性政策规定。

广东省深圳市地方税务局 2015 年 4 月 22 日发布的关于印发《服务"一带一路"建设

实施办法》（深地税发〔2015〕68号）的通知指出：

1. 建立"走出去"企业跨境税务风险预警体系。根据企业对外投资经营内外部信息设定风险监控指标，根据预警信息评析潜在跨境税务风险，通过纳服平台推送企业进行风险提示，并要求企业反馈风险排查结果。

2. 协助企业建立"走出去"跨境税务风险内控机制。协助"走出去"企业按组织层级与业务类别建立集团跨境税务风险控制制度，协助企业评析经营模式、投资架构、贸易安排潜在税务风险，提出改进建议以降低企业境外投资经营税务风险，鼓励企业通过谈签转让定价相应调整协议和双（多）边预约定价安排化解国际重复征税等税收风险。

3. 协助企业利用税收协定、我国驻外机构等解决境外税务争议，或者引导企业申请启动相互协商程序，请求总局与相关协定缔约国税务主管当局磋商解决争议。

（九）广西壮族自治区关于建设工程相关领域的"一带一路"地方性政策规定。

广西壮族自治区人民政府国有资产监督管理委员会2015年8月19日发布的关于印发《自治区国资委关于贯彻落实"一带一路"倡议推动企业"走出去"的指导意见》的通知指出：

1. 坚持因地制宜、稳健推进。结合广西区情及企业自身实际，"走出去"要以制造能力强、技术水平高、国际竞争优势明显、国际市场有需求的行业为重点，近期要以亚洲周边国家和非洲国家为主要方向，根据不同企业和行业的特点，有针对性地采用贸易、承包工程、投资等多种方式有序推进。

2. 提高对外承包工程的规模和水平。积极参与对外基础设施建设，重点承揽铁路、公路、机场、港口、工业与民用建筑、城市道路等领域的承包工程，争取国家援外项目，带动我区设备和技术输出。提升企业境外供应管理、研发设计、检验检测、专业维修等综合性服务水平，推动从单一工程承包向总集成总承包方向转变，带动装备出口和服务贸易的扩大。积极承揽国家援外项目，争取对外工程总承包取得新的突破。

3. 鼓励企业在"十三五"期间参与以东盟国家为基础，辐射全球的国际合作，尤其要加强基础设施建设合作，加大境外矿产资源领域投资合作力度，提高对外承包工程的规模和水平，促进对外贸易发展。

4. 积极实施抱团出海策略。实行资源开发与基础设施建设相结合、工程承包与建设运营相结合，探索"资源、工程、融资"捆绑模式，实现综合投资效益最大化。

5. 与央企合作借船出海。进一步深化与央企合作，充分利用央企广西行、中国—东盟博览会等合作平台以及我区在"一带一路"倡议中的区位优势，借助央企在项目、资金、技术、经验及管理等方面的优势，通过参股、引资等多种形式开展合作，通过央企总包工程获得分包项目，通过与央企合作有效防范和化解海外投资风险，实现借船出海的目的。

6. 加强境外国有资产监管。建立健全境外国有资产监管制度，定期对境外企业经营管理、内部控制、会计信息以及国有资产运营等情况进行监督检查。建立境外企业生产经营和财务状况信息报告制度，企业要按照规定向国资委报告有关境外企业财产状况、生产经营状况和境外国有资产总量、结构、变动、收益等情况。进一步加强境外国有产权管理，组织开展企业境外国有资产产权登记、资产转让、清产核资、资产评估和绩效评价等基础管理工作，企业在境外发生转让或者受让产权、以非货币资产出资、非上市公司国有股东股权比例变动、合并分立、解散清算等经济行为时，应当聘请具有相应资质、专业经验和良好信誉的专业机构对标的物进行评估或者估值，评估项目或者估值情况应严格履行备案或者核准手续。企业应当完善境外企业治理结构，强化境外企业章程管理，保障境外国有产权安全。强化责任追究制度，对违规操作、疏忽管理、失职渎职等造成国有资产损失的，要严格按照规定追究有关人员的责任。

（十）四川省关于建设工程相关领域的"一带一路"地方性政策规定。

1. 四川省成都市人民政府办公厅 2016 年 9 月 6 日发布的关于印发《成都市融入"一带一路"国家战略推动企业"走出去"五年（2016—2020 年）行动计划》（成办函〔2016〕128 号）的通知指出：

（1）推动企业"抱团出海"。以行业协会和龙头企业为主体，加强我市"走出去"企业联盟建设，推动企业抱团发展、资源共享、合作共赢；建立央企、蓉企合作机制，促进成都企业与央企、省属国企、大型民营企业之间的对接合作，减少和降低企业境外投资合作风险和经营成本，实现从单一的企业"走出去"向产业链"走出去"转变，提升企业经济效益。

（2）支持参与"一带一路"基础设施建设。引导企业主动适应国际工程承包新趋势，积极参与"一带一路"基础设施建设，重点承揽境外道路、桥梁、水利、能源、电力等领域工程；推动企业与央企、国内 500 强企业和其他知名企业加强合作，参与境外铁路、机场等基础设施建设；鼓励企业尝试运用政府与社会资本合作（PPP）、建设－运营－转让（BOT）等方式扩大境外项目合作，实现对外承包工程向国际产业链高端延伸；支持企业主动参与国际标准制定，推广中国工程技术标准和操作规范，大力培育我市承包工程企业的竞争新优势；推动境外承包工程与外贸进出口联动发展，带动我市企业扩大技术、产品、设备和服务出口。

（3）构建金融服务平台。鼓励银行机构、保险机构、融资性担保公司为企业"走出去"提供金融服务，引导股权投资基金、风险投资基金和民间资本参与"走出去"项目建设。主动对接亚投行、丝路基金、中国出口信用保险公司、国家开发银行、中国进出口银行等金融机构，拓宽企业"走出去"融资渠道。鼓励企业开展境外股权融资、债券融资等，降低融资成本。

2. 攀枝花市人民政府办公室 2015 年 7 月 27 日发布的关于印发《攀枝花市 2015—2017 年度实施"一带一路"倡议推进对外经济合作工作方案》的通知指出：

（1）实施"走出去"战略，推动在攀企业拓展南亚和东南亚境外工程承包市场，重点支持十九冶集团公司的越南台塑河静高炉工程施工项目，面向西南地区及东南亚市场的中国重汽矿用车生产线项目，连接东南亚市场的攀枝花东盟国际商贸城项目等 3 个重点项目建设。

（2）加大金融创新。对参与"一带一路"的企业在融资、人民币境外放款、资金利率、风险防控等方面予以引导和扶持。进一步放宽境外投资资金汇回管理等外汇管理政策。鼓励保险机构创新保险品种，为境外投资和对外承包工程项目提供风险保障，并给予优惠保费费率。

(十一) 云南省关于建设工程相关领域的 "一带一路" 地方性政策规定。

中共云南省昆明市委，昆明市政府 2016 年 7 月 8 日发布的《中共昆明市委、昆明市人民政府关于昆明服务和融入"一带一路"倡议的实施意见》（昆发〔2016〕15 号）指出：

创新企业"走出去"方式。支持企业以工程总承包公私合营/建设－经营－转让/移交－经营－移交等形式到沿线国家参与铁路、公路、港口、电信、电力、石化、仓储、矿山等投资建设，带动昆明设备、技术和服务"走出去"。支持有条件、有实力的企业到周边国家投资办厂、并购境外企业。支持企业通过链条式转移、集群式发展、园区化经营等方式"走出去"。

(十二) 陕西省关于建设工程相关领域的 "一带一路" 地方性政策规定。

1. 陕西省人民政府办公厅 2017 年 4 月 5 日发布的关于印发《陕西省"一带一路"建设 2017 年行动计划》（陕政办发〔2017〕22 号）的通知指出：支持优势企业开拓海外市场。引导市场主体积极参与国际产能合作，支持陕西延长集团、陕西煤化集团、陕西有色集团、陆港集团、大唐西市集团等国有骨干企业和优势民营企业加快"走出去"步伐，扩大对外投资合作规模。充分发挥我省在对外工程承包领域的集群优势，依托华山国际、中铁一局、中铁二十局集团、水电三局等重点企业拓展境外工程承包市场。

2. 陕西省人民政府办公厅 2016 年 5 月 26 日发布的关于印发《陕西省"一带一路"建设 2016 年行动计划》（陕政办发〔2016〕42 号）的通知指出：支持我省建筑、铁路、公路和电力四大领域企业加强横向合作，发展设计采购施工总承包（EPC）和联合体项目，参与国际产能合作项目竞争。

3. 宝鸡市人民政府 2015 年 9 月 8 日发布的《关于积极融入"一带一路"建设进一步做好境外投资工作的实施意见》（宝政发〔2015〕20 号）指出：

（1）支持我市企业参与境外基础设施建设。鼓励我市具有优势的能源开发利用、房屋建筑、市政工程、路桥建设等企业对外承包工程，提升境外工程接包能力。积极参与"一带一路"及周边国家互联互通、非洲"三大网络"（高速铁路网络、高速公路网络、区域航空网络）及拉美地区重大基础设施建设。

（2）建立健全境外投资、工程承包、外派劳务人员风险处置联动机制。推动保险机构积极为企业境外投资项目提供保险服务，创新业务品种，提高服务水平。

(十三) 宁夏回族自治区关于建设工程相关领域的 "一带一路" 地方性政策规定。

1. 宁夏回族自治区人民政府办公厅 2016 年 2 月 14 日发布的《关于转发人行银川中心支行等五部门金融支持宁夏融入"一带一路"加快开放宁夏建设意见的通知》（宁政办发〔2016〕30 号）指出：

满足企业"走出去"的金融服务需求。积极加强与沿线国家金融同业合作，跟进后续投融资金融服务。组织国际银团贷款，探索境外资产、境外应收账款等融资抵押方式，支持我区企业在沿线国家开展承包工程劳务合作。积极对接亚洲基础设施投资银行、金砖银行、丝路基金、国家开发银行、中国进出口银行、中国出口信用保险公司及各金融机构海外分支等，开展跨境项目投资和境内外金融产品联动，帮助"走出去"企业拓宽融资渠道。

2. 中共银川市委办公厅 2016 年 1 月 6 日发布的《关于加快开放银川建设打造"一带一路"倡议节点城市的若干意见》指出：

重点支持企业在境外开展生产加工、资源开发、营销网络、技术研发、品牌并购、文化教育等对外投资项目以及对外承包工程和高层次对外劳务合作项目。鼓励"走出去"企业优先采购本市产品，带动本地原材料、设备、技术出口；对确定的重点"走出去"项目，采用政府购买服务方式，给予前期商务咨询、资产评估、信用评级、法律服务等方面支持。积极争取中国进出口银行和中国出口信用保险公司在我市设立分支机构，为企业提供项目融资、并购贷款、内保外贷、出口信用保险等服务，鼓励支持市内担保公司对进出口企业开展融资担保业务。探索建立企业"走出去"咨询服务平台，为企业境外投资提供更加及时、准确的国际市场信息和风险防范预警；支持外贸综合服务企业建设外贸服务平台，为企业提供全方位服务。

3. 中共宁夏回族自治区党委 2015 年 7 月 27 日发布的《关于融入"一带一路"加快开放宁夏建设的意见》（宁党发〔2015〕22 号）指出：

（1）以打通交通基础设施关键通道和关键节点为重点，实施铁路提速联通工程、高速公路贯通工程和机场枢纽畅通工程。

（2）对自治区开放型经济重点项目建设用地指标，由自治区"点供"保障，使用自治区级年度计划指标，因季节原因有工期要求急需开工的控制性单体工程项目，按有关规定给予办理先行用地。土地审批时不再将地质灾害危险性评估作为前置条件。对进入产业园区项目的灾评、环评、安评、震评等共性评估，由园区统一组织实施，费用由园区所在地政府承担，不再对单个项目审核审批。在产业园区内，符合规划、不改变用途的原有低效工业用地改造提高容积率的，不再增收土地出让价款。

（3）鼓励并支持在宁夏注册的企业，在出口产品、境外投资、对外经济技术合作、工程承包和劳务输出等方面投保出口信用保险和人身意外伤害保险。

第二章

中国政府"一带一路"政策实践

一、境外投资规定

随着经济全球化、世界经济一体化进程，中国境外投资快速发展。中国于 2001 年加入世界贸易组织 WTO，同年正式提出"走出去"方针。近年来，中国企业境外投资总体跨越式发展，呈现规模大、地域宽、行业广的特点，投资体量已位居世界前列。因各国的政治、经济、法律、社会状况不同，境外投资不确定性大，风险性强。为了协助投资者应对复杂的国际环境，促进境外投资健康发展，需要健全、完善相应的境外投资配套法律制度和措施。

（一）境外投资的概念

境外（国际）投资是国际资金流动的一种重要形式，是投资者为获得一定经济效益而将其资本投入国外的一种经济活动。[①] 一般来讲，根据投资方式的不同，境外投资可分为境外直接投资和境外间接投资。境外直接投资是指在中华人民共和国境内依法设立的企业通过新设、并购及其他方式在境外拥有非金融企业或取得既有非金融企业所有权、控制权、经营管理权及其他权益的行为。[②] 投资者拥有境外企业（机构）的经营管理权和控制权，直接参与境外企业（机构）的经营管理是境外直接投资的核心特征。境外直接投资主要含绿地投资、并购投资、获取自然资源或基础设施建设特许权投资等。其中，绿地投资又称新建投资，是指母国企业在东道国境内直接投资建新工厂、新分部的直接投资模式。[③]境外间接投资是指投资者不参与投资对象的经营管理，不享有对投资对象的所有权、控制权或支配权，而是通过持有股票或其他证券的方式进行投资，即通过投资有价证券取得投资回报。

（二）我国境外投资规定现状

当前，我国境外投资的国内立法尚不完善，主要是指一系列包括核准与备案、外汇、税收保险、服务保障等方面在内的部门规章，包括国家发展和改革委员会《企业境外投资管理办法》（第 11 号令）（2017）、商务部《境外投资管理办法》（2014）、国有资产监督管理委员会《中央企业境外投资监督管理办法》（2017）以及国家外汇管理局《境内机构境外直接投资外汇管理规定》（2009）等。此外，国家外汇管理局《关于境内居民通过特殊目的公司境外投融资及返程投资外汇管理有关问题的通知》（2014）规定了境内居民（含境内机构和个人）在真实合理需求的基础上，可以购汇进行境外特殊目的公司的设立，故而拓宽了境外投资的主体。之后，发改委、商务部、人民银行、外交部《关于进一步引导和规范境外投资方向的指导意见》（2017）明确限制赌博业、房地产、影城、俱乐部等境外投资，鼓励一带一路建设的基础设施项目。

（三）境外直接投资的监管

企业境外直接投资虽然是企业的一种商业活动，但对本国的公共利益以及国际收支平

[①] 余劲松，周成新，《国际投资法》，法律出版社，2014 年第 4 版，第 1 页。
[②] 参见 2014 年《境外投资管理办法》第二条。
[③] 申林平，《中国〈境外直接投资法〉立法建议稿及理由》，2015 年版，第 49 页。

衡也会产生影响，关系到本国国家利益与本国经济的发展，因此，各国采用不同方式对其进行监管。根据监管严格程度的不同，境外投资的监管可分为两类：第一类是以美国为代表的开放性监管模式，美国投资者在国外或国内的直接投资无须得到批准；美国居民或非居民由国外汇入或向外国汇出资本，不实行外汇管制；第二种是以日本、韩国为代表的有限监管模式，由国家机构对境外投资项目实施不同程度的管制，如韩国根据投资额对境外直接投资项目进行许可、申告受理和认证。① 从世界范围来看，有关国家大都根据其经济发展的实力和需要，从一开始的严格限制境外投资到逐步放松对境外投资的管制。② 世界各主要国家（如新加坡、法国、德国等）在规制境外投资时，不是直接进行管理，而是根据本国国情，采取不同的方式支持或协助本国企业的境外投资。③ 我国的境外投资审查制度的发展也经历了从早期的严格审批制到后来的相对宽松的审批制和备案制的过程。政府转变职能主要体现在减少审批事项、下放审批权、实行核准制等方面。

1. 发改委及省级政府投资主管部门

国家发展和改革委员会（简称发改委）遵循促进境外投资持续健康发展的规则对境外投资进行宏观指导，逐步规范手续，降低企业制度性交易成本，推进境外投资发展。发改委《企业境外投资管理办法》（2017）进一步明确了对境外投资监管范围，规范了境外投资项目核准权限，完善了核准方案。该《办法》由总则、境外投资指导与服务、境外投资项目核准和备案、境外投资监管、法律责任、和附则共六章构成，自2018年3月1日起实施。该《办法》既适用于非金融企业，也适用于金融企业。据此《办法》规定：实行核准管理的范围是投资主体直接或通过其控制的境外企业开展的敏感类项目。核准机关是国家发展改革委。敏感类项目包括涉及敏感国家和地区的项目和涉及敏感行业的项目。敏感国家和地区包括：与我国未建交的国家和地区；发生战争、内乱的国家和地区；根据我国缔结或参加的国际条约、协定等，需要限制企业对其投资的国家和地区等。敏感行业包括：武器装备的研制生产维修；跨境水资源开发利用；新闻传媒；根据我国法律法规和有关调控政策，需要限制企业境外投资的行业。敏感行业目录由国家发展改革委发布。实行备案管理的范围是投资主体直接开展的非敏感类项目，也即涉及投资主体直接投入资产、权益或提供融资、担保的非敏感类项目。实行备案管理的项目中，投资主体若是中央管理企业（含中央管理金融企业、国务院或国务院所属机构直接管理的企业），那么备案机关是国家发展改革委；投资主体若是地方企业，且中方投资额3亿美元及以上的，那么备案机关是国家发展改革委；投资主体若是地方企业，且中方投资额3亿美元以下，那么备案机关是投资主体注册地的省级政府发展改革部门。④ 值得注意的是，该《办法》将境内企业和自然人通过其控制的境外企业开展的境外投资纳入管理框架。⑤

2. 商务部及省级商务主管部门

商务部《境外投资管理办法》（2014）为境外直接投资搭建了基本的法律制度框架。

---

① 沈四宝，郑杭斌，《构建我国国有企业境外直接法律监管的若干思考》，载《西部法学评论》，2009年第2期。
② 国务院发展研究中心对外经济研究课题小组：《新兴市场经济体放松境外投资管制的经验教训》，《经济研究参考》，2002年第66期，第2—3页。
③ 余劲松、陈正健，《中国境外投资核准制度改革刍议》，《法学家》2013年2期。
④ 参见2017《企业境外投资管理办法》第十三条、第十四条。
⑤ 参见2014年《境外投资项目核准和备案管理办法》第二十四条、第二十五条。

该《办法》规定,商务部和省级商务主管部门按照企业境外投资的不同情形,分别实行备案和核准管理。企业境外投资涉及敏感国家和地区、敏感行业的,实行核准管理。企业其他情形的境外投资,实行备案管理。实行核准管理的国家是指与中华人民共和国未建交的国家、受联合国制裁的国家,以及商务部可另行公布的其他实行核准管理的国家和地区。实行核准管理的行业是指涉及出口中华人民共和国限制出口的产品和技术的行业、影响一国(地区)以上利益的行业。① 该《办法》取消了之前对特定金额以上境外投资、在境外设立特殊目的的公司实行核准的要求。中方投资在 10 亿美元以上的项目,除涉及敏感国家和地区、敏感行业的项目外,都实行备案。最大程度缩小了项目核准范围,缩短对外投资项目操作时间,提高了运作效率。

3. 国家外汇管理局及其分支机构

外汇管理政策服务于实体经济,为境外投资保驾护航。境外投资关系到国家的国际收支平衡,对于实行外汇管理的国家来说,对境外投资用汇也会采取一定的措施。例如,韩国曾经对境外投资依据用汇额度进行审批。我国人民币目前还没有实现完全自由兑换,资本项目存在一定程度的管制。② 国家外汇管理局制定和调整我国与境外投资外汇有关的政策。我国境外投资的外汇管理制度经过多年发展,不断简政放权,呈逐步放宽的态势,为我国企业境外投资提供支持。2012 年国家外汇局先后发布两个通知,对外汇管理政策作出改进和调整,对投资主体境外投资活动的外汇管理进行简化,继续鼓励和支持投资的发展。近年来,发展和完善的速度较快。2014 年外管局发布通知规定国内投资主体境外投资前期费用大幅提升,并将审核权限下放至分支局。2015 年,为深化我国的境外投资外汇管理制度改革,为我国的境外投资发展提供更好的鼓励和支持,国家外汇管理局发布通知进一步完善对内投资主体境外投资的外汇管理,以提高管理效率。

4. 国有资产监督管理委员会

国有资产监督管理委员会(简称国资委)对国有企业的境外投资进行监管。2017 颁布的《中央企业境外国有资产监督管理办法》规定,国资委根据国家有关规定和监管要求,建立发布中央企业境外投资项目负面清单,设定禁止类和特别监管类境外投资项目,实行分类监管。列入负面清单禁止类的境外投资项目,中央企业不得投资;列入负面清单特别监管类的境外投资项目,中央企业报送国资委审核;负面清单之外的境外投资项目,中央企业自主决策。③ 国资委主要从以下方面对国企开展境外投资活动进行监管:制定有关监督管理制度、实施和监督检查;资产统计、清产核资、资产评估和绩效评价等;落实有关资产的保值增值责任等。鉴于境外投资高风险的特点,《中央企业境外国有资产监督管理办法》进一步完善了监管要求,比如,在股权结构上要求引入第三方机构入股、在境外特别重大项目上要求委托有资质的独立第三方咨询机构开展风险评估、在风险把控上,要求充分利用出口信用和商业保险机制等。

(四)健全境外投资规定,完善支持体系

境外投资对我国的经济和社会发展具有重要意义。作为国家对外开放总体战略的重要

---

① 参见 2014 年《境外投资管理办法》第六条、第七条。
② 余劲松、陈正健,《中国境外投资核准制度改革刍议》,《法学家》2013 年 2 期。
③ 参见《中央企业境外国有资产监督管理办法》第九条。

组成部分，我国对外投资合作高速发展，"走出去"的规模和效益不断提升，投资国别和结构呈多元化发展趋势。一方面，境外直接投资通过资本、技术、人员的输出，有利于促进资本增值、带动商品出口、优化产业结构、绕开贸易壁垒，有利于发展与东道国的友好关系、扩大国际影响。另一方面，不当的境外投资可能导致资本损失、国内投资和就业机会减少、影响国际收支平衡。我国对外投资监管部门需要进一步转变职能，完善对外投资规定和政策，指引和规范企业、机构以及个人的跨国投资，推进和完善双边、多边投资保护协定，给投资者创造良好的政策环境。

二、对外承包工程和劳务合作规定

（一）对外承包工程规定

1. 对外承包工程定义

国务院颁布的《对外承包工程管理条例》第二条规定，对外承包工程指中国的企业或者其他单位承包境外建设工程项目的活动。商务部和住房城乡建设部之前颁布的《对外承包工程资格管理办法》（已废止）第二条进一步规定，对外承包工程是指中国的企业或者其他单位承包境外建设工程项目，包括咨询、勘察、设计、监理、招标、造价、采购、施工、安装、调试、运营、管理等活动。

我国对外承包工程有了法律法规的规范指导主要体现于：2000年国务院办公厅转发外经贸部等部门关于《大力发展对外承包工程意见》的通知和2008年5月7日国务院第八次常务会议通过并于2008年9月1日施行的《对外承包工程管理条例》。

2013年9月和10月，中国国家主席习近平在出访中亚和东南亚国家期间，先后提出共建"丝绸之路经济带"和"21世纪海上丝绸之路"（即"一带一路"）重大倡议。2015年3月28日国家发展改革委、外交部、商务部联合发布《推动共建丝绸之路经济带和21世纪海上丝绸之路的愿景与行动》阐明："一带一路"贯穿亚欧非大陆，一头是活跃的东亚经济圈，一头是发达的欧洲经济圈，中间广大腹地国家经济发展潜力巨大。丝绸之路经济带重点畅通中国经中亚、俄罗斯至欧洲（波罗的海）；中国经中亚、西亚至波斯湾、地中海；中国至东南亚、南亚、印度洋。21世纪海上丝绸之路重点方向是从中国沿海港口过南海到印度洋，延伸至欧洲；从中国沿海港口过南海到南太平洋。在全球经济持续低迷、复苏艰难的大背景下，基础设施领域的建设与投资将会成为拉动世界经济走出困境的重要举措之一，一带一路倡议重心是促进互通互联的基础设施建设，将对中国企业对外承包工程带来历史性的发展机遇。

机遇的同时亦面临挑战，现今工程规模激增、承包模式变化、国际市场竞争日益白热化，中国企业海外工程承包频频出现亏损事件，如中海外在波兰A2高速公路案遭巨额索赔不得不放弃该工程；中国铁建沙特麦加轻轨项目亏损总额高达41.53亿元人民币等，需引起承包商警觉。

2. 对外承包工程模式

（1）传统承包模式

传统承包模式又称设计-投标-施工（DBB）模式，指业主在咨询工程师协助下与设计单位签订设计合同委托其完成设计任务，其后通过招标选择施工承包商并与之签订施工合同委托其完成施工任务，施工单位再与供应商和分包商签订合同。世界银行、亚洲开发银行贷款项目和采用国际咨询工程师联合会（FIDIC）合同条件项目（1999年第1版）均采用这种模式。

（2）总承包模式

总承包模式指承包商承包施工和设计任务。包括设计-建造（D&B）总承包模式和设计-采购-施工（EPC）总承包模式（即交钥匙模式）。EPC模式是工程总承包中最常使用的承包模式，其风险比D&B大很多。该模式中，总承包商在项目实施过程中处于核心地位，对工程的质量、安全、工期、价格承担全部责任。总承包商按照承包合同约定，承担工程设计、服务、设备采购、施工、安装、检测和调试等工作，直至项目竣工移交。

（3）项目投融资模式

该模式包括PPP模式和BOT模式等。

PPP（Public-Private-Parnership）模式是现今较为流行的项目融资模式，指国际上引导利用私人资本或由私营企业融资来提供传统上由政府提供资金的公用设施和社会公益服务的一种融资模式，该模式由政府与民营机构签订长期合作协议，授权民营机构建设、运营或管理道路、桥梁、电厂、水厂等基础设施并向公众提供公共服务。

BOT（Build-Operate-Transfer）模式是私营企业参与基础设施建设，向社会提供公共服务的一种方式。我国一般称其为"特许权"，指政府部门就某个基础设施项目与私人企业（项目公司）签订特许权协议，授予签约方的私人企业来承担该基础设施项目的投资、融资、建设、经营与维护，在协议规定的特许期限内，该私人企业向设施使用者收取适当的费用，由此来回收项目的投融资、建造、经营和维护成本并获取合理回报；政府部门则拥有对这一基础设施的监督权、调控权。特许期届满，签约方的私人企业将该基础设施无偿或有偿移交给政府部门的项目融资方式。

3. 我国对外承包工程的法律规定

（1）对外承包工程的资格

根据商务部之前颁布的《对外承包工程管理条例》和《对外承包工程资格管理办法》，对外承包工程的单位应取得商务部核发的《对外承包工程经营资格证书》。但上述规定已由国务院2017年3月1日发布《关于修改和废止部分行政法规的决定》以及商务部2017年9月14日发布《商务部令2017年第3号商务部关于废止和修改部分规章的决定》废止。

根据上述决定，修改后的《对外承包工程管理条例》不仅正式取消了对外承包工程资格审批，而且删除商务主管部门可以吊销对外承包工程资格证书的规定。而《对外承包工程资格管理办法》则被全文予以废止。

对外承包工程资格核发的取消表明今后企业走出去承包国外工程将不再受相关资格限制，这一变化有利于进一步调动企业对外承包工程的积极性。同时，相关部门也将加强事中事后监管，规范行业的经营秩序。

（2）对外承包工程的风险防范

《对外承包工程管理条例》规定国务院商务主管部门应当会同有关部门建立对外承包

工程安全风险评估机制,定期发布有关国家和地区安全状况的评估结果,及时提供预警信息,指导对外承包工程的单位做好安全风险防范;建立、健全对外承包工程突发事件预警、防范和应急处置机制,制定对外承包工程突发事件应急预案等。与境外工程项目发包人订立合同后,及时向中国驻该工程项目所在国使馆(领馆)报告,并接受使馆(领馆)在突发事件防范、外派人员保护等方面的指导;制定突发事件应急预案,及时、妥善处理在境外发生的突发事件,并立即向中国驻该工程项目所在国使馆(领馆)和国内有关主管部门报告等。

(3) 对外承包工程外派人员的合法权益

《对外承包工程管理条例》规定,对外承包工程的单位应当依法与其招用的外派人员订立劳动合同,按照合同约定向外派人员提供工作条件和支付报酬,履行用人单位义务。

对外承包工程企业应有专门的安全管理机构和人员负责保护外派人员的人身和财产安全,制定保护外派人员人身和财产安全的方案并落实所需经费;根据工程项目所在国家或者地区的安全状况,有针对性地对外派人员进行安全防范教育和应急知识培训,增强外派人员的安全防范意识和自我保护能力。从事对外承包工程外派人员中介服务的机构应当取得国务院商务主管部门的许可,并按照国务院商务主管部门的规定从事对外承包工程外派人员中介服务;对外承包工程的单位通过中介机构招用外派人员的,应当选择依法取得许可并合法经营的中介机构,不得通过未依法取得许可或者有重大违法行为的中介机构招用外派人员。为确保对外承包工程单位承担相应的保障外派劳务人员合法权益的责任和义务,对外承包工程的单位应当按照国务院商务主管部门和国务院财政部门的规定,及时缴存备用金,用于支付对外承包工程的单位拒绝承担或者无力承担的外派人员的报酬、因发生突发事件外派人员回国或者接受其他紧急救助所需费用,以及依法对外派人员的损失进行赔偿所需费用。

(4) 对外承包工程的质量及安全生产

《对外承包工程管理条例》规定,对外承包工程的单位应当加强对工程质量和安全生产的管理,建立、健全并严格执行工程质量和安全生产管理的规章制度。对外承包工程单位将工程项目分包的,应当与分包单位订立专门的工程质量和安全生产管理协议,或者在分包合同中约定各自的工程质量和安全生产管理责任,并对分包单位的工程质量和安全生产统一协调、管理;禁止对外承包工程的单位将工程项目分包给不具备国家规定的相应资质的境内单位,或者将工程项目的建筑施工部分分包给未依法取得安全生产许可证的境内建筑施工企业。三是,明确禁止分包单位将工程项目转包或者再分包,规定对外承包工程的单位应当在分包合同中明确约定分包单位不得将工程项目转包或者再分包,并负责监督。

(5) 对外承包工程监管及责任

《对外承包工程管理条例》规定,我国对外承包工程监管主要是国务院主管部门和有关部门、地方政府、商会协会。国务院商务主管部门负责全国对外承包工程的监督管理,国务院有关部门在各自的职责范围内负责与对外承包工程有关的管理工作。国务院建设主管部门组织协调建设企业参与对外承包工程。省、自治区、直辖市人民政府商务主管部门负责本行政区域内对外承包工程的监督管理。有关对外承包工程的协会、商会按照章程为其成员提供与对外承包工程有关的信息、培训等方面的服务,依法制定行业规范,发挥协调和自律作用，维护公平竞争和成员利益。

《对外承包工程管理条例》是国务院第一次发布的规范对外承包工程的法律文件，对于对外承包工程企业更好地实施"走出去"战略，增强企业的国际竞争力具有重大意义。

（6）对外承包工程项目投标（议标）的相关规定

1）对外承包工程项目投标（议标）规定的沿革

2000年5月1日试行外经贸部、中国人民银行共同制定的《对外承包工程项目投标（议标）许可暂行办法》；2005年1月28日执行商务部、中国人民银行、财政部制定关于《对外承包工程项目投标（议标）许可暂行办法》补充规定；中国对外承包工程商会第五次会员代表大会通过并于2007年8月3日执行的《对外承包工程项目投（议）标协调办法》及其《实施细则》；2011年12月7日商务部、中国银行业监督管理委员会、中国保险监督管理委员会以2011第3号文发布了《对外承包工程项目投标（议标）管理办法》。该投标管理办法对企业要求较为明确、具体，扩大了银行开展相关业务的要求。中资银行对目前中资企业在海外工程项目承包业务壮大和发展提供了重要的支持。2017年9月14日，商务部发布了《商务部令2017年第3号商务部关于废止和修改部分规章的决定》，对《对外承包工程项目投标（议标）管理办法》予以了修改。

2）《对外承包工程项目投标（议标）管理办法》

修改后的《对外承包工程项目投标（议标）管理办法》规定企业或其他单位以投标或议标方式承包合同报价金额不低于500万美元的境外建设工程项目，应当在对外投标或议标前按照本办法规定办理对外承包工程项目投标（议标）核准，但申请核准不再需要取得对外承包工程资格证书及提交有关商会出具的意见。

商务部负责对外承包工程项目核准工作。对外承包工程的单位应当通过对外承包工程项目数据库系统申请对外承包工程项目核准。申请核准应当提供以下材料：①申请单位基本信息；②项目情况说明；③中国驻项目所在国使馆（领馆）经商机构出具的意见；④需境内金融机构提供信贷或信用保险的项目，需提交境内金融机构出具的承贷或承保兴趣函。

商务部在收到上述规定中的完备材料后，予以在线受理，并自受理之日起3个工作日内作出是否核准的决定，对符合条件的予以网上核准，并向申请单位颁发《对外承包工程项目投标（议标）核准证》。商务部还可依企业申请征求相关行业商会意见，相关行业商会应在综合考虑企业公平竞争和行业自律等情况的基础上，于5个工作日内通过对外承包工程项目数据库系统向商务部回复意见。逾期不回复视为无意见。中国驻项目所在国使馆（领馆）经商机构应当在对外承包工程的单位根据本办法对外承包工程项目数据库系统提出申请后通过对外承包工程项目数据库系统提出明确意见。中国驻项目所在国使馆（领馆）经商机构在提出意见时应当综合考虑外经贸政策、驻在国安全风险、项目环保与可能涉及的多国利益以及企业业务开展情况、突发事件报送和项目外派劳务人员等问题。有关商会应当在中国驻项目所在国使馆（领馆）经商机构出具意见后通过对外承包工程项目数据库系统提出明确意见。有关商会在提出意见时应当综合考虑企业公平竞争和行业自律等有关情况。

具有下列情形之一的，不予办理对外承包工程项目核准：①申请单位受到商务部或者其他部门暂停经营对外承包工程或相关业务的处罚尚未期满；②申请核准前3年内因实施对外承包工程项目的不规范经营行为或重大失误给中国与项目所在国双边关系和经贸合作造成严重影响；③申请核准前3年内参加对外承包工程项目投标（议标）时擅自以中国政府或者金融机构的名义对外承诺融资；④申请核准前2年内未按规定向商务主管部门报告其开展对外承包工程的情况，或未按规定向有关部门报送业务统计资料；⑤申请核准前3年内不遵守《境外中资企业机构和人员安全管理规定》，并导致重大事故；⑥申请核准前2年内未按《对外承包工程管理条例》要求向中国驻工程项目所在国使馆（领馆）报告订立工程项目合同情况或不接受使馆（领馆）在突发事件防范、工程质量、安全生产及外派人员保护等方面的指导；⑦申请核准前3年内曾因以欺骗、贿赂等不正当手段取得《核准证》被商务部撤销核准。

获得对外承包工程项目核准的单位，可以就相关项目向境内金融机构申请办理保函、信贷或信用保险，向境内金融机构申请项目保函、信贷或信用保险时，应当提交《核准证》等相关文件。境内金融机构不得向未依据本办法办理对外承包工程项目核准的单位开立保函、提供信贷或信用保险。获得对外承包工程项目核准的单位应当在项目评标结果公布后10个工作日内，在对外承包工程项目数据库系统上填报评标结果。中标单位应当在开工后每个月在对外承包工程项目数据库系统上填报项目实施进展情况，直至对外承包工程项目合同义务终止。

（7）对外承包工程保函风险专项资金的相关规定

财政部和原对外经济贸易部2001年10月10日发布《对外承包工程保函风险专项资金管理暂行办法》，2003年3月31日发布《补充规定》。

该办法列明，对外承包工程保函风险专项资金系指由中央财政出资设立，为符合本办法规定的对外承包工程项目（以下简称项目）开具的有关保函提供担保、垫支赔付款的专项资金。保函风险资金支出范围为：①为符合条件的项目开具的投标保函、履约保函和预付款保函提供担保；②垫支对外赔付资金；③垫支赔付资金的核销。

根据该办法及补充规定，申请使用保函风险资金的企业须具备以下条件：①经对外贸易经济合作部（以下简称外经贸部）批准，具有对外经济合作经营资格并在工商行政管理部门登记注册的企业法人；②资产总额在8000万元人民币以上（含8000万元人民币），所有者权益在1500万元人民币以上（含1500万元人民币），连续两年盈利；③未发生拖欠或挪用各类国家专项基金、资金及其他违法违规经营记录。

申请使用保函风险资金的项目须具备以下条件：①合同额（或投标金额）在500万美元或其他等值货币以上（含500万美元）；②取得《对外承包工程项目投（议）标许可证》；③符合我国外经贸政策。同一企业累计开立保函余额为3000万美元。对承接发展前景良好，确有经济效益的特大型对外承包工程项目的企业不得超过4000万美元。

另外商务部、外交部、国家发展和改革委员会、财政部、住房城乡建设部、铁道部、交通部、信息产业部、水利部、中国人民银行、国务院国有资产监督管理委员会、海关总署、中国民用航空总局、国家安全生产监督管理总局、国家外汇管理局等部门颁布了一系列的法规和部门规章，对中国企业对外承包工程分包管理、劳务管理、安全质量管理、事故汇报、项目所在地监管等各个环节均进行了规制。例如：商务部、外交部、国家发展和改革委、财政部、住房城乡建设部、国资委、安全监管总局关于开展落实《对外承包工程管理条例》专项检查的通知；《国务院国有资产监督管理委员会管理有关工作的通知》；

《中央企业境外国有资产监督管理暂行办法》;《关于加强中央企业国际化经营中法律风险防范的指导意见》。

(二) 对外劳务合作规定

1. 对外劳务合作定义

实施"走出去"战略,对外劳务合作对增加国民收入、促进就业均发挥了积极作用,但在领域合作中,部分单位或个人非法组织劳务人员到境外打工,境外务工人员的权益受到侵害,境外劳务纠纷等群体性事件时有发生,不仅损害了劳务人员的合法权益,也损害了我国的国际形象。2012年6月4日国务院为规范对外劳务合作,保障劳务人员的合法权益,促进对外劳务合作健康发展制定发布《对外劳务合作管理条例》,并于2012年8月1日起施行。本条例旨在完善政策措施,抓紧制定对外劳务合作管理的行政法规,从制度上解决对外劳务合作中存在的问题,有利于维护劳务人员合法权益,促进对外劳务合作健康发展。

根据该条例,对外劳务合作指组织劳务人员赴其他国家或者地区为国外的企业或者机构(以下统称国外雇主)工作的经营性活动。国外的企业、机构或者个人不得在中国境内招收劳务人员赴国外工作。

2. 对外劳务合作规定

(1)《对外劳务合作管理条例》

1) 对外劳务合作经营活动条件

①符合企业法人条件;②实缴注册资本不低于600万元人民币;③有3名以上熟悉对外劳务合作业务的管理人员;④有健全的内部管理制度和突发事件应急处置制度;⑤法定代表人没有故意犯罪记录。

2) 备用金制度

对外劳务合作企业应当自工商行政管理部门登记之日起5个工作日内,在负责审批的商务主管部门指定的银行开设专门账户,缴存不低于300万元人民币的对外劳务合作风险处置备用金。备用金也可以通过向负责审批的商务主管部门提交等额银行保函的方式缴存。备用金用于支付对外劳务合作企业拒绝承担或者无力承担的下列费用:①对外劳务合作企业违反国家规定收取,应当退还给劳务人员的服务费;②依法或者按照约定应当由对外劳务合作企业向劳务人员支付的劳动报酬;③依法赔偿劳务人员的损失所需费用;④因发生突发事件,劳务人员回国或者接受紧急救助所需费用。

3) 非法组织劳务人员到境外

未依法取得对外劳务合作经营资格并向工商行政管理部门办理登记,任何单位和个人不得从事对外劳务合作;任何单位和个人不得以商务、旅游、留学等名义组织劳务人员赴国外工作;对外劳务合作企业不得允许其他单位或者个人以本企业的名义组织劳务人员赴国外工作;对违法从事对外劳务经营活动的,任何单位和个人有权向商务、公安、工商行政管理等有关部门举报;国务院商务主管部门会同国务院公安、工商行政管理等有关部门建立健全相关管理制度,防范和制止非法从事对外劳务经营活动的行为;对非法从事对外劳务经营活动的,依法予以取缔。

4) 对外劳务合作合同的规定

对外劳务合作企业应当与国外雇主订立书面劳务合作合同；未与国外雇主订立书面劳务合作合同的，不得组织劳务人员赴国外工作。

劳务合作合同必备条款：① 劳务人员的工作内容、工作地点、工作时间和休息休假；②合同期限；③劳务人员的劳动报酬及其支付方式；④劳务人员社会保险费的缴纳；⑤劳务人员的劳动条件、劳动保护、职业培训和职业危害防护；⑥劳务人员的福利待遇和生活条件；⑦劳务人员在国外居留、工作许可等手续的办理；⑧劳务人员人身意外伤害保险的购买；⑨因国外雇主原因解除与劳务人员的合同对劳务人员的经济补偿；⑩发生突发事件对劳务人员的协助、救助；⑪违约责任。

劳动合同知情权：对外劳务合作企业与劳务人员订立服务合同或者劳动合同时，应当将劳务合作合同中与劳务人员权益保障相关的事项以及劳务人员要求了解的其他情况如实告知劳务人员，并向劳务人员明确提示包括人身安全风险在内的赴国外工作的风险，不得向劳务人员隐瞒有关信息或者提供虚假信息。

补正：对外劳务合作企业应当自与劳务人员订立服务合同或者劳动合同之日起10个工作日内，将服务合同或者劳动合同、劳务合作合同副本以及劳务人员名单报负责审批的商务主管部门备案。负责审批的商务主管部门应当将用工项目、国外雇主的有关信息以及劳务人员名单报至国务院商务主管部门。商务主管部门发现服务合同或者劳动合同、劳务合作合同未依照本条例规定载明必备事项的，应当要求对外劳务合作企业补正。

5) 对外劳务合作企业责任

劳务人员在国外实际享有的权益不符合合同约定的，对外劳务合作企业应当协助劳务人员维护合法权益，要求国外雇主履行约定义务、赔偿损失；劳务人员未得到应有赔偿的，有权要求对外劳务合作企业承担相应的赔偿责任。对外劳务合作企业不协助劳务人员向国外雇主要求赔偿的，劳务人员可以直接向对外劳务合作企业要求赔偿。因对外劳务合作企业隐瞒有关信息或者提供虚假信息等原因，导致劳务人员在国外实际享有的权益不符合合同约定的，对外劳务合作企业应当承担赔偿责任。

6) 政府的服务和管理

国务院商务主管部门会同国务院有关部门建立对外劳务合作信息收集、通报制度，为对外劳务合作企业和劳务人员无偿提供信息服务；国务院商务主管部门会同国务院有关部门建立对外劳务合作风险监测和评估机制，及时发布有关国家或者地区安全状况的评估结果，提供预警信息，指导对外劳务合作企业做好安全风险防范；国家财政对劳务人员培训给予必要的支持，国务院商务主管部门会同国务院人力资源社会保障部门应当加强对劳务人员培训的指导和监督；组织建立对外劳务合作服务平台，为对外劳务合作企业和劳务人员无偿提供服务；建立对外劳务合作不良信用记录和公告制度；制定对外劳务合作突发事件应急预案，妥善处置对外劳务合作突发事件等。

(2)《对外劳务合作风险处置备用金管理办法（试行）》

2014年7月18日，商务部发布《对外劳务合作风险处置备用金管理办法（试行）》，自8月17日起施行。2017年9月14日，商务部发布《商务部令2017年第3号商务部关于废止和修改部分规章的决定》，对该办法进行了修改。

根据修改后的办法，对外劳务合作风险处置备用金（以下简称备用金）是指对外劳务合作企业缴存，用于《对外劳务合作管理条例》第十条所规定使用范围的专用资金。

对外劳务合作企业缴存备用金的银行，由负责对外劳务合作经营资格审批的商务主管部门会同同级财政部门指定。对外劳务合作企业应到指定银行办理备用金缴存和取款手续。对外劳务合作企业应当自获得对外劳务合作经营资格并在工商行政管理部门登记之日起 5 个工作日内，在指定银行缴存备用金。对外劳务合作企业拒绝或无力承担依法应向劳务人员支付的劳动报酬或赔偿劳务人员的损失所需费用的，商务主管部门凭人民法院判决、裁定及其他生效法律文书使用备用金。

对外承包工程的单位应当自收到中标文件或签署项目商务合同后 15 个工作日内，在指定银行缴存备用金。备用金缴存标准为 300 万元人民币，以现金或等额银行保函形式缴存。对外承包工程的单位已取得对外劳务合作经营资格并足额缴存备用金的，不需依照本条再次缴存备用金。

对外承包工程的单位以现金形式缴存备用金的，对外承包工程的单位应当在对外承包工程项目数据库系统中填写并打印《备用金缴存申请表》，连同《营业执照》副本或《事业单位法人证书》副本，到指定银行开设专门账户并办理存款手续，签订《备用金存款协议书》，并将复印件送注册地省级商务主管部门备案（原备用金账户余额已达到缴存标准的除外）。

对外承包工程的单位以银行保函形式缴存备用金的，由指定银行出具受益人为注册地省级商务主管部门的不可撤销保函，保证在发生《对外承包工程管理条例》第十九条规定使用情形时履行担保责任。保函有效期至少为两年，注册地省级商务主管部门应在保函到期前一个月提醒对外承包工程的单位视情延长保函的有效期。保函正本由商务主管部门留存。

备用金账户余额达到规定标准或持有效备用金保函的单位，可以就相关项目向境内金融机构申请办理履约保函、信贷或信用保险。向境内金融机构申请办理履约保函、信贷或信用保险时，应当提交备用金足额缴存的证明。

另商务部、外交部、财政部等部门颁布了一系列的法规和部门规章，对中国企业对外劳务合作经营资格管理、服务平台资金管理、备用金管理、人员分类管理等各个环节均进行了规制。例如，《商务部办公厅关于继续做好对外劳务合作管理有关工作的通知》针对备用金、劳务合作经营资格管理、劳务人员信息数据统计；《商务部、外交部关于建立境外劳务群体性事件预警机制的通知》针对预警重要性、组织领导、畅通沟通、预警环节、预警服务、监管与考核；商务部关于印发《对外承包工程业务统计制度》、《对外劳务合作业务统计制度》的通知，对于 2008 年 511 号文对外承包工程业务统计制度、对外劳务合作和境外就业业务统计制度作了修改；《财政部商务部关于做好 2012 年对外劳务合作服务平台支持资金管理工作的通知》明确对劳务服务平台在建设和运营过程中实际发生的费用进行资助的内容、条件、标准；各省级财政、商务主管部门负责本地区劳务服务平台资金的审核工作；申报及资金拨付程序、管理要求等。《商务部关于对外劳务合作经营资格管理有关工作的函》进一步明确对外劳务合作经营资格管理工作；《商务部关于加强对外投资合作在外人员分类管理工作的通知》旨在加强对外投资合作在外人员分类管理相关事宜；《涉外劳务纠纷投诉举报处置办法》对于涉外劳务纠纷投诉举报、受理、处置、结案程序与要求均予以明确。

三、境外投资和工程承包外汇管理规定

(一) 境外投资和工程承包外汇管理基本法规概述

境外投资、境外工程承包也可称"对外投资"、"对外工程承包",依据我国"走出去"公共服务平台中的定义,"对外投资"是指在中华人民共和国境内依法设立的企业通过新设、并购及其他方式在境外拥有企业或取得既有企业所有权、控制权、经营管理权及其他权益的行为。"对外承包工程"是指中国的企业或者其他单位承包境外建设工程项目的活动,包括咨询、勘察、设计、监理、招标、造价、采购、施工、安装、调试、运营、管理等。对外承包工程的单位应当取得对外承包工程资格;对以投标或议标方式承包合同报价金额不低于500万美元的境外建设工程项目,应当在对外投标或议标前按照规定办理对外承包工程项目投标(议标)核准。① 在境外投资和工程承包领域,涉及的外汇管理法规除综合类的21项外汇管理的基本法规外,在两个领域分别还有部分更加具有针对性的外汇管理规定需要加以重视。

依据国家外汇管理局更新的《现行有效外汇管理主要法规目录》(截至2017年6月30日)(以下简称"目录"),我国外汇管理综合性法规主要包括21项,其中基本法规8项,账户管理类6项,行政许可类1项,其他类6项。②

基本法规包括以下8项:《中华人民共和国外汇管理条例》(国务院令第532号)、《境内外汇划转管理暂行规定》(〔97〕汇管函字第250号)、《个人外汇管理办法》(中国人民银行令2006年第3号)、《个人外汇管理办法实施细则》(汇发〔2007〕1号)、国家外汇管理局关于印发《海关特殊监管区域外汇管理办法》(汇发〔2013〕15号)的通知、国家外汇管理局关于印发《跨国公司外汇资金集中运营管理规定》(汇发〔2015〕36号)的通知、《国家外汇管理局关于进一步促进贸易投资便利化完善真实性审核的通知》(汇发〔2016〕7号)、《国家外汇管理局关于进一步推进外汇管理改革完善真实合规性审核的通知》(汇发〔2017〕3号)。

账户管理类6项包括:《境内外汇账户管理规定》(银发〔1997〕416号)、《境外外汇账户管理规定》(〔97〕汇政发字第10号)、《国家外汇管理局综合司关于驻华使领馆经常项目外汇账户管理有关问题的通知》(汇综发〔2007〕114号)、《国家外汇管理局关于对公外汇账户业务涉及有关外汇管理政策问题的批复》(汇复〔2007〕398号)、《国家外汇管理局综合司关于驻华外交机构外汇业务有关问题的批复》(汇综复〔2008〕53号)、《国家外汇管理局关于境外机构境内外汇账户管理有关问题的通知》(汇发〔2009〕29号)。

---

① 详见"走出去"公共服务平台"政策法规及业务指南"板块"对外投资"和"对外承包工程"栏:http://fec.mofcom.gov.cn/article/ywzn/dwtz/, http://fec.mofcom.gov.cn/article/ywzn/ywznn/article08.shtml。

② 国家外汇管理局:《现行有效外汇管理主要法规目录》(截至2017年6月30日),http://www.safe.gov.cn/wps/portal/!ut/p/c5/04_SB8K8xLLM9MSSgPy8xBz9CP0os3gPZxdnX293QwP3IDdDA0_HQF9zA08TI8tAU6B8pFm8s7ujh4m5j4GBhYm7AVDGyd_PwzkQqNKYgO5wkH1IKiy8wywMPD1Ng529Qr2NjLzNIfL4zAfJG-AAjgb6fh75uan6BbkRBpkB6YoAIn0wrQ!!/dl3/d3/L2dJQSEvUUt3QS9ZQnZ3LzZfSENEQ01LRzEwODRJQzBJSUpRRUUpKSDEySTI!/?WCM_GLOBAL_CONTEXT=/wps/wcm/connect/safe_web_store/safe_web/zcfg/note_zcfg_sxfg/note_zcfg_sxfg_sxfgnrcf/65af9b0041d7324290d0faf78aaad7a8。

行政许可类主要为《国家外汇管理局关于外汇管理行政审批有关工作事项的通知》（汇发〔2015〕31号）。

其他类6项分别为：《国家外汇管理局关于印发〈国家外汇管理局政府信息公开指南〉、〈国家外汇管理局政府信息公开目录〉、〈国家外汇管理局依申请公开政府信息工作规程〉的通知》（汇发〔2008〕12号）、《国家外汇管理局法律咨询工作管理规定》（汇综发〔2009〕106号）、《国家外汇管理局综合司关于办理二氧化碳减排量等环境权益跨境交易有关外汇业务问题的通知》（汇综发〔2010〕151号）、《国家外汇管理局关于废止和修改涉及注册资本登记制度改革相关规范性文件的通知》（汇发〔2015〕20号）、《国家外汇管理局关于亚洲基础设施投资银行和新开发银行外汇管理有关问题的通知》（汇发〔2016〕10号）、国家外汇管理局公告（2016年第2号）。①

《目录》中另外还包含有七大部分的外汇管理法规，分别是"经常项目外汇管理"25项、"资本项目外汇管理"77项、"金融机构外汇业务监管"43项、"人民币汇率与外汇市场"19项、"国际收支与外汇统计"12项、"外汇检查与法规适用"11项以及"外汇科技管理"9项。

（二）境外投资外汇管理规定

1. 境内企业境外放款的外汇管理规定

依据《国家外汇管理局关于境内企业境外放款外汇管理有关问题的通知》（汇发〔2009〕24号）中的规定及后续修订的内容，② 外汇管理局主要对境外放款的主体资格、资金来源、限额、期限、申请、审批和监管、专用账户申请以及资金进出等问题作出了明确规定。境内企业（金融机构除外，以下简称"放款人"）可在核准额度内，以合同约定的金额、利率和期限，为其在境外合法设立的全资附属企业或参股企业（以下简称"借款人"）提供直接放款或通过外汇指定银行以及经批准设立并具有外汇业务资格的企业集团财务公司以委托贷款方式进行资金融通。外汇管理局对境外放款活动中双方在资金特别是外汇资金的合法合规方面有着明确而严格的限制，依照规定放款人与借款人都应当都是依法注册成立且注册资本均已足额缴纳到位的企业；双方须有持续良好经营的记录，有健全的财务制度和内控制度，且在最近三年内均未发现外汇违规情节。除去以上限制之外，对于境内放款人来说，其境外投资历史还须满足一定标准方可申请办理境外放款业务："放款人历年的境外直接投资项目均经国内境外投资主管部门核准并在外汇局办理外汇登记手续，且参加最近一次境外投资联合年检评级为二级以上（成立不足一年的除外）；经批准已从事境外放款的，已进行的上一笔境外放款运作正常，未出现违约情况。"境外放款活

---

① 此公告主要内容为"国家外汇管理局决定在外汇管理领域内使用、推广'三证合一、一照一码'营业执照"，详见国家外汇管理局官方网站：http://www.safe.gov.cn/wps/portal/!ut/p/c5/04_SB8K8xLLM9MSSzPy8xBz9CP0os3gPZxdnX293QwML7zALA09P02Bnr1BvIyNvc6B8pFm8s7ujh4m5j4GBhYm7gYGniZO_n4dzoKGBpzEB3eEg-_LrB8kb4ACOBvp-Hvm5qfoFuREGWSaOigDuOwR_/dl3/d3/L2dJQSEvUUt3QS9ZQnZ3L2ZfSENEQ01LRzEwODRJQzEJSUpRRUpKSDEyTSI!/?WCM_GLOBAL_CONTEXT=/wps/wcm/connect/safe_web_store/safe_web/zcfg/znfg/qt/node_zcfg_qt_store/5d4f35804d61931db753bf44933db53f。

② 修订依据：《国家外汇管理局关于废止和修改涉及注册资本登记制度改革相关规范性文件的通知》（汇发〔2015〕20号）及《国务院关于第二批清理规范192项国务院部门行政审批中介服务事项的决定》（国发〔2016〕11号）。

动由放款人所在地外汇管理分局进行管理、监督和检查并实行余额管理，放款人在境外放款额度有效使用期内在核准放款额度内可一次或分次汇出资金。① 放款人境外放款余额不得超过其所有者权益的30%，并不得超过借款人已办妥相关登记手续的中方协议投资额。放款人的资金来源可以是自有外汇资金、人民币购汇资金或是经外汇局核准的外币资金池资金。

2. 境内机构境外直接投资的外汇管理规定

《境内机构境外直接投资外汇管理规定》（汇发〔2009〕30号）主要是对境内机构境外直接投资的具体方式、监管主体、资金来源、外汇登记（变更、备案）、资金汇出、前期费用汇出（申请、限额、期限）、资金汇入及结汇等问题作出规定。同时，境内金融机构的境外直接投资外汇管理参照此规定执行。境外直接投资的具体方式主要是通过设立（独资、合资、合作）、并购、参股等方式在境外设立或取得既有企业或项目所有权、控制权或经营管理权等权益。境外直接投资的资金来源包括自有外汇资金、符合规定的国内外汇贷款、人民币购汇或实物、无形资产及经外汇局核准的其他外汇资产，另外，境内机构境外直接投资所得的利润也可留存境外用于其境外直接投资。境内机构对外投资的过程当中，涉及的除去正常的资金汇入汇出之外当然还包括前期费用的支出，前期费用作为境内机构在境外投资设立项目或企业前需要向境外支付的与境外直接投资有关的费用，主要有为收购境外企业股权或境外资产权益按项目所在地法律规定或出让方要求而缴纳的保证金；在境外项目招投标过程中前期费用支出主要是支付的投标保证金。另外，进行境外直接投资前进行必要的市场调查、租用办公场地和设备、聘用人员以及聘请境外中介机构提供服务所需的费用也是前期需汇出的境外投资费用。依照规定，境内机构汇出的前期费用一般不得超过境内机构境外直接投资总额的15%（含），并需持规定材料向所在地外汇局申请，② 前期费用需超出15%的也需向外汇管理局申请。前期费用汇出之日起6个月内未完成境外投资项目核准的，境外账户剩余资金应调回原汇出资金的境内外汇账户。

《国家外汇管理局关于境内银行境外直接投资外汇管理有关问题的通知》（汇发〔2010〕31号）明确了境内银行境外直接投资的主体范围、外汇登记（变更、注销、备案）、前期费用、利润管理、外汇收入结汇等问题。此文件需参照结合《境内机构境外直接投资外汇管理规定》（汇发〔2009〕30号）的相关规定及金融项目结售汇相关管理规定执行。

3. 境内居民通过特殊目的公司境外投融资及返程投资的外汇管理规定

《国家外汇管理局关于境内居民通过特殊目的公司境外投融资及返程投资外汇管理有关问题的通知》（汇发〔2014〕37号）主要就返程投资的定义、主体（境内居民设立的特

---

① 这里的"放款额度有效使用期"依照《国家外汇管理局关于境内企业境外放款外汇管理有关问题的通知》第4条第2款的规定为2年有效使用期，但《国家外汇管理局关于进一步改进和调整资本项目外汇管理政策的通知》（汇发〔2014〕2号）进一步放宽了境内企业境外放款的管理，取消了境外放款额度2年有效使用期限制，境内企业可根据实际业务需求向所在地外汇局申请境外放款额度期限。

② 依据《境内机构境外直接投资外汇管理规定》第14条的规定，申请材料包括：（一）书面申请（包括境外直接投资总额、各方出资额、出资方式，以及所需前期费用金额、用途和资金来源说明等）；（二）境内机构有效的营业执照或注册登记证明及组织机构代码证；（三）境内机构参与投标、并购或合资合作项目的相关文件（包括中外方签署的意向书、备忘录或框架协议等）；（四）境内机构已向境外直接投资主管部门报送的书面申请；（五）境内机构出具的前期费用使用书面承诺函；（六）外汇局要求的其他相关材料。

目的公司)、方式（特殊目的公司境内直接投资）、外汇登记管理、外汇登记补办手续等作出规定。依据文件内容，所谓"返程投资"，是指境内居民直接或间接通过特殊目的公司对境内开展的直接投资活动，① 即通过新设、并购等方式在境内设立外商投资企业或项目，并取得所有权、控制权、经营管理权等权益的行为。针对境内居民通过特殊目的公司进行境外投融资及返程投资的行为，除外汇登记管理、外汇登记补办手续的程序限制外，外汇管理局对于虚假或构造交易汇出资金、未按规定办理相关外汇登记、未如实披露返程投资企业实际控制人信息、虚假承诺、未按规定办理跨境收支的国际收支统计申报的违规行为进行了更为严格的限制，外汇管理局对境内居民的上述行为有权依照《中华人民共和国外汇管理条例》的规定进行处罚。

4. 跨境担保的外汇管理规定

国家外汇管理局关于发布《跨境担保外汇管理规定》（汇发〔2014〕29号）的通知明确对跨境担保进行外汇管理，列明了跨境担保的形式、担保登记管理（变更、注销）、审批、资金用途限制、履约登记、履约方式、监督等内容。

跨境担保按照担保当事各方的注册地的境内外区分为内保外贷（担保人注册地在境内、债务人和债权人注册地均在境外）、外保内贷（担保人注册地在境外、债务人和债权人注册地均在境内）和其他形式的跨境担保。外汇管理局对内保外贷和外保内贷实行登记管理。

在内保外贷业务中，担保合同主要条款发生变更的，应当办理内保外贷签约变更登记手续，担保人付款责任到期、债务人清偿担保项下债务或发生担保履约后，担保人应办理内保外贷登记注销手续。在外保内贷业务中，发生境外担保履约情形后境内债务人应到所在地外汇局办理短期外债签约登记及相关信息备案手续。外汇局在外债签约登记环节对债务人外保内贷业务的合规性进行事后核查。除以上跨境担保形式外，境内机构提供或接受其他形式的跨境担保，在符合境内外法律法规和本规定的前提下，可自行签订跨境担保合同。除另有明确规定外，担保人、债务人不需要就其他形式跨境担保到外汇局办理登记或备案。境内机构办理其他形式跨境担保，可自行办理担保履约。在发生担保履约情形时，担保人/经登记的债权人在自行办理后，担保人/债务人须按规定要求办理对外债权登记。

在内保外贷业务下，担保人须对债务人的主体资格、担保项下资金用途、预计的还款资金来源、担保履约的可能性及相关交易背景进行审核，并进行合规方面的尽职调查。内保外贷项下资金用途仅限于债务人正常经营范围内的相关支出，债务人不得虚构贸易背景进行套利，或进行其他形式的投机性交易。除经外汇局批准，债务人不得通过向境内进行借贷、股权投资或证券投资等方式将担保项下资金直接或间接调回境内使用。除外汇管理局依职权监督外，担保人同样应对债务人对担保项下资金能否按照申明用途使用进行监督。

5. 资本项目外汇业务操作指引

为明确资本项目下外汇业务操作流程，国家外汇管理局综合司发布了最新2013年版

---

① 依据《国家外汇管理局关于境内居民通过特殊目的公司境外投融资及返程投资外汇管理有关问题的通知》第一条规定，"特殊目的公司"是指境内居民（含境内机构和境内居民个人）以投融资为目的，以其合法持有的境内企业资产或权益，或者以其合法持有的境外资产或权益，在境外直接设立或间接控制的境外企业。

《资本项目外汇业务操作指引》,[①] 指引文件按业务操作主体不同分为三大部分,分别为国家外汇管理局资本项目外汇业务操作指引、外汇分(支)局资本项目外汇管理业务操作指引与外汇指定银行直接办理资本项目外汇业务操作指引。国家外汇管理局资本项目外汇业务操作指引具体明确了"五个核准"、"五个审批"的外汇业务操作细节。[②] 外汇分(支)局资本项目外汇管理业务操作指引则具体分为 7 项,主要针对外商直接投资管理业务、境外直接投资管理业务、外债和对外担保管理业务、证券投资管理业务、非银行金融机构管理业务、资本项下个人外汇业务管理这六大领域的外汇管理业务进行梳理,另外还单列了"格式文本范例"方便实践操作使用。外汇指定银行直接办理资本项目外汇业务操作指引则主要集中梳理相关账户的开立、入账和使用、资金的结汇、原币划转、资金汇出、利润汇回、外债结汇等方面的业务操作。以上三部分的每一项下都详细列明了外汇业务管理的主要法规依据、审核材料清单、审核原则、办理时限、授权范围,此份业务操作指引对于实践操作来说具有明确的指导意义。

6. 境外投资外汇登记管理规定

依照规定,涉及境内企业、个人境外投资的相关外汇登记、备案、变更、登记事项皆由外汇管理局及其分支机构主管。

《国家外汇管理局关于境内企业境外放款外汇管理有关问题的通知》明确放款人所在地的外汇管理分局负责对境外放款涉及的核准、登记、账户及资金汇兑、划转等事项实施监督管理。《境内机构境外直接投资外汇管理规定》明确境内机构在办理境外投资外汇登记时应说明外汇资金的来源情况,外汇管理局在进行外汇登记后会向登记主体颁发"境外直接投资外汇登记证"(境内机构凭其办理境外直接投资项下的外汇收支业务)。参照公司法理解,在境内企业对外投资发生相关设立、备案、变更、注销事项时,都应依照相关规定在 60 日内办理外汇登记、变更、备案或注销手续。《国家外汇管理局关于境内居民通过特殊目的公司境外投融资及返程投资外汇管理有关问题的通知》规定,境内设立特殊目的公司的主体可分为居民个人与机构两类,除境内居民个人外,境内机构设立的特殊目的公司登记及相关外汇管理,除依此通知执行外,还需遵守其他如《国家外汇管理局关于境内企业境外放款外汇管理有关问题的通知》及《境内机构境外直接投资外汇管理规定》中有关境内机构境外放款、投资的外汇登记管理规定。国家外汇管理局关于发布《跨境担保外汇管理规定》的通知主要规制的是跨境担保行为,外汇管理局对内保外贷和外保内贷实行登记管理。经登记的业务发生担保履约的,担保人/债务人须按规定要求办理对外债权登记。除以上跨境担保形式外,境内机构提供或接受其他形式的跨境担保可在不违反其他规定的前提下自行签订跨境担保合同、办理担保履约,且无需办理备案或登记(除另有明确规定)。

[①] 本篇法规被《国家外汇管理局关于废止和修改涉及注册资本登记制度改革相关规范性文件的通知》(2015 年 5 月 4 日发布;2015 年 5 月 4 日实施)修订。

[②] 参见《资本项目外汇业务操作指引(2013 年版)》:"五个核准"为短期外债余额指标核准、银行融资性对外担保余额指标核准、非银行金融机构和企业对外担保余额指标核准、资产管理公司对外处置不良资产外汇收支及汇兑核准、合格境外机构投资者(QFII/RQFII)投资本金汇出核准(投资额度按余额管理的产品和资金除外);"五个审批"为证券公司外汇业务市场准入审批、合格境外机构投资者(QFII)投资额度审批、人民币合格境外机构投资者(RQFII)投资额度审批、收回合格境外机构投资者(QFII/RQFII)投资额度审批、合格境内机构投资者(QDII)境外证券投资额度审批。

在《资本项目外汇业务操作指引》(2013年版)中的外汇分(支)局资本项目外汇管理业务操作指引中,具体针对以上规定中涉及的外汇管理业务分别列明了有关外汇登记(变更、备案及注销)办理的具体操作流程,明确列示登记的法规依据、审核材料清单、审核原则、办理时限和授权范围,单列出的"格式文本范例"为实践的业务办理提供了示范文本。

(三) 工程承包外汇管理规定

在对外工程承包方面,对外承包工程一般因项目周期较长,且可能涉及境外机构的设立等问题,外汇管理规定一定会涉及上述境外投资资本项目或经常项目的外汇管理规定。因其本身的行业特征与业务特性,对外工程承包的外汇管理规定散见于不同的法规文件中。除上述境外投资外汇管理规定外,工程承包还可能同时涉及货物贸易与服务贸易。

1. 境外工程承包涉及的货物贸易方面的外汇管理规定

在货物贸易方面,相关的外汇管理规定主要有《国家外汇管理局关于印发货物贸易外汇管理法规有关问题的通知》(汇发〔2012〕38号)附件中的《货物贸易外汇管理指引》、《货物贸易外汇管理指引实施细则》,这两份文件主要是对企业名录管理、贸易外汇收支管理、非现场核查、现场核查、分类管理作出规定。

在企业名录管理方面,外汇局实行"贸易外汇收支企业名录"登记管理,金融机构对名录内的企业办理贸易外汇收支业务。企业获得或失去对外贸易经营权都应持有关材料到外汇局办理名录登记或注销手续。

在贸易外汇收支管理方面,经2012年货物贸易外汇管理制度改革后,货物贸易项下由逐笔核销的出口收汇核销制度转变为货物贸易项下的总量核查制度。

在非现场核查及现场核查方面,外汇局定期或不定期对企业一定期限内的进出口数据和贸易外汇收支数据进行总量比对,核查企业贸易外汇收支的真实性及其与货物进出口的一致性,对企业的货物流、资金流实施非现场总量核查。

对企业非现场核查中发现的异常或可疑的贸易外汇收支业务外汇管理局可实施现场核查,现场核查的方式可以是要求提交书面材料、约见企业重要人员、现场查阅、复制资料等。

在分类管理方面,外汇管理局根据非现场或现场核查结果,结合企业遵守外汇管理规定等情况,将企业分成A、B、C三类。在分类管理有效期内,对A类企业贸易外汇收支,适用便利化的管理措施。对B、C类企业的贸易外汇收支,在单证审核、业务程序、结算方式等方面实施审慎监管。分类结果可进行动态调整。

《货物贸易外汇管理指引实施细则》涉及的同样是对以上几方面的规制,只是在规定上明确了上述几方面在实践操作中更为细致的内容。

2. 境外工程承包涉及的服务贸易方面的外汇管理规定

在服务贸易方面,《国家外汇管理局关于印发服务贸易外汇管理法规的通知》(汇发〔2013〕30号)[①] 附件《服务贸易外汇管理指引》与《服务贸易外汇管理指引实施细则》

[①] 本篇法规被《国家外汇管理局关于废止和修改涉及注册资本登记制度改革相关规范性文件的通知》(2015年5月4日发布;2015年5月4日实施)修订。

（以下简称"细则"）在外汇收支审查、存放境外管理、监督管理、法律责任等方面明确了对外承包工程项下的外汇业务规范。

在外汇收支方面，不同于货物贸易外汇管理规定的核查制度，国家对服务贸易项下的国际支付不予限制，因而在服务贸易项下对外承包工程项下的外汇收结汇都无强制性的规定。

在外汇收支审查方面，按规定在金融机构办理单笔等值5万美元以上的服务贸易外汇收支业务时，在对外劳务合作或对外承包工程项下金融机构应当审查并留存合同（协议）和劳务预算表作为交易单证（工程预算表或工程结算单）；在对外承包工程签订合同之前服务贸易项下前期费用对外支付的情形下，金融机构应当审查并留存申请书（包括但不限于前期费用预算情况、使用时间、境外收款人与境内机构之间的关系等）作为交易单证，未使用完的外汇资金，境内机构应及时调回境内。依据指引细则第9条的规定，在办理服务贸易境内外汇划转业务时，由划付方金融机构在对外承包工程项下总承包方向分包方划转工程款下、服务外包项下、总包方向分包方划转相关费用审查并留存分包合同和发票（支付通知）作为交易单证；在对外承包工程联合体已指定涉外收付款主体的情形下，收付款主体与联合体其他成员之间划转工程款，金融机构会审查并留存相关合同和发票（支付通知）作为交易单证；在境内机构向个人归还垫付的公务出国项下对相关费用审查并留存相关费用单证或者费用清单作为交易单证。细则第10条规定，在办理服务贸易外币现钞提取业务时，在企业赴战乱、外汇管制严格、金融条件差的国家（地区）的情况下，在对外劳务合作或对外承包工程项下提取外币现钞金融机构应审查并留存合同（协议）和预算表作为交易单证。境内机构和境内个人应留存每笔服务贸易外汇收支相关交易单证5年备查。

在法律责任方面，境内机构、境内个人和金融机构都应当按照细则及其他相关规定办理服务贸易外汇收支，外汇管理局对违反相关规定的依据《中华人民共和国外汇管理条例》的相关规定进行处罚。

3. 境外工程承包涉及的结汇、售汇及付汇事项方面的规定

除以上货物贸易及服务贸易外汇规定中的外汇收支规定外，境外工程承包涉及的结汇、售汇及付汇事项还应当遵守中国人民银行《结汇、售汇及付汇管理规定》（银发〔1996〕210号）中的条款。另外，对外承包工程企业对外开立外汇账户应当依照外汇管理局《境外外汇账户管理规定》（〔97〕汇政发字第10号）（以下简称"境外账户规定"）①以及中国人民银行《境内外汇账户管理规定》（银发〔1997〕416号）（以下简称"境内账户规定"）的规定办理，这两部文件明确了账户如何开立、使用以及对外汇账户的监管。

在账户开立方面，境外账户规定明确：从事境外承包工程项目需在境外开立外汇账户的，可向国家外汇管理局及分局申请，从事境外承包工程业务的，申请应当提供由境内机构法人代表或者其授权人签署并加盖公章的申请书、营业执照正本及其复印件、境外账户使用的内部管理规定等，除上述文件和资料外，还应当提供有关项目合同；外商投资企业在境外开立外汇账户的，除提供上述文件和资料外，还应当提供相关外汇业务登记凭证。

---

① 本篇法规被关于对《境外外汇账户管理规定》等2件部门规章和《境内外汇划转管理暂行规定》等5件规范性文件予以修改的公告（2015年6月5日发布；2015年6月5日实施）修订。

境内账户规定明确：经营境外承包工程、向境外提供劳务、技术合作的业务过程中发生的业务往来外汇作为经常项目外汇，可以开立外汇账户保留外汇，经常项目外汇账户的开立应当经外汇局批准，账户开立后，企业依照颁发的《外汇账户使用证》《外商投资企业外汇登记证》或者《驻华机构外汇账户备案表》规定的收支范围、使用期限及相应的结汇方式或者核定最高金额办理收付。

在外汇账户的使用和监管方面，境外账户规定明确：境内机构通过境外外汇账户办理资金的收付，应当遵守开户所在国或者地区的规定，并对境外外汇账户资金安全进行切实有效的管理。境内机构使用境外外汇账户应当遵守外汇局批准的账户收支范围、账户最高金额和使用期限，不得出租、出借、串用境外外汇账户。需变更境外外汇账户的开户行、收支范围、账户最高金额和使用期限等内容的，应当事先向外汇局申请，批准后方可变更。境内机构的境外外汇账户的开立、收支由外汇管理局依照相关规定进行监管。境内账户规定明确：境内机构可以根据贷款协议中规定的用途使用贷款专户资金，不需经外汇局批准；还贷专户的资金余额不得超过最近两期偿还本息总额，支出应当逐笔报外汇局审批；境内机构通过还贷专户偿还外债、外债转贷款本息及费用，应当持相关证件材料提前五个工作日向所在地外汇局申请，领取"还本付息核准件"后凭此去开户金融机构办理支付手续；境内机构通过还贷专户偿还境内中资金融机构外汇贷款本息及费用，可以持相关材料直接到开户金融机构办理；境内机构资本项目外汇账户内资金转换为人民币，应当报外汇局批准。在账户监管方面，外汇局对外汇账户实行年检制度，未按照外汇局核定的收支范围、使用期限、最高金额使用外汇账户，违反规定擅自开立、出租、出借或者串用外汇账户，利用外汇账户代其他单位或者个人收付、保存或者转让外汇，将单位外汇以个人名义私存，擅自超出外汇局核定的使用期限、最高金额使用外汇账户的，由外汇局责令改正，通报批评，并处5万元以上30万元以下或10万元以上30万元以下的罚款。

再有，在对外承包工程项下还存在着国际收支统计申报的问题，企业应当依照《国际收支统计申报办法》《通过银行进行国际收支统计申报业务实施细则》（汇发〔2015〕27号）国家外汇管理局关于印发《通过银行进行国际收支统计申报业务指引（2016年版）》的通知以及国家外汇管理局关于印发《涉外收支交易分类与代码（2014版）》（汇发〔2014〕21号）的通知进行申报。以上文件对申报范围、主体、方法、时间、间接申报的范围和要求、居民和非居民身份的认定、涉外收付款申报、币种和金额的确定、专项业务（包括第八项"关于境外承包工程业务的申报"）申报的具体程序及方式、逾期未申报处理都有着明确的规定。

四、境外国有资产规定

（一）境外国有资产的概念及种类

"境外国有资产"的定义规定于《境外国有资产管理暂行办法》第二条，根据该条款，境外国有资产是指我国企业、事业单位和各级人民政府及政府有关部门以国有资产（含国有法人财产，下同）在境外及港、澳、台地区投资设立的各类企业和非经营性机构（以下称境外机构）中属于国有的资产。

境外国有资产的具体种类包括：

1. 境内投资者向境外投资设立独资、合资、合作企业或购买股票（或股权）以及境外机构在境外再投资形成的资本及其权益；
2. 境内投资者及其境外派出单位在境外投资设立非经营性机构（包括使馆、领事馆、记者站、各种办事处、代表处等）所形成的国有资产；
3. 在境外以个人名义持有的国有股权及物业产权；
4. 境外机构中应属国家所有的无形资产；
5. 境外机构依法接受的赠予、赞助和经依法判决、裁决而取得的应属国家所有的资产；
6. 境外其他应属国家所有的资产。

（二）境外国有资产的相关规定概述

对于一切的国有资产的处置，都应遵守《企业国有资产法》《国有资产监督管理暂行条例》等对国有资产管理的规定。

对于境外国有资产，除了应遵守上述规定外，还应遵守于对境外国有资产管理的专门规定。1999年，财政部，外交部，国家外汇管理局，海关总署联合出台了《境外国有资产管理暂行办法》，适用于全国范围内、各层级机构所属的境外国有资产的管理。2011年开始，国资委就中央企业的境外国有资产管理相继出台了《中央企业境外国有资产监督管理暂行办法》《中央企业境外国有资产管理暂行办法》《中央企业境外投资监督管理办法》，对央企的境外国有资产管理及监督做了进一步细致的规定。同时，对于境外投资，除遵守上述规定外，还应遵守《境外投资管理办法》《企业境外投资管理办法》中对于备案和核准的规定。

此外，北京市、上海市、浙江省、广东省、河北省、湖南省等省（直辖市）级国资委以及青岛市、南京市、广州市等地市的国资委亦颁布了适用于本地区的境外国有资产管理的规范性文件。

现行与境外国有资产管理相关的专门性规定包括：

1. 现行有效的部门规章

颁布机构	文号	名称	生效日期
国家国有资产管理局，财政部，国家外汇管理局	国资境外发〔1992〕29号	《境外国有资产产权登记管理暂行办法》	1992.06.25
国家国有资产管理局	国资境外发〔1992〕56号	《境外国有资产产权登记管理暂行办法实施细则》	1992.10.13
国家国有资产管理局	国资企发〔1996〕114号	《境外国有资产产权登记管理暂行办法实施细则》	1996.09.11
财政部，外交部，国家外汇管理局，海关总署	财管字〔1999〕311号	《境外国有资产管理暂行办法》	1999.09.27

续表

颁布机构	文号	名称	生效日期
国务院国有资产监督管理委员会	国资委令第26号	《中央企业境外国有资产监督管理暂行办法》	2011.07.01
国务院国有资产监督管理委员会	国资委令第27号	《中央企业境外国有资产管理暂行办法》	2011.07.01
商务部	商务部令2014年第3号	《境外投资管理办法》	2014.10.06
国务院国有资产监督管理委员会	国资委令第35号	《中央企业境外投资监督管理办法》	2017.01.07
国家发展和改革委员会	国家发展和改革委员会令第11号	《企业境外投资管理办法》	2018.03.01

2. 现行有效的各省、直辖市国资委颁布的规范性文件

颁布机构	文号	名称	生效日期
山东省人民政府国有资产监督管理委员会	鲁国资产权〔2007〕23号	《山东省省属企业境外国有资产监督管理暂行办法》	2007.11.16
安徽省人民政府国有资产监督管理委员会办公室	皖国资评价〔2011〕120号	《安徽省省属企业境外国有资产监督管理暂行办法》	2011.08.01
河南省国有资产监督管理委员会	豫国资产权〔2011〕55号	《关于省管企业上报境外国有资产情况的通知》	2011.08.24
广东省人民政府国有资产监督管理委员会	粤国资综合〔2011〕227号	《广东省省属企业境外国有资产监督管理暂行办法》	2011.12.28
浙江省人民政府国有资产监督管理委员会	浙国资发〔2012〕2号	《浙江省省属企业境外国有资产监督管理暂行办法》	2012.01.11
陕西省人民政府国有资产监督管理委员会	陕国资发〔2011〕442号	《陕西省国资委监管企业境外国有产权管理暂行办法》	2012.01.01
天津市人民政府国有资产监督管理委员会	津国资法规〔2012〕20号	《天津市市管企业境外国有资产监督管理暂行办法》	2012.04.23
湖南省人民政府国有资产监督管理委员会	湘国资〔2012〕110号	《湖南省省属企业境外国有产权管理暂行办法》	2012.05.09
福建省人民政府国有资产监督管理委员会	闽国资统评〔2012〕92号	《福建省国资委所出资企业境外国有资产监督管理暂行办法》	2012.07.01
上海市人民政府国有资产监督管理委员会	沪国资委办〔2012〕230号	《上海市企业境外国有资产监督管理暂行办法》	2012.07.18
河北省人民政府国有资产监督管理委员会	冀国资〔2012〕12号	《省国资委监管企业境外国有产权管理暂行办法》	2012.12.10
北京市人民政府国有资产监督管理委员会	京国资发〔2012〕35号	《北京市属企业境外国有产权管理暂行办法》	2013.01.11

3. 地市国资委颁布的规范性文件

颁布机构	文 号	名 称	生效日期
青岛市人民政府国有资产监督管理委员会	青国资委〔2006〕164号	《青岛市国有及国有控股企业境外资产管理暂行办法》	2006.11.30
青岛市人民政府国有资产监督管理委员会	青国资委〔2011〕第42号	《关于境外企业国有资产评估核准备案管理的通知》	2011.07.01
宁波市人民政府国有资产监督管理委员会	甬国资发〔2012〕56号	《关于加强市属企业境外国有资产监督管理的若干意见》	2012.12.07
广州市人民政府国有资产监督管理委员会	穗国资产权〔2008〕2号	《广州市国资委境外国有资产产权登记业务办理规则（试行）》	2008.08.29
广州市人民政府国有资产监督管理委员会	穗国资产权〔2011〕1号	《关于进一步加强境外国有资产以个人名义进行产权注册有关管理问题的通知》	2011.01.17

（三）境外国有资产经营和管理

1. 经营主体

由企业自主经营。根据《境外国有资产管理暂行办法》第五条规定，境外国有资产经营实行政企职责分开、出资者所有权与企业法人财产权分离、政府分级监管、企业自主经营的原则。

中央企业及其各级子企业以及省属企业及其各级子企业依法对境外企业享有资产收益、参与重大决策和选择管理者等出资人权利，依法制定或者参与制定其出资的境外企业章程。中央企业及其各级子企业以及省属企业及其各级子企业应当依法参与其出资的境外参股、联营、合作企业重大事项管理。

2. 设立形式及持有人

占用境外国有资产的机构可注册为独资公司、股份有限公司、有限责任公司或其他形式的经营性和非经营性实体，但不得为"无限责任公司"。

经政府或政府授权部门批准的境外投资项目，原则上均须以企业、机构名义在当地持有国有股权或物业产权。属于中央企业的，应当由中央企业或者其各级子企业持有。

3. 企业管理

监管企业（包括中央企业、各省属企业及其子公司）是所属境外国有产权监督管理的责任主体。企业管理包括境外企业应建立完善的法人治理结构、加强投资管理、预算管理、遵守境内企业及国资委制定的融资权限等，具体内容应根据《中央企业境外国有资产监督管理暂行办法》及各省制定的具体的省属企业境外国有资产管理办法或监督管理办法等确定。

4. 重大决策事项

《境外国有资产管理暂行办法》第十一条规定了以下重大决策事项，具体包括：(1) 境外发行公司债券、股票和上市等融资活动；(2) 超过企业净资产50%的投资活动；(3) 企业增、减资本金； (4) 向外方转让国有产权（或股权），导致失去控股地位；(5) 企业分立、合并、重组、出售、解散和申请破产；(6) 其他重大事项。

在出现重大决策事项时，中央管理的境外企业的重大资本运营决策事项需由财政部或由财政部会同有关部门审核，必要时上报国务院批准；央企子公司发生第十一条中列举的重大决策事项应报财政部备案。地方政府管理的境外企业参照央企的方式进行管理。

5. 备案、核准、批准

（1）企业设立：境内企业以国有资产在境外投资设立企业，须按国家有关境外投资管理规定报政府有关部门审核批准。

（2）日常经营：境内企业投资设立的境外企业的日常监管和考核由其境内母企业负责，但涉及重大决策事项，应由其境内母企业报财政（国有资产管理）部门备案。

境内企业以国有资产在境外发行股票和上市，报政府有关部门审核批准。

中央管理境外企业不超过企业净资产50%的境外投资活动须报财政部备案；中央企业及其重要子企业收购、兼并境外上市公司以及重大境外出资行为应当依照法定程序报国资委备案或者核准。

中央企业管理的境外企业有下列重大事项之一的，应当按照法定程序报中央企业核准：增加或者减少注册资本，合并、分立、解散、清算、申请破产或者变更企业组织形式；年度财务预算方案、决算方案、利润分配方案和弥补亏损方案；发行公司债券或者股票等融资活动；收购、股权投资、理财业务以及开展金融衍生业务；对外担保、对外捐赠事项；重要资产处置、产权转让；开立、变更、撤并银行账户；企业章程规定的其他事项。

（3）资产变动

境外机构发生分立、合并、整体出售、撤资、解散或申请破产情形时，须报境内投资者审核批准，并及时进行清算，清理财产和各项债权、债务，同时办理境外国有资产产权注销登记。清理后归中方所有的财产、收入，按照国家有关规定，及时由其投资者足额收回，并报国家有关部门备案。

境外企业（含专业银行、保险公司）国有资本金总额增减变动超过上次产权登记数额20%、境外企业股权发生变化引起股权结构和中方持股比例变化时，应经主管单位批准。

境外企业发生的涉及减少国有资本金的损失，应及时报告境内投资单位和财政（国有资产管理）部门。

针对央企，境外国有产权转让等涉及国有产权变动的事项，由中央企业决定或者批准。其中，中央企业重要子企业由国有独资转为绝对控股，绝对控股转为相对控股或者失去控股地位的，应当报国资委审核同意。

（4）个人持有

以个人名义持有国有股权或物业产权的属于例外情况。

确实需要委托个人持有时，须经境内投资者报省级人民政府或国务院有关主管部门批准后，按《境外国有资产管理暂行办法》第十五条规定签订委托协议、办理公证并依照驻在国（地区）法律程序，及时办理有关产权委托代理声明或股权声明等法律手续，取得当地法律对该部分国有资产产权的承认和保护。公证文件（副本）须报财政（国有资产管理）部门备案。

针对央企，须以个人名义持有的，应当统一由中央企业依据有关规定决定或者批准，依法办理委托出资、代持等保全国有资产的法律手续，并以书面形式报告国资委。

(5) 境外机构经营、运行中的特别事项

1) 借款

境外企业可自行决定在境外进行借款，但需以其不动产作抵押的，应报境内投资者备案。

2) 抵押

境外企业为其全资子公司借款设立抵押或为其非全资子公司借款按出资比例设立抵押，应报境内投资者备案。

3) 对外担保

除国家允许经营担保业务的金融机构外，境外机构不得擅自对外提供担保。确需对外提供担保时，境内投资者应按照财政部境外投资财务管理的有关规定执行。

4) 境外资金使用

境外机构为企业的，其在境外以借款、发行公司债券等方式筹集资金的，其所筹集资金不得调入境内使用。

境外机构为非经营性机构的，不得以其自身名义直接对外筹集资金。境外企业将其所筹资金调入境内给境内机构使用，或者境外非经营性机构以其境内投资机构的名义对外筹资的，境内机构应当按照《境内机构发行外币债券管理办法》《境内机构借用国际商业贷款管理办法》及《境内机构对外担保管理办法》等规定办理外债的筹借、使用和偿还。

(6) 本章节中所述的企业从事的对外投资、融资、担保等活动，若符合《企业境外投资管理办法》第二条及《境外投资管理办法》第二条中对"境外投资"的定义的，或从事《企业境外投资管理办法》第二条及《境外投资管理办法》第二条中其他境外投资活动的，则还应按照《企业境外投资管理办法》《境外投资管理办法》的规定，根据企业性质（中央管理企业或地方企业）及所从事的投资活动类型（敏感类项目或非敏感类项目），向国家发展改革委或省级政府发展改革部门及商务部或省级商务主管部门申请核准或备案。

（四）境外国有资产的产权登记与产权评估

1. 产权登记

根据相关规定，产权界定的原则为"谁投资、谁拥有产权"。

凡占有、使用国有资产的境外机构，都必须按照《境外国有资产产权登记管理暂行办法》和实施细则的规定由境内投资者及时办理境外国有资产产权登记。

由不同企业共同到境外建立机构或投资的，产权登记应分别由各投资或派出单位到同级国有资产管理部门办理产权登记。

共有以下三种登记类型：

(1) 开办产权登记：适用于新批准设立的境外机构。

(2) 变更产权登记：适用于机构名称、法定代表人、中方代表人或国有资产负责人、股权、投资或派出单位的变动，以及境外企业单位国有资本金总额增减超过20%的情况。

(3) 注销产权登记：适用于撤销、被兼并、被合并等需要终止的境外机构或解散、破产，或者因产权转让、减资等原因不再保留国有产权的情况。

2. 产权评估

按照《境外国有资产管理暂行办法》规定，境内投资者向境外投资，须按《国有资产评估管理办法》要求进行资产评估。

以央企及其子公司为例：

（1）中央企业及其各级子企业以其拥有的境内国有产权向境外企业注资或者转让，或者以其拥有的境外国有产权向境内企业注资或者转让，应按照《企业国有资产评估管理暂行条例》当聘请境内评估机构对标的物进行评估，并办理评估备案或者核准。

（2）中央企业及其各级子企业独资或者控股的境外企业在境外发生转让或者受让产权、以非货币资产出资、非上市公司国有股东股权比例变动、合并分立、解散清算等经济行为时，应进行评估，评估情况应由中央企业备案；涉及中央企业重要子企业由国有独资转为绝对控股、绝对控股转为相对控股或者失去控股地位等经济行为的，评估项目或者估值情况应当报国资委备案或者核准。

由各级国资委管理的境内投资者，按照各级国资委的具体规定进行评估。

（五）境外国有资产的监督管理

1. 境外国有资产的监督管理主体

境外国有资产遵循"国家统一所有、政府分级监管"的原则，各级国资委负责对本级政府管辖的境外国有资产进行监督管理。

2. 监督管理的具体职责

（1）根据《境外国有资产管理暂行办法》第四条规定，管理机构履行的相关职责具体包括：制定境外国有资产管理规章、制度，并负责组织实施和检查监督；对违法违规行为责任人给予经济、行政的处罚；建立境外国有资产经营责任制，组织实施境外企业国有资本金效绩评价；审核境外企业重大国有资本运营决策事项；组织境外机构开展国有资产产权界定、产权登记、资产统计、资产评估等各项基础管理工作；从总体上掌握境外国有资产的总量、分布和构成；检查监督境外国有资产的运营状况，并向本级政府和上级财政（国有资产管理）部门反映情况和提出建议；办理政府授权管理的其他事项。

（2）中央企业境外国有资产

中央企业境外国有资产由国资委及中央企业进行监督管理。

国资委履行的职责包括：制定中央企业境外国有资产监督管理制度，并负责组织实施和监督检查；组织开展中央企业境外国有资产产权登记、资产统计、清产核资、资产评估和绩效评价等基础管理工作；督促、指导中央企业建立健全境外国有资产经营责任体系，落实国有资产保值增值责任；依法监督管理中央企业境外投资、境外国有资产经营管理重大事项，组织协调处理境外企业重大突发事件；按照《中央企业资产损失责任追究暂行办法》组织开展境外企业重大资产损失责任追究工作；法律、行政法规以及国有资产监督管理有关规定赋予的其他职责。

中央企业对境外国有资产的监督管理职责包括：依法审核决定境外企业重大事项，组织开展境外企业国有资产基础管理工作；建立健全境外企业监管的规章制度及内部控制和风险防范机制；建立健全境外国有资产经营责任体系，对境外企业经营行为进行评价和监督，落实国有资产保值增值责任；按照《中央企业资产损失责任追究暂行办法》规定，负责或者配合国资委开展所属境外企业重大资产损失责任追究工作；协调处理所属境外企业突发事件；法律、行政法规以及国有资产监督管理有关规定赋予的其他职责。

(3) 各省属企业境外国有资产

各省属企业境外国有资产由各省国资委及各省属企业进行监督管理。

各省国资委及企业的具体管理职责与上述中央企业管理中国资委和中央企业的职责基本相同,可参照《中央企业境外国有资产监督管理暂行办法》进行管理,但若各省有制定具体的省属企业境外国有资产监督管理办法的,还应遵守各省的相关规定。

第三章

蒙古国、俄罗斯联邦、中亚地区国别法律及实务案例

蒙 古

一、蒙古国情简介

蒙古国（Mongolia，以下简称"蒙古"）地处亚洲中部的蒙古高原，属内陆国家，北与我罗斯联邦接壤，东、西、南与中国交界，中蒙两国边境线长达 4710 公里，国土面积约 156.65 万平方公里，居世界第 17 位。大部分地区为山地或高原，平均海拔 1,600 米。人口约 290 万，主要语言为喀尔喀蒙古语，文字为斯拉夫蒙文、回鹘式蒙古文。全国以喀尔喀蒙古人为主，佛教为国家第一大宗教。首都乌兰巴托，是全世界年均气温最低的首都，仅为-2℃。[①]

蒙古按行政区划分为 21 个省和首都乌兰巴托市，蒙古主要的经济中心城市还有额尔登寺市、达尔汗市。蒙古矿产资源丰富，已探明的矿藏 80 多种，矿点 8000 多个，重点项目包括力拓公司开发的奥尤陶勒盖铜金矿项目、中国神华集团开发的塔本陶勒盖煤矿等。[②]

20 世纪 90 年代以后，蒙古实行私有化改革，并于 1997 年 1 月加入世界贸易组织。从投资环境的吸引力角度，蒙古的竞争优势有：矿产资源丰富、经济增长前景良好、市场化程度较高。

中蒙贸易投资方面，中国已连续 14 年成为蒙古最大贸易伙伴和外资来源国。[③] 蒙古 90% 的产品均出口至中国，大约 30% 的产品需从中国进口。2014 年，中蒙双边贸易总额 68.41 亿美元，中国主要进口产品包括焦煤、铜、钼等矿产品以及羊绒羊毛制品，出口产品包括：机械、家用电器、日用品、水果鲜蔬等。截至 2014 年末，在蒙注册的我国企业已有 7000 余家。

根据联合国"千年发展目标"，蒙古政府制订的 2007～2021 年发展总体规划目标是：2007～2015 年实现经济年均增长 14%，人均 GDP 不低于 5000 美元；2016～2021 年经济年均增长不低于 12%，人均 GDP 不低于 1.2 万美元，进入世界中等收入国家行列。近年来，首都乌兰巴托市居民数量急剧增加，已占全国人口的近一半，城市住宅需求迅速增加，住宅建设与销售市场逐渐兴起，建材需求趋旺，建材生产随之大幅增长。

【小结】

作为中俄蒙经济走廊中的成员，蒙古的基本经济情况良好，未来发展前景广阔，在"一带一路"发展中的重要性不言而喻。

[①] 中国银监会国际部：《"一带一路"金融合作概览—蒙古》，http://www.cbrc.gov.cn/chinese/home/docView/313C6A3AB68F41DBAA2C3F1A347257A3.html。

[②] 同上。

[③] 金瑞庭：《蒙古经济形势分析及推进中蒙经贸合作的对策建议》，载《中国经贸导刊》，2016 年第 12 期。

二、蒙古投资建设法律问题

蒙古属于大陆法系国家,且受苏联法律体系的影响,在经济体制私有化改革后,其相关领域的土地法律、公司法律、矿产法律等变化较大。

(一)蒙古项目投资立法

目前与蒙古基础设施建设有关的法律包括《土地法》《外国投资法》《新矿产法》《公司法》《劳动法》等。[①]

2013年通过的《外国投资法》进一步放宽了外商投资比例的审批路径,如基础设施和矿产业的投资股份在大于33%的情况下,只要通过蒙古主管政府部门批准即可,无需提交到议会审批。

同时在该《外国投资法》中也规定了一系列的税收优惠政策,用以调整和改进外商企业在蒙古的投资方向,如对于西部地区或者山区的外商投资优惠期可以达到11年到13年。

在矿产方面的立法,蒙古的法律近年来变化频繁,有关的投资需要结合最新的法律文件,并按照投资全生命周期规律予以管理并控制风险。

(二)蒙古外资准入及企业设立相关法律

根据蒙古《外国投资法》,"外国投资"是指外国投资者在蒙古境内创办企业或与蒙古企业合作,在蒙古投入资本或有价知识产品。"外国投资者"是指在蒙古投资的外国法人和自然人(非常住蒙古的外国公民和无国籍人以及常住外国的蒙古公民)。允许外国投资者单独在蒙古创办企业。在根据蒙古法律创办的外国投资公司中,只有投资额不低于10万美元(或相当图格里克)且企业资产中外国投资者所占比例不低于25%的企业为外国投资企业。[②]

根据蒙古《公司法》的相关规定,申请设立外国投资企业的基本程序和要求如下:

1. 外国投资企业、外国法人代表处的审批,由主管外国投资的政府机关根据申请书及材料办理。

2. 主管外国投资的政府机关根据技术监督机关做出的下列结论,自收到申请之日起14个工作日内,对外国投资企业的创办申请及材料进行审查,做出是否批准的决定:

(1)是否符合法律规定;
(2)对环境的影响;
(3)是否符合标准及健康要求;
(4)技术条件评估。

3. 经审核通过创办外国投资企业和设立外国法人代表处的申请的,应颁发投资许可

[①] 中国银监会国际部:《"一带一路"金融合作概览—蒙古》,http://www.cbrc.gov.cn/chinese/home/docView/313C6A3AB68F41DBAA2C3F1A347257A3.html.

[②] 金瑞庭:《蒙古经济形势分析及推进中蒙经贸合作的对策建议》,载《中国经贸导刊》,2016年第12期

证。该许可证由主管外国投资的政府机关首长审批。主管外国投资的政府机关拒绝颁发投资许可证的,自收到申请之日起14个工作日内以书面形式告知拒绝颁发的理由。[①]

(三)蒙古工程建设相关法律

关于注册与许可,蒙古法律规定,外国承包商在蒙古承包工程须在蒙古注册公司并获得蒙古建筑与城建部颁发的建筑工程许可证;项目开工时,需要前往国家技术监督局办理建设开工许可证;获得相关批准后,还要接受国家技术监督局对承包工程的审查和项目监督。国际招标的大型综合性工程需根据招标方要求执行。蒙古不允许外国自然人在当地承揽工程承包项目。

目前蒙古法律尚未明文规定禁止外国承包商承包的工程领域,但承包工程需经过政府建设部门和技术监督部门审查许可。

【案例】

某央企与蒙古开发商合作承接乌兰巴托某施工总承包工程项目(以下简称"工程项目")。该工程项目位于蒙古首都乌兰巴托市,建设规模超过105万平方米,工程范围包括建筑工程、装饰工程、机电安装工程、市政工程等。承包商进场后于2014年完成了部分工程的施工。后因开发商无法继续支付工程进度款,导致工程施工陷入僵局。承包商遂委托律师前往了解调查项目情况。

律师在蒙古乌兰巴托市调查中发现如下问题:

1. 该项目土地权利人并无土地所有权,仅享有使用权,且没有将土地使用权注入开发项目公司,项目公司为蒙古全外资企业。

根据蒙古法律,外资占25%以上的蒙古外资公司不能持有蒙古土地所有权、占有权和使用权。据此,进一步发现项目公司与土地权利人的合作协议中仅承诺销售收入分成,土地物权并未转移至项目公司。

2. 土地使用权证颁发主体为环保部门,使用期限仅六年且不可转让。根据蒙古《土地法》第10条的规定,蒙古土地共分为6类,包括:农业用地、城市、农村及其他居民区用地、道路线路用地、森林资源用地、水资源用地、特殊用途土地。其中特殊用途土地中包括了土地法中第16.1.1项规定的政府特护下的土地。本项目的土地性质有可能是政府特护下的环保土地。

但是根据蒙古《土地法》第19.2款的规定:"主管环境问题的国家中央机关享有以下权利、征用、归还本法第16.1.1项中指出的国家特殊用地,乡政府提出确定其大小和边界的意见;确定土地损失、损坏程度、沙化类型,并提炼和制定与之进行斗争,使其恢复的办法,并且让这个办法得以实施。"从上述规定可知,蒙古《土地法》并没有赋予环保部以出让土地或者许可他人使用的权利。

从前述分析可知,项目公司并不持有本项目的土地所有权和使用权,其仅仅是通过合作开发协议取得协议控制从而获得开发建设的权利。因此对政府等第三方来说,本项目的实际业主应为三个土地使用权人,即只有三个土地使用权人才是办理项目开发建设、施工、销售相关许可的主体,且实际上施工许可证上体现的施工单位并非该央企单位。

---

① 娜仁图雅:《中蒙外国投资法比较研究》,山东大学硕士学位论文,2010年。

根据蒙古《建筑法》的规定,建设工程建设过程中应获得的许可包括:土地许可、项目方案许可、开工许可、继续施工许可以及验收,另外还应获得水、电、供暖等市政条件许可。

经过分析,该蒙古项目存在诸多风险,如土地使用权属风险、项目融资风险和还款风险。对此,可以采取以下应对措施:

1. 充分认识工程项目所涉目标地块土地使用权属风险。因项目公司仅通过协议获得项目开发的合同权利,故项目能否得到合法正常的开发建设、施工及销售,取决于蒙古当地土地使用权人。如出现中途转让、违法销售、违法终止合作协议和施工合同等事项,则容易引发颠覆性风险。

2. 控制项目融资风险优先于追究违约责任。该工程项目存在垫资,需要进一步明确还款资金来源,并且锁定还款资金。同时应当兼顾考察项目市场开发销售的走势,评价开发风险,并从销售收入环节绑定汇款。需要注意的问题包括销售收入路径、在建工程抵押合法性、转让施工单位持有股权等。

3. 采用担保方式降低还款风险。在不能完全锁定还款资金来源的情况下,应当探讨担保模式,其中需要注意蒙古当地是否接受在建工程抵押、对于保证人提供连带保证担保的尽职调查以及在售房屋的提前转让等方面,以减轻投资施工的风险。

(四)蒙古PPP相关政策与法律

蒙古的基础设施条件较差,交通运输条件非常落后,其国内60%的货运量依靠铁路运输承担,但主要铁路干线仅有4条,且为单向运输。同时其通信设施也不容乐观,在蒙古的两个省中的40多个县,依然没有网络电缆,严重影响了对外联络和工作效率。

因此,为了加快基础设施和能源项目的进一步建设,促进政府公共部门和私营部门间合作,"公私合作伙伴关系(PPP)"模式在蒙古得到了积极推广和应用。2009年10月,蒙古政府出台相关国家政策,鼓励私营部门参与各领域项目建设。2010年1月,蒙古议会通过《特许经营法》,该法于2010年3月1日生效。

1. 投融资建设管理机构

蒙古国有资产委员会(SPC)是政府机构,负责蒙古国有财产和公私伙伴关系(PPP)的私有化过程中的管理。SPC的使命是加快私有化进程,增加私营部门参与经济活动,从而提高经济效益,促进经济发展,提高人民的福利。

对于特许经营项目实施,蒙古于2012年成立了经济发展部,下设创新和公私合作司,专门负责特许经营项目实施协调等。

2. 特许经营法律环境

第一,关于特许经营法律体系构成。蒙古的特许经营法律由《宪法》《民法》《政府法》《国有财产法》《外国投资法》《土地法》《特许经营法》以及符合这些法律的其他法律组成。同时允许在蒙古国际合作合同中另行约定适用的法律,但是有国际公约约束的除外。

第二,关于特许经营类型。特许经营权的类型,蒙古的法律规定了8种基本类型:

(1)"建设—使用—转让"(BOT)模式,即受许人将持有的特许目标用自己的财产建设,在合同期限内投入使用,并在合同结束时转让为国有及地方持有。

(2)"建设—转让"(BT)模式是指受许人将持有的特许目标用自己的财产建设,转让为国有及地方持有。

(3)"建设—持有—使用"(BOO)受许人将持有的特许目标用自己的财产建设,按照合同条款享受持有、使用的权利,并承担相关义务。

(4)"建设—持有—使用—转让"(BOOT)受许人将持有的特许目标用自己的财产建设,在合同期限内持有、使用,并在合同结束时转让为国有及地方持有。

(5)"建设—出租—转让"(BLT)受许人将持有的特许目标用自己的财产建设,按照合同条件可以出租给持权人,并在租赁期结束时转让为国有及地方持有。

(6)"编制设计图—建设—投资—使用"(DBFO)受许人将特许目标设计图编制完善并用自己的财产建设,在合同期限内投入使用,并在合同结束时转让为国有及地方持有。

(7)"更新完善—利用—转让"(ROT)受许人将特许目标更新完善并用自己的财产建设,在合同期限内投入使用,并在合同结束时转让为国有及地方持有。

(8)具有特许目标、设施工作、提供服务特点的上述之外的其他特许权类型。

关于特许经营项目和有关资产管理权限的授予,蒙古按照特许经营项目目标清单和项目规模及重要程度,分别由国家机构和地方权力机构批准授予。

第三,关于对于特许经营财产的管理。由管理国有财产的行政机构行使相关权利,包括向政府提交特许目标的方案;研究考察特许目标,提出意见;向大众公布特许目标清单;授予特许权、执行特许权;提供专业指导;评估和监督特许权合同执行;办理登记备案;根据法律授权,制定相应权利范围;按照法律规定与相关机构共同制定招投标方案,在对外公告的同时组织进行招投标工作;允许持权人和其他方签订特许权合同、与特许权合同相关的其他合同及受许人取得财政支持方面的合同等。

第四,关于特许经营项目投资者的选择。除可以直接签订合同的情形外,特许经营项目的投资者必须通过竞标方式确定。《特许经营法》规定,可以直接签订合同的情形主要有:国家安全受到威胁的;有不可规避要求的;宣布竞标但未提交方案或提交的方案不符合要求,或重新宣布投标要求且满足要求的可能性不大等情形。

其他大部分特许经营权的授予均采用竞标方式,招标阶段的步骤包括:公告招标;接收投标人的竞标方案,并选择最优方案方;向最优方案方颁发相关证书;竞标胜出者如有要求,可与持权人见面商讨;竞标胜出者提交进一步完善的方案;审查合法合规性;审查规划方案并公布中标人名单;与中标人签订协议;将中标结果送达相关机构,由其做出相关决议;政府批准关于投标的细则条例、相关文件及审查条例。

招标条件中禁止招标人在投标前透露与竞标事项有关的商品标志、名称、样式、类型、产地、地理位置、生产方式、生产方、投标要求、条件等信息。

特许经营项目的投标人可以为符合法律规定的蒙古法人或外国法人及法人组织。选择竞标方案时需要综合考虑投标人的财力、组织能力、技术能力、经验、资质等方面的情况。

根据《特许经营法》的规定,对投标人投标文件的审查标准包括:技术指标;经营范围;提供服务的质量;特许经营权合同方案的总体意见和评论;在特许经营权合同期限内实施工程和提供服务的价格;设计图、建筑工程费付款、流动费用、投资总金额、目前价值;从政府得到的财务支持及其方式、金额;投资计划;对国家社会发展和经济发展的影响；是否满足保护自然环境的相应要求；持权人遵守相关法律要求；列出比较好的方案的投标人名单；如公众要求知情或者持权人认为有必要，持权人应将提交审查规划方案的条例公布在日常出版物上。

在政府与私人资本合作的过程中，政府可以提供给受许人的财政支持包括：提供贷款担保；出具特许权的财政证明；依据相关法律法规的规定，给予税收优惠和免税；保险；受许人根据特许经营合同提出的最低收入保证；《特许经营法》及特许经营合同中规定给予的补偿款。

【案例一】

蒙古政府2013年99号决议决定，用BOT模式建设阿拉坦布拉格—乌兰巴托—扎门乌德高速公路。由经济发展部、建筑与城建部、交通运输部、环境与绿色发展部共同完成项目可行性研究报告、工程勘察、工程造价和预算、土地征用和招标竞标等工作。目前公路建设各项前期工作基本就绪。整个高速公路全长1000公里，北起阿勒坦布拉格口岸、经乌兰巴托到达南部口岸扎门乌德，将连接中俄两国公路，衔接欧亚大陆桥。该公路建设项目由蒙古国内企业成吉思土地开发集团中标。

该公路项目建设期为3年，于2016年竣工。中标企业以BOT（建设—经营—移交）模式实施该项目建设。建成后，中标企业将获得该公路30年经营权，到期移交给国家经营。

【案例二】

那林苏海图-锡伯库伦50公里公路项目是目前蒙古正在实施的BOT项目，由RDCC有限责任公司承担，特许经营年限为17年。

【案例三】

图勒门100KWT电厂项目，已签署BOT项目特许经营合同，由"New Asia Group"有限责任公司承担，特许经营权期限为22年。

【案例四】

阿勒坦布拉格-扎门乌德997公里快速路项目，由"Chinggis Land Development Group"有限责任公司承担，特许经营权期限为28年。

【案例五】

中国核工业第二建设有限公司通过公开招投标方式获得在乌兰巴托市巴格诺尔（Baganuur）地区以BOT方式投资、建设、运营2×350MW坑口火电厂项目的特许经营权。该项目特许经营期25年，项目总投资约9亿美元，为迄今为止蒙古规模最大的电力项目，项目建成投产后，将使蒙古发电量提高一倍。

【小结】

基于对基础设施项目发展的强劲需求，投融资项目在蒙古得到了发展。近年来，随着社会资本的积极参与，蒙古逐步完善《特许经营法》的相关立法，从特许经营项目的标的、政府管理主体的规范、投资人的竞标选择、政府提供资源、特许经营合同规范、特许经营的退出等各个方面，对于PPP项目进行了基本规范，于境外投资者有一定的保障意义。

三、蒙古司法体系及争议解决

蒙古司法机构由宪法法院、最高法院、行政法院、省法院（包括首都法院）、地区法院、县法院、省辖区法院组成。根据其《宪法》第 48 条规定，可以设立专门法院如刑事、民事和行政法院。蒙古诉讼案件采用三审终审制，对某些特定案件的审理适用二审终审制或一审终审制。我国企业或个人在当地投资合作发生争议，可以向当地法院起诉，法院适用蒙古法律和蒙古加入的国际公约及蒙古同其他国家签署的双边协定。此外，除法律及蒙古缔结的国际条约另有规定，争议方可协商由国内或国外仲裁机构裁决。蒙古工商会下设蒙古国际及国内仲裁委员会，可为企业提供第三方仲裁服务。

关于争议的种类，通常各种争议最终均演变为价款之争，成因多为项目决策失误、合同条件论证不足、合同履约失信、法律风险变化、市场变化恶劣、资源准备不足等。

境外投资建设项目的争议解决方式是投资人寻求救济的底线，甚至有的企业将争议解决方式上升到"如果不能寻求公平合理的争议解决方式，宁可放弃项目"的高度。关于基础设施领域的争议解决方式，按照国际惯例，通常选择争议评审或仲裁方式。其中争议评审制度作为全过程解决争议的有效方式，应在投资建设合同中尽量选择使用，并尽可能约定具体的实施规则，如评审员名单和评审组的产生、评审的发起、评审具体程序、评审裁决作出、评审裁决的接受与拒绝、评审地点、评审时间、评审的费用计取等方面。若选择国际仲裁方式解决争议，需要以项目所在国加入《承认和执行外国仲裁裁决公约》（以下简称为"《纽约公约》"）为前提，否则仲裁裁决很难得到承认和执行。蒙古于 1994 年加入《纽约公约》，并于 1995 年 1 月 22 日生效。

关于仲裁机构选择，鉴于所在国合同主体会考虑其权益实现的优先性，故所在国政府或合作方通常会选择所在国仲裁机构，中国投资企业作为投资人加入蒙古建设项目时，应当高度重视合同争议解决的仲裁机构选择。

蒙古于 2003 年 5 月 29 日由蒙古议会通过《仲裁法》，该法以 UNCITRAL 国际商事仲裁示范法为模本。其适用的争议范围为"针对合法机构的财产或非财产争议进行的仲裁解决程序中涉及的法律关系"。蒙古仲裁法规定的仲裁机构为蒙古国家工商会设立的蒙古国家仲裁法庭。

【案例】

一个有意思的案例是[①]，浙江高院作出的《不予承认蒙古国家仲裁法庭 73/23－06 号仲裁裁决的报告》的决定。该案件为建设工程合同纠纷，其《建筑施工合同》第 1 条载明：委托方为艾多拉多公司；承包方为蒙古耀江公司（后更名为展诚公司）。在合同落款担保方处盖有名为"浙江耀江建设集团股份有限公司"的公章。该合同有蒙文和中文两个版本，由艾多拉多公司提供的蒙文合同的中文翻译文本第十条载明："协商无效，应通过国内注册地法院和仲裁机关判决和仲裁"；中文版合同第 10 条载明："如果达不成协商，通过蒙古有关法律部门或蒙古工贸厅仲裁机构解决"。两个版本的合同均在第 11 条第 1 项载明："本合同未尽事宜，依据蒙古有关法律法规解决。"

浙江高院认为，根据最高人民法院法释〔2006〕7 号《关于适用〈中华人民共和国仲裁法〉若干问题的解释》第 16 条"对涉外仲裁协议的效力审查，适用当事人约定的法律；

---

① 最高人民法院：《关于不予承认蒙古国家仲裁法庭 73/23—06 号仲裁裁决的报告的复函（2009）》，http://policy.mofcom.gov.cn/blank/claw!fetch.action?id=G000147014&industrycode=S09431&secondcode=745005；751006；120005。

当事人没有约定适用的法律但约定仲裁地的，适用仲裁地法律；没有约定适用的法律也没有约定仲裁地或者仲裁地约定不明的，适用法院地法律"的规定，虽然《建筑施工合同》第11条第1项载明："本合同未尽事宜，依据蒙古有关法律法规解决"，但根据最高人民法院法发〔2005〕26号《第二次全国涉外商事海事审判工作会议纪要》第58条规定，当事人在合同中约定的适用于解决合同争议的准据法，不能用来确定涉外仲裁条款的效力，而合同第10条虽对仲裁事项作出了约定，但未明确约定仲裁地，故应适用法院地法即我国法律确定仲裁条款的效力。根据最高人民法院法释〔2006〕7号《关于适用〈中华人民共和国仲裁法〉若干问题的解释》第七条"当事人约定争议可以向仲裁机构申请仲裁也可以向人民法院起诉的，仲裁协议无效"的规定，应认定《建筑施工合同》第十条关于仲裁约定的内容无效。故浙江高院认为该仲裁条款对展诚公司没有约束力。①

最高人民法院在对浙江高院《关于不予承认蒙古国家仲裁法庭73/23－06号仲裁裁决的报告的复函》（〔2009〕民四他字第46号）中答复②：本案为申请承认及执行外国仲裁裁决案件，由于涉案仲裁裁决系蒙古仲裁机构作出，而我国和蒙古均为《纽约公约》的成员国，根据《中华人民共和国民事诉讼法》第二百六十七条以及《纽约公约》第一条的规定，对涉案仲裁裁决承认及执行的审查，应适用《纽约公约》的相关规定。

其中关于涉案仲裁条款的效力问题，根据《纽约公约》第五条第一款（甲）项的规定，只有当"协定依当事人作为协定准据法之法律系属无效，或未指明以何法律为准时，依裁决地所在国法律系属无效者"，才得以拒绝承认及执行。以我国法律认定仲裁条款无效从而拒绝承认涉案裁决，不符合上述规定。③

从该案例可以看出，对于涉外仲裁条款的约定，尽管有相当多的《纽约公约》成员国奉行"仲裁排除诉讼"的理念，但是从确保仲裁条款有效的角度出发，应当约定明确的仲裁地与明确的仲裁机构。

关于仲裁机构的选择，可以选择的国际仲裁机构包括中国国际经济贸易仲裁委员会、北京国际仲裁中心、香港国际仲裁中心、新加坡国际仲裁中心等。需要注意的是，关于合同适用法律和仲裁适用法律的约定亦为合同订立时的重要事项。

四、蒙古营商环境及法律风险防范

（一）蒙古整体营商环境

近年来蒙古致力于改革，努力营造良好的经商环境，世界银行《2016年营商环境报告》显示，蒙古在全球189个经济体营商便利度排名中位列第62位，在开办企业、办理建设许可、获得信贷、保护少数权益投资者等方面分别位列第32位、第26位、第60位和第22位。④

---

① 金瑞庭：《蒙古经济形势分析及推进中蒙经贸合作的对策建议》，载《中国经贸导刊》，2016年第12期。
② 最高人民法院：关于不予承认蒙古国家仲裁法庭73/23－06号仲裁裁决的报告的复函（2009），http://policy.mofcom.gov.cn/blank/claw!fetch.action?id=G000147014&industrycode=S09431&secondcode=745005；751006；120005。
③ 同上。
④ 中国黄金报：《蒙古国："一带一路"对接面临考验》，http://mt.sohu.com/20160827/n466295927.shtml。

(二)蒙古投资与承包工程风险及建议

在蒙古开展工程承包业务问题比较多,常见的问题主要有:

1. 关于承包商的投标资格问题

即以当地蒙古公司投标,还是以国内公司名义投标的问题。如以蒙古当地公司名义投标,需要依据《公司法》和《建筑法》等相关法律设立当地子公司,还应注意有关工商登记、税收、资质、银行独立资信等方面的问题。

2. 关于承揽工程的市场可行性调研问题

对于房建类业务,通常需要甄别工程建设项目类型,如属于政府投资项目还是当地投资项目,属于我国企业投资项目还是外资企业投资项目。尤其对于近年来蒙古市场上的房地产开发项目,需要考察的核心问题包括资金来源、土地许可现状、合作开发模式、市场销售、抵押担保条件等。如属于政府投资公司,则需要核实其立项和土地审批手续。

3. 关于PPP或特许经营项目

需要重点论证许可的条件、费用预测的准确性、退出机制以及担保条件等方面。另外境外资金进出蒙古的政策法规要求也需要重点关注。

4. 关于招标

蒙古国家投资及国际组织援助项目多通过报纸、电视等渠道进行国际公开招标,部分中小型项目多采用灵活的议标形式或自行协商签约方式进行。

5. 关于工程建设项目管理问题

我国企业需要重点关注的是工程建设项目的资源缺乏,材料、设备以及人工等方面的组织比较困难,另外蒙古的冬季比较长,正常施工期只有不到半年的时间。最近一年来,我国企业包括中国铁建、中国核工业建设、中建新疆建工集团等公司接连在蒙古承揽了众多基础设施和房建项目,众多实例说明,企业需要从项目管理的角度充分论证施工要素与资源组合方式,并采用适当的承包模式规避风险。

6. 关于工程劳务

蒙古存在一定的结构性劳动力短缺,尤其是技术工种。但鉴于蒙古市场容量有限,失业率较高。因此,蒙古为保障本国公民就业,限制外国劳务人员进入,实行严格的外籍劳务工作许可审批制度,企业引进外籍劳务人员,需要经过蒙古多个政府部门的逐级审批后,才能办理劳动许可,并需交纳名目繁多的费用。

蒙古劳动保障法律不健全,对外国劳务人员的社保、医疗保险方面没有明确规定,蒙古社保部门强制所有在蒙古务工的劳务人员在蒙古缴纳社保金,但由于中国赴蒙古劳务人员多为短期劳务,无法在蒙享受后期的相关服务,导致企业的用工成本增加。我国企业在蒙古用工务必经过合法途径,并通过签订劳务分包合同或劳动合同的方式予以规范。

五、小结

在中国政府"一带一路"的总体倡议发展过程中,蒙古作为与中国政府保持友好往来的毗邻国家,其自身经济发展面临局限性,中国的投资者以及相关企业可以择时进入蒙古相关领域。在把握机会的同时,中国投资者也应做好充分的准备,充分考虑当地法律环境的复杂性,严格遵守当地法律法规,完善工程管理和人员管理制度,提前建立危机应对机制等。

俄 罗 斯

一、俄罗斯国情简介

俄罗斯联邦（The Russian Federation,以下简称"俄罗斯"）,是联合国安理会常任理事国之一,拥有世界最大国土面积。作为冷战期间世界两极中的一极,在世界政治、经济等多个舞台上均有着举足轻重的地位。

俄罗斯历史悠久,资源丰富,人才济济,作为我国的邻国,俄罗斯与我国在历史上渊源极深。相对于世界其他国家,俄罗斯对我国的影响尤其重大。在我国"一带一路"倡议中,俄罗斯属于"北线B",即"北京—俄罗斯—德国—北欧"。

在政治体制上,目前俄罗斯实行的是总统制的联邦体制。总统为该国首脑,权力较为集中,甚至带有些许专权色彩。这一特点从叶利钦、普京等总统的强势执政表现上可见一斑。各联邦主体地位平等,联邦会议——俄罗斯最高权力机关,分为联邦委员会、国家杜马两个议院。

俄罗斯的经济体制为混合所有制经济,国有制、集体所有制与私有制并存,目前正处于由苏联的公有制计划经济体制向市场经济体制转轨时期。俄罗斯的能源、矿产、国防、机械制造等重工业十分发达,轻工业、交通运输及基础设施建设等行业相对落后,因此也是未来发展的重点。

在文化传统上,俄罗斯兼具中西方文化特点,与中国人民具有深厚的友谊。但是,俄罗斯人被戏称为"战斗民族"的个性,也导致部分俄罗斯人对富裕的外国投资者有一定的排斥心理。

【小结】

鉴于俄罗斯作为当今世界上的大国的重要地位以及与我国的毗邻优势,其在中国"一带一路"倡议中的重要地位不言而喻。中国意欲对外投资的企业应当在认真研究俄罗斯的法律制度及易发风险点基础上,在各个领域积极发展与俄罗斯的经贸合作。

二、俄罗斯投资建设法律问题

（一）俄罗斯投资法律

俄罗斯的企业法律及司法解释规定较为系统全面,主要包括:
《俄罗斯联邦有限责任公司法》;
《俄罗斯联邦股份公司法》;
《俄罗斯联邦最高法院、俄罗斯联邦最高仲裁法院关于适用〈俄罗斯联邦有限责任公

《俄罗斯联邦最高仲裁法院关于适用〈俄罗斯联邦股份公司法〉若干问题的决议》等。

其中,俄罗斯的股份公司法和有限责任公司法均于 2008 年 4 月 29 日进行最新一次的修订。

除此之外,俄罗斯还颁布了《俄罗斯联邦员工股份公司(人民企业)特别法律地位法》。人民企业适用股份公司法中关于封闭公司的规定,是俄罗斯为了解决苏联大量国有企业的改制问题而专门出台的过渡性法律。

在外国公司的设立制度方面,俄罗斯于 1999 年出台了外商投资法律体系的基本法——《俄罗斯联邦外商投资法》(以下简称"外商投资法"),该法针对外来投资者给予了国民待遇。

《外商投资法》第四条第一款规定,外国投资者开展经营活动和使用投资所得利润时所享有的法律待遇,不得低于俄罗斯投资者享有的待遇。

《外商投资法》的第九条还给予了外国投资者税收方面的优惠,如外国投资者在投资期间,由于新政策的出台导致税负增加的,则对其不适用新政策。如外国投资者以实物作为设立公司的出资,则该实物在进口时免征关税。

除《外商投资法》外,俄罗斯还出台了《俄罗斯联邦产品分成协议法》《俄罗斯联邦租赁法》《俄罗斯联邦经济特区法》等法律来调整外商投资的法律关系。

(二)俄罗斯外资准入及企业设立相关法律

总体上,俄罗斯的政策对外国投资者持欢迎的态度,尤其是在油气、煤炭、建筑、交通、通信、食品等领域。但同时也在部分领域限制外资进入,如国防、核工业、特种金属等领域,并且禁止外资进入博彩业、人寿保险、武器制造等领域。

1. 外国投资者的企业类型

根据《外商投资法》第 4 条规定,外国投资者可以在俄罗斯开设的企业类型包括:合资企业;外国全资子公司;外资公司的分公司。

根据俄罗斯的《航空发展国家管制法》等规定,除对外资企业进入航空业设定了持股比例的上限外,其他行业目前已经没有外资持股比重方面的限制。

在此背景之下,如外资企业在俄设立航空业的合资公司,可以通过与本地企业成立合资公司或者在本地企业中持股这一类较为稳妥的投资方式。但是,设立合资公司同时也意味着外资企业不能享有完整的决策权,尤其是当合资公司章程规定某一事项需要超过外资企业持股比例才能进行决策时,本地企业就相当于拥有一票否决权。

外资企业亦可考虑采用全资子公司或分公司的模式。但是该两种方式无法获得本地企业的帮助,对于初次对俄罗斯投资的企业而言,风险过大。并且如设立分公司,由于其并不具备法人地位,一旦产生损失,则总公司将承担连带责任。

2. 中国企业在俄罗斯的投资现状

尽管俄罗斯与中国为邻国,并且两国的经济具有互补的特点,但中国与俄罗斯在较长时期内"政热经冷"。双方贸易合作总的体量不大,合作的领域主要包括:能源、矿产、林木业、纺织、通信、电气、建筑等领域。

21 世纪以来,中俄两国之间往来更加频繁,中国对俄投资增长迅猛。两国陆续签署多项双边合作条约,如 2001 年签署《中俄睦邻友好合作条约》;2006 年签署《中俄双边投资和保护协定》;2007 年签署《中华人民共和国政府与俄罗斯联邦政府关于促进和相互保护投资协定》;2009 年签署《中俄投资合作规划纲要》等。在政府和企业家的共同努力下,双边经贸合作进一步加强。

需要特殊强调的是,根据俄罗斯相关法律规定,如俄罗斯国内法与其签署或参加的国际条约针对同一事项的处理规则不一致的,应当优先适用国际条约的规定。① 这项法律适用原则,对于外国投资者来说无疑是极为有利的。

【案例】 中俄原油管道项目②

中俄原油管道西起俄罗斯远东管道斯科沃罗季诺分输站,跨越中国黑龙江省和内蒙古自治区共计 13 个市、县、区,止于大庆站。管道总长 999.04 公里,其中 72 公里位于俄罗斯境内,余下 927.04 公里位于中国境内。

该项目由中国石油集团公司承建,于 2010 年 9 月 27 日竣工。2011 年 1 月 1 日,中俄原油管道正式投入运行,俄罗斯的原油开始进入中方境内位于漠河县兴安镇的首站储油罐内,标志着中国东北方向的原油进口战略要道正式贯通。每年 1500 万吨、期限 20 年的中俄原油管道输油合同开始正式履行。

2012 年 9 月,中俄石油管道谈判历经 15 年,最终签约。这是中国与俄罗斯建的第一条石油管道,具有里程碑式的意义。

(三) 俄罗斯的工程建设相关法律

1. 俄罗斯建筑业现状

俄罗斯的建筑业并不限制外国投资者的进入,主要原因是俄罗斯本国建筑企业技术能力底下、缺乏经验、管理成本高且效率低下,难以承担较为复杂建设工程项目施工,因此俄罗斯较为大型的建设项目主要都是由外国的承包商承建的。

目前一些欧美地区的承包商已经占据了俄罗斯相当比例的市场份额,这一情况也增加了新的外国承包商进入俄罗斯建筑市场的难度。

2. 俄罗斯建筑业的法律体系

俄罗斯建筑行业的基础法为《俄罗斯联邦建筑法典》《俄罗斯联邦土地法典》以及《俄罗斯民法典》中关于建筑业的相关规定。上述法典并非仅编纂同一效力等级的规范性文件,而是包括了法律、行政法规、总统令及地方性文件等多层级的法律体系。

3. 俄罗斯建筑业承发包模式

俄罗斯建筑行业的承发包模式与中国有许多相似之处。工程大多以招投标的方式发包,其中公共项目必须通过招标发包。招标方式与中国大同小异,设置为公开招标、邀请招标、公开询价、单一来源采购等方式。

由于建筑业合同内容的复杂性,建筑业的合同文本多为政府机关颁布或采用的规范文本。如在欧美国家通行的范本以及世界银行认可的范本,一般为国际咨询工程师委员会所推荐的 FIDIC 合同范本、英国土木工程师协会推荐的 JCT 合同范本等。对外国投资者来

---

① 系列丛书编委会:《企业境外法律风险防范国别指引(俄罗斯)》,经济科学出版社,2013 年 7 月第 1 版。
② 何志丹,彭同乐:《攻克世界难题 中俄原油管道成功穿越黑龙江》,载《经济参考报》,2010 年 4 月 30 日。

说,尤其需要注意的是国际上通行的工程合同范本(如 FIDIC、JCT 等)在俄罗斯并不适用。俄罗斯国内通行的合同文本均为俄文版本,对于上述国际上通行的范本基本上不采用。

外国投资者如欲在俄罗斯从事建筑业经营,除应首先在俄罗斯注册公司或其他经营主体外,还应当加入俄罗斯建筑业行业协会,并取得协会授予的建筑业经营许可证,即为建筑业资质。建筑业资质根据行业、业绩等不同标准分为不同级别。由于该类准入许可证的限制,俄罗斯建筑业市场中也普遍存在挂靠、转包、串通招投标等违法现象。

4. 俄罗斯建筑业对外国投资者的限制

俄罗斯建筑业对于外国投资者从事工程承包和建筑劳务均存在一定的限制。根据 1999 年颁布的《俄罗斯联邦关于商品、工程和服务政府采购招标法》的规定,俄罗斯政府采购项目中,外国公司提供的商品及劳务必须以本国公司不能提供或提供类似商品及劳务的经济效益过低为前提。

如果外国公司总承包某项工程,则俄罗斯本地企业至少应完成 30% 以上项目总额的工作;如外国公司分包某项工程,则不受限制。①

在建筑劳务方面,为了缓解本国居高不下的失业率,俄罗斯政府严格限制劳务输入,对外国劳工入俄采取了配额制,并且额度逐年降低,以此促使大型企业尽量雇佣本国劳工。

尽管存在上述限制,但总体上,他国在俄的投资者享有国民待遇。并且,如外国投资者在俄罗斯注册成立公司或与俄罗斯当地公司联营,则可以避免上述对外国公司的限制。

(四)俄罗斯 PPP 相关政策与法律

与世界各国普遍的 PPP 项目合作方式一样,俄罗斯 PPP 项目的参与方主要包括政府主管机关(业主)、出资人代表、社会资本方等。各方主体在俄罗斯相关法律、法规的框架之下,通过签订项目合同的方式,共同促进 PPP 项目的建设与开展。

1. 俄罗斯 PPP 法律体系

俄罗斯于 2005 年颁布了《俄罗斯联邦特许权协议法》(简称为 BOT 法)作为以 BOT 模式为基础的特许权经营模式。截至目前,俄罗斯联邦层面共计有 430 个项目按照《BOT 法》的规定完成了特许权的授予程序,其中超过 370 个项目正处于建成运行阶段。② 从这一情况分析,俄罗斯施行 PPP 项目合作模式已经具有相当的历史,并积累了一定的经验。

2013 年,俄罗斯颁布了《俄罗斯联邦公私合作基础法》(简称为《PPP 法》),该法扩展了俄罗斯 PPP 项目的模式选择,有利于促进俄罗斯公私合作的开展。

俄罗斯的 PPP 法律体系主要是以上述联邦层面的《BOT 法》和《PPP 法》作为基础,辅之以各联邦针对 PPP 的地方性政策。

2. 外国投资者加盟俄罗斯 PPP 项目的注意事项

总体上,俄罗斯政府对外国投资人参与本国的 PPP 持支持态度。2009 年,俄罗斯成立了极具特色的非官方公益性机构——俄罗斯公私合作发展中心,隶属于俄罗斯开发与对

---

① 中建海外事业部:《中建股份海外事业部驻外机构经营环境调查报告》。
② 俄罗斯政府招商网站,http://torgi.gov.ru/index.html。

外经济银行所属的重要机构。① 主要致力于PPP项目的对外合作交流。

同时,为本国利益考虑,又设立了较高的准入标准。促使外国投资者通过在俄罗斯设立法人实体或与俄罗斯本地企业合作以规避该类限制。

《PPP法》明确规定依法仅归国有且不得向私人移转所有权的财产不得作为公私合作协议的客体,且由国有企业、事业单位运营的财产也不得作为公私合作协议的客体。为避免出现争议,《PPP法》和《BOT法》将可作为项目协议的客体进行了封闭式列举,没有列入该等清单的,不得作为PPP项目协议的客体。②

综上,尽管俄罗斯已建立起初步的PPP法律体系,但俄罗斯本地政府及企业合理驾驭PPP模式的水平不高。PPP项目开展仍处于较为初级的阶段。对外国投资者而言,参与俄罗斯的PPP项目合作存在一定的风险,如政策风险、合作方经验不足、效率低下等。

【案例】 莫斯科至喀山高铁项目③

2015年3月,俄罗斯铁路公司针对莫斯科至喀山段高铁建设勘测、设计工作发起公开招标。由莫斯科国家运输工程勘测设计所领导、下诺夫哥罗德地铁设计股份公司和中国中铁二院工程集团有限责任公司组成的中俄联合体成功中标。

根据规划,从莫斯科到喀山段的高铁全长770公里,跨越俄罗斯7个联邦主体,覆盖2500万人以上,全程计划设立15个车站。铁路最高设计时速400公里,轨距为1520毫米,项目规划在2018年世界杯之前完工。

对俄方来说,铁路交通基础设施建设潜力十分巨大,已投入使用的高铁线路仅有莫斯科至圣彼得堡、莫斯科至下诺夫哥罗德以及圣彼得堡至赫尔辛基3条,而中国技术和人员对俄方需求有更精准的把握,这也让中国高铁有机会布局俄罗斯高铁市场。

项目实施合同金额为207.9亿卢布(约合3.8亿美元),该项目作为中国高铁真正意义上走出去的第一单,标志着中俄高铁合作项目向前迈出了实质性一步。④

三、俄罗斯司法体系及争议解决

(一)俄罗斯司法体系

俄罗斯基本上属于大陆法系,其主要法律渊源为成文法。但是随着两大法系在全世界范围内的互相借鉴融合,俄罗斯司法体系也呈现部分英美法系的特征。如较高级别法院尤其是俄罗斯联邦最高法院及最高仲裁法院的判例,依旧指导着对相对低级法院的裁判。

由于俄罗斯近代历史的原因,其法律体系目前仍处于转型时期。基于此情况,有学者认为,"视现代俄罗斯为法治国家还为时尚早。"

俄罗斯的司法机关包括:宪法法院系统(联邦宪法法院、各联邦主体的宪法法院及宪

---

① 丁超:《俄罗斯公私合作及其在保障性住房领域的实践探索》,载《俄罗斯东欧中亚研究》,2016年第1期。
② 田文静,徐越,马轲:《俄罗斯PPP项目的新选择》,http://www.kwm.com/zh/cn/knowledge/insights/new-choices-of-russia-ppp-project-20151016。
③ 《大陆桥视野》编辑部:《中国高铁即将驶入俄罗斯》,载《大陆桥视野》,2015年第9期。
④ 新闻晨报:《中国高铁海外签第一单:全长770公里时速400公里》,http://military.china.com/important/11132797/20150621/19879043.html。

章法院);普通法院系统(治安法院、区法院、主体法院、最高法院);仲裁法院系统(主体仲裁法院、上诉审仲裁法院、巡回区仲裁法院)以及自愿仲裁机构。

(二)俄罗斯普通法院系统

俄罗斯的普通法院系统审理各类刑事案件、行政案件以及民事案件。相对于我国,俄罗斯的法院系统的划分更为细致。

各联邦内设置基层的治安法院,负责审理轻罪刑事案件(最高刑期3年以下)、人身权类案件以及争议标的较低的案件(5万卢布以下,5万卢布大约相当于6000元人民币)。俄罗斯治安法院在审理级别上,较之中国的基层人民法院更为基层。

治安法院作为各联邦主体的基层法院,而联邦的基层法院则是区法院。负责受理上述治安法院管辖范围之外的初审案件以及对治安法院裁判结果提出上诉的二审案件。

联邦主体法院为联邦的上诉法院,负责受理因不服区法院裁决而提出上诉的案件,以及影响重大的一审案件的责任。主要包括涉及政治因素的案件以及国家赔偿案件。

联邦最高法院为俄罗斯普通法院系统的最高机构,负责受理对联邦主体法院判决不服提出上诉的二审案件,以及涉及中央政府机构的一审案件。如当事人不服最高法院审理的一审案件的裁判结果,仍能向最高法院内设的告申庭提起上诉。从而较之我国的相关制度,能够在形式上保留了最高法院一审当事人的上诉权。

(三)俄罗斯仲裁法院系统

俄罗斯的仲裁法院并不等同于中国司法体系中的仲裁委员会,而是专门审理以企业作为当事人的商事案件法院。其中包括企业之间的纠纷以及企业和行政管理机构之间的纠纷。

仲裁法院的区域设置与普通法院不同,并不严格按照地区分别设置,在受案范围上存在交叉。这一特点较为符合其所受理的商事案件的规律。其中,主体仲裁法院为仲裁法院系统中的初审法院,在主体仲裁法院之上设置20个上诉仲裁法院(又称第一上诉审法院)以及10个巡回区仲裁法院(又称第二上诉审法院)。除此之外,考虑到知识产权案件的专业性特点,仲裁法院系统中还特别设置知识产权仲裁法院,以处理专业性较强的知识产权类案件。

巡回区仲裁法院相当于仲裁法院系统中的再审法院,仅针对经过主体仲裁法院和上诉仲裁法院实体审理或程序审理之后的案件进行审理,且仅进行程序审理,主要审查上述两级仲裁法院在审理过程中是否存在违法问题。

(四)俄罗斯商事仲裁制度

如前所述,俄罗斯的仲裁法院并不具备我国仲裁机构的特点,真正与我国仲裁机构类似、并具有仲裁方式特点的是俄罗斯商事仲裁体系中的自愿仲裁机构。

俄罗斯的自愿仲裁机构是由行业协会、社会团体等自发组织成立的民间争议解决机构,其通过争议双方共同的约定、授权取得争议纠纷的审理权以及裁决权。通过自愿仲裁机构解决纠纷,具有以下优点:仲裁员由当事人选定、一裁终局、审理过程保密等,同时也具有一旦错判缺乏救济措施以及裁决结果较之法院裁判难以执行等缺点。

(五)俄罗斯民事诉讼程序以及涉外规定

俄罗斯的民事诉讼程序实行两审终审制,上诉法院(联邦主体法院和上诉仲裁法院)的判决自作出之日起即发生法律效力,判决结果即开始执行。俄联邦最高法院和联邦巡回区仲裁法院的职能类似于再审法院,仅对受理案件进行程序审查,如原审程序确有错误需要变更,则可依职权终止原审判决结果的执行或启动执行回转。

同时在《俄罗斯联邦仲裁程序法典》第241~244条中明确规定了下列情况:俄罗斯本国以外法院审理案件的当事人,如欲在俄罗斯执行该外国法院的判决,须向被执行人所在地法院提出申请。受理法院将对该申请进行程序性的审理,如该申请所涉及的判决不存在可以驳回的情形(如该案件属于俄罗斯专属管辖、判决结果尚未生效、重复审判等),则将承认并执行该判决结果。

四、俄罗斯营商环境及法律风险防范

(一)俄罗斯整体营商环境

根据世界银行发布的《2017年全球营商环境报告》显示的营商便利度全球榜单中,俄罗斯在参评的190个国家中位居第40位。

根据该报告披露,俄罗斯国内建筑业办理建设许可日益便捷;但同时由于强制要求在提起诉讼前进行调解程序,延长了相关司法程序,导致合同强制执行更为困难。

具体来说,俄罗斯在财产注册、合同履行、设立企业、取电、信贷融资、纳税、破产处置、保护少数权益投资者方面表现出色,分列第9位、12位、26位、30位、44位、45位、51位和53位。但在跨境贸易方面略微逊色,仅排在第140位。

关于办理施工许可方面,俄罗斯位列115名,表现一般。具体来说,办理施工许可所需程序为13.7个,需耗时239天,成本占比为1.4%。[①]

(二)俄罗斯投资与承包工程风险及建议

1. 主要风险

(1)历史因素

在中俄两国千百年来的边境贸易中,部分中国商人在与俄罗斯商人的合作中,投机取巧,对中国商人的在俄形象产生负面影响,导致俄罗斯部分商人认为中国产品质次价高,而且不环保。

(2)法治环境不佳

俄罗斯并非发达国家,法治环境也并不稳定。与其他发展中国家一样,俄罗斯的法律和政策均存在变动频繁的情况。同时,其国家结构为联邦制,这意味着各个联邦有自己部分独立的法律和政策,而作为外国投资者很难熟悉这些体量巨大又变动频繁的法律政策。

---

① 世界银行:《2017年全球营商环境报告》,http://images.mofcom.gov.cn/gn/201610/20161027171453550.pdf。

(3) 市场环境不佳

由于上述法治环境不佳，导致俄罗斯的市场经济缺乏法律有效的保障。尤其是对一些违反市场经济的不诚信行为，政府未能采取行之有效的遏制手段。外国投资者一旦在投资过程中出现纠纷，即便耗费巨大成本，有时也很难得到妥善的解决。

(4) 政府工作效率不高

俄罗斯在苏联时期长期实行的计划经济体制在建国初期曾有着巨大作用，但在市场的发展进程中，计划经济逐渐成为市场的束缚，不但阻碍了经济的发展，同时也扼杀了一部分人进取的动力。

目前，俄罗斯的文化惯性并没有在其经济体制发展下消除。政府工作效率低下等问题，都是政府工作人员依然缺乏服务意识，官本位思想较为严重现象所引发的弊端。这类风险几乎存在于我国"一带一路"倡议中的大多数国家，是外国投资者难以抵御的风险。

(5) 结算货币不稳定

由于上述经济、政治、法治环境的不稳定，导致俄罗斯的法定货币卢布在世界金融市场上的汇率并不稳定。外国投资者在俄进行的投资如为投资金额大且建设运营周期较长的项目，则极有可能面临因结算汇率变动导致的财务风险。

如在建设工程施工合同的签订中采用固定价款结算的，当项目建设期中卢布出现大幅度贬值，将导致承包商无法获得实际应得的回报。

(6) 官方语言的特殊性

目前，国内从事国际合作业务的投资者一般都能够较为熟练地掌握英文工作环境及英文合同，然而俄罗斯的官方语言为语法结构复杂且适用面狭窄的俄语。

如在国际贸易合作中约定以俄文版本的合同为优先，则不熟悉俄文应用的外国投资者的风险较大。

(7) 自然环境恶劣

俄罗斯地处我国北部，虽然是世界上国土面积最大的国家，但是大量的国土由于自然环境恶劣均不适宜居住。其寒冷恶劣气候环境甚至在第二次世界大战中抵挡住了德国的坦克大军。

对于外国投资者，恶劣的自然环境是一大考验。尤其是对于需要在室外作业的对外承包工程的投资者来讲，高寒所带来的技术问题，如冬季停工期过长、冻土等问题，即便对于国内北方的承包商也是很罕见的。如果是以南方工程为主的承包商则更加应该注意环境风险，谨慎投资。

(8) 劳务用工风险

外国投资者在俄雇佣的劳务用工以下列两种为主：一是从国外引进劳动力；二是雇佣俄罗斯当地劳动力。这两种方式均存在一定的弊端：从国外引进劳动力需要有一定的劳务配额限制且申请难度较大，一旦外国员工在居留权问题上存在瑕疵，企业将会面临当地政府的处罚；而雇佣当地劳动力，又面临劳动效率低下的严重问题。

此处需要特别注意的是，由于留学生熟悉中俄两国情况，适合为跨国企业工作。所以有些中国企业会在未经备案的情况下，私自聘请中国留学生。但由于其持有的签证为学习签证，不能从事营利性工作，俄罗斯政府禁止雇佣在俄留学且仅持有学习签证的中国学生。

2. 风险防范建议

(1) 全面认识俄罗斯当地法律、法规、政策运用法律手段保护自身利益,应当是外国投资者防范风险的首选良策。因此,首先要充分了解投资国的法律、法规、政策。俄罗斯国内法的体系庞杂,不同法律规范之间存在冲突的情况。除充分了解规范外,还应当考虑到既有法律法规执行程度的问题。建议聘请俄罗斯本国法律专家提供咨询。

(2) 与当地企业合作

由于俄罗斯法律中存在较多限制外国投资者的规定,并且当地企业已占据较大市场份额,因此与当地企业合作可以尽量规避投资风险。同时也必须让渡部分投资收益。建议我国投资者可以采取投资入股,逐步扩大持股比例的方式与当地企业合作。

(3) 对合作伙伴开展严谨的尽职调查

跨国合作存在较多未知风险,应当尽全力对合作对象进行调查,以便最大限度地防范风险。调查内容包括:合作对象的背景资料、主体资格、资信、诚信度、履约历史等。

(4) 充分重视合同签订及往来函件

应当在合同签订前,充分推演在合同生效后施行过程的潜在风险,如通货膨胀导致的固定价款风险等;充分理解俄文版本合同的含义或要求采用同等效力的中文版本,禁止在未明确合同条款含义的情况下签约。

双方的往来函件有可能成为补充合同,应当充分重视发函措辞。禁止在未经风险审查的情况下发送函件。

(5) 争取有利的争议解决机构

争取利己的争议解决机构的作用不言而喻。中国投资者应当尽可能选择北京仲裁委员会、中国国际经济贸易仲裁委员会或香港国际仲裁中心等国内仲裁机构作为争议解决机构,或尽量争取第三国仲裁机构解决纠纷。

(6) 借助政府力量

中国的世界地位日益重要,逐步跻身世界强国的我们,强大的综合国力能够有效维护我国对外投资群体的合法权益。我国对外投资企业在遇到复杂问题,通过上述手段难以得到解决时,不应忘记求助于我国政府,通过政府间的沟通、协调,防范风险,保障合法权益。

五、小结

通过上述分析,俄罗斯的市场经济潜力较大,且与我国具有互补优势;同时投资俄罗斯具有一定的风险。建议我国投资者在充分了解所投资行业的前提下,全面运用风险防范措施,从让利合作起步,逐渐扩大在俄投资份额,取得中俄双赢的结果。

哈萨克斯坦

一、哈萨克斯坦国情简介

哈萨克斯坦共和国(The Republic of Kazakhstan,以下简称"哈萨克斯坦"或

"哈")是世界内陆国之最,国土面积约为 272.49 万平方公里,其国土面积居世界第九位。哈萨克斯坦位于中亚,其领土以乌拉尔河为洲界横跨欧洲和亚洲。哈萨克斯坦人口约为 1760.8 万,有 140 个民族,其中 65.5% 为哈萨克族,21.4% 为俄罗斯族。其官方语言为哈萨克语和俄语。50% 以上的哈萨克人民信奉伊斯兰教(逊尼派),还有部分人民信奉东正教、天主教和佛教等。①

哈萨克斯坦共和国行政区划为首都阿斯塔纳和前首都阿拉木图这两个直辖市和 14 个州。其中阿斯塔纳系哈萨克斯坦的交通中心和工农业基地。

哈萨克斯坦经济主要以能源产业和农牧业为支柱,哈萨克斯坦的里海地区的油气储量丰富,其矿产资源亦非常丰富,现已探明的矿藏就多达 90 多种,其中钨储量居世界之最。哈萨克斯坦的农业以种植春小麦等粮食作物为主,以棉花、甜菜、烟草等为辅。哈萨克斯坦是世界小麦出口大国,近年来稳居世界第 7 位,其面粉出口居世界之最。受苏联影响,哈推行市场经济和私有化的时间较短,故其工业发展缓慢且基础极为薄弱,加工工业、轻工业相对世界水平较为落后,大部分的日用消费品得依靠进口。②

哈萨克斯坦的外交政策较为务实和平衡,主要是巩固独立和主权为中心,其外交的首要方向是俄罗斯、优先方向是独联体。中哈于 2011 年建立了全面战略伙伴关系,目前两国正在大量开展紧密的大规模的产能项目合作,这不仅有助于我国"一带一路"倡议的发展亦有助于哈"光明之路"计划的实施,更有助于两者的紧密衔接,以达到实现两国经济的快速增长的目的,同时也为与相关国家开展合作作出示范。③

据哈萨克斯坦统计委员会统计,2016 年,哈货物进出口额为 483.7 亿美元,比上年同期下降 20.2%。在出口方面,哈以意大利、中国、荷兰和瑞士为四大出口目标国;德国、美国和韩国系哈的主要贸易逆差来源地。哈主要对外出口矿产品、贱金属及制品、化工产品,主要进口机电产品、贱金属及制品、化工产品和运输设备。截止到 2016 年底,中国是哈萨克斯坦第二大出口市场和第一大进口来源地,哈向中国主要出口贱金属及其制品,自中国主要进口机电产品。④

根据中国商务部统计,截至 2015 年末,中国在哈直接投资存量为 50.95 亿美元,在哈注册企业 2479 家,主要集中在汽油、石化、电力、金融、建筑、电子、通信、工程机械、汽车、建材、物流和商贸等行业。主要项目有中哈天然气管道建设、中哈谢米兹拜伊钼矿开发、马伊纳克水电站、中哈霍尔果斯国际边境合作中心。

【小结】

哈萨克斯坦政局较稳定,矿产资源丰富,基础设施建设市场需求量日益增大,目前中哈之间的合作正在逐步从单一化走向多元化,无论是对于哈方"光明之路"计划的发展,还是对我国"一带一路"倡议的发展,这无疑都是利好消息。

---

① 商务部国际贸易经济合作研究院,商务部投资促进事务局,中国驻哈萨克斯坦大使馆经济商务参赞处:《对外投资合作国别(地区)指南—哈萨克斯坦(2016 年版)》,http://fec.mofcom.gov.cn/article/gbdqzn/upload/hasakesitan.pdf。
② 同上。
③ 同上。
④ 商务部网站:《国别贸易报告—哈萨克斯坦(2017 年第 1 期)》,http://countryreport.mofcom.gov.cn/record/qikan110209.asp?id=8914。

二、哈萨克斯坦投资建设法律问题

哈萨克斯坦的法律法规在投资、对外经贸、建筑工程等各个领域都相对健全，但由于其独立的时间不长，部分法律法规制定过程相对来说比较仓促，因此随着社会经济的发展，其对法律法规的调整相对来说比较频繁。

（一）哈萨克斯坦项目投资立法

哈萨克斯坦于 2003 年颁布了新的《投资法》，制定了哈政府对本国企业投资及外商投资的管理程序及鼓励办法。投资者在哈进行投资及有关的活动时，除了需要受《投资法》的规制，还要受到《股份公司法》《关于股份公司与反垄断政策机构商定合并（兼并）合同程序的规定》《关于通过有组织的证券市场出售属于国家的股份的规定》《关于购买高比例股份的条件规定》以及《反垄断法》等法律法规的规制。

根据《哈萨克斯坦—2030》国情咨文报告，哈政府制定了 2020 年的《发展战略》和《工业化纲要》，总体目标是："通过国家工业化和基础设施加速发展，实现经济的多样化，使哈萨克斯坦从一个原料供应国转变为工业国，以保障经济持续、稳定增长。基础设施建设方面，有改造现有电站和电网、建成 1400 公里的新铁路、新建和改造 1.6 万公里公路、形成四个具有'枢纽'站功能的国际机场、提升里海港口的年过货能力至 4800 万吨等具体规划。"[①]

2014 年 6 月 12 日，哈萨克斯坦纳扎尔巴耶夫总统在哈萨克斯坦的巴拉沃依主持召开了外国投资者理事会（该理事会隶属于总统）第 27 次会议，并现场签署了《哈萨克斯坦关于就完善投资环境问题对一些法律法规进行修订和补充的法律》，该法对外商投资政策做出重大调整，主要规定了投资补贴、税收优惠等一系列投资优惠政策，旨在进一步鼓励投资者对经济优先领域的投资，并改善哈萨克斯坦的投资环境。[②]

（二）哈萨克斯坦外资准入及企业设立相关法律

哈萨克斯坦在银行业、保险业、矿产资源及土地投资等方面对外商投资有一定的限制。在矿产资源方面，根据哈《矿产法》规定，矿产开发企业有意转让其矿产开发权，或者有意出卖矿产开发企业股份的时候，哈萨克斯坦能源部有拒绝发放相关许可证的权利，与此同时哈萨克斯坦不仅对于矿产开发企业转让的开发权和股权有优先购买权，还对能对该企业直接或间接做出决策影响的企业所转让的开发权或股权有优先购买的权利。在土地方面，根据哈《土地法》的规定，对于哈本国公民而言，农业用地、工业用地、商业用地和住宅用地均可私有，但是对外国自然人和法人而言，他们只能租用土地，且租用土地有

---

① 商务部国际贸易经济合作研究院，商务部投资促进事务局，中国驻哈萨克斯坦大使馆经济商务参赞处：《对外投资合作国别（地区）指南—哈萨克斯坦（2016 年版）》，http：//fec.mofcom.gov.cn/article/gbdqzn/upload/hasakesitan.pdf.
② 中国驻哈萨克斯坦大使馆经济商务参赞处：《解读哈投资新政策》，http：//www.mofcom.gov.cn/article/i/dxfw/ae/201406/20140600637409.shtml.

年限限制,一般不超过 10 年。①

投资者在根据哈萨克斯坦相关法律纳税和缴纳其他财政上的费用后,有权自行使用自己的合法活动收入,并且根据哈萨克斯坦银行法和货币法律的规定,投资者可以在哈萨克斯坦境内的银行开立本币和(或)外币账户。②

哈萨克斯坦一般不会对投资者的财产进行强制没收,即国有化和收归国有,除非其法律有相关特殊规定。在哈萨克斯坦投资者财产被国有化时,哈萨克斯坦政府将赔偿投资者因哈萨克斯坦颁布国有化法律文件而造成的全部损失,主要是向其支付该财产的市场价值,但是该市场价值是根据哈萨克斯坦法律规定程序确定的,在此过程中若发生争议,投资者可以通过司法程序解决。如果收归国有的义务行为停止的,投资者有权要求哈萨克斯坦政府返还保留下来的财产,但同样的,投资者应在其已取得的赔偿金额中扣除由于财产市场价值下降造成的损失后,向哈萨克斯坦政府予以返还。③

如果投资者的投资资金来源是哈萨克斯坦以外的国家或者该国授权的外国机关提供的投资保障(如保险合约)的,只有投资者进行投资和(或)其完成投资协议规定的义务后,哈方才承认其为了支付投资款而进行的转让投资权利(或答应为其支付投资资金的投资方投资要求)的行为合法。

哈萨克斯坦投资法规定,本国或外国投资者在经济优先领域进行技术、资金投资时,哈方将提供减免税收和免征进口零部件和原材料进口税的税收优惠政策。本国或外国投资法人若向列入哈政府批准的优先种类名录中的项目进行投资的,哈方将给予其临时无偿使用属于哈国家的财产或土地的权利的优惠政策,同时在满足一定条件的情况下相关财产将无偿赠予给使用者。

投资优先投资项目的法人若是新成立的法人,且其投资额超过 200 万倍的月核算基数,还可享受如下投资优惠政策:税收优惠(免缴企业所得税、土地税和财产税)、投资补贴、使用外籍劳务不受配额限制、保持税收和移民政策稳定、"一站式"服务等。享受前述优惠政策的新成立的法人是指同时满足下列 3 个条件的法人:①法人的登记注册日期需在请求给予投资优惠申请提交日期之前 20 个月内;②该法人从事的必须是列入优先种类名录中的活动(这些活动种类是为实施优先投资项目专门确定的);③只能在一个投资合同框架下实施优先投资项目(即,一个法人只能实施一个优先项目,如果要实施另一个优先项目,必须重新注册法人)。④

在哈投资的投资者可以根据需要,办理以下三种形式的企业注册登记:①哈萨克斯坦法人实体;②外国公司的分公司;③代表处。哈萨克斯坦的企业注册登记机关是受司法部委托的其国内各地的"居民服务中心"。自 2010 年 12 月开始,哈方在电子政府门户网站(www. e. gov. kz)上开通了企业注册登记电子服务,新企业注册均可在该网站提交申请。

---

① 商务部国际贸易经济合作研究院,商务部投资促进事务局,中国驻哈萨克斯坦大使馆经济商务参赞处:《对外投资合作国别(地区)指南—哈萨克斯坦(2016 年版)》,http://fec. mofcom. gov. cn/article/gbdqzn/upload/hasakesitan. pdf。

② 同上。

③ 陈泽明,马志忠,付红玲:《西部企业跨国经营》,复旦大学出版社,2004 年 4 月第 1 版。

④ 商务部欧亚司:《对哈萨克斯坦经济优先发展领域的系列调研(一)——解读哈投资新政策》,http://oys. mofcom. gov. cn/article/ztxx/201408/20140800689659. shtml。

而且该网站还推出了两种全新的电子服务：一是可以在线为小型企业办理法人注册手续；二是可以在线申领企业、分公司或代表处的营业执照或登记证明的副本。按照正常程序，这两项服务均自提交注册申请后五个工作日内完成。关于在哈注册企业还有一点值得投资者注意的，那就是不论在哈萨克斯坦是登记注册公司，还是登记注册代表处，只要投资者为中国法人或自然人，那么该投资者所提交的有关文件必须在哈萨克斯坦驻华使馆进行认证。①

（三）哈萨克斯坦工程建设相关法律

在哈萨克斯坦进行工程建设承包主要适用的法律法规有《建筑法》《关于在哈萨克斯坦国境内从事建筑设计、城市建设工程和建筑工程的规定》等。

根据哈萨克斯坦相关法律规定，只有具有外国工程项目承包执照的外国企业才能在哈萨克斯坦境内进行工程承包项目。投资者在参与工程招标时，可以凭借总公司的资质购买标书，中标后与哈萨克斯坦招标委员会签订合同，同时必须在哈萨克斯坦注册子公司或合资公司以执行项目。投资者在哈注册的公司视同为哈萨克斯坦当地法人，在项目建设的过程中，必须遵守哈国的各种法律法规及规范制度，包括但不限于以下几个方面：各类许可证的办理程序、依法缴纳税款、遵守施工要求、技术标准、安全、防火等。在工程项目验收时，除了技术不复杂的项目外，均需由国家验收委员会对工程进行考核验收，验收结果报告是国家登记项目投产财产证明的基础文件。②

除非法律另有规定以外，在哈萨克斯坦提供或从事与建筑设计、城市建设和建筑活动有关的服务的人，可以是无国籍人，也可以是外国自然人和法人。外国自然人和法人在从事前述服务时同哈本国人一样，有从哈萨克斯坦建筑设计、城市建设的机构或者有关国企获取拟建设工程的信息和文件等的权利，同样的，外国自然人和法人在从事前述服务时应符合哈方法律法规的规定，并且应遵守保障工程施工对居民的安全等要求。③

根据哈萨克斯坦《建筑法》规定，外国投资者进入哈建筑业市场时，可以以合资的形式进入，但是该法律对外资在合资企业中的持股比例有一定的限制，即该合资企业中的外资持股比例不得超过49%，不过若是100%外资控股的哈萨克斯坦本国企业作为主体参与该合资企业的，外资的持股比例可以超过49%。④

（四）哈萨克斯坦 PPP 相关政策与法律

在 2015 年以前，哈萨克斯坦热衷于使用 BOT 模式进行投资合作，如阿克套国际机场、巴尔喀什火电站等项目。2015 年哈萨克斯坦正式颁布了《公私合营法》，开启了哈萨克斯坦政府与社会资本合作的新篇章，涉及该领域的法律还有《投资法》《政府采购法》

---

① 商务部网站：《哈萨克实现网上注册企业》，http：//www.mofcom.gov.cn/aarticle/i/jyjl/m/201101/20110107385227.html。
② 商务部国际贸易经济合作研究院，商务部投资促进事务局，中国驻哈萨克斯坦大使馆经济商务参赞处：《对外投资合作国别（地区）指南—哈萨克斯坦（2016 年版）》，http：//fec.mofcom.gov.cn/article/gbdqzn/upload/hasakesitan.pdf。
③ 同上。
④ 同上。

《特许经营法》等法律法规。

1. 投融资建设管理机构

哈萨克斯坦的投资主管机关为工业与新技术部,建筑主管机关为国家土地资源管理署,关于 PPP 项目,哈萨克斯坦还建立哈萨克斯坦 PPP 中心,提供 PPP 项目咨询服务。2014 年哈萨克政府创建了国家控股 75% 的"百帝"公司,作为政府的代表提供基础设施建设项目的咨询和维护服务,与潜在的投资者进行合作谈判,发布国家机关批准的项目文件。

2. PPP 项目相关政策与法规

(1) 关于 PPP 模式适用的领域:所有经济领域的社会公共服务及基础设施都可以采用 PPP 模式,但涉及特定设备的除外,相关名单由哈萨克斯坦总统决定;

(2) 关于 PPP 项目的资金:PPP 项目的资金可以通过私营合作伙伴投入、发行国债、国家预算等任何不违反哈萨克斯坦国家法律规定的形式筹集;

(3) 关于 PPP 项目风险承担:PPP 项目进入不同阶段的风险承担方式的清单由中央授权代表机构确定。根据 PPP 项目的具体情况,双方可在 PPP 协议中确定公共合作伙伴和私营合作伙伴之间的风险分配模式以及减小和消除风险的必要措施,但要以风险分配能够达成最低成本和最佳管理的原则进行分配;

(4) 关于特许经营的法律体系构成:在哈萨克斯坦,有关特许经营权的授予、实施及收回由 2006 年 6 月 7 日生效的《特许经营法》规制,对于地下资源的特许权制度,受《地下资源法》的规制,对于银行及证券类的特许权由《银行法》及《证券法》规制;

(5) 关于特许经营投资者的选择:投标人应根据招标文件的要求进行投标、提供投标文件清单,包括公司章程、法人国家登记证明、统计卡、增值税缴纳证明、银行保函、当年财务收支平衡表、配套设备生产商支持函、授权书。评标委员会根据招标文件对标书进行如下几方面的评审:审查投标文件是否与标书要求相符;评议投标报价和付款条件;交货期的规定;工程保证期的评审;技术服务中心的保证情况。评标委员会有权以书面方式通知投标人关于更改和延迟开标、评标的日期,也有权不发布任何有关评标事宜的信息;[1]

(6) 关于特许经营许可手续:申请人向建筑领域的授权机关"国家或地区建筑委员会"提供从事项目所需全部文件及许可证申请手续后,该单位在 1 个月内做出是否签发许可证的决定,决定签发的由该单位进行发放。[2]

【小结】

哈萨克斯坦基础设施市场需求量大,政局较稳定,法律制度逐步完善,投资环境较好,但是哈对外资股权比例的限制不利于外资进入建筑行业。

三、哈萨克斯坦司法体系及争议解决

哈萨克斯坦法律体系属大陆法系,与意大利、法国、德国等国家一脉相承,受苏联立法影响深远。

---

[1] 商务部国际贸易经济合作研究院,商务部投资促进事务局,中国驻哈萨克斯坦大使馆经济商务参赞处:《对外投资合作国别(地区)指南—哈萨克斯坦(2016 年版)》,http://fec.mofcom.gov.cn/article/gbdqzn/upload/hasakesitan.pdf。

[2] 同上。

在哈萨克斯坦发生投资纠纷时，可以根据哈萨克斯坦法律的规定诉诸哈萨克斯坦当地的法院。诉讼制度上，哈萨克斯坦的法院体系分为最高法院及地方法院。一般情况下，案件审理在市初级和与其平行的法院进行，特殊情况下案件的初级审理可在州法院或最高法院进行。需注意的是，哈萨克斯坦对特定类型的诉讼管辖另有专门规定，如土地权利及其他不动产权利相关的诉讼必须提交到该不动产所在地法院。

在仲裁方面，哈萨克斯坦规定，仲裁法院所审理的案件当事人双方必须是哈萨克斯坦公民。因此外国投资者发生争议时，需要通过国际商务仲裁庭审理。国际商务仲裁庭的裁决可以上诉至普通司法管辖法院。

根据哈方《投资法》的规定，哈萨克斯坦参加的国际协议优先于哈萨克斯坦本国的法律，所以在哈萨克斯坦发生争议时，只有在本国法律与哈萨克斯坦参加的国际协议相冲突的情形下，会适用哈萨克斯坦签署的国际协议，一般情况下均适用哈萨克斯坦本国的法律，如果出现本国法律与国际公约都没有规定的情形，则适用国际惯例。

2016年11月，哈萨克斯坦总统新闻办发布消息称，哈萨克斯坦总统纳扎尔巴耶夫在现代化国家委员会活动会议上对国际争议解决做出指示，尽快在阿斯塔纳国际金融中心内建立国际仲裁中心。据悉，为哈萨克斯坦境内审议裁决国际投资争端，哈萨克斯坦将专门设置国际投资争端解决中心——国际金融法庭，并在哈萨克斯坦最高法院建立专项小组，在国际法的基础上由外国法官审议有关案件。同时，还将成立由国际和国内专家组成的国际协商委员会。[①]

哈萨克斯坦是《华盛顿公约》和《纽约公约》的签约国，因此符合条件的国际仲裁机构裁决可以在哈萨克斯坦得到承认和执行。除此之外，哈中两国签有《民事和刑事司法协助的条约》，这进一步提升了中国投资者在哈萨克斯坦投资的司法保障。

【案例】

北里海运营公司与哈萨克斯坦政府因卡沙甘油田开采项目发生争议，北里海运营公司系该项目的负责人，哈萨克斯坦政府因该项目输气管泄露而违法燃烧和生产，对该公司做出巨额的处罚决定，罚款金额高达7.3亿美元。该公司与哈萨克斯坦政府多次协商未果后，该公司向哈萨克斯坦法院提起行政诉讼，无奈的是哈萨克斯坦法院一审、二审均维持哈政府决定。目前，该公司正考虑通过国际仲裁的途径解决该争议。[②]

四、哈萨克斯坦营商环境及法律风险防范

（一）哈萨克斯坦整体营商环境

根据世界银行《2017年全球营商环境报告》显示，哈萨克斯坦的营商便利度在全球190个经济体排名中位列第35位，在开办企业、办理建设许可、财产登记、纳税、破产处

---

① 中国驻哈萨克斯坦大使馆经济商务参赞处：《哈萨克斯坦最高法院称将在阿斯塔纳建立国际仲裁中心》，http://kz.mofcom.gov.cn/article/jmxw/201506/20150601003963.shtml.

② 商务部国际贸易经济合作研究院，商务部投资促进事务局，中国驻哈萨克斯坦大使馆经济商务参赞处：《对外投资合作国别（地区）指南—哈萨克斯坦（2016年版）》，http://fec.mofcom.gov.cn/article/gbdqzn/upload/hasakesitan.pdf.

置方面表现出色，分别位列第 45 位、第 22 位、第 18 位、第 60 位、第 37 位，特别是在保护少数权益投资者和合同强制执行效率方面表现突出，分别位列第 3 位和第 9 位；但在获取电力、获取信贷和跨境交易方面表现一般，分别为第 75 位、第 75 位和第 119 位。①

（二）哈萨克斯坦投资与承包工程风险及建议

受国际石油价格和俄罗斯经济的影响，哈萨克斯坦经济发展乏力，除能源和原料行业外缺乏稳定的经济增长点。根据哈萨克斯坦目前的法律法规及相关政策，投资者在哈进行投资时应注意以下几个方面的问题：

1. 外资占股的问题

哈萨克斯坦《建筑法》明确规定了外资投资金额在该行业的占股比例限制性要求，相对来说，建筑行业门槛较高，外商投资者在投资时应注意不要违反该法律的规定。

2. 哈萨克斯坦政府对外资企业管控的问题②

2009 年哈萨克斯坦通过了《哈萨克斯坦含量法》，该法律规定了政府采购商品、工程和服务中哈本国商品、工程和服务所占的比例要求，③ 也包括了政府采购商品、工程和服务中雇佣各级本国员工与外国员工的比例。这类限制性规定限制了投资者的投资自由度，是投资者们要提前预知并熟悉的。

3. 法律制度的问题

哈萨克斯坦不断在加强国家对企业的管控，在建筑业及矿产资源业等方面，都制定了详细的管控规定。这些规定无疑造成了一些投资壁垒，企业在投资时要注意进行项目的可行性调研。

4. 工程承包的问题④

哈萨克斯坦冬季严寒较长，施工条件比较恶劣，哈建筑业对施工环境有当室外气温低于 −20℃时，不允许生产混凝土的规定；而且哈萨克斯坦的建材，性价比相对较低，大多数不能及时从当地购买，需要施工企业从外国进口。投资者在工程承包时一定要提前做好预算及风险预估。

5. 劳务工人的问题

为保证本国劳动力的就业问题，2001 年起哈萨克斯坦专门建立了一套分配外国员工数额的系统，该系统每年根据哈萨克斯坦全国经济活动人口的数量制定发放一定的外国劳工许可的配额。⑤ 即便已如此般限制外国劳工许可的数额，哈萨克斯坦在办理劳务许可和

---

① 商务部网站：《世界银行发布〈2017 年全球营商环境报告〉》，http://images.mofcom.gov.cn/gn/201610/20161027171453550.pdf。

② 中国对外投资合作洽谈会网：《如何抓住"一带一路"带来的海外投资商机—哈萨克斯坦投资风险评估》，http://www.codafair.org/index.php?m=content&c=index&a=show&catid=33&id=876。

③ 商务部国际贸易经济合作研究院，商务部投资促进事务局，中国驻哈萨克斯坦大使馆经济商务参赞处：《对外投资合作国别（地区）指南—哈萨克斯坦（2016 年版）》，http://fec.mofcom.gov.cn/article/gbdqzn/upload/hasakesitan.pdf。

④ 一带一路国际商事调解中心：《中国企业在哈萨克斯坦开展投资合作应该注意哪些事项》，http://www.bnrmediation.com/Home/Article/detail/id/57.html。

⑤ 商务部国际贸易经济合作研究院，商务部投资促进事务局，中国驻哈萨克斯坦大使馆经济商务参赞处：《对外投资合作国别（地区）指南—哈萨克斯坦（2016 年版）》，http://fec.mofcom.gov.cn/article/gbdqzn/upload/hasakesitan.pdf。

签证的方面的效率还是较低，审批办理时间较长，一般需要 4~5 个月的时间，而且办理成本高，大多数还有附加条件。因此，投资者可尽量雇佣当地劳动力，做好人力资源配置及管控工作。

【案例一】

2013 年，国内某电力承包工程企业由于对哈萨克斯坦劳务市场及外国劳工许可申请制度缺乏充分的了解和预估，在与业主签订合同时，未将由业主保障申请劳务配额作为该企业履约的先决条件写入合同条款内。施工前夕，业主拒绝保障申请中国赴哈萨克斯坦工程技术人员劳务配额，对中国企业履约造成了重大影响。[①]

【案例二】

国内某大型承包工程企业在哈萨克斯坦承建项目时遇到的最大困难就是国内技术和施工人员不能入境。按照人员进场原计划，到 2014 年 2 季度末，施工现场的中方员工应达到约 1300 人。但由于哈驻华使馆认证和签证问题，中方劳务人员进场进程相当缓慢，2014 年 2 季度末在场持有工作签证人员仅有 46 人，严重制约了该项目的建设进展，造成大量的工程施工区域出现无法开工或开工不足情况，整个项目施工效率极低，由此导致的施工成本大大增加，项目面临着重大的履约风险。[②]

五、小结

哈萨克斯坦实施包容、开放的外商投资政策，在一带一路发展中有着重要的战略地位，但是目前政府对外资企业的管控程度也日益增强，受金融危机的冲击，哈萨克斯坦国内的政策环境、市场环境、行政环境都存在一定程度的不确定性，加之中国公民赴哈难问题已成为中哈经贸关系中的较为突出的问题，因而投资者应注重对项目可行性的分析调研，时刻关注哈方的政策及法规，提前进行风险评估并建立防范机制，谨慎投资。

乌兹别克斯坦

一、乌兹别克斯坦国情简介

乌兹别克斯坦共和国（The Republic of Uzbekistan，以下简称"乌兹别克斯坦"），地处中亚，与土库曼斯坦、哈萨克斯坦、吉尔吉斯斯坦、塔吉克斯坦、阿富汗接壤，是世界上仅有的两个双重内陆国之一。[③] 乌兹别克斯坦国土面积为 44.89 万平方公里，其首都

---

① 商务部国际贸易经济合作研究院，商务部投资促进事务局，中国驻哈萨克斯坦大使馆经济商务参赞处：《对外投资合作国别（地区）指南—哈萨克斯坦（2016 年版）》，http://fec.mofcom.gov.cn/article/gbdqzn/upload/hasakesitan.pdf。

② 同上。

③ 注：双重内陆国是指本国是内陆国而邻国也都是内陆国的国家，世界上的双重内陆国有列支敦士登和乌兹别克斯坦。

塔什干是中亚国家中规模最大的城市之一。

乌兹别克斯坦人口约为 3157 万，占中亚五国总人口的一半。其中城市人口约占该国总人口的 50.6%。该国有 134 个民族，其中规模最大的民族是乌孜别克族，约占总人口的 78.8%。虽然民族数量众多，但是在宗教信仰方面比较统一：全国信仰伊斯兰教的人口约占总人口的 90%，且绝大多数属于逊尼派；其余有少数人信仰东正教。乌兹别克斯坦的官方语言为乌兹别克语，但俄语也属于通用语言。该国的官方货币是苏姆，10,000 苏姆约能兑换 3.3 美元。

乌兹别克斯坦丰富的自然资源储备是其经济发展的重要动力。在其境内，天然气、铀矿、金矿、钾、棉花等资源储量丰富，太阳能、风能等绿色能源的发展也颇具前景。近年来乌兹别克斯坦一直保持了 8% 的经济增速，经济发展势头良好，投资前景广阔。

乌兹别克斯坦在 1924 年加入苏联，并于 1991 年宣布独立。这段曾经的苏维埃社会主义历史给如今的乌兹别克斯坦留下了深刻的烙印，在其经济、政治、文化乃至生活习俗等各方面都有曾经苏联的影子，反映在经济上，就是其重视国家调控的经济模式；而反映在政治上则是其稳定的国内政局。前任总统卡里莫夫是乌兹别克斯坦独立后的首任总统，担任总统一职长达 26 年，直至 2016 年逝世。现任总统沙夫卡特·米尔济约耶夫自 2003 年起在乌兹别克斯坦政府内担任总理一职，并在 2016 年接替逝世的卡里莫夫出任总统。乌兹别克斯坦实行三权分立，总统掌握行政大权，但是其权力逐渐被限缩，比如现行乌兹别克斯坦宪法将原来总统的七年任期缩短为五年，也规定了只能连任一次。议会称最高会议，行使立法权，由立法院和参议院组成。政府内阁由总理、副总理、各部部长及各国家委员会主席组成。总统提名总理、副总理、国家委员会主席和各部部长等内阁成员人选并交议会批准。内阁受内阁主席和总理的领导，但是由于内阁主席多由总统兼任，所以总理权限较小，总统掌握大部分的行政权力。

在外交政策方面，乌兹别克斯坦的对外方针是巩固国家独立、维护国家安全与稳定、发展经贸和交通合作、提高乌在地区和国际上的地位。① 由于曾同属苏联，且目前同为独联体国家，乌兹别克斯坦十分重视与俄罗斯的关系；在"9.11"事件之后，乌兹别克斯坦支持美军在中亚的军事行动，甚至提供机场作为美国军事基地，可见乌美关系也比较密切；作为上合组织成员国之一，乌兹别克斯坦与中国关系也一直呈现良好发展势头，乌前总统卡里莫夫曾多次访华，与中国签订了诸多友好协议，目前中国也已经成为乌兹别克斯坦的第二大贸易伙伴。除了与大国之间保持良好互动以外，乌兹别克斯坦也十分重视与独联体国家和中亚邻国的外交关系。

乌兹别克斯坦的外贸规模并不大，2015 年该国对外贸易额为 252.83 亿美元，其中出口额为 128.68 亿美元，进口额为 124.15 亿美元。进口商品主要有机械设备、化学产品、石油产品、食品类产品等，出口商品主要包括能源矿产、棉花、有色金属等。② 乌兹别克斯坦的三大贸易伙伴依次为俄罗斯、中国和哈萨克斯坦。乌兹别克斯坦现阶段没有加入世界贸易组织，但是已加入了独联体自由贸易区，并在该自贸区内和众多独联体国家保持着良好的贸易往来。

---

① 新华网：《乌兹别克斯坦概况》，http://news.xinhuanet.com/ziliao/2002－06/18/content_445959_2.htm。
② 赵珍：《新丝路经济带视域下中亚五国贸易发展趋势探析》，载《地方财政研究》，2015 年第 11 期。

对于中国企业而言，乌兹别克斯坦投资前景十分广阔。乌境内油气资源、铀矿资源十分丰富，这对于中国企业来说无疑是投资重点，现阶段以中石油为代表的中国企业正在乌兹别克斯坦大力开展油气资源勘探开发，建设和运营中国－中亚天然气管道。由于乌兹别克斯坦的基础设施比较老旧、落后，随着该国经济的发展，乌政府开始大力提升基础设施建设水平。乌国内公路的修建、铁路电气化改造、水电站与火电站的修建和电信网络的改造等大型工程都是中国企业投资的可选方向。此外，乌兹别克斯坦境内的太阳能资源丰富，年日照天数达300天以上，所以，乌兹别克斯坦对于国内的光伏产业来说也是相当好的投资目的地之一。

【小结】

乌兹别克斯坦作为中亚的一股重要政治势力，对于中国的一带一路倡议能否成功实施有着重要影响。基于乌兹别克斯坦的特殊国情，中方企业在投资时需要把握时机，认清方向，同时注意保护资产安全。

二、乌兹别克斯坦投资建设法律问题

乌兹别克斯坦法律体系比较完备，宪法是该国的根本大法，在法律体系上受苏联的影响比较明显。

（一）乌兹别克斯坦项目投资立法

乌兹别克斯坦外资投资的主要法律有：《外国投资法》《投资活动法》《关于保护外国投资者权益条款及措施法》《保护私有财产和保证所有者权益法》《保证企业经营自由法》以及《关于促进吸引外国直接投资补充措施》的总统令。

乌兹别克斯坦主管投资的主要部门是外经贸部、经济部和财政部。大型的外资投资在经过上述三个部门审核后交由内阁进行批准，但是对于规模较小的一般性外资投资则全权由外经贸部办理。

（二）乌兹别克斯坦外资准入及企业设立相关法律

对于乌兹别克斯坦的能源以及诸如铀矿等重点矿产品开发领域的投资，外国资本所占比例一般不得超过50％，航空、铁路等产业投资则完全禁止外国资本进入。[①]

但是，根据乌兹别克斯坦的《外国投资法》和《关于促进吸引外国直接投资补充措施》的总统令等法律法规或者政策性文件，乌兹别克斯坦也同时大力鼓励外资进入其他领域投资：比如电子产业、建材生产、石油化工业、机械制造业、机床制造业、金属加工业、煤炭工业、玻璃陶瓷制造业、微生物产业等，对于这些产业，乌政府会给予企业一些优惠的税收政策，比如：免除法人利润税、财产税、社会基础设施营建税、共和国道路基金强制扣款及小微企业统一税收。

外国资本在乌兹别克斯坦可以被允许设立合资企业和外资独资企业，投资方式也被允许多样化，既可以是物质财富投资，也可以是非物质财富投资，如知识产权。

[①] 建纬（北京）律师事务所：《一带一路法律环境之乌兹别克斯坦》，http://www.bjjianwei.com/yyzx/xw/179.html。

在外资并购方面,外国资本主要可以通过以下三种方式并购乌兹别克斯坦的国有资产:

1. 通过竞标方式获得企业部分或者全部股票;
2. 通过塔什干交易所购买股票;
3. 通过建立合资企业持有企业股份。

比较有特色的是,投资者在并购乌兹别克斯坦的企业资产时,必须作出投资承诺,即在一定的期限内保证投入承诺的资金或者先进的设备。

(三)乌兹别克斯坦工程建设相关法律

1. 乌兹别克斯坦的土地制度

乌兹别克斯坦的 649 号总统令、282 号内阁令和 736 号内阁令对于乌兹别克斯坦的土地制度作了规定,按照这些规定,外国投资者如果需要在乌兹别克斯坦使用土地,需要在当地办理土地使用许可。该许可会由乌兹别克斯坦的地质部门组成专门委员会进行审查,并由内阁批准。取得土地使用许可之后,用地企业可以和土地所有者签订合同,并由当地政府批准。

外国投资者在乌兹别克斯坦使用土地受到比较严格的年限限制。在乌兹别克斯坦,外资企业可以申请临时征地或者永久征地。临时征地的使用时间最长为三年,在实际操作过程中,需要在使用一年之后申请延期;永久征地的使用时间为 3~10 年,十年之后也需要办理延期申请,并按照当地法令,到有关国家机关登记注册。

2. 外国公司承包工程的许可制度

乌兹别克斯坦的《关于继续深化基建经营改革主要方向的总统令》《关于个别经营种类的许可制管理办法》《关于批准建筑领域许可条例的决议》《关于完善基建经营关系机制的措施决议》等法律法规规定了建筑承包商的许可制度。

在乌兹别克斯坦承包工程,有部分工程类型需要办理许可,列举如下:编制建筑、城建文件;进行建设项目评定;高空维修、建设、安装工作;桥梁和隧道设计、建设、运营和维修;军事、国防设施的设计、建设、运营和维修;高风险及潜在危险生产部门项目的设计、建设及运营。对于桥梁和隧道设计、建设、运营和维修;军事、国防设施的设计、建设、运营和维修;高风险及潜在危险生产部门项目的设计、建设及运营这三类工程,必须在获得许可之后才有资格竞标。[①]

在申请许可时,外资企业需要提供以下文件:①正式申请,列明法人单位的名称、组织、法律形式、地址、开户银行名称和账户、拟申请领域和期限;②经过公证的营业执照复印件;③允许进入许可评价的文件;④有关申请者资产和施工场地的证明文件。对于上述提到的三类特殊工程还需要提交单独文件并符合特定要求。

在乌兹别克斯坦承包工程,技术监理的地位较高。业主有权向建筑工地委派技术监理,代表业主对工程进行技术监督。承包商有义务配合监理工作。承包商还需要提供相应证明文件,以证明其采用的施工材料、设备及配套件、构件及构造的质量符合设计材料明细表中规定的国家标准。

---

① 商务部国际贸易经济合作研究院,商务部投资促进事务局,中国驻乌兹别克斯坦共和国大使馆经济商务参赞处.《对外投资合作国别(地区)指南—乌兹别克斯坦(2016 年版)》, https://www.yidaiyilu.gov.cn/wcm.files/upload/CMSydylgw/201702/201702100308005.pdf。

【案例】

为了独立制造替代进口轮胎产品,并辐射出口周边国家,乌兹别克斯坦政府决定在本国建立轮胎制造厂,并于 2008 年起,开始在全世界范围内遴选橡胶轮胎制造的合作伙伴。经过近 6 年的谈判、招标,来自中国的保利科技被乌方选为合作伙伴。2014 年 8 月乌兹别克斯坦总统访华期间,保利科技与乌国家化工公司签署了总金额近 1.84 亿美元的 EPC 总承包合同,并确定项目首期目标为年生产 300 万条各种规格的半钢子午线轿车轮胎、20 万条斜交农用胎和 10 万延米输送带的交钥匙建设工程。①

在上述案例中,保利集团利用自身的诚意和丰富的经验,取得了乌方的信任,成功获得这一具有重大意义的 EPC 项目。而 EPC 的承建方式,也体现了保利集团的自信和能力。

(四) 乌兹别克斯坦 PPP 相关政策与法律

乌兹别克斯坦目前没有成型的 PPP 相关政策法律。

【小结】

乌兹别克斯坦国内对于基础设施建设的需求比较大,但是投资企业也应该注意到,乌国内法制环境堪忧,国家对于私人资本和外国资本的保护并不到位。政府有时候会以强制的行政命令代替现行法律,给外国投资者造成损失。因此在熟知乌兹别克斯坦国内法律的情况下,也需注意其国内的政策和投资环境等因素。

三、乌兹别克斯坦司法体系及争议解决

乌兹别克斯坦的司法体系承袭苏联司法体系,乌法院系统包括:宪法法院、最高法院、最高经济法院、卡拉卡尔帕克斯坦共和国最高民事刑事法院、各州和塔什干市民事刑事法院,跨区民事法院、区(市)民事刑事法院、军事法院、卡拉卡尔帕克斯坦共和国经济法院、各州和塔什干市经济法院。检察院系统包括:总检察院、卡拉卡尔帕克斯坦共和国检察院、各州检察院、塔什干市检察院、国家军事检察院和国家交通检察院。②

按照乌兹别克斯坦的《外国投资者权益保障及保护措施法》和《投资法》的规定,在乌兹别克斯坦发生的经济纠纷可以先通过协商解决,协商不成的可以向乌兹别克斯坦经济法院提起诉讼,法院可以依据乌兹别克斯坦参加的国际协议或协定规定的程序和原则仲裁解决。

乌兹别克斯坦也是《纽约公约》的成员国。在投资时,双方可以事先约定发生纠纷时的仲裁国家。

四、乌兹别克斯坦营商环境及法律风险防范

(一) 乌兹别克斯坦整体营商环境

根据世界银行提供的《全球营商环境报告》,乌兹别克斯坦在 190 个国家以及经济体

---

① 美通社:《践行"一带一路"保利科技承建乌兹别克斯坦橡胶厂开工》,http://www.prnasia.com/story/132128-1.shtml。

② 中国一带一路网:《乌兹别克斯坦概况》,https://www.yidaiyilu.gov.cn/gbjg/gbgk/898.htm。

中排名第 87 位，位居中游。该国不利于营商环境的因素主要集中在严格的国家管控、变化莫测的产业政策、不利的自然环境、狭小的国内市场以及烦琐的行政手续等方面。

（二）乌兹别克斯坦投资与承包工程风险及建议

在乌兹别克斯坦投资，主要将面临以下风险：

1. 政治风险

乌兹别克斯坦虽然政权更迭并不频繁，但在看似平静的政治环境中也有暗流涌动。在苏联解体之后，以美国为首的西方势力试图将中亚这一原苏联领地划分至自己的势力范围，事实上乌兹别克斯坦也确实在"9.11"事件之后在反恐事宜上给予了美国政府以巨大的支持，两国关系一度十分融洽。但是 2005 年在乌克兰和格鲁吉亚发生"颜色革命"后，乌兹别克斯坦的邻国、原苏联加盟共和国吉尔吉斯斯坦也爆发了"郁金香革命"，亲美势力发动游行，该国总统被迫逃至俄罗斯，并在俄罗斯宣布辞职。紧接着乌兹别克斯坦发生"安集延事件"，亲西方的反对派冲击政府机关，引起大规模骚乱。该事件之后乌兹别克斯坦与美国关系曾急转直下，乌国内也采取了诸多措施以防颜色革命在乌兹别克斯坦上演。这一系列事件反映出中亚各国脆弱的政治生态，在乌兹别克斯坦投资，也要谨防爆发革命和反政府暴力事件。

除了反对派引发的政治危机之外，掌权高层的明争暗斗也是乌兹别克斯坦的政治隐患之一。原总统卡里莫夫担任总统一职长达 26 年，在他在位期间，大力施行强人政治和威权主义。但是乌兹别克斯坦内部政治势力并不是铁板一块，主要有七个地域集团参与乌兹别克斯坦权力的竞争与角斗，各派别之间相互仇视，甚至还会引发流血事件。卡里莫夫在位时，他可以凭借超高的政治威信暂时压制住各大利益集团的野心和诉求，调和各方矛盾。但是如今卡里莫夫已经去世，乌兹别克斯坦的政局将要走向何方，新任总统是否有能力震慑住各大利益集团，在利益分配中落了下风的失败者会不会再次掀起政治斗争等，这些都是乌兹别克斯坦面临的最现实的问题。而一旦由政治斗争引起政局动荡，就会给投资者带来不可估量的损失。在乌投资的中方企业应该密切关注乌兹别克斯坦国内政局，及时准确地对政治局势做出预判，以避免在动荡的政局中遭受损失。

同时，除了提前做好预判之外，在面对和对待乌兹别克斯坦的政治风险时，中国企业还必须重视海外投资保险的作用。我国和乌兹别克斯坦都是多边投资担保机构（MIGA）的成员国，我国打算在乌兹别克斯坦进行投资的自然人或法人，只要具备相应条件，就可以向 MIGA 申请投资保险。除了 MIGA，中国出口信用保险公司也针对中国企业的海外投资提供海外投资保险业务，针对投资中有可能发生的战争及政治暴乱、征收、汇兑限制、政府违约等事项都可以进行投保，且申请条件要远低于 MIGA。[①]

2. 恐怖主义风险

在乌兹别克斯坦投资需谨防乌兹别克斯坦的极端宗教势力。恐怖主义势力在乌兹别克斯坦滋生蔓延是有原因的，第一，如上文所述，穆斯林在乌兹别克斯坦的人口中占据了绝大多数，穆斯林中偏保守和传统的逊尼派又占据了其中的大多数，这庞大的宗教人口规模

---

① 钟磊：《建设"丝绸之路经济带"背景下投资乌兹别克斯坦的机遇与风险》，载《对外经贸实务》，2015 年第 2 期

给乌兹别克斯坦的恐怖势力提供了基本条件；第二，乌兹别克斯坦国内失业率居高不下，大量青年人口没有正当工作，这为恐怖主义的滋生提供了人力基础；第三，乌兹别克斯坦国内政治较为腐败，裙带关系严重。比如前总统卡里莫夫的女儿卡里莫娃，不仅身家不菲，更曾一度被认为会是卡里莫夫的"接班人"。在这样的政治环境下，高层位置被世家大族牢牢把控，他们相互提携、敛财有道，因此，民众很容易滋生对于政府的不满情绪，而极端宗教势力恰恰利用了这一点，趁机扩大了其影响范围。

在乌兹别克斯坦比较有名的极端宗教势力有乌兹别克斯坦伊斯兰运动（乌伊运）、伊扎布特等，这些极端宗教势力往往通过制造爆炸事件来达到其恐怖主义的目的。中国企业应该高度重视这一问题，提前了解乌兹别克斯坦国内情况，尽量避免在恐怖袭击高发地区投资。

3. 外汇风险

乌兹别克斯坦的外汇管制比较严格。人民币与苏姆之间无法直接兑换，中方在乌企业汇出利润等，通常需要将苏姆先行兑换成美元，再汇出至国内。但是，在乌兹别克斯坦兑换外汇难度颇大，主要体现在当地银行外汇存款容易、取款难，调汇时间长。中方企业多次在货币兑换问题上吃亏，有的企业利润迟迟无法汇回国内，有的企业则是迟迟拿不到乌方买家的货款。

【案例】

新疆野马公司的风险化解方式值得学习。野马公司在遭遇换汇难的教训后，主动与国家开发银行新疆分行联系，由国开行新疆分行与乌兹别克斯坦外经银行沟通合作，通过美元转贷款方式，支持乌兹别克斯坦中小企业购买野马公司产品，既解决了野马集团换汇难题，又促进了双边贸易发展。[①]

由以上案例可以看出，中方企业在乌兹别克斯坦投资时，面对棘手的外汇问题，可以积极寻求我国金融机构的支持与帮助，开辟新的交易模式，促进双方合作与发展。

4. 政府干预风险

乌兹别克斯坦受苏联影响明显。在经济领域，计划经济的残留仍然可见，前总统卡里莫夫也一直崇尚国家积极干预的经济政策，行政力量对于市场的干预较多，且较为明显。虽然近些年来乌兹别克斯坦也一步步扩大市场的作用，但是如影随形的政策和法令仍然是外来投资者最为关心的。在外资进入乌兹别克斯坦市场之后，之前与乌政府谈好的优惠条件很可能在一段时间之后就又由乌政府收回，致使企业在经营时出现巨大困难。针对这一风险，中方企业应该及时将利润汇出，并且尽可能通过总统令的形式将已经与乌政府谈好的优惠条件进行确认。在乌兹别克斯坦，总统令的效力有时候甚至高过法律，力争把谈好的优惠条件通过总统令的形式进行发布，能够最大程度的保障企业在乌兹别克斯坦的投资安全。

5. 基础设施风险

乌兹别克斯坦的经济发展水平并不高，在乌兹别克斯坦投资，需要应对其落后的交通、电力和匮乏的能源等情况。目前乌兹别克斯坦国内整体道路状况不佳，少数边疆地区甚至没有公路通行。虽然乌兹别克斯坦境内油气资源丰富，但是其国内的能源供应并不充

---

① 钟磊：《建设"丝绸之路经济带"背景下投资乌兹别克斯坦的机遇与风险》，载《对外经贸实务》，2015年第2期。

足，有时会出现能源紧缺或者极度昂贵的情况，这都会对工程投资项目造成极大损失。

五、小结

乌兹别克斯坦是中亚地区强国，丰富的油气资源、广阔的基础设施开发前景、丰富的光能等都成为这个国家吸引投资的有利条件，但是在投资的热情过后，投资者也应该审慎地看待在乌兹别克斯坦投资的风险问题。中国企业在一带一路的大背景下迎来发展良机，在这样的机遇之下，中方企业更应该全面分析投资前景，提前预判投资风险，慎重决策，理性投资。

土库曼斯坦

一、土库曼斯坦国情简介

土库曼斯坦（Turkmenistan，以下简称"土"）是一个中亚国家，曾是苏联加盟共和国之一，于1991年独立。土库曼斯坦是一个内陆国家，处于伊朗、乌兹别克斯坦、哈萨克斯坦、阿富汗等中亚国家之间。土库曼斯坦面积49.1万平方公里，是国土面积第二大的中亚国家，在中亚五国之中仅排在哈萨克斯坦之后。土库曼斯坦西邻里海，水路运输货物须经过俄罗斯的伏尔加河和顿河。[①]

土库曼斯坦首都与最大城市为阿什哈巴德（Ashgabat），人口有70万。除首都外，全国划分为5个州、1个直辖市。

截至2011年底，土库曼斯坦人口为683.6万，土库曼族为主要构成民族（约占总人口94%），另外还有乌兹别克族、俄罗斯族、哈萨克族等120多个民族。自从土库曼斯坦从苏联脱离后，俄罗斯语言与文化在当地影响力渐弱，土国开始大力培植发展期本土文化。目前土库曼斯坦的国语为土库曼斯坦语，俄语为通用语。

土库曼斯坦虽然是世界上最干旱的地区之一（80%的领土被卡拉库姆沙漠覆盖），但它拥有丰富的石油天然气资源，据土国官方公布的资料，土石油和天然气的远景储量居世界前列，达到了200亿吨和25亿立方米。石油天然气工业在土库曼斯坦具有极其重要的地位。

根据2015年的世界发展指标数据库，土库曼斯坦的GDP为373.3亿美元，年均增长率为6.5%，人均国民收入达到7510美元，2015年该国外债为4.41亿美元，外国直接投资净流入为42.59亿美元。国内货币为（新）马纳特，2016年的汇率约为1美元兑3.5马纳特。

随着经济的不断发展，当地政府加大了对基础设施的投入与建设，尤其是投入了大量投资不断改善港口设施运行和交通运输能力。土库曼斯坦的交通以铁路、公路和油气管道为主。

---

① 土库曼斯坦国情概况参见中国驻土库曼斯坦大使馆经济商务参赞处：《土库曼概况简介》，http://tm.mofcom.gov.cn/article/ddgk/。

在外交方面，土库曼斯坦奉行积极中立与对外开放的外交政策。土库曼斯坦现为经联合国确认设立的永久中立国，并于 2005 年的喀山会议上宣布退出独联体。土库曼斯坦与 129 个国家建立了正常的外交关系，加入了联合国、不结盟运动、世界银行、国际货币基金组织、亚洲开发银行等 42 个国际和地区组织。

【小结】

土库曼斯坦地处中亚腹地，西邻里海，幅员较为广阔，是中亚五国中国土面积仅次于哈萨克斯坦的国家，而且能源资源丰富，地广人稀。土库曼斯坦工业基础较为薄弱，发展较为晚近，在投资建设方面的需求较为迫切。其地理位置、能源储量与开发现状决定了其战略重要性与开发潜力。

二、土库曼斯坦投资建设法律问题

土库曼斯坦属于大陆法系国家，其法律法规以成文法为主，法律渊源包括议会决议、内阁决议、各部委和国家中央主管部门的规章、地区会议决议等。总检察院负责监督法律法规的一致性。虽然土库曼斯坦国内尚有一些上下位法律抵触的情况，但目前未有废除与现行法律相抵触的法令的先例。但土库曼斯坦立法领域存在一定的不完善之处，例如整体法律法规体系建设不够健全、法律调整频率高、稳定性不足、立法及司法的透明度有待提高等。

（一）土库曼斯坦项目投资立法

土库曼斯坦的投资主管部门是内阁与其授权部门——经济发展部（Department of Economic Development）。两者共同负责协调管理外国投资者对土库曼斯坦的投资活动，其中内阁职责包括制定国际投资合作政策并监督其落实，确定优先引资项目和地区等；而经济发展部职责包括协调外资领域的活动；建立和管理外商投资项目筹备和实施进度数据库。

同时，为了鼓励外商投资，促进经济活力，土库曼斯坦实行自由企业经济区制度，推行《自由企业经济区法》（Law on Free Enterprise Economic Zones）。其中规定，在自由经济区内，所有企业的产品与服务可以实行自由价格；外资企业的生产和出口都无需获得许可证或配额，外资企业进口货物免征关税；对于自由经济区内的外资企业租赁土地超过 3 年的免征租金；外资企业将利润通过外汇汇出时实行免税优惠。

（二）土库曼斯坦外资准入及企业设立相关法律

自 2007 年起，土库曼斯坦加大了对外商投资的吸引力度，通过并实施了新《外国投资法》（Law on Foreign Investment），其中包含了一系列的鼓励外资的政策，包括鼓励外商进入矿产资源开采行业、纺织行业、矿产加工业、基础设施建设、旅游业等领域，并在海关、进出口管理、税赋方面给予优惠。

对于限制外商投资的行业，土库曼斯坦实行许可证管理制度。土库曼斯坦限制或禁止外商投资行业包括能源产品销售、食品生产和销售、电力、危险品储藏和运输、交通运输业（包括公路、内河、铁路运输）、化工生产和化工产品销售、建筑业、有色金属开采运输与销售、银行、涉外劳动等。①

不过，土库曼斯坦政府不公开自己的国家发展规划，对远期规划中的项目与金额均采取保密措施，只有在项目实施时逐个项目招标建设。这对于外国投资者而言，较难以把控该国中长期经济走向与策略方向。

土库曼斯坦企业法律制度主要包括《企业法》（Enterprise Law of Turkmenistan）、《公司法》（Law on Companies of June 15, 2000 No. 28-II）等法律，在土库曼斯坦的企业类型包括国有企业、个体企业、合作企业、社团企业、合伙公司以及股份公司等。允许投资的形式包括：外汇、土库曼货币、动产和不动产、股权、债券及其他。外国投资者在土库曼斯坦设立公司或企业一般要经过申请与审批程序。一般情况下，注册审批的时间为1~3个月。

（三）土库曼斯坦工程建设相关法律

土库曼斯坦对外国公司参与工程项目建设无统一的立法规定，也未建立工程投标许可制度。在2015年7月1日通过的关于招投标的行政规定中，土库曼斯坦政府首次提及对潜在的承包商或供应商进行资格预审的制度。但是根据当地实践，外国公司无论是否在当地注册或开设代表处，均可参与项目投标，并且业主很少对投标方的资质进行查验，如要求出具资质证明或资信证明等。但是外国公司中标当地工程需要得到总统的批准，否则合同无效。②

土库曼斯坦现行的法律中并无禁止外国公司承包的规定。除总统特令批准之外，在该国投资的项目均采用国际公开招标方式。不过截至目前，土库曼斯坦并无相关的 BOT 方式完成工程的项目记录。

土库曼斯坦负责建设的主要主管部门是各行业的主管部委，包括铁路、公路、邮电、电力、能源、航运等部门。但是这些部门主持的项目的清单与规划并不公开，只是在实施项目时才逐个招标。

在土库曼斯坦，外国企业与外国自然人并无法律上的区分，均可参与当地的工程承包项目，但是土库曼斯坦暂无对于外资并购的相关法律规定。

土库曼斯坦新修订的《土地产权法》（Law of Turkmenistan of November 21, 2015 No. 306-V "About property"）对于外国企业和自然人在租赁使用土地方面做出了规定：外国公民、企业、国际组织在土库曼斯坦只能通过租赁方式使用土地，且租赁合同需要得到土库曼斯坦总统批准。只有土库曼斯坦内阁可以作为出租人向外国公民、企业、国际组织提供土地，并由内阁授权指定的管理机关负责登记管理。该等租赁土地只可以用于建筑以及其他非农业需要，例如开设临时的商业站点、仓库、停车场等设施。所有的租赁合同需要注册方可生效。

根据土库曼斯坦《劳动法》（Labor Law of Turkmenistan）及相关法律规定，外国公司中雇佣的拥有持有他国国籍的员工人数不能超过百分之三十，同时，外国总承包商必须

---

① 闫玉玉，李萌：《土库曼斯坦外国投资市场准入法律制度解析》，载《新西部（下旬刊）》，2017年第1期。
② 本部分关于土库曼斯坦工程建设相关法律的介绍，部分引用了商务部国际贸易经济合作研究院，商务部投资促进事务局，中国驻土库曼斯坦大使馆经济商务参赞处：《对外投资合作（地区）指南—土库曼斯坦（2016年版）》，http://zhs.mofcom.gov.cn/article/xxfb/201503/20150300926644.shtml。

将占工程总量的百分之三十的部分分包给当地公司，或者向当地的建筑劳务企业进行劳务分包。在实践中，外国公司的外国技术工人一般只起到管理作用，对土库曼斯坦当地员工先进行技术培训，之后方可共同施工。根据土库曼斯坦法律规定，雇佣员工的依据是劳动合同。劳动合同分为不定期合同、三年内不定期合同以及工作量固定合同三类。雇主只有在企业破产、重组、经济裁员或者员工重大过失的情况下才可解除劳动合同，且一般需要经过企业内工会的同意。

（四）土库曼斯坦 PPP 相关政策与法律

土库曼斯坦的基础设施建设力度不强，立法进程相对较为落后，直至目前均未开展 PPP 相关法律立法，政策上也未有相关措施。事实上，土库曼斯坦目前暂无公开的 PPP 项目实施。

（五）土库曼斯坦能源领域相关法律

土库曼斯坦油气资源丰富，开采运输便利，自 2012 年开始，其已经成为我国最大的天然气输入国，我国从该国进口的天然气占进口总量的百分之五十上。[①] 土库曼斯坦《油气资源法》（*Law of Turkmenistan on Hydrocarbon Resources*）是与油气资源开发的相关法律。根据《油气资源法》的规定，土库曼斯坦境内的所有处于自然状态的油气资源是土库曼斯坦的国家专有财产，其拥有、利用、分配的权能由土库曼斯坦内阁享有。

在土库曼斯坦境内开发利用油气资源必须按照法律规定的形式与程序获得行政许可。外商投资企业可以获得三种许可中的一种来开发油气资源：勘探许可、开采许可或者开发统一许可。油气开采在获得许可证之前，需要与政府签订石油作业合同来约定有关细节。该协议可以依照法律的一般规定签订，也可以按照总统令中的内容签订，且按照总统令的特定内容签订的条款可以超越法律一般规定的内容。

根据《油气资源法》的规定，油气管道主干线的相关投资建设必须有土政府的参与，且政府拥有一定比例的产权。油气管道主干线的拥有者承担维护责任。管道安全区内严禁进行任何种类的施工或其他作业，也严禁在管道周边法定距离内建设任何无关的建筑物。

承包商在土库曼斯坦进行石油作业时只缴纳利润税以及油气开采特许权费。确定利润的程序由合同约定，税率则由税法规定。开采特许权费由合同约定。

三、土库曼斯坦司法体系及争议解决

根据土库曼斯坦《宪法》以及《诉讼法》的规定，土库曼斯坦的司法体系主要由最高法院、仲裁法院、州法院、区法院和市法院组成，其中，仲裁法院、州法院、区法院和市法院的设立与撤销均依据土库曼斯坦总统法令。法院的设立与陪审员的任命均由总统根据最高法院院长提名决定。

总体而言，土库曼斯坦的司法执行效率较低。由于土库曼斯坦未参加 1958 年的《承认及执行外国仲裁裁决公约》，外国仲裁裁决在土库曼斯坦的执行存在一定障碍。

---

① 中国驻土库曼斯坦大使馆经济商务参赞处，http：//tm.mofcom.gov.cn。

根据土库曼斯坦《境外国有资产法》(Law of Turkmenistan of March 12, 2010 No. 91-IV "About the state-owned property of Turkmenistan which is located abroad") 规定，土库曼斯坦境外的国有财产不能被外国法人或政府或在国外被控制或处置。根据该法律，土库曼斯坦国有资产包括：有价证券、土库曼斯坦国有控制的海外实体的股权和利益、国外贷款、投资和由土库曼斯坦产生的应收账款转让，以及国有企业通过合同和商务活动产生的所有收益。外国政府、国外个人或任何实体对土库曼斯坦境外国有资产的强制处置是不允许的，资产交易也只有在土库曼斯坦签订专门的国际协定或取消豁免后才允许进行。根据土库曼斯坦相关法律，放弃豁免需要得到政府部门的授权或批准。有关土库曼斯坦国有企业涉及的主权豁免问题需要在国际信贷业务中通过合同条款明确约定。

1996年2月14日，土库曼斯坦总统批准了与中国的《关于促进和互相保护投资的协定》(双边投资协定)，并在2009年12月与中国签订了避免双重征税的协定。不过，土库曼斯坦在执行与他国的双边投资协定的实践并不理想。除中国外，土库曼斯坦还与土耳其、英国、德国、阿塞拜疆、乌兹别克斯坦、伊朗、格鲁吉亚等国家签订了双边投资协议，其中，土库曼斯坦与土耳其、英国、德国的投资者就双边投资协议的执行以及对外国投资者的保护问题产生过纠纷，均被诉至世界银行下属的国际投资争议解决中心(ICSID)，通过仲裁的方式获得裁决，结束争议。

【案例一】 Kiliç inşaat ithalatihracat Sanayi Ve Ticaret Anonim Şirketi v. Turkmenistan, ICSID Case No. ARB/10/1

土耳其投资者 Kiliç 公司在土库曼斯坦承接了若干建设工程，发包方均为当地政府或者政府官员。在建设工程合同履行过程中产生合同纠纷，当地政府及政府官员通过行政手段勒令 Kiliç 公司停止了所有的建设工程与其他业务。该公司根据土耳其与土库曼斯坦之间的双边投资协定将其合同发包方——当地政府与官员的行为诉至国际仲裁庭。[①]

仲裁庭审理认为，当地政府及政府官员通过行政手段勒令投资者停业的手段是国家行为，并违反了双边投资协定，因而对投资者负有作为投资国应负的责任。

从该案例中我们可以看出，土库曼斯坦当地政府官员对投资者的保护与合同履行有一定的随意性。

【案例二】 Garanti Koza LLP v. Turkmenistan, ICSID Case No. ARB/11/20

英国公司 Garant Koza 承接了土库曼斯坦境内的公路修建与改造工程，该工程由土库曼斯坦总统通过总统令设立并批准，由总统指定的主管部门负责主管。该工程签约并准备建设后，总统通过特令拆分了该主管部门为两个相分离的企业，并将工程相应地拆分为两个部分，并将其中一部分指派给另一家案外企业承接。导致英国公司仅可承接原有工程的一部分，且发包方发生了变更。英国公司将土库曼斯坦政府诉至国际仲裁庭。[②]

仲裁庭审理认为，虽然该主管部门是由总统令拆分为两个企业，但该事实不影响在该案中存在政府行为以及政府违约；另外，虽然合同初期双方签订了工程合同，但本案不应视为简单的工程合同违约，而是违反了双边投资协定中的对投资者的保护。

从该案例中我们可以看出，土库曼斯坦总统权力较大，随意性较强，可能影响投资者

---

① 本案情况参见世界银行国际投资仲裁机构案例库 https://www.italaw.com/cases/1220。
② 本案情况参见世界银行国际投资仲裁机构案例库 https://www.italaw.com/cases/2176。

的商业利益。

从以上案例中我们也可以看到，虽然双边投资协议在土库曼斯坦的法律保护效力存在障碍，但是必要时可以诉诸国际仲裁，维护投资者权益。

四、土库曼斯坦营商环境及法律风险防范

（一）土库曼斯坦整体营商环境

土库曼斯坦整体的政治、法律透明度不足，对外提供的信息有限，目前尚未有权威机构公布的土库曼斯坦在营商环境、司法效率、税收与经营成本、投融资与贸易的相关数据排名，因此，外国投资者往往难以获得充分信息以进行商业决策，客观上可能导致商业或者法律风险。

（二）土库曼斯坦投资与承包工程风险及建议

在土库曼斯坦开展工程承包业务问题比较多，常见的问题主要有：

1. 外国设计机构承揽项目的，除了技术规格要满足客观的统一标准外，因为其建筑风格等主观因素需要得到政府首脑的亲自批准，故工程设计方案的通过具有一定的主观性。地方政府或者主管机关可以仅以政府首脑个人喜好为由，驳回设计方案的申请。因此在土的众多建筑公司均找有经验的当地设计院出设计方案和设计图，仅有极个别的外国公司是特例，方可具有独立设计权。

2. 根据土库曼斯坦的法律法规，建设工程的施工图全部完成后才可以开始施工，但是由于土库曼斯坦目前基建和建筑的工程同时进行的较多，建筑工业部负责审批图纸的官员有限，且土库曼斯坦对行政审批没有法定的时间限制，施工图审批往往需要半年甚至更长时间，因此，土库曼斯坦总统签发命令允许分阶段审批，实际上造成了许多工程在建设过程中不断修改设计图、施工图，在这种施工模式下，承包商很难控制成本，也会造成人力物力的浪费，对工程的工期也会有很大的不利影响。

3. 从国际投资争议解决中心（ICSID）的案例来看，土库曼斯坦在对待外国投资者以及涉及外资投资的立法与司法方面有较大的不确定性。并且土库曼斯坦尚未加入《承认及执行外国仲裁裁决公约》，故通过在别国仲裁解决争议的方式很难在土得到最终的执行解决。但中土之间存在双边投资协定，必要时可参考其他在国际投资争议解决中心的案例，将纠纷诉诸该机构。

五、小结

虽然在特定领域，土库曼斯坦对外国投资者采取较为保守的禁止或限制措施，但鉴于土库曼斯坦近来政局稳定，自然资源与矿产丰富，该国总体投资环境较好，尤其是在毗邻首都的自由企业经济区内，仍然有不小的投资空间与政策红利，在境内的其他几处口岸自由企业经济区内也同样对外来投资较为友好。虽然土库曼斯坦在某些立法领域存在不够透明、比较随意的缺陷，但是在两国经贸合作的恰当时期内对土投资仍然是较为理想的选择。

吉尔吉斯斯坦

一、吉尔吉斯斯坦国情简介

吉尔吉斯共和国（Kyrgyz Republic，以下简称"吉尔吉斯斯坦"），是一个位于中亚的内陆国家。吉尔吉斯斯坦北边与哈萨克斯坦相接，西边则为乌兹别克斯坦，西南为塔吉克斯坦，东边紧邻中国。比什凯克（Bishkek）是吉尔吉斯斯坦的首都和最大城市。吉尔吉斯斯坦人口 570 万。主体民族为吉尔吉斯斯坦族，其余为乌兹别克族、俄罗斯族以及东干族、维吾尔族等少数民族。官方语言为吉尔吉斯语与俄语。65％人口为穆斯林，多数属逊尼派。吉尔吉斯斯坦现为独联体、伊合组织、突厥文化国际组织成员国，同时也是上海合作组织成员国。

吉尔吉斯斯坦国民经济以农牧业为主，工业基础较为薄弱，以国有经济和集体经济为主要经济形式，产品主要为原材料。20 世纪末期从苏联独立之后由于经济模式的变化和过于强调快速革新，国民经济曾发生退步。进入 21 世纪后吉尔吉斯斯坦及时地调整了经济方针，实行了众多切实可行和符合规律的经济措施，向市场经济靠拢，推行经济体制改革，改造国有化经济，工业持续增长，物价保持稳定。2007 年前后吉尔吉斯斯坦国民经济发展较快。吉尔吉斯斯坦货币名称为索姆（KGS），根据 2016 年的汇率，1 美元约 68 索姆。

根据吉尔吉斯斯坦公布的数据，2015 年该国 GDP 总计约合 65.7 亿美元，同比增长 3.5％。2015 年，该国经济增长主要依靠建筑业、农业、服务业等行业拉动，工业表现相对低迷。主要工业有采矿、化工、建材、能源、有色金属。该国农业人口比重较大，约占 60％。旅游和服务行业是今后一段时间该国经济的重点发展方向。2015 年国外直接投资金额约为 8 亿美元，外国投资占比较大的是科学技术、加工业与建筑业。[①]

该国主要贸易伙伴有俄罗斯（占吉贸易总量 28.9％）、中国（14.1％）和哈萨克斯坦（11.8％），主要进口石油与石油制品、服装、汽车；出口贵金属、化学和农产品等。[②]

吉尔吉斯斯坦没有出海口，是内陆国家，公路是最主要的运输方式，铁路交通不发达，全国铁路总长度仅为 423.9 公里，且南北铁路网互不相连。北部与哈萨克斯坦铁路网相连，并可直达俄罗斯。吉尔吉斯斯坦有 2 条航线飞往中国，分别是乌鲁木齐往返比什凯克和奥什。吉尔吉斯斯坦内河航运以伊塞克湖为主，航线总长 189 公里。年货运量不超过 5 万吨。

【小结】

吉尔吉斯斯坦是中亚地区内陆国家，工业基础较为薄弱，基础设施建设较为落后，是

---

① 关于吉尔吉斯斯坦的经济数据与历史发展，参见 globalEDGE：Kyrgyzstan：Economy，https：//globaledge.msu.edu/countries/kyrgyzstan/economy。
② 关于吉尔吉斯斯坦对外贸易情况，参见中国驻吉大使馆经济商务参赞处贸易数据统计 http：//kg.mofcom.gov.cn/article/ztdy/201708/20170802634827.shtml。

典型的内陆农业国家,对外来投资的需求较大。吉尔吉斯斯坦矿藏较为丰富,矿业行业占国民经济比重较大,对矿业行业的外来投资需求较大。

二、吉尔吉斯斯坦投资建设法律问题

吉尔吉斯斯坦在法律体系上属于大陆成文法系国家,在21世纪初调整经济方针后,其吸引外资、鼓励市场经济相关领域的土地法律、公司法律、矿产法律等变化较大。

(一)吉尔吉斯斯坦项目投资立法

吉尔吉斯斯坦经济调节部是该国施行投资政策的主要有权机关。吉尔吉斯斯坦目前现行的《投资法》(Investment Law of Kyrgyzstan Republic)于2003年3月27日起施行,主要内容包括:

1. 对于在优先经济行业与社会领域,以及在国家发展规划(项目)规定地区的投资者给予优惠;
2. 投资者可绕过吉尔吉斯斯坦,直接向国际仲裁委员会投诉的权利;
3. 重要的关于投资的法律,如投资、税收、国家安全、环保等法律出现变化或增补的情况下,投资者在10年内有权选择对其有利的条款;
4. 外国投资者享有与本国投资者均等的投资条件。

为吸引外资,吉尔吉斯斯坦实行自由经济区的政策,其中首都比什凯克开发区建设较为成熟,具体政策包括进出口关税、增值税减免,减少注册手续等。①

(二)吉尔吉斯斯坦外资准入及企业设立相关法律

吉尔吉斯斯坦对外国投资者投资的行业并无限制。外国投资的方式包括直接投资与间接投资,外国投资者可以投资不动产、企业股权、债券,可以获得企业盈利与利润。外国企业可以全资收购或者部分参股,对该国企业实行并购。

从实际操作角度出发,在吉尔吉斯斯坦设立企业已实行"一站式"管理,只需将设立材料交至当地工商管理部门,仅需5个工作日即可完成审批备案,再加上税务部门登记备案所用3天即可正式宣告成立。

(三)吉尔吉斯斯坦工程建设相关法律

1. 外国投资者使用土地的主要条件与限制

根据吉尔吉斯斯坦《土地法》《抵押法》《许可证法》等法律,外国人、外国企业可以拥有居住区(指城区、镇区等非农业、工业区)的用地使用权,该使用权为附期限(临时)的使用权;居住区外的土地附期限(临时)使用权,可由政府向外国人或外国企业提供。除获得附期限(临时)使用权外,外国人或外国企业还可获得土地租赁权。但在任何情况下,法律禁止向外国人或外国企业提供或者转移农业用地所有权。

2. 建设项目的操作流程

---

① 2017 Index of Economic Freedom:Kyrgyz Republic,http://www.heritage.org/index/country/kyrgyzrepublic。

吉尔吉斯斯坦在2008年实施了建设工程领域的法律改革，颁布了一系列的改革措施，例如《工程设计与施工许可证法令》（*On Order for Issuing Permits for Project Designs, Construction and Real Estate Modification*）。根据最新的工程领域相关法律法规，在吉建设项目的操作流程一般如下：

	项　　目	时　限	费　用
1	向建筑与建设监管部门提交建设意向书申请，并获得意向书申请审批批准以及城市规划条件与规范批复。 相关部门：建筑与工程监督部 根据2009年改革后的新《工程设计与施工许可证法令》，建筑工程规划条件批复将采用一站式审批模式，并大幅减少了该批复的申请文件。在地方建筑与工程监督部门批准后，将内部流转至卫生与防疫部门、消防部门、环保部门进行审批。工程用地可以是获得使用权的土地，也可以是租赁获得的土地。审批费用为一揽子费用，无需交至多个部门。 根据2008年的新法令，只有两个技术要素需要在开工前满足：上下水连接与电力接入。其余技术条件为可选项目，与获得规划条件和规范批复无关。	20个工作日或28天	KGS 18500
2	申请并获得吉尔吉斯斯坦GIIZ数据系统的地理测绘结论。 虽然吉尔吉斯斯坦国内有数家有经营资质的测绘公司，但GIIZ系统为最大的且是唯一的可以出具法定地理测绘结论的测绘数据处理公司。 鉴于苏联解体后未将地理测绘资料受让给吉尔吉斯斯坦，故该国要求每家建设方完成地理测绘工作。	10个工作日	平均价格约为 KGS 500 至 KGS 10000
3	申请批准工程、专家鉴定工程材料并获得工程建设许可证。 相关部门：国家鉴定局/国家建筑与工程监督部（State Expertise Authority / State Department for Architecture and Construction Supervision） 该步骤包含三个阶段：工程材料审批、工程材料专家鉴定以及签发工程建设许可证。三个阶段采取一站式审批，只需在一个部门提交一次申请。	56天	KGS 25000
4	在工程材料审批阶段，建设方需提交工程总体评估文件、工程图纸、地质勘探图纸、建筑从业资质证明等材料。根据吉尔吉斯斯坦法律要求，建设方必须获得国家建筑与工程监督部门下属机构出具的工程评估材料。 之后，获批的项目将流转至国家鉴定局，由该部门指定专家进行鉴定，主要对建筑工程的合法合规性、建筑耐久性、施工合理性以及资金支持（有非私营经济参与的项目）进行审查。 根据2009年新通过的改革法令，对于危险性大的建筑（如大规模建筑、复杂建筑）可能由政府安排监理并实行政府监督，但不再需要缴纳高额的许可费用。		
5	申请并获得道路接入建设许可。 相关部门：城市道路部门（市级）（City Road Department of Municipality of Bishkek） 建设方需要获得道路接入施工的建设许可证。	5天	无费用

续表

	项 目	时 限	费 用
6	申请并获得设备使用许可 相关部门：自然资源部下属国家工业安全检查监督机关（State Inspection for Supervision of Industry Safety and Mountain Supervision under the Ministry of Natural Resources of Kyrgyz Republic） 在目前的法律法规下，该许可是使用塔吊、挖机与电梯前的必要行政许可。在使用这些设备之前至少五日，将会由监督机关安排现场核查。	15天	无费用
7	获得上水与下水连接。 如果地块上已存在上水与下水管线，则不需申请、批准手续而可以直接获得连接；若不存在已有设备，需要另行申请管线接入。作为参考，根据2009年最新更新的费率，比什凯克市辖区的上水费用为KGS 2074.4每立方米，下水为KGS2 178.1每立方米，另需支付12%增值税与2%销售税。	10天	KGS 4253每立方米
8	申请竣工验收。 相关部门：国家环境与技术安全监督局（State Inspection on Environmental and Technical Safety） 在工程竣工的10日内，建设方向国家环境与技术安全监督局申请竣工验收。根据2009年的改革法令，该部门的验收与审批决定将覆盖消防、卫生防疫与其他部门的验收，实施"一站式"验收。	1天	无费用
9	接受现场勘查，并获得竣工验收证。 相关部门：国家环境与技术安全监督局（State Inspection on Environmental and Technical Safety） 获得竣工验收证是建筑物投入使用前的必要证件。在某些情形下，如果监督员提供适时的、完整的技术监督材料，地方政府有权略去现场勘查换届并快速发证。	10工作日	无费用
10	不动产登记处对建筑物进行现场勘查。 相关部门：国家登记服务处（State Registration Service）。	1天	无费用
11	申请并获得建筑物技术证明。 不动产登记之前，建筑施工方必须申请对建筑物进行"技术审查"，审查建筑的结构、布局等技术细节并最终获得被简称为"技术护照"的证明。该审查仍由不动产登记部门组织，在现场勘查结束后进行。	4～8个工作日	KGS 5100
12	至不动产登记处登记该建筑物。 在工程完工之后进行不动产登记是法定的必要步骤。建筑施工方必须提供如下材料： —申请表 —可以证明建筑物所有权的材料（地块图、地区规划图以及建筑物的"技术护照"） —建筑物使用许可证 —地块土地所有权证 —付费证明 在验证以上材料后，登记处将出具报告、录入信息并颁发证书与登记卡。	7天	KGS 833

根据世界银行营商环境国别报告统计，①在建筑工程法律规范体系建设方面，吉尔吉斯斯坦在"工程前、中、后质量控制"、"从业人员与公司资质与准入管理"均获得"良"以上高分，均被视为法律法规公平合理、体系完善。但是在"工程责任与保险"领域获得低分，被视为工程责任划分不均、规范体系不完善、保险机制不完善。该点需要提请投资者关注。

（四）吉尔吉斯斯坦 PPP 相关政策与法律

吉尔吉斯斯坦在 2009 年 5 月通过专项立法《PPP 指导法令》(Guidance Law of Public-Private Partnership) 规范了 PPP 相关规定。在此之前，与 PPP 相关的操作主要由《特许经营法》(Law on Concession)（1992 年通过）、《生产分享协定法》（2002 年通过）(Law on Production Sharing Agreements) 来规范②。这两部法律允许通过长期的合同形式约定国家与社会资本或投资者之间的合作关系。不过在实践中，两部法律得到的适用机会很少。在该国 2009 年之前的司法实践历史上，《特许经营法》只适用过两次，《生产分享协定法》从未有过适用的记录。该国历史上首次由官方提出 PPP 概念是在 2008～2011 年版本的《国家发展战略》中。随后，经济发展与贸易部起草了 PPP 相关法规并制定了配套的实施细则、标准。2009 年 5 月 11 日该国通过了其《PPP 指导法令》。

虽然《PPP 指导法令》在吉尔吉斯斯坦获得通过实施，但从国际实践的立法技术角度来看，该法令并不十分完善，例如缺乏关于竞争性谈判、强制性协议的条款，风险分配条款的规定不是十分清晰、完整。该法允许直接谈判，这也与国际通行的实践有差别。

亚洲开发银行曾于 2014 年 8 月份宣布将向吉尔吉斯斯坦提供 100 万美元的资金援助，用于该国的 PPP 项目体系建设与发展。随即，吉尔吉斯斯坦宣布投入 400 万美元用于推进本国的 PPP 项目，但截至目前，尚无具体项目被宣布进入以上资金支持的项目清单。

2016 年，吉尔吉斯斯坦与土耳其医疗卫生部展开磋商，计划采用 PPP 形式建设一个现代化的医疗设施中心。这也是该国目前为止第一个落入 2009 年通过的 PPP 法令范畴中的正式项目。

（五）吉尔吉斯斯坦矿业领域法律规定

吉尔吉斯斯坦拥有丰富的黄金、煤、铀等矿藏，其山脉中蕴藏着世界第二大黄金矿带。矿业行业被视为该国的国民经济基础行业（占 GDP 约 10%）且在未来潜力巨大。2012 年，吉尔吉斯斯坦议会通过新的《地下资源法》，用于吸引外来投资者进入该国矿业并规范在该行业的外国投资管理与保护。

《地下资源法》(Law on Underground Resources of Kyrgyzstan Republic) 规定的购买地下资源开采权的程序有招标、拍卖和直接谈判，招标方式适用于大型的国家主导的矿藏项目或者被认定为关系到吉尔吉斯斯坦国国计民生的重要项目；拍卖方式用于国家地质与矿业资源署批准的清单所列明的矿床、显现或潜在区域；直接谈判购买方式用于未被吉

---

① 关于吉尔吉斯斯坦营商投资环境以及建筑工程规范体系的规则，参见世界银行 Doing Business 统计：http://www.doingbusiness.org/data/exploreeconomies/kyrgyz-republic/#dealing-with-construction-permits。

② 关于吉尔吉斯斯坦 PPP 方面的立法，参见当地著名律师事务所 Kalikova & Associates 的专栏 http://www.k-a.kg/eng/public-private-partnership-new-opportunities-kyrgyzstan。

尔吉斯斯坦政府列入拍卖名单的矿藏或者两次招标失败或是流标的矿藏。如果同一特定区域一个月内收到两个直接谈判的申请，政府将对该区域的地下资源使用权进行拍卖。

用于地质勘测工作的地下资源使用权期限最高为 5 年，用于地质勘探工作的地下资源使用权期限最高为 10 年，用于矿场开采的地下资源使用权期限最高为 20 年。[1]

获得地下资源使用权与开采，需要交纳相应的税费与许可使用费。同时，政府可以要求使用权人缴纳土地或矿藏的恢复储备基金。地下资源使用权许可可以通过股权的形式转让。虽然《地下资源法》中并没有国有化的相关规定，但是在 2003 年的《投资法》中对投资的国有化征收和赔偿标准做了规定。吉尔吉斯斯坦的国有化风险仍然是存在的。

【案例】 加拿大森特拉（Centerra）公司与吉尔吉斯斯坦政府仲裁案[2]

加拿大森特拉公司是世界上最大的黄金开采与生产商之一。森特拉公司在吉尔吉斯斯坦经营的矿业对于该国经济和税收非常的重要。事实上，该公司经营的库姆托尔（Kumtor）露天金矿产值占该国工业产值的 30%。库姆托尔金矿 1997 年投产，已经为吉尔吉斯斯坦带来超过 20 亿美元的国家税收和财政收入。

2015 年，前总理奥托尔巴耶夫提议，合资企业与森特拉公司在金矿上的运营不在国家利益之内，意在顺应民意将该矿国有化，随后吉尔吉斯斯坦当局予以否认。政府希望将其在森特拉公司的 32.7% 的股权与合资企业控制库姆托尔金矿一半的股权互换，但是重组交易未能成交。之后，奥托尔巴耶夫在当月辞职。他继任者萨利耶夫表示，将继续考虑公司的重组问题。吉尔吉斯斯坦国家环境和技术安全局已经多次对加拿大森特拉公司的子公司提起诉讼，诉求的赔偿共约 1 亿 300 万美元。

森特拉公司从 2008 年便开始提出国际仲裁，一方面是希望通过法律途径解决问题，一方面是将吉尔吉斯斯坦政府重新拉回谈判，并获得更好的谈判地位。双方于本次仲裁后达成公司股权重组与利润分配的协议。但是从 2016 年开始，吉方重启了对森特拉公司的环保问题的行政处罚调查，同时对公司高管涉及犯罪问题开展了调查。在对公司开出了 10000 美元的先期罚单后，吉方政府宣布，如果不能在 2016 年 6 月完成对环境问题作出整改，将勒令该矿停产，中止该矿的使用权证。

【小结】

基于对基础设施项目发展的需求，吉尔吉斯斯坦对于外国投资者在该国设立公司、申请项目、工程建设、使用土地、开采矿藏一直采取开放欢迎的态度，立法实践较为积极，适用广泛，以积极融入国际实践的需要。在 PPP 立法实践中，近年来随着各国社会资本的积极参与，推动了吉尔吉斯斯坦对 PPP 专项法令的立法颁布，于境外投资者有一定的保障与指导意义。但需要注意的是，从立法以来，该国实践一直较少，该法律的实施细节与未来发展方向需要进一步观察。

---

[1] 洪霞：《吉尔吉斯斯坦矿业投资法律制度研究》，新疆大学硕士论文，2014 年，http://www.ixueshu.com/document/519cb035d5631511318947a18e7f9386.html。

[2] 关于本案的新闻报道，参见 Cecilia Jamasmie: Centerra Gold seeks international arbitration for dispute with Kyrgyzstan, http://www.mining.com/centerra-gold-seeks-international-arbitration-for-dispute-with-kyrgyzstan/。

三、吉尔吉斯斯坦司法体系及争议解决

吉尔吉斯斯坦的法院体系包括宪法法院与普通司法管辖法院,其中,普通司法管辖法院有三级构成:初级法院、中级人民法院与最高法院。其中,中级人民法院和最高法院作为二诉机关审查没有生效的诉讼案件。最高法院拥有25名法官,任期为10年,由国家管理委员会任命。

吉尔吉斯斯坦于1996年加入了《纽约公约》。依据该公约,当事人有权申请吉尔吉斯斯坦法院承认并强制执行外国仲裁法庭的裁决。中国与该国还于1996年7月4日签订《中华人民共和国和吉尔吉斯共和国关于民事和刑事司法协助的条约》(1997年9月26日生效)。

作为1991年方从苏联脱离并建国的年轻国家,吉尔吉斯斯坦主要承继了苏联的司法体系,在仲裁体系建设上进展较为晚近。该国于2002年7月30日通过施行《仲裁法》,并同时设立了国家仲裁庭。但也由于立法较为晚近,吉尔吉斯斯坦建立了当时国际上最为先进与广泛适用的仲裁法。

吉尔吉斯斯坦仲裁法的适用不区分国际仲裁与国内仲裁,两者在程序上也没有差别对待。这在国际上是比较先进的理念。

四、吉尔吉斯斯坦营商环境及法律风险防范

(一)吉尔吉斯斯坦整体营商环境

根据世界银行《2016年营商环境报告》显示,吉尔吉斯斯坦在全球189个经济体营商便利度排名中位列第102位,居于中等偏下水平。具体而言,吉尔吉斯斯坦在跨境贸易、获得电力等方面表现较差,在开办企业、办理施工许可证、获得信贷方面表现较好。

(二)吉尔吉斯斯坦投资与承包工程风险及建议

1992年5月14日,中国与吉尔吉斯斯坦签署双边投资协议(BIT),该协议于1995年9月8日正式生效实施。

吉尔吉斯斯坦与世界上多个国家签订了类似的双边投资协议,这些国家包括阿塞拜疆、伊朗、印度、拉脱维亚、蒙古、俄罗斯、哈萨克斯坦等。

吉尔吉斯斯坦与大多数国家(包括中国)的双边投资协议约定了对外国投资者的保护以及不国有化投资者在吉资产的承诺,但是该等承诺的约束性值得进一步观察考量:在外国对吉投资的历史上,发生过若干诉至国际投资争议解决中心的仲裁案件,都指向吉尔吉斯斯坦违约的事实。

因此,虽然吉方与多个国家达成了双边投资协议,但协议对投资项目的法律保护力度应当结合项目实际情况分析,在出现问题时应积极寻求国际仲裁等法律保护。除此之外,吉尔吉斯斯坦在依法行政、司法执行方面效率不高,政府的换届或政权的更迭会给外商投资环境造成一定的影响。要特别注意以上风险。

【案例】 Belokon v. Kyrgyzstan 贝洛孔诉吉尔吉斯斯坦

该案为国际仲裁，申请人贝洛孔将吉尔吉斯斯坦诉至联合国国际贸易法委员会（UNCITRAL）设在巴黎的仲裁庭。贝洛孔为拉脱维亚一家银行的所有人，在吉尔吉斯斯坦展开投资，开设了该银行的分行。吉国中央银行通过颁发行政令，向此分行的董事会和管理层派驻了临时管理层，对银行业务和管理施加实质性的影响。投资者试图在吉国国内通过司法手段保护自己的投资但最终未能解决问题。UNCITRAL 仲裁庭经过审理认为，虽然吉国政府和法院没有违反本国法律，但吉国立法行为违反了《吉尔吉斯斯坦-拉脱维亚双边投资协定》，对投资造成的非法损害与限制，违背了双边条约的约定。

吉尔吉斯斯坦政府在仲裁中提出该投资者违反了反洗钱法律法规，有犯罪行为，要求仲裁庭查清。但 UNCITRAL 仲裁庭认为该等诉请的举证责任在投资国政府一方，且举证标准要求应较一般证据更为严格，故驳回吉方主张，认定吉方违反了双边投资协议。[①]

五、小结

吉尔吉斯斯坦是我国重要邻国，地理位置十分重要，在我国的西部、南疆边境与我国紧密相连，是一带一路建设的重要节点。吉尔吉斯斯坦工业基础较为薄弱，但是矿产资源丰富，有极高的战略价值。矿产资源带动了该国对交通运输基础设施、化工与开采行业的工业需求，"一带一路"倡议在吉尔吉斯斯坦有非常大的发展潜力，可以助力该国的工业化与经济改革，同时也为中国带来中亚地区新的发展点。吉尔吉斯斯坦愈发重视投资环境的法制化与现代化建设，积极融入亚欧整体经济贸易区，但是因为国内政权交替频繁且不可预见、法律环境不稳定等因素，吉尔吉斯斯坦的营商环境仍有待改善，外国投资者在吉尔吉斯斯坦投资时要特别注意因该国特殊的国情与政法环境导致的风险。

塔吉克斯坦

一、塔吉克斯坦国情简介

塔吉克斯坦共和国（The Republic of Tajikistan，以下简称"塔吉克斯坦"或"塔"），地处中亚腹地，国土居于中亚国家与中国之间，邻国包括阿富汗斯坦、乌兹别克斯坦、吉尔吉斯斯坦，是中亚五国中幅员最小的国家，也是中亚五国中唯一的非突厥族系作为民族主要构成成分的国家。塔吉克斯坦全国总人口 816.04 万人。塔吉克人占 80%，乌兹别克人占 8%，俄罗斯人占 1%。除此以外，还有土库曼、白俄罗斯、哈萨克、帕米尔、塔塔尔、吉尔吉斯、乌克兰、亚美尼亚等不同的少数民族。塔吉克斯坦居民多为伊斯兰教逊尼派教徒，宗教构成成分相对来说较为单一。

塔吉克斯坦经济结构简单，发展较为薄弱，是中亚五国中经济基础较差的国家。20

---

① UNCITRAL Award, Belokon v. Kyrgyzstan.

世纪九十年代左右,在经历了苏联解体后,塔吉克斯坦国民经济遭受严重破坏,加上国内内战带来的损耗,经济陷入非常困难的境地。塔吉克斯坦从 21 世纪伊始发行新的货币,稳定并完善国家金融体系,使得国内经济逐渐好转。2010 年以来塔吉克斯坦从经济危机中摆脱了并维持了稳定增长的势头。2017 年塔吉克斯坦预计的(名义)国内生产总值(GDP)达 72 亿美元。[①] 塔吉克斯坦货币是索莫尼,2015 年底中塔两国开启了人民币对索莫尼的汇率挂牌交易,由中国农业银行作为人民币与索莫尼可兑换的交易平台。[②] 自 2008 年世界性金融危机以后,索莫尼存在着不断贬值的趋势,目前 1 索莫尼约合 0.8 元人民币。

塔国土面积的 90% 左右为山地,地貌复杂,不适合大规模修建高速公路,因此塔吉克斯坦的公路交通条件较差。塔吉克斯坦境内的交通主要以公路为主,铁路建设较为落后,内河、民航的运力也较差。据统计,塔吉克斯坦境内公路绝大多数于苏联修建,总长度约三万公里。塔国政府在很久以来对道路没有进行应有的维修,加上自然灾害以及内战的破坏,损坏严重,道路通行困难,已对社会经济的发展造成影响。因此塔吉克斯坦政府并已着手实施公路战略规划,将交通作为国民经济发展的优先领域。目前塔吉克斯坦拥有四条公路干线,四条干线从首都杜尚别出发向周边国家辐射,是塔吉克斯坦国内交通的四条大动脉,以及连接塔国与他国的最主要的联系。

据塔方统计信息显示,截至 2016 年,该国累计吸引外资约 35 亿美元。外国投资主要进入的领域是公路开发与维护、能源勘探与开发、食品加工制造、中小商贸企业等。目前该国吸引外商投资的重点领域是水电站与隧道建设、电信设施生产与维护、新型农业、矿产资源勘探等。在塔吉克斯坦投资的主要国家有中国、英国、俄罗斯、荷兰、哈萨克斯坦等国家。

中国 2013 年对塔吉克斯坦直接投资 7233 万美元,2014 年、2015 年分别突破了 1 亿美元与 2.5 亿美元。2015 年,中塔之间新签订承包劳务合同 11 份,金额合计 6 亿美元。中国企业,主要是建设工程施工领域的企业,在塔吉克斯坦投资较多,也参与了许多涉及塔吉克斯坦国计民生的大型项目,例如塔吉克斯坦-乌兹别克斯坦公路、沙尔隧道、沙合立斯特隧道、罗-哈输变电线以及南北输变电线等重要的项目分别由中国路桥、中铁五局、新疆特变电工等企业承揽,其施工质量、效率、企业形象得到了塔吉克斯坦社会各界的高度评价。在中国信贷资金的支持下,塔吉克斯坦也解决了项目融资付款一系列问题。当前中国和塔吉克斯坦之间的经贸合作除了传统的商贸领域和基础设施建设领域外,还涉及天然气线管道、石油冶炼、矿业勘探与开采、电信设施、建材的生产与运输、新型农业合作与农业科技研发试验等众多领域。

【小结】

塔吉克斯坦是中亚地区内陆国家,工业基础较为薄弱,基础设施建设较为落后,在塔吉克斯坦投资需要克服许多困难,但同时塔吉克斯坦对外来投资的需求较大,投资潜力丰

[①] 关于塔吉克斯坦基本国情与经济指标,可参见国际货币基金组织基本国情汇报 http://www.imf.org/external/pubs/ft/weo/2017/01/weodata/weorept.aspx?pr.x=38&pr.y=11&sy=2017&ey=2020&scsm=1&ssd=1&sort=country&ds=.&br=1&c=923&s=NGDPD%2CNGDPDPC%2CPPPGDP%2CPPPPC%2CLP%2Cgrp=0&a=。

[②] 中国新闻网:《人民币对塔吉克斯坦索莫尼汇率挂牌交易启动实施》,http://www.chinanews.com/cj/2015/12-14/7670039.shtml。

富。近年来塔吉克斯坦国内局势比较稳定，民众逐渐变得富裕，消费市场开始日渐繁荣，经济社会各领域的各项建设逐步展开，对该国与中亚各国以及中国展开经济合作空间创造了有利条件。

二、塔吉克斯坦投资建设法律问题

塔吉克斯坦共和国在法律体系上属于大陆成文法系国家，受苏联立法影响深远，具备较好的法律基础，近年来又补充、更新了许多法律，但在一部分领域仍存在立法空白。在21世纪初经济逐渐恢复后，其吸引外资、鼓励市场经济相关领域的法律的立法频率较高，出台了《外汇管理法》（Law of the Republic of Tajikistan of June 13, 2013 No. 964 "About currency control and currency exchange control"）、《外国投资法》（Law On Foreign Investment In The Republic of Tajikistan）、《对外经济活动法》（Law of The Republic of Tajikistan on Foreign Trade Activity of July 3, 2012 No. 846）等政策法规。但是由于法律的执行和解释缺乏连续性，司法机构较为单薄、缺乏独立性，其法制建设仍需完善。

（一）塔吉克斯坦项目投资立法

塔吉克斯坦有关外商投资方面的法律有：《外国投资法》、《对外经济活动法》、《股份公司法》（Law on Company of the Republic of Tajikistan）、《国家私有化法》（Law of the Republic of Tajikistan on November 4, 1995 No. 114 "About privatization of housing stock of the Republic of Tajikistan"）等。

根据该国相关法律规定，塔吉克斯坦鼓励外国投资者参与国民经济私有化进程，外国投资者和对外经济活动的主体均受到法律保护。该等法律保护并不针对性区分投资者与投资主体的形式与所有制性质。外国投资者如果在塔国投资实业，则可以按照法律程序购买塔吉克斯坦国有设施，同时塔国法律规定外资不得被征用或收归国有。塔吉克斯坦强调对外资的产权保护，外国投资被强行中断时，外国投资者有权要求对其投资进行赔偿，并补偿其合理合法的投资收益；外国投资者拥有兑换外币的自由，其兑换程序也较为宽松；外国投资者可以将其合法收入汇往国外，其汇出过程虽需经过一定的登记手续，也是相对宽松自由的。外资企业可以按规定程序在塔吉克斯坦境内建立子公司、代表处等分支机构，也可以以塔国境内机构为总部在其他国家继续设立境外分支机构，组织架构形式比较灵活。外汇汇进汇出相对自由，这使得投资者、外国来塔工作人员和塔国本国商人有权将合法投资和经营利润所得外币收入和工资汇出境外，无需交纳特别的因外汇流通而产生的税金。

塔吉克斯坦为了提高国家的竞争力，更好地招商引资，主动为外国来塔投资企业实行非常优惠的税收政策。在主动实行针对外国投资者的税收优惠政策之外，塔国本身的税收法律也在进行"瘦身"——该国立法机构有意将该国的商业税负减少若干项目。除了关税因货物与进口国不同而差别很大外，其他与外国投资企业相关的税费是增值税、利润税、财产税等，其税率分别为20%、30%、0.5%。对外商投资的税收优惠政策主要有：外商投资企业外方雇员个人物品免缴关税。根据塔修改后的《外国投资法》，作为外国投资者注册资本而进口的货物免缴关税。另根据塔吉克斯坦《海关税则》,用于生产技术改造或者用作公司出资而从国外进口的生产技术设备和零部件免缴关税。根据塔吉克斯坦《海关税则》,由该国政府批准的援助或者利用国际贷款等低息或者无偿资金而实施的专门项目,其项目中的必须进口的货物一律免缴关税。

(二)塔吉克斯坦外资准入及企业设立相关法律

目前,塔吉克斯坦外国投资管理部门是经济贸易部,该国的招商引资活动、对外宣传投资环境、介绍外资投资情况均由该部门负责。除此之外,塔吉克斯坦经济贸易部还负责制订外商政策和外资企业法规,向外国投资者提供咨询和指导,推荐具体投资项目等。凡是重大引资项目,则需要经该国中央政府经济贸易部同财政部共同论证后,提交中央政府审定。中央政府财政部主要负责审核外资企业的投资报告与可行性研究,同时负责监督外商投资企业投资注册基金实缴情况,对外商投资企业的重要财务信息出具报告,保证外商投资的资金切实到位。外资企业的注册登记程序在国家公证处进行,需要经过中央政府经财政部出具财务登记并且经由司法部审核同意后方可完成手续。

根据塔吉克斯坦立法机关1993年通过的《关于外国企业、经贸组织以及其分支机构设立代表处的程序》(Law of The Republic Of Tajikistan 《On State Registration of Legal Entities and Individual Entrepreneurs》)之规定,外资企业在塔吉克斯坦开立分支机构或者直营的外资公司的,其登记注册由所在地方的公证处负责,须提交下列文件和资料:书面申请、设立合同、企业章程、银行证明,以上文件均应附上塔吉克斯坦官方语言译文,以及塔吉克斯坦司法部出具的有关公司创立文件的资格鉴定,塔吉克财政部的财务鉴定、统计部门的分类编码、已缴纳注册费的收据等政府类证明文件。所有文件都应有公司创始者之一签字确认。

正式营业执照将于手续完备之后签发。外商投资企业管辖区中的地方公证处于十日内通报中央政府财政部有关该企业的注册登记。

如若在塔吉克斯坦境内注册企业分支机构的应提交下列文件资料:注册申请;母公司关于开设分支机构的决定;母公司最高机构通过的章程;塔吉克斯坦司法部出具的资格鉴定确认设立文件的司法效力;统计部门的分类编码;公司所在地证明;已缴纳注册费的收据;塔吉克斯坦财政部的财务鉴定。该等分支机构可以为独立的机构如子公司,也可以是分公司或代表处。

(三)塔吉克斯坦工程建设相关法律

塔吉克斯坦在苏联时期础设施建设落后于苏联加盟国家中的其他国家,原因是塔吉克斯坦一直属于偏远地区,交通不便,工业基础薄弱。塔吉克斯坦独立后政坛不稳定,政府对基础设施一直缺乏投资,国内经济也受到制约。尤其是经历了二十世纪九十年代的内战以及政治动荡,基础设施薄弱的缺陷愈发明显。21世纪以来,塔吉克斯坦政府开始在国际社会的帮助下新建或完善了一部分设施,使得该国的工业化逐渐走上正轨。目前该国政府仍将基础设施建设作为工业发展和经济多样化的优先发展领域,这给中国企业在塔吉克斯坦承包基础设施工程提供了一定的机遇。

塔吉克斯坦在2006—2012年实施了一系列建设工程领域的法律改革,颁布了一系列的改革措施，包括《工程项目审批条例》（The order of administrative procedures related to the construction activities in Tajikistan, validated by the Government Resolution №282 from 6.05.2009），《建设发展项目报批登记程序条例》（Order of Development, Concordance and Approval of Project Documents with Regard to Construction of Buildings and Erections, No. 199 (dated April 25, 2006)），《项目环境影响评估条例》（Order of the State Environmental Review, approved by the Gov. Resolution №697 from 3.12.2012）等，但是即使实行了一系列的改革措施，在塔吉克斯坦获得施工许可证仍是冗繁的过程，需要经过24步程序，约228个日历日才可获批。

根据世界银行营商环境国别报告统计，在建筑工程法律规范体系建设方面，塔吉克斯坦在"工程中期、后期质量控制"、"从业人员与公司资质与准入管理"均获得高分，均被视为法律法规公平合理、体系完善。但是在"工程责任与保险"领域获得低分，被视为工程责任划分不均、规范体系不完善、保险机制不完善。该点需要提请投资者关注。

（四）塔吉克斯坦PPP相关政策与法律

塔吉克斯坦的立法进程相对较为落后，直至目前尚未开展PPP相关法律立法，政策上也未有相关措施。塔吉克斯坦目前暂无公开的PPP项目实施。

（五）塔吉克斯坦土地、矿业相关法律

虽然外国投资者在塔吉克斯坦的投资与发展受到比较好的法律保障，但需要注意在土地、矿业以及环境保护方面的特别规定。

依照塔吉克斯坦《土地法》（Land Code of the Republic of Tajikistan）的规定，土地属于国家所有，不允许通过买卖流转土地。塔吉克斯坦实行土地所有权和使用权相分离原则，外商投资者可以租赁取得使用权。塔吉克斯坦土地使用年限最长为五十年，土地所有权和使用权均需进行登记方可生效，登记证书是土地权利效力的标志。外商租用土地使用权的，根据现行法律规定，期限最长为10年。

塔吉克斯坦拥有储量丰富的金矿。金矿商品的进出口必须在获得政府批准后进行。根据塔吉克斯坦《贵金属与宝石法》（Law on Precious Metals and Stones），只有在塔吉克斯坦本国国内没有加工能力的情况下才可将含有贵金属及宝石的矿石运往国外。塔吉克斯坦财政部、中央银行拥有贵金属及其产品的优先购买权。只有在满足国内需求的前提下，可以允许外资企业在塔吉克斯坦开采、生产贵金属并外销其产品。

三、塔吉克斯坦司法体系及争议解决

塔吉克斯坦《宪法》规定，宪法法院、最高法院、最高经济法院、军事法院、各市和区的法院分别行使司法权。塔吉克斯坦不接受国际法院的强制管辖，对现行法律的执行情况由检察院独立进行检察。

塔吉克斯坦是《纽约公约》的无保留缔约方，本地法院可以承认和执行外国法院或国际仲裁机构的裁判，前提是不违反塔吉克斯坦的当地法律。中国和塔吉克斯坦签署了民事和刑事司法协助条约，对中资企业在塔吉克斯坦的业务是更有效的保障。此外，中塔两国

的投资受到两国政府于 1993 年签署的《关于鼓励和保护投资协定》的保护，在争议发生时可以诉诸相关仲裁机构进行特别处理。

塔吉克斯坦保留了在特殊情况下的对投资者的个人财产的国有化制度。在特殊情况下，投资者的个人财产会因社会公共利益而被国家征用。塔吉克斯坦在这种情况下将依法补偿，使投资者获得在别处的等值的财产。就赔偿额度而言还有司法程序进行保障，司法机关有权对行政机关的赔偿方案进行评估与认定。

同时，投资者可就赔偿额度将赔偿争议提交给双方认可的国际法庭或国际仲裁机构。塔吉克斯坦的这些做法符合国际惯例，是国际上比较先进的对投资者的保护措施。

不过，塔吉克斯坦目前暂无执行域外判决的相关法律，塔吉克斯坦的司法执行效率也比较低，司法独立性不强。根据案件性质的不同，塔吉克斯坦当地法院终审判决通常需要 3 个月至 2 年时间方可做出。

塔国作为发展中国家在立法层面水平一般，随意性较大，也欠缺透明度，与国际通行做法尚有很多不匹配之处，故投资者需要注意这方面的法律风险。

四、塔吉克斯坦营商环境及法律风险防范

（一）塔吉克斯坦整体营商环境

根据世界银行出具的《2017 年营商环境报告》显示，塔吉克斯坦在世界范围内的经商便利度仅排名 128 位，居于中等偏下水平。具体而言，塔吉克斯坦在财产登记、少数投资人利益保护方面表现良好，但在公司开立注册、施工许可申请、税务、贸易、电力保障方面表现不佳。①

（二）塔吉克斯坦投资与承包工程风险及建议

在塔吉克斯坦开展业务问题比较多，常见的问题主要有：基础设施较为薄弱，交通掣肘了工业发展，电力等能源供应不畅，且塔吉克斯坦与周边国家外交关系紧张，使得以上困难无法依靠周边国家解决。企业货物运输常因自然及人为原因受阻，工程承包及投资项目的设备是困扰中资企业较大难题，原材料及产品成本较高，运输周期较长，矿产开发企业不得不为道路建设付出很大的成本，并为供电困难做出额外的支出。

塔政府部门执法过程中任意性较大的因素，腐败现象较为普遍，造成运营成本增加的同时，加大了在塔企业尤其是中小型企业的经营风险。塔吉克斯坦政府行政效率较低，增加经营活动中时间和金钱的损耗，也使项目启动阶段期限较长。该国法律法规存在不完善的地方，在执法过程中政府的自由裁量空间较大，因此建议在塔投资经商前尽量与政府部门事先就投资法律法规、政策、限制与优惠情况等法律实践做事先沟通，必要时可以求助于中国驻塔使领馆。另外，鉴于塔方是《纽约公约》的缔约国且中塔之间存在司法协助条约，一些法律纠纷可以考虑放在中国境内通过仲裁解决（如"一带一路"仲裁委员会）。

---

① 商务部网站：《世界银行发布〈2017 年全球营商环境报告〉》，http://images.mofcom.gov.cn/gn/201610/20161027171453550.pdf。

最后，由于中塔之间存在双边投资协定，必要时可以求助国际投资仲裁机构救济自己的权利。

塔吉克斯坦国民生产总值总量及人均指标均较低，融资的难度大，加上塔政府因财力单薄，使政府主导的大型基础设施建设项目的开工受到限制，获取信贷成本在本地区最高，可能使经营项目无法在合适的时间内筹措到足够资金。

五、小结

中塔之间国际外交领域关系平稳、互动频繁，高层领导互访较多，不过，在塔吉克斯坦开展进行投资活动，应当对塔国的经济政治环境有事先的了解分析，结合当地实际情况评价风险，尤其是要考虑到塔国法律体系构建不完善带来的法律风险，方能保护自身权益。塔国经济社会发达程度不高，中国企业在当地投资经营要尤其注意做好本地化工作，树立良好的企业自身形象。

第四章

东南亚地区国别法律及实务案例

印度尼西亚

一、印度尼西亚国情简介

印度尼西亚共和国（The Republic of Indonesia，以下简称"印度尼西亚"或"印尼"）地处亚洲的东南部，由太平洋和印度洋之间 17598 个大小岛屿组成，被称为"千岛之国"。印尼群岛东西、南北分别长约 5300 公里、2100 公里，其中共有大约 6000 个岛屿有人居住。印尼由于其地理位置正位于环太平洋地震带，境内火山分布较多，地震频发。印度尼西亚首都雅加达位于东 7 时区，比北京时间晚一个小时。[①]

1942～1945 年，印尼被日本侵略占领。1945 年日本投降后，印度尼西亚国内先后经历了八月革命，独立成立印度尼西亚共和国，英国、荷兰先后入侵印度尼西亚，被迫改为印度尼西亚联邦共和国并加入荷印联邦，直至 1950 年 8 月重新恢复为印度尼西亚共和国，1954 年 8 月脱离荷印联邦。[②] 2004 年 7 月，首次总统直选在印尼进行。2014 年大选中，佐科·维多多和素夫·卡拉胜出，宣誓就任总统和副总统。

印尼为世界第四人口大国，劳动力资源丰富，人口总数为 2.37 亿人（2010 年全国人口普查），其中近 60% 的公民居住在爪哇岛，其中就业人口主要集中在农业、工业、商贸、建筑业及服务业。华人在印尼的商业和工业领域影响力日益增长，据 2010 年官方统计，人口即占总数 3.79%（实际人数高于此比例），华人在各个领域的地位及影响力也不断扩大。

印尼几乎全民信奉宗教，其中穆斯林人口最多，约占总人口的 87%，6.1% 信奉基督教新教，3.6% 的人信奉天主教，其余的人信奉印度教、佛教或原始拜物教。[③] 印尼全国共有 200 多种民族语言，官方语言为印尼语。

印尼全国共划分为 30 个省、2 个特别行政区和 1 个首都地区，有 93 个市、396 个县。全国的政治、经济和文化中心及首都为雅加达。其他的主要经济城市包括泗水、万隆、棉兰、三宝垄和巨港等。[④]

东盟最大的经济体就是印尼，农业、工业和服务业均在国民经济中发挥重要作用。1950～1965 年 GDP 年均增长仅 2%。60 年代后期调整经济结构，经济开始提速，1970～1996 年间 GDP 年均增长 6%，跻身中等收入国家。1997 年受亚洲金融危机重创，经济严重衰退，货币大幅贬值。1999 年底开始缓慢复苏，GDP 年均增长 3%～4%。2003 年底按计划结束国际货币基金组织（IMF）的经济监管。2004 年，苏希洛总统执政后，采取了一系列措施，发展基础设施建设、整顿金融体系、扶持中小企业发展，获得了一定成效，有

[①] 德勤：《印度尼西亚投资指南》，http://www.useit.com.cn/thread-14802-1-1.html。
[②] 《印刷世界》编辑部：《印度尼西亚概况》，载《印刷世界》，2004 年第 5 期。
[③] 同上。
[④] 德勤：《印度尼西亚投资指南》，http://www.useit.com.cn/thread-14802-1-1.htm。

效吸引了外资，经济增长也保持在5%以上。① 2008年国际经济危机再次发生，但由于印尼政府的合理应对，经济仍然保持较好增长。2015年印尼国内生产总值8588亿美元，同比增长4.79%，进出口总额2930亿美元，通胀率3.35%。2016年第一、二、三季度经济增长分别为4.92%、5.12%、5.02%。②

【小结】

印度尼西亚作为发展中国家，拥有丰富的资源及劳动力，正处于发展的关键阶段。印尼政府相应地提出了2015～2019年中期发展计划，这为处在"一带一路"深化发展阶段和"十三五"规划的推进时期的中国带来了新的机遇与挑战。

二、印度尼西亚投资建设法律问题

（一）印度尼西亚项目投资立法

印度尼西亚的法律体系以大陆法系为主，同时也融合了宗教法和习惯法。印度尼西亚涉及外商投资的法律有《投资法》《贸易法》《海关法》《建立世界贸易组织法》《产业法》《国库法》《禁止垄断行为法》和《不正当竞争贸易法》等。印尼主管贸易的政府部门为贸易部，其职能包括制定外贸政策、参与外贸法规的制定、划分进出口产品管理类别、进口许可证的申请管理、指定进口商和分派配额等事务。③

投资形式和领域方面，根据2007年第25号《投资法》及相关规定，在不属于《非鼓励投资目录》所禁止或限制外资持股比例的行业外，外国投资者可与印尼的个人、公司成立合资企业或独资企业。④ 根据2009年《矿产与煤炭法》的规定，申请和持有矿业许可权也开始向外国公司开放，但依旧面临采矿期短、采矿面积小以及还需缴纳除了正常所得税矿产税之外的10%的附加税。2009年《新电力法》规定，私营企业已经可以参与投资电力领域。2011年《园艺业法》规定，外国投资者在印尼园艺业投资比例最多只能占到30%，并且必须把资金存放在印尼国内银行。

税种和税率方面，根据2008年《所得税法》，个人所得税最高税率从35%降为30%，分为四档：5000万盾以下，税率为5%；5000万盾至2.5亿盾，税率为15%；2.5亿盾至5亿盾，税率为25%；5亿盾以上者，税率为30%。一般情况下，对进口、生产和服务等课征10%的增值税。企业所得税率，2009年为过渡期税率28%，2010年后降为25%。印尼对中、小、微型企业还有鼓励措施，减免50%的所得税。为减轻中小企业税务负担，2013年印尼税务总署向现有的大约100万家印尼中小企业推行1%税率，即按销售额的1%征税。⑤

---

① 《中国经贸》编辑部：《东盟最大的经济体印度尼西亚》，载《中国经贸》，2015年第4期。
② 搜狐财经：《"一带一路"叙利亚、印度尼西亚、菲律宾，这里的风景独好》，http://www.sohu.com/a/136802582_174487。
③ 山东省商务厅：《印尼主要贸易政策》，http://www.shandongbusiness.gov.cn/public/html/news/201502/336933.html。
④ 境外投资指南：《印度尼西亚投资指南》，http://www.weixinnu.com/tag_article/1181124595。
⑤ 同上。

(二)印度尼西亚外资准入及企业设立相关法律

根据印尼《投资法》规定,国外投资者除了法令限制和禁止外,可以自由投资任何营业部门。这些法令限制和禁止的投资部门包括:生产武器、火药、爆炸工具与战争设备的部门。另外《投资法》规定总统令可以设定相关禁止与开放的行业及其标准,这些行业有:毒品种植交易业、受保护鱼类捕捞业、以珊瑚或珊瑚礁制造建筑材料、含酒精饮料工业、水银氯碱业、污染环境的化学工业、生化武器工业、机动车型号和定期检验、海运通讯或支持设施、舰载交通通信系统、空中导航服务、无线电与卫星轨道电波指挥系统、地磁站、公立博物馆、历史文化遗产和古迹、纪念碑以及赌博业。①

在印尼,外国投资者可以以有限责任公司和代表处两种形式设立企业。

印尼投资协调委员会(BKPM)负责批准外国投资者设立的公司及代表处。外国投资者向投资协调委员会(BKPM)在各个地区设立的分支机构递交申请,例如外资如果需要在保税区投资项目,则需要向保税区管理机构向投资协调委员会(BKPM)递交投资申请,获得批准。从收到申请到颁布投资批准证书全过程,最多只需10个工作日。在颁布投资批准证书后,外国投资公司即可按照有限责任公司的有关条款,以章程公证的形式,到税务等政府部门依法登记注册成立。②

(三)印度尼西亚工程建设相关法律

按照印尼法律规定,根据资金来源的不同,承包工程项目分为国际金融机构援助项目、外国资金援助的印尼政府项目、外国和本国资金投资的政府项目和私人资金项目四类。③ 印尼限制外资企业承包政府基础设施工程,以保护印尼国内企业的市场份额。外资企业只被允许参加基础设施部门建筑价值在1000亿盾④以上和其他部门采购和服务价值在200亿盾以上的投标。⑤ 此外,外资企业只许参加合同价值在100亿盾以上的服务咨询投标,只能投资于政府采购项目。印尼私企则不受此限制。

公共工程部为印尼承包工程的主管部门。中标的外国公司在与业主签约之前,需要设立有限责任公司或代表处,并取得公共工程部颁发的承包工程许可。⑥ 在印尼从事承包工程业务或咨询业务的外国公司,需与印尼公司进行合作,且承包工程业务的印尼合作伙伴必须是具有"A"级资格的印尼承包商协会或印尼承包商联合会成员;工程咨询业务的印尼合作伙伴必须是具有"A"级资格的印尼咨询协会成员。"A"级资格的承包商是指有价值1亿盾的设备,至少有3名工程师,且一年至少有10亿盾营业额的工程承包商。⑦

---

① 中国金融信息网:《"一带一路"之印度尼西亚投资法律规则与实践》,http://world.xinhua08.com/a/20150518/1499966.shtml.
② 山东省商务厅:《印度尼西亚投资合作相关手续》,http://www.shandongbusiness.gov.cn/index/content/sid/192591.html.
③ 同上。
④ 1印尼卢比约合0.000517人民币元。
⑤ 南宁新闻网:《印尼政府限制外企在基建工程投资》,http://www.nnnews.net/xwzx/DMBL/DMCY/201001/t20100126_216882.htm.
⑥ 海外研究中心专题报告:《海外重点国别市场研究(印尼)》,http://www.docin.com/p-1122438274.html.
⑦ 班永陟:《如何开拓印尼承包工程市场》,载《国际工程与劳务》,2007年第7期。

印尼目前正在加快其铁路、公路、港口与机场等基础设施建设。根据基础设施建设项目的类型不同，其需获得的批准或许可也不同。

在建设项目上，承包商和建设者应取得的主要审批/证书如下[①]：（1）承包商应获取建设服务经营许可证（IUJK）和企业经营执照；（2）对于外国建筑服务商，需从公共事务部获取外国建筑服务代表处证书，才能在印尼开设外国建筑服务代表处；（3）对建设者，需要获得建设服务发展委员会的批准，这是公司获得 IUJK 的前提条件；（4）企业营业执照有不同类型，不同类型的营业执照允许建筑公司从事对应的建设服务工作，建设公司应从地方政府获得 IUJK，建设经营执照的颁发者为印尼投资协调委员会。

涉及高危、高新技术、成本高昂的建设工作，只能由以有限责任公司组织形式存在的商业实体，或处于相同法律状态的外国企业（如代表处）进行。根据《建设服务法》，建设服务的提供者可以是个人或商业实体，但个人仅能从事低风险、技术简单和造价低廉的建设工作。

中国和印尼之间在工程承包领域有着许多合作，包括如下案例。

【案例一】

2014 年，中国港湾工程有限责任公司（下称"中国港湾"）与印尼 PT. EQUATOR SUMBER ENERGY 公司在北京签署了印尼 DBK－MRC 煤炭开发及运输通道基础设施项目的框架协议、股份购买协议、股东协议及项目的 EPC 合同，合同额近 9 亿美元，工期 42 个月，特许经营期为 40 年。[②]

该项目位于印尼中加里曼丹岛，项目旨在通过建设 165 公里长的道桥及对应的出运、转运码头，打通煤矿的运输通道，工程建成后由项目公司以部分自营和分包的方式，实现煤炭的开采、运输和销售，并获取投资回报。该项目各项协议的签署，是中国港湾积极发挥海外业务平台作用，推动"五商中交"战略在海外落地的一项重要成果。[③]

【案例二】

江苏河海科技工程集团有限公司成功中标印尼 KNI2B 岛围海造陆项目和唐格朗围海造陆项目，工程总造价达 4.8 亿美元，折合人民币 30 亿元。[④]

【其他案例】

其他投资和承包的工程还有：泗马大桥、加迪格蒂大坝等工程项目，巨港电站、风港电站等一大批电站建设项目，以及巴丹岛中石化油储项目、西电变电器生成项目等。[⑤]

（四）印度尼西亚 PPP 相关政策与法律

根据英国贸易投资总署（UK Trade and Investment）的报告，由于其自身基础设施方面的条件，政府资金缺乏，印尼无法完全开发利用其自身资源以满足印尼人口所需，因

[①] 国家开发银行：《"一带一路"国家法律风险报告》，法律出版社，2016 年 8 月第 1 版。

[②] 中交一航局第三工程有限公司：《中国港湾积极践行"五商中交"战略签约印尼 EPC 合同》，http://www.boraid.cn/company_news/read_238143.html。

[③] 同上。

[④] 河海集团：《新中标印尼 4.8 亿美元围海造陆项》，http://www.taizhou.gov.cn/art/2013/1/27/art_24_191001.html。

[⑤] 中国网：《"一带一路"投资政治风险研究之印度尼西亚》，http://opinion.china.com.cn/opinion_64_124264.html。

此印尼政府正在尝试通过 BOT 以及 PPP 方式来帮助解决投资问题。

在印尼参与 PPP 项目需要同时遵守 PPP 框架的协议以及印尼相关投资法律规定。目前印尼投资协调委员会和国家发展规划部门负责执行相关 PPP 项目，印尼计划开发署负责设计并制定相关 PPP 计划书。印尼已经开展的 PPP 项目涉及交通运输行业、收费路桥行业、供水和环境卫生行业、电力行业等，例如苏加诺—哈达国际机场轨道交通线项目、Tanjong Priok 收费公路项目、南部巴厘地区供水项目、巴厘岛新机场建设项目等。

根据印尼法律的规定，BOT 有两种模式[①]：在国家所有/地方所有的资产上的 BOT，由《2014 年第 27 号关于国家所有/地方所有资产管理的政府条例》管辖；在私有财产上的 BOT，没有专门的法律管辖，因此适用印尼民事法典。BOT 项目的最长期限为合同签署后 30 年。与政府签署 BOT 协议的公共实体（合作方）应当通过拍卖形式采购；在 BOT 项目运营过程中，公共实体（合作方）必须每年向国家/当地国库缴纳由授权官员确定的出资，必须维持项目，不得将项目土地用于提供担保、质押或转让，且在项目运营过程中，BOT 项目至少 10% 的产品必须直接用于执行中央/地方政府职责与功能。

【小结】

印尼在外资企业投资方面限制规定相对较多，但由于其国内自身不可避免的发展需要，工程建设市场依旧充满机遇，为各国企业进入印尼投资建设提供了很多可能性。我国企业进入印尼市场前，审时度势，应当严格遵守各项规定和要求，积极把握机会。

三、印度尼西亚司法体系及争议解决

印尼曾经作为荷兰殖民地，法律体系受到荷兰影响，并且传统规则、不成文法和现代法并存。总体而言，印尼属于大陆法系，法律体系包括：一是由习惯法、伊斯兰法和荷兰法三者融合而成的刑法体系；二是以习惯法和伊斯兰法为主的民法体系；三是以荷兰法为基础的商法体系。

（一）诉讼制度

印度尼西亚宪法规定最高法院与其各级法院拥有司法权，法院包括五种类型：普通法院、宗教法院、军事法院、行政法院、宪法法院。

印尼有三级普通法院：（1）地方法院。地方法院即初审法院，受理辖区内相应的民事和刑事案件，在印尼的县、市行政区均有设立。一般由三名法官组成审判庭开庭审理案件，有时仅有一名法官审理并判决。（2）高等法院。高等法院即上诉法院，在印尼各省均会设立一所。（3）最高法院。最高法院是印尼的最高审判机构，由首席法官和一般法官组成。一般由总统根据国会的提名任命首席法官，再由首席法官和司法部长推荐法官人选，经国会提名后由总统任命。

印度尼西亚由于其宗教环境的影响，还设立了宗教法院，宗教法院由宗教事务部监督并任命首席法官在内的官员。宗教法庭在印尼的区或者市一级的行政单位均有设立，一般负责受理婚姻和继承的案件。但由于宗教法庭是依据伊斯兰法作出的决定，因此其判决需

---

① 国家开发银行：《"一带一路"国家法律风险报告》，法律出版社，2016 年 8 月第 1 版。

经同级法院的批准。宪法法院负责审查法律的合宪性、审查政府机构之间的权力冲突、决定政党的解散、解决由大选产生的纠纷以及决定是否同意对总统的弹劾。[①] 军事法院审理以军人为被告的刑事案件。在危机时期还可以成立特别军事法庭。行政法院在印尼种类较多,一般受理并裁决各种有关行政性的争议,主要包括:税务审议、土地改革和住房建设等。

印度尼西亚有三级检察系统的组织结构,包括最高检察院、高等检察院、中等检察院,除此之外还在军队中设立有军事检察院。根据法律的规定,总统任命的最高检察长领导,最高检察长向总统负责并报告工作。[②] 检察机关根据印尼法律规定拥有较为广泛的权力,不仅包括对刑事案件的起诉权、对贪污案件的侦查权,并且享有监督国家结构运行和其他民事行政方面问题的权力。[③] 印尼检察院可以针对涉及社会公共利益而搁置的案件向最高法院提出再审,也拥有在死刑案件中向总统提出赦免的权力。

(二) 仲裁制度

印尼仲裁法源于荷兰法,主要体现在1847年《民事诉讼法》第615至651章。[④] 这些以"仲裁员的决定"为题的章节同1986年修订之前的旧荷兰《民事诉讼法》相似,包括与政府机构及国有公司之间的国内国际商事纠纷都可用仲裁解决,均可适用《民事诉讼法》第615至651章的条款。1967年调整印尼外国投资合资的《外国投资法》也规定了国有化资产有关的仲裁,第22章规定若对外国投资国有化,必须给付补偿。若外国投资者认为补偿数额不合理,他们可将案件提交仲裁。由于印尼也是《解决投资争端的国际公约》参加国,因此外国投资者与印尼的任何纠纷都可参照世界银行的《解决投资争端的国际公约》通过仲裁予以解决。[⑤]

印尼全国性的仲裁机构之一为印尼国家仲裁委员会(BANI),为当事人提供争端解决机制。[⑥] 当事人双方应该签订书面协议,约定将可能出现的纠纷提交仲裁解决。仲裁申请人在发生纠纷时,应通过挂号信、电报、电传、传真、电子邮件或者信件的方式通知被申请人适用仲裁程序。印尼仲裁的程序以及法院对仲裁结果的认可等内容均在印尼《仲裁与争议解决法》[⑦] 作了规定。仲裁裁决做出后30日内,仲裁员或其法定代理人应向地方法院提交仲裁原件或真实副本完成备案登记。仲裁裁决对当事人具有终局的法律约束力。如果一方当事人没有自愿履行其义务,另一方可请求地方法院的首席法官发布命令执行。法院决定执行仲裁裁决的命令应按执行民事案件判决的方式执行。雅加达地方法院是承认和执

---

① 王胤颖:《亚洲五国宪法司法制度的比较与借鉴——以印度尼西亚、韩国、蒙古、泰国、柬埔寨王国的宪法司法制度为例》,载《浙江工商大学学报》,2005年第5期。
② 李莉:《印度尼西亚检察制度简介》,载《法制与经济(下旬刊)》2010年第10期。
③ 同上。
④ Katherine Lynch,颜云青,郭国汀(译):《亚洲的国际商事仲裁中心及仲裁制度的特点》,http://www.docin.com/p-1440378774.html。
⑤ 同上。
⑥ 豆丁网:《印尼投资贸易法律法规概要》,http://www.docin.com/p-1436478104.html。
⑦ 山东省商务厅:《印尼主要贸易政策》,http://www.shandongbusiness.gov.cn/public/html/news/201502/336933.html。

行外国仲裁裁决的地方法院。①

印度尼西亚于1982年加入《纽约公约》，但其对《纽约公约》作出声明和保留：（1）印度尼西亚仅承认和执行在《纽约公约》其他成员国领土上作出的裁决；（2）印度尼西亚只对根据其国内法被认为属于商业性质的争议适用《纽约公约》。印度尼西亚于1968年加入《华盛顿公约》。

四、印度尼西亚营商环境及法律风险防范

（一）印度尼西亚整体营商环境

印尼根据世界经济论坛《2016—2017年全球竞争力报告》在全球最具竞争力的138个国家和地区中，排第41位。② 近年来，印尼吸引外资持续较快增长，特别是2008年国际金融危机以来，每年保持13%以上增速。根据联合国贸易发展会议公布的2015年《世界投资报告》，2014年印尼吸收外资为225.8亿美元；截至2014年底，印尼吸收外资存量为2530.5亿美元。印尼已成为东盟10国中最具吸引力的投资目的国之一。印尼在石油天然气、农林渔业、采矿业、工业制造业、旅游业等方面有着不错的投资前景。③

印尼作为一个群岛国家，交通方式主要为海路及航空，且建设发展相对落后，导致印尼物价水平较高，成为制约改善印尼投资环境的一个重要障碍。这是中国企业在进入印尼市场前需要注意的问题。

印尼一度是恐怖主义的重灾区。但由于印尼政府长期重视和大力度打击，并开展各类国际合作，目前社会秩序总体稳定，民族宗教冲突逐步减少，分离主义情绪缓解，刑事犯罪率也成为全球最低国家之一。

（二）印度尼西亚投资与承包工程风险及建议

1. 司法效率低下

通常情况下，印尼法院作出最终判决的时间都比较长，判决的执行同样要花费一定时间。印尼法律没有对审判时限做出具体规定，其司法效率也比较低。世界银行做过一项统计，在印尼若通过司法程序强制执行一项合同需要570天，执行合同所需要的费用可能超过合同金额。

2. 外资土地问题

印尼的土地制度为土地私有，但土地不能被外国人或外国公司在拥有。外商直接投资企业可以拥有以下三种受限的权利：建筑权，允许在土地上建筑并拥有该建筑物30年，并可再延期20年；使用权，允许为特定目的使用土地25年，可以再延期20年；开发权，允许为多种目的开发土地，如农业、渔业和畜牧业等，使用期35年，可再延长25年。④

---

① 豆丁网：《印尼投资贸易法律法规概要》，http://www.docin.com/p-1436478104.html。
② 境外投资指南：《印度尼西亚投资指南》，http://www.weixinnu.com/tag_article/1181124595。
③ 中国走出去网：《中国企业"走出去"重点国家介绍之印度尼西亚》，http://www.chinagoabroad.com/zh/guide/19148。
④ 南亚东南亚商务通网：《外国企业在印尼—获得土地》，http://www.qtbclub.com/sarticle.aspx?id=3457。

3. 投资环境欠佳

根据2017年世界银行营商环境指南提供的数据,印尼营商环境各项数据欠佳,在全球190个国家中排名第91位。尤其在公司注册和获得建筑许可等方面更为不足,分别排在第151和116位,注册公司更是平均需要经过10道程序。在印尼执行合同成本非常高昂,高达索赔额的115.7%,排名仅为全球第161位,有待进一步改善。

五、小结

印尼国内基础设施建设落后,政府在不断完善政策,改善环境,吸引外资进入,其法律虽然有其体系性,但不同法律之间存在诸多矛盾和冲突,规定较弹性,且企业注册程序复杂时间长,我国企业在进入印尼市场时,需要特别注意各类规定并注意控制工资成本。虽然印尼政府鼓励投资和贸易,但其国内民族主义和少数保守团体的阻碍不利于外资政策的实行。我国企业要对项目、客户及市场做深入调查再做决策,确保自身利益。

泰 国

一、泰国国情简介

泰王国(The Kingdom of Thailand,以下简称"泰国")是东南亚地区地位十分重要的一个国家。1932年6月,拉玛七世王时,人民党发动政变,废除君主专制政体,建立君主立宪政体。1939年6月更名为泰国,意为"自由之地"[①]。现任国王为拉玛十世玛哈·哇集拉隆功,于2016年继位。

泰国地处中南半岛中部,属热带季风气候,国土面积51.3万平方公里。泰语为泰国国语,并与英语一起为泰国官网语言。泰国以佛教为国教,还包括伊斯兰教、天主教和印度教,其中人口中约95%信奉佛教,3.8%信奉伊斯兰教。作为泰国国教的佛教,不仅影响着泰国政治、经济、社会生活和文化艺术各个领域,也塑造了泰国人崇尚忍让、安宁以及爱好和平的道德风尚。泰国政府为管理全国宗教,专门设立宗教事务所,由国王诰封僧侣最高领袖为僧王,另设数名副僧王。泰国僧侣委员会为泰国僧团的最高管理机构。泰国治安情况总体较好,但允许公民合法持有枪支,且南部安全形势较为不稳定。[②]

泰国全国分北部、中部、南部、东部和东北部五个地区,共有77个府,府下设县、区、村。各府府尹为公务员,由内政部任命。泰国首都曼谷系唯一的府级直辖市,曼谷市长由直选产生。泰国的政府机构包括总理府、19个政府部委、6个不隶属总理府或部委的政府部门和7个依照宪法成立的独立机构,主要经济部门包括财政部、经济部、能源部、

[①] 石维有:《华裔国家认同与泰国1932年立宪革命》,载《广西师范大学学报(哲学社会科学版)》,2009年第4期。

[②] 中国驻泰国大使馆经济商务参赞处:《泰国的民族与宗教》,http://th.mofcom.gov.cn/article/ddgk/zwminzu/201508/20150801080900.shtml。

工业部、交通部、农业与合作部和旅游体育部。①

泰国实行自由经济政策，属外向型经济，依赖美、日、中等外部市场。作为传统农业国，农产品是泰国外汇收入的主要来源之一，其也是世界天然橡胶最大出口国。20世纪80年代，电子工业等制造业发展迅速，产业结构变化明显，经济持续高速增长，人民生活水平相应提高，工人最低工资和公务员薪金多次上调，居民教育、卫生、社会福利状况不断改善。泰国在1996年被列为中等收入国家，1997年亚洲金融危机后陷入衰退，1999年经济开始复苏，2003年7月提前两年还清金融危机期间国际货币基金组织提供的172亿美元贷款，2015年人均GDP约5742美元。泰国自1963年起实施国家经济和社会发展五年计划。2012年开始第十一个五年计划。②

泰国奉行独立自主的外交政策，重视周边外交，积极发展睦邻友好关系。泰国以东盟为依托，在保持与美国的传统盟友关系的同时，注重发展同中国、日本和印度的关系，维持在大国间的平衡。③泰国重视区域合作，积极推进东盟一体化和中国—东盟自贸区建设，支持东盟与中日韩合作，同时十分重视经济外交，推动贸易自由化。自1975年7月1日中国与泰国建交后，两国各领域友好合作关系发展全面顺利。2012年4月，两国建立全面战略合作伙伴关系。近年来，两国高层保持密切交往，并在文化、教育、科技、司法、军事等各领域也都保持良好的交流与合作。④

【小结】

作为中国"一带一路"倡议和产能合作战略在东南亚地区的重要合作伙伴，随着中泰两国不断加深合作，提升政治互信，双方政策及发展规划的高度契合，泰国与中国的经贸合作已经进入一个新的阶段。

二、泰国投资建设法律问题

（一）泰国项目投资立法

泰国投资促进委员会（Board of Investment，简称BOI）为泰国的外商投资主管部门，负责根据泰国的《投资促进法》（*Investment Promotion Act*）制定投资政策，BOI办公室具体负责审核和批准享受泰国投资优惠政策的项目，并提供投资咨询和服务。⑤

根据泰国《投资促进法》的有关规定，在泰国获得投资优惠的企业，投资额在1000泰铢以上（不包括土地费和流动资金），须获得ISO9000国际质量标准或其他相等的国际标准的认证。⑥审批标准如下：

---

① 商务部国际贸易经济合作研究院，商务部投资促进事务局，中国驻泰国大使馆经济商务参赞处：《对外投资合作国别（地区）指南-泰国（2016年版）》，http://fec.mofcom.gov.cn/article/gbdqzn/upload/taiguo.pdf。
② 外交部网站：《泰国国家概况》，http://www.fmprc.gov.cn/web/gjhdq_676201/gj_676203/yz_676205/1206_676932/1206x0_676934/。
③ 商务部网站：《泰国》，http://www.mofcom.gov.cn/article/Nocategory/201010/20101007197170.shtml。
④ 中国搜索：《中国与各国建交简况：亚洲—泰国》，http://nation.chinaso.com/detail/20150418/1000200032788801429349198994287195_1.html。
⑤ 泰国投资委员会：《泰国投资简讯》，http://www.docin.com/p-584333690.html。
⑥ 中国驻泰国大使馆经济商务参赞处：《泰国投资政策与经商成本》，载《中国经贸》，2012年第5期。

1. 投资额不超过 5 亿铢（不包括土地费和流动资金）的项目，产品增加值必须不低于销售收入的 20%，但电子产品及其配件、农产品加工和投资促进委员会特别批准的项目除外；新投资项目的负债与注册资本之比不得超过 3∶1；投资项目必须使用先进生产技术和新机械设备，若需使用旧机器，其效率必须获得权威机构的验证，并获得投资促进委员会的准许；必须有足够的环境保护措施，对环境有不良影响的项目，投资促进委员会将着重审核其工厂设立地点及其污染处理方法。

2. 投资额在 5 亿铢以上（不包括土地费和流动资金）的项目，除按上述规定执行，尚需按投资促进委员会的规定提交项目可行性报告。

（二）泰国外资准入及企业设立相关法律

泰国的《外籍人经商法》（Alien Business Act）是有关泰国外商行业准入的主要法律，详细具体地规定了外国投资者行业准入制度。在泰国，公司根据股份所属人的国籍分为"泰国籍法人"与"外国籍法人"。[①] 在泰国注册的泰籍公司必须至少有一名泰籍股东。《外国人经商法》第 4 条规定的"外籍人"系指以下几类：[②] 第一类，非泰籍自然人；第二类，未在泰国注册登记的法人；第三类，在泰国注册登记且具有以下特征的法人：半数以上的投资股份由第一或第二类人持有或总投资金额半数以上由第一或第二类人拥有；或是由非泰籍自然人担任经理人的注册无限公司或两合公司；第四类，在泰国注册的法人，其半数以上股份由以上三类持有，或其总投资金额半数以上由以上三类人持有的。

泰籍法人可以经营除须专项申请的项目以外的各项业务（银行、保险、饭店、药品、枪支等被列为须专项申请的项目），而外国籍法人经营项目有严格的法律限制。我国企业在泰开展业务首先应该根据《外籍人经商法》的规定，仔细考察拟从事的业务是否属于被禁止或限制的行业。例如，因特殊理由禁止外国人投资的业务包括：报业、广播电台、电视台；中稻、旱地种植、果园种植；牧业；林业；原木加工；在泰国领海、泰国经济特区的捕鱼；泰国药材炮制；涉及泰国古董或具有历史价值之文物的经营和拍卖；佛像、钵盂制作或铸造；土地交易等。

外籍人对泰国开展投资经营活动的方式可分为以下两类：一是按照泰国法律在泰国注册为某种法人实体，具体形式有投资企业、合伙企业、私人有限公司和大众有限公司等；二是成立合资公司，通常指一些自然人或法人根据协议为从事某项商业活动而组建的实体。

注册公司必须准备材料，除发起人身份证件证明、注册申请人身份证件证明、办公室租约及房东身份证件证明外，如果由外籍人持有 40% 及以上股份的，泰方股东必须出示资信证明。

注册公司的程序：

1. 确定公司名称；

2. 注册《发起书》，依据《民商法典》规定，《发起书》由至少七名发起人就公司名称、办公室地址、经营项目、资本额及股值等事项达成协议并联名形成。该文件需要递交

[①] 瞿健文：《GMS 研究 2007》，云南大学出版社，2008 年。
[②] 国家开发银行：《"一带一路"国家法律风险报告》，法律出版社，2016 年 8 月第 1 版。

一份给商业开发厅以注册登记并缴纳规费;

3. 公司注册及规费,《发起书》注册之后第九天即可召开公司成立大会,就股值、股份分配、股金收缴入账、董事组成人员名单、董事权利及其使用办法以及公司章程等议题进行讨论并作出决定。召开成立大会三个月内向开发厅注册登记,逾期者将取消其注册资格,已收缴的股金如数退还股东。

(三) 泰国工程建设相关法律[①]

根据《外籍人经商法》的有关规定,建筑业和工程服务业为限制外籍人从事的行业,外籍人只有与泰籍人组成合资公司或联合体才能承揽泰国的工程项目,且合资公司或联合体必须由泰籍人控股,外籍人投资所占比例不得超过49%。但值得注意的是,《外籍人经商法》将以下两种情形排除在了受限制范围之外:①外国人投入的最低资本在5亿泰铢以上的公共基本设施建设,运用新型机械设备、特种技术和专业管理公共设施、交通设施建设;②部级法规规定的其他工程建设、中介或代理业务。

从法律方面看,除了关于合资公司或联合体外籍人不得持有多数股权的要求外,泰国未针对外国承包商在工程承包领域做出任何限制规定。然而,实际情况中,泰国本土的大型工程承包商在一些项目招标中,尤其是政府公共项目招标竞争中占有优势地位,因此,总体上看,建筑承包工程行业属于非鼓励外籍公司从事的行业。

在泰国承揽工程项目的外资企业,需要向政府相关部门申请相应资质。泰国工程类资质分为一级(最高)、二级、三级等。[②] 通常招标人会在招标文件中对投标人的资质做出具体要求。泰国没有统一的资质注册机构,在内政部、交通部、农业部等不同政府部门注册的资质只适用于该部门。在某些大型基础设施项目招投标中,特别是建设资金来源为外资的项目招投标中,外国承包商或投标联营体中的外国承包商可能不受泰国资质评级的限制。近些年来,泰国大型政府预算项目普遍要求外商企业所属国驻泰国的使领馆出具企业资信、资质、业绩和股东列表等文件的公证函,并交泰国外交部认证后才可获得资格参与项目投标。[③]

泰国的承包工程项目可分为两类:一是国家投资的公共项目,通常采用国际招标或电子竞标(E-Auction)的方式,仅有少数采取邀标的形式;二是私人投资的工程项目,目前通行的国际招标、邀标和议标等招标形式均有采用。私人项目一般选择与业主有长期合作关系的承包商承建,近年来通过议标合作的情况比较多见。

(四) 泰国PPP相关政策与法律[④]

泰国没有关于开展BOT投资的明确规定。从实际情况看,泰国BOT类的投资项目实践也比较少,近20年来实施的一些项目主要集中在国家出资或列入国家预算管理的公共

[①] 王霁虹,徐一白:《泰国投资基建项目的法律环境》,载《国际工程与劳务》,2016年第12期。
[②] 北京市中伦律师事务所:《泰国投资基建项目的法律环境》,http://www.chinca.org/cms/html/main/col141/2017-01/04/20170104145006663462505_1.html。
[③] 颖瑜:《投资移民泰国需注意法律政策》,http://yjbys.com/liuxue/chuguo/taiguo/205682.html。
[④] 青岛市商贸发展服务中心:《"中小商贸流通企业服务年"之"走出去"发展系列之泰国(八)——泰国对外国投资的市场准入有何规定》,http://www.8858.gov.cn/article/5756。

基础设施类目，如公路、城市垃圾处理、电力设施等。规范这类项目投资的法律主要是 1992 年《泰国总理办公室采购规定（Regulation of the Office Of the Prime Minster on Procurement B. E. 2535）》及各有关部委和公共组织、地方政府、国有企业据此制定的内部规章或者实施细则。这些文件对国家采购的物品及投资项目的范围、实施方式及其标准、具体组织等作出了明确规定。对 BOT 投资项目更明确的规范体现在合同双方签署的具体合同及其附件中。

泰国对于外资参与 BOT 投资并无具体规定，只要投资者满足项目投资要求，并且不违反泰国《外籍人经商法》对于外籍人投资限制的各项规定，即可参与项目招标。而对于特许经营的具体年限也无统一标准，一般根据项目本身需要确定，但一般不超过 30 年。已在泰国开展 BOT 投资的外资企业包括日本、加拿大、马来西亚等国的投资者。

【案例】

泰国政府采用 BOT 融资方式[①]在曼谷以外修建一条长度为 30 公里的收费公路与曼谷第一高速连接，并以辐射状衔接其他道路系统，为曼谷第二高速公路。该项目投资规模 10 亿美元，包括国际金融公司（International Finance Corporation）和亚洲开发银行（Asian Development Bank）在内的国际金融机构及泰国公共机构投资者均参与在内，但大部分股权属于日本熊谷组有限公司。项目建设年期为 1991~1995 年，特许期限 30 年。项目合同约定：①泰国政府签发一项法令使泰国高速公路快运管理局能够征用建设新高速公路所需的土地；②承诺与第一高速公路分享通行费收入；③减免 8 年所得税；④在"发生特殊事件"时，曼谷高速公路有限公司有权延长特许期，还可采取其他补救措施。

1993 年底，项目已完工 20.4 公里，但由于同行费率受到泰国当地政治因素干扰，而泰国政府迟迟未能解决，以及当地政府与民间投资者对合同解释发生争议，曼谷第二高速公路未能通车。日本熊谷组认为其投资权益受损而撤资，熊谷组的持股改由泰国财团接手，项目因而继续执行直至完工。[②]

【小结】

外资进入泰国工程建设领域限制较少，法律法规相对清晰明确，但需要注意与当地企业及政府部门维持良好的合作关系，以获得更多项目机会。泰国在 PPP 项目建设方面没有明确法律规定，更多依靠合同中的具体约定，因此给外资方更多地发挥空间，同时也对各方的法律团队、专业律师提出了更多要求。

三、泰国司法体系及争议解决

泰国的法律体系是民法体系或法典化的法律体系，主要的成文法典包括《民商法典》《刑法典》《民事诉讼法》《刑事诉讼法》《税法》和《土地法》。其法律内容既继承了泰国的传统法律，也借鉴了已经建立法典体系的其他国家的法律。

---

① 刘瑛：《公司投资管理》，法律出版社，2007 年 10 月第 1 版。
② 商务部国际贸易经济合作研究院，商务部投资促进事务局，中国驻泰国大使馆经济商务参赞处：《对外投资合作国别（地区）指南—泰国（2016 年版）》，http://fec.mofcom.gov.cn/article/gbdqzn/upload/taiguo.pdf。

(一) 诉讼制度

泰国的最高法律是宪法,宪法之外还有法律、皇家法令、紧急法令、部级条例、部级通告、其他政府通告以及地方政府规定等。宪法的目的是促进和保护人民的权利和自由,保证公众参与治理以及监督国家权力的行使,提高国家政治体制的运作效率和稳定。宪法的措施和原则全部围绕以上目标制定。法律的条款通常作比较宽泛的规定,并授予国家机关发布规章或通告的权利。[①]

法院分为三级:初等法院、上诉法院以及最高法院。最高法院是泰国最高的司法审判机关,最高法院大法官是最高执法者,由国王任命。此外,还有独立的少年法庭、劳动法庭以及税务法庭。另外还有一些专门的法庭:中央和地方知识产权与国际贸易法庭以及中央破产法庭。所有这些法院都是依据相关的法律和专门的程序建立的。

宪法设立了一个独立的行政法院体系,以处理行政法律和行政合同事项。此外还有宪法法院,专门处理政府事务和宪法问题。军事法庭旨在处理和审理军队刑事案件和其他法律规定的案件。

(二) 仲裁制度

根据《仲裁法(B. E. 2545)》(2002),根据争议的性质,由法院或行政法院对将纠纷提交仲裁的书面协议的效力进行裁定。经协议各方同意,可以选择仲裁方式解决某些类型的纠纷。如果一方当事人将争议事项提交法院诉讼,另一方当事人可以根据合同仲裁条款提出反对。在这种情况下,法院将拒绝受理此案,并责令当事人通过仲裁来解决争议。

若当事人双方协议按照《仲裁法》的规定来解决争议,当涉及某个国家却没有约定具体的法律及条例时,应当引用与该国相关且不矛盾的法律条例。此外,依据1987年泰国与东盟六国共同签订的《促进和保护投资协定》[②],针对投资者与国家之间的投资纠纷,调解和仲裁机构可以是国际投资争端解决中心(ICSID)、联合国国际贸易法委员会(UNCITRAL)、设在曼谷的地区仲裁中心(如亚洲及远东经济委员会商事仲裁中心)或者东盟内的地区仲裁中心,或其他争议双方同意且为了仲裁目的而指定的机构。若双方在协议内容中没有规定裁决适用的法律时,仲裁委员会可根据泰国的法律进行裁决。

(三) 司法协助

如果当事人有权依据相关国际法的条款,法院可以执行外国仲裁裁决。为执行这一裁决,法院要求申请人提交协议和裁决的正本或核实的原件副本以及协议和裁决的泰文翻译作为证据。

泰国是《纽约公约》成员国之一,该条约于1960年3月20日对其生效,但根据泰国的相关法律,对仲裁裁决的承认范围有限。目前泰国《仲裁法》将"国外仲裁"定义为全部或大部分的仲裁程序是在泰国境外进行且仲裁一方当事人不是泰国籍的仲裁。只有符合泰国参加签订的条约、协约或国际协议,并在泰国所承诺的限度之内,泰国才对该国外裁

---

① 搜狐财经:《一带一路法律环境之泰国》,http://www.sohu.com/a/138348407_791507。
② 王文强:《中国—东盟自由贸易区投资争端解决机制构建研究》,广西师范大学硕士学位论文,2009年。

决给予承认。[①]

泰国没有出台有关域外判决执行的相关法律，一般不会轻易执行外国法院的判决，债权人必须向有管辖权的法院提起诉讼以达到满意的判决执行效果。国外的裁判文书虽然不足以构成本国法院强制执行债务人财产的依据，但可以被认为是案件在国外得到过判决的证明。这就意味着国外债权人必须在泰国对泰国的债务人提起诉讼并提交国外院的判决作为证明。在这种情况下，国外判决在泰国得到承认和执行与否，就取决于最高法庭的先例和泰国现行《民事诉讼法》的一般法律原则。

中国已经与泰国签订了《民商事司法协助和仲裁合作协定》。

四、泰国营商环境及法律风险防范

（一）泰国整体营商环境

根据世界银行《2015 年营商环境报告》的数据，泰国的营商环境在 189 个国家和地区中排名第 26 位，居于中等偏上水平，其营商环境总体良好。具体而言，泰国在办理建设许可、强制执行合同、财产登记等方面表现出色；但在开办企业、获得信贷等方面表现一般，有待改善。

（二）泰国投资与承包工程风险及建议

1. 政治环境不稳定

泰国实行君主立宪制和多党制，其中民主党和为泰党是目前影响力最大的政党，并且泰国政治具有典型的军人政治的特点，第二次世界大战后军人集团曾长期把持政权。各方势力综合影响下，泰国政治环境不稳定，政策多变，为我国企业进入泰国投资带来了诸多不稳定因素。如中泰铁路合作项目开始于英拉政府时期，期间因政治因素一波三折，迟迟没有进展，直到 2016 年才完成一期协议。2014 年，泰国军方陆军司令巴育将军实施军事政变，接管了国家权力。目前，巴育担任泰国第 29 届总理。泰国大选日期一推再推，未来政局走势尚需进一步观察。[②] 在这种不明朗的政治背景下进行大额投资或大型工程承包建设，我国企业要格外保持理智和警惕，必须对当地法律环境以及政局及政策因素进行深入尽职调查，确保在投资履行过程中，各类相关批文及合同规范完整符合当地各项法律法规规定，尽量避免合规性问题被叫停的情况。

2. 宗教及多民族环境

泰国是多宗教国家，主要包括佛教、伊斯兰教、天主教和印度教。其中，佛教是泰国的国教，对泰国的政治、经济、社会生活和文化艺术都具有重大影响。[③] 比如，众多泰国法定假日（如万佛节、佛诞节等）都与佛教有关，在泰国用工自然要相应遵守。泰国也是个多民族国家，第一大民族为泰族，与我国的傣族、壮族族源相近，占总人口 75% 左右，

[①] 钟合：《青岛举行首届国际仲裁论坛》，载《走向世界》，2014 年 46 期。
[②] 周丹：《泰国政治动荡的政党制度原因分析》，湖南师范大学硕士论文，2016 年。
[③] 施荣华：《中泰文化交流》，云南美术出版社，1997 年。

其他还有华族（占总人口14%左右）、马来族、高棉族、克伦族、苗族等。我国企业在选择用工和管理当地雇员时应充分尊重东道国的文化、特定的民族习俗和宗教特点。

五、小结

泰国近几年经济发展良好，我国企业投资泰国有着得天独厚的优势。一方面，中泰两国经贸关系密切，政治关系稳定；另一方面，华人在泰国人口众多，且两国人民一直有着深厚的历史情谊。但是我国企业到泰国投资也会面临一些不利因素和挑战。首先，泰国投资市场竞争比较激烈；其次，泰国的投资成本高于我国；最后，泰国的相关社会制度（如法律法规及办事方式等方面）同中国存在较大差异。我国企业要投资泰国，仍需做好充分研究和准备。

马 来 西 亚

一、马来西亚国情简介

马来西亚联邦（Federation of Malaysia，简称"马来西亚"）分为东西两个部分：西马来西亚位于马来半岛，北接泰国，南部连接新加坡；东马来西亚位于婆罗洲（加里曼丹岛）北部，南接印度尼西亚。[①] 马来西亚是东盟即东南亚国家联盟的创始国之一，也是环印度洋区域合作联盟、亚洲太平洋经济合作组织、英联邦、不结盟运动和伊斯兰会议组织的成员国。同时，马来西亚是一个新兴的多元化经济国家，经济在20世纪90年代突飞猛进，为"亚洲四小虎"之一。[②]

马来西亚是东南亚国家中最成功的经济体之一，2016年人均收入9400美元。根据马来西亚贸工部2017年3月公布的《2016年马来西亚投资表现报告》，2016年马批准投资2079亿马币，同比增长7.7%，投资领域包括制造业、服务业和原产品领域，其中，590亿马币为外来直接投资（占比28.4%），同比增长63.4%，主要外来投资国为美国、荷兰、中国、日本、新加坡、韩国和英国。中国为马来西亚制造业最大外资来源地，投资额为47.7亿马币。[③]

【小结】

马来西亚是"一带一路"之"海上丝绸"沿线国家，在"一带一路"框架下，中国近年来对马来西亚投资持续升温。据我国商务部统计，2015年我国对马来西亚非金融类直接投资达4.08亿美元，同比增加237%。"中国投资"成为马来西亚经济界当年度的热词。

[①] 商务部国际贸易经济合作研究院，商务部投资促进事务局，中国马来西亚大使馆经济商务参赞处：《对外投资合作国别（地区）指南—马来西亚（2016年版）》，http：//fec.mofcom.gov.cn/article/gbdqzn/upload/malaixiya.pdf。
[②] 同上。
[③] 商务部网站：《2016年马来西亚投资2079亿马币同比增长7.7%》，http：//www.mofcom.gov.cn/article/i/jyjl/j/201703/20170302528169.shtml。

工程方面，2015 年中国企业在马来西亚承包工程新签合同额 72 亿美元，完成营业额 35.6 亿美元。因此，马来西亚是"一带一路"建设的重点国家之一。①

二、马来西亚投资建设法律问题

马来西亚曾是英国的殖民地，后加入英联邦，在法律体系上也继承了英国法传统，因而属于普通法国家。当然，同很多伊斯兰国家一样，马来西亚司法体系实行"双轨并行"，普通法为基础，伊斯兰法适用于穆斯林。

（一）马来西亚项目投资立法

马来西亚主管制造业领域投资的政府部门是贸工部所属的投资发展局，其他行业投资由马来西亚总理府经济计划署（EPU）及国内贸易与消费者事务部（MDTCC）等有关政府部门负责。EPU 负责审批涉及外资与土著（Bumiputra）持股比例变化的投资申请，而其他相关政府部门则负责其他业务有关事宜的审批。《投资促进法》是马来西亚工业投资促进方面最重要的法律，投资优惠措施以直接或间接税赋减免形式出现，直接税激励指对一定时期内所得税进行部分或全部减免，间接税激励则以免除进口税、销售税或消费税的形式出现。②

（二）马来西亚外资准入及企业设立相关法律

1. 马来西亚外资准入相关法律③

外商投资金融、保险、法律服务、电信、直销及分销等行业一般持股比例不能超过 50% 或 30%，属于限制外国投资的行业。2009 年 4 月，马来西亚政府为了进一步吸引外资，刺激本国经济发展，开放了 8 个服务业领域的 27 个分支行业，允许外商独资，不设股权限制，包括计算机相关服务领域、旅游服务领域、运输服务领域、商业服务领域等。

为了进一步吸引外资流入，马来西亚政府在 2012 年又开放了 17 个服务行业的外资股权限制，包括电讯领域的服务供应商执照申请、电讯领域的网络设备供应与网络服务供应商执照申请、快递服务、私立医院、百货商场与专卖店、焚化服务、会计与税务服务、建筑业、工程服务以及法律服务等。马来西亚政府也鼓励外国投资进入其出口导向型的生产企业和高科技领域，可享受优惠政策的行业主要包括农业生产、农产品加工、橡胶制品、石油化工、医药、木材、纸浆制品、纺织、钢铁、有色金属、机械设备及零部件、电子电器、医疗器械、科学测量仪器制造、塑料制品、防护设备仪器、可再生能源、研发、食品加工、冷链设备、酒店旅游及其他与制造业相关的服务业等。

---

① 人民日报：《马来西亚迎来"中国投资热"》，http://www.scio.gov.cn/ztk/wh/slxy/31208/Document/1470609/1470609.htm。

② 商务部国际贸易经济合作研究院，商务部投资促进事务局，中国马来西亚大使馆经济商务参赞处：《对外投资合作国别（地区）指南—马来西亚（2016 年版）》，https://www.yidaiyilu.gov.cn/wcm.files/upload/CMSydylgw/201702/201702090514019.pdf。

③ 同上。

2. 马来西亚企业设立相关法律

外商在马设立企业采用的方式与国内区别不大,主要是有限责任公司、股份有限公司、分公司以及办事处四种。马来西亚主管企业设立的机构是马来西亚公司委员会,申请在马设立企业的中国公司首先需以填表的方式向马来西亚公司委员会提出申请,之后经名称审查通过并提交材料后,一般在三个月内收到马方面对申请的批准,并获得同意文书以及公司代码,之后即可在银行开立公司账户。以上即为在马注册公司的基本流程。

(三) 马来西亚工程建设相关法律

1. 工程建设市场准入制度

马来西亚原来对特定行业成立公司的外资股权比例进行严格限制,其中对于中国工程企业影响比较大的行业包括电信和基础设施建设。对于这两个行业而言,外资持股比例一般不能超过50%或30%。但是,2011年马来西亚政府宣布进一步松绑外资持股率政策,从2012年起开放17个服务业次领域,允许外资拥有100%股权。这17个受惠的服务业次领域包括医院服务、医疗和牙医专科服务、建筑图测、工程、会计和税务、法律服务、物流服务、教育和培训,以及通讯和多媒体服务业。①

尽管马来西亚放松了持股限制,但是在马来西亚注册成立建筑工程公司和项目招标的流程仍然对中国企业进入工程行业存在一定的限制。按马来西亚的规定,外国承包商在马来西亚注册成立建筑工程公司需要得到马来西亚建筑发展局的批准,并获得建筑承包等级证书,A级证书是公司作为总承包商参与政府1000万马币以上项目招标的必要条件。② 但是,对于外国工程企业而言,其在马来西亚注册的外资独资公司根据法律是不能取得A级证书的,因此需要与当地公司合作。一般而言,每个政府项目在发标时会确定本地公司的最低参股比例,一般控制在30%到70%。从过去经验来看,由于当地公司得天独厚的条件,一般不以货币形式出资,仅以信誉或A类资质作为参股条件,以利用外国公司的资金和技术,这实际上对我国工程企业进入马政府类项目市场提高了难度。

【案例】

2016年中国交通建设股份有限公司和马来西亚乔治·肯特公司的联营公司中标SSP第二地铁线建设项目,负责有关地铁工程的轨道建设及列车维修。在中马联营公司中,中方占股51%,马方占股49%。③

2. 税收政策及优惠

赴马来西亚投资、承包工程项目的中国企业应当在税务方面格外注意。马来西亚的税收体系较为复杂,必要时,中国企业应当寻求专业税务师意见。马来西亚现行税种主要有公司所得税、个人所得所、不动产利得税、石油所得税、销售税、合同税、暴利税、服务税和关税等。可能涉及到中国企业的税种包括公司所得税、不动产利得税、合同税、服务

---

① 韩飞:《服务业引领马来西亚经济腾飞》,载《经营管理者》,2012年第10期。
② 商务部国际贸易经济合作研究院,商务部投资促进事务局,中国马来西亚大使馆经济商务参赞处:《对外投资合作国别(地区)指南—马来西亚(2016年版)》,http://fec.mofcom.gov.cn/article/gbdqzn/upload/malaixiya.pdf。
③ 上海中驰集团:《高铁之后,再下一城!中企拿下马来西亚地铁项目》,http://www.shazcspz.cn/news/news_detail-100.htm。

税和关税等。①

公司所得税方面，马来西亚对居民公司和非居民公司在征税上区别对待。马来西亚税法上的居民公司是指公司董事会每年在马来西亚召开、公司董事在马来西亚境内掌管公司业务的法人。对于非居民公司而言，仅需就来源于马来西亚的所得纳税。马来西亚对非居民公司实行预提税制度，预提税税率为10%~15%。非居民公司应对来自马来西亚的利息和特许权使用费缴纳预提税。目前，马来西亚对居民公司和非居民公司的股息免税。非居民公司为马来西亚中央政府、州政府、地方当局或法定实体信贷收取的利息不征预提税。1983年后，马来西亚加强了对建筑行业非居民承包商的预提税征收，按照承包合同，对非居民承包商的预提税税率合计为20%。②

不动产利得税指对法人转让不动产取得的利得征税。征税幅度根据不动产保有期长短浮动，对保有期超过5年的不动产征税的税率最低，为5%；对保有期不超过2年的不动产征税税率最高，为30%。此外，还有合同税、服务税、关税等税种。合同税指按照0.25%的税率对每位在建筑工业发展委员会注册的承包商所订立的、合同金额超过50万马币的合同文本所征的税。服务税指按照5%的税率对法定的劳务和商品所征的税。③ 关税在此不多赘述。

税收优惠政策方面，马来西亚政府虽然在很多地区制定了投资优惠政策和鼓励措施，但有些政策并非自动适用，需由企业向主管部门提出申请，是否能够获得这些优惠政策，由主管部门酌情判断。这些税收优惠政策包括：④ 投资税务补贴、再投资补贴、加速资本补贴。目前，马来西亚还建立了GST系统（online system for filing and paying goods and services tax），允许纳税人在线提交材料并缴纳货物及服务税，年收入50万马币以上的公司法人需通过该系统缴税。

3. 土地管理制度与外汇管制

土地方面，外资企业在马来西亚购买农业和林业用地，根据《马来西亚土地法》，应当得到有关州政府的批准。但是，对于工业用地，该法没有规定限制条款。外汇政策方面，马来西亚在1997年金融危机后不断放松外汇管制，对外国资本、利润、利息的流动，进出口贸易汇兑以及货币兑换没有限制。但是，如果外国投资者需要兑换马币，必须在马来西亚政府授权的银行开户，且只能经由马来西亚政府授权的马来西亚国内金融机构兑换。

4. 马来西亚的劳工政策

马来西亚法律对外籍劳工限制较多，企业应格外提起注意。首先，马来西亚对外籍劳工的准入提出了很高的限制。虽然马来西亚允许建筑业和制造业引入外籍劳工，但允许引入普通劳务的国家仅有15个，其中不包括中国。亦即马来西亚并未对中国劳工企业开放

---

① 商务部国际贸易经济合作研究院，商务部投资促进事务局，中国马来西亚大使馆经济商务参赞处：《对外投资合作国别（地区）指南—马来西亚（2016年版）》，http://fec.mofcom.gov.cn/article/gbdqzn/upload/malaixiya.pdf.
② 叶宝松：《国际工程模式选择与税务筹划—源于马来西亚EPC项目实例的分析》，载《财会学习》，2015年第2期。
③ 国家税务总局网站：《国外税收政策管理—马来西亚》，http://www.chinatax.gov.cn/2013/n1586/n1904/n1933/n31845/n31866/n31868/c310424/content.html.
④ 商务部国际贸易经济合作研究院，商务部投资促进事务局，中国马来西亚大使馆经济商务参赞处：《对外投资合作国别（地区）指南—马来西亚（2016年版）》，http://fec.mofcom.gov.cn/article/gbdqzn/upload/malaixiya.pdf.

普通劳务市场。中国工程企业赴马承包工程仅可以在特定条件下引进少量中国技术工人。此外，引进这些"满足特定条件下的少量中国技术工人"成本较高。引入这些技术人员需要马来西亚移民部门特批配额。对于马来西亚政府或国企项目而言，特批名额并不算困难，但对于承包私人工程的情形，引入中国劳工困难较大，限制了中国工程企业承揽业务的范围。

（四）马来西亚PPP相关政策与法律①

马来西亚政府鼓励私人资本与政府合作投资BOT项目以及PPP项目。BOT项目主管部门是马来西亚首相府经济计划署（EPU），主要负责经济发展规划和项目立项；PPP项目的主管单位是2010年设立的公私合作署，主要负责公私合营项目协调。马来西亚政府在政策层面大力支持此类项目的开展。20世纪80年代，马来西亚修订《宪法》并通过《联邦道路法案》，为高速公路项目BOT项目扫清障碍；90年代修订《电力供应法案》和《电力管理条例》，为私营资本投资电站建设和运营提供法律保障。马来西亚公路、轨道交通、港口、电站等BOT项目专营年限一般为30年左右。

【案例】 马来西亚沐若水电站项目②

沐若水电站项目是砂捞越州政府的第一个大型水电站项目（简称"沐若项目"），位于马来西亚婆罗洲岛的砂捞越州，该项目程总库容120.43亿 m^3，调节库容54.75亿 m^3，电站装机容量944MW（4×6MW）。工程由碾压水泥混凝土坝、岸边侧向进水口无闸门控制的溢洪道、由导流洞改建的放空孔及放水孔、导流洞、引水发电系统组成。该项目总承包商为长江三峡技术经济发展有限公司（简称"三峡发展"），长江勘测规划设计研究有限责任公司（简称"长江委设计院"）、中国机械设备工程股份有限公司（简称"CMEC"）、中国水利水电第八工程局有限公司（简称"水电八局"）为合作方。根据各方签署的联合体协议，联合体各方的主要职责分别为：三峡发展（马来西亚）公司（简称"三峡发展【马】公司"）为对外牵头方，负责执行EPC合同，全面协调各方关系；长江委设计院负责工程的设计工作和提供现场技术服务等；CMEC主要负责工程永久机电设备的采购、检验、运输等；水电八局负责主体及辅助工程的施工、金属结构的制造及运输等。

沐若项目承包模式为EPC模式，根据联合体各个成员与业主签署的EPC合同：

1. 该项目采用中国标准。沐若项目的建设以中国规范为标准，当然必须遵守马来西亚律师的强制性规定。

2. 合理规避汇率风险。沐若项目以人民币和马币两个币种报价与支付，在一定程度上规避了单一货币导致的汇率风险。

3. 价差调整。合同规定对于项目的投入要素，如炸药、钢筋（型钢、钢板）、水泥、粉煤灰、柴油等主材因市场价格浮动导致的价差，业主予以补偿。

4. 暂估价部分。根据合同规定，由于地质缺陷和钢筋搭接量引起的费用增加，作为

---

① 商务部国际贸易经济合作研究院，商务部投资促进事务局，中国马来西亚大使馆经济商务参赞处：《对外投资合作国别（地区）指南—马来西亚（2016年版）》，http://fec.mofcom.gov.cn/article/gbdqzn/upload/malaixiya.pdf.

② 苏昊，陈晓娇：《国际工程EPC水电项目管理——以马来西亚沐若项目为例》，载《工程经济》，2014年第9期。

EPC合同通用条款规定的暂估价部分,业主给予相应的补偿,业主与总承包商的风险共担。

5. 变更和索赔。根据合同的专用条款以及工程实际情况,对工程变更和索赔均留有余地,以平衡业主与总承包商各自的利益。

从上述案例可以看出,马来西亚政治稳定,经济发达,法制较为健全,并且对外资持欢迎态度,这对于项目投资建设和运营较为有利;根据上述规定,联合体各方都是具有丰富海外经验的承包商,具有执行相关项目的经验,并且本项目适用中国标准,为项目顺利实施奠定了好的基础;本项目合同为EPC合同条件,其地质风险、物价波动的风险、汇率风险等不可预见的风险是合同的重要风险,争取业主能够承担一部分不可预见的风险,上述关于风险的分担从很大程度上减少了承包商承担的项目风险,对于承包商顺利实施项目也是非常有利的。

三、马来西亚司法体系及争议解决

马来西亚联邦法院是目前马来西亚司法制度最高裁决法院,联邦法院之下设有上诉庭,负责复审来自高级法院的上诉案件。上诉庭的下一级法院是负责西马来西亚的马来亚高级法院,和负责东马来西亚的婆罗洲高级法院。各州设有地方法院,各区又设有推事庭。此外,还有特别军事法庭,伊斯兰教法庭,小额诉讼仲裁庭等机构。

四、马来西亚营商环境及法律风险防范

(一)马来西亚整体营商环境

根据世界银行《2017年营商环境报告》,马来西亚的营商环境排名全球23位,整体投资和承包工程的环境较好,在获得信贷和纳税方面,马来西亚的便利程度也比较高。但是马来西亚是普通法国家,法律体系受英国影响较深,成文法和判例法在商业活动中都发挥作用。宗教传统严格,法律体系健全,法律制度复杂,金融体系脆弱等,仍然存在许多政治与法律风险,建议计划或已经在当地投资或承包工程的中国企业一定要对当地环境进行细致了解调查,并在专业问题上征求专业人士包括专业国际工程律师的意见,以防范和控制相应风险。

(二)马来西亚投资与承包工程风险及建议

1. 马来西亚宗教冲突和恐怖主义问题相关风险及防范建议

马来西亚是一个多民族、多元文化的国家。宪法规定伊斯兰教为国教,保护宗教信仰自由。与邻国印尼类似,马来西亚人口中,穆斯林占多数,因此成为伊斯兰极端组织扩大影响力的重点国家。发源于印尼、成立于马来西亚的"伊斯兰祈祷团"就是其中之一,该组织试图建立一个包括印尼、马来西亚、菲律宾南部、新加坡和文莱在内的大"伊斯兰教国",2002年美国国务院公布的极端组织名单已经将"伊斯兰祈祷团"包括在内。在马投资的中国企业应当在充分尊重当地宗教传统和习俗的基础之上,对恐怖主义提高警惕,确

保自身安全。首先，企业在赴马前应做好可行性研究，以最大限度规避政治风险。可行性研究内容应包括但不限于项目地的宗教文化和习俗，以及恐怖主义势力活跃程度。

2. 马来西亚的投资与承接工程的地缘政治风险及防范建议

中国与马来西亚存在岛屿和领海争议，也存在由马来西亚种族问题引发的排华问题。据马来西亚统计局2016年发布的数据统计，2016年马来西亚人口达3170万，其中马来人、华裔、印度裔分别占68.6%（2174.62万）、23.4%（741.78万）、7%（221.9万），其他人口占1%（31.7万）。1969年，由于华人与马来人经济失衡、贫富差距增大，马来西亚曾爆发大规模排华事件，死伤惨重。虽然相比于印尼等反华情绪较强的国家，华人在马来西亚生活状态较为稳定，但种族问题依然是我国企业赴马来西亚投资和承包工程时应当高度注意的问题。建议赴马来西亚投资和承包工程的中国企业，仍然应当密切关注当地人与华人关系问题以及马政府及各界对中国投资的态度。

3. 我国外汇管制对赴马来西亚投资的中国企业的风险及防范建议

为了规范金融机构大额交易和可疑交易报告行为，防止和打击洗钱违法活动，2016年12月28日，中国人民银行发布了《金融机构大额交易和可疑交易报告管理办法》（中国人民银行令〔2016〕第3号），自2017年7月1日起实施。该办法第5条规定，当日单笔或者累计交易人民币5万元以上（含5万元）、外币等值1万美元以上（含1万美元）的现金缴存、现金支取、现金结售汇、现钞兑换、现金汇款、现金票据解付及其他形式的现金收支，金融机构应当报告该笔大额交易。个人购汇的监管收紧后，无论是手机网银还是网点柜台购汇，都需要先填写一份《个人购汇申请书》。该申请书明确，"境内个人办理购汇时，不得用于境外买房、证券投资、购买人寿保险和投资性返还分红类保险等尚未开放的资本项目。"① 目前，国内许多房地产开发公司如碧桂园、绿地、富力、雅居乐等赴马来西亚投资开发地产，但是其相当部分的客户都来自于中国大陆，在上述通知下发后，他们的经营无疑将会受到很大影响，将不得不因此调整对外投资策略。因此，建议在马来西亚进行房地产投资开发的公司，特别是以中国客户为主的公司，应注意上述规定带来的风险。

4. 马来西亚当地公司注册及执照申办的风险与防范建议

马来西亚在企业注册方面，便利程度较低。在马来西亚投资和承包工程起步阶段最大的法律障碍是外资公司的注册，以及申办各类执照。马来西亚规定，外国建筑公司不能成为马来西亚建筑公司的注册合伙人。外国建筑公司只能在特定项目中与当地公司合营在马来西亚从事建筑服务，并应得到马来西亚建筑师局的批准。② 外国工程公司与马来西亚公司合作的项目中，必须由马来西亚工程公司负责设计并向国内主管部门提交计划。因此建议中国企业应当根据项目情况以及自身条件，在咨询专业律师之后，选择最适合自己的方案，在最大程度上规避可能由市场准入引起的法律风险，最大限度地减小损失。

5. 雇用当地劳工和当地分包商的风险与防范建议

一是中国劳工准入风险。如前文所述，马来西亚的劳工政策较为严格，未对中国开放

---

① 中国人民银行：《金融机构大额交易和可疑交易报告管理办法（中国人民银行令〔2016〕第3号）》，http://www.pbc.gov.cn/goutongjiaoliu/113456/113469/3223812/index.html。
② 商务部网站：《国别贸易投资环境报告—马来西亚（2007版）》，http://shangwutousu.mofcom.gov.cn/aarticle/ddgk/zwjingji/as/200704/20070404558402.html。

普通劳务市场,对外籍劳工的限制尤其多。马来西亚政府严格限制中国派驻马来西亚公司的工作人员及技术劳务人员的人数,中国工人较难获得工作许可证。企业应当对这些限制加以注意,合理安排人员组成,避免违反马来西亚劳动法的规定的同时,尽量降低用工成本,并对劳工提供合法的劳动保护。

二是当地雇佣当地劳工或分包商的风险。在马来西亚承接工程项目不可避免地要雇佣一部分当地工人,或者将部分工程分包给当地的分包商。但是,中国企业需要注意的就是,要对当地的劳动力市场和分包市场,以及当地工人情况和分包商状况进行实地调查,了解他们的特点,以免出现误判。

【案例】

某中国企业承接了马来西亚当地铁路建设项目一个标段的工程,但由于当地公司负责的线下工程进度连续五个月不达标,严重滞后,导致线上施工无法展开。由于工期紧张,该公司取消了节假日,组织赶工,但是当地工人习惯了"慢节奏",不愿意加班,项目不得不和分包商反复谈判,并采取节点奖励制度,激发其积极性。

6. 马来西亚投资与承包工程的税收风险与防范建议

一是注意马来西亚为了调整经济发展状况采取的税收政策对于企业投资的影响。如2014年马来西亚政府为了打压炒房行为,在财政预算案中宣布了"打房"措施。其中一条是提高房产收益税。根据该项措施,原本外国人在马来西亚购房三年内转手征收30%收益税,2014年起变为五年内转手均须征税30%。[①] 这些措施都对投资房地产开发外国企业造成角度较大影响。

二是中国企业应注意马来西亚可能的反倾销税对中国企业投资的影响。随着中国产品对马来西亚出口的增加,存在马来西亚政府对于部分中国产品征收反倾销税的风险,因此某些行业可以考虑减少对马来西亚的直接产品出口,增加直接投资。如马来西亚近几年间,钢铁消耗量大幅度增长,但本地钢铁产量却在减少。据了解马来西亚的钢铁消耗量,只有四成来自本地制造,另外六成来自于国外特别是中国的廉价钢铁进口。目前,效益不佳的本地钢铁企业对此早有怨言,因此不排除马来西亚政府在当地企业的要求下,对中国个别行业产品出口采取反倾销措施,征收高额反倾销税。因此,建议中国有关行业企业可以未雨绸缪,考虑减少对马来西亚的产品出口而改为直接到当地投资的方式。

三是企业应当明确项目所在州的税收优惠政策的适用范围,并尽量对这些政策加以利用,以降低成本。当然,虽然马来西亚政府制定了多项优惠政策和鼓励措施,但是,这些政策措施都有严格的适用条件和申请程序,企业能否取得这些优惠政策并不确定。中国企业可以聘请熟悉当地情况的专业律师咨询相关政策措施,协助准备申请材料和文件,甚至代理办理相关事宜,以提高申请的成功率。

五、小结

在"一带一路"合作框架下,中国企业对马来西亚投资持续升温,近年来投资额和承包工程新签合同额都有大幅增长,马来西亚已成为中国工程企业"走出去"的重点国家之

---

① 经济观察网:《马来西亚房产投资风险》,http://www.eeo.com.cn/2014/0321/258008.shtml。

一。尽管马来西亚整体投资和承包工程的环境较为友好,但仍存在地缘政治和宗教冲突风险、开办企业手续烦琐、劳动力效率较低等问题,建议中国企业在投资或承包工程前一定要对当地环境进行全面细致的调查,征求专业人士的意见,以防范和控制商业和法律风险。

新 加 坡

一、新加坡国情简介

新加坡共和国(Republic of Singapore,以下简称"新加坡"),是位于东南亚的一个岛国。新加坡位于马六甲海峡南端,与马来西亚、印度尼西亚等国家隔海相望。国土范围狭小,仅包括新加坡岛和周围数十座小型岛屿。但是得益于新加坡重要的地理位置,英国殖民者在殖民统治新加坡时曾将其作为东南亚的主要军事基地。

新加坡是一个多元文化的移民型国家,总人口550余万,其中居民390余万,非本地居民160余万。新加坡人口主要由马来人、华人和印度人构成,因此马来语、汉语、泰米尔语都是新加坡的官方语言。又由于在历史上新加坡曾被英国殖民统治,在新加坡独立后政府也大力推行英文教育,因此英语也是新加坡的官方语言。新加坡社会的多元性也反映在了宗教上。新加坡主要宗教既有佛教、基督教和伊斯兰教这世界三大宗教,也有道教、印度教这种来源于特定文化圈的宗教。

新加坡的国旗上有一轮新月,寓意着这是一个崭新的国家;新月旁边则是五颗星,分别代表着这个国家建国的五大基础理念和追求:民主、和平、进步、公正、平等。新加坡实行议会共和制。国家元首为民选总统,任期六年,与议会共同行使立法权,并有权否决政府预算和公共部门职位任命。独立以来,人民行动党长期执政,政局稳定,政绩突出,地位稳固,历届大选均取得压倒性优势。近年来,反对党势力有所上升。

几十年来,新加坡素以政局稳定、法治严格、政府廉洁高效闻名于世。在外交上,新加坡奉行和平、中立、不结盟的政策,依托东盟,与美国、日本和中国都保持着良好的外交关系,可谓小国在大国之间斡旋的典范。

自1965年新加坡脱离马来西亚联邦以来,新加坡一直大力发展经济,现已成为发达的资本主义国家,是世界第四大金融中心、航运中心,在亚洲富裕程度仅次于中国香港、日本和韩国。服务业是新加坡的支柱产业,约占新加坡GDP的70%,其中金融保险、零售批发以及商业服务业是主要的增长动力;其余的占比几乎全是工业,而农业只占不到1%。工业之中,电子、生物医药、石油石化是主要行业。[①] 新加坡货币是新加坡元(SGD$),目前与人民币汇率约为1∶4.9,与美元汇率约为1∶0.7。

由于新加坡国内市场规模小,投资和消费需求相对有限,因此新加坡极其重视对于国外市场的开拓,对于经济、贸易等领域的全球化持欢迎态度。新加坡奉行自由贸易政策,

---

① 数据来源:香港贸发局,http://www.hktdc.com/sc-supplier/。

只对很少产品征收关税,仅对酒类、烟草、石油产品和汽车征收高昂关税。

新加坡对于外资进入比较欢迎,外资主要来源于欧盟、美国、日本等,中国在新加坡的投资也在迅速增长。外资来到新加坡主要流向为金融保险业、批发零售业、制造业、商业服务业、运输仓储业和房地产业。①

新加坡在我国建设"一带一路"特别是"21世纪海上丝绸之路"中发挥了积极作用,为重要的战略支点之一。同时新加坡完备的法律体系、廉洁高效的政府、全球金融中心和航运中心的地位也吸引了众多中国企业的投资,成为中资企业国际化的重要平台。

二、新加坡投资建设法律问题

(一)新加坡项目投资立法

新加坡贸易工业部负责制定整体的贸易政策和投资政策。贸易工业部下辖的经济发展局负责规划与执行新加坡经济发展策略,也负责主管投资。与在新加坡投资合作相关的法律主要有:《企业注册法》《公司法》《合伙企业法》《合同法》《国内货物买卖法》《进出口管理法》《竞争法》等。中国与新加坡签署了《关于促进和保护投资协定》《避免双重征税和防止漏税协定》《经济合作和促进贸易与投资的谅解备忘录》《海运协定》《邮电和电信合作协议》《成立中新双方投资促进委员会协议》《关于双边劳务合作的谅解备忘录》等多项合作协议。② 新加坡国土面积狭小,为了提高国土资源利用效率,新加坡开辟了诸多特殊经济区域,包括商业园和特殊工业园、自由贸易区和海外工业区。其中,商业园共六个,比较知名的有国际商业园、樟宜商业园等;自由贸易区共有九个,主要是为了促进转口交易,在该区域内,进口或出口的货物无需缴纳关税或货物税或消费税;此外,新加坡在我国苏州设有海外工业园区,在中国的中国-新加坡苏州工业园区累计吸引外资项目超5800个,实际利用外资达294亿美元。

在融资方面,新加坡融资成本较低。外资企业可以向新加坡本地银行、外资银行和各类金融机构申请融资,融资者应提供申请者自身情况、企业概况、营业计划、盈利状况等必要材料。在税收方面,新加坡采取属地原则征税,即来源于或发生于新加坡境内的收入和应视为来源于或发生于新加坡的收入都属于应税收入。主要税种有个人所得税、企业所得税、消费税、房产税、印花税等。对于引进外籍劳工的新加坡公司也会征收劳工税。对于内外资企业,新加坡执行相同的企业所得税率,为17%。所有企业享受前30万新元应税所得部分免税的待遇:一般企业1万新元所得免征75%,后29万新元所得免征50%;符合特定条件的企业前三年首10万新元所得免征全部税收,后20万新元所得免征50%。③ 印花税是针对与不动产和股份有关的书面文件征收的一种税。在新加坡境内签署的文件,应在文件签署之日起14日内缴纳印花税;在新加坡境外签署的文件,应在新加

---

① 商务部国际贸易经济合作研究院,商务部投资促进事务局,中国新加坡大使馆经济商务参赞处:《对外投资合作国别(地区)指南-新加坡(2016年版)》,http://fec.mofcom.gov.cn/article/gbdqzn/upload/xinjiapo.pdf。
② 和讯网:《一带一路之新加坡投资法律规则与实践》,http://forex.hexun.com/2015-07-13/177502752.html。
③ 商务部国际贸易经济合作研究院课题组:《中国(上海)自由贸易试验区与中国香港、新加坡自由港政策比较及借鉴研究》,http://www.cnki.com.cn/Article/CJFDTotal-KXFZ201409001.htm。

坡收到文件的 30 内缴纳印花税。①

(二) 新加坡外资准入及企业设立相关法律

1. 外商投资领域

新加坡整体投资环境良好,对于外资准入的制度比较宽松。依据新加坡的《公司所得税法》和《经济扩展法案》以及政府每年预算案中涉及的投资政策,新加坡对于某些产业和行业采取优惠政策,以鼓励和引导外资的投资。根据新加坡政府公布的长期战略发展计划,电子、石油化工、生命科学、工程、物流等 9 个行业被列为奖励投资领域。主要优惠政策有为了鼓励企业投资先进制造业和高端服务业而设立的先锋计划、投资加计扣除计划、金融与资金管理中心税收优惠等,为促进贸易增长而推行的全球贸易商计划,为扶持中小企业发展而设立的中小企业优惠,为了大力发展创新型产业而创建的创新优惠计划。此外,对于将区域总部或者国际总部设立在新加坡的跨国公司,新加坡也会提供相应的税收优惠。②

但是,在以下几个行业中,新加坡也对外来投资进行了限制:

(1) 广播业:在新加坡经营广播业需经过媒体发展管理局授予执照,但是,如果外资在公司中控股比例大于等于 49% 或者外资对于该公司有督导权并有权决定公司人事任命,那么除非媒体发展管理局另行批准,该公司不得被授予广播执照。

(2) 印刷媒体:报业公司董事均应为新加坡人,且报业公司的管理股只可以面向获得媒体发展管理局授权的新加坡公民或公司。

(3) 住宅房地产:外国人不得购买某些受限制的住宅房地产,包括空置住宅用地、有地住宅房地产、店屋(非商业用途)、协会场所、礼拜场所、不是规划令下经批准的公寓开发的分层有地住宅、未在酒店业法令规定下等级的工人宿舍或服务公寓或寄宿公寓。但是,住宅房地产法令 31 条规定,住房开发商可以向住房管理署申请收购住宅房地产进行住房开发的资格证书。住房管理署签发的资格证书将要求住房开发商在该住房开发项目内的单位竣工之日起 2 年内售出全部单位。

2. 外商投资方式与程序

新加坡对于外资进入的方式限制也较少,但是如果外资想在新加坡经营金融、保险、证券等特殊领域,则需向主管部门报备。其他绝大多数行业对于外资没有股权限制。外国投资者的投资形式灵活多样,包括:开设公司、分公司、代表处,创建合伙、有限合伙、有限责任合伙或者独家经营。上述所有投资方式均需在会计与企业管制局注册,并符合以下要求:

(1) 如果是公司,必须至少有一名新加坡普通居民为董事;

(2) 如果是分公司,必须至少委托一名新加坡普通居民为授权代表;

(3) 如果是独资经营或者合伙,若外国投资者一直居住在新加坡境外,必须至少委任一名新加坡普通居民为授权代表。

在新加坡注册不同形式的企业的程序并不一致。如果注册公司,可以选择通过在线商业注册服务或者专业事务所、服务机构代为注册;如果是注册分支机构,则需要在专业人

---

① 新加坡公司注册网:《新加坡印花税》,http://www.sgcr.org/html/71/。
② 中国驻新加坡使馆经商参处:《新加坡行业投资优惠政策》,http://sg.mofcom.gov.cn/。

士的协助下,准备相关文件,通过会计与企业管理局的商业文件系统注册;如果要注册代表处或办事处,一般只需要在国际企业发展局官网下载表格并注册。①

(三)新加坡工程建设相关法律

1. 工程领域法律体系

新加坡对于土地管理的有关法律规定,外资企业如果想在新加坡参与土地交易,应该首先经过新加坡土地管理局批准。土地的交易方式有拍卖、招投标、有价划拨和临时出租等,而且通过这些方式出售只是土地一定年限的使用权。使用期结束之后,政府可以无偿地收回土地及其附着物,如果想要继续使用,则需政府批准,按照当时市价重新估价,再行购买一定年限的使用权。需要注意的是,新加坡的《土地征用法》规定,凡为公共目的所需的土地,政府都可强制性征用,但是会严格按照法律规定给予补偿。②

新加坡没有招标法,但是有政府采购法令。新加坡的招投标信息透明化程度很高,在专门的新加坡政府招投标网站上,有着详细的公开招标信息(按照法律,凡是采购金额超过3000新元的,必须通过该网站进行公开招标),并且在招标结束之后,网站也将发布相应的投标信息和最终成绩。在工程复杂或者涉及国家安全或者涉及知识产权的情况下,可以采取有限招标或邀标。私人建设项目允许采用公开招标、邀标、有限招标、议标等多种形式。

2. 工程建设市场准入制度

新加坡建设局对于工程承包商来说是一个非常重要的机构,它隶属于国家发展部,对于新加坡的建筑业进行管理。在新加坡,外资承包商承包工程并无太多限制,但要服从于新加坡建设局的管理。

在新加坡承揽建筑承包,新加坡建设局承包商注册系统会对建筑承包商审定资质等级,不同的等级所被允许承包的工程类型不一样,承包商只能按照这一等级承包相应类型和范围内的工程。承包商注册按照工程行业分为七个类别,分别是:建筑工程、建筑相关、机电工程、维修工程、技工、监管工业和供应。在每个类别中,建设局会把承包商按照资产规模、技术资质、人员情况、企业信誉等因素分成十三个等级,分别是:A1-C3(建筑工程类)和L1-L6(其他工程类)。承包商还必须获得由建设局颁发的建筑商许可。建筑商许可分为普通建筑商许可和专门建筑商许可。普通建筑商许可有一二两个等级,其中第二级不得承包合同金额大于600万新元的工程,第一级则没有该限制。专门建筑商许可有六大类,分别是:打桩工程、地面稳定工程、钢架工程、预制混凝土工程和后张工程。

3. 工程承包其他相关制度

新加坡对于外籍劳工比较友好,也通过各种法案来切实维护劳工权益。主要法案有《移民法案》《雇佣法案》《外国人力雇佣法案》《职业安全与健康法案》《工伤赔偿法案》等。外籍工人来新加坡务工采取配额制,不同行业的配额比例不同。其中对于建筑业的外籍劳工占总雇佣人数的比例要求最为宽松,最高可达87.5%。

环境保护也是工程承包企业应该注意的一点。在新加坡,主管环保的部门是环境与水

---

① 商务部国际贸易经济合作研究院课题组:《中国(上海)自由贸易试验区与中国香港、新加坡自由港政策比较及借鉴研究》,http://www.cnki.com.cn/Article/CJFDTotal-KXFZ201409001.htm。

② 和讯网:《一带一路之新加坡投资法律规则与实践》,http://forex.hexun.com/2015-07-13/177502752.html。

资源部,其下设的国家环境局和公共事业局分别负责执行环保政策和水务管理。新加坡主要环保法律有:《环境保护和管理法》《公共环境卫生法》《辐射防护法》《能源节约法案2012年版》等。根据新加坡的法律法规,承包商若想在新加坡投资项目,那么须由业主委托有资质的第三方咨询公司进行污染控制研究分析(相当于国内环评),以对可能产生的环境污染问题提早识别,并提出控制措施。评估分析完成后,业主须将分析报告提交国家环境局审批,审批周期约为2~3个月。

(四)新加坡PPP相关政策与法律

新加坡没有BOT和PPP的专门法律。BOT目前在新加坡使用并不普遍,但是PPP的模式在新加坡的大型基建项目中有增长趋势。根据新加坡政府的规定,PPP模式适用于采购合同金额在五千万美金以上的项目。经过多年实践经验,新加坡政府得出结论:"比较适宜在新加坡开展的PPP模式基础设施项目主要集中在体育设施、饮用水和污水处理、垃圾焚烧、教育医疗设施、高速公路和政府市政建筑等领域。"[①]

三、新加坡司法体系及争议解决

(一)新加坡基本法律制度

新加坡的法律体系是以英国普通法为基础的,但在一些方面与英国法律体制也有明显差别。在新加坡,宪法是最高位阶的法律,其他一切法律制度与宪法相冲突的都属无效。法律渊源可以是成文法也可以是不成文法。成文法包括法令、法规和附属法规。国会享有立法权,负责制定法令、法规。不成文法包括英国法、判例及习惯法等。新加坡法院在审理案件时,如果案件涉及的问题在新加坡法律中没有具体规定,法官可以选择适用英国法的原则或原理。[②]

新加坡的民事诉讼法律渊源包括最高法院司法制度法、国家法院司法制度法以及涉及民事诉讼程序的其他法律法规、法庭规则、诉讼指引和判例法等。[③] 新加坡的司法机关由法院、总检察署和政府的律政部组成,设最高法院和总检察署,其中最高法院上诉庭为终审法庭,最高法院大法官和总检察长由总理推荐、总统委任。值得一提的是,司法独立被看作新加坡司法制度的基础价值,新加坡法院行使司法权时是完全独立的。新加坡实行三审终审制,其法院系统由最高法院、初级法院和专门法院组成,其中最高法院又由上诉庭和高等法庭组成,上诉庭所作之判决为终审判决。新加坡法院普遍效率较高,所作之判决也较为公正,这与新加坡国内良好的法制环境是相辅相成的。

(二)新加坡与中国签署的与投资和工程相关的双边或多边条约

新加坡地处"马六甲海峡到印度洋"的咽喉要道,在一带一路的诸多国家中,新居于特殊的地位。2015年习近平主席访问新加坡时,中新两国宣布建立"与时俱进的全方位合作伙

---

① 崔丽君:《新加坡政府PPP项目管理概述》,http://www.sohu.com/a/139760803_481621。
② 邹平学:《新加坡法治的制度、理念和特色》,载《法学评论》,2002年第5期。
③ 商务部国际贸易经济合作研究院,商务部投资促进事务局,中国新加坡大使馆经济商务参赞处:《对外投资合作国别(地区)指南-新加坡(2016年版)》,http://fec.mofcom.gov.cn/article/gbdqzn/upload/xinjiapo.pdf。

伴关系"。中国与新加坡在 2008 年签订了《中国—新加坡自由贸易协定（CSFTA）》。CSFTA 是一项覆盖中新贸易多方面的双边自由贸易协定，内容涵盖货物贸易和服务贸易。在工程建设领域，新加坡政府着眼于未来，欢迎拥有综合承包能力和知识基础的本地、海外公司开发出城市基础设施建设的创新方案。同时，新加坡也愿意"充分利用区域基础设施建设的优秀项目，争取成为区域城建方案的知识库，包括城市规划、运输系统和环境问题等"。[①] 这样的规划和蓝图，对于中国的建筑承包企业而言无疑意味着巨大的机会。现阶段工程服务业约占新加坡国内生产总值（GDP）的 1.2%，约 35000 人任职于此行业。

新加坡与中国在多方面签订过双边协议，除了《中国—新加坡自由贸易协定》之外，中新双方还签订过《民事和商事司法协助条约》，在此条约框架下，新加坡法院作出的判决需在中国法院另行起诉方可执行。同时，新加坡是国际仲裁中心之一，中新两国也都是《纽约公约》成员国，根据这一条约，在任意成员国取得的仲裁裁决，都可以向新加坡高等法院申请执行。新加坡政府对于国际仲裁非常重视，在国际仲裁案中，若一方违背仲裁协议向法院提起诉讼，法院可以搁置诉讼案件，而让双方履行仲裁协议。这都为中国企业解决在新加坡的纠纷提供了法律依据。

四、新加坡营商环境及法律风险防范

（一）新加坡整体营商环境

根据世界经济论坛的介绍，2016—2017 年全球竞争力报告、世界银行 2017 年《营商环境报告》等新加坡整体营商环境可以说是世界一流。在世界银行发布的《2017 年营商环境报告》的营商效率全球排名中，新加坡位居第二位，仅次于新西兰。在该报告的分项排名中，新加坡在保护少数权益投资者方面排名世界第一，在合同强制执行方面排名世界第二，显示出了对于投资者的强有力的保护。在世界经济论坛（World Economic Forum）发布的《2016—2017 年全球竞争力报告》中，新加坡也排名第二，仅次于瑞士，高于美国、德国。《全球竞争力报告》的排名以全球竞争力指数为基础，这一指数是综合了社会制度、基础设施和宏观经济稳定性等 12 个竞争力因素评定得出的。新加坡在这两个榜单上均排名第二，显示出了强大的经济活力和制度优势，对于投资者而言无疑是好消息。相比来讲，新加坡的营商环境相对较好，不可预见的风险相对较小，但是，也应当注意新加坡的国情、政治制度与法律体系等都与中国有着较大的差别，特别是其法律规定和项目管理规范详尽而烦琐，如果不进行事先的调查、了解和市场调研，也可能反而会带来较大的风险，因此，建议承包商或投资人事先做好尽职调查，特别是对于刚刚进入新加坡市场或者承担新类型项目的中国企业。

（二）新加坡投资与承包工程风险及建议

1. 投资与承包工程的政治风险与防范建议

虽然新加坡数十年来一直保持政局稳定，但是随着李光耀的去世和新生代的成长，新

---

① 新加坡经济发展局，https://www.edb.gov.sg/content/edb/zh.html。

加坡国内的反对派势力开始有所增长。执政党人民行动党的精英政治体制逐渐受到挑战和质疑，反对党开始在国会和新加坡政治生活中扮演着越来越重要的角色。虽然历史上并无先例，但是建议中国企业仍应当警惕在未来新加坡出现政权更迭时政府可能会引发的违约风险。

2. 企业合规经营及管理风险与防范建议

新加坡法律制度完备、司法体系高效廉洁，在这样的国家进行投资和承包工程，首先必须注意企业的合规性，依法合规进行经营管理。进入新加坡的中国企业应当认真研究当地的相关法律制度，特别注意当地法律规定与国内法律规定的不同。建议企业负责人和相关业务部门应当重视法律顾问提示的潜在法律风险，充分发挥内部法律顾问和外部专业律师的作用，要求企业法律顾问全程参与境外重大经营项目的市场开拓、投标、合同谈判、签约、履约和风险管理，并根据需要提供法律意见书；对存在较大甚至重大法律风险的项目，应当事先进行详细的尽职调查和法律评审，不能掉以轻心。

3. 外汇风险与防范建议

在外汇方面，新加坡没有外汇管制，资金的流入流出非常自由，企业的利润汇出也很方便，没有特殊限制和特殊费用。但是为了保护新元，新加坡政府使新加坡元非国际化，限制非新加坡居民的新元融资数额。新加坡银行向非新加坡居民提供超过500万新元以上的融资，以在新加坡境内进行股票、债券、商业投资时，需要向金管局申请；对于非居民超过500万新元的贷款，若其使用地不在新加坡境内，那么汇出的时候必须转换成所需外币或外币掉期等。①

4. 土地征用风险与防范建议

在新加坡，根据《土地征用法》，凡是为公共目的所需的土地，政府都可以强制性征用。但是新加坡政府的征用程序都是严格按照法律进行，并且在强制征用之后，会进行相应补偿；但如果是非政府公益项目则难以通过强制方式征用土地。因此，对于中国承包商来说，建议不承担拆迁等与土地相关的责任，而由政府承担该类风险。

5. 适用当地或第三国建筑标准的风险与防范建议

新加坡项目一般并不适用中国标准，而更多适用当地标准、英标或者欧标，因此建议中国承接当地项目的企业，特别是承接 EPC 或设计建造模式的项目，应当注意标准的不同，包括所使用的设备、材料、工艺要求的不同。

【案例一】

某中国公司新加坡轨道交通 EPC 项目就遇到了标准问题。他们不得不在三年的施工过程中，边干边学习当地预制行业施工前期资料报审程序及要求、设计施工一体化模式、当地设计概念图、二次设计图及施工详图的概念和规则、欧标规范和业主特定规范的条款细节、制定技术质量控制标准。同时，新加坡工程设计院提供的设计概念图，不能直接指导现场施工，需要承包商整合专业工程和接口工程的施工参数信息，提交二次设计详图，且提交图纸的批复周期长，索赔空间小。这不仅延误了工期，而且增加了不必要的费用。②

---

① 谭家才，韦龙艳：《新加坡投资法律制度概况》，载《中国外资（下半月）》，2013年第9期。
② 葛斌斌，俞文喜：《桥梁铁兵风雨三载坚韧战狮城》，http://js.china.com.cn/information/zgjsw65/msg20712325366.html。

由此案例可知，新加坡当地施工标准与规则和中国有着较大差别，中国企业不可以想当然的套用中国标准与规则。中国企业承接当地工程项目时，如若忽视规则和标准的差异，就会像案例中提到的企业一样，在承接工程过程中边学习边施工，这样不仅延误了工期，而且提升了风险系数。因此，在承接工程之前，中国企业就应该学习了解新加坡当地的报审程序、标准规范、图纸提交与批复规则等，并仔细研究合同中的条款，结合自身优势，制定客观合理的施工计划。

【案例二】

据新加坡《联合早报》报道，[①] 2016年7月5日新加坡地铁有限公司2011年从中国购买了26辆地铁列车，目前在例行检查时发现车身在衔接车身与转向架的部位出现如发丝般极细的裂纹（Hairline Crack）裂痕。新加坡交通部5日在其政府网页上表示，这些裂痕并非严重安全问题，但出于安全考虑，还是决定将这些车辆每次一辆送回青岛四方车辆厂进行更换，预计更换工程将在2019年完成。该公司微小的质量瑕疵不仅导致大量的额外费用支出，而且对其声誉造成了不良的影响。

由此案例可知，新加坡法制健全，对于工程材料和永久设备的质量标准规定也比较细致并且标准较高，检验的程序也非常烦琐，建议承包商特别注意。承包商必须详细了解并严格按照合同约定的工程质量标准、制造方法等实施后提供工程材料和设备。

6. 建设工程安全法律管理的风险与防范建议

新加坡法律对于工程安全的管理非常严格，因此新加坡工亡率非常低，2013年，工作场所死亡率指数为每100万工人中0.9人。根据新加坡法律的要求，在新加坡进行建设施工，要经历严格的培训和考核，所有工种只有在考核合格获得证书之后才能上岗。同时，新加坡还有独特的个人安全防护用品制度（PPE）。以上所述的制度与较为宽松的国内管理环境相比差异较大，因此，我们建议承包商应当认真了解当地法律关于工程安全的要求，并依照法律要求进行项目的经营和管理。

7. 合同谈判的风险与防范建议

新加坡当地业主、分包商与供应商一般都非常重视谈判，也具有丰富的谈判经验，同时，也会安排公司法务和外部专业律师参加或主持合同与关键法律文件的谈判，谈判期限一般也比较长。对于许多中国公司来说，商务谈判历来是我们的短板，中国企业往往不知道如何通过谈判争取对于自己最有利的结果。因此，建议承包商事先熟练掌握国际工程谈判的策略和技巧，聘用熟悉当地法律和国际工程实践的律师协助或主持谈判，做好谈判前的准备，在实际谈判过程中合理运用谈判策略，为承包商或投资人争取更好的合同条件。

五、小结

新加坡营商环境良好，地理位置优越，在一带一路的诸多国家中居于特殊的地位。中新两国间有多项合作协定，经贸关系发展前景广阔，对中国企业在新加坡投资和承包工程提供了诸多机会。但是中国企业也应当注意新加坡的国情、政治制度与法律体系等都与中国有着较大的差别，特别是其法律规定和项目管理规范详尽而烦琐。因此，建议承包商或

---

① 联合早报：《新加坡发声明：中国制造的地铁列车真的有问题吗》，Http://www.zaobao.com/。

投资人事先做好尽职调查,特别是对于刚刚进入新加坡市场或者承担新类型项目的中国企业。

东 帝 汶

一、东帝汶国情简介

东帝汶民主共和国(Democratic Republic of Timor-Leste,以下简称"东帝汶")是坐落在东南亚的岛国,地处努沙登加拉群岛,西与西帝汶为邻,南部与澳大利亚隔海相望。国土面积主要由帝汶岛东半岛、位于帝汶岛西部的欧库西地区以及附近的岛屿组成。东帝汶建国时间较晚,2002年在与印度尼西亚之间的独立战争中取得胜利,成为目前世界上建国时间最短的国家。东帝汶的国土面积较小,总面积约为14874平方公里。东2015年人口普查数据显示人口为116.7万,其中绝大部分人口为土著人,约占78%,占比第二的为印尼人,约20%,其余2%为华人。官方语言为东帝汶语(德顿(TETUM)语)和葡萄牙语,商务交流及日常工作中主要用印尼语和英语进行交流,能够在各民族通用的语言是德顿语。宗教信仰方面,绝大部分东帝汶人信奉天主教,占比约91.4%,此外还有信奉基督教和伊斯兰教的。东帝汶的通用货币为美元。①

东帝汶的首都帝力是位于帝汶岛东北海岸的港口城市,全国约23.4万人口居住于此,是东帝汶政治、经济和文化中心,在此举行的经济活动占80%以上。在行政区划上,东帝汶共设13个地区(Districts),区以下设65个县(Sub-Districts),443个乡("苏古",Sucos)和2236个村(Aldeias)。

东帝汶资源丰富,受造山运动的影响,金属类矿藏资源主要有金、锰、铬、锡、铜等。近几年东帝汶加大了对石油和天然气资源的开采力度,目前已在帝汶海发现44块油田,探明的石油储量约为1.87亿吨(约50亿桶),探明的天然气储量约7000亿立方米。为促进石油产业的发展,2005年东帝汶政府设立了石油基金,该石油基金发展态势良好,截至2013年底,已经滚存至约150亿美元。②

东帝汶基础设施落后,目前很多政府办公场所、学校、医院等市政设施均已年代久远,亟待改善,城市道路急需规划兴建,现有道路也缺乏维护,东帝汶政府已加大市政基础设施的投入,建设工程市场发展潜力较大。

东帝汶独立后中国即与其建交,双边关系发展稳定,2017年5月14日至15日,中国在北京主办"一带一路"国际合作高峰论坛上,中国政府与东帝汶政府签署政府间"一带一路"合作谅解备忘录,推进战略对接,密切政策沟通。

---

① 外交部网站:《东帝汶国家概况》,http://www.fmprc.gov.cn/web/gjhdq_676201/gj_676203/yz_676205/1206_676428/1206x0_676430/.
② 同上。

【小结】

近几年中国在东帝汶的投资规模不断加大,东帝汶政府也积极支持并配合我国"一带一路"倡议的实施,东帝汶对于我国"一带一路"倡议在东南亚的发展起着举足轻重的作用。"一带一路"倡议的实施,将进一步促进东帝汶和中国在工业、农业、文化交流等方面的合作。

二、东帝汶投资建设法律问题

(一) 东帝汶项目投资立法

东帝汶独立战争后,经济发展受到严重打击,各行各业百废待兴。法律制度也亟待完善,为更好的引进外资,鼓励国内外企业投资,东政府制定了多部商业和投资方面的法律,例如:《外商投资程序管理条例》《外商投资法》《私有投资法》《商业企业法》《国内投资法》《税法》等。

《外商投资法》规定外国投资者可采用独资方式,也可与当地人合资,东帝汶政府鼓励外商以合资的方式进行投资,但不是必须。在东直接投资的资产可以转让或出售,投资收益和利润,可以继续用于投资,也有权汇出。外商在投资过程中发生纠纷,可选择用仲裁的方式解决争议,东帝汶政府接受国际规则 ICSID 争端解决机制。

为了鼓励和吸引外来贸易投资,促进外商投资企业在东帝汶的发展,东帝汶政府除了设定一系列招商引资政策外,还进行税收改革,在税收方面给予外商投资者一系列的税收优惠;完善税收征收体系,简化纳税程序,如:投资酒店服务、酒吧和餐馆服务、电信服务等行业的,应缴纳的劳务税税率为 5%,上述投资领域中,外商投资者在享受较低税率的基础上,还可通过控制发票总额的方式享受免税待遇;东帝汶从境外进口应税商品收取的税率较低,为 2.5%;东帝汶政府还设置了部分地区性税收优惠政策,如免除外商投资者一定年限的国有土地租金,外商投资企业雇佣当地劳工,可减免一定比例的应纳税额等。

(二) 东帝汶外资准入及企业设立相关法律

为吸引外来投资,促进对外贸易的发展,东帝汶政府设立了东帝汶贸易投资局(Timor-Leste TradeInvest),该部门是根据《国家投资法》和《外来投资法》成立,主管海外投资者在东帝汶进行的投资活动。

《外商投资法》规定了外商可投资的行业和领域,且可投资行业和领域较为宽泛,除明确规定为国家控制的领域,如公共通信、武器生产与销售、邮政服务、受保护的自然保护区等,其他只要是不涉及犯罪和违反道德的活动,外国投资者都可进行投资。东帝汶鼓励外商在基础经济领域和商品进出口领域进行投资,东帝汶投资潜力较大的行业有石油、天然气、矿业、咖啡、农业、旅游、运输和建筑等。

东帝汶根据投资者的不同对企业进行了分类,东帝汶本国公民投资注册的企业为国内公司,外来投资者在东帝汶投资设立企业,通常需注册国际公司。[①] 新企业的注册登记等

[①] 商务部中国企业家境外商务投诉中心:《与我国驻东帝汶大使馆经商参赞处丁恺参赞网上交流》,http://shangwutousu.mofcom.gov.cn/aarticle/lbqz/lbjg/201003/20100306843158.html。

事项由商业司负责,该部门是东帝汶旅游、商业与工业部的下属机构。2013年东帝汶成立商业注册认证中心,为企业注册提供一站式服务。

注册企业的主要程序具体如下:

1. 领取申请表;
2. 租办公地点(注册需提供房屋契约和位置示意图);
3. 契约等文件要在司法部公证;
4. 向贸易投资局提交投资计划;
5. 贸易投资局出具推荐信;
6. 到SERVE提出申请并交纳相关费用,所需文件包括:公司章程(葡语)、银行账号存款证明、股东成立公司声明、注册人证件、当地管理人员证件、申请表等;
7. SERVE在5天到1个月内审核完毕,并根据具体情况颁发LPA(临时经营活动许可证)或LPE(公司临时成立许可证)。①

需要注意的是,东帝汶目前只规定了临时许可证的申请程序,即根据以上程序申请的许可证是临时的,并设有一定期限,并非永久的营业执照,临时许可证需每年进行审核并申请延期。待东帝汶完善相关法律法规后再进行申请置换永久的营业执照。

在东帝汶进行企业登记注册、申请许可证时,需明确经营的行业领域,并按照行业进行分类,每一行业都需申请单独的许可证,同时需提交注册金,注册金按行业进行分类提交,经营范围涉及几个行业就要缴纳对应份数的注册金,如一个公司同时经营房地产、电信、酒店服务等,需要申请与经营行业对应数量的许可证并交纳注册金。对于某些政府管控的特殊行业,还设置了一些特殊的规定,如在帝力开中医诊所,需要东帝汶卫生部的推荐信。

(三)东帝汶工程建设相关法律

1. 工程招投标方面的法律规定

东帝汶本土企业实力薄弱,在工程建设领域的竞争力较小,国内诸多大型工程项目都是外国投资者承包兴建,东帝汶政府未对外国承包商在工程建设领域的投资建设设定禁止区域和特殊规定。建设工程项目承包商的选定,通常采用公开招标方式和邀请招标方式,对于规模较小的工程项目,大多采用国内招标的方式。

按照东帝汶法律规定,国家招标采购委员会(简称"NPC")统一负责政府项目的招标采购工作,各企业可从NPC获取招标信息,购买标书,参与竞标。标书的评定,通常由来自项目业主单位、各领域专家及相关监督机构的人员组成的评标委员会负责。负责承包工程的主管部门为公共工程、交通与通讯部、石油与矿产资源部以及财政部。

按照世行招标采购原则与程序,东帝汶禁止关联企业参与同一项目的投标,投标人在规定的时间可由业主带领进行现场考察,投标人应在规定的投标截止日期前提交标书。按照关于招投标程序的规定,东帝汶招标项目一般按照单步单信封或者单步双信封法竞标,NPC和业主代表在标书规定的开标时间进行开标,然后评标,使用最多的方式是按最低

---

① 商务部中国企业家境外商务投诉中心:《与我国驻东帝汶大使馆经商参赞处丁恬参赞网上交流》,http://shangwutousu.mofcom.gov.cn/aarticle/lbqz/lbjg/201003/20100306843158.html。

评估价格选择中标人。

2. 工程建设方面的税收规定

为了引进外资,加强外资企业在工程建设方面的投资,东帝汶政府在工程建设领域实行了一系列的税收优惠政策。进口建筑材料用于建设工业设施,酒店或经济基础设施等,可享受一定的进口关税优惠。外商在经济基础设施建设方面投资,可以根据具体情形享受一定年限的税收优惠政策。

东帝汶实行所得税代扣代缴制度,任何人在支付与东帝汶资源有关的服务费用时,应负责代扣代缴服务所得税,东帝汶根据服务类型的不同,设置了不同的税率,如从事建筑活动,适用的所得税税率为2%;提供建筑咨询服务的,适用税率为4%。

3. 关于土地的法律规定

2010年3月,东帝汶政府通过《土地法》草案,该草案旨在保护东帝汶本国国民而非外国公民对不动产的产权。根据草案的规定,外国人对其在东帝汶的不动产不可拥有完全产权,外国企业只能拥有不动产除产权以外的其他权利,外国企业以企业名义获得的产权,将转由东帝汶专门注册的法人拥有。草案颁布前,外国公民以个人名义登记的不动产,将重新归政府所有,但可以通过与政府签署租赁合同的方式继续使用。

(四) 东帝汶PPP相关政策与法律

东帝汶《公私合营法》(Decree Law No. 42/2012)规定,公私合营(Private Public Partnership, PPP)方式适用于能源、交通、电信、卫生、教育等领域。东帝汶暂无关于外资开展建设—运营—转让(BOT)的专门规定,外国承包商在当地承包工程暂无禁止性领域,东帝汶国内某些大型项目采用BOT模式兴建,如:

【案例一】

2003年3月,东帝汶电信以BOT模式正式运营,目前已有用户63.25万,信号覆盖92%人口。

【案例二】

2013年10月,蒂巴港对外招标,拟以PPP模式筹资,以BOT模式经营,计划2016—2017建成运营。

【案例三】

2014年2月,东帝汶贸工部与中国台湾顺新公司签署备忘录,该公司拟投资115万美元以BOT模式在东帝汶建设一个污水处理厂,2015年该厂举行了奠基仪式。

【案例四】

2016年,帝力政府就帝力深水港的建造和经营进行国际招标,Bolloré集团中标,采用公私合营的方式,按照国际标准修建,该项目工程量较大,包含一座630米长的码头以及其他配套设施,合作期限为30年。

三、司法体系及争议解决

东帝汶属于英美法系国家,《宪法》为最高法律。东帝汶曾隶属于印度尼西亚,其司法体系的构建主要参照印度尼西亚法律,民事法律制度带有很强烈的葡萄牙法律体系的色彩。建国后东帝汶逐步制定并颁布了多部法律，2011年颁布了新的民法典。关于对外贸易、外国投资的市场准入、税收等方面，也有相应的法律予以规制。

除了本国法律，东帝汶宪法也承认国际法的相关规定，部分国际争端，可适用国际法的一般原则或惯例解决。东帝汶是《关于解决国家与他国国民之间投资争端公约》缔约国，可适用该公约解决投资纠纷，但其不是1958年联合国国际商事仲裁会议通过的《承认及执行外国仲裁裁决公约》缔约国，原则上可以不承认和执行外国的仲裁决定。

在东帝汶发生民事纠纷，一般诉诸国内法庭，但东帝汶诉讼案件耗时较长，世界银行研究发现，在东帝汶，解决合同纠纷，平均需时1285天。

总体而言，东帝汶司法系统人才匮乏、法律不健全，新的法律以葡萄牙语发布，但并非所有人都懂葡语，有时法官、检察官、警官、原告、被告都不会葡语；法律专业人士缺乏法律知识储备和经验积累，案件积压情况严重。

【案例】

2010年，东帝汶财政部以康菲石油公司欠缴巨额应纳税款为由，向帝力地区法院起诉，帝力地区法院受理后，经过长时间的审理，直到2014年6月才做出裁决，判定康菲公司胜诉。诉讼过程中，康菲公司认为东帝汶政府行为严重损害了其利益，妨碍了其正常的经营管理，将东帝汶政府告上新加坡仲裁法庭，仲裁法庭受理了此个税案，但未对此案做出裁决。[①]

四、东帝汶营商环境及法律风险防范

（一）东帝汶整体营商环境

东帝汶经济发展速度缓慢，主要以农业和服务业为主，工业基础较为薄弱，国内基础设施落后，营商环境不理想。根据世界银行统计的全球营商环境的数据报告显示，东帝汶的排名相对落后，2015年东帝汶营商环境在统计的189个国家和地区中排名第167位，2016年东帝汶营商环境在统计的189个国家和地区中排名第173位，2017年在190个国家和地区中排名第175位，在报告显示的葡语系国家中位列倒数第二，仅优于安哥拉（第182位）。

东帝汶相关机构的设置方面也不太完善，办事效率低下，经营环境便利度方面，根据世界银行统计数据显示，2015年东帝汶在统计的189个国家和地区中排名第173位，2016年在统计的全球190个国家和地区中排第175位，东帝汶的整体排名相对靠后。在东帝汶办理项目施工许可证需要约两百天的时间，要经过十几道程序，若发生纠纷，诉诸法院或仲裁院，所耗时间较长，并且合同执行的效率低下，成本较大。

（二）东帝汶投资与承包工程风险及建议

自中国和东帝汶建交以来，中国已经在东帝汶完成多个援建项目，如外交部办公楼项目，该项目是东帝汶目前最现代化的办公楼；总统府项目，建设完工后成为帝力的地标性

---

① 国家开发银行：《"一带一路"国家法律风险报告》，法律出版社，2016年8月第1版。

建筑；2012年3月完工并交付使用的国防部和国防军司令部办公楼项目，也是东帝汶首都帝力标志性建筑等。除了援建工程项目，国内个体商人和私营企业也参与其他项目的投资，如酒店、超市、渔业、餐饮、酒吧等领域，并逐步向农业、矿产、基础设施、房地产等领域扩展，近几年中国企业在基础设施和房地产方面的投资比例加大。在东帝汶投资工程建设领域，需注意的问题及风险防范建议有：

1. 做好市场调研

在东帝汶投资前，应先进行可行性研究，了解拟投资行业的市场需求。建国不久的东帝汶基础设施落后，建筑市场尚不成熟，许多工程领域刚刚涉及，处于"摸着石头过河"的探索阶段。在东帝汶投资建设工程领域，需要做好充分的市场调研，中标后做好施工组织计划，按照当地法律法规有序进行项目施工，在施工过程中如遇到非技术性问题影响工程施工的，应及时与业主和有关部门沟通，协商处理问题。

东帝汶物资匮乏，施工所需的水泥、钢筋、沥青、柴油等都依赖进口，砂石料等材料可在当地采购，或自行申请开采。需要特别注意的是，东帝汶禁止使用炸药，只能用机械装置开采砂石料，这就造成石料成本高且供应量少。同时东帝汶非常缺乏专业工程技术人员，因此企业在投标前应做好市场调研，摸清材料价格及供应能力，控制好中方员工与当地员工的比例，控制项目的成本风险及工期风险。东帝汶市面流通货币为美元，发行与美元等额的硬币，因此汇率风险相对较低。

2. 遵守当地法律和办事规程

东帝汶独立时间较短，尚未形成完善的法律体系，受历史遗留问题的影响，不同时期的法律规定之间可能存在冲突，如土地权属方面，不同时期的文件规定不一致，经常引起关于土地属权的争议，投资过程中涉及土地问题时，要注意研究相关规定，避免产生争议。并且，东帝汶的土地只能在本国居民之间流通，不允许卖给外国人，所以在东帝汶只能以承租的方式使用土地。

东帝汶政府办事效率低下，程序繁杂，办理相关手续耗时较长，是我国企业在东帝汶承包工程面临的普遍问题。对于此类问题，应注意遵守当地的办事流程，避免冲突，加强与业主的沟通，要求业主协助处理有关事宜，必要时可由业主代为办理。当地公司熟悉当地法律法规，具有原材料价格和运输成本以及人力成本等优势，因此我国企业可适当考虑与当地公司的合作。

东帝汶大型工程承包项目大都采用公开招标方式，在东帝汶承接工程，应注意研究其招投标方面的规定，了解招标程序和流程，特别是有关国际招标的规定，制作符合要求的投标文件。东帝汶本土企业实力薄弱，中国企业在东帝汶的项目招标中具有明显的优势，但不可因此而疏忽大意或采取不当行为，即使未能中标，也不可采取过激行为，以免发生冲突，得不偿失。

3. 尊重当地风俗习惯，避免劳工纠纷

东帝汶居民多信奉天主教，周日需做礼拜，企业在聘用当地居民时应注意合理安排其休假时间，在遵守东帝汶的《劳动法》的基础上，合理用工。东帝汶当地居民大多缺乏特殊的专业技能，只能从事一般的体力劳动或简单工作，大多数熟练的技术工人（建筑工人）都需从国内雇佣。派遣国内雇员到东帝汶工作，需要办理工作签证，签证期限届满前应进行续签。在办理工作签证的过程中，不得从事任何职业。东帝汶对外国人的工作签证规定相对严格，办理时间也较长，如被查到未按要求办理工作签证，可能会被高额罚款甚至驱逐出境，中国企业应认真对待。

东帝汶就业率低，整体工资水平不高，很多居民找不到工作，在雇佣当地居民时，应注意维护好与各雇佣者之间的关系。村主任在当地居民中具有很高权威，在雇佣当地居民前应注意维护好与村主任的关系，避免与当地居民产生冲突，给工程建设带来不必要的麻烦。

4. 规避税收风险

税收作为财政收入的主要来源，在任何国家无疑都是重点问题。东帝汶政府在2008年对税收政策进行了改革，对外来投资者实行了一系列的税收优惠政策，如在不同地区，雇佣当地劳工和使用国有土地，都有一定的优惠；东帝汶的代扣税按照两个标准征收，如果是当地企业或者外国企业在东帝汶的分公司或子公司，代扣税按照工程合同额的2%征收，如果外国企业没有在东帝汶注册分公司或子公司，代扣税则按照10%征收。企业投资前可先行了解当地的税收政策，做好税收筹划，避免税收风险。

五、小结

东帝汶建国时间较短，基础设施薄弱，各项体制尚不健全，政府体制及法律体系不完善、有效管理缺位、人才缺乏、行政效率低下、执行力弱等问题仍较为突出。但随着东帝汶国家中长期战略发展规划的逐步实施，东帝汶未来一段时间将有可能进入较快发展期。中国"一带一路"倡议的实施，将进一步加强东帝汶与中国的经贸合作，促进东帝汶经济发展的同时，也将为中国企业和个人在东帝汶投资创造良好的市场环境。

菲 律 宾

一、菲律宾国情简介

菲律宾共和国（The Republic of Philippine）位于亚洲南部，与中国的海岸线相毗邻，是东南亚最重要的国家之一。菲律宾的国土占地面积接近30万平方公里，资源较为富饶。但较为遗憾的是，其自然资源在经济发展中并没有得到充分的利用。

菲律宾人口大约1亿人，主要以马来族为主。在语言和文字的使用方面，菲律宾语、西班牙语和英语均被广泛使用。其中，英语为官方语言。在宗教信仰方面，相对于其他东南亚国家，菲律宾的宗教较为统一，大多数人信奉基督教，但佛教、伊斯兰教等其他宗教也有一席之地。

历史上，菲律宾曾为西班牙的殖民地，于1946年脱离殖民统治而独立。但文化传统的惯性仍然存在，菲律宾的文化受西方影响较深，呈现东西方结合的特点。

长久以来，政府工作效率低下，存在较为严重的贪污腐败问题。自2016年6月30日菲律宾的新一届总统杜特尔特上任以来，菲律宾的政治局面并不平稳。一度出现武装危机,并在国内宣布了戒严令。

经济上,菲律宾虽然是发展中国家,但在亚洲的国家当中经济却是较为发达的。在 2014 年的统计中,菲律宾的国内生产总值为 846 亿美元,平均国内生产总值为 2849 美元;经济增长率为 6.1%;通货膨胀率和失业率均不高,分别为 4.1% 和 6.8%。从上述数据分析,菲律宾目前国内的经济形势较好。

菲律宾不仅是亚太经合组织(APEC)的 24 成员国之一,也是东盟(ASEAN)的主要成员国之一。中国作为菲律宾最重要的外交伙伴,在经济上两国交往非常密切,并且中国还是菲律宾最大的贸易出口国。

在与我国的外交关系上,两国近些年来出现了一些敏感的事件,如:2009 年黄岩岛事件、2010 年的人质劫持事件以及 2016 年的南海仲裁案。但是,随着 2016 年 10 月杜特尔特访问中国,与中国签署了涉及经贸、投资、产能、农业、金融、质检、海警、旅游、禁毒、基础设施建设等领域一共 13 个双边合作文件。两国关系向积极的方向发展。

【小结】

近些年,中菲两国在领土问题、人质问题等方面出现矛盾,形势较为紧张。在杜特尔特总统就任并访华之后,两国外交形势逐渐回暖,这将有利于"一带一路"政策在菲律宾的落实。同时,菲律宾并不稳定的国内局势,还有待进一步观察。

二、菲律宾投资建设法律问题

(一)菲律宾项目投资立法

菲律宾在亚洲历史上的各个时期,几乎均处于弱者地位。菲律宾长时期的被殖民历史导致其对于外国投资者始终保持着戒备的心态,民间存在着较为严重的排斥外国投资的思潮。

菲律宾的投资法律制度,即在此背景下建立起来。

1. 外国投资管理机构

在菲律宾注册企业,根据企业类型的不同,分别有下列机构管理:

(1)证券交易委员会负责注册法人企业(5 人以上)和合伙企业(3 人以上)的申请;

(2)贸工部负责注册商业名称和独资企业(以个人名义办公司)的申请;

(3)投资部负责行政命令 226 号或享受优惠企业的投资登记;

(4)菲律宾经济区和克拉克发展公司负责登记享受其他投资促进政策的机构登记;

(5)菲律宾中央银行负责外国投资登记(用于资本回收和利润返还);

(6)国内税务局负责税收证明号的发放。[①]

除此之外,经济区管理署(PEZA)作为管理经济特区的一个机构,相当于中国的经济特区管理委员会,具备综合性的管理职权,地位尤为重要。PEZA 可以说是经济特区的

[①] OECD iLibrary:OECD Investment Policy Reviews:Philippines 2016,http://www.oecd-ilibrary.org/finance-and-investment/oecd-investment-policy-reviews-philippines-2016_9789264254510-en。

小型集权政府,具有创设临时管理机构、批准新建项目、处置特区财产等较大的权力。

2. 外国投资领域的相关法律

外商投资菲律宾法律主要包括公开法案第 7042 号《1991 年外国投资法》和第 8179 号修改开放法案《开放外国投资法》。

外国投资者对菲律宾投资法的主要限制包括:

(1) 菲律宾严格控制外资在投资中的比重,外资比例不超过 40%;

(2) 限制外国投资企业中外籍员工所占的比例,并且董事长一般应由菲律宾人担任。

这些限制在东南亚国家的限制外国投资法律规定中较为普遍。除正式颁布的法律外,菲律宾最高法院的部分裁决也被确认为菲律宾外国投资法律的正式渊源。

(二)菲律宾外资准入及企业设立相关法律

企业是市场经济的核心组成部分,世界各国均有多样的企业模式。菲律宾的企业模式也是多样的,如各类公司及合伙企业等。考虑到我国"一带一路"背景下投资者所采取的主要企业形式,本部分仅针对菲律宾的公司法律制度进行介绍。

菲律宾的《公司法》颁布于 1980 年,后历经多次修订,沿用至今。菲律宾的公司类型包括外资公司、非股份制公司、股份公司、特殊公司和封闭公司等。

1. 股份公司

股份公司是公司最常见的形式,也是菲律宾公司的一个主要组成部分,类似于中国的有限责任公司和股份有限公司。

《菲律宾公司法》规定:一般设立的股份公司应当由 5~15 个自然人作为发起人,发起人中的菲律宾本国公民应超过 50%;设立公司的最低实缴出资额为 5000 比索;股东可以通过使用评估权退出公司。在没有特别规定的情况下,股份公司的规定也适用于其他类型的公司。

2. 非股份公司

非股份公司类似于中国公司法中的财团法人,即为了公益目的而设立的公司,其盈利主要用于开展公益事业。

3. 封闭公司

封闭式公司类似于中国的公司法中有限责任公司,不但限制股东人数,而且具有一些合伙企业的特点。即公司法理论中所谓的"人合性"。

《菲律宾公司法》第九十六条规定,封闭式公司是指符合下列条件的公司:

(1) 除外部股东外,公司还可以发行内部股,但内部股东人数不能超过二十人;

(2) 公司发行的股票的转让有限制;

(3) 公司发行的股票不能上市交易。如控股股东超过三分之二且由非封闭式公司控股的,则不视为封闭式公司。

除了采矿、石油、保险、股票交易、银行、公共设施和教育机构之外,其他公司都可以以封闭的公司形式存在。

4. 教育公司

教育公司是以教育业作为主要经营对象的公司类型,但不完全等同于私立学校或培训机构。菲律宾的教育公司属于非股份公司,即不以盈利为目的的财团法人,须遵守菲律宾

《公司法》中关于非股份公司的规定。

5. 宗教公司

像教育公司一样，菲律宾的宗教公司也是非股份制公司。宗教公司以某一教派或某一类信仰的宗教活动，作为经营对象，不以营利为目的。

菲律宾的公司法将教育业和宗教业两类特殊行业纳入公司法调整的范畴，规范了特殊行业的透明化管理。同时，禁止以营利为目的的限制又在一定程度上保证了未偏离教育业和宗教业的发展初衷，值得我国参考和借鉴。

（三）菲律宾工程建设相关法律

政治上的稳定是建设工程行业发展的前提。菲律宾的政局并不稳定，在一定程度上影响了其基础设施建设的发展。但近些年来，菲律宾的大型基础设施项目较多，同时由于基础较差，在发展的过程中出现一些问题，应当引起外国投资者的关注。

菲律宾在建设工程行业的管理上，设置了较为完备的管理机构并且制定了较为完善的法律法规。

1. 管理机构

菲律宾管理建设工程行业以及国际工程合作的机构较为特殊，主要包括：

（1）证券外汇委员会（SEC）。外资承包商必须在 SEC 注册登记后方可进入菲律宾建设行业从事经营活动。

（2）承包商认证协会（PCAB）。该协会具有官方的职能，负责管理外资承包商的准入资格。外资承包商必须取得该协会颁发的执照，才能进入菲律宾从事经营活动。

（3）菲律宾建筑工业局（CIAP）。该局为菲律宾建设行业的行政主管部门，负责国内外建筑业企业的监督和管理。建筑工业局会根据调查情况，列出存在不良行为并被其视为非法的外国承包商名单，该份名单即所谓的负面清单（Negatieve List）。

（4）建筑业纠纷仲裁委员会（CIAC）。仲裁委员会在建筑行业进行特有的审理，充分体现了仲裁制度在专家案件中的价值取向，是菲律宾争议解决制度中极具特色的设计。

（5）劳动就业部（DOLE）和菲律宾劳动局条件（BWC）负责建筑行业制定的安全文明施工规章制度，并监督施工企业在菲律宾实施。

（6）菲律宾承包商协会（PCA），该协会为菲律宾建筑业的行业协会，组织形式为股份有限公司，负责建筑业企业的行业自治。

2. 法律规范

菲律宾关于建设工程行业的法律规定，与中国有许多相似之处，如：菲律宾管理承包商的方式为资格与资质制度；采用招投标制度对工程进行发包；仅允许企业主体作为承包商，禁止个人承包等。

菲律宾建设行业的法律规定主要反映在如下法律法规及政策中：

（1）《合同法》

与我国相同，菲律宾也将建设工程合同作为《合同法》中的一种类型，即加工承揽合同。这样的归类有助于在出现没有具体针对性规定的情况下，适用合同法的基本原则解决纠纷。

(2)《承包商执照法》

如前所述,菲律宾实行承包商资格和资格管理制度。由于菲律宾基础设施薄弱、市场不规范且存在贪腐现象等问题,尽管资质管理制度在一定程度上能够保障施工的质量,但同时也会带来转包、挂靠等违法行为。

(3)第1594号总统令(关于政府项目承包政策)

该法案主要调整招标投标领域的行为。菲律宾的工程招投标分为公开招标和邀请招标。除涉及专利技术的项目能够采取邀请招标外,其他项目一般应采用公开招标的形式;并以500万比索(大约为人民币70万元)为分界线,划分为重大项目和一般项目,在招标程序的复杂性上有所区别。

(4)《建筑行业仲裁法》(第1008号总统令)及《建筑业职业安全与卫生指导方针》

由于建筑行业的纠纷具有专业性强、周期较长的特点,菲律宾政府专门出台了建筑行业的争议解决法律规范,并设立了建筑行业仲裁委员会。对于建筑行业争议的仲裁解决方式,基本与中国的仲裁方式类似,即:当事人应当在仲裁协议前申请仲裁,由仲裁人选定或者指定仲裁员。

与中国有所不同的是,菲律宾规定了如果承包商承建的是政府工程,必须在用尽当地行政救济的前提下,仲裁委员会受理行政机关的申请。而不能直接通过主合同约定采取仲裁解决方式或由纠纷双方协商采取仲裁解决方式。此外,菲律宾建筑业的仲裁制度还规定了争议金额较小的纠纷可以采用独任仲裁员的简易程序。

(5)"负面清单"制度

"负面清单"(Negative List)制度主要应用于国际投资领域,《1991年外国投资法》中规定了禁止或限制某些国家或企业投资的领域。而建筑业的负面清单主要是指某些具有不良行为记录的承包商名单,又称"黑名单"。

一旦某一承包商被列入菲律宾建筑工业局(CIAP)的黑名单,则不能承包政府工程;如被列入承包商认证协会(PCAB)的黑名单,则不能承包任何工程。

【案例】

中国企业投资菲律宾建设工程行业的案例包括:

1. 已签约工程:菲律宾的Energy Logics Philippines公司与中国青岛恒顺众生集团股份有限公司在2016年11月16日签署风电和光伏一体化项目EPC总承包合同,合同金额为4亿3778万美元,该项目位于菲律宾北部布尔戈斯等地区,按照相应规划,预计18个月左右建成。

自菲律宾总统杜特尔特于2016年6月访问中国后,该能源领域的项目成为中菲两国之间的第一个大型项目,标志着杜特尔特时期中菲工程合作的良好开端。[①]

2. 已完工程:目前我国在菲律宾的已竣工项目中,规模最大的项目是国家电网公司投资3.95亿美元参与菲国家电网特许经营项目。该项目包含多项工程,如中国西安西电国际工程有限责任公司承建的菲律宾Dasmarinas变电站工程,目前已投入正常使用。菲律宾国家电网公司的所有者(NGCP)表示,该项目较好地负担了菲律宾的中心城市马尼

---

① 新华社:《中国公司承建菲律宾最大风电和光伏一体化项目举行开工仪式》,http://silkroad.news.cn/news/14968.shtml。

拉市、帕赛市以及港口城镇八打雁省和周边地区的电网联结、输变电枢纽的任务。[①]

(四) 菲律宾 PPP 相关政策与法律

基础设施行业对于其他行业如制造业、物流业、旅游业的带动作用毋庸置疑，除此之外，基础设施建设在吸引外资及降低贫困人口数量方面也具有不可替代的作用。

在社会作用方面，良好的基础设施建设可以较大程度地避免自然灾害给人类社会产生的破坏。菲律宾政府也意识到了这一点，一直以来均积极建设和规范基础设施建设领域的制度，以期更好地保护基础设施领域的投资。

1. 法律制度和机构设置

菲律宾早在 1990 年即出台了《BOT 法》（第 6957 号法令），并在 1994 年完成了修改（第 7718 号法令）。据《BOT 法》的规定，在菲律宾从事工程承包的承包商，均可选择菲律宾法律认可的所有合法承包形式。

菲律宾的 BOT 法规定了 9 种承包形式，包括 BOT（建设-运营-移交）、BT（建设-移交）、BOO（建设-拥有-运营）、BLT（建设-租赁-移交）、BTO（建设-移交-运营）、CAO（承包-增加-经营）、DOT（开发-经营-转让）、ROT（修缮-经营-转让）和 ROO（修缮-拥有-经营）。

此外，为贯彻落实 BOT 法的实施，菲律宾于 1993 年设置了国家的 BOT 中心，后更名为 PPP 中心。该中心的主要任务是监测和协调 PPP 项目，确保 PPP 合同履行过程的合法性和有效性，下图为菲律宾 PPP 中心官方网站。

菲律宾 PPP 中心官方网站

---

① 中国西电电气股份有限公司：《西电国际承担的菲律宾成套工程项目顺利投运》，http://www.xdect.com.cn/structure/xwzx/xsjgdtnr_36668_1.htm。

2011年12月,阿基诺政府批准了第一个PPP项目。近年来,菲律宾对基础设施领域的支持和投入不断加大,并将发展基础设施作为重要内容纳入《2011—2016年菲律宾发展中期规划》且推出一系列PPP计划。①

2. 国际信用机构的评价

菲律宾在PPP领域的法律制度和机构设置,相对于中国较为完备。制度和机构的储备为菲律宾PPP事业发展提供了基础。但是,菲律宾的官僚主义盛行,较低的效率导致政府依然缺乏足够的制度能力来执行建设前期活动,并难以保证政策反馈的及时性。该问题对于极为重视时间效率的建设行业而言相当不利。

根据菲律宾《商业世界报》的一篇报道,作为世界三大信用评价机构之一,惠誉在其发布的报告中指出:尽管在公私合作(PPP)领域,菲律宾政府的立法完善,但恶劣的商业环境制约了基础设施项目的落地。

世界银行也曾表示,菲律宾的PPP立法是明确的、透明的,是世界上最好的之一。(编者按:无实际履行环境的完备立法主要来自于借鉴)但对菲律宾项目风险指数的BMI评估显示,菲律宾基础设施项目环境的实施远远落后于亚洲平均水平。在世界银行看来,立法和基本操作环境同等重要。自阿基诺政府执政以来,菲律宾已获得14个PPP项目,截至2016年底,只有4个项目完成。②

【案例】 失败案例的风险提示——中菲北吕宋铁路项目③

菲律宾与我国合作的北吕宋铁路项目始于2003年8月,我国对菲律宾提供4亿美元的优惠出口买方信贷。2003年12月,中国与菲律宾签署了该项目的第一阶段合同。中国机械设备集团负责建设,而中国进出口银行负责贷款。

该项目将连接到北部省份马尼拉,因此也被称为北方铁路。对铁路建成后将连接菲律宾马尼拉大都会区邦板牙省北省的部分地区,包括马卡帕加尔克拉克国际机场和香港等,建设预算金额大约5亿美元。

2004年2月26日,北铁项目合同由菲律宾北吕宋铁路公司和中国国家机械设备集团签约,总耗资5亿300万美元,包括菲律宾政府1亿700万美元。

根据中国进出口银行与菲律宾政府签署贷款协议,提供4亿2100万美元的贷款在菲律宾方向的项目中,并且拥有20年优惠还款期,和5年的宽限期,利率低至3%,贷款金额占项目总成本95%。

该项目始于2004年,建设期内经历了颇多曲折。首先是施工地区的拆迁不顺。菲律宾北方铁路公司负责沿线的棚户区改造进度相对缓慢。未迁地的居民也干扰勘察设计工作。

2005年,在菲律宾北部的铁路受到阿罗约反对派的批评,甚至指责该项目建设价格太高,被告也被送到菲律宾最高法院。

2005年9月29日,菲律宾国立大学法律中心检察官在参议院听证会上说,北方铁路

---

① 中信保资信:《菲律宾基础设施行业报告目录》,http://www.sinosure.com.cn/sinoratingnew/xxfb/sinoratingdt/168722.html。
② 新浪财经:《菲律宾PPP项目前景遭质疑》,http://finance.sina.com.cn/roll/2017-02-03/doc-ifyaexzn8779376.shtml。
③ 薛洪涛:《中菲北方铁路项目始末:菲借口仲裁逃避债务》,载《法治周末》,2012年10月10日,http://news.hexun.com/2012-10-10/146580541.html。

的合同为非法合同，未经公开招标。该合同的签署违反了菲律宾审计法和会计法。并提出，如有诉讼，应在菲律宾法院审理，均以菲律宾法律为标准，完全没有提及中国法律。

菲律宾最高法院于 2006 年 1 月 18 日作出最终决定，修建北方铁路合同，政府与中国公司之间没有任何违法因素，驳回了企图抹黑合同的诉讼。

由于各种干扰，北方铁路工程在 2006 年被关闭了很长时间。2006 年 10 月 20 日，中国机械工业集团公司和菲律宾北吕宋铁路站，从一期项目奠基仪式在北铁项目开始启动。但菲律宾开始为难北方铁路项目，说中国机械集团没有过去的经验，公司仅已建成了水电项目，从未建立一个铁路。菲律宾提出取代中国的承包公司。

同时，菲律宾认为，中国进出口银行对它施加苛刻的条件。所以贷款入账之后，菲律宾又开始讨价还价，甚至强迫中国说，如果想要继续履行合同，必须提供更为优惠的贷款条件。

2010 年菲律宾总统贝尼格诺·阿基诺三世上台。菲律宾开始调查前总统的一些腐败情况。北方铁路项目也进行了重新调查，调查结果发现，有些内容不符合菲律宾采购法的要求，因此该项目被关闭。

2012 年 2 月，中国、菲律宾关于黄岩岛的争执越来越激烈，导致中国和菲律宾之间的合作协议又一次出现了矛盾。此时，由我国提供的近 5 亿美元的贷款已经用光，但是 80 公里的铁路只修建了不到 1 公里。

由于贷款已到期，中国进出口银行提出要收回贷款，菲律宾表示它将在两年内还清债务。双方对暂停该项目达成了谅解。但菲律宾此后没有任何实际行动。

2012 年 9 月 25 日的一次新闻发布会上，阿基诺政府决定暂停合作项目，北方铁路合作项目存在违规内容。菲律宾由此单方面中止了该项目的合作。

2012 年 10 月，据菲律宾交通运输部部长约瑟夫声称，菲律宾将把有争议的北方铁路项目提交到国际仲裁法庭，来确定和中国的解决方案。在北方铁路项目上，菲律宾不仅未忠实地履行合作协议，还试图通过国际仲裁庭来逃避偿还债务。

【小结】

从菲律宾基础设施领域存在问题以及中菲双方合作的案例可以看出，菲律宾政府在 PPP 项目合作中的信誉较差，频繁更迭的政策对于投资方来讲蕴含了巨大的风险。尽管这些风险并非个例，而是采用 PPP 合作模式必然面临的风险，我国投资者仍然不得不做好风险防范的准备，而不能寄希望于菲律宾政府的诚信。

对此，笔者的观点为：首先应明确 PPP 合作形式的盈利目标为合理利润，甚至是较低的利润。要明确在"一带一路"倡议中，对外投资更主要的目的是促进双边共同发展。

其次，不能随当地的不良风气，绝对不能采用违法的方式经营项目。

在对外投资之前，应当通过保险的方式分散风险，尽量将损失最小化。最终，如遇到商业手段或者法律手段无法解决的问题，可向政府求助，通过政府之间的沟通，挽回损失。

三、菲律宾司法体系及争议解决

菲律宾的司法体系基本上沿袭了大陆法系的设置，在国内采用分级法院审理制度与仲裁制度并存的司法体系。较为特殊的是，菲律宾在最高法院的体系之内设置了司法与律师理事会，由最高法院首席法官、司法部长、国会议员、律师代表、法学院教授等多行业人士组成，任务是向司法机关推荐法官人选。[①] 这一特殊的制度体现了菲律宾司法体制在制度设计上对律师行业的重视，允许律师在从事司法工作之外，参与一定的政治活动。

(一) 菲律宾法院体系

菲律宾最高法院和各级法院负责行使司法权。除最高法院外，菲律宾的法院体系还包括：区法院、上诉法院、市级法院，及专属管辖的穆斯林法院、税务法院等。

1. 司法机关

最高法院是菲律宾最高司法机构，由15名法官组成，其中包括1名终生任职的首席法官。最高法院负责审判和指导复杂案件；

上诉法院是专门审理上诉案件的二审法院，对于因不服在区、市法院进行一审案件的判决提出上诉的二审案件进行审理；

穆斯林法院从名称上容易被误解为伊斯兰教的宗教法院，其实其为专门审理职务犯罪的法院，审理对象包括公职人员或受雇于国家机关、国有企业的工作人员；

税务法院是针对税收工作中出现的法律问题进行专业审理及解释的法院。

2. 民商事诉讼制度

目前菲律宾的民事诉讼法是1997年7月1日开始实施的《民事程序规则》（1997 Rules of Civil Procedure），它规定了民事诉讼相关的法律制度，包括管辖、当事人、一审、二审期间，再审程序和执行程序。

依据《民事程序规则》，诉讼双方如认为区、市法院作出的一审判决中存在错误，可向其上一级法院提出上诉，并向上诉法院递交说明一审判决错误的备忘录（Memoranda）；菲律宾实行两审终审制，二审判决为终审判决，如上诉人在二审审理后发现存在超越一般谨慎注意义务的错误或者出现新的证据，则可以要求再审。菲律宾在审级制度上与我国类似。

(二) 菲律宾仲裁体系

菲律宾的仲裁制度包括国内仲裁和国际商事仲裁。菲律宾政府于2004年颁布了《替代性争议解决法》（ADR，第9285号法案），作为菲律宾国内仲裁制度的基本法律。此法律规定当事人拥有选择仲裁地、仲裁员和仲裁语言等权利，这充分地体现了当事人的自治原则。

菲律宾的国内仲裁制度与中国的仲裁制度基本相似，比较有特点的规定是：如双方没有对仲裁地点进行协商，那么仲裁地点应为菲律宾首都马尼拉。[②]

在国际商事仲裁中，菲律宾的《替代性纠纷解决法》（ADR，第9285号法案），对1985年联合国国际贸易法委员会发布的《国际商事仲裁示范法》表示认可，并作为菲律宾国际商事仲裁制度的基本法律。

---

① 陈兴华：《东盟国家法律制度》，中国社会科学出版社，2015年第1版。
② 菲律宾第9285号法案第三十部分。

【小结】

从前述各个行业、部门法律规范的制定与颁布来看,菲律宾已经建立了较为完备的法律体系。其中某些行业(如建筑业)的法律体系相比中国更为完备。然而法律规范的整体施行情况却不尽人意。

四、菲律宾营商环境及法律风险防范

从整体环境分析,政府行政的效率较低,腐败问题较为严重。菲律宾的政府官员薪资比较低,国家的利益观念薄弱,对工作缺少热情,时间观念差,决策与执行效率均比较低下。

(一) 菲律宾整体营商环境

菲律宾是东南亚地区在基础设施建设方面最差的国家之一,尽管该情况对于基础设施的投资是有利特点,然而落后的基础设施无法给其他行业建设提供有力的支撑,是外国投资者不得不面对的难题。

1. 政治不稳定,治安上存在安全隐患。2010年的人质事件对我国投资者的影响极大。时至今日,菲律宾国内仍然存在恐怖袭击的安全隐患,排华思想依然存在。

2. 政府腐败。在2016年世界各国清廉指数《CPI 2016Ranking》中菲律宾的排名为103名,属于较为腐败的国家。

3. 宗教组织和地方反政府组织活动频繁。菲律宾是一个宗教国家,宗教组织繁多,部分宗教组织利用菲律宾政治不稳定的局势制造事端。

4. 司法机关对这一时期的企业有地方保护主义倾向。

5. 菲律宾本地生产力效率低下。与中国相比,菲律宾国内的生产生活节奏较为缓慢,由此可能导致在合同履约期限尤其是工程项目的工期方面存在较大风险。

(二) 菲律宾投资与承包工程风险及建议

1. **避免贸然投资,做好尽职调查**

没有海外投资经验的投资者不应贸然投资菲律宾。应当聘请专业咨询机构或专业人员,对菲律宾及具体地区的法律、政策、环境等进行充分的尽职调查。

2. **尽量与当地企业合作**

除做好尽职调查外,对于外国投资者而言,与当地实力较强的企业合作是较为安全的模式。当地企业在熟悉投资环境与当地政府机关沟通方面的优势无法替代。

3. **严格遵守当地法律,不存侥幸心理**

尽管菲律宾政府的腐败较为严重,但外国投资者也应当避免卷入违法活动。如仅因为眼前短期利益,从事非法行为,如商业贿赂等,有可能产生长期的负面影响。对于商业活动中不得不面对的人情因素,应当通过当地企业依据具体情况进行处理。

4. **避免通过诉讼解决争端**

如争议能够通过庭外和解或调解结案,则应当尽量争取,以避免烦冗的诉讼程序。如果无法调解,建议采用商事仲裁的方式,将对抗与谈判同时进行,最终仍尽量通过和解的方式解决纠纷。但绝不能为尽快解决纠纷,以违法的方式私了结案。

5. 重视当地员工的管理问题

由于菲律宾投资法律与政策原因，外国投资企业不可避免的需要雇佣菲律宾当地员工。考虑到宗教和文化传统的差异，在当地员工的管理问题上，应当尽量以当地的管理者管理员工。

6. 充分利用保险手段，转移风险

除对于工程项目投保工程保险、对于雇佣员工投保医疗保险等常规保险外，还应当针对菲律宾多变的政策投保政策风险及其他重大投资风险担保。

7. 借助政府力量

中国的世界地位越来越重要，并且强大的综合国力可以有效地维护中国企业的合法权益，我国对外投资企业在遇到复杂问题，通过上述手段难以得到解决时，不应忘记求助于我国政府，通过政府间的沟通、协调，防范风险，保障合法权益。

五、小结

通过上述分析发现，菲律宾的市场经济潜力及风险均较大，尤其是菲律宾的基础设施市场，对于我国众多实力强大的建筑业企业而言，不啻为一片广阔天地。建议我国投资者在充分了解所投资行业的前提下，全面运用风险防范措施，从让利合作起步，在菲律宾不断扩大投资、安全投资。

缅　　甸

一、缅甸国情简介

缅甸联邦共和国（The Republic of the Union of Myanmar，以下简称"缅甸"或"缅"）位于亚洲中南半岛西北部，国土面积 67.66 万平方公里，属于热带季风气候。2016 年 2 月，缅甸召开新一届议会，选举温敏为人民院议长，曼温楷丹为民族院议长。4 月 6 日，昂山素季被任命为国务资政。①

缅甸全国分为七个省、七个邦和两个中央直辖市，其中七个省分别为仰光、曼德勒、勃固、马圭、实皆、伊洛瓦底、德林达依；七个邦分别为掸邦、克钦邦、克耶邦、孟邦、克伦邦、钦邦、若开邦；两个直辖市为内比都和仰光。仰光是缅甸第一大经济中心，为仰光省的省会，2005 年 11 月，行政首都由仰光迁到内比都。缅甸语言有缅语、英语以及 100 多种民族语言，其中缅语为官方语言。

缅甸文化深受佛教文化影响，缅甸各民族的文字、文学艺术、音乐、舞蹈、绘画、雕塑、建筑以及风俗习惯等都留下佛教文化的烙印。缅甸独立后，始终维护民族文化传统，保护文化遗产。传统文化在缅甸有广泛影响，占主导地位。缅甸主要文化机构和设施有：

---

① 搜狐财经：《"一带一路"沿线各国家简介—缅甸》，http://www.sohu.com/a/157924936_99952383。

国家舞剧团、国家图书馆、国家博物馆、昂山博物馆等。

缅甸有85%以上的人信仰佛教，大约5%的人信仰基督教，8%的人信仰伊斯兰教，约0.5%的人信仰印度教，1.21%的人信仰泛灵论。[①]

根据中国商务部统计，2015年当年中国对缅甸直接投资流量为3.32亿美元。截至2015年末，中国对缅甸直接投资存量42.59亿美元。目前我国企业在缅甸投资主要注册独资或合资公司，投资领域主要集中在油气资源勘探开发、油气管道、水电资源开发、矿业资源开发及加工制造业等领域，到缅甸考察加工制造业并投资建厂的我国企业逐渐增多。[②]投资项目主要采用BOT或产品分成合同（PSC）的方式运营。

【小结】

缅甸作为连接21世纪海上丝绸之路与丝绸之路经济带的关键节点之一的国家，支持中国的"一带一路"倡议并积极加入亚洲基础设施投资银行。然而，由于缅甸政府对于"一带一路"倡议下的中缅深入合作尚存疑虑，故中缅并未在"一带一路"框架下开展很多实质性合作，未来随着"一带一路"倡议的进一步推进，局面可能有所改善。

二、缅甸投资建设法律问题

缅甸法系属于普通法系与大陆法系的特殊结合，其法律体系隶属于普通法系，但制定法又属于其法律体系中不可或缺的重要组成部分[③]。

（一）缅甸项目投资立法

缅甸法律建设处于不断完善过程中，与投资合作相关的主要法律有：《缅甸外国投资法》《缅甸外国投资法实施细则》《缅甸联邦外国投资委员会1989年第一号令》《缅甸联邦贸易部关于国内外合资企业的规定》《缅甸公民投资法实施细则》《缅甸允许私人投资的经济项目》等。[④]

（二）缅甸外资准入及企业设立相关法律

根据《缅甸外国投资法》规定外国企业依据如下投资方式进行投资：①外国企业在委员会许可的领域进行全额投资；②外国企业与国民或相关政府部门/组织进行合资；③根据双方合同进行。企业注册向受理机构缅甸投资委员会（MIC）提交相关材料后，由投资和公司管理指导委员会（DICA）[⑤]对所提交项目建议书进行详细研究，并从以下几方面进行审查：实施项目是否符合被推选条件；文件是否齐全一致；经济可行性和项目的商业期限；技术适用性；市场状况；提供就业机会；项目实施对环境影响。如所提交的文件资料

[①] 外交部网站：《缅甸国家概况》，http://www.fmprc.gov.cn/web/gjhdq_676201/gj_676203/yz_676205/1206_676788/1206x0_676790/。

[②] 单红：《中国与缅甸经贸合作发展趋势分析》，广西大学硕士论文，2014年。

[③] 蒋红彬，漆思剑：《缅甸外资法律政策研究》，载《东南亚纵横》，2011年1月。

[④] 中国国际电子商务中心：《"一带一路"之缅甸投资法律规则与实践》，http://gpj.mofcom.gov.cn/article/zuixindt/201509/20150901102617.shtml。

[⑤] 梁晨，杨艳：《缅甸投资环境研究》，载《GMS研究2008》，云南大学出版社，2009年。

齐全,约在 2 个月内完成报批手续。其中根据《缅甸外国投资法》(Myanmar Foreign Investment Law,MFIL),不超过 500 万美元(或 60 亿缅元)投资额的投资项目,经各省邦投资委员会审批即可,不需经缅甸投资委员会(MIC)审批;超过这一额度的投资项目才需经 MIC 审批。这一政策有望加快审批进度,提高工作效率。① 此外,除了需要进行环境影响评估的企业,今后对缅投资企业将不需要经过缅甸投资委员会(MIC)批准,可以向 MIC 下属的公司管理局(DICA)在各省邦的分支机构申请注册。MIC 此前还公布了根据地区分类区别对待的免税政策,这一分类按照地区发展水平划分:一类地区为不发达地区,该地区投资项目可免除 7 年所得税;二类地区为相对发达地区,可免税 5 年;三类地区为发达地区,可免税 3 年。在经联邦政府同意的情况下,MIC 将根据未来经济发展情况,对地区分类进行调整。②

(三)缅甸工程建设相关法律

缅甸政府对外国企业在缅甸承揽工程项目成立招标工作委员会、计算底价委员会等各委员会,制定相关规则,在官方报纸连续一周公布项目类型,在规定日期公开开标,并按照投标规则选择最低价投标者。在建筑方面,任何公司均需公开参与竞标;对劳工费、业务服务费提出最低百分率者给予优先,对低价进行破坏性竞争等公司予以通报,不予选拔③。一般情况下,涉及缅甸国防的敏感项目、贵重矿产资源的开发、少数民族地区政府的项目一般不允许外国公司介入。④

缅甸工程建设项目一般实行公开招标制度,由政府部门自筹资金且金额在 10 万美元以上的项目,必须有 3 家以上的承包商进行投标;但是对于部分工期紧张、前期项目的延续性项目、政府有明确指示的项目也有可能会采取有限邀标或者议标的方式。由企业带资参与的卖方信贷项目,则一般只采取议标方式⑤。缅甸政府的一般程序:

1. 缅甸政府在官方报纸上发布招标通知;
2. 参标企业到政府制定部门购买标书,并缴纳投标保证金;
3. 第一轮竞标:在规定时间内提交技术标书;
4. 第二轮竞标:在规定时间内提交商务标书,并提交最终报价;
5. 公开招标。⑥

(四)缅甸 PPP 相关政策与法律

缅甸政府目前正在制定相关政策文件以配合今后 PPP 项目发展,保障外资企业在缅甸的经济活动,提高政府部门的服务水平。根据目前的政策草案,政府计划成立三个机构配合 PPP 项目在缅甸的发展,分别是 PPP 专门委员会(PPP Committee),PPP 部门

---

① 梧桐:《开展投资合作应注意的事项》,载《国际工程与劳务》,2015 年。
② 中国驻缅甸大使馆经济商务参赞处:《缅甸 500 万美元以下投资项目将无需 MIC 审批》,http://www.mofcom.gov.cn/article/i/jyjl/j/201703/20170302540042.shtml。
③ 周金虎:《"一带一路"之缅甸投资法律规则与实践》,http://world.xinhua08.com/a/20150828/1544849.shtml。
④ 同上。
⑤ 同上。
⑥ 同上。

(PPP Unit），以及政府合同机构（Government Contracting Agency），缅甸投资委员会（MIC）目前已经开始审理外国投资申请，未来有极大可能会在其下设立 PPP 专门委员会，审理通过各类法规，审议批准各 PPP 项目。PPP 部门将设立在政府计划和财政部之下，主要进行具体的协调执行及监督工作。而政府合同机构将下设在各地方进行具体的开发准备以及后期的监督运营工作。

具体项目流程分为评估鉴定（Identification），这一阶段主要有政府合同机构主导，PPP 部门（PPP Unit）进行支持，主要对项目可行性，价值和利润进行评估；准备阶段（Preparation）由政府合同机构对整个项目进行详细报告，准备招标文件，前期合同规定；交易阶段（Transaction），该阶段要求公开、透明、公正，最后的交易文件必须经由专门委员会（PPP Committee）通过；管理阶段（Management）由政府合同机构（Government Contracting Agency）进行监督管理，必要时对违规行为进行处罚。

目前，在缅甸开展 BOT 的外资企业以水电业为主。我国企业在缅甸水电投资项目也主要采用 BOT 方式，建设运营时间一般为 40 年。[①]

【案例一】

瑞丽江一级水电站于 2009 年竣工，是目前中国对外水电站开发最大的 BOT 项目，由华能澜沧江水电有限公司、云南电网公司和云南机械设备进出口有限公司共同组建云南联合电力开发有限公司与缅甸电力一部水电实施司成立瑞丽江一级电站有限公司投资建设。水电站的项目开发、运营和管理工作由云南联合电力开发有限公司负责，占瑞丽江一级电站有限公司 80% 股份。[②] 电站投产后将由合资公司运营 40 年后再移交给缅甸政府。电站具体施工由中国水电十四局负责。[③]

【案例二】

太平江水电站由中国大唐集团公司投资控股，华中电力国际经贸有限责任公司和江西省水利规划设计院参与投资建设。工程由中国水电建设集团国际公司进行施工总承包，包括电站全部土建施工、金属结构制作安装及机电电气设备安装等，工程由十四局具体承担施工。根据合资协议：项目特许经营期限为 40 年，特许经营期满后全部移交给缅甸联邦政府。[④]

三、缅甸司法体系及争议解决

（一）司法系统[⑤]

缅甸法院和检察院共分 4 级，设最高法院和最高检察院，下设省邦、县及镇区 3 级法院和检察院。最高法院为国家最高司法机关，最高检察院为国家最高检察机关。

缅甸法院体系包括联邦最高法院、省法院、邦法院和民族自治地方法院在内的各级法院。

---

① 周金虎：《"一带一路"之缅甸投资法律规则与实践》，http://world.xinhua08.com/a/20150828/1544849.shtml。
② 《电力系统装备》编辑部：《资讯》，载《电力系统装备》2007 年第 7 期。
③ 马立鹏：《境外 BOT 风险管理》，载《中国外汇》，2013 年第 13 期。
④ 牛珣：《缅甸太平江水电站砂石料生产系统简介》，载《云南水力发电》，2011 年第 3 期。
⑤ 搜狐财经：《"一带一路"沿线各国家简介—缅甸》，http://www.sohu.com/a/157964936_99952383。

其□司法行使基本原则为：根据法律独立审案、在人民面前公开审案（除法律限制的情况外）；在案件中依法享有辩护权和上诉权。如果涉及不动产诉讼，仅可在地方法院进行起诉。

（二）仲裁制度[①]

缅甸目前现行有效的仲裁法律为1944年《仲裁法》，规定除非仲裁协议一方有不同意思表示，则双方协议中的仲裁条款默认该仲裁法效力；双方可进行仲裁员的选择，同时为了保证公平，法院有权在不公平情形下更换仲裁员或首席仲裁员。作为诉讼手段的重要补充，仲裁员被赋予宽泛的自由裁量权，如此规定的目的就在于保证仲裁程序的非正式性和灵活性。基于仲裁程序的非正式性，当相关法律问题出现时，缅甸法院可对仲裁程序进行干预，此种干预在仲裁裁决得出前后均可进行。

缅甸于2013年4月16日加入《承认及执行外国仲裁裁决公约》，即1958年《纽约公约》，2013年7月15日生效；中国亦为纽约公约成员国，缅甸加入后为中缅根据不同的解决方式下的费用承担、对争端程序的控制程度、适用的法律、争端解决的时限及执行的情况提供法律依据。尽管如此，仲裁人员缺乏经验，缅甸法律框架依旧粗疏，导致仲裁结果难以执行，是我国企业面临的一大法律风险。

四、缅甸营商环境及法律风险防范

（一）缅甸整体营商环境

缅甸长期发展速度较缓，各项基础设施落后，供应电力不足，除水力资源以外，各项燃料资源短缺。但随着缅甸政府的一系列经济改革措施振兴工业，加大建设投入，缅甸经济回升的同时也带来了很多投资商机。[②]

（二）缅甸投资与承包工程风险及建议

缅甸政府在推进经济改革的同时，为了国内民族与教派冲突，大力推行政治改革，以创造一个良好稳定的投资环境。需要注意的是，缅甸少数民族控制地区局面较不稳定，如果出现意外，两国政府都将难以介入，中国投资者应当尽量避免此类高风险的项目。

我国政府与缅甸政府签署了《中华人民共和国政府和缅甸联邦政府关于鼓励促进和保护投资协定》来推进中缅两国的深度合作与发展，其中第八条和第九条分别规定了两类采用临时国际商事仲裁机构的方式解决争议的情形，但其存在的缺陷也较明显，如规定参照"解决投资争端国际中心"的仲裁规则，但究竟如何"参照"尚未有明确的规定，不能有效地指导争端解决。[③] 第九条的规定，对缔约一方投资者与缔约另一方的争议，在六个月的友好协商期未能解决的，缔约一方的投资者可以将争议提交缔约另一方有管辖权的法院管辖；但基于缅甸目前仍不断变化的立法状态及其普通法系的传统，中国将极少选择缅有

[①] 搜狐财经：《"一带一路"沿线各国家简介—缅甸》，http：//www.sohu.com/a/157964936_99952383。
[②] 中国金融信息网：《"一带一路"之缅甸投资法律规则与实践（下）》，http：//www.mhwmm.com/Ch/NewsView.asp? ID=12673。
[③] 杨振发：《中缅油气管道运输的争端解决法律机制分析》，载《红河学院学报》，2014年第2期。

管辖权的法院受理双方争议。虽然缅政府颁布了一系列重大法律，但法律体系仍较落后，缺乏独立性，军队对司法体系影响不可能消除，执法成本高。[1] 我国企业应当尽早考虑法律风险，分析研究对策，在投资建设过程中，严格遵守当地法律法规，依法展开经济活动，出现问题及纠纷，及时运用法律手段维护自身利益。我国企业应当积极与缅甸政府部门以及当地有实力和影响力的企业建立良好的合作关系，严格遵守当地法律法规。[2]

【案例一】 中缅油气管道项目[3]

2017年4月10日，中国国家主席习近平与缅甸总统吴廷觉在北京见证两国签署《中缅原油管道运输协议》，中缅油气管道建设项目正式投入运营。但该项目曾由于其起点原油码头的建设与运营将对缅甸凌海带来一定的环境压力，且中缅石油管道项目是一个涉及"四国六方"的多国参与的项目，因此亦不能排除各方因价格等因素产生商务经济纠纷的可能，一度被叫停。除此之外，缅甸国内油气管道运输立法与执法方面的空白、缅甸政治稳定问题等方面，都为中方在缅利益带来较大风险。

【案例二】 密松水电站

2011年，缅政府以"可能会造成生态破坏"为由，[4] 叫停其曾一度支持的密松水电站（位于伊洛瓦底江上游）项目，中方投资方前期投入了70亿美元资金，工程叫停后将造成中方的巨大损失。目前中方在为重启密松工程进行努力。

经济方面，总体经济风险下降，发展前景较好。但应看到中央银行行使货币政策工具的能力依然受限，缅甸元汇率会持续波动，可能加剧通胀；银行业自由化程度依然较低，我国企业融资困难。在这方面应当认真考量形势，充分考虑风险。

五、小结

中缅两国在"一带一路"的倡议发展过程中，不断深入合作，开展高层对话。虽然缅甸环境有较多不确定因素，但其对外国资本支持本国基础工程建设的需求日益增长，对中国投资者是一个充满机遇与挑战的吸引，需要充分考虑当地法律环境的复杂性和政治不稳定性，严格遵守，积极主动应对，沟通各方关系，提前建立危机应对机制。

---

[1] 杨振发：《中缅油气管道运输的争端解决法律机制分析》，载《红河学院学报》，2014年第2期。
[2] 广西壮族自治区外事办公室：《东盟十国投资指南之四（缅甸篇）》，http：//www.gxgg.gov.cn/news/2014-11/78112.htm。
[3] 中国金融信息网：《"一带一路"之缅甸投资法律规则与实践（下）》，http：//www.mhwmm.com/Ch/NewsView.asp?ID=12673。
[4] 杨振发：《中缅油气管道运输的争端解决法律机制分析》，载《红河学院学报》，2014年第2期。

柬埔寨

一、柬埔寨国情简介

柬埔寨王国（Kingdom of Cambodia，以下简称"柬埔寨"或"柬"），位于亚洲中南半岛南部，东部和东南部同越南接壤，北部与老挝交界，西部和西北部与泰国毗邻，西南濒临暹罗湾。湄公河自北向南横贯全境。国土面积 181,035 平方公里，海岸线长约 460 公里。柬埔寨属热带季风气候，全年分两季：每年 5 月到 10 月为雨季，11 月到次年 4 月为旱季。年平均气温 24℃，4 月份最热，最高温度达 40℃。平均降雨量为 2000mm，其中 90% 集中在 5～10 月。①

柬埔寨全国分为 23 个省和 1 个直辖市（首都金边市）。首都金边，面积 678 平方公里，人口约 150 万人，是全国的政治、经济、文化教育中心和交通枢纽。高棉语为通用语言，与英语、法语同为官方语言。此外，英语、法语也是政府部门的工作语言。华语、越南语是普通市民中使用较多的语言。②

宗教在柬埔寨人民的政治、社会和日常生活中占有十分重要的地位。王国宪法规定："男女公民均享有充分的信仰自由，国家保护信仰和宗教自由"，同时又明确地将佛教确定为国教。柬埔寨是一个多民族国家，共有 20 多个民族。高棉族是主体民族，占总人口的 80%。

【小结】

柬埔寨国家政治局势相对稳定，民族和宗教环境缓和，市场高度开放，几乎所有领域都向外资开放，政策相对宽松，土地劳动力成本低，但也存在基础设施落后，电网建设不足等问题。柬埔寨经济刚刚起步，在基础设施建设等领域充满机遇。③

二、柬埔寨投资建设法律问题

（一）柬埔寨项目投资立法

1. 《投资法》制约所有柬埔寨人和外国人在柬埔寨境内的投资活动，对投资主管部门、投资程序、投资保障、鼓励政策、土地所有权及其使用、劳动力使用、纠纷解决等作出明确的规定。④

2. 《投资法修正法》是对《投资法》的补充和修正。在投资申请、投资项目购进和合并、

---

① 李旭：《柬埔寨投资环境概览》，载《国际工程与劳务》，2015 年第 9 期。
② 同上。
③ 商务部国际贸易经济合作研究院，商务部投资促进事务局，中国驻柬埔寨大使馆经济商务参赞处：《对外投资合作国别（地区）指南—柬埔寨（2016 年版）》，http://fec.mofcom.gov.cn/article/gbdqzn/upload/jianpuzhai.pdf。
④ 土流网：《柬埔寨投资和融资政策有哪些看点》，http://www.tuliu.com/read-26491.html。

合资经营、税收、土地所有权及其使用、劳动力、惩罚等方面给出相关定义,并作出明确规定。①

3.《关于柬埔寨发展理事会组织与运作法令》规定了柬埔寨投资主管部门——柬埔寨发展理事会的组织结构、职权任务和运作方式。②

4.《关于特别经济区设立和管理的第 148 号法令》,规定了建立经济特区的法律程序,经济特区的管理框架与任务、对经济特区的鼓励措施、对出口加工生产区的特别措施、劳动力管理与使用、职业培训、侵权与纠纷的解决。③

5.《商业管理和商业注册法》,对商业公司的成立、组织、运作、解散、转让和变更做出了规定,对公司的类型进行了划分。④

6.《商业合同法》,规定了所有类型合同的成立、履行、解释和执行。它也进一步详细地描述了某些类型的合同,比如销售合同、租赁合同、借贷合同、个人财产抵押和担保。⑤

柬埔寨发展理事会是唯一负责重建、发展和投资监管事务的一站式服务机构,由柬埔寨重建和发展委员会和柬埔寨投资委员会组成。该机构负责对全部重建、发展工作和投资项目活动进行评估决策,批准投资人注册申请的合格投资项目,并颁发最终证书,但对满足以下条件的投资项目,需提交内阁办公厅批准:①投资额超过 5000 万美元;②涉及政治敏感问题;③矿产及自然资源的勘探与开发;④可能对环境产生不利影响;⑤基础设施项目,包括 BOT、BOOT、BOO、BLT 项目;⑥长期开发战略。⑥

(二)柬埔寨外资准入及企业设立相关法律

《投资法修正法实施细则》列出了禁止柬埔寨和外籍实体从事的投资活动,包括神经及麻醉物质生产及加工;使用国际规则或世界卫生组织禁止使用、影响公众健康及环境的化学物质生产有毒化学品、农药、杀虫剂及其他产品;使用外国进口废料加工发电;森林法禁止的森林开发业务;法律禁止的其他投资活动。⑦

《投资法》对土地所有权和使用作出规定:①用于投资活动的土地,其所有权须有柬埔寨籍自然人或柬埔寨籍自然人,或法人直接持有 51% 以上股份的法人所有;②允许投资人以特许、无限期长期租赁和可续期短期租赁等方式使用土地。投资人有权拥有地上不动产和私人财产,并以之作为抵押品。⑧

任何在柬埔寨从事商业活动的企业(包括分支机构和代表处)都必须向柬埔寨商业部商业注册局等指定单位进行注册,否则将被以非法从事商业活动罪论处。在柬埔寨可以个

---

① 谭家才:《柬埔寨投资法律制度概况》,载《中国外资》,2013 年第 24 期。
② 格特威:《柬埔寨与投资合作相关的主要法律有哪些》,http://www.qtbclub.com/Article.aspx?id=4531。
③ 商务部国际贸易经济合作研究院,商务部投资促进事务局,中国驻柬埔寨大使馆经济商务参赞处:《对外投资合作国别(地区)指南—柬埔寨(2016 年版)》,http://fec.mofcom.gov.cn/article/gbdqzn/upload/jianpuzhai.pdf。
④ 谭家才:《柬埔寨投资法律制度概况》,载《中国外资》,2013 年第 24 期。
⑤ 同上。
⑥ 张文超:《柬埔寨对外贸易制度和政策研究》,载《东南亚纵横》,2004 年第 4 期。
⑦ ASEAN:《柬埔寨投资领域及优惠政策情况》,http://news.asean168.com/a/20141204/865.html。
⑧ 南博网:《在柬埔寨开展投资合作的手续及注意事项》,http://www.caexpo.com/news/info/original/2016/03/22/3659314.html。

人、合伙、公司等各种商业组织形式注册。①

(三) 柬埔寨工程建设相关法律

柬埔寨对外国公司承包当地工程无特殊限制，无禁止领域规定，具有一定资质的外国承包公司均可承包当地工程。一般采用公开招标的形式，小型项目也采用议标方式进行。②

招投标基本程序包括：③

1. 准备阶段：设计及其费用估算；向银行提交设计及其费用估算，征求银行意见并获得批准；招标文件准备；向银行提交招标文件，征求意见并获得批准。

2. 资格预选阶段：邀请参加资格预选（在报纸上登广告）；评估委员会对资格预选进行评估；资格预选评估报财政部批准；资格预选评估报银行批准；向承包商通知资格预选结果；确定符合资格预选条件的承包商。

3. 招标及评标阶段：发标；承包商准备投标；开标；评标委员会评标；评标结果和授示建议报财经部批准；评标结果和授标建议报银行批准；签署合同。

4. 选择决选名单阶段：邀请说明取费率；顾问或监理准备说明取费率；向项目执行部提交取费说明；评估委员会对取费说明进行评估；公司决选名单报财经部批准；公司决选名单报银行批准。

5. 方案准备阶段：邀请决选名单中的公司提出方案；决选名单中的公司准备方案；提交方案。

6. 技术和财政评估阶段：评估委员会对技术方案进行评估；技术方案报财经部批准；技术方案报银行批准；请决选名单中的公司公开财政方案；评估委员会对财政方案进行评估；按技术方案和财政方案综合最高分的授标建议报财经部批准；按技术方案和财政方案综合最高分的授标建议报银行批准；签署合同。

在柬埔寨承包工程需要提供公司资质证明、母国出具的对外承包工程权证书、柬埔寨商业部注册证书及银行提供履约保函，还要经过招标资审，且要通过评标并中标。④

(四) 柬埔寨 PPP 相关政策与法律

柬埔寨政府目前对 BOT、PPP 等融资项目无明确法律规定。⑤

目前在柬埔寨开展 BOT 项目的主要以中资公司为主，涉及行业包括水电站、输变电网等，特许经营期限没有特殊规定，水电站的经营期限一般是 30～40 年。⑥

由中国水电集团投资的甘再水电站项目是柬埔寨第一个 BOT 项目，2006 年 4 月开

---

① 中国驻柬埔寨大使馆经济商务参赞处：《在柬埔寨投资注册企业需要办哪些手续》，http：//cb. mofcom. gov. cn/article/ddfg/201404/20140400559852. shtml。
② 中国金融信息网：《"一带一路"之柬埔寨投资法律规则与实践（下）》，http：//world. xinhua08. com/a/20150810/1536940. shtml。
③ ASEAN：《柬埔寨投资领域及优惠政策情况》，http：//news. asean168. com/a/20141204/865. html。
④ 东盟网：《在柬埔寨承揽工程项目的程序》，http：//www. seacc. net/viewtopic. php? t=1732。
⑤ 商务部国际贸易经济合作研究院，商务部投资促进事务局，中国驻柬埔寨大使馆经济商务参赞处：《对外投资合作国别（地区）指南柬埔寨（2016 年版）》，http：//fec. mofcom. gov. cn/article/gbdqzn/upload/jianpuzhai. pdf。
⑥ 中国投资贸易网：《柬埔寨对外国投资的市场准入规定》，http：//www. china－ofdi. org/ourService/0/1073。

工，总投资额 2.6 亿美元，特许经营期为 44 年，其中建设期 4 年，经营期 40 年。①

截至 2014 年底，以 BOT 方式参与柬埔寨水电站项目建设取得积极进展，累计合同金额达 27.19 亿美元。目前，已经完成投产和正在进行的项目还包括基里隆 1 号水电站项目、基里隆 3 号水电站俄勒塞水电站、沃代水电站和达岱水电站。

（五）柬埔寨特殊经济区域

2005 年 12 月，《关于特别经济区设立和管理的 148 号法令》颁布，特别经济区体制在柬埔寨开始施行。柬埔寨发展理事会下设的柬埔寨特别经济区委员会是负责特别经济区开发、管理和监督的一站式服务机构。至 2008 年底，斯登豪、曼哈顿、柴柴、欧宁、金边和西哈努克 6 个特别经济区已获政府正式批准，另有 5 家也已取得特别经济区委员会认可。②

特别经济区享受的优惠政策：③

1. 经济区开发商：①利润税免税期最长可达 9 年；②经济区内基础设施建设使用设备和建材进口免征进口税和其他赋税；③经济区开发商可根据《土地法》取得国家土地特许，在边境地区或独立区域设立特别经济区，并将土地租赁给投资企业。

2. 区内投资企业：①与其他合格投资项目同等享受关税和税收优惠；②产品出口国外市场的，免征增值税。产品进入国内市场的，应根据数量缴纳相应的增值税。

3. 全体：①经济区开发商、投资人或外籍雇员有权将税后投资收入和工资转账至境外银行；②外国人非歧视性待遇、不实行国有化政策、不设定价格。

三、柬埔寨司法体系及争议解决④

柬埔寨司法独立。法院系统有初级法院、上诉法院和最高法院三级。最高法官委员会是司法系统的管理部门，负责监督法院工作，拥有遴选、任免法官的职权。该委员会由国王主持，由国王、最高法院院长、总检察长、上诉法院院长和检察长、金边法院院长和检察长以及两位法官就任组成。2003 年 2 月西哈努克国王辞去主席职务后，该理事会主席空缺。最高法院院长为迪蒙蒂。柬埔寨无独立检察院，各级法院设检察官，行使相关职能。

在柬埔寨，主要的争议解决方式有和解（包括第三方调解、调停）、仲裁和诉讼。由于柬埔寨民事诉讼实施三审终审制，且各级法院处理案件的周期比较长，又容易受到外界影响，因此，诉讼实在不是商业公司优选的争议解决方式。当然诉讼依旧具备其他争议解决方式所没有的优势，比如法院的禁令、强制性等。

柬埔寨唯一的仲裁机构为全国商事仲裁中心（National Commercial Arbitration Centre, also called National Arbitration Centre）成立于 2009~2010 年，并于 2014 年开始运作，并参

---

① 南博网：《在柬埔寨开展投资合作的手续及注意事项》，http://www.caexpo.com/news/info/original/2016/03/22/3659314.html。

② 上海市建纬（北京）律师事务所：《一带一路法律环境之柬埔寨》，http://yidaiyilu.juhangye.com/201605/weixin_2638642.html。

③ 同上。

④ 商务部国际贸易经济合作研究院，商务部投资促进事务局，中国驻柬埔寨大使馆经济商务参赞处：《对外投资合作国别（地区）指南—柬埔寨（2016 年版）》，http://fec.mofcom.gov.cn/article/gbdqzn/upload/jianpuzhai.pdf。

照国际著名仲裁机构 ICC、LCIA、SIAC、SCC 等仲裁规则制定了其仲裁规则。柬埔寨 2006 年颁布的《商事仲裁法》为国家仲裁中心的争议解决提供了法律依据,其主要条款如下:在商业部下设立国家仲裁中心;各方应得到平等对待,并可自由决定适用法律、仲裁员人数、仲裁小组应遵循的仲裁程序、仲裁地和使用的语言;仲裁协议应为书面形式。

柬埔寨于 1960 年 1 月 5 日被批准加入《纽约公约》,并于 1960 年 4 月 4 日正式生效,未对条款作出保留。外国仲裁裁决可以通过柬埔寨上诉法院承认和执行,且已有先例。不过外国仲裁裁决能否,以及多大程度上能够获得承认和执行,仍然存在不确定性。

四、柬埔寨营商环境及法律风险防范

(一)柬埔寨整体营商环境

柬埔寨经济活动高度自由化,实行开放的市场经济政策。① 在美国传统基金会"2014 年度经济自由度指数"排名中,柬埔寨超越东盟其他成员国,排在新加坡、马来西亚、文莱、菲律宾、泰国和印尼之后,位居第全球 108 位,东盟地区第七位。美国、欧盟、日本等 28 个国家和地区给予柬埔寨普惠制待遇;美国、欧盟及加拿大还对来自柬埔寨进口的纺织服装产品给予不同程度的税收优惠。

大力发展基础设施建设是柬埔寨政府的重要经济目标之一。世界银行和亚洲发展银行每年向柬埔寨提供近亿元的优惠贷款,主要涉及技术支持、电力、供排水、道路和机场等基础设施建设。我国企业应该抓住柬埔寨基础设施建设等机遇,大力开拓柬埔寨工程市场②。

(二)柬埔寨投资与承包工程风险及建议

1. 土地问题③

根据柬埔寨《土地法》(2001 年)规定,禁止任何外国人(包括自然人和外商控制的法人)拥有土地,但合资企业可以拥有土地,其中外方合计持股比例最高不得超过 49%。由于柬埔寨长期的战乱,许多土地所有权属证明文件及地块登记资料丢失,造成目前仍有大量与土地所有权相关的纠纷。因此投资者在与柬埔寨订立土地使用、租赁或按土地所有权分配利益的合同之前,应适合土地所有人的所有权,以避免损失。

2. 劳务问题④

柬埔寨为了保护劳工权益,完全参照西方发达国家劳动标准制定《1997 年劳工法》,严格执行控制外劳输入,并全力解决国内劳动力过剩问题。

该法规在千方百计解决国内劳动力过剩的问题同时,严格控制外劳输入。我国企业在雇佣柬埔寨工人时应当严格遵守《1997 年劳工法》的规定,做好劳动者安全保障工作。《1997 年劳工法》对于外国人在柬埔寨当地工作也作出了相关规定,对于在柬埔寨与柬方

---

① 《柬埔寨投资与经贸风险分析报告》,载《国际融资》,2013 年第 3 期。
② 同上。
③ 南博网:《在柬埔寨开展投资合作的手续及注意事项》,http://www.caexpo.com/news/info/original/2016/03/22/3659314.html。
④ 同上。

共同投资设厂的企业尤其应当注意,严格控制企业每年度雇佣外劳的数量,不得超过企业职工总数 10%,未申请年度用工指标,将不被允许雇佣外劳。为解决外国劳工在柬埔寨的劳动纠纷,柬政府于 1999 年与工会和雇主协会三方成立了劳工顾问委员会,并成立了独立的"劳工仲裁委员会"解决劳资纠纷。

五、小结

自习近平总书记提出"一带一路"倡议以来,柬埔寨政府也同时大力推进基础设施建设,以拉动经济增长,但其资金缺乏,正积极寻求外资进入,外资基本享受与内资相同的待遇,正是我国企业进入发展的机遇。但在柬埔寨开展投资、贸易、承包工程和劳务合作的过程中,要特别注意事前调查、分析、评估相关风险,做好风险规避和管理工作,应选择一些具有较好前景的项目,以 BOT、BOO 等方式进行带资承包。

老 挝

一、老挝国情简介

老挝,全称老挝人民民主共和国(The Lao People's Democratic Republic,以下简称"老挝"),是中南半岛北部唯一的内陆国家,北邻中国,南接柬埔寨,东接越南,西北达缅甸。全国共有 17 个省、1 个直辖市,全国自北向南分为上寮、中寮和下寮三大区。首都万象是全国的政治、经济、文化和科研中心,其他主要的经济中心城市包括位于老挝北部的古都琅勃拉邦市、中部的沙湾拿吉市以及老挝南部占巴塞省的巴色市。官方语言为老挝语,英语正逐步普及,部分人会法语。资格较老的政府官员会说俄语或越南语,近年来随着中老两国经贸合作不断加强,老挝国内出现了学习汉语的热潮。

根据老挝最新统计的人口普查结果,老挝人口总数 664 万。首都万象人口数量达 81 万。老挝有 49 个民族,大致划分为老泰语族(约占全国人口的 60%)、孟高棉语族、汉藏语族和苗瑶语族四大语族。老挝国民大多信奉小乘佛教,1961 年老挝宪法规定佛教为国教。[1]

【小结】

作为陆路连接我国与东盟各国路程最短的国家,老挝高度重视并在认真研究中国"一带一路"合作愿景,希望通过在"21 世纪海上丝绸之路"框架下的合作推动老挝实现"陆联国"的发展战略。[2] 2016 年 9 月 8 日,中老双方前述《中华人民共和国和老挝人民民主共和国关于编制共同推进"一带一路"建设合作规划纲要的谅解备忘录》,该备忘录是中国与中国—中南半岛经济走廊沿线国家签署的首个政府间共建"一带一路"合作文件。[3]

---

[1] 老挝资讯网:《老挝全况介绍之老挝是一个什么样的国家》,http://www.360laos.com/?action-viewnews-itemid-214。
[2] 高潮:《老挝参与"一带一路"建设意愿强烈》,载《中国对外贸易》,2016 年第 7 期。
[3] 同上。

二、老挝投资建设法律问题

(一) 老挝项目投资立法

《投资促进法》，2010年3月老挝国家主席签署第75号主席令，正式颁布实施老挝新版《投资促进法》。新版《投资促进法》由原来的《国内投资促进管理法》和《外国投资促进管理法》合并而成，并对其中8处作了修订和完善，如：投资方式、投资类型、审批程序、一站式投资服务、投资指导目录、优惠政策、专门经济区开发投资以中央与地方管理职能划分等内容。《民法》规定了老挝的自然人之间、法人之间以及自然人与法人之间的财产关系，为私有财产提供保护。《企业法》规定了企业成立、组织、运作、解散、转让和变更，划分企业类型，规范企业章程。《破产法》（1997年5月实施，后进行修订）对矿产资源的所有权、保护和开发、环境保护、矿山经营者权益和当地居民权益和保护等作出了规定。①

除危及国家稳定，严重影响环境、人民身体健康和民族文化的行业和领域外，老挝政府鼓励外国公司及个人对各行业各领域投资并出台了《老挝鼓励外国投资法》。2014年7月8日，老挝六届国会七次会议表决通过，国会主席正式宣布批准老挝新修订的投资促进法。新投资促进法对老挝政府禁止投资的行业、政府专控的行业和专为老挝公民保留的职业做出具体规定。②

(二) 老挝外资准入及企业设立相关法律

禁止投资的行业：各种武器的生产和销售；各种毒品的种植、加工及销售；兴奋剂的生产及销售（由卫生部专门规定）；生产及销售腐蚀、破坏良好民族风俗习惯的文化用品；生产及销售对人类和环境有危害的化学品和工业废料；色情服务；为外国人提供导游。

政府专控的行业：石油、能源、自来水、邮电和交通、原木及木材制品、矿藏及矿产、化学品、粮食、药品、食用酒、烟草、建材、交通工具、文化制品、贵重金属、教育。③

外国投资者可以按照"协议联合经营"、与老挝投资者成立"混合企业"和"外国独资企业"等三种方式到老挝投资。其中，"协议联合经营"是指老挝投资法人与外方在不成立新法人的基础上联合经营；"混合企业"是指由外国投资者和老挝投资者依照老挝法律成立、注册并共同经营、共同拥有所有权的企业，且外国投资者所持股份不得低于注册资金的30%。④ 矿产、水电行业为外资在老挝主要投资领域。老挝对外国投资者进行基础设施建设投资实施优惠政策，主要对原材料、半成品等老挝国内稀缺的设备产品、相关设

---

① 中国对外承包工程商会：《老挝法律、法规和政策》，http://www.chinca.org/cms/html/quanyi/col422/2014-10/16/20141016153450378608023_1.html。
② 潘松明：《论老挝对外资的法律保护》，浙江大学硕士学位论文，2011年。
③ 阿克山：《外来直接投资对老挝经济发展的影响应用研究》，http://max.book118.com/html/2016/0118/33535322.shtm。
④ 徐剑：《中资企业投资老挝万象商业地产项目的价值链分析研究》，云南财经大学硕士学位论文，2016年。

备、机器配件等给予税收优惠。①

(三) 老挝工程建设相关法律

老挝不允许外国自然人在当地承揽工程项目,外国自然人需在老挝注册公司或以外国公司的名义方能在老挝承揽工程。按老挝法律规定,外国承包商在老挝承包工程需获得许可,老挝法律没有明确禁止外国承包商在老挝承揽工程项目的领域。② 老挝工程建设除了世界银行、亚洲开发银行等国际组织援助项目及部分国家投资项目实行严格招标制度外,其他项目一般采用议标形式。

国家筹资的项目由各主管部门发布信息;各省及主要城市也设有市政基础设施管理部门,负责发布本地区的发展战略与项目信息。一般而言,招标项目均在主要报刊上发布招标信息。在老挝承包重大工程项目,一般是通过项目业主向老挝总理府报批,③ 获批后即可签订工程承包协议并进行施工,监理单位可由施工单位推荐并由业主最终决定。

【案例一】④

2015年国家电网平高集团与老挝国家电力公司在万象签署"老挝色贡2变电站至西格玛水电站输变电项目"EPC总承包合同。老挝色贡2变电站至西格玛水电站输变电项目包括在色贡省和波桥省境内新建230KV输电线路、500/230KV变电站、230/115KV变电站以及115KV输电线路的设计、采购和土建安装,合同金额3.17亿美元,工期2.5年。

【案例二】⑤

2012年9月10日,中国水利电力对外公司与老挝国家电力公司签署塞坎曼2水电站EPC总承包MOU。该项目位于老挝色贡省,装机容量13.5万千瓦,预计建成后年发电量7亿度。

【案例三】⑥

2016年11月21日,中国航空技术国际控股有限公司以EPC方式总承包老挝Nam Dik一期水电站项目。Nam Dik梯级水电站项目位于老挝华潘省,总装机40MW,本期签署一期项目,装机15MW,工期约为32个月,工程合同总额为4290万美金。

【案例四】⑦

南普水电站项目位于老挝沙耶武里省,总装机45MW,工期5年,工程合同额约1亿

---

① 东南亚南亚信息港:《老挝对外国投资合作政策法规》,http://www.ectpa.org/article/zcfg/201210/20121000021913.shtml。

② 中国金融信息网:《"一带一路"之老挝投资法律规则与实践(下)》,http://finance.huanqiu.com/roll/2015-08/7323501.html?from=groupmessage&isappinstalled=1。

③ 南博网:《在老挝开展投资合作的手续及注意事项》,http://www.caexpo.com/news/info/original/2016/03/23/3659376.html。

④ 中国驻老挝大使馆经济商务参赞处:《老挝色贡2变电站至西格玛水电站输变电项目举行EPC总承包合同签约仪式》,http://la.mofcom.gov.cn/article/zwminzu/201512/20151201214599.shtml。

⑤ 中国驻老挝大使馆经济商务参赞处:《中国水利电力对外公司与老挝国家电力公司签署色坎曼2水电站EPC总承包MOU》,http://la.mofcom.gov.cn/article/zxhz/201209/20120908335154.shtml。

⑥ 中国驻老挝大使馆经济商务参赞处:《老挝Nam Dik一期水电站项目举行总承包》,http://la.mofcom.gov.cn/article/zwminzu/201611/20161101867017.shtml。

⑦ 中国驻老挝大使馆经济商务参赞处:《老挝南普水电站项目举行总承包合同签字仪式》,http://la.mofcom.gov.cn/article/zwminzu/201611/20161101850033.shtml。

美元,由中国电建成都勘测设计院有限公司于 2016 年 11 月 18 日以 EPC 方式总承包。

(四) 老挝 PPP 相关政策与法律

老挝尚未颁布关于 BOT、PPP、EPC 相关的专门法律。

老挝开展 BOT 的行业主要由水电、矿产、地产等,特许经营年限水电行业一般为 25 年,矿产业为 30 年。在老挝开展 BOT 等外资企业主要来自中国、越南、泰国。[①] 我国企业在老挝建成的以 BOT 形式开发的水电站由南立 1-2 水电站和南俄 5 水电站。

【案例一】[②]

南俄 5 水电站项目由中国水利水电建设股份有限公司与老国家电力公司共同投资开发,南俄 5 水电站项目,于 2008 年 10 月 1 日正式开工建设,总装机容量 12 万千瓦,项目投资额 1.99 亿美元,位于老北琅勃拉邦省和川圹省交界处。该项目是我国企业在老 BOT 投资的第二个水电项目。

【案例二】[③]

南塔河 1 号水电站,由南方电网国际有限责任公司采用 BOT 方式投资建设,总投资约 27 亿元人民币,装机 16.8 万千瓦,2013 年 12 月项目对外道路工程正式开工建设,预计 2018 年投产发电。

三、老挝司法体系及争议解决

(一) 司法体系

老挝人民民主共和国各级人民法院是国家的审判机关,包括最高人民法院,省、市人民法院、县人民法院和军事法院。[④] 老挝人民民主共和国最高人民法院是老挝国家的最高审判机关。最高人民法院检查监督地方人民法院和军事法院的判决。最高人民法院副院长和各级法官由国会常务委员会任命和罢免。人民法院实行集体判决。法官在判决时,必须独立行使判决权,只遵照法律行事。人民法院在开庭审理案件时,除法律规定的特殊情况外,必须公开进行。被告人有权就被起诉的问题进行辩护,律师有权在法律方面给予被告帮助。社会团体的代表有权依法出席法庭观察审理。对于人民法庭已经取得法律效力的判决,党的组织、国家机关、社会团体和公众必须予以尊重,有关的团体和个人必须坚决执行。老挝人民民主共和国设人民总检察院、省人民检察院、市人民检察院、县人民检察院和军事检察院。人民检察院的职权是:①正确、统一监督中央各部门、各社会团体、地方政府、企事业单位和人民群众执行法律的情况;②行使讼诉权。人民总检察长领导老挝人民民主共和国总检察院的工作。副总检察长由国会常务委员会任命和罢免。省、市人民检

---

① 高宝宇:《老挝外国投资法研究》,西南政法大学硕士学位论文,2015 年。
② 中国驻老挝大使馆经济商务参赞处:《中国水利水电建设股份有限公司在老挝首个水电站 BOT 项目投产发电》,http://la.mofcom.gov.cn/article/zxhz/201212/20121208476206.shtml。
③ 中国驻老挝大使馆经济商务参赞处:《中国南方电网公司在老挝投资的南塔河 1 号水电站举行截流庆典仪式》,http://la.mofcom.gov.cn/article/zxhz/201511/20151101160987.shtml。
④ 老挝宪法全文,http://www.360doc.com/content/15/0520/09/3872310_471878660.shtml。

察长和副检察长,县人民检察长和副检察长及军事检察长由人民总检察长任命和罢免。在执行检察任务时,人民检察机关只遵照法律行事,只执行总检察长的命令。

(二)争议解决

在老挝投资合作发生纠纷时,可依据订立合同时约定的纠纷解决途径进行解决,可以先行协商,协商不成再提请仲裁或诉讼。[①] 解决纠纷既可适用老挝当地法律,也可适用第三国法律。双方一致同意的前提下,也可以提请国际仲裁。老挝人民民主共和国于1998年6月17日被批准加入《纽约公约》,并于1998年9月15日生效,老挝未对《纽约公约》作出任何保留声明。

老挝于1997年正式成为东盟成员,1998年1月加入东盟自由贸易区(ASEAN Free Trade Area 简称 AFTA),这就要求老挝要改善国内的相关法律法规,符合东盟地区的相关法律法规并符合一些国际公约。[②] 1997年,老挝积极推进市场经济条件下的法律体系建设,统一仲裁法律制度,2005年5月19日出台了首部经济纠纷仲裁法,其中包括条款57条,并于2010年将该部法律修改和完善至72条,同时经济纠纷仲裁署改名为"经济纠纷仲裁中心",实现了和国际仲裁法律的趋同。老挝于2013年2月2日成为WTO的第158位成员。

老挝经济纠纷仲裁中心作为一个单独机构,受老挝司法部的监督与管辖。该经济仲裁中心的职能是司法部的幕僚,提供方便良好的环境,为仲裁员、私人、法人和其他经济贸易机构之间经济运营发生的矛盾和争议服务,保护双方当事人的利益。除了经济纠纷仲裁中心以外,老挝全国设有三所经济纠纷仲裁机构。(1)乌多姆塞省的司法厅负责发生在乌多姆塞省、博胶省、丰沙里与琅塔省的经济纠纷。(2)琅勃拉邦省司法厅负责琅勃拉邦省、沙耶武里省与华潘省的经济纠纷。(3)占巴塞司法部厅负责管理范围发生在沙湾拿吉省、阿速坡省、塞公省、甘蒙省、沙拉湾省的经济纠纷。其他省离首都万象不远,而且这一些地区的社会与经济发展与首都十分接近,这些省的经济纠纷争端解决均有经济纠纷仲裁中心负责管理。[③]

(三)与我国司法协助

中国和老挝签署了《中老领事条约》(1989年10月)《中老民事刑事司法协助条约》(1999年1月)《中华人民共和国和老挝人民民主共和国引渡条约》(2002年2月)等协定,在司法方面规定了相关保护政策。

1999年1月25日,中国和老挝在北京签订《中华人民共和国和老挝人民民主共和国关于民事和刑事司法协助条约》,旨在相互尊重主权和平等互利的基础上,加强两国在司法协助领域的合作。根据该协定的规定,缔约双方在民商事领域应互相提供以下协助:

1. 缔约一方国民在缔约另一方境内,在人身和财产的司法保护方面享有与缔约另一方国民同等的权利。缔约一方国民有权在与缔约另一方国民同等的条件下,在缔约另一方法院、检察院或其他主管民事和刑事案件的机关进行诉讼或提出请求。

---

① 徐剑:《中资企业投资老挝万象商业地产项目的价值链分析研究》,云南财经大学硕士学位论文,2016年。
② 孟于群:《跨境经济合作区的争端解决机制研究——以云南跨境经济合作区为例》,《云南大学学报法学版》,2015年6月。
③ 谭家才、韦龙艳:《老挝投资法律制度概况》,载《经济与法》,2013年11月下。

2. 缔约双方应当根据请求，在民事案件中代为送达司法文书和司法外文书，询问当事人、证人和鉴定人，进行鉴定和司法勘验，以及采取任何与调查取证有关的其他措施，但如取证并非为了已经开始或预期开始的司法程序，则不属于本条约适用范围。

3. 关于请求的执行：

（1）在执行送达文书或调查取证的请求时，被请求机关应适用其本国的法律；但在不违反上述法律的情况下，也可根据请求机关的请求采用请求书所要求的特殊方式。

（2）如果被请求机关无权执行某项请求，应将该项请求立即送交有权执行的机关，并将此通知请求机关。

（3）如果请求书所提供的地址不确切，或者当事人不在所提供的地址居住，被请求方应努力确定实际地址。如有必要，被请求方可要求请求方提供补充材料。

（4）如果因无法确定地址等原因而不能执行请求，被请求方应将文件退回请求方，并说明阻碍执行的原因。

4. 法院民事裁决的承认与执行

两国法院相互承认与执行的法院民事裁决包括两国有管辖权的法院对民事案件作出的裁决以及在刑事案件中作出的关于民事损害赔偿或诉讼费的裁决。承认与执行的条件如下：

（1）根据作出裁决的缔约方法律，该裁决是最终的和可执行的；

（2）据以作出裁决的案件不属于被请求方法院的专属管辖；

（3）在缺席判决的情况下，根据在其境内作出裁决的缔约一方的法律，未参加诉讼的当事人已被适当地通知应诉；

（4）被请求方法院此前未就相同当事人之间的同一诉讼标的作出最终裁决；

（5）在作出该裁决的诉讼程序开始前，相同当事人未就同一诉讼标的在被请求方法院提起诉讼；

（6）根据被请求方法律，裁决是可以执行的；

（7）被请求方认为裁决的承认与执行不损害其主权或安全；

（8）裁决的承认与执行不违反被请求方的公共秩序或基本利益；

（9）裁决或其结果均不与被请求方法律的任何基本原则相抵触；以及根据第二十二条的规定，裁决是由有管辖权法院作出的。

5. 仲裁裁决的承认与执行。

缔约双方应根据1958年6月10日在纽约缔结的《承认及执行外国仲裁裁决公约》，相互承认与执行仲裁裁决。

四、老挝营商环境及法律风险防范

（一）老挝整体营商环境

老挝经济整体较为落后，但发展潜力巨大。根据世界银行发布的《2015年营商环境报告》显示，老挝在全球189个经济体中排名第148位。世界经济论坛《2014—2015年全球竞争力报告》显示，老挝在全球最具竞争力的144个国家和地区中，排名第93位。美国传统基金会和《华尔街日报》发布的《2015经济自由度指数》显示，老挝在全球178个经济体的经济自由度排名中,排第 144 位。老挝国民信奉小乘佛教,民风淳朴,社会治安总体良好,但也有治安案件发生,不能放松警惕。老挝人民对中国比较友善,没有任何歧视。老挝法律规定,符合条件的个人经批准可持有枪支。2014 年老挝未发生恐怖袭击,但在中国人聚居区时有飞车抢夺案件发生。

(二) 老挝投资与承包工程风险及建议

1. 外资企业获得土地的特别规定

老挝《土地法》对本国人与外国人在土地使用形式上作了区分。外国人及其他组织没有土地的使用权,只享有土地租赁权。如果需要从老挝公民手中租赁已开发的土地,则应由土地所在地的省、市或特区政府向财政部建议审批。[①] 至于外国人及上述个人组织,是由土地所在地的省、市或特区政府向财政部建议决定。根据外国人的投资的项目、产业、规模、特性,其租期最高不得超过 50 年,但可按政府决定视情形续租。

2. 法律环境的复杂性

近年来随着老挝对外开放力度加大,各种法律都在修改完善中,需要不断关注新的法律、法规和政策的出台和修订,特别需要注意:在同老挝政府签订投资协议中,老方承诺的优惠政策应有法律作依据,否则在执行中仍可能会出现争议;老挝计划投资部作为老方外商投资的受理部门,实际运作过程中,仍存在内部程序多、时间长的问题。[②]

3. 承包方式多样

老挝在大型基础设施建设方面,一直接受来自国际援助、世界银行、亚洲开放银行贷款及外商投资。而项目经营的方式有带资承包、出口买方信贷、BOT、资源换资产等各种形式,要注意研究各种不同项目类型、不同资金渠道,注意规避风险。

五、小结

老挝公路、铁路、电站、电网等基础建设项目及城市设施项目均处于起步阶段,正陆续展开,市场潜力较大。我国企业应密切跟踪、树立信誉、打造品牌、从分包到总包,逐步延伸项目市场,要注意规避各类风险,在风险中抓住机遇,量力而行。

文 莱

一、文莱国情简介

文莱达鲁萨兰国(Negara Brunei Darussalam,以下简称"文莱"或"文"),意为

[①] 老挝资讯网:《老挝投资合作指南(三)外国企业在老挝是否能获得土地》,http://www.tuliu.com/read-26548.html/。

[②] 环球财经:《"一带一路"之老挝投资法律规则与实践(下)》,http://finance.huanqiu.com/roll/2015-08/7323501.html。

"生活在和平之邦的海上贸易者"。曾受葡萄牙、西班牙、荷兰、英国等西方国家相继侵入殖民。1959年,文莱与英国签订协定,规定国防、治安和外交事务由英国管理,其他事务由文莱苏丹政府管理。此后,文莱分别于1971年和1978年与英国政府就自治权范围及主权问题进行谈判,缔结了友好条约,并于1984年1月1日宣布完全独立。文莱苏丹政府大力推行"马来化、伊斯兰化和君主制"政策,巩固王室统治,重点扶持马来族等土著人的经济,在进行现代化建设的同时严格维护伊斯兰教义。①

文莱实施伊斯兰君主制,最高君主称苏丹。根据文莱宪法规定,苏丹为国家元首和宗教领袖,拥有全国最高行政权力和颁布法律的权力。文莱是东南亚主要产油国和世界主要液化天然气生产国,石油和天然气的生产和出口是文莱国民经济的支柱,约占出口总收入的96%和国内生产总值的67%。② 近年来,为加强经济发展的可持续性,文莱政府积极实施经济多元化发展战略,为经济平稳发展提供可靠保障。

【小结】

文莱与中国隔海相邻,作为拥有稳定的政治、经济环境,优惠的税收政策和较为丰富自资源的"一带一路"沿线国家,具有一定的投资区位优势,其"2035年远景展望"更为突出强调了通过强化基础设施建设、体制机制建设、扶持中小企业发展等手段改善营商环境,激发市场活力,以实现经济发展多元化的目标。③

二、文莱投资建设法律问题

(一) 文莱项目投资立法

文莱与企业相关的法律制度包括《公司法》《合同法》《破产法》《劳动法》《投资激励法》《商标法》《专利法》等。文莱有两套相互独立的公司法,对国内企业适用《公司法》,对外国企业适用2000年《国际商业企业令》。根据文莱财政部修改的最新《公司法》,在文莱注册公司的董事会中,至少两位中的一位(如仅两位董事),或者至少两位(如超过两位董事),必须为本地公民。④

文莱工业与初级资源部主要负责文莱贸易政策的制定和实施,⑤ 包括:鼓励和支持当地企业及外国投资者开展商品和生产服务,保障国家食品安全和就业,推动经济持续、多元化发展,其下辖农业局、森林局、渔业局、工业发展局和旅游局为相关政策的执行局。此外,财政部、经济发展局等其他有关部门也参与政策制定与实施的相关活动。出于环境健康、安全和宗教方面的考虑,文莱海关对少数商品实行进口许可管理,如印刷品、木材、电话、无线电设备等,某些商品实行临时进口,如水泥、锌皮瓦片等。⑥

---

① 东盟网:《文莱的历史之路》,http://www.asean168.com/a/20140716/8147.html。
② 新华网:《文莱经济概况》,http://intl.ce.cn/sjjj/qy/201310/09/t20131009_1593782.shtml。
③ 中国-东盟研究院:《"一带一路"与"2035宏愿":中国与文莱的战略对接及其挑战》,http://www.3023.com/4/003947560.html。
④ 谭家才:《东盟业务法律资讯—文莱》,https://wenku.baidu.com/view/06f938e4fd0a79563c1e729f.html。
⑤ 陈志波,米良:《东盟国家对外经济法律制度研究》云南大学出版社,2006年1月第1版。
⑥ 格特威:《文莱对外贸易的法规和政策规定》,http://www.gongsizhuce168.com/bru/3944.html。

（二）文莱外资准入及企业设立相关法律

文莱主管国内投资和外国投资的政府部门为工业与初级资源部和经济发展局。① 文莱政府鼓励投资化工、制药、制铝、建筑材料及金融业等，对大部分的行业外资没有明确的本地股份占比规定，对外国自然人投资亦无特殊限制，仅要求公司董事至少一人为当地居民。外资在文莱投资可设立私人有限公司、公众公司或办事处。然而，文莱本地工程一般仅向本地私人有限公司开放。

（三）文莱工程建设相关法律

文莱对外国公司承包工程开展基础设施互联互通建设沿用英国法的有关规定，本国没有专门的法规。

1. 政府工程的许可制度②

外国建筑公司不能直接参与政府工程的投标，须采取与文莱当地公司合作或分包的形式。一是与文莱当地公司合作，由于而当地企业多数在资金上比较困难，而且文莱承包工程需带资承包，因此在一些大的工程上有实力的外国企业有可能参与合作。二是分包单项工程，即从已经中标的文莱公司接受分包。三是与本地公司合资成立建筑公司，并向发展部公共工程局申请建筑工程执照。此种方式适合于有意在文莱长期发展的外国企业，最好与当地建筑商成立合资公司。

【案例】

中国民营石化企业浙江恒逸集团③与文莱合资设立恒逸实业（文莱）有限公司，在文莱大摩拉岛投资 34 亿 4500 万美元建设恒逸文莱 PMB 石油化工项目，该项目于 2011 年获文莱政府批准，2013 年获中国国家发改委和商务部境外投资项目核准。

2. 私人工程的审批事项

文莱对于私人工程一般不采用公开招标的形式。外国建筑商承包私人开发项目不需要有政府建筑执照，但必须得到劳工局的批准，才可以申请公司职员和技术人员进入文莱工作④。

3. 禁止领域

文莱对外国承包商承包当地工程没有规定禁止领域。但承包合同金额较小的项目只能由本地企业或与本地企业合资承包。⑤

4. 招标方式

文莱采用英国的投标承包制度，政府各部门在其公告栏每周的政府公报上刊登招标公告。承包企业可以向有关部门索取或购买招标文件，大的项目还要进行资格审查。

---

① 中国驻文莱大使馆经济商务参赞处：《文莱经贸管理部门》，http://bn.mofcom.gov.cn/article/jmjg/zwglbm/201508/20150801077700.shtml.

② 国家开发银行：《"一带一路"国家法律风险报告》，法律出版社，2016 年 8 月第 1 版。

③ 一带一路网：《浙江恒逸投资 47 亿元 在文莱建炼油化工厂》，http://beltandroad.zaobao.com/beltandroad/news/story20170329-741483。

④ 上海市商务委：《东盟十国工程承包法律精要之马来西亚、文莱》，http://www.scofcom.gov.cn/swdt/242442.htm。

⑤ 赵振宇，吴攀昊：《厘清国际工程承包市场进入条件》，载《施工企业管理》，2014 年第 8 期。

(四) 文莱 PPP 相关政策与法律

文莱供水、供电、废物回收处理等公用事业在很大程度上统一由政府经营管理并给予大量补贴,道路交通设施完全由政府出资修建且不收取任何过路费,收费停车场亦屈指可数,因此在文莱开展 BOT 暂时没有市场基础①。然而,文莱并未关闭 PPP 关系下的其他合作模式,如政府回购等。

尽管文莱尚无 BOT 项目,但由于原油及天然气价格下降,文莱经济停滞的原因,政府部门开始考虑在公用事业、交通设施等进行改革,采取公私合营 (PPP) 模式引入私人投资。

在文莱第 12 届立法会②上,文莱交通部长拿督穆斯塔帕表示,文莱国际机场商业服务设施,包括零售商店、餐厅、机场宾馆、商务中心、休闲娱乐设施以及连接机场与市中心的公交系统等,将采用公私合营模式 (PPP) 建设运营。其中,机场零售店已通过公开招标选定经营商,不久将投入运营。

三、文莱司法体系及争议解决

(一) 诉讼体系

文莱法律体系较为全面、完整,存在世俗法律和伊斯兰法律两套法律体系,相互独立,平行适用。③ 在文莱,世俗法律可以作为立法和审判的重要依据,但伊斯兰教法也是其法律的主要基础。文莱国内涉及商业、贸易活动和个人之间纠纷的多数成文法以英国法律和多数英联邦国家使用的普通法为根基,总体上称为普通法体系。

1956 年 9 月 29 日,文莱颁布第一部宪法,并于 1971 年、1984 年和 2004 年进行了重要修改。文莱立法委员会现包括一名议长和 30 名议员,行使审议立法的权力。由于长期受到英国殖民统治的影响,文莱的法律体系是以英国习惯法为基础建立而成的,民事案件可上诉到英国枢密院 (Her Majesty's Most Honorable Privy Council),由枢密院司法委员会向苏丹提供意见。根据文莱与中国香港地区政府的安排,文莱苏丹可以任命香港法官以个人身份成为文莱司法专员,任期 3 年。④ 同时,文莱设有伊斯兰教法庭,专门审理穆斯林的宗教案件,2014 年 5 月正式实施伊斯兰教刑法。

2000 年,文莱对 1991 年通过的《时效法》进行了修订,主要对提起诉讼的时效限制进行了规定,包括简单合同的时效为 6 年,自诉讼事由产生之日起算;盖印的特殊书面合同的时效为 12 年,自诉讼事由产生之日起算;根据法律可以取得赔偿的时效为 6 年,自诉讼事由产生之日起算;索赔的时效为 2 年,自诉讼事由产生之日起算;判决执行的时效为 6 年,自判决生效之日起算。

---

① 朱丙梅:《云南旅游企业面向文莱跨国经营研究》,云南财经大学硕士学位论文,2016 年。
② 中国驻文莱大使馆经济商务参赞处:《文莱国际机场商业服务设施将采用公私合营模式建设运营》,http://bn.mofcom.gov.cn/article/sqfb/201603/20160301278192.shtml。
③ 东盟网:《文莱法律体系一览》,http://edu.asean168.com/a/20150309/2978.html。
④ 东盟网:《文莱历史之文莱第一部成文宪法》,http://www.asean168.com/a/20140711/4496.html。

外国法院判决在文莱的执行受 1996 年《关于执行外国法院判决实行对等原则的法律》规范。在文莱，执行外国法院判决实行对等原则，即只要外国法院执行文莱法院作出的判决，文莱法院也会在文莱执行该国法院作出的判决。文莱法院将据此自动承认和执行该国法院做出的民事和涉及金钱的给付判决。外国法院的判决在文莱立案后就进入自动执行状态。[①]

（二）仲裁解决

除诉讼方式解决争议外，文莱主要以习惯法、有法律约束力的判例以及 1994 年《紧急仲裁令》(The Emergency (Arbitration) Order) 作为其仲裁制度的主要法律渊源。同时，文莱 1996 年成为《纽约公约》缔约国，而文莱的《紧急仲裁令》也是一部融合了《纽约公约》的仲裁法，但并未以《国际商事仲裁示范法》(The Model Law) 作为立法基础。

文莱 1994 年《紧急仲裁令》对国内仲裁和国际仲裁进行了区分，且规定国内和国际性质的仲裁适用的法律不同。除法官和地方治安官作为仲裁员要征得首席大法官同意，公务员作为仲裁员需取得有关管理部门同意外，法律对仲裁员的选择并未作出限制性规定。该法对当事人选择仲裁程序并未做出限制性规定，仅规定了一些仲裁的程序规则，但当事人可以协商修改仲裁程序规则；如果当事人未就有关仲裁程序进行选择，则仲裁员有权决定仲裁程序。

此外，法院对于仲裁程序的干预体现在以下几个方面：

1. 如法院认为仲裁协议无效、不起作用或无法履行，或者纠纷不是仲裁协议范围内的事项，则有可能驳回仲裁裁决；

2. 如当事人无法就任命仲裁员或填补仲裁员的空缺达成一致，法院有权任命仲裁员或调解员，且非经法院允许，该仲裁员任命不得取消；

3. 如法院发现当事人之间先期存在仲裁协议，则有权中止一方在法院提起的诉讼；

4. 当争议当事人各方同意就某一法律问题存在不同看法，或法院认为对某一法律问题的决定将根本性的影响一方或多方的权利，法院有权以存在法律或事实的错误为由驳回或免除仲裁裁决。

四、文莱营商环境及法律风险防范

（一）文莱整体营商环境

文莱作为东南亚竞争力较强的国家，近年来持续鼓励外商投资，并创造了较稳定和宽松的投资环境。目前，我国企业在文正在积极参与大型基础设施建设，如中国港湾公司在施工的大摩拉岛大桥项目。近日，文莱政府也与广西北部湾国际港务集团签署了合作意向书，共同探讨潜在合作领域，将文莱达鲁萨兰国打造成东盟及东盟东部增长区航运中心，进一步推动广西—文莱经济走廊建设。面对其在今年世界银行评估发布的全球营商环境报

---

① 谭家才：《东盟业务法律资讯—文莱》，https://wenku.baidu.com/view/06f938e4fd0a79563c1e729f.html。

告中的排名大幅下跌,文莱政府组成了专门工作委员会,全面协调、大力推进各项改革,努力改善文莱营商环境。目前已出台的措施包括简化企业注册、营业执照申领、建筑许可审批等流程以及缩短劳工准证办理时间,力争在 2017 年使文莱的营商环境跻身全球前 20 名。①

文莱建筑市场容量有限,主要由政府推进主导,以低收入者住房及基础设施建设为主要方向。② 大型项目主要依靠政府投资拉动,但政府投资必须经过招投标程序,且需要履行的法律和审批程序较为漫长,政府效率不高,款项支付程序也较慢。承包商承揽当地工程需要得到有关主管部门签发的承包工程许可证,具备一定的资质,并根据资质的级别承揽相应规模的工程。外国建筑企业通常采用与当地企业合作、合资或分包的方式参与政府工程项目。③ 而文莱的劳工准入管理较为严格,需申请配额,获得配额后再在政府许可的银行设立的专门账户按劳工数量存入劳务保证金之后才能获得工作准证。

文莱是东南亚地区拥有私家车比例最高的国家之一,然而,除首都斯里巴加湾市与其他城镇有不定期公共汽车外,全国几乎没有公共交通服务系统,其国内目前也未铺设铁路设施,且与马来西亚尚无跨国高速公路建成。④ 而海运、空运、电力、电信等行业在文莱发展较好。文莱基础设施建设资金主要依靠财政拨款,其中发展部主要负责公共住房、道路、桥梁、水利等国家基础设施的规划与建设;交通部负责水运、陆地运输、航空及通信等设施的规划建设;首相署能源局负责电力设施的规划建设;而经济发展局则负责产业园区相关基础设施及部分公共住房、道路、桥梁等基础设施建设。⑤

(二) 文莱投资与承包工程风险及建议

1. 司法效率低下

总体来讲,文莱的司法效率不高。一是相关的交易最好事先经过伊斯兰教法委员会的审查和认可,确保不会因违背伊斯兰信仰而被宣告无效;二是文莱在合同强制执行上,处于世界下游水平。

2. 土地问题

根据文莱《土地法》,土地归国王所有,其公民可以购买使用。但是土地使用需要经过土地规划管理部门的规划,经过规划的土地方可使用。但《土地法》彻底禁止非文莱公民拥有永久地契的地产,但外国直接投资者可以购买分层产权房产,亦可租用土地及房产。⑥

3. 伊斯兰教法问题

文莱为伊斯兰国家,要注意处理好宗教敏感问题,遵守宗教习俗,如投资食品加工等

---

① 中国驻文莱大使馆经济商务参赞处:《文莱力争 2017 年营商环境跻身全球前 20 名》,http://bn.mofcom.gov.cn/article/wtojiben/201508/20150801079451.shtml。
② 商务部网站:《文莱建筑承包工程市场研究》,http://www.mofcom.gov.cn/aarticle/i/dxfw/cj/201101/20110107352118.html。
③ 同上。
④ 中国国际工程咨询协会:《丝路 65 国国别市场指引—文莱》,https://www.ishuo.cn/doc/sbkhnfqf.html。
⑤ 《文莱的基础设施状况》,http://www.gongsizhuce168.com/bru/3940.html。
⑥ 中国驻文莱大使馆经济商务参赞处:《文莱现行土地政策不妨碍外来直接投资》,http://bn.mofcom.gov.cn/article/jmxw/201603/20160301277341.shtml。

行业，必须得到宗教部的批准等。① 文莱承包工程市场对绝大多数我国企业来说尚属完全陌生的市场，需要充分考虑到当地的运作习惯和宗教习俗，在与项目业主、监理单位、合作企业、金融机构打交道之初，对方往往对我们缺乏了解和信心，要求也更加苛刻。②

4. 承包工程方面

文莱整体经济发达，国小民寡，人均收入高，现有基础设施条件好，因此，从长期来看，其工程承包市场前景有限。另外，文莱政府公共工程通常会优先照顾本地企业，尤其规模不大、难度不高的普通工程项目，外资公司基本没可能参与。为保护国内供应商利益，文政府对水泥等部分建筑原材料的进口有所控制。由于国内需求增加，砖块、砂石、钢筋等进口原材料价格近期涨幅较大。据了解，文方合同通常不会加入"价格自动调整条款"③（Escalation Clauses for Price Fluctuation），我国企业在承揽工期较长的大型施工项目时存在成本增大的风险。

5. 外交风险

中文两国于1991年正式建交，建交以来两国关系发展稳定，高层保持接触交流，政治互信度较高。然而，南海问题仍是中文关系中潜在的隐患。尽管文莱实行较为温和的南海政策，未派遣军事实力占领南海诸礁，且主张维护南海地区的和平稳定，但从长期的利益出发，特别是针对南海资源的争夺，并不排除文莱会因南海问题而选择恶化与中国关系的可能。

五、小结

文莱社会和谐，民风淳朴，政局长期保持稳定，但经济结构单一，油气产业是其唯一经济支柱，自身缺乏产业基础，欢迎外国投资进入建设。我国企业应当及时抓住机会，充分挖掘商机，严格遵守当地法律法规，尊重当地宗教信仰和习俗，为两国互利合作和友好关系作出贡献。

越　南

一、越南国情简介

越南社会主义共和国（Socialist Republic of Vietnam，以下简称为越南）地处中南半岛东部，地图显示总体呈S形状。越南与我国广西壮族自治区和云南省相邻，中越历来在文化、经济、政治等领域交往密切。尤其是在文化习俗领域，越南受中国影响颇深，文化

---

① 聂槟：《试析东南亚各国投资环境及中国企业对东南亚的投资》，东南亚纵横，2009年第9期。
② 和讯网：《中国企业在文莱投资、贸易、承包工程注意事项》，http://news.hexun.com/2012-12-20/149278471.html。
③ 商务部网站：《文莱建筑承包工程市场研究》，http://www.mofcom.gov.cn/aarticle/i/dxfw/cj/201101/20110107352118.html。

习俗诸多相通之处。越南东、南两面临海,西与老挝、柬埔寨接壤,属热带季风气候,高温多雨,年平均气温 24℃左右。①

世界银行数据显示,截至 2016 年,越南人口约为 9270 万。② 越南有 54 个民族,约有 86%的人口为京族人。根据 Ethnologue(Lewis 2009:537)的纪录,越南境内共有 105 种语言。越南的官方语言为越南语,根据越南外交部的资料,截至 2013 年,越南大约只有 5%的人口为文盲。③ 首都河内为越南政治、文化中心。越南有 58 个省、5 个直辖市。5 个直辖市中的胡志明市是越南最大城市、最大港口,被视为越南的经济中心。越南矿藏丰富,囊括能源类、金属类和非金属类等 50 多种矿产资源,其中储量最大的矿产资源为煤、铁、铝。21 世纪以来,越南政府经济与社会改革动作频繁,GDP 增长速度一直高于 5%,工业、服务业在国民经济中占比正在增加,传统农业占比相对减少。

自从 2004 年起,中国已连续 13 年蝉联越南世界范围内首要贸易伙伴,快速发展的越南在 2016 年成为中国在东盟十国中的首要贸易伙伴。外国投资越南的领域主要集中于加工制造业、房地产和建筑行业,在配套工业、高新技术产业和基础设施等领域尚有较大发展潜力。④ 根据中国驻越南大使馆经济商务参赞处网站报道,仅从 2017 年前八个月来估算,中国是向越南投资的第四大外资来源地。⑤ 近年来,越南与中国国家最高领导人的互访都向对方发出了在"一带一路"、"两廊一圈"的倡议下,继续深化合作、共同发展的期望。

【小结】

中越政治制度相通、山水相连、文化习俗隔阂较少,两国经贸合作日趋深化。越南是中国"一带一路"沿线较为重要的国家。对于中国的"一带一路"倡议来说,越南具有独特的优势,可以预见两国在基础设施建设与互联互通方面将有更多合作。

二、越南投资建设法律问题

(一)越南项目投资立法

1. 投资相关法律法规

越南在世界银行发布的最新营商指数排名中位居第 82 位,比 2016 年有所上升,与中国名次较为接近。2015 年,越南最新修订的《公司法》《投资法》都正式生效。2016 年,越南政府大约颁布了近 50 个关于商业与投资的政府令。2017 年 1 月 1 日起,越南《民法》《国家预算法》及《投资法的具备条件的投资经营行业名录第六条和附件四修改、补充法》等法规正式生效。⑥ 越南政府在放宽监管、增强经济活力方面做了不少立法改进,为外商

---

① 徐晨,乔程新:《越南社会主义共和国》,载《中国海关》,2016 年第 2 期。
② 世界银行网站,https://data.worldbank.org/country/vietnam。
③ 越南外交部:《国家概况》,http://www.mofa.gov.vn/en/tt_vietnam/。
④ 百度百科:《越南》,http://baike.baidu.com/item/越南?fr=Aladdin。
⑤ 中国驻越南大使馆经济商务参赞处:《中国企业紧抓越南—欧盟自贸协定机遇扩大对越投资》http://vn.mofcom.gov.cn/article/jmxw/201709/20170902643405.shtml。
⑥ 越通社:《越南多项重要法律 2017 年 1 月 1 日起生效》,https://zh.vietnamplus.vn/越南多项重要法律2017年1月1日起生效/59869.vnp。

投资越南带来创造更多政策利好。中国企业在越南无论采取独资、合资和合作经营企业、设立办事处等形式,都需要遵守越南相关法律法规。

2. 投资方式

根据中国商务部发布的《对外投资合作国别(地区)指南》,计划投资部(Ministry of Planning and Investment),是越南主管投资的政府部门下设31个司局和研究院,主要负责对全国"计划和投资"的管理。越南《投资法》总则第三条规定:"外国投资商是指拥有外国国籍的个人、按外法律成立的在越南进行投资活动的组织。"因此,我国公民或企业都可以向越南投资。如果新设公司,外国投资者可以选择成立一人有限公司、多人有限公司、股份公司,并且可以同时经营多个行业。越南《投资法》第三十六条规定外国投资商必须办理投资证书才可以进行投资。在越南中央政府门户网站上,可以找到办理投资许可的证件。比如,办理100%外资企业的投资许可证申请档案包括下列证件:投资许可证申请书;企业章程;法人代表资格和各方财政能力的证书;经济技术论证;涉及科技转让其他档案(若有);环境影响评估说明书或档案;涉及落实投资项目的土地使用档案;外商投资工程建设方案的设计规划证书。①

直接投资方式包括:外商独资企业;成立与当地投资商合资的企业;按BOO、BOT、BTO和BT合同方式进行投资;收购、融资并购当地企业等。

间接投资方式包括:购买股份、股票、债券和其他有价证券;通过证券投资基金进行投资;通过其他中介金融机构进行投资;买卖当地企业和个人的股份、股票、债券等。

外资并购:越南计划投资部部长阮志勇曾在公开场合透露,目前是外国投资者与越南企业成为战略伙伴的好时机。因为越南正在进行国有企业股份制改革,运输、基础设施、粮食、食品、农业、电信、贸易、服务、旅游及建设等领域的并购活动有利于增强越南经济竞争力和推进改革。② 除了涉及国防、国家安全等限制投资的项目领域,越南政府鼓励外商通过并购参与企业管理。

3. 越南对下列领域限制投资

(1)影响国防、国家安全、社会秩序的项目;

(2)财政、金融项目;

(3)影响大众健康的项目;

(4)文化、通信、报纸、出版等项目;

(5)娱乐项目;

(6)房地产项目;

(7)环境影响大或对环境潜在严重影响的项目;

(8)教育和培训项目;

(9)法律规定的其他项目。

越南《投资法》还明确规定了无论是外资还是越南内资企业,如果项目涉及了某些重大领域,必须由国会或总理决定。我国企业进行投资时,务必事先注意这些领域,比如核

---

① 越南中央政府门户网站(中文版),http://cn.news.chinhphu.vn。
② 越南人民报:《越南并购市场努力寻找突破口》,http://cn.nhandan.org.vn/economic/item/5345201-越南并购市场努力寻找突破口.html。

电厂、山区地区安置移民超过 2 万人、其他地区超过 5 万人的项目等。

4. 中越投资贸易协定

1991 年后，中越关系走出 20 世纪 70 年代的紧张关系，双边关系迈向正常化。此后，两国陆续签订了许多经贸合作文件。中国国家最高领导人每次到访越南都将中越关系深化，具有里程碑意义。自从 1991 年以来，中越已经签署不少重要贸易协定。比如，《关于鼓励和相互保护投资协定》《关于对所得避免双重征税和防止偷漏税的协定》《贸易协定》《经济合作协定》《中越经贸合作五年发展规划》《中越经贸合作五年发展规划重点合作项目清单》《中华人民共和国商务部与越南社会主义共和国工贸部关于成立协助中国企业在越南实施项目联合工作组的备忘录》等。中国倡导"一带一路"以来，中越双方都有意深化在"一带一路"倡议背景下相关领域的合作。2016 年，中越修订《两国政府边境贸易协定》，签署《关于共同制定陆上基础设施合作 2016－2020 年规划的谅解备忘录》等重要合作文件。[①]

（二）越南外资准入及企业设立相关法律

1. 设立企业的形式

外商欲在越南设立企业可以采取的组织形式与内资企业的组织形式并无差别。最主要的有：有限责任公司、股份公司、合伙企业、分公司、代表处。如果外商并不希望设立独立的投资实体机构，还可以采取收购股份、商业合作合同（BCC）、加入政府与社会资本合作（PPP）等形式。

2. 注册企业

在越南，针对外商投资的领域与规模的不同，设立企业需要履行的程序分为登记和审批两种。后者更严格。为了鼓励投资，越南政府近年来放松了管制，赋予省级部门大部分外资项目审批权，仅维持对少数行业的审批。越南《投资法》明确了需要由国会、越总理、省级人民委员审批的项目分别是哪些。其余的项目则适用登记制，外商投资申请者只需到相关部门登记，申请投资许可。根据越南《投资法》，越南的计划投资部负责审批全国性的 BOT、PPP 项目；审批石油和天然气项目、金融机构项目、保险项目、律所设立分别由越南工贸部、国家银行、财政部、司法部负责审批。针对越南的外资投资如果属于法律法规规定附条件才可以经营的领域（Conditional Sectorso，比如国防安全领域）或者投资资本金超过 3000 亿越盾，则该投资需要得到越南政府有关部门的审批。处理时间上，适用审批制的项目比适用登记制的耗时多出 10 个工作日，前者约需要 25 个工作日。

3. 注册企业的主要程序

（1）外国独资企业

① 申请投资登记许可证（Investment Registration Certificate）：根据外商投资的规模与领域，需依照《投资法》决定适用登记制还是审批制以获得投资许可。许可证上会载明项目投资人、投资规模、地点、数额等信息。

② 申请企业登记证（Enterprise Registration Certificate）：外商应向其所在的省、中

---

① 中国外交部：《中国同越南的关系》，http://www.fmprc.gov.cn/web/gjhdq_676201/gj_676203/yz_676205/1206_677292/sbgx_677296/。

央直辖市经济仲裁组织或行政单位有关主管部门登记。企业登记证上会载明企业名称、登记办公地址、资本金、法人代表等信息。

③ 成立公告：成功设立后，该新设的外资企业须在越南全国性或地方性报纸连续刊载三期公告。①

(2) 代表处

按照越南法律，外国企业在其所在国或地区为合法设立的企业并且存续满一年以上的即可在越南设立代表处。外国企业的越南分公司不得再在越南设立代表处。②

(3) 分公司

根据商务部《对外投资合作国别（地区）指南》越南篇，中国企业申请在越南成立分公司需要向越南工贸部提交：

1）下载越南工贸部统一规定格式的申请表，按要求填写表格必要信息；

2）总公司营业执照副本；

3）相关文件由中国公证机关公证，再由中越两国有关外交机构双重认证，且需越南官方认可的翻译中介机构进行翻译。外国企业的分支机构在越南并不常见，因为越南法律只允许一些特定领域的外国企业设立在越南分支机构，比如银行业、证券业、非人寿保险业、旅游业等。

（三）越南工程建设相关法律

1. 土地制度

越南有关土地的法律法规主要包含在 2014 年生效的新《土地法》和《民法》的若干条款中。越南的土地制度与中国有相似之处，即越南所有土地属于越南人民，由国家代表人民行使所有权。只有越南籍公民和公司有权从当地人民委员会接受"土地分配"。获得土地使用证（LUR Certificate）的土地使用者有权使用土地。外国机构和个人只能通过向国家或其他有权出租的机构租赁土地获得土地使用权，或者在与当地企业合资时，因当地企业以土地出资而获得土地使用权。土地使用权期限一般少于 50 年，特殊情况下，土地使用期限最长不得超过 70 年。如果外资企业是从政府方租得土地使用权，按照越南法律，外资企业需按年或一次性按租期支付土地租金。③

2. 许可制度

项目的招投标由计划投资部下设的投标管理司直接负责。④ 同我国类似，在越南承包工程需要向建设部申请项目施工许可证。同我国存在差异的是，在越南外国自然人可以参加投标、承揽工程项目。但是该自然人必须有签订及履行合同的民事行为能力。根据 2013 年 11 月 26 日国会颁发的 43/2013/QH13 号投标法规定，合法的个人承包商、投资者须满

---

① 商务部国际贸易经济合作研究院，商务部投资促进事务局，中国驻越南大使馆经济商务参赞处：《对外投资合作国别（地区）指南—越南（2016 年版）》，http：//fec.mofcom.gov.cn/article/gbdqzn/upload/yuenan.pdf。
② 越南中央政府门户网站：《外国商人在越南设立代表处》，http：//cn.news.chinhphu.vn/Home/外国商人在越南设立代表处/20147/15586.vgp。
③ 《在越南营商》，安永咨询公司报告，2013 年。
④ 中国高校网：《越南投资法律规则与实践》，http：//www.glxcb.cn/news/guoji/201601/1601B_14518835286781.html。

足以下的条件：

（1）具备其国籍国家法律规定的民事行为能力；

（2）固有符合法律规定的专业证书；

（3）按法律规定进行注册；

（4）没有正在被刑事起诉；

（5）未在禁止投标期内。

3. 对工程建设施工的规定

越南最新修订的《建筑法》第 4 部分规定了业主与施工单位的权利和义务。业主需要厘清项目的要求和项目包括的内容，如果雇用了外部顾问，需要向顾问提供项目的必要信息和有关文件；项目移交前负责组织移交前测试，并且有妥善保管有关项目投资立项的文件。施工过程中，业主如果自身具备自行监理的资质能力可以不聘请第三方监理咨询单位。施工单位有如下主要义务：在业主授权范围内完成施工任务；保证项目按照计划进度保质安全地进行，注意环保；向业主汇报施工活动；对违约行为负责等。且①业主、项目企业或总包商监理员有责任在施工监督过程中遵守根据第 15/2013/ND-CP 议定书规定，监理员应按照越南相关法规要求，具备与其负责项目要求的资质。②在业主或承包商是外国人时，文件、资料、档案所使用的语言规定为越南语和英语。

根据项目的性质与规模的不同，项目建设承包商的执照须由国家建设部、省市地方建设局等不同级别的机构签发。2016 年越南建设部颁发了 14/2016/TT-BX 号通知，该法令对外国自然人或企业承包越南工程做了一些最新规定。时间上，承包商许可证签发机构在收到有效申请材料后 20 个工作日内给予签发承包商许可证，不再是之前的 15 日。外国承包商必须向许可证机构提交一份许可证申请材料。该申请材料须包含下述文件，且须为越南文版本：

（1）申请书；

（2）招投标结果报告书、承包选择决定或向该承包商分配承包工程法律合同的经核证副本；

（3）该建筑商上网成立执照的经核证的副本，该公司章程或自然人所属国籍国有关部门签发的执业资格证的经核证副本；

（4）与合同项下承包工程相关的运营经验报告以及最近 3 年的审定财务报表；

（5）与越南本土承包商订立的合作合同或参与越南本土承包商工程分包的合同；

（6）非法人代表须提供法人代表的授权书。

另外，根据 14/2016/TT-BX 号通知，如果外国承包商曾行政违法两次，其施工许可有可能会被取消，这是该法令比过去的规定严格之处。

4. 对工程验收的规定

越南建设部 10/2013/TT-BXD 号通知（2013 年 7 月 25 日）对工程建设质量控制、工程验收等作了相关规定。① 该通知第三章规定，业主与承包商在施工前应就工程质量控制系统、基于承包商的技术指导和建议的基础上的质量控制计划与方法达成共识。该通知第

---

① 越南建设部官方网站，http://www.xaydung.gov.vn/web/guest/legal－documents/－/legal/TB4r/en_US/18/203509/55213。

三章同时规定了工程验收的相关内容。项目建设一旦开始,该项目投资人应向有关建筑质量控制部门发送关于该项目的质量文件报告,必须写明项目投资人姓名与地址、项目名称、施工地点、规模与计划工期。有关部门收到报告后应通知投资人验收该项目的计划。收到项目竣工报告后,有关部门应组织验收。验收的费用将在评估后列入项目投资总额内。

5. 招投标

2013年,越南修订了《招投标法》(Law 43/2013/QH13 on),该修正案于2014年正式生效。该法没有列出外国企业不得投标的领域。越南新《招投标法》拓展了需招标的范围,如果项目使用越南国家资金达到总投资30%或者即使未达到30%,但数额超过5000亿越南盾,就必须招标。可以不招标的例外情形很少,新的《招投标法》在保留已有的法规规定的例外情形基础上添加了几种可以不招标的情况:在民用工程领域,竞赛中胜出的建筑设计、国家特定部门直接管理的基础设施搬迁。该新的《招投标法》同时限制了外国投标者投标方式,即要么与越南企业建立合作关系,要么与越南本地企业签订分包合同。为了促进本地人就业和促进越南本地工程承包技术水平提升,该法还规定外国承包商只有在没有合格的越南本地工人的情况下才可以雇佣外国工人。[1]

(四)越南PPP相关政策与法律

2015年、2016年,越南分别颁布了法规文件用来规范越南政府与社会资本合作的开展,即15/2015/ND-CP政府令(被称为越南的PPP法)与02/2016/TT-BKHDT通知,新《招投标法》《投资法》也有一些条款涉及PPP。从可行性研究报告、前期准备、立项到批准的全过程,PPP项目都应当依据这些法律法规提供的指引进行操作。第15号政府令(即15/2015/ND-CP政府令)虽然没有带来破冰性的立法成果,但它依然值得圈点。第15号政府令为越南的PPP模式带来了新的投资方式:建造—移交—租赁(Build—Transfer—Lease)、建造—租赁—移交(Build—Lease—Transfer)以及运营管理合同(Operate and Manage Contract),增加了越南PPP模式的灵活性,使得更多的产业如商业、健康护理行业可以运用PPP模式开展项目。[2]

为了刺激外商投资PPP领域,越南政府在基础设施领域给予外国投资者土地、税务方面的诸多优惠。

此前,越南的PPP领域法规文件主要是规范BOT模式的。越南总理第108/2009/ND-CP号令即是代表之一。政府第24/2011/ND-CP补充决议主要规范的是BTO与BT。合作领域包括公路桥梁、隧道;铁路、铁路桥梁、隧道;航空港与河港;饮用水供应、污排水处理、垃圾处理系统;电站及输送电;医疗、教育、文体等基础设施项目。与越南政府方进行BOT合作的国家主要来自亚洲,包括日本、韩国、马来西亚。但总体上,越南在吸引外资参与PPP领域方面做的并不成功。越南新《投资法》明确规定了BCC(Business Cooperation Contract)、PPP的定义,并且认可外国投资者以BCC与PPP方式

---

[1] 《越南,新招投标法》,载全球金融家网站,https://www.financierworldwide.com/vietnam-new-tendering-rules/#.WeRnlIVOLD4。

[2] PPP Knowledgelab:Vietnam, https://pppknowledgelab.org/countries/vietnam。

进行直接投资。为了推进 PPP 模式，越南的第 15 号政府令才被推出。最新的 15 号令删去了之前政府在 PPP 项目中投资不得超过 30% 的限度，并且赋予投资者申请发起 PPP 项目的权利。因此，外界对越南的新 PPP 立法反应总体比较积极。

越南的 PPP 模式运作中值得注意的还有一点，即争议解决适用的法律。第 15 号政府令第 37 条规定如果争议一方是外国投资者或其政府为该投资者履行合同义务提供保证，争议双方协商一致后可以约定适用外国法律。①

曾有学者对越南的 BOT 项目风险进行调研。调研结果提示的风险值得基础设施领域投资者注意，其提示的风险如下②：

1. 土地征用延误；
2. 政府机构审批延误；
3. BOT 项目所在区域交通网络风险；
4. 成本超支；
5. 对未来经济发展及社会需求的不争取预测；
6. 通货膨胀率提高；
7. 特许经营期长度的错误分析；
8. 利率变化；
9. 政府官员的腐败和低信誉；
10. 实际交通收入低于估计值。

【案例一】

2013 年 3 月 25 日，越南清化省宜山热电厂 BOT 项目由日本公司 Marubeni Corporation 和韩国 Kepco 公司联合体中标。该项目设计功率为 2×60 万千瓦，项目总投资 23 亿美元，有越南政府担保。该电厂计划 2018 年投入使用。中标的日韩两公司将拥有并运营该项目 25 年，之后移交给越南国有供电公司。

【案例二】

2017 年 6 月 28 日，越南永新燃煤电厂一期 EPC 项目厂用受电一次成功。该项目位于越南平顺省，以 BOT 方式项目建设运营，为越南第一个采用超临界"W"火焰炉技术的电厂。中国南方电网有限责任公司控股，与中国电力国际有限公司、越南电煤集团组成项目公司。项目计划 4 年建设完成，特许运营 25 年后向越南移交。该项目总投资超过 20 亿美元，中国国家开发银行、中国银行等多家银行为项目融资提供银团贷款。③

【案例三】

根据"越南法律与法制论坛"（Vietnam Law & Legal Forum）网站报道，④ 2017 年 9 月，内阁会议讨论后，越南政府要求严厉处理 BOT 项目的违约情况，越南政府此举是由

---

① FINANCIER：Vietnam：new Decree on public-private partnership, investments, https://www.financier-worldwide.com/vietnam-new-decree-on-public-private-partnership-investments/#.WQK0gYVOLD4.

② 王守清：《欧亚基础设施建设公私合作（PPP）案例分析》，辽宁科学技术出版社，2010 年 8 月第 1 版。

③ 《越南永新燃煤电厂一期 BOT 项目办开工建设仪式》，搜狐网，http://www.sohu.com/a/23672869_115402.

④ 《政府对 BOT 项目严格态度强硬》（英文），《越南法律与法制论坛》杂志网站，http://vietnamlawmagazine.vn/government-gets-tough-on-bot-projects-6031.html.

于其对交通领域的 BT 以及 BOT 项目巡查后做出的。在越南政府稽查部门巡查的项目中，有 5 个 BOT 项目。稽查部门就稽查结果出具报告，总结了主要问题，并要求越南政府有关稽查部门已经要求计划投资部、财政部、住建部与交通部联合审查有关 PPP 的法律法规，以做适当修改。根据该新闻报道，目前越南已经实施的共计 70 个 BT 与 BOT 项目中，没有一个投资方是经过招投标程序产生的。每一个项目都只有一个投标人，有的投资方甚至欠缺项目要求的资质能力却依然被指定为投资方。稽查发现有些投资决定与项目规划并不一致。项目审批时并未依循有关法规对具体项目、工作量和单位价格的规定，导致项目总投资额估算错误。越南政府有关部门对投资方筛选、合同谈判、签署和监管的涣散管理也造成了问题的产生。稽查报告指出一些交通项目的高昂费用是因为项目实施者错误估计了交通流量。在项目融资方案中，项目收入被严重低估，因而造成收费时间段的延长。2011 到 2016 年，越南交通部调动了超过 169 万亿越南盾投放在 57 个 BOT 公路项目上。BOT 项目改善了越南的道路交通情况，但是也显示了很多问题，主要问题是高昂的通行费、收费站设立不当。尤其是从 2017 年开始，这些问题已经引发了使用者不满情绪以及抗议。

三、越南司法体系及争议解决

（一）国内法

越南法律有大陆法系特征，苏联法律对越南法律也有较深影响，立法是其法律的主要来源。2013 年，越南修改宪法，新宪法确认了在各个领域营商的自由，各种经济组织形式应公平竞争。国际条约作为越南法律的一种渊源在越南法律体系的完善过程中也十分重要。

越南解决争议的法律法规包括程序法《民事诉讼法》、《行政诉讼法》、《仲裁法》，也散落在比如《民法》等实体法中。从文化角度来说，越南社会并不崇尚诉讼，许多纠纷是在法庭之外解决的。越南法律注重调解，在越南的《民法》、《劳动法》、《婚姻法》中，有强制调解的程序安排。与中国类似，越南《民法》中有关合同的条款是构成了其合同法律制度的。合同成立方式与合同种类皆与中国相似。

越南法院分为最高法院、高级法院、省级法院、地区法院。此外，还有专门法院，比如军事法院。根据透明国际（Transparency International）的调查，参与调查的越南家庭中至少向法庭行贿一次的占比五分之一。并且，越南法官的专业水准也有待提高。一旦出现纠纷，为了得到更公正的解决结果，建议中国投资者在合同中设立仲裁条款，可选择第三方仲裁机构裁决。我国投资者签署合同时，须考虑选择适用的法律，包括中国法、越南法、国际条约和国际惯例等。[①]

（二）国际法

越南是《承认及执行外国仲裁裁决公约》（简称《纽约公约》）成员国。越南的法院

---

① 中国金融信息网：《"一带一路"之越南投资法律规则与实践（下）》，http：//app.xinhua08.com/print.php?contentid=1518894。

执行能力较弱。涉及在越南的争议解决时，外国投资者普遍更青睐仲裁。越南有关部门知悉这种情况，为了增强外国投资者信心，2010年，越南修订了《商业仲裁法》。此前，因为越南法律对商业活动的定义较为狭窄，造成了执行外国裁决的困难。越南《外国投资法》也赋予了外商诉诸国际仲裁解决争议的权利。越南本地已成立至少七个商业仲裁中心。外商可以选择越南本地仲裁机构，也可选择离岸仲裁机构，比如新加坡国际仲裁中心、香港国际仲裁中心等。选择越南本地仲裁还是离岸仲裁，应该结合争议项目的金额、所在地等因素综合考虑。同时应要注意的是，虽然越南加入了《纽约公约》，执行外国裁决的过程仍然有可能产生滞后，从而影响合约方实质利益。① 事实上，近年现实争议解决结果也表明，中国投资方与越方产生合同纠纷后，即使中方诉请获得越南法院判决支持，判决本身往往难以执行。这不仅仅因为越南法院强制执行力弱，越南合作方资信不佳，管理混乱也是原因之一。因此，我国企业在越南投资时，务必擦亮双眼，从项目准备阶段就寻找合适的法务或律师做好风险防范，尽可能避免诉争的发生。

【案例一】②

1. 基本案情

某中国公司与某越南公司订立了一份某化学物品买卖合同，约定发生争议时适用中国和越南法律。合同签订后，中国出口方向卖方交付了货物，而越南进口方在收货后认为品质不符合约定，即向中国卖方交涉，并请第三方检验货物。第三方出具检验报告显示，该批货物的确远远低于合同约定的标准。越南买方向中国卖方索赔未果后向上海某仲裁会提起仲裁。

2. 案情分析

如何适用法律是本案焦点所在，也是值得投资者借鉴之处。本案中，当事人约定适用中国和越南法律，但是对同一事实或法律问题怎么能同时适用两个国家的法律呢？庭审中，仲裁庭要求双方当事人就所应适用的法律进一步表明观点，并明确表示如要适用越南法律，双方都有义务提供越南相关法律的文本，以便仲裁庭据此作出有关法律适用的进一步意见。当一方当事人援用中国法律对相关问题发表意见后，另一方既未对应适用何国法律表示意见，也未对相对方援用中国法律提出异议。庭审后，当事人在书面意见中都没有表达要适用越南法律或就援用越南法律提出意见。综合全案以及当事双方在庭上与庭后的意见，仲裁庭认为，适用中国法律既符合双方当事人的意思，由于货物在中国港口发出，适用中国法律也符合国际私法中适用最密切联合国法律的原则。仲裁庭以中国法律对争议做出裁决。本案应当给予投资者的启示是，约定仲裁条款时应当咨询法律人士，明确适用某一国法律，明确由某个仲裁机构裁决，以免陷入茫然的被动不利境地。对于我国企业来说，赴越投资当然应优先考虑以中国法律为适用法律，优先选择中国仲裁机构为争议解决机构。

【案例二】

1. 基本案情

一审原告连云港某工程有限公司与一审被告江苏某工程有限公司签订《施工合作承包

---

① Oliver Massmann，《越南争议解决黄金规则》（英），https://www.linkedin.com/pulse/vietnam-dispute-resolution-golden-rule-oliver-massmann/。

② 黄文：《中国、越南法律的双重选择与争议处理》，http://www.docin.com/p-882051581.html。

合同》，涉案工程处在越南境内。该工程由被告江苏某工程有限公司从中国某勘察设计院承接。项目完工后，江苏某工程有限公司欠付连云港某工程有限公司工程款1350万。经多次催要仍然未支付。因此，原告连云港某工程有限公司诉至无锡中级人民法院，要求判令江苏某工程有限公司支付工程款，中国某勘察设计院负连带责任。江苏某工程有限公司遂提出管辖异议，认为其与连云港某工程有限公司签订的合同有约定"合同履行中发生争议……协商不成时，提交当地法院判决"，此处当地法院应为工程所在地越南当地的法院。管辖异议被无锡中院驳回后，江苏某工程有限公司上诉至江苏省高院。江苏高院维持无锡中院裁定，驳回上诉。[1]

2. 案情分析

该案案情也不复杂。江苏省是我国建筑业大省，随着"一带一路"走出去的深入，相信此类原被告同为中国企业，但诉争标的在境外的情况会越来越多。因此，该案具有一定的借鉴意义。在该案中，原告连云港某工程有限公司与被告江苏某工程有限公司签订了项目所在地为越南某地的工程承包合同，并在合同中约定了仲裁条款。双方约定重大争执的裁决地为上海市仲裁委员会，但由于上海有两个仲裁委员会，当事人无法就仲裁机构达成一致，仲裁协议遂无效。除了约定了仲裁条款，双方还约定了"合同履行中发生争议……协商不成时，提交当地法院判决"。案件的争议焦点即是在"当地法院"究竟是哪里的法院。

上诉人江苏某工程有限公司认为依据当地法院应该是工程所在地法院即越南某地的法院，无锡中院并无管辖权。无锡中院认为双方合同约定由当地法院管辖，是双方真实意思表示，应视为双方约定案件由工程所在地越南本地法院管辖。但是司法管辖权是国家主权的表现和内容，双方当事人选择的法院应该是中国领土主权范围内的中国法院，双方的约定因此应认定无效。依据《民事诉讼法》第二十三条，"因合同纠纷提起的诉讼，由被告住所地或者合同履行地人民法院管辖"，所以本案中，两个被告所在地的法院都有管辖权。并且，依据《江苏省高级人民法院关于调整省高级人民法院及各市中级人民法院第一审民商事案件级别管辖标准的通知》，该案标的与当事人情况均符合无锡中院的管辖范围。江苏高院因此维持了无锡中院的裁决。

本案应该带来的启示至少有两点：（1）当事双方同为中方企业或自然人时，也应该注意仲裁约定明确到某一具体的仲裁机构，避免发生争议后因双方各执一词而导致约定落空。（2）本案涉案标的为不动产，且标的位于国外，属于民诉法中的涉外案件。根据《最高人民法院关于适用〈中华人民共和国民事诉讼法〉的解释》第五百三十一条，涉外合同或者其他财产权益纠纷的当事人，可以书面协议选择被告住所地、合同履行地、合同签订地、原告住所地、标的物所在地、侵权行为地等与争议有实际联系地点的外国法院管辖。因此，本案中，当事人的协议管辖符合该条规定。《民事诉讼法》第三十三条，"因不动产纠纷提起的诉讼，由不动产所在地人民法院管辖"。《最高人民法院关于适用〈中华人民共和国民事诉讼法〉的解释》第二十八条规定，建设工程施工合同纠纷，按照不动产纠纷确定管辖，即工程所在地人民法院管辖。如果仅仅从这两个法条的字面含义判断，很可能会

---

[1] 《连云港市明亮基础工程有限公司与江苏地基工程有限公司、中交第三航务工程勘察设计院有限公司管辖裁定书》，威科网。

得出本案应当由涉案工程所在地越南某法院管辖。然而,《最高人民法院关于印发〈第二次全国涉外商事海事审判工作会议纪要〉的通知》第十二条规定:"涉外商事纠纷案件的当事人协议约定外国法院对其争议享有非排他性管辖权时,可以认定该协议并没有排除其他国家有管辖权法院的管辖权。如果一方当事人向我国法院提起诉讼,我国法院依照《中华人民共和国民事诉讼法》的有关规定对案件享有管辖权的,可以受理。"在本案中,当事人的约定并非排他性的管辖约定。不动产专属管辖属于民诉法的一般管辖原则。而涉外合同的条款属于特殊法条。并且,我国民诉法第八条规定,人民法院应当保障和便利当事人行使诉讼权利。综合以上情况,在本案中,无锡中院应当接受原告起诉,并且依法享有管辖权。无锡中院和江苏高院的裁定无疑具有借鉴意义。

四、越南营商环境及法律风险防范

(一)越南整体营商环境

根据世界银行《2017年营商环境报告》,越南排名第82位,比中国落后4个名次,比其上年排名上升9个名次。根据普华永道2016年出具的《在越南营商》报告,东南亚地区已经连续三年在吸引外商直接投资数额超过中国,其中以越南为领头羊国家。越南以其低成本、快速增长的经济、稳定的社会政治经济环境、逐渐利好灵活的政策吸引了越来越多的外国投资人。仅就设立新公司来说,在越南需要9个步骤,一般来说需要24天左右。

为了吸引外资,正如上文表述,越南近年来对《宪法》《投资法》《公司法》等主要法律都进行了修改,还出台了PPP法律。越南的《公司法》修改之后更有利于保护少数投资人利益。除此之外,越南按照公司经营的领域、经营地、规模、工业制造业为标准,给予企业最长可达15年税收优惠。基础设施领域的公司即属于享受税收优惠的范围。[1]

(二)越南投资与承包工程风险及建议

1. 风险分析

(1) 政策频繁调整

越南政府为了吸引外资、调整经济结构,在法规体系、政策方面调整可谓频繁。在越营商的外国投资者由于语言障碍,可能无法及时得知信息变动,可能会不利于与他人合作中维护自身利益或第一时间获取利好政策的红利。建议在企业中聘请当地律师做法律顾问或聘请熟悉当地政策的咨询顾问,关注国籍国驻越南的外交机构发布的商事信息,并与当地华人商会保持密切往来。

(2) 行政、司法系统透明度不高

越南政府为完善法律体系,增加政策透明度在不间断的努力。但是对于外国投资者来说,国家行政系统和司法系统的透明度依然不够。上文已经列举了越南在"国际透明"组织上的排名不够理想。对于外国投资者,最堪忧的是一旦发生纠纷后,在越南本地诉讼时可能会面对的执行困难。另外,如果案件牵涉到政府一方,比如PPP案件中,如果政府

---

[1] 《在越南营商》(英文),安永咨询公司2016年报告。

方违约，越南相对薄弱的法律法规系统和不够透明的司法行政系统以及政府的诚信履约能力，都会使局面棘手。

（3）EPC资金与管理风险

EPC作为工程总承包的一种方式，是我国企业走出去常采用的工程承包方式。但是EPC模式对总承包商提出的财务和管理的要求是很高的。总承包商做不好风险管控，不仅耽误项目进程，更是将自身陷于巨大的风险当中。我国企业在越南的EPC实践中不乏此类案例。比如越南河内吉灵－河东城市轻轨项目。中铁六局2009年中标该项目，项目最初估计总投资为5.53亿美元，原本计划完工时间是2015年年末。然而，该项目因为种种原因出现施工进度滞后，并遭到越南媒体和民众的负面评价。[①] 根据越南媒体"越南投资评论"2016年的报道，该项目在2016年10月时总投资数目已经远远超过当初的预估总投资额。项目有关负责人员在接受中国日报访问时，透露项目进度慢的原因有两个，一是分包商人员少，二是资金问题。[②] 事实上，海外EPC市场风险多种多样，比如资金运转、人员管理、合同管理、自然地质风险等，不容掉以轻心。

（4）进出口限制

一般来说，政府会以法律法规明确限制进出口的名录。不过，越南政府政策调整较为频繁，当发生因为国家安全、公共利益或者国内产业发展调控等特殊原因时，越南政府不无可能调整限制名录。这对投资者来说无疑是种风险。

（5）知识产权保护力度薄弱

越南近年来知识产权保护水平有所提高，但总体上来说，保护范围、力度不够。越南有关知识产权的人才亦短缺，机构之间协调不佳，公众知识产权意识淡薄。

2. 相关建议

我国企业与自然人赴越南无论采取哪一种经济组织形式投资、承包工程以及进行其他贸易往来，都应力求"有备无患"。事先做好全方位的调查总结，聘请专业法律人员以及其他领域顾问，与其在风险产生后灭火，不如将风险尽可能隔离。具体可分三个层次，整体上对对越南的政治风险和商业风险分析和规避；公司和主体方面，调查和评估项目或贸易客户及相关方的资信；项目层面，谨慎以低价中标，应在完善自身管理能力和技术水平上下硬功夫，以免陷入不利境地，影响企业国际形象。企业应主动熟悉金融工具，具备条件的企业，应培养自身能够利用保险、担保、银行等保险金融机构和其他专业风险管理机构转移风险的能力。

五、小结

2015年11月5日至6日，中共中央总书记、国家主席习近平对越南进行了具有里程碑意义的国事访问，"一带一路"、"两廊一圈"的倡议时隔两年后已渐渐深入人心，初见硕果。越南与中国渊源已久，目前更是国际社会一片投资热土。从经济、政治、文化上来

[①]《中国承包商未能达到质量和工期要求》，越南投资评论网站，http：//www.vir.com.vn/chinese-contractors-fail-to-meet-quality-and-deadline-demand.html。

[②]《越南河内吉灵-河东城铁施工进度慢原因解读》，中国日报中文网，http：//world.chinadaily.com.cn/2016-03/03/content_23729378.html。

说，越南对于中国都具有重要战略意义。

然而，越南中资企业的安全问题也不可掉以轻心。2014年越南发生的打砸抢烧严重暴力事件，说明了越南与我国的关系存有南海问题这个隐患不容忽视。除此之外，以上分析的各种风险，投资者也都应心中有数，做好对策。

总体来说，中国投资者应练好内功，抓住国家战略机遇，利用越南政府政策红利，结合自身情况，在控制好风险的前提下，在"一带一路"的蓝图上开拓出自己的一片天地。

第五章

南亚地区国别法律及实务案例

印 度

一、印度国情简介

印度共和国（The Republic of India，以下简称"印度"）位于南亚次大陆，三面环海，北部是喜马拉雅山脉，与中国、不丹和尼泊尔接壤，东边是孟加拉湾，西边是阿拉伯海，南边是印度洋。印度国土面积虽然不到中国的三分之一，但其耕地面积比中国多，仅次于美国，居世界第二位。

印度属于热带季风气候，一年分为三个季节：4～6月为夏季，天气炎热，很多城市最高温度高达四五十摄氏度；7～9月为雨季，主要在南印度会阴雨连绵，类似中国南方的梅雨季节；10月至次年3月为凉季，温度最为适宜，但气候比较干燥。

印度是世界第二人口大国。根据IndexMundi2016年统计数据，印度总人口12.66亿，平均年龄27.6岁，生育率为2.45人，人口增长率1.19%。① 印度是一个多宗教、多民族、多语言的国家，号称"民族博物馆"。在印度几乎人人信教，79.8%的人信仰印度教，14.2%的人信仰伊斯兰教，其他还有基督教、锡克教等众多宗教。② 印度的主要族群包括占人口总数72%的印度雅利安人和25%的达罗毗荼人。③ 印度有20多种官方语言，其中印度语为第一官方语言，约41%的人口使用印度语。④ 印度虽然在1965年不再将英语作为唯一的官方语言，但依旧保留了其附加官方语言的地位，英语在印度仍然是全国性的通用语言，多用于政治和商业交往场合，印度很多中高等教育机构以英语为教学语言，印度有1.25亿多讲英语的人，是世界上掌握英语人数第二多的国家。⑤

印度是一个联邦制国家，总统是国家元首，但其职责是象征性的。行政权力主要由以总理为首的部长会议控制。印度法律上划分为29个邦，6个联邦属地，以及首都新德里。

印度是目前世界上经济发展最快的国家之一。1991年以前，受社会主义计划经济影响，印度施行贸易保护主义经济政策。1991年，印度开始实行经济自由化改革，经济增长开始加速。自1997年至2011年，印度平均经济增长速度在7%以下。2011年，受高利率和通货膨胀的影响，印度的经济增长速度开始下降，但2014年和2015年，印度的经济开始反弹，平均经济增长速度超过7%。根据印度官方统计数据，其2016年GDP为1.88万亿美元，GDP增长速度为7.1%。⑥ 2016年，印度吸引外商投资464亿美元，比上一年

---

① Index mundi: India Dmographics Profile 2016, http://www.indexmundi.com/india/demographics_profile.html。
② Index mundi: India Religions, http://www.indexmundi.com/india/religions.html。
③ Index mundi: India Ethnic groups, http://www.indexmundi.com/india/ethnic_groups.html。
④ Index mundi: India Languages, http://www.indexmundi.com/india/languages.html。
⑤ Wikipedia: India, https://en.wikipedia.org/wiki/List_of_countries_by_English-speaking_population。
⑥ Statistics Times: GDP of India, http://statisticstimes.com/economy/gdp-of-india.php。

增长 18%。① 印度的劳动人口,50%从事农业或农业相关行业,28%从事服务业及相关行业,18%从事工业。以 GDP 比例来看,农业占 18.1%,服务业和工业分别占 55.6%和 26.3%。② 印度制造业比较薄弱,莫迪政府上台以后,提出"印度制造"的口号,大力鼓励制造业的发展,对外商投资政策也进行了相应的调整。

【小结】

2016 年中印双边贸易金额为 708 亿美元,印度贸易赤字 465.6 亿美元,中国是印度第一大贸易伙伴。③ 中印双边投资也在不断增加,尤其是 2015 以后,中国对印度的投资快速增长,可以预期在未来 5~10 年,印度经济在莫迪政府的主导下必将持续快速发展,中印贸易和双边投资金额也将不断攀越新的高峰。

二、印度投资建设法律问题

印度现行的法律体系以英美法为根本,很多英国殖民时期的法律经过修订后沿用至今。而印度当代立法也深受到欧洲和美国的影响,同时印度家庭法又根据宗教信仰不同而分别适用不同的法律。因此,印度的法律体系是在沿用英国殖民时期引入的法律制度的基础上综合大陆法、美国法和宗教法而形成的混合法律制度。

印度的法律渊源主要包括议会通过的各项法律以及最高法院和高级法院的判例。根据印度宪法的规定,最高院的判例对印度所有法院具有约束力。

(一)印度项目投资立法

作为外商在印度进行投资,需要重点关注印度的外商直接投资政策、外汇管理法、公司法、劳动法、税法、知识产权法、土地法、合同法、仲裁调解法、民事诉讼法等法律。

作为外资想进入印度进行投资,首先需要关注的就是印度的外商投资政策。印度的外商投资政策主要规定在 *Consolidated FDI Policy* 中,印度政府每年会更新一次,目前最新的是 2016 年 6 月 7 日生效的版本,针对不同的行业规定不同的准入政策。④ 其次,因为涉及资金进出印度,外商投资还需要特别关注印度的外汇管理制度,提前了解外汇进入印度有哪些限制;作为投资款或者利润,汇出印度又有哪些要求。比如,房地产投资金额可以全部汇出印度。印度外汇管理法(The Foreign Exchange Management Act,1999,简称 FEMA)自 2000 年 6 月 1 日开始生效。

1. 外资进入印度开展经营,首先需要设立一个经营主体,一般是根据公司法的规定在印度设立有限责任公司。

2. 其次,公司在设立后,应当与公司雇员签订相应的劳动合同;如果雇员是外国公

---

① Livemint:FDI inflows into India jump 18% to a record $46.4 bn in 2016 despite global fall,http://www.livemint.com/Politics/JV5cFZfUieY1Orp5bL8SqM/FDI-inflows-into-India-jumps-18-to-a-record-464-bn-in-201.html.

② 北京外国语大学:《印度基本国情》,http://www.fdi.gov.cn/1800000618_4_36_0_7.html?style=1800000618-4-10000007。

③ Livemint:India's trade deficit with China mounts to $46.56 billion,http://www.livemint.com/Politics/Ag4wktkZODwjHtESc1l7WO/Indias-trade-deficit-with-China-mounts-to-4656-billion.html。

④ Department of Industrial Polic&Promotion,http://dipp.nic.in/English/Policies/Policy.aspx。

民，公司还需要为其办理工作签证。根据印度工业争议法的规定，超过 100 个雇员的工厂在解雇员工前需要取得政府的审批，但政府很少给予这样的审批。外国人在印度工作，其薪资收入不得低于 2.5 万美元。

3. 印度的税法非常复杂，除中央税种外，还有很多地方税种，各地又适用不同的税率。为此，印度进行了税制改革，新的商品服务税（Good and Service Tax，简称 GST）将一几个中央和地方税归为一个税。税制的统一，将减轻企业的税务负担，提高企业经济效益，加速印度的经济发展，GST 预计将于 2017 年 7 月 1 日实施。①

4. 印度的知识产权法类似中国，与世界知识产权法接轨。中国企业在进入印度时，甚至在进入前，就有必要进行相应的商标注册申请。印度的知识产权立法有其特殊性，比如专利法，印度之前对药品，只保护方法专利，而不保护产品专利，再加上印度的强制许可制度，印度的仿制药非常发达。虽然印度自 2005 年开始保护药品产品专利，但对印度的仿制药行业并未产生大的影响。

5. 印度的土地制度不同于中国。从所有权角度来说，印度的土地分为租赁土地和私有土地，前者归国家所有，个人或者企业只能获得一定期限的使用权，后者归个人或者企业永久所有。无论是进行房地产开发，还是购买土地建设工厂，都需要了解印度的土地法。

6. 关于合同法，印度适用的是 1872 年生效的《印度合同法》，规定合同生效和合同违约事项，是印度重要的商业法典。起初印度货物买卖法和合伙法属于合同法的一部分，后分别单独立法。

7. 在印度投资经营，发生纠纷在所难免。因此，有必要熟悉印度争议解决方面的法律，此方面的法律主要是民事诉讼法和仲裁调解法。不同的纠纷适用不同的诉讼时效，一般诉讼时效为 3 年，但涉及政府纠纷的诉讼时效即为 30 年。

（二）印度外资准入及企业设立相关法律

印度的外商投资政策将各个行业分为禁止类和允许类，而允许类中又分为自动许可类和政府许可类，并且对某些行业还附带一定的限制条件。比如，房地产属于禁止类，即禁止外商纯粹倒卖土地进行获利，但在允许类里面又规定了例外情况，即允许外商购买土地并对土地进行开发。之前，对房地产开发有开发面积和投资金额的要求，但最新的外商投资政策已经取消该门槛要求。再比如，印度禁止外商进行多品牌的零售，但允许单一品牌的零售。因此，中国企业在进入印度前，一定要结合自己拟从事的行业提前了解印度的外商投资准入政策。应该说，印度的外商投资政策会越来越开放，印度财政部长在今年的年度财务报告里提出要在 2017～2018 财年取消外商投资促进委员会（Foreign Investment Fromotion Board of India，简称 FIPB，是审查外资进入印度的主要机构）。由于现在大多数外商投资都通过自动许可路径，即无需政府审批，直接进入印度，需要审批的外资越来越少，因此 FIPB 就显得不再重要。

关于公司注册，现在适用的是 2013 年的公司法，但 1956 年的公司法的部分条款仍然

---

① Financial express：GST may come into force from July 1；11 salient features of the tax，http：//www.financialexpress.com/economy/gst-to-come-into-force-soon-11-salient-features-of-the-tax/641652/。

适用。从公司有限责任的角度，印度公司法分为股权有限、担保有限和无限责任三种情况。

在印度，外商投资主体分为 6 种情况，包括私人有限公司、股份有限公司、一人有限公司、非营利公司、有限责任合伙和分支机构。私人有限公司股东不少于 2 人，股份有限公司股东不少于 7 人。私人有限公司董事不少于 2 人，股份有限公司董事不少于 3 人，必须有一名本地董事。没有注册资本的要求。分支机构的设立有联络办公室、分支办公室和项目办公室三种形式。前两种机构设立比较少，基础设施等工程类项目，外资企业多以项目办公室的形式开展工作。如果外资企业从印度企业取得某一项目，为执行该项目，印度储备银行可以批准该外资企业在印度设立项目办公室。此外，有限责任合伙也是印度公司法上一类重要的主体，其结合了公司的有限责任和合伙企业的简便两方面优势。对于 100% 外资允许适用自动许可路径且没有其他附带限制条件的行业，可以设立有限责任合伙。

（三）印度工程建设相关法律

2016 年 3 月 26 日，印度颁布房地产方面第一部全国性的法律，即《房地产法》（The Real Estate (Regulation and Development) Act, 2016）。该法总共 92 条，其中有 60 条于 2016 年 5 月 1 日开始生效，其余部分于 2017 年 5 月 1 日开始生效。同时，有的邦比如马哈拉施特拉邦已经颁布地方性规定，其他邦尚在加紧制定。

为统一和规范印度的房地产市场，解决目前房地产行业存在迟延交房、欺诈等行为，加快房地产行业纠纷解决速度等，该法规定了大量新的内容。新法的实施除了充分保护消费者的利益，比如要求开发商预售金额不得高于合同金额的 10%，销售所得款项的 70% 必须存入指定银行账户并只能用于工程建设等，另外要求预售必须提前进行登记并取得许可，开发商必须公开房地产开发项目规划资料等，进一步规范开发商的行为和资质，有利于印度房地产企业健康发展。

在印度进行房地产开发会涉及大量的报建审批，相应地，也会涉及大量的法律规定。比如印度的森林法严格保护树木，即使是自己私有土地上的树木，如果树木的直径超过一定数量，如果要砍倒或者移植该树木，都必须向相应政府部门申请许可，否则将会面临罚款，甚至刑事责任。因此，了解印度的森林法等相关法律规定非常必要。再比如，在印度开发超过一定面积的房地产项目，必须取得环保许可。房地产开发具有很大的地域性特点，不同的邦可能适用不同的土地所有权和法律制度，比如在班加罗尔开发商与购房者一般同时签订土地买卖合同和房地产开发服务合同两份合同，而在浦那则只需要签订一份房屋买卖合同即可。因此，房地产开发，必须需要了解和掌握当地的相关法律制度和规定。

印度工程建设方面并没有专门的法典，对承包商在印度从事建设工程，并没有资质方面的强制性要求。但是，外资进入印度应当设立项目办公室或者公司并遵守外商投资政策的规定。关于选聘承包商，政府项目应当根据中央监察委员会（Central Vigilance Commission）制定的招标指南（Guidelines on Tenders），须采用招标的方式选择；而对于私营项目则没有招标的要求。

此外，对建设项目而言，项目本身需要取得各种许可，会涉及相关方面的法律，比如环境许可，就可能涉及《1981 年空气（污染防控）法》（The Air (Prevention and Control of Pollution) Act 1981)、《1974 年水（污染防控）法》(The Water (Prevention and Control of Pollution) Act 1974) 和《环境保护法》(The Environment Protection Act)。

同时，由于建设工程往往会涉及使用大量的劳动力，会涉及印度劳动法，比如《1948 年最低工资法》(Minimum Wages Act 1948)、《1948 年工厂法》(Factories Act 1948)、《1947 年工业争议法》(Industrial Disputes Act 1947)、《1970 年合同劳工法》(Contract Labour (Regulation and Abolition) Act 1970)等。

（四）印度 PPP 相关政策与法律

PPP 在印度非常普遍，尤其在一些大的工程项目中。即使在一些较小的项目中，PPP 也变得越来越普遍，比如公路和公交站等项目。

印度中央政府并没有关于 PPP 的专门法律，但一些邦，比如旁遮普（Punjab）邦，有专门的法律来规范建设工程，并且还设立有专门的法庭审理此类纠纷。

对于选择合作伙伴，政府同样根据中央监察委员会的招标指南以招投标的形式进行选择。

三、印度司法体系及争议解决

印度的司法体系分为四个等级，最高法院处于最高等级，位于首都新德里；邦或者联邦属地设有高级法院，位于各邦首府；再下一级行政地区设有地区法院；在地区法院下面还设立有一级法院，即最基层的法院。另外，印度还有一些专属法庭，比如公司法法庭，消费者保护法庭，税务法庭，交通事故法庭等。印度的司法体系有两条特殊规定需要引起注意：一是任何一方不服可以一直上诉到最高法院；二是没有法律规定法院必须在规定时间内审结案件。受英国司法体系的影响，印度法院沿用英美法系的传统，案例法经常被律师和法官引用，最高法院和高级法院审理案件使用英语，律师必须穿戴专门的律师袍和领带出庭，法官被总称为"阁下"，很多出庭律师只接受事务律师的指派，出庭律师可以在法庭进行充分自由的辩论，很少受到限制。

在印度，原告在法院立案后，法院会签发传票，要求被告出庭并答辩（Written Statement)，被告也可以提起反诉。然后开始正式的法庭调查，法庭据此固定双方的争议焦点。经过质证后，双方进行最后的辩论。印度的诉讼时间非常长，一般需要 5～10 年的时间，比如一个土地纠纷案件，原告 2002 年提起诉讼，2009 年法院作出一审判决，后败诉一方提起上诉，至今法院未作出二审判决。

印度拥有全国律师协会和邦律师协会，在邦律协登记的律师可以在印度任何地方的法院开庭。但是，只有通过最高法院考核的律师（Advocate on Record）才有资格将案件起诉至最高法院，只有这样的律师或者其委托的律师才可以在最高法院出庭代理。[①]

外国律师不可在印度代理诉讼案件，但可以代理仲裁案件。印度仲裁目前适用的是 2015 年的《仲裁和调解法》，相比 1996 年的仲裁法，新的仲裁法规定了严格的仲裁时间，即仲裁员必须在 12 个月内作出裁决，但经双方同意最多可以再延长 6 个月。

---

① Rule 6 (b) and 10 of Supreme Court of India Rules 1966。

四、印度营商环境及法律风险防范

(一) 印度整体营商环境

根据世界银行《2017 营商环境报告》,190 个统计国家中,印度排名为第 130 位,与 2016 年的第 131 位基本持平。[①] 整体上看,印度在保护少数权益投资者、获取电力和获取信贷方面表现出色,分别排在第 13、26 和 44 位。其中在获取电力方面进步突出,比去年上升 25 位。但在开办企业、工程建设、财产登记、纳税、跨境贸易、破产处置、合同执行等方面表现出较大问题,绝大部分都排在 150 位之后,其中办理建设许可更是仅排在 185 位,处于垫底。且上述领域的改革进展缓慢,排名与去年相比基本没有变化。

(二) 印度投资与承包工程风险及建议

1. 法律尽职调查

中国企业到印度投资,以房地产为例,主要面临两方面的问题,一是找到合适的符合开发要求的项目,二是具备充沛的资金或者良好的融资渠道。就项目信息而言,中国企业可以通过中介、网络和各种社会资源获得项目信息,但项目是否适合开发还需要进行多方面的调查和评估,一般需要对项目进行法律、财务和技术方面的尽职调查,尤其是与土地有关的法律尽职调查。

无论是房地产开发,还是基础设施建设,抑或设立工厂建设厂房,只要与土地有关,都会涉及土地尽职调查。印度的土地制度与中国的土地制度有着非常大的不同。首先,印度没有统一的土地制度,不同的邦可能适用不同的土地制度,即使同一个地方也往往存在多种不同性质的土地,比如租赁土地,土地所有权归国家,私人或者公司取得的是土地的一定期限的使用权,与中国的土地使用权制度有点类似,但更多的是私有土地,即土地完全属于私人所有。其次,对于土地权属的认定,不像国内以政府部门的登记为准,在印度土地所有权的主要凭证是各种权属契约文件,比如买卖契约、赠予契约等变更土地所有权的文件,政府部门会根据此类权属变更文件进行相应的登记。为了确认权属流转的合法性,法律尽职调查往往需要往前追溯 30 年以上。因此,在印度进行土地法律尽职调查是一项非常复杂而且时间和经济成本都非常昂贵的必经法律程序。在印度进行土地相关的法律尽职调查主要涉及以下事项:

(1) 土地所有权调查:①如果土地系通过购买取得,就需要审查注册的买卖契约和前土地所有人所拥有的权属文件;②如果土地系通过赠予获得,就需要审查注册的赠予合同和其他相关文件;③如果土地系通过遗嘱或者法定继承取得,就需要审查遗嘱并且确保其没有违反法律规定;④如果土地系租赁土地,就需要审查租赁合同并且确保土地使用权的转让符合法律的要求。不管以那种形式取得土地,在现有的土地所有者取得土地之前,往往有过财产分割、继承、买卖、赠予等多次权属变更,期间最核心的工作就是需要确认相

---

① THE WORLD BANK:Ease of Doing Business in India,http://www.doingbusiness.org/data/exploreeconomies/india#resolving-insolvency.

关的交易文件在签署时均已经征得所有权利人的同意或者认可,否则遗漏任何一个法定权利人,都可能为后续带来土地所有权纠纷。

(2) 权利负担:查询土地上是否存在抵押、质押、欠款等权利负担。对此,一般可以通过以下两个方面进行查询,一是通过相关政府部门查询项目土地最新的权利负担情况,基本上可以查询到全部的权利负担;二是通过专门的合同注册机构,查询相关的合同,确认是否存在设定权利负担的合同。

(3) 特殊人群持有的土地:在印度有些邦,对一些特殊人群持有的土地,土地的交易只能在特殊人群之间进行交易,否则,土地需要先转让给政府。

(4) 转租:在印度,政府以租赁的形式提供给一些人进行耕种,此类土地的转租往往只能以农业耕种为目的,不得用于商业或者居住目的。

(5) 土地用途:在印度,不同的土地,即使在同一个区域,也可能具有不同的使用性质,常见的有农业、居住、商业和工业。所以,在进行项目开发前,一定要调查清楚土地的使用性质。如果不符合要求,还需要地主对土地的使用性质进行变更。

(6) 土地收购或者征用:根据印度的《土地收购法》,如果政府宣布对某一土地进行收购或者征用,地主就该地块再进行的各项交易,将被认定为无效。

(7) 公告:在印度进行的法律尽职调查,往往还包括登报公告,即向公众宣告某一地块将进行交易,如果任何人对该地块交易持有异议均应当在规定的时间内提出异议,此类公告一般至少需要以英语和本地语言两种语言登报公告。

【案例】

父亲 X 有三个儿子 A,B,C 和一个女儿 D。1990 年,父亲 X 经过与三个儿子商议,将家庭土地一分为四,土地编号为 Survey No.1,Survey No.2,Survey No.3,Survey No.4,父亲和儿子各持一份。1995 年,父亲 X 去世。2005 年,女儿 D 向法院提起诉讼,主张享有 Survey No.1-4 土地的四分之一。

2005 年之前,在印度教家庭中,只有父亲和儿子才有权处分家庭财产,即父亲 X 与三个儿子在 1990 年分割财产时,不需要征得女儿 D 的同意,父亲 X 与三个儿子 A,B,C 分割家庭土地的行为是合法有效的。但是,女儿 D 可以继承父亲的财产。由于涉案土地中有一份即 Survey No.1 属于父亲 X 所有,因此其去世后在没有遗嘱的情况下,按照法定继承,女儿与儿子具有平等的继承权,女儿 D 有权分得 Survey No.1 地块的四分之一。2010 年,经过审理,法院判决女儿 D 享有 Survey No.1 地块的四分之一,但对 Survey No.2—4 地块不享有任何权利,因为该三块土地已经不属于父亲 D 所有。女儿 D 不服一审判决,提起上诉。

2011 年,三个儿子 A,B,C 将 Survey No.2-4 土地卖给 Y 公司。2015 年,Y 公司拟将该土地卖给 Z 公司。Z 公司在进行法律尽职调查过程中发现存在上述未决诉讼案件。根据印度法律尽职调查程序,Z 委托律所对拟购买土地进行了公告,公告期间女儿 D 提出异议。Z 要求 Y 尽快解决该纠纷。后因为女儿 D 要价太高,Y 未能在短时间内解决该诉讼案件,Z 最终放弃购买该三块土地。

应该说,根据法律规定 D 的主张缺少法律依据,但 D 仍然向法院提起上诉,并且该诉讼案件一拖就是十几年。Z 公司因为担心诉讼问题,而最终放弃购买涉案土地。在印度的实践中,几乎每个土地项目都或多或少地存在这样或者那样的法律问题,诉讼是比较常见的法律问题之一。

2. 建设纠纷

中国企业进入印度的基础建设行业比较早,目前在该领域中资企业主要面临施工迟延和工程款纠纷等法律问题。

根据印度政府统计部数据,在检测的 782 个建设项目中,有 215 个存在不同程度的迟延,从 1 个月到 262 个月不等。其中土地存在权属纠纷是导致项目迟延的主要原因之一。在印度,处理诉讼纠纷的平均时间为 7 年。项目迟延会对项目的总成本造成巨大的影响,比如从 2010 年到 2015 年,各项原料成本增长情况,水泥 74%,钢材 34%,砖 69%,沙子 240%,技术工人 96%。因此,如果房地产或者基础设施建设项目存在纠纷,极有可能导致项目迟延,从而会给项目带来巨大的经济和法律风险。

目前,印度涉及仲裁案件的投资金额高达 7000 多亿卢比。在所有的未决纠纷中,针对政府和国有企业的索赔,其中 64% 的案件仍然没有裁决,11% 的案件仍然在政府部门没有结案。

2015 年印度新《仲裁调解法》的实施使得仲裁案件必须在更短的时间内裁决。与此同时,印度经济事务内阁委员会进一步规定:①涉及政府和国有单位的仲裁案件,在征得对方同意的情况下,应当适用新的仲裁法。从而保证仲裁案件避免过度的迟延。②如果政府部门或者国有单位对仲裁裁决提出异议,75% 的裁决金额应当先存入第三方监管账户,该资金可以被用来:首先,支付欠款;其次,完成项目工程;第三,完成其他项目工程。仅此一项规定就能解决众多承包商的问题。比如,在 347 件仲裁案件中,印度国家公路局仅仅胜诉 38 件案件。

除此之外,所有相关政府部门被要求适用基于菲迪克的 EPC 合同。同时,鼓励将调解解决纠纷写进合同,并约定调解结果等同于仲裁裁决。

3. 法律风险防范对策

针对房地产和基础设施建设中可能存在的土地权属和工程建设等法律风险,我们建议从以下几个方面进行预防:

(1) 进行充分的尽职调查。在签署最终交易文件之前,比如买卖合同、合作开发合同、合资合同等,必须对涉及项目的土地的权属和合作伙伴进行权属法律尽职调查和公司尽职调查,确保项目土地所有权清晰,没有重大诉讼、抵押、合作开发等权利负担,合作伙伴信誉良好。

(2) 充分分析法律问题,谨慎评估法律风险。在印度从事与土地相关的开发和建设,项目土地上存在诉讼或者其他权利负担的情况比较普遍。很多情况下,开发商拿到是一块带有问题的土地,而这些问题一般情况下在法律尽职调查过程中都能够被发现。在决定是否继续进行交易前,必须进行充分的论证和分析,从而评估该分析的法律风险大小。比如,项目土地存在未决诉讼问题,开发商首先需要从法律的角度对诉讼案件进行评估,该诉讼案件如果不解决会给项目的运营带来怎样的风险。然后,根据诉讼案件的风险情况,采取不同的对策。如果该诉讼案件是一个风险很高的案件,开发商必须要么要求土地所有人在交易前解决该诉讼纠纷,要么果断放弃该项目(而放弃一个项目往往是非常难抉择一件事情,因为开发商前期已经投入了大量的人力、物力和精力,轻易不会放弃推进一个项目);如果该诉讼案件是一个风险相对较低的案件,首先,尽量要求土地权利人在交易前解决该纠纷,其次,如果土地权利人不能及时解决,但为了尽快推进项目,也可以在交易文件中附带一定的条件来保护开发商的利益。

(3) 合理的退出机制。作为承包商承接印度的建设项目工程,除了在签署交易文件时设定合理的纠纷解决机制外,同时要充分利用印度各种现有的纠纷解决机制,一旦发生纠纷,可以最大限度地减小损失。

五、小结

从法律的角度来说,印度的营商环境与中国有着非常大的不同。大到法律制度,印度属于英美法系,不同于中国的大陆法系;小到法律服务意识,在印度人们对法律服务比较依赖,一些日常事项如租房等,都会聘请律师。

从经营的角度来说,因为中国企业对印度环境的不熟悉,尤其是缺乏各种配套资源,再加上语言的沟通成本,在国内从事经营时看似非常简单的事情,在印度都可能大费周折。

因此,我们建议中国企业在进入印度前从法律、技术、经济、市场等各个方面进行充分的调研,在进入印度后要快速积极地获取各类人才和人脉资源。在法律方面,尽量储备多的法律服务机构,同时引入优秀的本地法律人才,以便于在满足项目快速落地要求的情况下,逐渐建立起自己的法务团队,为公司在印度的长久发展提供法律保障。

巴 基 斯 坦

一、巴基斯坦国情简介

巴基斯坦全名巴基斯坦伊斯兰共和国,主要语言为乌尔都语和英语,全国绝大多数的人口均信奉伊斯兰教。巴基斯坦的气候除北部山地外,其余大部分地区气温普遍较高,年平均气温27℃,且有雨季和旱季之分。巴基斯坦位于中亚、西亚、南亚、中东海湾的"十字路口",地理位置和战略位置均十分重要。

巴基斯坦为联邦制国家,现有行政区划包括四个省和两个联邦直辖区,首都位于伊斯兰堡,全国最大城市为卡拉奇,其他重要城市还有拉合尔、拉瓦尔品第等。

巴基斯坦近年经济增长较为迅速。巴基斯坦是WTO成员,后又加入上合组织,并参与了我国发起的"一带一路"的建设;此外,巴基斯坦与我国为加强两国之间的互联互通,促进两国共同发展,加深在交通、能源、海洋等领域的交流与合作,两国政府于2013年提出"中巴经济走廊"项目(CPEC)。"中巴经济走廊"起始于中国的新疆,直达至中国援建巴基斯坦的阿拉伯海港口瓜德尔港,该走廊成为"一带一路"倡议的有利补充,将中国与巨大的欧亚市场连接在了一起。

在中巴贸易方面,中国长期是巴基斯坦重要的贸易伙伴。在投资建设及建筑工程领域,随着一带一路的推进和中巴经济走廊的建设,我国企业在巴基斯坦的在建项目也越来越多，如中国电建参与投资、建设的巴基斯坦卡西姆港燃煤电站项目、中国建筑以 BOT 方式承建的位于巴基斯坦信德省的海德拉巴至苏库尔之间总长 296 公里的六车道高速公路项目等。根据我国驻巴基斯坦经商参处发布的《2015 年中巴双边经贸合作简况》，截至 2015 年 12 月底，我国企业累计在巴签订承包工程合同额 454.48 亿美元，营业额 330.79 亿美元，在巴各类劳务人员 9515 人。

【小结】

巴基斯坦拥有重要的地理和战略位置，双方政府又已启动"中巴经济走廊"项目，中巴双方之间的交流和联系将越发紧密和频繁。

二、巴基斯坦投资建设法律问题

巴基斯坦历史上曾为英国的殖民地，现在仍为英联邦国家，因此在法律体系上适用英美法系，在贸易、税收、投资等领域的法律规定亦较为完善。

（一）巴基斯坦项目投资立法

巴基斯坦涉及外商投资的相关法律法规包括：《1976 年外国私人投资（促进与保护）法案》（Foreign Private Investment（Promotion & Protection）Act，1976）《1984 年公司法》（The Companies Ordinance，1984）《1997 年公司（法院）规则》（The Companise（Court）Rules，1997）《2016 年公司法》（The Companies Ordinance，2016）等，此外，还有一些优惠政策，如《巴基斯坦投资政策 2013》（Investment Policy 2013）等。作为联邦制国家，巴基斯坦地方政府在投资政策上享有一定的自主权和灵活性，因此，巴基斯坦各地区还有一些专门的地区性的外资鼓励政策。

此外，中国政府与巴基斯坦签有多项双边协议，例如《双边投资保护协定》、《中巴自由贸易协定》及其补充议定书，在确定建设"中巴经济走廊"项目后，双方又签订了超过 30 个涉及中巴走廊的双边协议，如《中国和巴基斯坦之间的经济技术合作协定》《〈关于对所得避免双重征税和防止偷漏税的协定〉第三议定书》等。因此，中国企业除了可享有巴基斯坦对外资的普遍性优惠政策外，还可享有一些中巴双方特别协定的保护和优惠政策，如税负降低、融资成本减低等。

（二）巴基斯坦外资准入及企业设立相关法律

《巴基斯坦投资政策 2013》相较于《巴基斯坦投资政策 1997》，放开的权限更大，有了更多改革。该政策旨在降低企业费用、简化企业流程，促进外国资本对巴基斯坦的投资。

《巴基斯坦投资政策 2013》内明确，巴基斯坦所有经济领域向外资开放，但有部分事关国家、社会公共安全和宗教规定的领域受限，在 2.1.1 条中特别明确为武器和军火弹药、烈性炸药、放射性物质、证券和货币印刷、铸造、消费类酒精。

外资可在巴基斯坦以三种形式从事经营：一是独资，二是合伙，三是成立公司。巴基斯坦的公司类型有股份有限公司、有限责任公司等，应根据《1984 年公司法》的要求成立。

在公司设立上,巴基斯坦外资和本国国民享受同等待遇;在外商最低投资金额方面,不同于之前对制造业方面和非制造业方面投资的最低要求,现在巴基斯坦对外商投资金额没有最低要求。在外商持股比例方面,除航空、农业、银行、媒体等特殊领域外,其他领域均允许外资拥有100%的股权。

此外,由于巴基斯坦为伊斯兰国家,外资不得在巴基斯坦开设夜总会、歌舞厅、电影院、洗浴场所等娱乐场所。[1]

在巴基斯坦设立公司的基本程序和要求如下:

1. 巴基斯坦负责公司注册和管理的主管政府部门为巴基斯坦证券交易委员会(Securities and Exchange Commission of Pakistan,SECP)。该委员会负责管理公司的注册及公司法的执行等,并同时负责管理证券市场、非银行类金融机构、保险公司等;

2. 在巴基斯坦,成立不同类型的公司所需的前序许可手续不同,如成立非银行类金融公司,需向SECP获得许可,成立贸易组织需向商务部获得许可,安保公司需向内政部获得许可等;

3. 若外资需在巴基斯坦注册公司,同样需遵守巴基斯坦公司法的规定。现在,巴基斯坦证券交易委员会可直接在线进行新公司的申请和注册。相关的名称审核、公司材料递交、注册、付款等均可在网络上完成。申请人在SECP网站上注册账号并按要求操作即可;

4. 外资需在巴基斯坦开设分支机构或联络处的,应按照《2016年公司法》的规定,在开设的30天内向巴基斯坦投资委员会提出申请并获得许可,然后到SECP注册,经登记注册后的企业应持有关批准文件到巴基斯坦税务部门办理税务登记获取税号,[2] 以及到商业银行开户等;

5. 欲设立分支机构的中国企业可登录SECP网站(https://www.secp.gov.pk/media-center/guide-books/general-guide-books/)下载《外国企业指南》(*Foreign Companies Guide*),并按照指南内的相关要求提交表格、进行注册。

(三)巴基斯坦工程建设相关法律

1. 工程承包

巴基斯坦工程承包市场对外开放程度高,管理较宽松,同时由于国情因素,政府也鼓励外资参与工程承包及建设。外国承包工程企业进入巴基斯坦市场只需在巴基斯坦工程理事会(PEC)注册即可,允许外国企业独自或以联合体方式承包、建设。[3]

2. 招标投标

根据巴基斯坦《2002年PPRA法案》的规定,在巴基斯坦,由巴基斯坦公共采购管理署(PPRA)负责全国招投标管理及政府采购等事宜。

2004年,巴基斯坦颁布实施《2004年巴基斯坦公共采购规则》(Public Procurement

---

[1] 商务部国际贸易经济合作研究院,商务部投资促进事务局,中国驻巴基斯坦大使馆经济商务参赞处:《对外投资合作国别(地区)指南—巴基斯坦(2016版)》,http://fec.mofcom.gov.cn/article/gbdqzn/upload/bajisitan.pdf。

[2] 同上。

[3] 中国服务贸易指南网:《承包工程市场国别报告—巴基斯坦》,http://tradeinservices.mofcom.gov.cn/c/2009-03-16/69410.shtml。

Rules，2004），该《公共采购规则》为公共采购的基本法律依据。该《公共采购规则》共分为8节，包括了总则、采购计划、招标公告、资格审核等章节，从招标前对招标过程中的标书递交、开标、评标、中标、废标、重新开标、合同签订等招投标的各个环节进行了规定，同时还对招标过程中的争议解决制度等进行了规定。

按照上述法律，巴基斯坦的招投标项目根据金额的不同而要求不同，共分为三个层级。首先，项目预算或工程造价在10万卢比以上的，就须按照相关法律通过招投标确定供应商或承包方。10~200万卢比的项目或工程，须在采购管理署官方网站或印刷媒体上任选其一刊登招标公告；但若金额超过200万卢比，则招标前需在采购管理署官方网站和印刷媒体上用乌尔都语和英语同时刊登招标公告。

投标方（供应商或承包商）需通过项目的资格预审，预审的内容与我国类似，包括既往业绩、项目人员设备的能力、财务状况等，在资格审核环节还设有黑名单，存在贿赂或欺诈的企业可能被永久或暂时禁止招标，并有可能通报政府；在招标期限（自发标之日起至提交投标文件的期限）上，通常巴基斯坦国内招标项目不少于15个工作日，国际招标不少于30个工作日；评标的方式原则上应为最低价中标。

在巴基斯坦，原则上，所有的公共采购项目，均应进行竞争性的公开招投标，只有遇到特殊或紧急情况，如事关国家安全、知识产权保护等，方可实行议标。

此外，巴基斯坦各省也根据《巴基斯坦公共采购规则》制定了适用于各自区域内的招标采购规定，例如《2010年信德省公共采购规则》《2014年旁遮普省采购规则》等。

我国企业若希望参与投标，可以通过查询当地报纸等媒体、PPRA网站等获取相关信息，在参与招投标时，应注意遵守巴基斯坦及其各省的各项规定。

3. 许可手续

外国企业若需参与巴基斯坦的招投标项目，首先应先至巴基斯坦工程理事会（PEC）提交相关资料，进行注册。同时，巴基斯坦规定，外国企业参与投标时，必须与当地企业组成联营体，一并提交联合体投资协议，协议中当地企业在联营体中所占股份不得低于30%。[①] 联合体组成后注册为当地项目公司，以联营体名义向巴基斯坦工程理事会（PEC）申请投标许可。所有招投标项目相关文件及最终投标结果，需获巴基斯坦公共采购管理署的批准。

4. 争议解决

根据《公共采购规则》第49条规定，当根据《公共采购规则》招投标的项目所签订的合同生效后，若出现争议，应采用仲裁方式解决争议。招标单位在采购合同中应提供一种仲裁方式，且不得与巴基斯坦法律相冲突。

（四）巴基斯坦PPP相关政策与法律

巴基斯坦曾发布报告，其现阶段基础设施建设资金缺口巨大，用于基础设施领域建设的公共领域发展项目（PSDP）资金严重不足，对国际社会的援助和贷款的依赖度较高，

---

① 中国金融信息网：《一带一路之巴基斯坦投资法律规则与实践（上）》，http://finance.huanqiu.com/roll/2015-05/6360013.html。

基建项目开工和建设进度也相对滞后。① 对此，巴基斯坦政府除了欲加大相关领域的资金投入外，在很多领域也欢迎资本以 PPP 的模式参与项目的建设和运营。

巴基斯坦 PPP 项目多见于基建领域。PPP 的形式有多种，如 O&M、BOT、BLT、BOOT 等，在巴基斯坦较为多见的是以 BOT 形式进行的项目。

以 BOT 项目为例，巴基斯坦 BOT 项目的年限通常为 25～30 年，审批流程与上文所述的招投标类似，一般由具体主管部门负责相应流程。

【案例】 卡拉奇——拉合尔高速公路（哈内瓦尔至拉合尔段）招标方案②

巴基斯坦卡拉奇—拉合尔高速是中巴经济走廊中的重点交通基础设施项目，全长约 1152 km，规划为双向 6 车道高速公路，设计速度 120 km/h。招标文件中的哈内瓦尔至拉合尔段，是拉奇—拉合尔高速的一部分。根据巴方招标文件，该项目将由一家巴基斯坦本国公司（A）及一家本国或外国公司（B）与设计公司（C）组成联营体参与投标。中标后，A 与 B 将按各持 50％的股份组建项目公司，由 A 公司、B 公司负责成立 EPC 总承包单位，由 C 公司负责项目的勘察设计任务。项目公司与巴基斯坦公路管理局（NHA）签订《特许权协议》。

根据该招标方案，该项目有如下特点：

（1）EPC 总承包方式建设，签订菲迪克交钥匙合同。

（2）特许经营期共 30 年，自签订《特许权协议》起算，融资期约 1 年，建设期 3 年，运营期约 26 年。

（3）政府部分补贴：项目投资额中，由 NHA 提供一定额度的建设期政府补贴，剩余部分由项目公司按照 30％：70％的比例筹措资本金及银行贷款。

（4）融资期限：要求项目公司在与巴基斯坦公路管理局签订《特许权协议》后 180 日内完成项目融资。

（5）可以收费质押方式进行融资。

（6）资产运营方式：项目公司可选择在项目建成后，自行负责运营该项目、将该项目通过租赁方式交由 NHA 运营、将该项目委托第三方运营或由 NHA 提前购将该项目通过租赁方式交由 NHA 运营、将该项目委托第三方运营或由 NHA 提前购买项目公司股权，让投资方提前获得收益。

三、巴基斯坦司法体系及争议解决

巴基斯坦法院系统与我国类似，分为四个层级，分别为最高法院、省高级法院、中级法院和基层法院。由于伊斯兰教为巴基斯坦国教，所以，最高法院之下又专设联邦层级的联邦伊斯兰法院、最高法院伊斯兰上诉分庭。最高法院作为最高司法机关。③

外国企业在巴基斯坦若遇到纠纷，可选择的争议解决方式与中国类似，为诉讼和仲裁。但正如上文所述，由于巴基斯坦本身为英美法系，且法律中兼有伊斯兰教义的相关规

---

① 商务部国际贸易经济合作研究院，商务部投资促进事务局，中国驻巴基斯坦大使馆经济商务参赞处：《对外投资合作国别（地区）指南—巴基斯坦（2016 版）》，http：//fec.mofcom.gov.cn/article/gbdqzn/upload/bajisitan.pdf。
② 王萍，赵俊明：《巴基斯坦高速公路 PPP 模式投融资浅析》，载《江苏交通科技》，2015 年第 4 期。
③ 蒋惠岭，何帆编译：《巴基斯坦国家司法发展战略》，载《人民法院报》，2012 年 9 月 21 日第八版。

定，法律机构设置较为复杂，又尚未与中国互认司法判决；因此，作为在巴基斯坦投资的中国企业而言，在商事纠纷上选择仲裁是较为方便、保险的方式，巴基斯坦和中国同为《纽约公约》的缔约国，根据公约内容，双方能够互相承认并执行任何一个仲裁机构做出的仲裁裁决。若希望选择仲裁，应在双方合同中明确约定仲裁条款并选择一个确定的仲裁机构。

四、巴基斯坦营商环境及法律风险防范

（一）巴基斯坦整体营商环境

1. 恐怖主义威胁，安全问题严重

巴基斯坦近年来深受恐怖主义的威胁。巴基斯坦的恐怖分子多为宗教极端分子，由于该国西北部与阿富汗接壤，导致阿富汗的恐怖分子多躲藏在巴基斯坦西北部山区，仅在2017年2月份，巴基斯坦一周内就发生了六起恐怖袭击事件，导致超过100人死亡，根据巴基斯坦财政部公布的数据显示，2011～2014年间恐怖袭击造成的经济损失就超过了280亿美元。

此外，巴基斯坦的政党矛盾和教派冲突也非常频繁，由于中巴之间的友好关系，反政府及极端组织经常首选绑架中方人员，用于威胁巴基斯坦当局以达到自己的诉求，导致中资企业人员的人身安全更易受到威胁。因此，恐怖威胁和安全问题是中方企业在巴基斯坦投资必须考虑到的最重要的问题，也是未来有可能制约中方在巴投资的重要因素。

2. 自然灾害及文化冲突

巴基斯坦曾被英国风险分析机构 Verisk Maplecroft 认为是世界最受自然灾害影响的国家之一。巴基斯坦最多见的自然灾害为洪灾、地震、泥石流、干旱，由于自然条件本身就较为恶劣，再加上政府治理不善、贪腐严重、基建落后及灾控政策执行不力，导致经常出现巨大的经济损失和人员伤亡。

巴基斯坦为伊斯兰国家，宗教风俗和社会文化与我国差异巨大，我国企业在当地投资或参与建设时，应尊重当地风俗和禁忌，如在公共场合不饮酒，不吃猪肉制品等。

3. 劳工问题

正如上文所言，巴基斯坦国内政局动荡，各种国际或地区事件爆发后，工人们经常会放下手中工作上街游行示威，造成企业停工；此外，政党矛盾频发导致党派之争常常引发地区性乃至全国性的罢工，各行业内部因为薪资、劳动时间等问题也常常会组织罢工，因此，各种原因引发的停工、罢工问题，中国企业应充分进行考虑。

此外，由于巴基斯坦是伊斯兰国家，根据伊斯兰教义，每年最重要的节日开斋节前全民均要封斋一个月，这一个月中，在斋月期间，部分政府机关、单位只工作半天，可能将对企业的正常经营造成一定影响。

4. 拖欠工程款问题

巴基斯坦国家财政并不充裕，再加上巴基斯坦政局市场不稳、自然灾害频繁，导致很多时候政府财政无法满足开支，即使使用的是国际援助或贷款，但因上述原因，有时导致拖延，最终不得不由企业自行解决资金链问题。因此，在巴投资的中方企业，应对此进行

充分考虑。

(二) 投资与承包工程建议

1. 遵守当地法律，尊重当地风俗

在当地的中国企业应遵守当地法律，在仔细研究当地法律的基础上进行合法经营，避免不正当、不合法的竞争。由于巴基斯坦为伊斯兰国家，应尊重巴基斯坦当地的风俗，防止由于文化冲突导致矛盾而影响经营。

2. 聘请税务团队

很多中方企业均反映，巴基斯坦的税制设置不合理且复杂多变，不稳定；同时，为了提高国家财政收入，巴基斯坦政府还在不断的增加税种、提高税收幅度。巴基斯坦的税务当局对于企业纳税采取"有罪推定"，常通过断章取义解读企业财报来认定企业偷税，并且不给予企业申诉或复议的机会，就直接从企业账上将钱款扣划，导致企业经常与税务部门产生纠纷。因此，若需在巴基斯坦投资，必须认真研究巴基斯坦税制并聘请熟悉巴基斯坦业务的税务团队。

3. 全面分析招投标项目情况，积极联络中国驻巴基斯坦各机构

中国企业参与巴基斯坦工程项目的招投标时，应认真分析招投标的相关资料，充分了解项目背景、现状，同时正如上文所言，巴基斯坦恐怖活动频繁，应对当地的政局和安全形势进行考察。企业在投标时还应考虑人民币汇率问题，近年人民币对美元汇率呈下跌趋势，在投标时应考虑预留费用，切忌盲目低价竞标，在承担PPP项目时，不应超出企业的实际能力对融资、垫款等进行保证或承诺。

据了解，中国企业在巴基斯坦开展承包工程业务，通常需通过当地代理公司获取相关信息、参与项目投（议）标和解决项目实施过程中遇到的问题。因此，建议选择实力强、信誉好、能办事的代理公司。对项目存在疑虑的，应积极联络中国政府驻巴基斯坦的各机构。[①]

4. 注意安全

巴基斯坦近年恐怖袭击多发，安全形势比较严峻。我国企业若有意在巴基斯坦参与工程建设，务必详细了解安全情况，做好安防工作。在项目建设过程中，加强对员工的安全教育，强化安全意识，并加强管理。

五、小结

随着"一带一路"、"中巴经济走廊"的建设，以及中国与巴基斯坦之间的友好关系，中国企业在巴基斯坦投资、建设的项目将会进一步增加。作为外国投资方，在投资时，中国企业应充分考虑巴基斯坦较为特殊的政治、宗教及安全环境，做好充分的评估和准备，遵守当地法律，加强内部管理，才能更好地在巴基斯坦的投资中保障自身权益以及相关的利益。

---

① 中国驻巴基斯坦大使馆经济商务参赞处：《在巴投资合作可能碰到哪些问题》，http://pk.mofcom.gov.cn/article/o/n/200905/20090506216011.shtml。

孟 加 拉 国

一、孟加拉国国情简介

孟加拉人民共和国（People's Republic of Bangladesh，以下简称"孟加拉国"），位于恒河和布拉马普特拉河冲积而成的三角洲上，印度、缅甸相邻。孟加拉国国土面积约147570平方公里，在北方边境尚有大量飞地。孟加拉国全国大约有1.6亿人，其中孟加拉族占98%，另外还有20多个少数民族。孟加拉以孟加拉语为国语，英语为官方语言，以伊斯兰教为国教。①

孟加拉国划分为达卡、吉大港、库尔纳、拉吉沙希、巴里萨尔、锡莱特和郎故尔7个行政区，下设64个县，472个分县，4490个乡，59990个村。首都达卡是孟加拉全国政治、经济和文化的中心。②

孟加拉国有丰富的矿产及森林等自然资源，其森林覆盖率为13.4%。孟加拉国经济发展水平比较低，农业是国民经济主要依靠，孟加拉是仅次于印度的世界第二大黄麻生产国，第一大黄麻出口国。孟加拉国重工业薄弱，制造业较不发达，主要是以原材料和初级产品生产为主，是世界上最大的纺织品出口国之一。孟加拉国有丰富的旅游资源，旅游业已成为其主要的第三产业。③

孟加拉国奉行独立自主、不结盟政策。在平衡发展同世界大国关系的同时，注重维护与各个伊斯兰国家的传统关系，努力改善与印度的关系，并加强同西方国家的关系。孟外汇储备的重要来源是日本、美国、加拿大和世界银行、亚洲开发银行等国际机构提供的国际援助，这也是孟投资发展项目的主要资金来源。④

我国自1975年10月4日与孟建交后，双方领导人互访频繁，两国之间的关系迅速发展。目前，孟加拉国是中国在南亚地区的第三大贸易伙伴，中国是孟加拉国第一大商品进口来源地。中国对孟加拉国出口的商品中排名前三的是棉花、锅炉和机械器具及零件；自孟加拉国进口的商品主要是纺织品及其衣着附件。据中国商务部统计，中国企业对孟加拉国的投资主要集中在纺织服装及其相关的机械设备等领域，主要投资企业有利德成服装公司、孟加拉新纪元制衣有限公司、新希望孟加拉有限公司、孟加拉通威饲料有限公司等。⑤

---

① 外交部网站：《孟加拉国概况（最近更新时间：2016年12月）》，http://www.fmprc.gov.cn/web/gjhdq_676201/gj_676203/yz_676205/1206_676764/1206x0_676766/.
② 同上。
③ 同上。
④ 同上。
⑤ 商务部国际贸易经济合作研究院，商务部投资促进事务局，中国驻孟加拉国大使馆经济商务参赞处：《对外投资合作国别（地区）指南—孟加拉国（2016年版）》，http://fec.mofcom.gov.cn/article/gbdqzn/upload/mengjiala.pdf.

【小结】

孟加拉国人口密度处于世界之最,是人口大国也是世界最不发达国家之一,其经济发展状况较为落后,市场需求量较大,这将带给投资者们更多的机遇和挑战,也为"一带一路"倡议的发展提供了良好的契机。

二、孟加拉国投资建设法律问题

孟加拉国的法律主要以继承英属印度时期和巴基斯坦法律为基础,大多数的法律为很多年前制定的旧法,1972 颁布的《宪法》为其法律体系的核心。目前,孟方在积极完善法律制度空白的问题。

(一)孟加拉国项目投资立法

孟加拉国关于投资的立法主要有《公司法》《投资法》《外国私人投资法》和《产业政策》等相关法律。在 1991 年颁布的《工业法》中,规定了禁止投资的领域。在土地、资源方面的立法主要有《注册法案》和《财产转移法案》。

孟方对外国投资给予税收优惠及保护政策,主要有税收减免政策、对外国投资主体实行国民待遇、保证外国投资不被无偿国有化和征收、保证外国投资本金、利润和红利可以汇回其本国等政策保障。①

根据孟加拉国政府对外发布的第七个五年规划,设定年均 7.4% 的 GDP 增长目标,至 2020 财年达到 8%,并新增 1290 万岗位就业。在基础设施方面,孟加拉国的市场需求量很大,特别是电力方面。孟加拉国未来将逐步将主干网升级至 400KV,且在输电网络建设上倾向于采用 IPP 独立电网、PPP 公私合建等多种方式,设立了于 2021 年使全国民众都能获得电力供应的目标。② 其次在铁路方面,孟全境将逐步统一使用宽轨建设标准,并在首都达卡兴建城市轨道交通。孟政府对机场建设、内河运输及河流的疏浚清淤方面,也将重点关注。

(二)孟加拉国外资准入及企业设立相关法律

孟加拉国关于外商投资的政策相对来说比较开放,除了武器、军火、军用设施和机械;核能;造币;森林保护区的森林种植及机械化开采四类行业不允许外商进行投资外,其他行业都属于孟方政府鼓励投资的领域。不过出于对环境保护、公众健康以及国家利益的考虑,孟加拉国政府会根据实际情况确定某些领域为限制领域,如天然气、油、煤、矿产的勘探、开采和供应;高速公路等大规模项目、原油精炼等。③

为保护环境,孟政府规定在孟投资项目时,必须实施强制性环境评估与检测制度,即

---

① 商务部国际贸易经济合作研究院,商务部投资促进事务局,中国驻孟加拉国大使馆经济商务参赞处:《对外投资合作国别(地区)指南—孟加拉国(2016 年版)》,http://fec.mofcom.gov.cn/article/gbdqzn/upload/mengjiala.pdf.
② 江苏商务云公共服务平台:《孟加拉国的基础设施状况如何?》,http://www.jscc.org.cn/model/view.aspx?m_id=1&id=43135.
③ 商务部国际贸易经济合作研究院,商务部投资促进事务局,中国驻孟加拉国兰大使馆经济商务参赞处:《对外投资合作国别(地区)指南—孟加拉国(2016 年版)》,http://fec.mofcom.gov.cn/article/gbdqzn/upload/mengjiala.pdf.

相关投资项目在被批准前必须进行环境影响评估和初期环境检测，以确定其对环境的影响程度。同时，业主在投资过程中也需遵守环境管理计划的相关要求。[1]

为解决了电力危机问题，孟加拉国允许本地或外国公司不经过招标程序即可投资建设私营电站项目。这项政策具体内容包括：①投资者无需电站建设经验；②地点任选；③投资者可选择将电卖给大企业或按照定价上网；④燃料任选；⑤政府提供土地等。[2]

外商投资可以单独或联合当地公共和私营部门进行。在股权投资方面没有限制，可以投资100％外国股权的公司。对于外国投资者，投资资本可以全部汇回，利润股息也可以归还。外国投资建设经济区、出口加工区须获得相关主管部门的许可。

在孟加拉国设立企业的形式包括：代表处或办事处、外商独资企业、合资企业、分公司或子公司、股份有限公司等。

在孟加拉国注册企业的主要程序有：

1. 申请设立合资企业、独资企业、分公司、子公司或代表处、办事处的向孟加拉国投资局或加工区管理局提出申请，提交规定的材料，进行注册；申请设立股份有限公司的，向孟加拉国股份公司注册处申请，股份公司的章程须经孟加拉国驻中国大使馆认证，设立分公司、子公司或代表处、办事处的所有材料都须经孟加拉国驻中国大使馆认证；

2. 申请水、电、气的接入；

3. 办理税号、刻公章；

4. 申请工作许可证，对外国专业人员发放许可证不受限制。

（三）孟加拉国工程建设相关法律

孟加拉国关于工程建设的法律主要有《公共采购法》《土地征用法》等相关法律。孟加拉的工程项目主要集中在路桥、电信、电力、疏浚和水厂等基础设施领域。孟加拉国无明确禁止外国公司承包的工程领域。孟加拉国工程项目的招标方式为公开招标和议标，招标公告分为本地招标和国际招标，外国企业只能参与国际招标[3]。孟加拉各级政府采购的工程项目投标人不得为自然人，外国自然人仅能以个人名义参与相关政府采购工程下的相关咨询工作。

一般情况下，就特定工程进行招标时，会选定少数几家公司进行逐个议标，通过综合评定后确定中标方。议标通知大多数是由业主直接告知特定企业的，因而透明度较低，暗箱操作的风险较大。

孟加拉国招标的详细内容一般列在标书中，而标书由投标方向业主购买，一份标书的价格大约为1000元人民币，购买标书的信息一般在列在招标公告的最末段。由于孟加拉国项目经常会出现公司资质要求、投标截止日的变化，且业主一般不会单独通知投标方，

---

[1] 商务部国际贸易经济合作研究院，商务部投资促进事务局，中国驻孟加拉国兰大使馆经济商务参赞处：《对外投资合作国别（地区）指南—孟加拉国（2016年版）》，http：//fec.mofcom.gov.cn/article/gbdqzn/upload/mengjiala.pdf。

[2] 商务部网站：《孟政府允许不经招标程序投资建设私营电站项目》，http：//www.mofcom.gov.cn/aarticle/i/jyjl/j/201004/20100406861508.html。

[3] 商务部国际贸易经济合作研究院，商务部投资促进事务局，中国驻孟加拉国大使馆经济商务参赞处：《对外投资合作国别（地区）指南—孟加拉国（2016年版）》，http：//fec.mofcom.gov.cn/article/gbdqzn/upload/mengjiala.pdf。

因此投标方要密切关注业主网站及孟加拉国公开发行的报刊，及时获取最新信息。

在孟加拉国进行政府类工程项目无需特别的许可。根据相关法律的规定，孟加拉国允许没有经验的个人在价值 2000 万塔卡内（相当于 28.7 万美元）的公共工程、货物采购和服务中参加投标。由于中标方低价竞争，以往中标价都低于政府的估价的 30%，造成工程质量较低，因此孟方法律规定，在 2000 万塔卡内的公共采购中，如果投标者的报价高于或低于政府评估的价格的 5%，将被视为是没有资格的投标方。[①]

在获得土地地块方面，需要申请工业土地使用权的企业需向孟加拉国投资管理局报告所需土地的大小，并提供注册/批准书和工业布局运作的实际需求计划。接受申请后，管理局将协助企业向土地局申请获得工业用地。[②] 在孟加拉国小作坊工业公司分配工业飞地地块时，将优先考虑中小型投资者。

（四）孟加拉国 PPP 相关政策与法律

2012 年 8 月，孟加拉政府颁布了《PPP 法》，为 PPP 项目的实施提供了明确和透明的法规和程序框架。孟方允许外国投资者通过 BOT、PPP 等方式参与孟加拉国的基础设施建设，并对外国投资者给予国民待遇。目前，中资企业在孟加拉国基础设施建设领域主要以开展 EPC 工程承包为主，尚未有中资企业实施 PPP 项目。

1. 投融资建设管理机构[③]

孟加拉投资管理部门较多，分工比较细致，投资者需要根据区域、规模、行业和股比选择相应的投资管理机构。

（1）孟加拉国出口加工区管理局（Bangladesh Export Processing Zone Authority，简写 BEPZA），负责注册、管理出口加工区内的所有项目；

（2）孟加拉国经济区管理局（Bangladesh Economic Zone Authority，简写 BEZA），负责注册、管理经济区内的所有项目；

（3）孟加拉国小作坊工业公司（Bangladesh Small & Cottage Industries Corporation，简写 BSCIC），负责注册投资额 3000 万塔卡以下的工业项目和注册投资额 4500 万塔卡以下的老项目改造、更换设备或扩大规模；

（4）金融机构和商业银行，包括发展基金（Development Fund Institutions，简写 DFI）和国有商业银行（Nationalized Commercial Bank，简写 NCB），负责审批注册他们资助的工业项目；

（5）孟加拉国计划委员会（Planning Commission of Bangladesh Government），负责审批孟加拉国公共部门股比占 50% 以上的孟加拉国公共部门与内外资私营部门合资的公共部门项目；

（6）总理办公室下设的 PPP 局，负责全国 PPP 项目投资人的选择和管理；

---

① 中国驻孟加拉国大使馆经济商务参赞处：《孟加拉公共采购法修改案通过》，http://www.mofcom.gov.cn/aarticle/i/jyjl/j/201004/20100406861508.html。

② 江苏南通司法局，上海对外经贸大学：《"一带一路"国家法律服务和法律风险指引手册》，知识产权出版社，2016 年 1 月第 1 版。

③ 商务部国际贸易经济合作研究院，商务部投资促进事务局，中国驻孟加拉国大使馆经济商务参赞处：《对外投资合作国别（地区）指南—孟加拉国（2016 年版）》，http://fec.mofcom.gov.cn/article/gbdqzn/upload/mengjiala.pdf。

(7) 孟加拉国投资管理局 (Board of Investment, 简写 BOI), 负责审批上述项目以外的其他项目。

2. PPP 项目相关政策与法规

(1) 关于 PPP 模式适用的领域。在孟加拉国 PPP 项目可以涉及任何社会或经济基础设施, 例如港口、机场、路桥; 能源领域的电站; 民生领域的公共建筑、体育设施、商业住宅、污水处理等。

(2) 关于 PPP 项目投资者的选择。在孟加拉国, 未经批准, 任何订约当局不得自行选择 PPP 项目的私营合作伙伴, 必须由理事会根据邀约标书的要求选择 PPP 项目的投资者。私营合作者和订约当局进行公开谈判, 并签订 PPP 协议。在孟加拉 PPP 市场上, 主要是当地实力较强的财团参与 PPP 项目。

(3) 关于 PPP 协议的相关规定。双方可以自由的在 PPP 协议中规定具体的特许经营年限、项目设计的具体政府部门、项目资金回收期等内容。根据 PPP 法案, 虽然投资者可以在 PPP 协议中约定适用的法律和争端解决方式, 但是在政府采购合同中, 该事项会在招投标文件中进行明确。如果没有其他条约的规定, PPP 协议的履行一般适用孟加拉国的法律。

(4) 关于招投标方式。孟加拉国政府采购招标主要分为本地招标和国际招标, 方式包括公开招标、限制性招标、直接采购、两步骤招标 4 种, 除非出于国家安全或国防考虑而采用其他方式, 孟加拉政府工程项目均须首选公开招标。①

(5) 关于 PPP 项目优惠政策。孟方政府主要通过政府补贴和税收优惠两个方面给予 PPP 项目优惠。某些特殊项目还可获得保险方面的豁免、金融及外汇政策优惠。

【案例】

孟加拉达卡高速公路 PPP 项目, 该项目的社会资本方为 Italian－Thai 开发公司, 政府方为孟大桥局 (BBA), 该项目的特许经营年限为 25 年, 该特许经营期包含 3 年零 6 个月的建设期。但是该项目在签署合作协议后 6 年仍未动工。②

导致该项目动工日期一再拖延的原因主要有以下几点: ①征地工作进程缓慢。直到近期, 政府方孟大桥局才将项目土地全部移交给私人的合作伙伴即社会资本方 Italian-Thai 开发公司。②权责界定模糊, 政府方孟大桥局至今未向社会资本方准确答复该 PPP 项目模式的优惠期限, 从而使社会资本方 Italian-Thai 开发公司在全面推进该项目的过程中存在较大阻碍。③项目融资工作不给力。该项目总体造价预算为 12 亿美元, 全面启动该项目需要 52% 的资金量, 可是世界银行、亚洲开发银行、中国、孟央行及商业银行均拒绝向该项目进行融资。④项目计划悬而未定。该项目自 2009 年正式签署合作协议后, 因政府规划需要, 在 2013 年对 26 公里线路进行了大规模修改, 导致项目推迟。由于项目时间不断推移, 到 2016 年 11 月份的时候, 该项目预算成本从 320 亿塔卡增加到 488.5 亿塔卡 (征地成本增加), 整个工期需要延长到 2020 年 12 月。⑤前期工作不达标, 几乎空白。该项目在确定社会资本方由 Italian－Thai 开发公司负责时, 从未进行过可行性调研, 没有可

---

① 商务部国际贸易经济合作研究院, 商务部投资促进事务局, 中国驻孟加拉国大使馆经济商务参赞处:《对外投资合作国别(地区)指南—孟加拉国(2016年版)》, http://fec.mofcom.gov.cn/article/gbdqzn/upload/mengjiala.pdf。

② 商务部网站:《达卡高架高速公路项目推迟开工计划》, http://www.mofcom.gov.cn/article/i/jyjl/j/201609/20160901390264.shtml。

行性调研报告，也没有路线选择、征地和移民安置计划等前期必要资料。[①]

【小结】

孟加拉国虽然制定了PPP法案，但该法案只是一个框架性的法案，对融资、资本回收等具体内容都由投资者与公共部门在PPP协议中约定，且孟加拉国本地投资环境较差，PPP项目经验不足，因此投资者一定要注意PPP项目可行性调研等前期工作的重要性。

三、孟加拉国司法体系及争议解决

在孟加拉国解决投资争议和商务纠纷的方式主要有：诉讼、贸易仲裁和投资仲裁。孟加拉国诉讼程序较慢，个别案件审理可延续1~2年时间。

孟加拉国已加入《华盛顿公约》和《纽约公约》，且均不存在特别保留事项。在孟加拉国，大多数的项目合同选择仲裁的方式进行解决，仲裁可以在第三方国家进行。大多数协议一般选择在新加坡根据ICC或UNCITRAL仲裁规则进行仲裁。

对孟加拉来说，国际仲裁机构的仲裁裁决系外国裁决，外国裁决的须由地区法院进行，而且在孟加拉国地区法院不能对执行仲裁裁决的裁定提出诉讼，但对地区法院撤销仲裁裁决的裁定可以上诉。在执行外国仲裁裁决时，若该仲裁裁决的被执行方对该裁决提出异议，该被执行方应当向执行裁决的法院提交如下证据证明：①一方当事人不具备相应资格；②仲裁协议依据当事人的约定所选择适用的法律无效；③仲裁员选定程序及仲裁程序违法；④超裁；⑤仲裁委员会的组成不符合法律规定或当事人约定；⑥仲裁裁决尚未生效，或该裁决被仲裁所在国家有关机关撤销或中止执行。

孟加拉国的法院对存在下列情形的仲裁裁决拒绝给予执行：①根据孟加拉现行有效法律，该仲裁裁决中的争议的标的事项不能适用仲裁的；②执行该仲裁裁决将违背孟加拉国的公序良俗。

四、孟加拉国营商环境及法律风险防范

（一）孟加拉国整体营商环境

根据世界银行《2017年全球营商环境报告》显示，孟加拉国的营商便利度在全球190个经济体排名中位列第176位，落后于世界一般水平。除了在保护少数权益投资者方面位列第70位，处于世界中等水平以外，在开办企业、办理建设许可、获取电力、财产登记、信贷获取、纳税、跨境交易、合同强制执行效率、破产处置效率均处于世界中下水平，甚至是最落后的地位，分别位列第122位、第138位、第187位、第185位、第157位、第151位、第173位、第189位和第151位。[②]

---

① 商务部网站：《达卡高架高速公路项目推迟开工计划》，http://www.mofcom.gov.cn/article/i/jyjl/j/201609/20160901390264.shtml。

② 商务部网站：《世界银行发布〈2017年全球营商环境报告〉》，http://images.mofcom.gov.cn/gn/201610/20161027171453550.pdf。

（二）孟加拉国投资与承包工程风险及建议①

根据前述数据不难看出，孟加拉国的营商环境较差，在多个领域均处世界最低水平。根据在孟投资可能遇到的风险，本文对投资者在以下方面给予一些建议，以供参考：

1. 客观评估当地的投资环境，严格依照当地的法律法规办理投资的相关手续。孟加拉国的投资准入制度虽然较为宽松，但是其整体营商环境较差、特别是政府部门的办事效率极低且当地商人的资信程度也较低，若处理各项事务极易导致劳资纠纷等问题的发生，因而投资者在孟投资时要进行客观的评估，切忌盲目投资。

2. 尊重投资地当地的民风习俗，重视环境保护及企业应当履行的社会责任。孟加拉国的人民大部分都是穆斯林，投资企业要尊重伊斯兰的宗教风俗习惯。孟加拉国当地对环境保护要求较高，当地居民的环保意识和维权意识很强，而且孟方政府要求企业进行项目投资时，该投资项目必须要通过环境评价。因此投资商在投资时，应重视投资项目的环境评价流程以及该投资项目是否具有孟方环保部门的批准文件，切勿未通过环评擅自开工。

【案例】

中方企业参与的孟加拉燃煤电站项目，在 2017 年 2 月 1 日就引发了孟加拉国当地民众的抗议。据悉，孟加拉燃煤电站项目位于孟加拉吉大港地区班仕可利市，是由孟加拉 S. ALAM 集团与山东电力建设第三工程公司共同组建项目公司共同投资建设的，中方企业参股比例较小，该项目各类手续均备，完全符合孟方相关法律法规的要求。之所以会出现 2 月 1 日出现的当地群体性事件，主要是因为当地民众的不同利益诉求和不同意见引发了纠纷冲突，该群体事件造成死伤，当地警方已介入并平息了冲突。②

进行充分的项目可行性调研，深入了解项目地具体实际情况。各企业要充分估计并高度重视在孟承包工程的困难和挑战以及由此产生的不可预见成本，投标前对于项目地气候、地质、政策及社会治安等方面进行充分的调研、实地考察和可行性研究，绝对不可以想当然的以国内或第三国的价格作为标准参加项目投标，否则一旦因低价而中标，将可能面临进退两难的困境甚或发生严重亏损。

3. 正当竞争，规范运作。各投资企业应当正当竞争，规范运作，严格遵守孟加拉国当地及投资企业本国有关对外承包工程协调管理的法律、法规及规定并统一协调和管理，自觉维护孟加拉国当地工程承包市场的秩序。根据《承包工程管理条例》等国内法律法规的相关规定，投资企业应及时向中国驻孟加拉国使馆经济商务参赞处及国内主管部门通报投资项目中标、经营情况，服从中国驻孟加拉国使馆经济商务参赞处及国内主管部门的协调与指导，如遇到紧急情况应第一时间向其报告。

【案例】③

某中资企业曾通过低价竞标的方式中标了孟加拉国某重点基础设施工程项目，该项目开工后因业主征地工作不到位，导致工期被严重推迟、项目成本不断加大，加之该企业投

---

① 中国驻孟加拉国大使馆经济商务参赞处：《孟加拉国承包工程市场的困难与挑战》，http：//bd. mofcom. gov. cn/article/ztdy/200403/20040300201416. shtml。
② 中央人民广播电台：《中企参与的孟加拉燃煤电站项目引纠纷 商务部回应》，http：//news. cnr. cn/native/gd/20170203/t20170203_523552343. shtml。
③ 封跃平：《解读孟加拉国投资风险》，https：//www. sohu. com/a/164144517_451318。

标时报价过低,对该项目有序推进造成了严重阻碍,后来经相关媒体报道后在当地造成极为恶劣的社会影响,这不仅对中资企业整体形象造成了不利影响,同时也使得该企业因本项目遭受了重大经济损失。

4. 遵守劳务相关法律规定。孟加拉国劳动力低廉,并严格限定外籍劳工占雇员的比例,不能超过5%,仅对高技术管理人才入境签证及工作许可制度比较宽松,企业应注意不要违反这一规定。

五、小结

最近这几年,孟加拉国大力发展基础设施建设、能源交通以及工业建设,该国工程项目市场需求量大且迅速发展,我国企业在落实"走出去"战略时,必须要根据孟加拉国工程承包市场的环境及孟加拉国的法律环境,评估可能出现的风险,谨慎投资、正当竞争,认真进行项目可行性调研,重视环保并尊重当地风俗,只有这样才能有效控制风险,在企业发展的同时,带动"一带一路"倡议的发展。

阿 富 汗

一、阿富汗国情简介

阿富汗伊斯兰共和国(The Islamic Republic of Afghanistan,以下简称"阿富汗")是坐落在亚洲心脏部位的内陆国,被称为通向南亚大陆的"锁钥"。东南与巴基斯坦为邻,西与伊朗交界,北挨塔吉克斯坦,东北部狭长的多山地区即为瓦罕走廊(又称阿富汗走廊),其东端则与我国新疆相毗邻。阿富汗在伊朗高原之上,面积是64.75万平方公里,国内人口约3270万。阿富汗是多民族国家,官方语言为普什图语和达利语,许多商人和政府部门工作人员可运用英语进行日常交流。阿富汗国内居民普遍信奉伊斯兰教,社会文化和文明成果一直以来重点依靠伊斯兰教体系加以传承,属于典型的宗教国家。

阿富汗目前共计有34个省,368个行政区域。首都喀布尔在信德语中意为"贸易中枢",是阿富汗全国公路和航空交通枢纽,也是东西方文化交流的中心。

阿富汗属最不发达国家,于2016年7月29日才正式成为WTO成员国,位列第164个。由于近三十年来饱受战争摧残,政治、经济、教育、文化发展落后,物资短缺,各行业设施受到极其严重的干扰和毁坏。

在经济发展上,阿富汗自2003年后呈现出低水平的高速增长的趋势。日前,为实现吸引外来投资、振兴经济的希冀,阿富汗投资促进局(AISA)启动了"投资阿富汗国家计划",该举措的重心在于吸引制造业、服务业、农业、采矿业、建筑业和能源产业等领域的外来投资。

从投资环境的发展潜力角度来看,当前在阿富汗的投资前景并不明朗,但国内安全局势改善并稳定后存在较好的合作机遇。具有投资吸引力的项目主要有两类:能矿资源开发和工农业及区域经贸合作的各类互联互通的"通道"项目，如铁路和公路、石油和天然气输送管道、跨境输水、输电项目。

阿富汗疆土上虽蕴藏着丰富的矿产资源，但几乎没被开采，因而被称为"躺在金矿上的穷人"。据阿富汗政府估测，阿富汗的能矿资源价值超过3万亿美元，同时，美国军方估测大约价值1万亿美元。①

据我国驻阿富汗大使馆经济商务参赞处统计，截至2014年底，中国对阿富汗非金融类直接投资累计有5.14亿美元。投资方向集中于公路建设、通信、矿产等行业，其中，阿姆河盆地油田项目和埃纳克铜矿项目是两个重点投资项目。而我国在阿富汗签署的工程承包合同额已达至9.68亿美元，并完成了6.38亿美元营业额。②

【小结】
阿富汗不仅是我国十分重视的周边邻国，而且是丝绸之路经济带上的关键国家。阿富汗基础设施建设落后，物产富饶，与我国存在巨大的经济贸易合作空间。但是该国经济基础薄弱，安全局势恶化，投资时需保持谨慎。

二、阿富汗投资建设法律问题

阿富汗目前立法主要依靠西方国家及各种政府、非政府组织的援助，法律体系因此带有较多西方特色。同时，由于阿富汗是伊斯兰宗教国家，该国法律体系还兼具浓厚的伊斯兰宗教色彩。

（一）阿富汗项目投资立法

目前与阿富汗基础设施建设有关的法律包括《物权法》《私营投资法》《公司法》《合伙企业法》《合资法》《劳动法》《商业仲裁法》《调解法》等方面的法律。

为保护和鼓励私营企业的设立与经营，阿富汗于2005年12月修改并发布了《私营投资法》，明确了外资企业禁止和限制投资的领域，对公司注册、管理等事项作出规定。③2017年4月，阿富汗商工部称，2017年该部将修订阿富汗投资法以吸引更多投资。④

该法规定，毒品、赌博、色情、核能和制酒业系外资禁止投资的行业。外资限制性投资行业有：生产和销售武器及爆炸物、自然资源开采、保险业、非银行金融活动、基础设施建设（包括电力、水利、污水处理、机场、通讯、健康和教育设施等）。

同时在该《私营投资法》中明确阿富汗对外商投资方式不予限制，既可单独投资经营，亦可采取与本国或外籍法人、自然人合资的方式进行投资。并且对外资持股比例没有限制。

由于经济落后、企业较弱和安全风险等原因，目前，包括中资企业在内的外国企业很

---

① 李诗隽：《阿富汗与"一带一路"》，载《江南社会学院学报》，2015年第4期。
② 中国驻阿富汗大使馆经济商务参赞处：《阿富汗概况》，http://af.mofcom.gov.cn/article/zxhz/201501/20150100879514.shtml。
③ 同上。
④ 中国驻阿富汗大使馆经商参赞处：《阿富汗将修订新法》，http://af.mofcom.gov.cn/article/jmxw/201704/20170402554211.shtml。

少在阿富汗国内进行并购活动。目前,阿富汗并没有颁布反垄断法。由于密切的家族关系或部落关系,阿富汗的一些市场上垄断现象比较严重。

(二)阿富汗外资准入及企业设立相关法律

为大力扶持外资企业的发展,阿富汗规定,本国投资管理部门对外资企业的设立提供简单、便捷的"一站式"服务,并全面实行国民待遇。外资企业所获盈利可全部汇至境外,且对外籍工作人员的聘用不作任何限制,如三年内无盈利可免税,进而有权申请最低额的公司税。大型能矿资源性企业投资项目等阿富汗鼓励发展行业,从国外引进生产所用的建筑材料和机械设备时可享受免税等优惠。但在当地采购的设备材料,不可以免税或退税。

根据阿富汗《公司法》的相关规定,在阿富汗设立投资企业的形式包括以自然人和法人实体组建的独资企业、合伙制、有限公司和有限责任公司。阿富汗投资促进局是投资类公司的注册管理机构。企业注册的主要程序和要求如下:

1. 提交申请表格;
2. 由申请人国家的相关部门开具的申请人无犯罪记录证明;
3. 拟设立的企业名称、投资金额、成立日期以及国内企业的通讯方式;
4. 由本国银行出具的无不良记录证明;
5. 由申请人所在国的母公司或商会出示的担保证明。

前述任一文件须由阿富汗驻外使馆认证并加盖本国驻阿富汗使领馆的印章,由阿富汗外交部转阿富汗投资促进局审核。[①]

(三)阿富汗工程建设相关法律

阿富汗的有关法律明确,其他国家的法人实体和自然人均可在当地承包工程,通常情况下获得发包单位或业主的同意即可。在阿富汗投标时,国外的投标人应提供有关自身资质和一定期限前完成类似项目业绩的证明,并经经济部招标办公室审核同意。其对工程建设和工程验收遵循一般惯例,并无特殊规定。对于其他国家承包商禁止承包的工程领域,阿富汗目前尚无明文的法律规定。对投标人的各项条件要求,将在招标人发布的招标公告中加以列明。

在阿富汗,政府工程项目通常由世界银行、亚洲开发银行、欧盟出资或其他国家予以援助。而各部委的工程项目和其他国家援助工程多数采取国际招标途径,通过网络、报纸或其他媒体发布招标公告,借此列明对投标人资质、项目业绩、技术等方面的基本要求。对于其中的某些特殊工程,招标人也可能直接采用议标方式而选定承包商进行建设。

阿富汗对外国企业参与或承包当地工程建设总体上无歧视性限制。中国目前尚未与阿富汗签订投资保护协定及避免双重征税协定。参加投标的外国公司将被要求提供资质证明、项目业绩和保函等相关资料,并需进一步获得招标人,即业主的认可。

---

① 商务部国际贸易经济合作研究院,商务部投资促进事务局,中国驻阿富汗大使馆经济商务参赞处:《对外投资合作国别(地区)指南—阿富汗(2016年版)》,http://fec.mofcom.gov.cn/article/gbdqzn/。

(四) 阿富汗 PPP 相关政策与法律

阿富汗对外国投资企业以 BOT、PPP 模式开展项目建设暂无具体规定。而实际操作中，外国企业在阿富汗较少开展和参与 BOT、PPP 项目。

据《阿富汗时报》报道，2015 年 10 月，阿富汗经济部长 Abdul Sattar 称，阿富汗经济部已制定经济领域的公私合营（PPP）战略，并已提交内阁审议，但审议结果至今尚未公布。该战略的意图主要在于促进政府部门和企业实体联合投资阿富汗地位突出、规模较大的基础设施建设项目。此外，该部正在起草《公私合营法》。该经济部长认为，公私合营战略（PPP）实施后，私营部门将有机会与政府部门联合投资建设水电站、城镇等基础设施，从而解决融资难的困境，并将有力改善国家基础设施落后的现状，满足社会发展的迫切需求。

三、阿富汗司法体系及争议解决

（一）诉讼制度

阿富汗曾经制订过《刑事诉讼法》与《民事诉讼法》两部诉讼法法典。后因战乱频繁，政权多次更迭，目前该国法律体系中暂无相关诉讼类法律，民事诉讼法处于修订过程中。

阿富汗司法系统分为三级。最基层为地方法院，全国共有 350 个左右；第二层级为上诉法院，分设在阿富汗各省；第三层级为最高法院，设在阿富汗的首都。受多年来法律体系遭受毁灭性破坏的不利影响，阿富汗司法体系存在运转不畅及建设进展缓慢等诸多问题，主要表现在以下三方面：一是司法部、最高法院以及首席检察官办公室之间责权划分不够清晰；二是司法机构（例如地方法院，司法部门及分支机构等）数量严重不足；三是伊斯兰宗教与西方法律体系二者间存在短期内难以调和的矛盾与对立等。[①]

（二）仲裁制度

阿富汗已颁布《商业仲裁法》来规范与仲裁相关的事项。该法规定阿富汗和他国之间的商业和经济纠纷可以通过仲裁来公平、公正地解决。

按照阿富汗现行投资法规定，国内外投资者与阿富汗政府之间的争议可通过协商友善解决，或按照 1965 年 3 月 18 日《华盛顿仲裁条例》（阿富汗于 1968 年 7 月 25 日加入），诉诸解决投资争端国际中心提起国际仲裁。除此之外，双方也可以根据合同商议的办法寻求解决。

另外，阿富汗《私营投资法》第 29 条规定，如果在争议解决过程中发现阿富汗投资法与其他现存法律条款抵触时，以阿富汗投资法为准。

2014 年 10 月，阿富汗争议解决中心成立，中心为仲裁及其他争议解决途径提供调解及律师服务等。据阿富汗媒体报道，阿富汗商工会和名为 Harakat 的金融机构于 2015 年 8

---

① 国家开发银行：《"一带一路"国家法律风险报告》，法律出版社，2016 年 8 月第 1 版。

月联合成立了阿富汗商业纠纷仲裁中心（ACDR），该仲裁中心设在喀布尔，未来将解决发生在阿富汗全国各地的商事纠纷。

（三）司法协助

阿富汗于2004年11月30日加入《承认及执行外国仲裁裁决公约》，后于2005年2月28日起在阿富汗生效。但阿富汗对此实行互惠保留和商事保留，即仅限于承认和执行日其他缔约国作出的商业裁决。至今，阿富汗尚未与我国签署民商事司法互助协定。

由于阿富汗国家和中央政府治理能力偏弱，政府政令在地方贯彻效果不佳。此外，还存在一定程度的官员腐败，所以，整体司法效率有待提高。

四、阿富汗营商环境及法律风险防范

（一）阿富汗整体营商环境

阿富汗整体营商环境并不乐观，前景亦不明朗，《2017年世界银行营商环境报告》显示，在全球189个经济体营商环境排名中，阿富汗位列第183位。在执行合同方面，即衡量一家当地初级法院解决一起商业纠纷所花费的时间和费用，以及司法程序质量指标上，排名第180位，司法效率极其低下。在办理施工许可证方面，排名第186位，平均要经过13道程序，耗时达到356天，各项成本高昂。2016年"一带一路"沿线国家主权信用分析报告显示，阿富汗属于高风险国家。①

2014年末，美国及北约军队结束在阿富汗的战斗，开始逐步撤军，阿富汗投资环境由此急转直下，局势动荡导致一些重大投资项目趋于停滞，众多外国投资者也基于安全的考虑纷纷离开阿富汗。同时，阿富汗国内海关、税务等经济行政部门效率堪忧，总体投资环境不容乐观，投资出现较大幅度下降。

（二）阿富汗投资与承包工程风险及建议

在阿富汗投资与承包工程有以下不利因素：

1. 安全局势不稳。当前，阿富汗处于重要过渡转型期。尽管阿富汗政府表示有信心、有能力控制安全局势，但国际社会对阿富汗政府能否控制住阿富汗国内局势表示担忧。从2015年上半年情形来看，阿富汗国内安全局势较之前更加恶化，随着极端组织"伊斯兰国"武装的兴起，阿富汗局势更加动荡不安。

2. 安保成本高。国内局势动荡不安，各类暴力和恐怖事件经常发生，人身安全难以保障。各企业为防范安全风险，大幅度增加安防费用支出，包括配备防弹车，监控和通信设备，雇用大量安保人员等。

3. 法律法规体系不完善，办事耗时长，成本高。

4. 基础设施条件差，如供电不足、电压不稳定、交通运行条件差等问题频繁发生。

---

① 中国国际贸易促进委员会：《"一带一路"沿线国家主权信用分析报告发布》，http：//www.ccpit.org/Contents/Channel_4126/2017/0505/801232/content_801232.htm。

5. 大型项目融资难。在阿富汗投资的项目一般很难从中国的银行申请获得贷款。

6. 缺乏技术型人才,当地劳动力能力尚待提高。

7. 运输周期难控制。阿富汗最便利的喀布尔至卡拉奇运输线路,时常因多种意外因素而中断,滞港费成本较高;经邻国伊朗或乌兹别克斯坦运输物资,运输成本也相当高。

我国企业在阿富汗投资与承包工程过程中,要做好充分的准备工作,尤其注意前期调查务必翔实,全面预测和分析潜在风险,制订风险控制计划,最大限度地保障各方面利益。还应注意对合作方的实力与信誉、项目的背景情况进行充分的调查与论证,谨慎规避商业风险和政治风险。我国承包商应充分发挥银行、保险、担保等机构的风险管理和分担机制,根据工程进度办理有关业务,增强抗击风险的能力。具体而言,我国工程企业在承包工程时需注意:

1. 慎重避开周期长、范围广、难以采取隔离措施的项目;

2. 对工程所处地点的安全情况事先进行全面摸底,对无法确保安全的工程不予承包;

3. 投标报价时要充分考虑不可预见因素,包括绑架、武装袭击、运输中断等因素,政局安全和非正常支出预算;

4. 阿富汗社会动荡不安,不建议实行以低价承包、靠设计变更牟利的传统模式。

【案例一】 昆都士公路修建项目

阿富汗北部昆都士公路修建项目是世行援助项目,由中铁十四局集团公司海外分公司中标承建,当地时间2004年6月10日凌晨1点左右,项目沥青拌合站工地却遭到一伙身份不明的武装分子袭击,尚在睡梦中的工人们被持枪武装分子疯狂扫射,造成11死5伤的惨剧,工程被迫停工。事件发生后,经过中方企业与外交部门的强烈要求,阿富汗政府增加了安保力量。2004年9月4日凌晨,又有两名恐怖分子潜入项目工地,意图实施恐怖活动,所幸被值班警察发现并挫败其阴谋。[①]

阿富汗政治局势动荡,武装冲突频繁,恐怖袭击多发,在塔利班尚未被完全消灭的情况下,又出现了"伊斯兰国"极端组织。一旦受到武装袭击,不仅打乱项目安排,引起施工成本增加,更主要的是项目团队的人身与财产安全受到威胁,面临生命危险。因此,在阿富汗投资与承包工程,务必重视安保投入,避免安全无保障地点的项目投标,一旦发生异常事件,及时向大使馆求助。

【案例二】 艾娜克铜矿项目

艾娜克铜矿被认为是世界上最大的铜矿床之一,早在20世纪70年代就被苏联发现并试图开采,但由于多方面的原因未能成功开采。2007年,中国冶金科工集团和江西铜业集团组成联合体中标艾娜克铜矿项目,获得该铜矿30年的开采权,而后组建项目公司中冶江铜艾娜克矿业有限公司负责开采事宜。由于艾娜克铜矿位于佛教遗址下方,在挖掘开采过程中,发现大量文物,工程被迫中断,暂由阿富汗政府部门组织发掘文物。受到土地征用、村庄搬迁、文物发掘和扫雷排雷等一系列工作进度的影响,原计划于2013年投产的艾娜克铜矿项目如今仍处于勘探阶段,仅完成部分前期工作。在仅获得30年开采权的情况下,前期工作拖延过长将会导致开采期被压缩,对中方开采单位极为不利。

---

① 中国新闻网:《恐怖事件难撼援外工程援阿昆都士公路进展顺利》,http://www.chinanews.com/news/2005/2005-08-31/8/619197.shtml。

此外，依据《阿富汗环境法》规定，环境评估是外国投资公司在阿富汗投资和承包工程项目的必备环节，特别是与基础设施工程、大型矿业能源项目建设相关的外资企业所必须履行的义务。我国出资的企业在投资的过程中考虑投资当下所应遵守的阿富汗环保标准的同时，亦应评估遗留的环境隐患可能对项目后期进展造成的潜在影响。

五、小结

在中国政府"一带一路"倡议过程中，阿富汗有着得天独厚的地理区位和矿藏资源优势，但受其自身政局不稳和经济环境恶劣的影响，使得中国在阿富汗投资与承包工程时面临着极大挑战。对中国投资者来说，需要充分考虑当地政治、经济和法律环境的复杂性，特别注意前期调查，全面分析和客观评估相关风险，注重风险把控和管理，切实保障自身利益，为我国"一带一路"倡议的逐步推进树立典范。

尼 泊 尔

一、尼泊尔国情简介

尼泊尔联邦民主共和国（Federal Democratic Republic of Nepal，以下简称"尼泊尔"）是地处喜马拉雅山脉南侧的南亚内陆国，与中国、印度相邻，中国与尼泊尔的分界线是喜马拉雅山脉。国土面积约147181平方公里，东、西、北三面多高山，包括珠峰在内，世界十大高峰有八座在其境内。尼泊尔是多民族、多宗教、多种姓、多语言国家，全国人口约2850万，尼泊尔语为国语。佛教创始人释迦牟尼就出生于尼泊尔的兰毗尼，当地信奉印度教的居民占86.2%，其余7.8%信奉佛教、3.8%信奉伊斯兰教、2.2%信奉其他宗教。

尼泊尔新宪法规定全国分7个省，但目前对各省边界仍存争议，尚未最终确定。加德满都是尼泊尔的首都，是全国经济、政治及文化中心，坐落于喜马拉雅山脉南侧，因其地理风貌是青山包围的谷地，且鲜花四季盛开，故有"山国的春城"美称，其亦是全国的交通枢纽城市。因古迹、寺庙纷繁地分布于加德满都的各个角落，故又称其为"寺庙之都"。除了首都，较大城市还有尼泊尔干吉、伊拉姆、比拉特纳格尔、比尔干吉、博卡拉等。[①]

尼泊尔矿产资源丰富，但开发程度很低，其亦拥有丰富的水电资源，可开发量达8300万千瓦。尼泊尔属于典型的农业国家，经济落后，农业总产值约占GDP四成，从事农业的人口占当地八成。其工业基础差，发展缓慢，现代化、机械化水平低。旅游业是尼泊尔的支柱产业。外国贷款和捐赠占据尼泊尔预算支出的三分之一，其经济对外资具有相当的

---

① 商务部国际贸易经济合作研究院、商务部投资促进事务局、中国驻尼泊尔大使馆经济商务参赞处：《对外投资合作国别（地区）指南—尼泊尔国（2016年版）》，http://fec.mofcom.gov.cn/article/gbdqzn/upload/niboer.pdf。

依赖性。①

尼泊尔注重同世界各国发展友好关系,尤其是中国和印度两大邻国。因其对外资的依赖性,尼泊尔也在不断加强和英美等西方国家的联系。区域方面在不断推进南亚地区合组联盟的进程。尼泊尔奉行和平共处五项原则,实行不与他国结盟、相互尊重、平等互利的外交政策。中尼正式建交可追溯至建国初期,一直以来两国和睦相处,建立了世代友好的全面合作伙伴关系。中国企业近年来开始在尼泊尔食品加工及水电开发等多领域投资PPP、BOT 项目,很多大型企业在当地设立经济实体,如中国长江三峡集团、中工国际工程股份有限公司、中国铁建中铁十四局集团、中国电力集团、中国机械工业集团、中国能源建设股份有限公司、中兴及华为等。②

尼泊尔是南亚区域合作联盟的创始国,与南亚其他国家签订有区域自由贸易协定,是WTO 和孟加拉湾多领域技术经济合作组织的成员国,对外贸易发展迅速。2014 年,中国和尼泊尔签署了《中华人民共和国商务部和尼泊尔政府财政部关于在中尼经贸联委会框架下共同推进"丝绸之路经济带"建设的谅解备忘录》,2016 年尼泊尔总理访华期间,两国签署了《中尼过境货物运输协定》和《关于启动中尼自贸协定谈判可行性研究的备忘录》。

中国主要从尼泊尔进口家具、木材、木制品及低级金属制品,向尼出口机械器具、零件、电气电机、音响设备、非手工制作服装及服装配件等。中国企业主要投资于当地的航空、水电、矿产、食品加工、餐饮、宾馆及中医诊所等领域,已有 100 余家中资企业在尼投资。国内大型企业在尼投资的先驱是藏航,其与当地政府合资成立了喜马拉雅航空公司。尼泊尔国家武警学院及尼泊尔 KOSHI 市政项目是近期中资企业在当地签订的新项目,分别由中铁十四局集团、中铁二局集团承建。③

【小结】

尼泊尔是中国通往南亚的通道,其战略发展地位不言而喻。中尼两国世代友好的合作伙伴关系,将为中尼两国企业的发展,以及"一带一路"倡议,提供有利的环境保障。

二、尼泊尔投资建设法律问题

尼泊尔法律体系较完善,其法律呈现大陆、英美两大法系特点,并融合了当地宗教文化内容。尼泊尔于 2015 年正式颁布了新的《宪法》,标志着尼泊尔法制进程的进一步提升。

(一)尼泊尔项目投资立法

《外国投资及技术转让法》《涉外雇佣法》《工业企业法》以及《外国投资及一个窗口政策法案》等是尼泊尔涉外投资的主要法律规范。④ 其中前三部法案是尼泊尔投资法的核

---

① 外交部网站:《尼泊尔国家概况(最近更新时间:2016 年 12 月)》,http://www.fmprc.gov.cn/web/gjhdq_676201/gj_676203/yz_676205/1206_676812/1206x0_676814/。
② 同上。
③ 商务部国际贸易经济合作研究院,商务部投资促进事务局,中国驻尼泊尔大使馆经济商务参赞处:《对外投资合作国别(地区)指南—尼泊尔国(2016 年版)》,http://fec.mofcom.gov.cn/article/gbdqzn/upload/niboer.pdf。
④ 同上。

心法案,其核心内容包括:负责外资审批的机构及职责、审批程序、其他相关服务;对外国投资形式的规定;外国投资的利润汇出;税收政策;外国投资领域的规定;投资申报手续和材料;外国投资鼓励措施;签证;投资保护;争议解决等内容。

尼泊尔规划在2020年成为发展中国家,2030年迈入中等收入国家行列并建成国内完善的交通网络。

(二)尼泊尔外资准入及企业设立相关法律

在尼泊尔,优先和鼓励发展的领域有:交通基础设施、食品草药加工等农基、水电、矿产及旅游。

不对外资开放的领域有:①家庭手工业(除了用电超过5兆瓦以外);②个人服务业(比如美容、理发店、制衣、驾驶培训等);③武器和弹药行业;④火药和炸药;⑤与放射性材料有关行业;⑥房地产(不含建筑公司);⑦电影业(国语和其他国家认可的语言);⑧安全印刷;⑨银行纸币和硬币;⑩零售企业(不包括至少在两个国家有经营业务国际连锁零售企业);⑪烟草(不包括90%以上出口的烟草公司);⑫国内快递业务;⑬原子能;⑭家禽;⑮渔业;⑯养蜂业;⑰咨询服务如管理、会计、工程、法律事务所(最多允许51%外国投资);⑱美容院;⑲食品加工(租办公场所的);⑳本地餐饮业;㉑乡村旅游。

除以上不对外资开放的领域,尼泊尔投资法律允许外国投资者独资经营任何行业及相关技术转让。近年来,一些不对外开放的领域开始允许以合资模式经营,虽然对外资所占份额未作规定,但要求新成立的企业必须是尼泊尔国籍。①

外国企业在尼投资时,除了需要注意上述外资开放领域的限制性规定,还需要注意有关市区的行业限制规定,例如尼泊尔的任何城市都不得设立以石头为主要原材料的相关工业。再如,在加德满都不可设的行业有:大中型化工实验室;机械设备价值在20万卢比以上的车间;钢管/板切割企业;除茶叶、盐、糖等的再包装业;洗染厂和织物印花企业;冷库;化肥厂;水泥厂;大中型炼铁、炼钢和铸造厂;大型现代化工厂式的纸浆和造纸厂;苏打化工企业;汽油和柴油炼油厂;印染工业;酸性化工企业;发酵和蒸馏工业;大中电镀工业;糖厂;橡胶加工厂;大中油漆工业;漂白工业。

尼泊尔的外资主管部门是工业局(DOI),系当局政府工业部的下设机构。主要负责:专利注册及商标注册等工业产权保护事项;协助外资在当地成立企业并运营;鼓励、促进中型及以上规模外资工业企业的发展;管理、执行尼泊尔技术转让、外国投资相关法规。外资向当地工业局申请许可时,一般会按投资规模划分为几个档次,其批准的主体略有不同。投资额大于等于100亿卢比的,需向尼泊尔投资委员会申请;投资额大于等于20亿小于100亿卢比的,向工业局申请并由工业促进委员会审批;投资额小于20亿卢比的,可直接由工业局审批。②

许可得到审批后,需要对公司进行注册方能开展经营业务。尼泊尔公司存在公营有限公司和私营有限公司两种类型。私营有限公司股东限额为1~5个,不得派发股票给股东

---

① 商务部国际贸易经济合作研究院,商务部投资促进事务局,中国驻尼泊尔大使馆经济商务参赞处:《对外投资合作国别(地区)指南—尼泊尔国(2016年版)》,http://fec.mofcom.gov.cn/article/gbdqzn/upload/niboer.pdf。
② 尼泊尔政府投资委员会,尼泊尔政府工业部:《尼泊尔投资指南(2016年版)》,http://ibn.gov.np/uploads/files/repository/IBN_Investment%20Guide%20Book_Chinese.pdf。

以外的股民；公营有限公司至少要有 7 个股东，且股东数目无上限，可通过尼泊尔股票交易所给公众提供股票，可以经营股票交易、保险、银行金融、养老基金及互惠基金等相关业务。

在尼泊尔注册公司应向当地公司注册办公室提出申请，该机构直属于工业部。若注册企业应当进行"环境影响评估"或"初步环境审查"程序，还需向工业局申请行业注册。公司注册的主要审批程序包括：①

1. 按要求提交申请和附件；
2. 经工业局外国投资部预审；
3. 经注册发证办公室及技术和环境部预审；
4. 有关委员会出具推荐函；
5. 若企业固定资产超过 5 亿卢比，由工业部工业促进委员会审批；
6. 向工业局外国投资财务部缴纳押金；
7. 工业局外国投资部发放批准证书；
8. 向工业局公司注册办公室提出注册申请；
9. 若注册企业应当进行"环境影响评估"或"初步环境审查"程序，向技术环境部申请审批；
10. 向工业局注册部申请工业注册；
11. 向有关税务办公室申请注册永久账户；
12. 退还押金。

（三）尼泊尔工程建设相关法律

尼泊尔禁止对军事项目进行招投标，外资企业可以参加公开的国际招标项目。外资企业在投标工程项目时，按照尼泊尔法律规定，投标方需具有国际承包工程资质。实践中外资企业投标通常做法是，在当地寻找优质代理商，为投资方办理资格认证、购买标书、提供招标相关信息及投标策略帮助等协调工作。②

尼泊尔招标单位考察投标企业资质时，会重点评估投标方之前是否承包过相似或更大规模的工程项目，历史业绩如何等因素，尼泊尔中标规则为最低价中标。外资企业投标时如果是和当地企业组成了联合体，对评标会带来 6 分的增加值。③

在尼泊尔，公开招标分国内标和国际标两种方式，外国投资者只能参加国际标，国内标仅面向尼泊尔国内投标人。除了公开招标，尼泊尔还有邀请招标的方式。邀请招标多存在于私人投资开发的项目，招标方通常会邀请 3～10 家企业参加投标。

尼泊尔的招标程序基本与国际惯例相同，公开招标需要资格预审，邀请招标则不需要。中标后，筹备施工需要办理如下手续：

1. 与业主签订施工合同；

---

① 中国驻尼泊尔大使馆经济商务参赞处：《外国人在尼泊尔投资须知（附件）》，http://np.mofcom.gov.cn/aarticle/ztdy/ddqy/200604/20060401875970.html。
② 同上。
③ 商务部国际贸易经济合作研究院，商务部投资促进事务局，中国驻尼泊尔大使馆经济商务参赞处：《对外投资合作国别（地区）指南—尼泊尔国（2016 年版）》，http://fec.mofcom.gov.cn/article/gbdqzn/upload/niboer.pdf。

2. 寻求劳工并同劳工提供者签订合同；
3. 办理居留签证；
4. 租赁住宅；
5. 办理货物、设备入关清关等手续；
6. 租赁或购买车辆、办理驾照、购买手机卡；
7. 银行开户等。

尼泊尔业主通常严格按照合同约定或者国际通用标准对外资工程项目各个环节进行验收，验收事项往往交与专业的咨询公司进行。

(四) 尼泊尔 PPP 相关政策与法律

按照尼泊尔《私人投资建设和运营基础设施法案》《外国投资和技术转让法》等规范要求，外国投资者可以通过 BT、BOT、BOOT、BTO、LOT、LDOT、DOT、PPP 等方式进行基础设施项目的投资。

水电基础设施建设是外资在尼泊尔以 BOT 方式建设的主要领域。中国在尼泊尔的水电站 BOT 项目有三个，其中一个即将开工，另外两个正在建设中。中国在尼泊尔拟投资一个 PPP 水电站项目，该项目目前在进行可行性调研。

1. 投融资建设管理机构

尼泊尔外国投资管理机构是尼泊尔投资委员会（IBN），主要负责制定良好的投资政策吸引外来投资、为投资者提供一站式窗口服务、协调解决投资者与政府部门之间存在问题、签订项目合同等为投资者带来便利的服务。同时该机构也负责尼泊尔的 PPP 项目，主要负责在全球项目征集后，代表政府对 PPP 项目进行谈判、签订协议以及实施。[①]

尼泊尔投资委员会负责以下十二种项目：[②]

(1) 铁路、无轨电车、高速公路、隧道以及索道的建设；
(2) 区域与国际机场的建设，现代化建设和管理现有的机场；
(3) 城市地区固废管治；
(4) 化学肥料生产工业；
(5) 石油精炼厂；
(6) 尼泊尔政府规定的主要桥梁；
(7) 外资股份占 51% 及以上的金融机构及银行，或者需要外资引进的保险行业；
(8) 医学院及拥有 300 床位及以上的医院或疗养院；
(9) 500 兆瓦及以上的水电项目；
(10) 信息技术园、经济特区、特殊工业区及出口促进加工区；
(11) 实缴资金或项目成本超过 100 亿卢比的任何基建或服务行业（例如：建设施工业、矿业、旅游业、航空业）；
(12) 实缴资金或项目成本超过 100 亿卢比的任何外资生产行业。

---

① 商务部国际贸易经济合作研究院，商务部投资促进事务局，中国驻尼泊尔大使馆经济商务参赞处：《对外投资合作国别（地区）指南—尼泊尔国（2016 年版）》，http://fec.mofcom.gov.cn/article/gbdqzn/upload/niboer.pdf。
② 同上。

2. PPP 项目相关政策与法规①

（1）关于 PPP 模式适用的领域。有固体垃圾处理、高层住宅、体育场、仓库、能源制造与分销、污水处理、机场、大坝水库、公园、展览会场交通换乘站、水路航道、桥梁隧道、铁路、道路、发电站、医院、沟渠、输变电线路、电车、缆车、旱码头等。

（2）关于 PPP 模式适用的方式。外国企业投资金额高于 2000 万卢比的项目，通常政府要求应通过公开招标程序进行。若外国投资者与当局政府签订了谅解备忘录，则投资可不必通过竞标进行。

（3）关于特许经营的年限。BOT 项目的特许经营期限一般最多为 30 年，该期限还可再延长 5 年，但需得到当局政府批准。

（4）关于 PPP 项目投资者的选择。关于招投标程序，尼泊尔当局首先会发出投标邀请，这是招标前的一道程序，一般会在当地的报纸上公布。拟投标方需先通过资格预审，公告一般会列明对投标人的资质的要求，需提供投标企业的法人文件、财务报表、曾经做过的项目类型、规模、技术情况、完成质量等作为资格审查的依据。资格预审后招标人会在当地的英文报刊或其他媒体发布招标公告。经资格预审合格的投标企业依据公告内容购买有关的招标文件，按照公告规定的时间投标。投标保函根据业主要求提供，一般是标价的 5%～10%。已投标的企业若需要补充、修改或撤回标书，应在投标截止之日前书面通知招标人。开标时，尼泊尔投资委员会综合考虑投标价格以及与招标文件要求符合度，在最大化符合招标要求的企业中选择报价最低的确定中标。中标企业确定后，招标人发布中标通知书，根据招标文件内容与中标企业签订合同。

【案例一】

中国长江三峡集团与尼泊尔能源部签署了关于 West-Seti 水电站项目的投资开发谅解备忘录，获得该项目开发权。此次中国长江三峡集团拟采取 PPP（Public-Private-Partnerships）方式与尼泊尔电力局组成合资公司（中方占股 75%，尼方占股 25%）共同开发此项目，项目总投资额近 16 亿美元，是迄今为止我国企业在尼泊尔投资额最大、影响范围最广的项目。②

【案例二】

巴安水务与 PID 和 KUKL 公司签订尼泊尔加德满都谷地供水改善项目合同。合同金额：30,980,189.74 美元和 118,760,000.00 尼泊尔卢比；项目采用 PPP 模式，即公司负责设计、建设污水处理厂，运营五年后移交招标人。③

三、尼泊尔司法体系及争议解决

尼泊尔最低级法院是县法院，上一级是上诉法院，最高级是最高法院，共有三级。其中上诉法院 16 个，县法院 75 个。尼泊尔司法效率较低，法院终审判决一般时限为 6～12

---

① 南亚东南亚商务通：《尼泊尔承揽工程项目的程序》，http：//www.qtbclub.com/Article.aspx? id=3565。
② 商务部网站：《中国长江三峡集团与尼泊尔能源部签署 West-Seti 水电站项目的投资开发谅解备忘录》，http：//www.mofcom.gov.cn/aarticle/i/jyjl/j/201203/20120307993491.html。
③ 中财网：《巴安水务：关于签订尼泊尔加德满都谷地供水改善项目合同的公告》，http：//www.cfi.net.cn/p20170217001099.html。

个月,复杂案件,还可延长至 1 年以上。

1999 年,尼泊尔政府颁布《仲裁法》,规定投资者遇到投资争端,可以通过尼泊尔工商联合会、尼泊尔商会、尼泊尔对外贸易协会等机构申请仲裁解决。①

根据尼泊尔《外国投资与技术转让法》规定,若外国投资者与相关政府部门或本地合作企业产生争端,由工业局组织双方协商。固定资产/资金投资少于 5 亿卢比的企业,如遇到争端无法商讨解决的情况,可通过联合国国际贸易委员会根据尼泊尔法律在加德满都进行仲裁;固定资产/资金超过 5 亿卢比的企业,可根据合资协议或股份购买协议解决争端。②

同时尼泊尔《私人投资建设和运营基础设施法》要求,若承包人就项目实施与当局政府产生争端,双方先进行协商,协商无果则依据合同相关条款处理,若双方就争端解决方式未约定,则由仲裁裁决。仲裁程序方面,若双方有约定遵从约定,若未作约定,按照仲裁适用的准据法确定。③

尼泊尔是《纽约公约》、世界多边投资担保机构(MIGA)以及国际投资争端解决中心(ICSID)的成员国,同时在"国际投资争端解决大会"签字,中国企业在合作中发生纠纷的,还可以在上述多边框架下寻求解决。

四、尼泊尔营商环境及法律风险防范

(一)尼泊尔整体营商环境

依据世界银行《2017 年全球营商环境报告》数据,在全球 190 个经济体中,尼泊尔的营商便利度位于 107 位。其中保护少数权益投资者第 63 位、跨境交易第 69 位、财产登记第 72 位、破产处置效率第 89 位、开办企业 109 位、办理建设许可 123 位、获取电力 131 位、获取信贷 139 位、纳税 142 位、合同强制执行效率 152 位。前四项排名尚可,后六项处于世界中下游水平。④

(二)尼泊尔投资与承包工程风险及建议

尼泊尔作为世界最不发达国家之一,其投资环境一般,营商环境一般,中国企业在投资时应注意以下几个方面的风险:

1. 承包商的投标资格问题

认真研读招标前的投标邀请公告中有关资质审查的内容,确定我方企业是否达到投标要求;

2. 承揽工程当中可能存在的困难

---

① 国家开发银行:《"一带一路"国家法律风险报告(下)》,法律出版社,2016 年 8 月第 1 版。
② 尼泊尔政府投资委员会,尼泊尔政府工业部:《尼泊尔投资指南(2016 年版)》,http://ibn.gov.np/uploads/files/repository/IBN _ Investment%20Guide%20Book _ Chinese.pdf。
③ 同上。
④ 商务部网站:《世界银行发布〈2017 年全球营商环境报告〉》,http://images.mofcom.gov.cn/gn/201610/20161027171453550.pdf。

尼泊尔当局政府行政效能较低，尤其在公司注册及许可办理方面。基础设施不完善，缺乏必要的公路、仓库等基础设施，这些都会成为投资承包工程中的困难，企业应提前进行市场调研，慎重决策；

3. 关于市场规则及惯例问题

尼泊尔市场对于工程承包采取"最低价中标原则"，市场竞争较为激烈，企业应避免陷入低价竞标困局。在工程承包方面，当局基本使用国际通用的 FIDIC 合同条款，企业应吃透该规则并给予合同条款相当的重视。

【案例】

某中资企业对所投标项目的风险评估不足，在低价中标后，履约困难，造成项目中断，给企业带来经济损失的同时也给在尼泊尔中资企业整体形象造成了不良影响。

4. 关于招标信息获取

我国企业可从尼泊尔政府部门网站上获取工程项目招标消息，当地的英文报刊也会刊登其国际公开招标项目信息。政府部门网站主要是当地电力发展局、电力局及灌溉局。当局公司的关系和信息网会刊登相关邀请招标的信息，我国企业可以通过寻找当地合作伙伴或委托当地代理等途径采集有关消息。①

5. 工程劳务的问题

尼泊尔是劳务输出国，外国人很难有机会在尼就业，原则上仅为具备尼泊尔当地员工没有的专长或经验的外籍人员发放工作签证和商务签证，而且签证的审批流程和时间均较长。中资企业带入劳务时要注意尼方相关法律法规及政策的规定，同时做好劳务人员的后勤保障和思想工作，防止签证或劳务许可出现问题，给企业带来法律风险。

【案例】

某中资企业带入的劳务人员因遇到签证问题，在未全面了解公司安排情况下私自离开项目驻地，欲到中国使馆领事部门寻求帮助，后经及时处理，未造成不良影响。

五、小结

近年来，尼泊尔由于政局不稳、经济落后、法制不健全等原因，目前还难以杜绝行政中的一些不规范行为。因此，在"一带一路"及"企业走出去"发展的进程中，中资企业对于在尼项目应仔细做好的前期市场调研，对当地法律、政治风险做出详尽评估，根据评估结果制定风险应急预案。风险出现后按照应急预案实施管理和风险规避措施，最大化降低损失。同时可以充分依托国内和国际对外投资担保机构、国际公约以及两国签订的双边投资协定来减少投资风险。

---

① 南亚东南亚商务通：《尼泊尔承揽工程项目的程序》，http://www.qtbclub.com/Article.aspx?id=3565。

不　丹

一、不丹国情简介

不丹王国（Kingdom of Bhutan，以下简称"不丹"）是南亚的一个内陆国，位于喜马拉雅山脉东段南坡，是古丝绸之路上的国家，北部与我国的西藏自治区相邻，南部与印度的锡金邦和阿萨姆邦交界。全境森林覆盖率达到64%以上，北部山区气候寒冷，中部河谷地带气候较温和，南部分布着喜马拉雅亚热带阔叶林，属湿润的亚热带气候。不丹国土面积38,394平方公里，人口约77万人，大多数人口分布在中部地区，主要民族为不丹族，货币是努尔特鲁姆，官方语言为不丹语"宗卡"和英语。宗卡语中不丹的意思是"雷龙之境"。因此，不丹国王又被称为"龙王"。现任国王是2008年加冕的吉格梅·基沙尔·旺楚克王储。

不丹的独立已经持续了几个世纪，在历史上从未遭受殖民统治，元朝至清朝曾作为我国的藩属国存在，自古与西藏有着密切的联系。现在的不丹分为4个地区，20个宗（县），202个格窝，5000余个自然村落。[1] 为君主立宪制国家，全国信仰佛教，是独特的佛教神权政体统治模式。不丹仍属于当今最不发达的国家之一，经济比较落后，1999年，政府取消了对电视和互联网的禁令，使不丹成为当今世界上最晚开放网络与电视的国家。[2]

廷布市是其首都和最大的城市，而彭措林（Phuntsholing）是其金融中心。不丹的两个主要金融机构分别是总部位于彭措林的不丹银行及总部位于廷布的不丹国家银行。不丹皇家证券交易所是不丹最主要的证券交易中心。在南亚，不丹在经济自由中首屈一指，商业秩序良好，在2016年的统计中，不丹是南亚腐败最少的国家。[3]

不丹以创造了"国民幸福指数"GNH这个概念而闻名全球。与世界上绝大多数国家使用GDP作为衡量经济的指标不同，GNH（国民幸福指数）标准主要关注四个方面：国家的可持续发展、自然环境保护、民族文化保护以及政府的有效管理。不丹的经济建立在农业、林业、旅游和向印度出售水电的基础上。农业为55.4%的人口提供了主要的生计。[4] 农业主要由自给农业和畜牧业组成。不丹红米是该国最广为人知的农产品出口，在北美和欧洲享有市场。不丹的出口，根据2000年的统计，主要集中在电力，木材，水泥，石膏，工艺品，豆蔻，水果，宝石和香料，总计1.28亿欧元。进口产品主要包括燃料和润滑油，车辆，机械，粮食，面料以及大米。丘陵山脉交错的地形使得道路和其他基础设施的建设变得困难和昂贵，加之没有出海口，又没有铁路，使得不丹在贸易中无法获得高

---

[1] 郭颖：《不丹式的幸福》，载《时代金融（上旬）》，2016年9期。
[2] 外交部网站：《不丹国家概况》，http://www.fmprc.gov.cn/web/gjhdq_676201/gj_676203/yz_676205/1206_676380/1206x0_676382/.
[3] "Bhutan's Hydropower Sector: 12 Things to Know". Asian Development Bank. 30 January 2014。
[4] "GNH Survey 2010" (PDF). The Centre for Bhutan Studies. Retrieved 17 October 2013。

额利润，连年导致贸易赤字。不丹的出口产品主要销往印度，占出口商品的58.6%。工业部门占经济总量的22%。主要制造业包括铁合金，水泥，金属杆，铁和非合金钢产品，如加工石墨，铜导体，酒精和碳酸饮料，加工水果，地毯，木制品和家具的生产等。[①]

不丹于1971年加入联合国，是第一个在1971年承认孟加拉国独立的国家，1985年成为南亚区域合作联盟（南盟）的创始成员。该国目前已成为150多个国际组织的成员，[②]包括环孟加拉湾经合组织、世界银行，国际货币基金组织和77国集团等。不丹与52个国家和欧盟有外交关系，并在印度，孟加拉国，泰国和科威特设驻外办事处。在日内瓦和纽约分别设有常驻代表处。[③] 只有印度和孟加拉国在不丹有大使馆，而泰国在不丹有驻外办事处。其他国家通过其在新德里和达卡的大使馆保持非正式外交联系。不丹在国际上奉行不结盟政策，主张大小国家一律平等，重视与邻国的友好相处。在和平共处的基础上与其他国家建立友谊并开展合作。

不丹的对外贸易伙伴主要是南盟成员国。其中，印度是不丹最大的贸易合作伙伴，两国签有自由贸易协定。不仅在经济上，在战略及军事上，不丹与印度都有着十分紧密的合作。双方国民来往对方国家无需签证和护照，只需身份证，不丹公民在印度工作享受与印度国民同等待遇。不丹国内的经济建设发展严重依赖外部的经济援助。[④] 2010年，不丹接受外援（净额）22.15亿努，其中印度是最大援助方。此外，不丹还接受来自日本、荷兰、丹麦、奥地利、瑞士、联合国开发计划署、世界银行、亚洲开发银行等方面的援助。[⑤]

不丹在香港设有办事处，但至今未与中国大陆及台湾地区建立官方交往，但关系一直友好（在所有邻国中，不丹是唯一未与中国建交的国家）。由于不丹和印度在1949年签订的《永久和平与友好条约》中要求不丹的内政和外交要接受印度的指导，此举导致了中国与这个曾经是中国领土和藩属国的国家一直无法建交。[⑥] 1984年起，中不两国轮流在北京和不丹首都廷布举行中不边界会谈。1998年，两国在第12轮边界会谈期间签署了《中华人民共和国政府和不丹王国政府在中不边境地区保持和平与安宁的协定》。这是两国第一个政府间协定，对维护两国边境地区稳定具有重要意义，并为寻求边界问题的解决创造良好条件。[⑦] 截至2015年底，不丹来华投资项目数3个，无实际投入。中国在不丹暂无直接投资。同期，中国在不丹签订工程承包合同额1106万美元，完成营业额102万美元。2016年2月，双方举行了第23轮边界会谈以及7次边界问题专家组会议，共同致力于边界问题的早日解决。[⑧]

---

① Economictimes, Demonetisation impacts india's border trade with Bhutan, http://economictimes.indiatimes.com/news/politics-and-nation/demonetisation-impacts-indias-border-trade-with-bhutan/articleshow/55717058.cms。

② Galay, Karma, International Politics of Bhutan, Journal of Bhutan Studies, 10: 90 - 107。

③ 搜狐财经：《一带一路—不丹、阿联酋、泰国，带你领略不一样的风光！》，http://www.sohu.com/a/137606414_174487。

④ 同上。

⑤ 外交部网站：《不丹国家概况》，http://www.fmprc.gov.cn/web/gjhdq_676201/gj_676203/yz_676205/1206_676380/1206x0_676382/。

⑥ 龙兴春：《印度在南亚的霸权外交》，载《成都师范学院学报》，2016年第8期。

⑦ 外交部网站：《中国同不丹的关系》，http://www.fmprc.gov.cn/chn//gxh/cgb/zcgmzysx/yz/1206_6/1206x1/t5535.htm。

⑧ 同上。

【小结】

不丹作为中国的邻国,是唯一一个未与中国建交的国家,虽然其基础设施需求量大,但投资者在不丹的权益不能及时得到救济和我国政府的保护,因而对项目要进行详尽的调研,充分了解并尊重当地的风俗。

二、不丹投资建设法律问题

不丹的法律主要来自立法和条约,其法律制度主要来源于英国普通法,与不丹民主化进程相仿,其政府审查了许多国家的法律体系,并在改革时效仿相应国家的法律。不丹效力最高的法是"2008年宪法"。2008年颁布"宪法"之前在不丹颁布的法律,与宪法并不冲突的仍然有效。不丹的法律大多以促进民族幸福为前提。不丹的最终立法权力归属及其解释机构为最高法院。

(一)不丹项目投资立法

外商在不丹投资,主要适用《外商直接投资规章和条例》,该条例于2002年颁布,并经过多次修订。本文参照的是2014年新修订的《外商直接投资规章和条例》。

根据该法规,外国投资者指不丹以外其他国家的公民,或在不丹之外注册成立的实体。外商直接投资企业是指按照《不丹王国公司法》注册成立,目的在于开展商业活动,由外国投资者拥有或实际控制20%以上股份的商业实体。

外商直接投资于既存实体应当满足下列条件:能够通过技术、机械化、环境的升级,价值的提升,生产能力的提高和产品的多样化,使核心业务的物质设施得到扩展:①在外国投资者没有获得现有股份的基础上,使股本增加;②符合适用于新的外商直接投资业务的资格标准。除此之外,政府还允许外商出于战略联盟或复兴弱势工业的目的直接投资于既存实体。

外商直接投资应以可兑换的货币投资。外商直接投资业务开始商业运营之日起3年之内,外国投资者应保留其投资的所有股权。

(二)不丹外资准入及企业设立相关法律

在不丹,外国公司设立主要适用《外商直接投资规章和条例》及《公司法》。对外商直接投资开放的投资活动分为两类,即优先类和其他类:优先类的主要是加工业、制作业和服务业;其他类指没有列入限制和禁止清单的投资活动。不丹不向外国投资者开放的部门主要有:媒体和广播;分销服务,包括批发、零售和小型贸易、出售原材料的矿物开采;三星及以下酒店;一般卫生服务;不符合原产地证书要求的工业等。①

外商直接投资必须同时满足①不在相关法律法规禁止投资领域;②满足最低投资额度及所占比例。③满足针对该领域投资的专门性条件。如基础设施类作为优先投资领域,外商可直接投资。其最低项目投资额为2亿努,最高外国投资比例为100%,且必须满足以PPP模式进行合作、期满后将设备返还政府的条件。

---

① 出国在线网:《不丹外国直接投资发展政策》,http://www.chuguo.cn/news/171103.xhtml。

申请设立外商直接投资企业应完整提交外商投资注册申请表要求的所有材料，并且必须由拟建外商直接投资企业的发起人或授权代表签署，其中每个业务活动都要单独申请。

所有外商直接投资企业的行为应在提交所需的部门批准和环境批准的基础上，由产业经济事务部批准。产业经济事务部负有编制、维护和更新外商直接投资企业相关信息的登记之职责。产业经济事务部应在收到完整注册申请的两个工作周内颁发外商直接投资登记证书。该证书的目的是确认外国投资者与国内投资者以及方便不同的机构处理投资计划，不构成对拟定业务审批的解释。收到外商直接投资登记证书后，投资人应在不丹《公司法》的框架下将拟开展的业务具体化。该证书从颁发之日起1年之内有效，在有效期内，投资人须提交项目批准文件。

（三）不丹工程建设相关法律

不丹《建筑条例2002》中对申请建筑许可、建筑结构设计、申请人责任等有较详细的规定。

1. 申请建筑许可

任何打算建造或改动建筑物的公司必须书面向执行机构申请。该申请必须由公司法定代表人签字或授权签字，并将签字的图纸交于注册编制建筑师/工程师/规划师或工程/建筑公司以便其根据《建筑规则2002》的规定进行申请。建筑师/工程师/规划师或工程/建筑事务所准备的图纸应符合"建筑规范"的所有要求以及城市发展规划，建筑指南等要求。建筑许可由执行机构出具，批准与否都必须告知理由。执行机构应当在30天内对申请作出回应并在90天内批准符合条件的申请。批准项目的有效期为批准之日起两年，建筑项目施工应在有效期内开始。建筑改良建设不仅要提交原始项目批准书，还要依法缴纳检查费、税金等。以欺骗手段获取的开发许可或提交无效文件获得的开发许可将被废除。

2. 建筑结构设计

《建筑规则2002》对建筑结构设计有严格而明确的标准：如住宅楼最大覆盖面积不能超过批准总占地面积的60%、客厅不小于9平方米、餐厅不小于6平方米、每个可居住的空间必须有通往建筑外的窗户、残疾轮椅通道的设计等。在首都廷布建造住宅不仅要符合《建筑规则2002》的规定，还要满足《廷布市政发展管制条例》的要求。

3. 申请人责任

即使获批程序完全合法合规，开发商仍应继续对该区域内或周边地区的任何人因施工造成的任何直接或间接的损害及其他任何损失，完全地、独立地承担全部责任。但批准申请的执行机构不承担责任。改变建筑物原始用途须书面申请，未申请即改变用途会招致罚款，如果土地使用不符合建筑物使用和安全的标准，要将其还原成原始用途并缴纳错误使用的建筑面积建设费用的20%。

（四）不丹PPP相关政策与法律

不丹《外商直接投资规章和条例》第六条规定了合作与特许经营：①允许外商以技术、商号（为营销和/或特许经营使用）、著作权、专利权和商标权等形式进行合作，但须获得产业经济事务部的事先批准；②任何按照本条第1款进行的合作或特许经营安排的批准申请,应同时向产业经济事务部提交缔约双方之间的协议草案。

1. 投资建设管理机构

产业经济事务部下属的外国投资委员会是不丹政府负责管理外国直接投资事务的专门机构,外国投资者在不丹进行投资或者从事相关经营活动,必须向外国投资委员会提出申请,经过资格审查并颁发许可证之后才可从事经营活动。[①]

2. 特许经营法律环境

(1) 特许经营法律体系构成

《外商直接投资规章和条例》第六条规定了合作与特许经营制度。不丹产业经济事务部与世界银行合作,于2015年4月8日在廷布组织了公私合作(PPP)利益相关者研讨会。研讨会的目标是提高对PPP政策草案条款的认识,并教育关键利益相关者。该政策最近由国民幸福委员会审查,并已获准批准提交给不丹内阁。这项政策是不丹政府推动对私营部门基础设施和其他重要项目进行投资的重要举措。目前不丹政府允许通过PPP模式进行项目实施。

(2) 特许经营的领域

在不丹《外商直接投资规章和条例》附表中明确规定了部分投资领域,投资的条件/要求是PPP模式,主要包括以下四个领域:基础设施、废物管理、水的供应与管理和城市水处理和供应、运输及相关服务。

【小结】

不丹对于基础设施建设需求较大,但其要求最低外国投资额较高,加之不丹严格的环保标准,使得不丹PPP项目的发展较为缓慢。

三、不丹司法体系及争议解决

不丹与中国未建立外交,中国投资者在不丹的权益可能无法及时得到保护和救济。不丹相关法律规定,合资公司的参与者或外商直接投资企业与政府之间产生任何争议,应友好解决或根据当事方的同意调停、调解和仲裁解决;或者按照程序提交皇家法院诉讼解决;或依照国家法律提供的特别程序解决。通过上述解决方式作出的裁决,对当事方具有终局性的约束力,除非该裁决与皇家法庭的规定相冲突。

针对外国投资委员会和/或产业经济事务部任何决定或命令的上诉,均由产业经济事务部部长负责。受损害方应在收到命令的15天内提出上诉,如果上诉人因充分的原因被阻碍在规定的时间内提出上诉,产业经济事务部部长可以接受超过15天提出的上诉。

不丹已加入《纽约公约》,但不丹政府对于该公约作出了两项保留声明:一是只在互惠的基础上对在另一缔约国领土内作出的仲裁裁决的承认和执行适用该约;二是只对根据不丹王国法律认定为属于契约性和非契约性商事法律关系所引起的争议适用该公约。

---

① 国家开发银行:《"一带一路"国家风险报告(上)》,法律出版社,2016年8月第1版。

四、不丹营商环境及法律风险防范

(一) 不丹整体营商环境

根据世界银行《2017年全球营商环境报告》显示，不丹的营商便利度在全球190个经济体排名中位列第73位，在获取电力、财产登记、纳税、跨境交易、合同强制执行效率排名中表现出色，分别位列第54位、第51位、第19位、第26位和第47位；但在开办企业、办理建设许可、保护少数权益投资者、破产处置效率领域表现一般，分别位列第94位、第97、第114位和第169位。[①]

(二) 不丹投资风险及建议

根据不丹的投资政策不难看出，不丹加大了对外开放的态度，但客观看来，中国投资者在不丹进行投资仍面临诸多挑战：

1. 基础设施薄弱，交通不便利

不丹无铁路，公路等级低且路况不好，地质灾害频繁，极大的打击了外国投资者的兴趣与热情。

2. 印度因素

印度对不丹进行了军事、经济、政治等全方位的渗透，导致不丹与中国至今没有外交，这为中国投资者进驻不丹又增添了一定的障碍。

3. 法律政策因素的制约

不丹是一个极其重视环保的国家，在不丹进行投资的外国企业都必须提交环境资质的证明材料。[②] 而基础设施项目建设必然对环境造成一定的影响，且不丹国土面积小，这些影响在重视环保的不丹政府看来是巨大的，因而当项目与环保发生冲突时，外国企业的权益很难得到保障。

4. 工程劳务

不丹是一个极其重视幸福指数的国家，对于劳动力的法律保护政策比较完善，劳动力成本较高。

五、结语

不丹虽然基础设施需求量大，未来PPP项目很多，但由于外交因素及不丹法律政策的因素，中国投资者应对项目进行详尽的调研，深入当地熟悉规则并尊重当地的风俗，尽可能地避免冲突发生，并做好风险应对机制。

---

① 商务部网站：《世界银行发布〈2017年全球营商环境报告〉》，http://images.mofcom.gov.cn/gn/201610/20161027171453550.pdf.

② 出国在线：《不丹外国直接投资发展政策》，http://www.chuguo.cn/news/171103.xhtml.

斯 里 兰 卡

一、斯里兰卡国情简介

斯里兰卡民主社会主义共和国（Democratic Socialist Republic of Sri Lanka，以下简称"斯里兰卡"，也称"锡兰"），是英国联邦成员国。锡兰系印度洋上的岛国，由于接近赤道，终年如夏。锡兰国土面积大约有 65610 平方公里，其人口大约有 2048 万，其中僧伽罗族占全国人口的 74.9%，泰米尔族占全国人口的 15.4%，其官方语言即全国通用语言为僧伽罗语和泰米尔语，当地的人民主要信奉的是佛教。①

斯里兰卡全国分为 9 个省和 25 个县，首都系世界商港、东方"十字路口"科伦坡。斯里兰卡其他主要城市还有疗养城市努沃勒埃利耶、东方著名的商业中心艾勒。

农业是斯里兰卡经济的支柱产业，特别是茶叶种植及制造。锡兰是世界三大产茶国之一，锡兰红茶系其最重要的出口产品，因此产茶情况的好坏直接影响着锡兰国内经济状况。锡兰是一个盛产宝石的岛屿，因此除了产茶以外，锡兰最大的优势在其地理位置和矿业，锡兰的宝石产业居世界前五位，每年宝石出口值可以高达 5 亿美元，其中以红宝石、蓝宝石及猫眼石最为有名。②

斯里兰卡奉行独立自主和不结盟的外交政策。锡兰实行贸易自由化政策，其于 1995 年加入世贸组织，在整个贸易自由化进程中，锡兰的经济增长速度持续加快。锡兰系南亚区域合作联盟的成员国，还是亚太贸易协定和环孟加拉湾多领域技术经济合作机制的成员国。除此以外，外国的援助在斯里兰卡经济发展中发挥着重要的作用。③ 锡兰政府一贯对中国奉行友好政策。1950 年斯政府承认新中国，1957 年 2 月 7 日两国建交。早在 1952 年锡兰还未与中国正式建交的时候，当时美国等西方国家对中国实行封锁的政策，锡兰在这种情形下，还与中国签订了米胶贸易协定，此举开创了中斯两国友好的经贸合作史。2014 年，习近平主席对斯里兰卡进行国事访问，两年后，斯里兰卡维克拉玛辛哈总理对中国正式访问。

据中国商务部统计，2016 年，锡兰最大的贸易出口国系美国，最大的贸易进口国系中国。锡兰向中国出口的产品主要有：服装及衣着附件、茶叶、咖啡、香料等；其从中国进口的产品主要有：电机、电气、音响设备及其零附件、核反应堆、锅炉、机械器具及零件等。④

【小结】

斯里兰卡作为南亚地区的岛国，是海上丝绸之路的重要沿线国家，中斯双方友好的合

---

① 外交部网站：《斯里兰卡国家概况（最近更新时间：2016 年 12 月）》，http://www.fmprc.gov.cn/web/gjhdq_676201/gj_676203/yz_676205/1206_676884/1206x0_676886/.
② 同上。
③ 同上。
④ 商务部综合司：《国别贸易报告—斯里兰卡（2017 年第 1 期）》，http://countryreport.mofcom.gov.cn/record/qikan110209.asp?id=8915.

作关系,为中斯企业间的投资发展提供了良好的环境。同时,中方提出的"一带一路"倡议与斯政府发展战略高度契合,斯政府多次表示愿积极参与"一带一路"建设,这将给"一带一路"的发展提供重要的动力。

二、斯里兰卡投资建设法律问题

斯里兰卡法律受英国普通法、罗马法及本土习惯法的影响,呈现混合型及多元化的特征,法律内容复杂,但目前存在更新慢、与实际不匹配等问题。

(一)斯里兰卡项目投资立法

斯里兰卡针对外商投资主要有1978年第4号《BOI法修正案》、2007年第7号《公司法》、1953年第24号《交易管制法》、2008年第14号《战略发展项目法》、2012年第12号《财务法》。

2002年第33号《石油产品(特别规定)法案》和1961年第28号《锡兰石油公司法案》规制下游石油产业。

1992年第33号《矿山及矿产法案》规制矿产业的投资、开发、加工、交易等。

关于土地流转等由2014年第38号《土地(限制流转)法案》进行规制。

《斯里兰卡宪法》和相关法律规定了私人和外国投资不受侵犯的内容,具体规定主要有以下几点:①保护外国投资不被收归国有或国有化;②即便出现对外国投资国有化的情形,锡兰政府也应及时给予外国投资者足额的补偿;①③确保外国投资资金和投资利润的自由汇出。

2015年11月,斯总理提出斯里兰卡新政府中期发展规划,总体目标为在经济、政治、社会、教育和卫生等各领域实现全面进步,将斯打造成为南亚地区最开放和最有竞争力的经济体。在基础设施建设方面,主要集中在交通运输、港口码头、电力能源、水务水利等领域。斯里兰卡积极鼓励外资和私营资本通过BOT等PPP模式参与对锡兰基础设施建设项目的投资。中国迄今对斯里兰卡最大投资项目即科伦坡港南集装箱码头项目。

(二)斯里兰卡外资准入及企业设立相关法律

斯里兰卡外资准入制度针对不同的投资领域,有着不同的投资限制规定。一般绝大多数领域对外资持开放的态度,只有个别领域不允许外资进入外。锡兰在对外资的限制方面分为以下三种形式:禁止进入、有条件进入以及许可进入,具体的限制规定如下②:

1. 禁止进入领域:资金借贷,典当业,投资低于100万美元的零售业,近海渔业,提供人才服务(出口行业或旅游业除外),本地学历教育,斯里兰卡14岁以下儿童的教育。

2. 外商投资比例超过整体投资额40%,且需经斯里兰卡投资委员会(BOI)视情况批

---

① 商务部国际贸易经济合作研究院、商务部投资促进事务局、中国驻斯里兰卡大使馆经济商务参赞处:《对外投资合作国别(地区)指南—斯里兰卡(2016年版)》,http://fec.mofcom.gov.cn/article/gbdqzn/upload/sililanka.pdf。

② 中国驻斯里兰卡大使馆经济商务参赞处:《斯里兰卡对外国投资的市场准入规定》,http://lk.mofcom.gov.cn/article/ddfg/201508/20150801085257.shtml。

准方可进入的领域,生产受外国配额限制的出口产品,不可再生资源的开采和加工,茶叶、橡胶、椰子、可可、水稻、糖及香料的种植和初级加工,深海渔业、大众传媒、使用当地木材的木材加工业,教育,货运,旅行社以及船务代理等。

3. 根据外商投资的具体金额,斯里兰卡投资委员会或锡兰其他政府部门需视具体情况而批准才可进入的领域,生化制品及造币等敏感行业,航空运输、军工、沿海船运、彩票业、大规模机械开采宝石。

4. 吸引外资的重点领域:纺织业、公路、电力、桥梁、港口、通讯、供排水等基础设施建设,进口替代产业和出口导向型产业,信息技术产业,农业和畜牧业,旅游业和娱乐业等。

斯里兰卡对外商投资企业注册的形式没有特殊规定,外国投资者可以自主选择注册任何形式的公司,锡兰公司注册登记处是企业注册登记的机构,注册企业涉及的文件主要有:

1. 在斯里兰卡公司注册登记处领取的表格;
2. 母公司的备忘录和协议;
3. 申请人的申请信函;
4. 母公司董事成员资料;
5. 母公司的银行账户证明;
6. 如果母公司在斯里兰卡有任何协议,应出示;
7. 母公司近两年的年度报告;
8. 授权书。

(三)斯里兰卡工程建设相关法律

斯里兰卡工程承包市场相对来说比较开放,对外国企业参与工程项目的建设锡兰政府一般不予限制,但当工程项目属于锡兰当地公司有能力建设的情形时,锡兰政府一般倾向于鼓励其本国企业自主参与建设。外国公司在斯里兰卡工程承包市场中能够承包的工程项目大约可分为以下三种:[①]

1. 该项目的资金是业主自筹的,且锡兰当地公司有能力自主承建的项目。这类项目一般是由锡兰当地企业承建的,虽然锡兰政府并不反对外资公司参与承建,但是外资企业在该类项目的竞争中缺乏天然的优势。

2. 国际资金支持的项目或项目是由政府独立出资且当地企业无能力自主承建的项目。对于这类项目一般需要通过国际招标的形式确定承建方,外国承包商和当地承包商均可参与这类项目的国际招标。锡兰政府更希望外国企业和当地承包商能组成经济联营体,一起参加竞标和承揽项目,如果中标,符合前述合作模式的将享有相应的税收优惠政策。无论是外国公司独立投标还是当地公司独立投标还是外国企业与当地企业组成联营体一起投标,均需要严格按照招标公告中规定的程序进行投标和竞标的活动。

3. 私营项目。若项目资金系私人的或民间渠道获取的,那么这类项目的投标和竞标

---

① 中国驻斯里兰卡大使馆经济商务参赞处:《斯里兰卡对外国公司承包当地工程有关规定》,http://lk.mofcom.gov.cn/article/ddfg/201508/20150801085265.shtml。

程序和规定，则取决于私营业主的意愿。

锡兰的大多项目采用的是国际公开招标，承包商自主融资的项目则一般以议标为主。锡兰对外国企业参与项目投标有具体的规定，比如：外国企业应通过资格预审程序，同时应获得该外国公司本国大使馆相关部门的证明和推荐，例如该外国企业若系中国公司，那么该公司就应当得到中国驻斯里兰卡大使馆经商参处的证明或推荐。①

外国投资者获取锡兰的工程承包项目的招标信息主要有以下两种方式：一是获取当地业主单位通过当地媒体或该业主官方网站发布招标公告；二是当地业主单位向公司发出的招标邀请。

中资企业在锡兰参与项目投标需要办理相关的手续，主要包括如下内容：

1. 通过"对外承包工程项目数据库系统"提出对外承包工程项目的立项批准申请；

2. 向斯里兰卡中国企业商会提交申请，该商会一般每月第一个周六召开项目评审和协调会议，经过会议评审后，该商会向中国使馆经商参处出具书面评审意见；

3. 中国驻斯里兰卡大使馆经济商务参赞处根据斯里兰卡中国商会的意见和企业提交的申请文件办理网上审批意见。

【案例】

近年来，中资企业入斯投资活跃，新签大型工程承包项目有中国港湾工程有限责任公司承建斯里兰卡科伦坡港口城二期、中国水电建设集团国际工程有限公司承建帕特杜马巴若一康提北综合供水项目、中国建筑工程总公司承建斯里兰卡中国国际ASTORIA公寓楼项目等。

（四）斯里兰卡PPP相关政策与法律

锡兰政府对外国企业在斯投资的方式几乎没有限制，鼓励外国企业以BOT等PPP模式参与锡兰当地的基础设施建设项目，参与非限制投资领域内的任何的产业投资。②

1. 斯里兰卡投资管理机构

斯里兰卡投资委员会（BOI）系锡兰政府主管外国投资的部门，其主要职责是负责核查、审批外国投资，并积极促进和推动外国企业或者政府在斯里兰卡投资。③

BOI制定了具体的、详尽的税收优惠政策，并为不同行业、不同产品、不同地区制定了各式各样的优惠政策，以促进并引导行业和地区的健康发展。

2015年，锡兰政府对吸引外商投资的政策进行了调整，对外商投资给予的税收优惠由BOI根据投资类型、规模和行业确定，但最终必须获得锡兰财政部的批复。

2. 斯里兰卡PPP相关政策和法律

目前，对于政府与社会资本合作项目，锡兰政府未颁布专门的法律规定，一般都是锡兰政府根据项目具体情况进行个案审批。

---

① 中国驻斯里兰卡大使馆经济商务参赞处：《斯里兰卡对外国公司承包当地工程有关规定》，http://lk.mofcom.gov.cn/article/ddfg/201508/20150801085265.shtml。

② 中国驻斯里兰卡大使馆经济商务参赞处：《斯里兰卡对外国投资的市场准入规定》，http://lk.mofcom.gov.cn/article/ddfg/201508/20150801085257.shtml。

③ 商务部国际贸易经济合作研究院，商务部投资促进事务局，中国驻斯里兰卡大使馆经济商务参赞处：《对外投资合作国别（地区）指南—斯里兰卡（2016年版）》，http://fec.mofcom.gov.cn/article/gbdqzn/upload/sililanka.pdf。

【案例一】 斯里兰卡科伦坡港口城发展 PPP 项目①

斯里兰卡科伦坡港口发展 PPP 项目，系目前中斯合作的最大的双边投资项目。该项目由斯里兰卡港务局提供项目海域使用权，由中国交建负责填海，形成 266 公顷陆域，完成土地一级开发后中国交建与斯里兰卡政府按约定方式分享土地销售和开发收入。该项目总投入大约是 13.96 亿美元，以两期分期投资，其中第一期项目投资金额为 11.08 亿美元，工期 3 年；第二期项目投资金额为 2.88 亿美元，工期 2 年。

该项目于 2014 年 9 月正式动工，但是在 2015 年 3 月初斯里兰卡新政府以该项目"缺少相关审批手续"、"需要重新进行环境评估"等理由叫停了该项目。一年后，斯里兰卡政府取消了前述暂停决定。同年 12 月 12 日，中国交建与斯里兰卡方针对该项目签署了新的协议。新协议中，将填海土地面积由 233 公顷增加至 269 公顷，吹填土地中的公共面积由原来的 63 公顷变为 91 公顷，这之中包括占地 45 公顷的对外开放的公园，另外根据新协议，将增建 13 公顷的公共沙滩。

【案例二】 斯里兰卡汉班托塔港口二期 SOT 项目②

汉班托塔港作为 21 世纪"海上丝绸之路"的中央地带，其建设关于斯里兰卡战略发展布局，该港口二期工程包含设计施工（DB）和设备供应、运营、转让（SOT）两部分，项目总额为 8.08 亿美元。2014 年 9 月 16 日，在习近平主席和斯里兰卡总统的见证下，中斯双方代表签署了《汉港二期集装箱码头 SOT 项目核心商务条件协议》，进一步明确了项目商业模式和特许经营期限等核心商务条件，约定中斯联营体对该港口集装箱码头的 40 年经营权。该项目采用 EPC 总承包模式，工期 36 个月，已于 2012 年 11 月 15 日正式开工，DB 阶段项目已完成，目前正在推进 SOT 阶段的项目建设。

【案例三】③

斯里兰卡内阁正在组建一个由专门委员会，该委员会将规划设计斯里兰卡的第一个以政府与社会资本模式进行合作的供水项目（WELIRRTI 供水项目）。

【案例四】④

自 2006 年开始，中国云南水电十四局开始进入锡兰工程承包市场，已修建了多条公路标段，目前在建的主要项目系莫罗嘎哈勘达水库渠首工程（M 坝）项目，以及卡鲁干葛水库工程（K 坝）项目。

莫罗嘎哈勘达水库渠首工程距锡兰首都科伦坡约 190 公里，是一座集灌溉、给水和发电为一体的多功能建筑物，还是锡兰最大的农业灌溉工程。该项目的资金来源于中国国家开发银行的贷款，合同总金额为 2.5 亿美元，建设期 48 个月，于 2012 年 7 月 26 日正式动工，2015 年 3 月 9 日实现截流。

卡鲁干葛水库工程距科伦坡约 170 公里，系锡兰中部重要的大型水库。该工程的资金

---

① 中国政府采购网：《中国交建海外投资 PPP 项目介绍》，http：//www.ccgp.gov.cn/ppp/gj/201607/t20160708_7017577.htm。

② 同上。

③ 节能斯里兰卡网：《斯里兰卡内阁正在筹建一个专门委员会来计划斯里兰卡的第一个基于 PPP 模式的 WELIR-RTI 供水项目》，http：//www.cecep.cn/g8891/s17379/t46950.aspx。

④ 商务部网站：《斯里兰卡总统赞誉中国云南水电十四局在斯承建的水库项目》，http：//www.mofcom.gov.cn/article/resume/n/201508/20150801074748.shtml。

来源是沙特阿拉伯 SFD 等基金会的贷款以及锡兰政府的融资,合同总金额为 1.22 亿美元,建设期 56 个月,于 2014 年 4 月 2 日破土兴建,同年 12 月 15 日主坝及导流洞实现首次爆破。

【小结】

斯里兰卡政府鼓励外商投资,且外商准入门槛较低,投资环境较宽松,政府支持企业以 BOT、PPP 的模式投资,但有关 PPP 项目法律存在空白及实践经验较为贫乏,投资者应充分进行项目可行性调研,谨慎投资。

三、斯里兰卡司法体系及争议解决

(一)诉讼制度

斯里兰卡的司法审判机关分为终审法院、上诉法院、高级法院和地区法院。斯里兰卡司法效率较低,商事案件一般要 2~3 年才能做出终审判决,案件存在一定量的超期和挤压。而且,斯里兰卡存在干预司法、有法不依的现象。

关于法院裁判的承认与执行。英格兰高等法院的判决在斯里兰卡具有强制力,除此之外,其他外国法院的判决在斯里兰卡均无强制执行力,其他外国法院的判决涉及的案件必须要经过斯里兰卡法院重新审理,该外国法院的判决可以作为证据在审理中使用。

(二)仲裁制度

1995 年斯里兰卡颁布仲裁法案,其两大仲裁机构分别是商法发展和实践仲裁中心、斯里兰卡国家仲裁中心。

斯里兰卡已加入《纽约公约》,外国投资者也可以诉诸国际投资处理解决中心(ICSID)寻求国际仲裁。斯里兰卡是《海牙证据公约》《海牙送达公约》的成员国,2002 年还颁布了刑事案件司法互助法,与中国就条约文本达成初步合意。

关于仲裁裁决的承认与执行,斯里兰卡仅承认和执行《纽约公约》缔约国或者与斯里兰卡相互承认执行仲裁裁决国家所做出的仲裁裁决。属于上述情况的仲裁裁决,应于裁决做出后第 14 日起的一年内向斯里兰卡高级人民法院申请执行。但当仲裁裁决具有以下几种情形时,法院可以拒绝执行:仲裁协议一方不适格、仲裁协议无效、未对裁决对象予以充分通知以致其无法履行义务、超裁、仲裁庭组成不合仲裁协议或者仲裁地法律、裁决未生效、仲裁地的法院或法律曾将该争议驳回的、争议标的根据斯里兰卡法律不适用仲裁、承认该裁决有违公共政策。

(三)其他争议解决途径[①]

中资企业在斯里兰卡进行商务投资合作若与当地政府或当地企业产生纠纷,可考虑立

---

① 商务部国际贸易经济合作研究院,商务部投资促进事务局,中国驻斯里兰卡大使馆经济商务参赞处:《对外投资合作国别(地区)指南—斯里兰卡(2016 年版)》,http://fec.mofcom.gov.cn/article/gbdqzn/upload/sililanka.pdf。

即向中国驻斯里兰卡大使馆经商参赞处说明相关情况,并请求其协助解决。

斯里兰卡负责处理经济纠纷的部门是隶属于斯里兰卡警察局的犯罪调查局(简称CID)。发生纠纷后,企业也可向CID报案,提交相关证据材料。CID审核后,案件会进入司法程序,转由法庭审理。如果案涉企业是斯里兰卡投资管理委员会(BOI)下设立的企业,也可以将相关情况向BOI反映。

最后,斯里兰卡系多方投资担保机构(MIGA)的初始成员,MIGA是世界银行的一个投资担保机构,企业可就征收、没收以及非商业风险向其寻求保护。

四、斯里兰卡营商环境及法律风险防范

(一)斯里兰卡整体营商环境

根据世界银行《2017年全球营商环境报告》显示,斯里兰卡的营商便利度在全球190个经济体排名中位列第110位,在开办企业、办理建设许可、获取电力、跨境交易、破产处置效率排名中表现较好,分别位列第74位、第88位、第86位、第90位和第75位,尤其是在保护少数权益投资者方面,位列世界第42位;但在财产登记、获取信贷、纳税、合同强制执行效率领域表现一般,分别位列第155位、第188位、第158位和第163位。[1]

(二)斯里兰卡投资与承包工程风险及建议

2015年斯里兰卡新政府上台后,对一部分在斯里兰卡的已签项目进行了重审,影响了整体的项目进度,并造成一定损失,针对斯里兰卡目前国内的投资状况及其未来的发展规划,中国企业在斯里兰卡进行商业投资要注意以下几个方面的风险:

1. 招投标相关问题

在投标前应仔细阅读有关招标材料中对投资者的资质要求,如是否允许中资企业投标,同时遵守当地市场规则,避免与其他企业进行低价恶性竞争。

2. 法律制度问题

斯里兰卡法律内容复杂,在投资和承包工程的过程中,一定要遵守当地投资法、建筑法及劳工法律,避免纠纷的产生。同时也要尊重当地风俗与宗教信仰,亲自参与企业管理,切莫轻信大意。

3. 关于PPP项目问题

斯里兰卡在PPP项目立法上存在空白,有关PPP项目的实践经验较贫乏,外国投资者在斯里兰卡进行PPP项目,要注意及时获取当地信息的重要性,避免因出现临时政策导致的投资风险。

4. 劳务问题[2]

---

[1] 商务部网站:《世界银行发布〈2017年全球营商环境报告〉》,http://images.mofcom.gov.cn/gn/201610/20161027171453550.pdf。

[2] 商务部国际贸易经济合作研究院,商务部投资促进事务局,中国驻斯里兰卡大使馆经济商务参赞处:《对外投资合作国别(地区)指南—斯里兰卡(2016年版)》,http://fec.mofcom.gov.cn/article/gbdqzn/upload/sililanka.pdf。

斯里兰卡对雇佣外籍劳务进行严格的限制，以保证本国劳动力的就业环境，一般不允许外籍劳务人员进入，除非是因为工程承包或投资项目的协议里有约定。根据斯里兰卡移民局的相关规定，如果有以下几种情况可以申请劳务工作签证：①经BOI批准的国有或私人项目的专业工程人员；②银行及其下属单位雇员；③志愿者；④非政府机构雇员；⑤各国驻斯里兰卡使领馆的项目机构或组织雇员；⑥私营企业及其下属单位的雇员。中资企业向斯里兰卡派遣劳务时，必须要事先征求中国驻斯经参处的意见，未取得当地政府的同意不得进行派遣。

五、小结

斯里兰卡投资政策开放，政府注重发展本国的基础设施建设，为外商投资打造了较好的投资环境，劳动力性价比高，市场准入制度较宽松，对外商投资来说无疑是一种吸引。加之，在"一带一路"发展的影响下，为斯里兰卡的迅速发展提供了新的机遇。但是，由于斯里兰卡法律制度环境复杂，新政府刚上台不久，投资者在投资时，一定要重视前期的项目可行性调研，评估风险，利用保险、担保及其他风险管理手段，防范政治风险和商业风险，切身维护好自身的利益。

马 尔 代 夫

一、马尔代夫国情简介[①]

马尔代夫（Maldives），是由26组环礁、1192个珊瑚岛组成的群岛国家，坐落于南印度洋上。往北约600公里是印度，往东北约750公里是斯里兰卡。马尔代夫的是南北长度约820公里，东至西宽度为130公里的狭长岛国。大约有200个可以住人的岛，分布在方圆9万平方公里的海域，岛屿的平均面积约为1~2平方公里，岛屿的地势比平坦，但是其平均海拔只有1.2米。马尔代夫属于非常明显的热带气候，因为其靠近赤道，不分四季，或者叫四季如夏。常年的降水量约2100毫米，常年平均气温为28℃。

马尔代夫国家官方的语言及民族语言均为迪维希语（Dhivehi），全国共划分为21个行政区，其中有19个行政环礁以及首都马累市和另一个大城市阿杜市，社会中上层可以使用英语沟通交流。

马代夫全国民族均为马尔代夫族，全国的总人口数约为35万人，其国家的宗教信仰为伊斯兰教。

马尔代夫的流通货币是卢菲亚（Rufiya，缩写为Rf），每一卢菲亚可兑换为100拉里（laree）。纸币面额为500、100、50、20、10、5和2卢菲亚，后两者不常见。硬币面额为1和2卢菲亚。现在的汇率为：1美元约合15卢菲亚；1人民币约合2.3卢菲亚。

---

① 张华，姜晨：《"一带一路"投资风险研究之马尔代夫》，http://opinion.china.com.cn/opinion_33_127533.html。

【小结】

马尔代夫的地理位置独特，独具丰富的旅游资源和渔业资源，中马两国友好往来源远流长，为中马政府间有关"一带一路"经济发展和 21 世纪海上丝绸之路的建设提供了很好的发展机遇；也为中国企业在当地投资和承包相关工程提供了机遇。尽管两国的经贸合作现在仍处在起步上升阶段，但合作势头发展迅速，马尔代夫政府也积极欢迎我们中国的企业到当地投资进行基础设施建设，同时对 PPP 模式进行基础设施的建设也符合其政府的投资政策，所以说未来马尔代夫也是中国企业值得考虑的投资地之一。

二、马尔代夫投资建设法律问题

（一）马尔代夫项目投资立法

马尔代夫是一个号称"法制社会的"国家，关于和外国投资者的投资和合作有关的法律主要包括《外国投资法》《进出口法规》《货物买卖法》《马尔代夫共和国公司法》《合伙法》《商业合同法》《上市公司构成管理法》《普通法》《外商商业行为管理法规》《旅游法》《企业注册法》《抵押法规》《可流通票据法规》等。①

马尔代夫对于外国投资者进行投资项目的税收优惠方面没有明确具体的规定，只是由具备投资审批权限的有关部门根据每个外资项目的投资领域、投资金额等情况再确定具体的优惠政策幅度。

另外，为了给外国投资者们更多了解马尔代夫的投资政策的方便，马尔代夫政府在 2014 年推出了一站式投资服务专业网站 investmaldives.org。投资者们从该网站可以看到的优惠政策其中有以下几个方面：

1. 政府有合法投资的保障；
2. 允许 100% 外资独有权；
3. 可以约定海外仲裁；
4. 可以签订长期合同和长期土地租赁；
5. 外资企业可以自行聘用外国管理人员、工程师、非技术工人；
6. 政府对外汇没有限制；
7. 外资企业将所得的利润或收益自行决定转汇回本国，没有任何限制。

马尔代夫政府现阶段无特殊的投资行业鼓励政策。目前较受马尔代夫政府欢迎的重点投资领域主要包括旅游、金融、房地产开发、基础设施、渔业加工、清洁能源、医疗卫生、环境保护等领域。

为了促进马国内经济更多元化发展，马尔代夫政府于 2014 年年初宣布准备在全国南部、北部、中部设立 3 个经济发展特区，其中将北部经济区划分为重点发展区域，内容将涉及机场、港口、旅游设施等，与之相关的法案将正式出台，其配套的具体实施办法和相关配套规定还在研究阶段。②

---

① 江苏商务云公共服务平台：《在马尔代夫寻求法律保护》，http://www.jscc.org.cn/model/view.aspx?m_id=1&id=44269。

② 江苏商务云公共服务平台：《马尔代夫对外国投资有何优惠》，http://www.jscc.org.cn/model/view.aspx?m_id=1&id=44152。

(二) 马尔代夫外资准入及企业设立相关法律

马尔代夫政府的《外国投资法》没有限制外资进入的行业，马尔代夫原则上对外国投资者的投资方式是没有限制的（除极个别的行业之外）。但是，根据马尔代夫政府的相关规定，从事零售业也必须与当地人合资经营，并且禁止外资进入渔业捕捞行业。可投资的行业包括：审计业务；财务顾问业务；商业潜水（海上救助），水上体育活动；保险业务；国内航空运输、餐饮服务；大型拖钓船；技术支持服务（电梯、银行ATM机、影印机）；服装制造；饮用水的生产、装瓶、配送；公共关系咨询、广告、论坛和翻译服务；建筑水泥的包装和配送；旅游航空普通代理；岛内温泉经营管理，污水处理厂；船舶修造业；生产企业的融资租赁服务；水产品加工；传统医疗服务；水下摄影摄像产品和明信片；冰块制作，特色餐厅；专业企业评估；航空学校；IT系统综合现实服务。

关于旅游业审批以外所有领域的投资均由马尔代夫的经济发展部负责；审批旅游业的投资由旅游部负责。

(三) 马尔代夫工程建设相关法律

目前为止，马尔代夫原则上允许外国承包商进入所有领域。涉及国防建设和敏感领域者除外，一般情况下，只要是符合工程项目的投标资格条件的外国企业，就可以参与投标承包马尔代夫的工程项目建设。

1. 承接工程项目的程序获取信息的渠道[①]

从马尔代夫国内的报纸等媒体或建设单位都可以获知建设工程项目的招投标信息资料，我们国内有兴趣的企业还可以关注马尔代夫的住房和基础设施部、财政部、环境和能源部等官方网站发布的招投标信息。

（1）招投标方面，我们国内的工程承包商可以按照马国招标单位的招标条件去参加投标资格审查，预审通过资格后再购买工程的标书，编制投标文件在招标文件规定的截止日期内投标。

马尔代夫的建设工程招标，大多情况下均为向国际社会范围内公开招标，当然也像国内一样存在议标的情形。一般情况下都会设置A预审资格、B公开招标、C中标发布、D签订合同等程序。某些特殊情况下也可以通过直接谈判的方式来共同由招投标双方共同确定合同条款和价格。

（2）办理许可手续方面，一旦工程项目出现外国公司中标，就需要在马尔代夫政府有关主管部门对中标项目的参与人员、施工设备进口的批文进行办理。其中对外国建筑企业在马尔代夫实施项目建设之前，均须在马尔代夫经济发展部再行注册登记，登记的具体程序和条件可在马尔代夫经济发展部网站查询。

2. 承包工程方面应当注意的事项

（1）马尔代夫境内可以承接的建设工程市场容量较小。由于马尔代夫人口规模和土地面积均十分有限，总体而言承包工程市场较小。再加上马尔代夫政府的财力有限，虽然对

[①] 南亚东南亚商务通：《马尔代夫承揽工程项目的程序是什么》，http://www.qtbclub.com/sArticle.aspx?id=3251。

城市基础设施具有一定需求，但往往希望外国企业带资实施项目，也可以与政府洽谈采取"PPP"方式进行基础设施投资建设。

（2）马尔代夫的建筑施工的成本较高。马尔代夫的资源比较贫乏，项目建设所用的建筑材料几乎全部要依靠进口来解决，相应地采购价格也比较昂贵。再加上马尔代夫的岛屿之间主要依靠水上运输来解决交通问题，运输方面的成本也相应提高，并且其水电的供应能力很有限。我们中国企业如果想在马尔代夫进行工程建设，就必须准确的对当地建筑成本进行测算，以保证投资没有风险。

（3）马尔代夫的施工地质情况复杂。马尔代夫无论是地理条件还是气候条件都是有异于其他国家的，其本来就是一个由珊瑚礁形成的国家，对各种工程建筑的技术要求也比在普通地貌情况下的建筑要复杂得多。我们中国企业若想在马尔代夫承接工程施工项目，就必须做好充分应对措施，对当地水文地质、地形地貌、场内场外的交通特点进行分析研究作出对策。

3. 基础设施的发展规划①

马尔代夫新一届政府在2013年上台之后，作出了一些领域的发展规划，这些规划也主要是依赖吸引国外的投资者的外资及外国的经济援助才能落实，却没有制定明确的时间表，实际上很难得到落实。

马尔代夫现在允许外国投资者参与基础设施投资，其中包括住房、电力、垃圾处理、太阳能等节能环保、有利于民生的项目。

4. 关于外国投资者如何在马尔代夫获得土地的所有权及使用权。

马尔代夫是一个伊斯兰国家，无论外国企业或个人都是无权取得土地所有权的，但是可以通过租赁方式取得土地使用权来对土地进行开发建设。以居住为目的租赁土地最长租赁年限为15年，期满可以续租；若以商业开发为目的的土地最长租赁年限为10年，期满也可以续租。如果外国企业需要在马尔代夫租赁土地，首先应当与土地的所有权人就土地租赁目的及年限、土地面积、位置、租金等达成协议，并由至少两位独立的本国担保人（包括法人）提供担保，而后才能在土地管理机构（通常为住房与基础设施部）进行注册，取得土地使用权。②

马尔代夫的《宪法》虽然有规定不允许外国人在该国购买土地，但是可以变通的是通过设定土地租赁方式达到目的，因为其土地租赁期限最长可达99年。马尔代夫又在2015年通过的"宪法修正案"规定，若外国投资人的投资超过了20亿美元的购地项目，就可以永久拥有该国土地所有权，条件为其中70%是新生土地。③

5. 马尔代夫劳动就业相关法律

（1）《马尔代夫就业法（Employment Act）》是一部由2008年10月颁布有关劳动合

---

① 商务部国际贸易经济合作研究院，商务部投资促进事务局，中国驻马尔代夫大使馆经济商务参赞处：《对外投资合作国别（地区）指南—马尔代夫（2016年版）》，http://fec.mofcom.gov.cn/article/gbdqzn/upload/maerdaifu.pdf.
② 江苏商务云公共服务平台：《外国企业在马尔代夫是否可以获得土地》，http://www.jscc.org.cn/model/view.aspx?m_id=1&id=44160.
③ 法律与生活编辑部：《马尔代夫：通过宪法修正案允许外国人购买土地》，载《法律与生活》出，2015年16期。

同、工资津贴、工作年龄、工作时间、解雇、假期、劳动监管就业代理等规定。

(2) 外国人在当地工作的规定。马尔代夫对外籍劳务人员的输入实行严格的控制和管理。任何外国人未经"青年和体育部"批准不得在马尔代夫从事工作。马尔代夫政府还规定,外国人如果只是持旅游签证入境,未经许可不准就业、做生意或从事无论有偿还是无偿的任何职业。

【案例一】 中马友谊大桥即马累-机场岛跨海大桥工程①

该跨海大桥项目设计使用寿命为 100 年。线路总长达 2000 米,是一个主跨达 180 米的叠合梁连续钢构桥。该工程项目采用的是中国公路工程规范标准,由桥梁、填海路堤及道路等部分工程来组成。

中方建设单位:商务部;

马方建设单位:马尔代夫住房与基础设施部;

EPC 总承包单位:中交第二航务工程局有限公司;

项目管理单位:中交公路规划设计院有限公司。

【案例二】 马尔代夫国际机场跑道修复工程②

中国电建于 2015 年 4 月 21 日第二次中标马尔代夫机场有限公司投资的项目——马尔代夫易卜拉欣纳西尔国际机场跑道修复和沥青混凝土加铺项目。在此之前,中国电建 2008

---

① 百度百科:《中马友谊大桥》,https://baike.baidu.com/item/中马友谊大桥。
② 中国机械工业联合会机经网:《中国电建中标马尔代夫国际机场跑道修复工程》,http://www.mei.net.cn/jxgy/201504/606393.html。

年参建中马友谊村项目，2014年承建机场停机坪及跑道项目。

【案例三】 太阳能项目①

该项目是马尔代夫政府大范围推广使用太阳能计划的试点项目，也是中国公司——中节能绿洲太阳能科技有限公司在马尔代夫实施的第一个光伏电站项目，待全部建成并运营后，太阳能发电将满足所在的岛屿50%的电力供应。

驻马尔代夫大使王福康于2014年1月25至26日应邀出席马尔代夫提那度岛太阳能电站项目一期启用及二期签约仪式。仪式分别在首都马累和马提那度岛举行。马尔代夫环境与能源部长陶瑞克·易卜拉欣、提那度岛屿委员会主席及中节能绿洲太阳能科技有限公司负责人、总经理黄兴华等出席。

【案例四】 马尔代夫公益房项目②

中国二十冶集团2016年5月22日在马尔代夫正式签署1000套公益房项目。

该项目建筑面积约60000平方米，合同金额为5200万美元，折合人民币约3.38亿元 建设工期拟定为730天。该项目解决了当地居民住房问题，还有在胡鲁马累岛承包建设的马尔代夫公益性住房项目，对改善民众居住条件意义重大。都是由我们中国政府提供优惠贷款支持。

该项目是采用EPC总承包合同方式，由中国二十冶集团与建设单位马尔代夫住房部签订的，其中的第一期1000套住房现已完成竣工交付使用。

【案例五】 马尔代夫住房二期工程③

中冶天工集团、国机集团在2014年12月9日开始承建的马尔代夫住房项目二期工程开工，共1500套住房。

其中：嘎杜岛（Gadhdhoo）一层50套，每套面积84.59平方米，呼鲁马累岛（Hulhumale）四层408套，每套面积78.28平方米，孚瓦姆拉岛（Fuvahmulah）二层200套，每套面积84.89平方米，微琳姬莉岛（Villingili）一层52套，每套面积84.59平方米。

（四）马尔代夫PPP相关政策与法律

1. BOT方式（Build—Operate—Transfer）即建设—经营—转让

BOT指政府通过合同方式授予投资人以一定期限的特许专营权，由承包人进行项目建设和经营特定的公用基础设施，并准许其通过向用户收取费用、出售产品用以清偿贷款、回收投资并且赚取利润；待特许权期限届满时，该基础设施无偿移交给政府。

马尔代夫没有专门关于外资开展建设—运营—转让（BOT）的法规。实施的BOT项目也很少，马尔代夫政府为促进外资进入正在尝试推行BOT方式，如太阳能发电项目、填海造地、污水处理项目、跨海大桥项目等，特许经营年限并不固定。

马尔代夫曾实施的BOT项目为马累国际机场项目，但现已被终止。2010年马尔代夫前政府于与印度GMR集团签署了马累机场建设—运营合同，将马累国际机场交由GMR

---

① 光电建筑应用委员会：《马尔代夫提那度岛太阳能电站项目一期启用》，http://www.bipvcn.org/news/project-news/pjt-update-a/25469.html。

② 施工企业管理编辑部：《信息动态》，载《施工企业管理》，2016年6期。

③ 环球网：《中冶天工参建马尔代夫住房二期工程正式开工》，http://china.huanqiu.com/News/sasac/2014-12/5237114.html。

集团运营，GMR集团负责实施机场扩建，期限25年。然而在2012年年底，马尔代夫现政府已重新接管了该机场，并以该合同有关条款未经过议会批准为由，宣布该合同非法，命令GMR集团撤离。①

2. PPP方式（政府和社会资本合作：Public-Private Partnership）

PPP是Public-Private Partnership的英文首字母缩写，在城市基础设施建设中，由政府和社会资本合作的项目运作的一种模式。PPP主要集中在纯公共领域、准公共领域。PPP模式可以让外国投资者更方便地与马尔代夫政府进行合作，参与该国的公共基础设施的建设。

在PPP模式下，可以由马尔代夫政府采取竞争性谈判方式来选择具有投资、运营管理能力的外国投资者，按照平等协商原则订立合同，由外国投资者提供公共服务，马尔代夫政府可以根据投资者提供的公共服务绩效评价结果向外国投资者支付相应的对价。

到目前为止，马尔代夫尚无外资参与的PPP投资项目，中国投资者也无和马方就PPP投资项目的洽谈、合作协议的签署。也可能因此为中国的投资者就PPP模式的合作和马方政府提供良好的契机。

三、马尔代夫司法体系及争议解决②

马尔代夫的宪法规定司法权归属于最高法院、高等法院、审判法庭。最高法院马累市，下设高等法院及位于各居民岛的194个地方法院，和位于马累的民事、家庭、犯罪、毒品和青少年等5个特别法院。

1. 马尔代夫投资争议与仲裁

在马尔代夫，外国投资者可以通过合同约定由马尔代夫的国家法院或国际仲裁两种途径来解决与经济活动有关的纠纷。

2. 中马之间的司法协定

（1）1994年中国和马尔代夫之间签订了《航空运输协定》和《中华人民共和国政府和马尔代夫共和国政府民用航空运输协定》。

（2）1984年10月中国和马尔代夫之间签订了《互免签证和签证费协定》根据该协定：凡是持有效外交护照、公务护照的协议缔约方公民，可以通过缔约另一方对国际旅客开放的所有口岸入境、过境、出境，免办签证。于对方境内逗留期限一般不得超过30天/月，超过30天/月则要向当地主管机关办理延长逗留期手续。

（3）2017年3月中国和马尔代夫之间就《自由贸易协定》在马尔代夫首都马累举行自贸协定第五轮谈判。在此前谈判基础上双方进一步就货物贸易及其相关规则、投资、服务贸易、法律问题和经济技术合作等领域遗留问题进行深入交换意见。

---

① 瑾瑞法律热点：《马尔代夫关于外商投资的相关规定》，http://www.z3z4.com/a/4m69anf。
② 张华，姜晨："一带一路"投资风险研究之马尔代夫。http://opinion.china.com.cn/opinion_33_127533.html。

四、马尔代夫营商环境及法律风险防范

(一) 马尔代夫投资与承包工程风险及建议

该领域风险主要为政治风险，表现在：

1. 外国的投资被国有化的风险

尽管外资企业的国有化是法律严格禁止的，但 2012 年还是发生了一件影响极其恶劣的事件，马尔代夫政府找个借口撕毁了与印度 GMR 集团签署的为期 25 年的马累国际机场建设和运营合同（BOT 合同），这件事情对在马尔代夫的各国投资者中引起极大的恐慌。

2. 政治结构的稳定性差

近年来由于马尔代夫政府政局动荡、恐怖活动频发暴力事件、政府公务人员腐败情况严重、法律本系不够健全、加上宗教文化因素的影响，对外国投资者来说都存在一定的投资风险。

再者，我们中国政府和马尔代夫政府至今也没有签署双边投资保护协定，制度性保障方面缺少也是我们国内投资者要考虑的风险因素。

五、总结

综上，由于马尔代夫是个岛屿国家，其险要的地理位置是我们中国政府提倡建设"一带一路"和"海上丝绸之路"的搭建极为重要的组成部分，我们对其进行投资环境的优、劣势均比较明显，中国投资者的资本或者中国企业准备进入马尔代夫承接工程项目前，均需要做好充分的科学考察和预测，对投资风险进行全面的防范，才能使我们的投资者的海外投资风险化解为无！

第六章

西亚、北非地区国别法律及实务案例

卡 塔 尔

一、卡塔尔国情简介

卡塔尔国（The State of Qatar，以下简称"卡塔尔"或"卡"），是政教合一的君主国家，其首都多哈市是全国政治、经济、文化中心。卡塔尔是半岛国家，位于阿拉伯湾（波斯湾）西海岸的中部，其三面环海，海岸线全长 563 公里，南部陆地和沙特阿拉伯接壤，陆地边界 60 公里。卡塔尔国土面积 11521 平方公里，全国地势低平，最高海拔仅 103 米，多为沙漠或岩石戈壁。①

自然资源方面，石油和天然气是卡塔尔的经济支柱，已探明石油储量为 262 亿桶，位于全世界第 13 位。天然气储量为 910 万亿立方英尺，相当于世界天然气总储量的 15.3%，②在俄罗斯和伊朗之后，位于世界第三位。亚洲是卡塔尔最大的贸易伙伴，其次为欧盟和海湾合作委员会国家。中国是卡塔尔最大的进口来源国，其次是日本和印度。卡塔尔的出口商品主要为液化天然气，进口商品主要为汽车、铁矿石和飞机零件等。

根据卡塔尔国民银行的分析，由于卡塔尔政府收入有所增加，其 2017 年政府财政收入预计比去年增长 7%，经常性支出预计下降 6.6%，由于卡塔尔政府正在为筹备世界杯而加大交通和基础设施建设等，其资本性支出预计增加 3.2%，总体政府预算赤字预计下降 38.9%（预计为 78 亿美元）。③ 另外，卡塔尔财政部长表示，2017 年卡塔尔将会批准签订约 130 亿美元的新合同，涉及交通、基础设施等与世界杯举办相关的项目。

【小结】

卡塔尔作为最早认可"一带一路"倡议并加入亚投行的国家之一，高度重视中国提出的"一带一路"倡议，愿意积极参与"一带一路"建设并为之作出贡献。④ 然而，2017 年 6 月起陆续发生的多国与卡塔尔的断交风波，未来将可能对中国的"一带一路"倡议产生局部影响。

二、卡塔尔投资建设法律问题

卡塔尔属大陆法系与伊斯兰教法系混合而成，其与项目投资建设有关的法律包括《外国投资法》《海关法》《商业公司法》等。

---

① 商务部中国企业境外商务投诉服务中心：《与我国驻卡塔尔大使馆经商参处么晓昭（一秘）网上交流》，http://shangwutousu.mofcom.gov.cn/aarticle/lbqz/lbtg/201003/20100306843153.html。
② 搜狐网：《一路一带国别市场指引—卡塔尔蕴含着怎样的商机》，http://www.sohu.com/a/133077590_498526。
③ 中国驻卡塔尔大使馆：《卡塔尔 2017 年财政预算赤字下降》，http://qa.mofcom.gov.cn/article/jmxw/201701/20170102501495.shtml。
④ 北京百璨投资：《一带一路西进：多哈或成为下一个迪拜》，http://zh.baicanholding.com/news/info/120。

(一) 卡塔尔项目投资立法

在投资要求方面，经济贸易部是卡塔尔主管经贸和投资事项的部门。卡塔尔关于外国企业在卡塔尔投资的最主要法规是《关于在经济活动中组织外国资本投资的 2000 年第 13 号法》（即《卡塔尔投资法》）及其实施细则。①

在国际贸易方面，卡塔尔根据《卡塔尔海关法》进行管控，个人进口货物到卡塔尔销售，必须通过卡塔尔工商会的批准且经过进口商注册处的注册。②

另外，卡塔尔不允许外国投资者从事贸易代理和进口业务。通常情况下，个人进口商必须具有卡塔尔国籍，进口商号必须是卡塔尔人拥有的全资公司，但也存在例外。③ 例如，通过外国公司从事大型工业或农业项目并且和卡塔尔政府有直接的合约，则可以进口和项目有重要关系的货物；此外，如果进口商得到了埃米尔特令，则可以不受 1990 年颁布的 25 号法令制约。④

在中卡双边投资协定方面，1999 年，中卡两国签署了《相互鼓励和保护投资协定》；2001 年，两国签署《关于避免双重征税和防止偷漏税协定》；2008 年，为加强对前往卡塔尔的日益增多的中方劳务人员的保护和管理，两国签署《关于卡塔尔雇佣中国劳务人员的协议》。

(二) 卡塔尔外资准入及企业设立相关法律

根据《卡塔尔投资法》的规定，外国自然人和法人在卡塔尔投资多采用与卡塔尔公司或个人成立合资公司的形式，所占股份不得超过 49%，其中不包括农业、医疗、教育、旅游、工业等卡塔尔政府支持的产业。⑤ 除非特别许可，卡塔尔禁止外国投资者在银行业、保险公司、商业代理和房地产领域进行投资。⑥ 外国投资者可以通过长期租赁的方式使用投资项目用地，最长租赁期不得超过 50 年，期满可以续租。因此，设立合资公司或代表处应该进行全面深入的市场调研，包括生产要素、产品价格、市场情况、社会环境等。

2014 年，卡塔尔颁布了对于《卡塔尔投资法》的修正案，其中最重要的改变在于，将卡塔尔证券交易所上市公司外资持股比例上限由 25% 提升至 49%。此外，在获得内阁特别批准的情况下，外国股东可以突破该修正案的比例限制。

在企业设立方面，卡塔尔《商业公司法》允许 8 种类型的商业组织在卡塔尔成立和登记，包括合伙公司、有限合伙公司、特别合伙公司、合资公司、有限股份合伙公司、有限

---

① 和讯网：《"一带一路"之卡塔尔投资法律规则与实践（上）》，http://forex.hexun.com/2015-07-06/177309582.html。
② 同上。
③ 商务部中国企业境外商务投诉服务中心：《与我国驻卡塔尔大使馆经商参处么晓昭（一秘）网上交流》，http://shangwutousu.mofcom.gov.cn/aarticle/lbqz/lbtg/201003/20100306843153.html。
④ 和讯网：《"一带一路"之卡塔尔投资法律规则与实践（上）》，http://forex.hexun.com/2015-07-06/177309582.html。
⑤ 中国金融信息网：《"一带一路"之卡塔尔投资法律规则与实践（下）》，http://world.xinhua08.com/a/20150706/1521400.shtml。
⑥ 和讯网：《"一带一路"之卡塔尔投资法律规则与实践（上）》，http://forex.hexun.com/2015-07-06/177309582.html。

责任公司、单一成员公司和控股公司。注册上述企业需要前往卡塔尔经贸部,相关注册程序需要遵守卡塔尔1990年颁布的25号法令。根据该法令,卡塔尔的外国公司可以凭借埃米尔特令设立分支机构。该特令的获取需要对接卡塔尔经贸部,申请文件包括:阿拉伯文的与卡塔尔服务代理人签署的协议、与卡塔尔合作方签订的项目协议书、外国公司章程及备忘录(有关项目的条款需要附有阿拉伯文的翻译)、授权书及外国公司不属于抵制以色列黑名单的证明书等。若成功获得埃米尔特令,该外国公司可以在特令有效期限内设立分支机构。需要注意的是,即使获得特令也需要履行注册登记及公开声明程序,否则将会影响其法人地位。作为中方企业,若想要通过该途径设立分支机构,需要至少预留3～4个月以备注册登记程序使用。

(三) 卡塔尔工程建设相关法律

尽管卡塔尔面积较小,但其基础设施工程建设的发展之快,吸引了大批投资者前往,也因此促进了建筑法等相关法律的规范和完善。

卡塔尔的建筑法涉及内容广泛,包括合同的形式和合同条款内容、债券和融资、保险、雇佣要求、过错责任、索赔方式、延迟责任以及解决争端的方式等。其中,较为重要的法律条款包括以下几点:

首先,承包商需要严格按照卡塔尔的建筑法履行合同义务;其次,如果工程可能造成损害性结果,需要承包商提前正式声明并获得批准;第三,如果发生工伤情况,需要给予工人适当补偿。建筑工程合同则通常基于标准的合同形式,例如由国际咨询工程师联合会(FIDIC)发布的示范合同。在卡塔尔,工程合同中的风险分配部分,通常取决于招标阶段各方之间的谈判。

值得注意的是,卡塔尔目前一些重大项目的规划尚未对外公开,其所需资金均由政府通过财政拨款进行投资,主要的政府部门包括公共工程署、卡塔尔铁路公司、卡塔尔多哈新港管理委员会、卡塔尔多哈新机场管理委员会等。[①]

在招投标方面,卡塔尔于1990年修订了第10号《招标法》,对于有关政府项目的招投标活动进行了规范,其中排除了有关军队、警察机构以及石油公司等项目。对于该法律中的主要要求,以下几项内容值得注意:

首先,除非标书中另有规定,在卡塔尔投标一律适用卡塔尔里亚尔报价;第二,标书投出后,报价不允许进行变动;第三,如果标书报价出现数额大小不一致的情况,以数额小的报价为准;第四,报价的有效期为90天,以开标日为准;第五,投标文件必须在截止日期之前送达业主,国际公司可以通过邮寄方式送达;第六,该法律对于外国自然人在卡塔尔内承揽工程作出了要求,即需要外国自然人在当地成立合资公司,且投标保函必须按照标书要求,和投标文件一起全额支付。[②]

还应注意的是,中标企业需要在一周之内与业主完成签约并交付履约保函(一般是承包额的10%),同时还应做好开工的准备工作。一旦中标企业违反以上要求,则可能被取

[①] 中国金融信息网:《"一带一路"之卡塔尔投资法律规则与实践(下)》,http://world.xinhua08.com/a/20150706/1521400.shtml。

[②] 胡书东:《未来20年来中国经济增长潜力巨大》,载《国有资产管理》,2012年第10期。

消中标资格，没收中标保函甚至承担罚款。①

另外，根据该法律，在卡塔尔投标的主要方式为三种：

一是公开招标。该种招标方式需要在卡塔尔地方报纸以及中央招标委员会网站发布招标公告，面向全社会进行公开招标。作为企业需要定时登录相关网站了解最新招标信息。

二是邀请招标。该种招标方式主要针对招标时间较短或者项目价值较低的情况，由业主有选择性的对至少三家承包商以传真等方式发出投标邀请，由被邀请承包商进行投标。

三是直接议标。该种招标方式仅适用于包括时间较为紧迫、特殊行业材料的供应商紧缺、项目价值较低等特殊情况，由业主直接和承包商议标。

一般来说，除非项目的招标公告中明确写明需要承包商具备特殊资质，卡塔尔没有明确禁止外国承包商进入某种领域。

关于分包问题，如果总承包商预计分包全部或部分工程，需要提前取得业主的书面同意。如果项目的标的为100万卡塔尔里亚尔以下，则只有卡塔尔本地公司具有投标资格。

关于IPP项目，据卡塔尔《海湾时报》援引阿拉伯石油投资公司（APICORP）分析报告指出，2016~2020年海湾国家电力需求年均增长8%左右，新增电力需求69吉瓦（GW），需要投资850亿美元。与此同时，海湾国家政府财政压力较大，无力出资，需考虑IPP等方式进行项目融资。② 卡塔尔作为海湾国家之一，未来可能对于电力设施建设存在较大需求。IPP（Independent Power Producers）是指独立投资或者联合投资的发电商，以协议的方式向电力公司或商户出售。对电力建设中采用该种独立投资和联合投资的方式称为IPP项目。在IPP项目中，存在若干法律关系：①政府对电站项目公司提供优惠支持，由电站项目公司作为召集者负责项目公司的筹建、与政府部门洽谈和汇集股份等；②电站项目公司与金融机构签订贷款协议，由金融机构负责IPP项目公文安排；③电站项目公司与股东投资者签订股份协议；④电站项目公司与保险公司签订保险协议；⑤电站项目公司寻找燃料供应商，并与其签订供应合同；⑥电站项目公司将工程发包给电站建设工程承包商，与其签订工程承包合同；⑦电站项目公司寻找电能购买者，并与购买者签订购电合同；⑧电站项目公司寻找相关公司或者自行承担电站项目的运行和维修，签订运行和维修合同等。

【案例】 卡塔尔2022世界杯主体育场鲁塞尔体育场建设项目

中国铁建于2016年11月28日证实中标卡塔尔2022世界杯主体育场鲁塞尔体育场建设项目。该项目系中国铁建与卡塔尔HBK公司组成联合体中标，项目总金额为7.7亿美元。该体育场建成之后可以容纳观众92000人，将举办卡塔尔2022世界杯的开幕式、闭幕式、决赛等各类重要的活动，也将同时成为卡塔尔新的地标建筑，具有重要的意义。

（四）卡塔尔PPP相关政策与法律

卡塔尔政府目前尚未制定有关外资开展BOT的专门政策法律，有关项目需特别

---

① 胡书东：《未来20年来中国经济增长潜力巨大》，载《国有资产管理》，2012年第10期。
② 中国驻卡塔尔大使馆经济商务参赞处：《2016－2020年海湾电力领域投资需求将达850亿美元》，http://qa.mofcom.gov.cn/article/jmxw/201609/20160901403857.shtml。

批准。①

因卡塔尔即将于 2022 年举办世界杯，大量基础设施项目可能采用 FPP 模式，从而减少公共部门压力、大力提高效率。

三、卡塔尔司法体系及争议解决

卡塔尔的法院体系分为宗教法院和世俗法院两种。宗教法院包括沙里亚初审法院和沙里亚上诉法院，沙里亚初审法院分为五个部门，即海洋事务和权利部、犯罪部、遗产部、沙里亚档案部和执行局；沙里亚上诉法院分为第一和第二审判庭。②

世俗法院包括初审法院，上诉法院和最高法院。初审法院处理关于刑事、民事、商事、个人事务和行政争议等。此外，还有一些特别法庭，包括军事法庭等。

截至目前，我国尚未与卡塔尔签订民商事司法互助协定，但外国判决和仲裁裁定可以在互惠的基础上在卡塔尔获得执行。③

根据 1990 年民事和商事法典，承认和执行外国判决的申请以及要求另一方参加听证的传票必须提交至卡塔尔最高民事法院，由该法院依据作出判决的法院是否具有管辖权、该判决程序是否合法等问题判断后，作出是否承认与执行该判决的决定。一般来说，法院会对以下问题进行审查：第一，判决中债务人是否收到关于开庭时间和地点的出庭通知，并按期参与了庭审过程；第二，判决是否是终局判决且已经生效；第三，判决是否违反卡塔尔法院的命令；第四，判决是否违反卡塔尔的公序良俗，或称公共利益；最后，所判事项是否与卡塔尔民商事法律中的专属管辖规定相冲突。

仲裁在中东地区有着深厚的历史渊源。根据法律不得与伊斯兰宗教相抵触的原则，伊斯兰国家同意和认可将仲裁作为争端解决的一种手段。卡塔尔涉及仲裁的法律制度，首次出现在 1954 年第 1 号法案第 14 章中。

1990 年，上述与仲裁相关的法律制度被第 13 号民事和商事法典的第 13 章第 1 部分所取代，尽管该法典被视为卡塔尔国家对于仲裁法律的重要发展和突破，但其缺陷依旧明显。造成缺陷的原因很多，其中最重要的在于该法典是基于埃及法律和 1968 年第 13 号民事和商事法典，而不是依照 UNCITRAL 的示范法律所代表的国际标准。

2003 年，卡塔尔成为《纽约公约》缔约国。此后，卡塔尔法院不可再依照 1990 年法典的规定，拒绝承认和执行外国仲裁裁决，因此 1990 年法典中涉及仲裁的内容部分失效。

因现有仲裁法律存在缺陷以及国际仲裁法趋势的影响，卡塔尔于 2015 年发布了新的仲裁法草案，该草案参照了 UNCITRAL 示范法并摒除了 1990 年民事和商事法典中守旧过时的部分，具有以下特点：

第一，新仲裁法更加现代化，例如该法律承认电子版仲裁条款。第二，新仲裁法赋予了仲裁庭更多的自主权利，包括仲裁员的选定需要在国家司法部注册的仲裁员范围内来进行。第三，新仲裁法承认仲裁条款独立于其他合同条款。第四，新仲裁法客观上提高了仲

---

① 和讯网：《"一带一路"之卡塔尔投资法律规则与实践（上）》，http://forex.hexun.com/2015-07-06/177309582.html。
② 李岚，甄明，王敏：《当代伊斯兰国家诉讼法律制度的特征》，载《河北法学》，2004 年第 9 期。
③ 同上。

裁庭的仲裁效率，在没有订立任何协议的情况下，法律规定仲裁庭必须在仲裁程序生效之日起 12 个月内作出最后裁决。此外，新仲裁法承认仲裁裁决的终局性，败诉方原则上不可进行上诉，除非其在裁定作出后 90 天内基于程序性违法事由提出异议。

作为我国企业，在卡塔尔签署合同时需要注意合同适用法律和仲裁法规的约定，合同各方可以通过自由协商确定适用法律，若没有选择，则自动使用《卡塔尔民法（2004 第 22 号）》。

四、卡塔尔营商环境及法律风险防范

（一）卡塔尔整体营商环境

卡塔尔的整体营商环境处于世界中等偏上水平，根据世界银行 2015 年营商环境报告的数据，卡塔尔的营商环境在 189 个国家和地区中排名第 50 位。相比较其他"一带一路"沿线国家，卡塔尔的安全指数较高。根据多哈新闻网报道，卡塔尔近期获评全球第二最安全国家，安全指数仅次于新加坡。该项排名采用联合国、世界卫生组织、国际劳工组织等数据，通过对犯罪率、失业率、恐怖袭击风险等多项因素综合评估得出。2015 年，根据 2015 金维萨世界安全指数卡塔尔首次入选全球十大最安全国家。[1]

中卡之间贸易开展众多，呈现增长势头。根据卡塔尔发展规划与统计部数据，2017 年中卡贸易额 9.4 亿美元，同比增长 27%。[2] 此外，中国成为卡塔尔第一大进口来源国。

（二）卡塔尔投资与承包工程风险及建议

在招标方面，卡塔尔《招标法》规定，外国自然人在当地承揽工程必须在卡塔尔成立合资公司，且投标保函需要按照标书所要求的金额全额支付。在中标后，中标企业必须在一周之内与业主签约并交付一般为承包额 10% 的履约保函，否则将面临取消中标资格、没收投标保函甚至罚款等不良后果。如果总承包商计划将工程继续分包，必须取得业主的书面同意方可进行。作为我国企业，需要严格按照《投标法》的规定进行规范投标和开展工程建设，在投标前需要做好前期调研工作，在充分了解卡塔尔的实际国情、市场环境、以往项目经验和教训后方可筹划投标，切忌盲目跟风投标或以不合理低价竞标等。[3]

在建筑标准方面，由于卡塔尔当地主要以英标为准，与我国国内的标准存在差异，因此作为我国企业需要按照约定或者规定的标准要求，提供合格标准和材质的工程成果。在施工管理方面，需要事先与业主、监理方和政府部门进行了解和沟通，与相关部门密切配合，按照当地实际情况，尽量兼顾各方利益和要求，避免因提供不符合质量标准的工程而面临风险。

---

[1] 中国驻卡塔尔大使馆经济商务参赞处：《卡塔尔获评世界第二安全国家》，http://qa.mofcom.gov.cn/article/jmxw/201608/20160801380828.shtml。

[2] 中国驻卡塔尔大使馆经济商务参赞处：《2017 年 1 月份中国成为卡塔尔第一大进口来源国》，http://qa.mofcom.gov.cn/article/zxhz/tjsj/201703/20170302525614.shtml。

[3] 中国金融信息网：《"一带一路"之卡塔尔投资法律规则与实践（下）》，http://world.xinhua08.com/a/20150706/1521400.shtml。

在劳动力雇佣方面，由于卡塔尔《劳工法》对于雇员保护较为周全，作为我国企业，需要在雇佣员工之前熟悉该法律的相关规定，避免因违反强制性规定而涉诉或遭受经济损失。例如，在卡塔尔签订的劳动雇佣合同需为一式三份，且需要经过劳动部门认可；该合同可以约定不超过六个月的试用期；雇员每天工作时间不得超过 8 小时，每周不得超过 48 小时，斋月期间每周工作时间不得超过 36 小时，加班时间每天不得超过 2 小时等。此外，若我国企业需要进行外派劳务，需要在外派前期对劳务人员进行培训，对其讲解卡塔尔整体情况、基础法律法规、宗教习俗等背景情况，签订条款严谨的外派合同。① 在外派劳务工作中做好管理工作，选择合适的管理人员。需要注意的是，由于中卡两国已经签署《关于规范卡塔尔雇佣中国劳务人员的协议》及劳务合同范本，我国企业需要以此范本为基础与外派劳务人员签订劳务合同。

五、小结

卡塔尔作为中东地区海湾国家中政局较为稳定、经济发展较为迅速、投资环境较为良好的国家，近年来积极参与"一带一路"倡议计划。根据 2011 年卡塔尔政府制定的五年发展计划，卡塔尔未来的经济发展目标是以非能源产业取代传统能源产业，使非能源产业成为新的国民经济增长力量，同时大量发展包括航天、港口运输、房地产、金融市场、旅游经济、通信工程在内的服务业及加工制造业，实现经济的多元化发展。② 此外，卡塔尔近年来注重吸引外资和技术，并提出"2030 国家发展规划"，计划利用国家财富打造一个可持续、发达、具备国际竞争力并能保持阿拉伯—伊斯兰特性的经济体。因此，总体来说，卡塔尔的经济发展前景较为良好，为我国企业赴卡塔尔开展投资合作提供了充分的发展空间。

阿 联 酋

一、阿联酋国情简介

阿拉伯联合酋长国（The United Arab Emirates，以下简称"阿联酋"或"阿"），位于阿拉伯半岛东部，③ 由于阿联酋所在的阿拉伯半岛位于"二洋三洲五海"交汇处，自古就是中国通往非洲和欧洲海上丝绸之路的必经之地，具有无可比拟的区位优势。④ 尤其是在进入航空时代之后，以迪拜为总部的阿联酋航空迅速崛起，经由此地起飞的"八小时航

---

① 柳栋钧：《国际工程承包市场分析》，载《科学之友》，2012 年第 20 期。
② 姜英梅：《卡塔尔经济发展战略与"一带一路"建设》，载《阿拉伯世界研究》，2016 年第 6 期。
③ 山东省国际投资促进中心，http://www.shandongbusiness.gov.cn/public/touzicujin/world.php? w = alianeiu。
④ 人民网：《财经观察：阿联酋发展规划与"一带一路"深度契合》，http://world.people.com.cn/n/2015/0518/c157278—27017792.html。

程"区域可覆盖全球三分之二以上人口。①

阿联酋是由阿布扎比（Abu Dhabi）、迪拜（Dubai）等7个酋长国组成的联邦国家，每个酋长国都有各自的自主行政权，包括邮政服务。② 阿布扎比是阿联酋的首都，也是阿布扎比酋长国的首府。迪拜是阿联酋最大和人口最多的城市，是继阿布扎比之后第二大酋长国，是中东地区的经济和金融中心，也是中东最富裕的城市。③

近年来，中阿两国在经贸领域的贸易额连年攀升，2014年达到创历史新高的548亿美元，中国已超越印度，成为阿联酋最大的贸易伙伴。④ 大名鼎鼎的迪拜龙城作为中国在海外最大的商品贸易集散中心，其影响力辐射整个中东、北非、南亚和东欧地区，甚至成为其他海湾国家纷纷效仿的成功模板。⑤

从全球经济的宏观角度来看，在国际金融危机和新兴经济体崛起的大背景下，多极主导的未来世界贸易新格局正在形成，而既拥有丰富石油资源、又占据连接东西方战略要冲的阿联酋无疑是这一新格局中的重要节点，也将成为"一带一路"倡议上的重要一环。⑥

【小结】

阿联酋是中国通往非洲和欧洲海上丝绸之路的必经之地，具备独特区位优势。⑦ 阿联酋政府官员、商界代表和专家学者曾表示，"一带一路"倡议与阿联酋本国的发展规划较为契合，阿联酋完全有理由、有能力通过在"一带一路"建设中发挥自身优势与作用，携手沿线国家实现互利共赢。⑧

二、阿联酋投资建设法律问题

阿联酋民法典是阿联酋民商事法律的基本法。⑨ 如果出现民法典没有具体规定的内容，则会适用伊斯兰教义古兰经里面的条文。如果古兰经也没有规定，则适用风俗和习惯作出判决。总体而言，阿联酋民法典遵从了现代市场经济的基本原则和制度，能够满足现代自由市场对民事法律制度的基本要求。⑩

阿联酋与项目投资建设有关的法律包括《民法》《商业公司法》《商业注册法》《劳动法》《商业代理法》等。

---

① 人民网：《财经观察：阿联酋发展规划与"一带一路"深度契合》，http://world.people.com.cn/n/2015/0518/c157278-27017792.html。
② 夏军：《中联重科股份有限公司拓展国际市场的策略研究》，湖南大学工商管理学院硕士论文，2005年。
③ 沈祎：《魅力迪拜》，载《国际市场》，2014年第6期。
④ 人民网：《财经观察：阿联酋发展规划与"一带一路"深度契合》，http://world.people.com.cn/n/2015/0518/c157278-27017792.html。
⑤ 同上。
⑥ 同上。
⑦ 同上。
⑧ 河北大学伊斯兰国家社会发展研究中心：《中方愿用共建"一带一路"统领中阿友好发展》，http://jc.hbu.cn/gndt/2463.jhtml。
⑨ 柳经纬：《民商事法律体系化及其路径选择》，载《河南财经政法大学学报》，2014年第6期。
⑩ 王俊：《浅析迪拜与中方当事人涉中东/北非经贸项目的争议解决场所选择》，http://www.cnarb.com/Item/7481.aspx。

(一) 阿联酋外资准入及企业设立相关法律

在商事法律中，商业代理制度是阿联酋比较有特点的法律制度，这个制度的基本框架是由《商业流转法》和《商业代理法》的规定构成。根据这两部法律，外国主体在阿联酋销售产品或提供服务的，必须通过当地的代理来进行，只有持有许可证的进口商才能从事进口业务。

同时，根据法律规定，阿联酋的代理商需要至少在一个酋长国境内独家代理，且不论其是否成功地销售了产品，都有权主张佣金。如果外国公司或者外国人要解除与阿联酋代理商的代理关系，必须征得其同意，并且提出实质性理由，该理由还需要得到阿联酋当地法院的认可。如果没有经过法院认可而直接解除代理关系，外国公司或外国人需要向当地代理支付高额赔偿，甚至退出阿联酋市场。①

在公司规则方面，阿联酋有七种公司形式，其中，比较常用的是设立有限责任公司和联合体。法律要求有限责任公司中当地自然人或者法人必须至少持股51％。为了保证日常经营不受本地股东干扰，外资股东一般都会要求当地股东签订经过公证的全权委托授权书，由外资股东全权负责公司的日常运营。同时，为了保证资金安全，双方会在私下签署股权代持协议、信托协议等，声明当地股东名下的股份，属于代为持股或者信托。但是，此类协议多为民间做法，很难获得当地法律支持。

联合体作为建筑公司在承揽项目过程中经常采用的一种形式，也被当地业主广泛接受。虽然联合体被定义为公司的一种形式，但是实际上它不是独立法人。联合体中允许出现隐名合伙人，其权利和义务已明确规定于法律当中。

无论设立何种形式的公司，设立公司及开展业务都必须遵守联邦及各酋长国的法律。即使各酋长国有独立的法律体系及政府机构，外国投资者在阿联酋投资适用最普遍的还是联邦法律文件，例如阿联酋的《民法》、《商业公司法》、《商业注册法》、《劳动法》、《商业代理法》等。依据以上法律规定，我国企业在阿联酋进行注册时候应当注意：②

第一，阿联酋法律规定，所有法人实体及其他商业组织必须取得各酋长国经济部签发的可延期的贸易执照；

第二，在阿联酋注册的公司类型，必须是上述七种公司形式之一；

第三，除非得到酋长赦免，在阿联酋从事商业、工业、金融业或者承包工程业务的公司，必须先加入阿联酋工商会，获得批准成为正式会员后，才可以开展营业许可所规定的业务；③

第四，如果是土木工程或者建筑咨询等特殊企业类型，则必须向阿联酋计划和城市规划部报审，以确定企业的资质等级；

第五，阿联酋经济发展部推出了网上注册平台，即使不在阿联酋本地，也可以通过政

---

① 广东省对外经济合作企业协会：《阿联酋投资贸易指南》，http://www.doc88.com/p-1943037704212.html。
② 中国驻阿联酋大使馆经济商务参赞处：《阿联酋〈公司法〉介绍》，http://ae.mofcom.gov.cn/article/ddfg/tzzhch/200302/20030200068163.shtml。
③ 中国驻阿联酋大使馆经济商务参赞处：《阿联酋企业注册指南》，http://ae.mofcom.gov.cn/article/ddfg/tzzhch/200408/20040800265850.shtml。

府网络平台进行注册并可以实时查询进度。①

(二) 阿联酋工程建设相关法律

一般情况下,阿联酋政府招标的工程承包项目分为两大类,一是技术含量高的大型项目,采用直接国际招标的做法,其余项目均采用国内招标的办法,即投标的公司必须是在阿联酋注册的工程公司才可以参加竞标。外国承包商在阿联酋承接工程,必须在阿联酋设立机构,对此,每个酋长国规定了不同的要求。②

阿联酋对工程项目分为路桥、房建、大型土木、电力、供水、排水、机电和农业等八个大类,每大类又包含若干工程项目。③ 承包公司需首先确定申报哪一类,相应的工程技术人员和公司业绩时都要在这一大类的范围之内。例如,公司申报路桥方类,申报的工程技术人员必须是路桥方面的工程师,公司业绩也在路桥方面。一家大型的公司可以同时申请几个大类。如果承包公司申报"阿联酋工程项目分类表"以外的工程资质等级,则须向有关主管部门另行申请。例如石油、化工领域就需向阿联酋国家石油公司进行石油工程专项申请。④

在预付款方面,阿联酋政府规定,在阿联酋工程项目市场中,原则上只有本国工程承包企业能够享受相当于合同总价25%的预付款,总额度一般不会超过150万美元;外国企业在阿联酋进行工程承包需要垫资,不能享受预付款。这一规定使得外国企业的固定资产和现金流量投入增加。该规定随着国际工程承包企业进入阿联酋市场的数量增多,以及市场机制的进一步完善,呈现出放松的迹象。目前,在阿联酋进行承包业务的外国企业,须向业主提交履约保函和预付款保证。⑤

在施工设备方面,阿联酋原则上不允许外国企业直接进口施工运输设备,包括大型巴士、皮卡车、装卸机和汽车吊等,即使外国企业想要在阿联酋市场上自行购买,也必须先从阿联酋本国企业租赁相同数量的设备。通常情况下,当地的设备租赁价格非常高,租用一台设备的年租金几乎等同于购买同种设备的金额。⑥ 与之对比的是,阿联酋本国企业不受到此规定的限制,因此其施工成本存在优势。

在工程项目资金来源方面,阿联酋除了政府投资的项目外,开发商和个人项目资金多来自银行融资。通常情况下,业主、银行、承包企业在咨询公司的见证下签订三方协议,银行专门部门再对其融资的项目进行全程跟踪和审核,从而达到督促业主、承包企业按时完成项目的目的。通常来说,承包商上需要按月申报进度款,提交咨询公司、业主和银行进行审核和签字,银行资金将会直接拨付给承包商,期间不经过业主的账户。整个付款周期自申请到资金入账,大约2~3周。⑦

此外,由于迪拜获得了2020年世界博览会的主办权,阿联酋政府宣布将为场馆及其配套基础设施建设直接投资约68亿美元,世界博览会所带动的阿联酋相关地产项目和基

---

① 胡登宁:《阿联酋工程项目市场特点和管理对策研究》,山东大学硕士学位论文,2015年。
② 苟超:《政府投资工程建设项目招投标的法律制度研究》,载《招标与投标》,2015年。
③ 丁红武:《中国工程承包商进入海湾国家工程承包市场研究》,华北电力大学硕士学位论文,2010年。
④ 同上。
⑤ 胡登宁:《阿联酋工程项目市场特点和管理对策研究》,山东大学硕士学位论文,2015年。
⑥ 同上。
⑦ 同上。

础设施建设的投资总额预计将会达到数千亿美元。根据国际商业观察机构的数据统计,大多数资金投入到了与商业贸易相关的项目,比例高达62%;能源与资源项目和交通运输项目分别占到了19%和13%;工业项目、住宅项目和医疗保健项目相对投入较少,分别占到3%、2%和1%。①

目前,阿联酋政府重点投资的项目包括:阿布扎比天然气处理设施(70亿美元)、迪拜地铁(76亿美元)、迪拜国际机场4号楼扩建(78亿美元)、阿提哈德航空枢纽(110亿美元)、阿布扎比核电站(300亿美元)、艾因航空城(370亿美元)和迪拜乐园(910亿美元)。②

阿联酋石油部长曾在接受《华尔街日报》的采访中表明,为了确保未来阿联酋作为国际主要石油生产国的地位,阿联酋对于石油工业和其他基础设施的投入不会减少。因此,各类项目的兴建,为我国国际工程项目承包企业提供了前所未有的机遇。③

【案例】 阿联酋N字水工项目索赔

位于阿联酋首都的N字项目为包括基建、服务设施、绿化和房建在内的私人房地产发展项目,中国G企业于2007年1月中标,中标价格为2亿迪拉姆。该工程合同为不可调整的单价合同,采用FIDIC标准形式,合同工期为560天。

该项目具有以下风险:

一为成本风险。由于该项目具有开拓并巩固阿联酋市场的重要意义,G企业在竞标中采用零利润原则进行竞标,为未来的风险埋下伏笔。在评标阶段,主要材料和燃油价格上涨,导致设备价格上升,造成授标之时已预计亏损10%左右。

二为工期风险。根据该项目合同工期和合同价格计算,需要每月完成1000万迪拉姆的产值,因此面临工期量较大、工期紧凑、未按照约定节点完成工作的罚款较多等问题。

三为管理风险。一方面,由于本项目需要较为专业的施工管理,而G企业在阿联酋地区的类似项目中并无过多经验,且业主对于质量、安全和环保体系的要求较高,为G公司带来了严峻挑战。另一方面,由于该项目团队为新组建,人员之间配合程度较低、默契程度较弱,造成人员管理方面出现危机。

该项目进行之中,由于业主在进行项目总体规划时候出现了失误,造成项目停工。G企业抓住本次机会,一方面配合业主化解危机,另一方面成立索赔小组,积极启动索赔,清点现场已完工程量,优化下一步施工,安排部分人员、设备、分包商退场,采取"背靠背"原则妥善处理分包商、供应商的索赔,从而争取化解上述各项项目风险。

在进行充分索赔准备工作后,G公司提出索赔报告(包括费用和工期)并重新报价,与业主进行了价格、工期谈判,最终与业主达成变更合同额、获取索赔额、引入调价机制和调整工期等谈判结果,全面避免了项目存在的若干风险,也弥补了部分因投标失误产生的亏损。

从上述案例可知,作为"走出去"承包国外工程项目的我国企业,需要全面加强工程管理、控制工程成本,成立项目全过程专家咨询机制,为项目提供及时有效的专业意见,

---

① 胡登宁:《阿联酋工程项目市场特点和管理对策研究》,山东大学硕士学位论文,2015年。
② 同上。
③ 同上。

培养项目团队的合同意识、法律意识、索赔意识和成本意识，在项目出现风险之后及时采取以索赔为代表的措施，与业主谈判，争取提高索赔成功的概率，减少项目风险。

（三）阿联酋PPP相关政策与法律

阿联酋的PPP和BOT市场规模较小，但各酋长国都在着力推进此项目模式的运作。①

迪拜为建设区域绿色能源中心，加快可再生能源项目，正借助PPP模式吸引潜在投资者进入迪拜可再生能源项目开发。比如基于PPP模式的迪拜太阳能公园项目已进入第三期阶段，建成后将成为世界上最大的单相太阳能项目。②

三、阿联酋司法体系及争议解决

阿联酋同大多数阿拉伯国家一样，属于成文法国家，不遵从先例，但是早期的案例和上级法院的判决会对后期和下级法院的判决产生影响。阿联酋的最高司法机构是联邦最高法院，由首席法官和不超过5名的法官团组成，由联邦最高委员会任命。③

阿联酋直至2006年才通过联邦第43号法令，批准其加入《纽约公约》。阿联酋未作出互惠保留，非缔约国领土上作出的仲裁裁决，可以根据纽约公约在阿联酋申请承认和执行。

阿联酋有3个仲裁中心：迪拜国际仲裁中心（DIFC）、阿布扎比商业调解和仲裁中心以及由迪拜国际金融中心（DIFC）与伦敦国际仲裁院（LCIA）共同运行的联合仲裁庭。

其中，迪拜国际仲裁中心较为著名。迪拜国际仲裁中心作为自主仲裁机构，全权调解、仲裁国际和国内的商业纠纷，并确保仲裁裁决的执行。④ 根据迪拜国际仲裁中心设立的有关法令，在商业范畴内，只要争议的各方达成协议，接受迪拜国际仲裁中心的调解程序，或事先约定的程序，或双方认为合适的程序，执行该中心的裁决，并按规定付费，任何争议都可向该中心申请调解和仲裁。迪拜国际仲裁中心的调解程序采用UNCITRAL规则。迪拜国际仲裁中心仲裁庭的裁决在阿联酋各个酋长国均有效力。此外，由于阿政府已加入纽约公约，承认并执行外国的仲裁决定，因此，该中心的裁决将为纽约公约国所承认和执行。⑤

阿布扎比商业调解和仲裁中心成立于1993年1月，旨在解决国内和国际的商事纠纷，是阿联酋境内最早成立的仲裁中心。⑥

阿联酋海事仲裁中心设在迪拜国际金融中心伦敦国际仲裁院（FIFC LCIA），正式成

---

① 乐清市国坤配电箱厂：《垃圾处理市场调研：告诉你一个真实的迪拜》，http：//www.gkdlfzx.com/news/171.html。
② 同上。
③ 来自互联网：《中国居民赴阿联酋》http：//scholar.google.com/schhp? hl=zh-CN&as_sdt=d60f3e46bfc62022cf7143039aed0e9b。
④ 国际贸易法律网：《迪拜国际仲裁中心》，http：//www.tradelawchina.com/susong/HTML/1944.html。
⑤ 中国驻迪拜总领事馆经济商务室：《迪拜国际仲裁中心成立》，http：//dubai.mofcom.gov.cn/aarticle/jmxw/200305/20030500092151.html。
⑥ 韩丽丽：《论国际商事仲裁》，载《知识经济》，2011年。

立于 2016 年 11 月 2 日。① 阿联酋海事仲裁中心旨在通过仲裁和调解的方式促进国际商业纠纷的有效解决，采用的仲裁和调解规则与伦敦国际仲裁院的规则相近，仲裁院具备强制执行的职能。阿联酋海事仲裁中心成立后，由迪拜国际金融中心（DIFC）与伦敦国际仲裁院（LCIA）共同运行的联合仲裁庭将在原有的调解、解决争端等服务的基础上，增加海事仲裁业务。

四、阿联酋营商环境及法律风险防范

（一）阿联酋整体营商环境

从银行业角度看，阿联酋的银行业发达，现有本国银行 328 家，外国银行 109 家。外汇不受限制，货币自由出入境，汇率稳定。②

从中阿关系角度看，中国与阿联酋自 1984 年建交以来，双边关系稳定发展，经贸往来不断密切。中国向阿联酋出口主要是机电产品、纺织品、高新技术产品、轻工业产品等，而中国向阿联酋进口主要是液化石油气、石化产品等。③

从投资方式看，在阿联酋建立分公司或代表处，相比成立有限责任公司更为简便。④根据当地法律，成立有限责任公司要求当地的国民占有 51% 的股份，免税区则例外，那里的投资企业多是置身于离岸地区，建立他们当地的加工或分销基地。

在政策方面，因迪拜一向执行鼓励经济发展的相关政策，因此十分有利于投资者进行投资。例如：实行低关税，100% 资本和利润返还，免收企业税和个人所得税，无外汇管控，无贸易配额和其他壁垒等。⑤

为促进经济发展，迪拜还设立了自由贸易区。比如，杰拜勒·阿里港自贸区就是迪拜的经济中心。该自贸区吸引了迪拜 32% 的国际直接投资，创造了迪拜 21% 的国内生产总值，园区共有员工 14.4 万人，2015 年贸易额达到了 876 亿美元。园区为中国贸易商和投资商提供了优惠条件，包括 100% 外资持有，50 年免企业所得税，资本返还无限制，进口和再出口免税，免收个人所得税，无外汇管制，无外籍人才和雇员限制，可以用自己的地产进行银行抵押或为公司融资，现场清关等。⑥

目前，迪拜正以主办 2020 年世博会为契机，招贤纳士、大兴土木，诸多大型建设项目已经或正待开展，对资金、人才、技术方面的需求缺口很大。因此，在 2020 年迪拜世博会之前，将有大量机会吸引我国企业参与到迪拜的基础设施建设中。⑦

---

① 王超，姜串：《迪拜：用司法助力建设国际金融中心》，载《检察风云》，2016 年第 6 期。
② 王晋，孙黎：《"一带一路"投资政治风险研究之阿联酋》，http：//www.china.com.cn/opinion/think/2015-06/01/content_35705943.htm。
③ 同上。
④ 鲁虹：《X 建筑公司阿联酋市场拓展战略》，广西大学硕士学位论文，2015 年。
⑤ 搜狐网：《在迪拜，"一带一路"为 4200 多家中国企业创造机会》，http：//www.sohu.com/a/84171956_47877。
⑥ 信报网：《2016（中东）国际影像产业博览会为企业创造机遇》，http：//www.stardaily.cn/2016/0628/22270.shtml。
⑦ 搜狐网：《"一带一路"沿线国家之阿联酋》，http：//www.sohu.com/a/159584169_165665。

(二) 阿联酋投资与承包工程风险及建议[①]

当前阿联酋国内的投资风险主要源于国内外政治的一些不稳定因素。[②]

首先,阿联酋国内反对派力量不断挑战现有的政治秩序和格局。阿联酋政府反对西方式的民主政治,认为西方的民主政治将会极大地伤害阿联酋内部各个酋长国的团结,最终导致阿联酋的分裂和崩溃。此外,日益扩大的外籍劳工和强烈的等级差异与种族优越感使得外籍劳工的权益保护刻不容缓。[③]

其次,阿联酋面临着巨大的地区压力。阿联酋长期同伊朗保持着较为密切的关系,秉持实用主义的理念同伊朗开展各种经济贸易和政治对话活动。随着沙特和其他海湾国家对于伊朗和什叶派政治力量在中东扩张的担忧日益加重,阿联酋也日益陷入到了艰难的外交抉择中。

第三方面的威胁是日益扩散的恐怖主义威胁。作为中东的"自由港",阿联酋以其包容性和外向性为自己的发展树立了独特的优势。然而与此同时,不少伊斯兰极端主义分子也将阿联酋当作筹集资金和开展活动的天然良港,各类跨境洗钱、贩毒、走私和恐怖主义活动也威胁着阿联酋的国际声誉和安全。[④]

除政治风险外,阿联酋工程市场存在若干其他风险。首先,阿联酋货币汇率与美元挂钩,导致政府应对通货膨胀能力有限,工程项目合同潜伏着巨大风险;其次,金融危机前建筑业发展过于迅速,致使水电、排污、通讯等配套公共基础设施无法进行同步完善,因此沙迦等地区的水电供应短缺,部分地区工程项目建设实施难度加大,无法持续进行施工;另外,2008年金融危机期间的"热钱"迅速被撤走,导致建筑业整体衰退,失业率攀升,工程承包行业竞争空前;最后,由于近年来我国工人工资有所增长,我国承包企业的用工成本和管理成本也随之增长,与大量雇佣孟加拉、巴基斯坦和印度的廉价劳动力的外国承包企业相比,存在成本劣势。[⑤]

五、小结

总体来说,阿联酋的投资环境和投资潜力良好,国内政治较为稳定,社会和文化相对开放。[⑥] 阿联酋有着得天独厚的地理优势。阿联酋地处欧亚非结合处,是重要的转口贸易所在地,辐射面非常广,已与160个国家和地区建立贸易关系。其完善的港口海运设施和便捷的航空中转路线,为阿联酋发展贸易提供了必要的支撑。2015年5月,阿联酋经济部副部长阿卜杜拉在接受采访时曾经表示,阿联酋政府将全方位支持"一带一路"倡议发

---

① 搜狐网:《一带一路沿线国家之阿联酋》,http://www.sohu.com/a/159584169_165665。
② 王晋,孙黎:《"一带一路"投资政治风险研究之阿联酋》,http://www.china.com.cn/opinion/think/2015-06/01/content_35705943.htm。
③ 同上。
④ 同上。
⑤ 黄晓松:《从一宗案件看阿联酋法律体系》,载《中国经贸》,2012年第5期。
⑥ 王晋,孙黎:《"一带一路"投资政治风险研究之阿联酋》,http://www.china.com.cn/opinion/think/2015-06/01/content_35705943.htm。

展,并坚信这项战略将带给沿线各国巨大商机,阿联酋也期待在科技创新、智能城市发展等领域与中国加强合作。[1]

沙 特

一、沙特国情简介

沙特阿拉伯王国（Kingdom of Saudi Arabia,以下简称沙特）位于亚洲西南部的阿拉伯半岛,西临红海,东濒波斯湾,和伊拉克、科威特、阿拉伯联合酋长国、阿曼、约旦、也门等国家接壤。沙特面积224万平方公里,占阿拉伯半岛面积的75%,其中沙漠59.3%,永久牧场39.5%,森林0.6%,耕地占0.6%。沙特人口约3077万,首都位于利雅得,伊斯兰教为国教,主要语言为阿拉伯语。沙特夏季气候炎热干燥,最高气温可达50℃以上;冬季气候温和,温度18℃左右。[2]

沙特划分为13个行政区,分别为:利雅得、哈伊勒、麦地那、塔布克、东部、北部边疆、纳季兰、麦加、卡西姆、巴哈、阿西尔、季赞、朱夫地区。

沙特原油储量经探明362亿吨,约占全世界储量的16%,居于世界第二位。石油和石化工业是沙特的主要产业和经济命脉,石油收入约占国家财政收入的75%,约占国内生产总值的45%。天然气储量约291万亿立方英尺,居于世界第五位。此外,还拥有各类矿藏,有金、铜、铁、锡、铝、锌、磷酸盐等。沙特还是世界上最大的海水淡化生产国,其海水淡化量约占世界总量的20%左右。[3]

沙特于2005年12月加入世界贸易组织,同时也是世界银行、阿拉伯货币基金组织、国际货币基金组织、伊斯兰会议组织经济贸易合作常务委员会、海湾国家合作理事会、伊斯兰发展银行、泛阿拉伯自由贸易区等世界金融机构和组织的成员。

中国和沙特于1990年7月21日建交,随着两国友好合作关系全面推进和快速发展,双方的合作领域不断扩宽,交往频繁,在经贸和能源合作等方面的发展迅速。两国于2016年发表《中华人民共和国和沙特阿拉伯王国关于建立全面战略伙伴关系的联合声明》,并同时签署了《中华人民共和国政府与沙特阿拉伯王国政府关于共同推进丝绸之路经济带和21世纪海上丝绸之路以及开展产能合作的谅解备忘录》。

【小结】

"一带一路"已经成为中国新外交政策的重要基石。沙特是"一带一路"沿线国家,区位优势明显,处在中东心脏地位,将成为中国布局"一带一路"倡议的重要一环。

---

[1] 人民网：《阿联酋发展规划与"一带一路"深度契合》,http://world.people.com.cn/n/2015/0518/c 157278-27017792.html。

[2] 《国家地理系列》编委会：《环球国家地理：黄金典藏版亚洲·大洋洲》,吉林出版集团有限责任公司,2007年9月第1版。

[3] 外交部网站：《沙特阿拉伯国家概况》,http://www.fmprc.gov.cn/web/gjhdq_676201/gj_676203/yz_676205/1206_676860/1206x0_676862/。

二、沙特投资建设法律问题

沙特的法律法规主要有三种形式：伊斯兰法、制定法以及国王命令。其中，伊斯兰教是法律制度的基础，目前已制定的世俗法规主要包括《公司法》《公司融资法》《外商投资法》《房地产融资法》《保险法》《货币法》《资本市场法》《劳工法》《银行管理法》等。

（一）沙特项目投资立法

目前与沙特基础设施投资建设有关的法律包括《外商投资法》《政府采购和招标法》《公司法》《保险法》《资本市场法》《劳工法》《反洗钱法》等。

沙特于 2000 年 4 月 10 日公布的《外商投资法》适用于所有沙特及外国的个人、投资主体及其持有的外国资本。沙特在外商投资法律政策方面日渐宽松，趋向于减少对外国投资者的限制，政府正在重新审阅并修订《外商投资法》，对外资的进入采取了更加开放的态度。沙特政府公布的几类鼓励性投资行业包括能源产业、信息通讯产业、交通运输产业。

与此同时，沙特政府也规定了几类限制性和禁止性行业和经济领域。限制性规定如工程许可证要求至少有一个沙特官方认证的工程师作为商业合伙人，限制性条款如：承包商不得从国外直接进口实施合同所需的工具和设备，只能从沙特国内代理商处购买，必须优先购买当地商品；承包商必须从沙特当地企业获得运输、保险、银行、租赁土地、进口粮食方面的服务等。禁止性领域包括：石油探测、钻井和生产；军用设备、装置和制服；民用炸药；军队伙食供应；保安和侦探服务；保险业；房地产经纪；出版业等。①

（二）沙特外资准入及企业设立相关法律

沙特政府颁布的《禁止外商投资目录》及最高经济委员会禁止清单规定了禁止或限制外资进入的行业。其中禁止性行业包括：石油钻探和生产、矿产勘探、军需物资和设备及民用爆炸品。服务行业中军需物资、电视广播、广告和麦地那的地产投资等外资均不得进入。

根据沙特《外国投资法》，"外资"的形式包括：资金、仪器设备、证券和商业票据、海外投资利润（如其作为资本投资用于扩展现有项目或建设新项目）、机器、设备、用品、备件、交通工具和投资相关的生产需求、许可证、知识产权、专有技术、管理技能，以及生产技术。

根据沙特的《外商投资法》和《公司法》的相关规定，外国投资者通常可以采取设立有限责任公司、股份有限公司、分公司、科学技术中心的投资方式。最低注册资本方面，有限责任公司及分公司在房地产类投资要求均为 3000 万里亚尔（相当于 5521.5 万元人民币）。其投资申请设立外国投资企业的基本程序和要求如下：

1. 外国投资者应当将投资许可申请、投资申请表以及按照投资总局列出的文件清单准备的文件一起递交至沙特投资总局服务中心接待处。申请的文件须使用阿拉伯语、公司

---

① 曾益：《沙特 PC 项目投标阶段应注意要点》，载《建筑工程技术与设计》，2015 年第 21 期。

名称须符合当地法律规定。

2. 投资者将齐备的材料向沙特投资总局正式递交后，投资总局须在5个工作日内审阅这些文件目录，审阅完成出具正式收据，自该时起30个工作日内做出批准或拒绝投资许可申请的决定，并以书面方式通知申请人。如拒绝投资申请，则须说明拒绝的理由。许可申请被拒绝的外国投资者，可向法院提起申诉。

3. 取得投资许可后，应按申请时所提交时间表立即开始执行投资项目。除非另经批准，否则延长期最长不得超过一年。如投资者在延期后仍不按时间表执行，投资总局有权吊销许可。投资申请人成功获取临时投资许可后，应当向劳工部门办公室登记备案，并获得沙特居住证。

4. 沙特设立公司必须到沙特贸易和工业部进行工商登记。投资者必须在公司成立之日起30日内向企业所在地商业登记办公室单独提交投资者登记申请。沙特贸易和工业部在30日内通知是否获准。若获得批准，投资者需缴纳登记费，然后由贸易及工业部配发商业登记号。

（三）沙特工程建设相关法律

沙特工程建设法律体系主要包括：《政府采购和招标法》《政府采购和招标法实施规定》《地质勘察组织法》《外商投资法》《外商投资法实施条例》《劳工法》《承包商分级法》。

建筑业是沙特的第三大产业，仅次于石油和信息通信技术（ICT）行业，沙特也是中东地区最大的建筑市场。最近几年，中国在沙特的大型项目越来越多，但市场份额仍然较少。中国在2013年对沙特承包工程完成的营业额为65.3亿美元，新签合同有160个，新签合同额为120亿美元。在新签合同中，石油加工、房屋建设、制造加工和交通运输业所占比重分别为15％、27％、26％和24％，占全部新签合同额的92％。[①]

1. 工程相关招投标法律

沙特承包工程需经招标程序。沙特《政府采购和招投标法》第六条规定："政府采购和工程项目须经公开招标决定供应商和承包商，本法另有规定的例外。"沙特政府采购和招标奉行国内优先原则，《政府采购和招投标法》规定："王国境内承包商不具备实施能力的工程项目可付诸国际招标"。

沙特招投票程序包括：信息发布、资格审查、在规定时间和地点递交投标书、开标、决标、签订合同。

沙特明确规定工程项目不可肢解招标。《政府采购和招投标法》第四十六条规定"不能为适用直接采购的条件而拆分项目，也不能为获得决定权而拆分项目。"

2. 企业市场准入法律

根据《外商投资法》和《外商投资法实施细则》规定，外国企业可以独资或合资方式直接进入沙特的工程承包市场，不再强制要求通过当地代理商或合作伙伴。2007年中国商务部与沙特城乡事务部签订了《工程合作谅解备忘录》，2008年中国政府与沙特政府签订了《中国政府和沙特政府关于加强基础设施建设领域合作的协定》，以政府推荐渠道解

---

① 贺灵童：《沙特阿拉伯建筑业概况》，https://www.douban.com/note/484748185/?type=like。

决了中资承包企业进入沙特市场的资质问题。

3. 承包商分级法律制度

《承包商分级法》于 2006 年 4 月发布。承包商分级是指对承包商的财务、技术、管理和执行能力依法进行评价,将承包商分为一至五级,依据级别不同,承包商公司可承担不同投资规模项目。承包商可以申请一项或多项分级。如果承包商未被分级,或工程项目未包含在承包商分级的领域和级别内,政府各部、局及公共公司实体不应接受承包商对任何工程项目的报价或投标。承包商分级的主管部门是城市与农村事务部。

4. 雇工法律制度

沙特《劳工法》要求雇员本地化,最低比例为:工程承包、维修、清洁、操作等行业达到 10%;国家投资项目达到 5%;私营投资项目达到 10%。违反沙特政策将受到劳工部禁止雇用外国劳工的处罚,不符合沙特化规定的公司将不能获得政府合同。沙特政府规定,雇主除了需要为沙特本国雇员支付 18% 社会保险外,还要为非沙特本国人支付职业补偿费,包括医疗保险、高级员工接送或交通补贴、回国返程票及服务年限资金。《劳工法》要求所有雇主须为外籍雇员及家庭成员购买医疗保险,否则,除对雇主处以罚款外,还将暂时或永久停止向该雇主发放和更新外籍雇员签证。

(四)沙特 PPP 相关政策与法律

随着沙特与世界经济联系的加强和支付能力的减弱,沙特政府希望将有限的资金用于更迫切需要的领域如学校、医院等公共基础设施,因而趋向于将一些投资大、周期长的基础设施项目采用 BOT、BOO 方式。

2017 年,沙特铁路组织希望与私营部门合作,采用政府与社会资本合作模式(PPP)运营建设。目前麦加地铁项目正在重新讨论采用 PPP 模式,后续吉达、达曼和麦地那地铁项目也将采用 PPP 模式。截至目前,大陆桥铁路项目设计工作已由意大利国家铁路下属公司完成,并将等待时机继续推动。此外,利雅得地铁项目总耗资 225 亿美元,目前在建地铁铁路 6 条,施工进度近 48%,预计将在两年内完成验收并移交运营。[①]

【小结】

基于对基础设施的强劲需求,融投资项目在沙特得到了发展。随着社会资本的积极参与,沙特建立健全了《外商投资法》及相关法律法规,鼓励高附加值产业的外国资本投资沙特市场,为外国投资者提供更多有利政策,进一步改善沙特投资环境,保障境外投资者的投资利益。

三、沙特司法体系及争议解决

(一)诉讼制度

2007 年 10 月 1 日沙特颁布新的《司法制度规则》和《申诉委员会规则》。司法制度方

---

① 山东省商务厅:《沙特拟以 PPP 模式推进铁路及轨道交通项目建设》,http://sdcom.gov.cn/public/html/news/393136.html。

面，建立初审法院、上诉法院和最高法院三层法院体系。初级法院分为刑事、普通、商业、身份关系和劳工法院，由专业领域法官审理特定领域的纠纷。最高法院通过对下级法院审判的监督和管理，统一沙里亚法（即"伊斯兰教法"，伊斯兰教宗教法的总称）在不同类型法院的适用标准。在该制度下，最高司法委员会具有监督管理全国沙里亚法院和法官的职能，由1位主席和10位成员组成，任期四年，可以连选连任。2013年5月3日，最高司法委员会在利雅得设立特别刑事法院，主要针对恐怖主义和国家安全的犯罪。另一方面，根据新的规则，申诉委员会为直属于国王的独立行政司法系统，与法院系统平行存在。申诉委员会由高等行政法院、行政上诉法院和行政法院三级行政诉讼机构组成。

2013年11月25日沙特颁布新的《沙里亚法院诉讼程序规则》和《刑事诉讼程序规则》，2014年3月和2015年1月颁布两个程序规则的执行规则。程序规则明确了民事、刑事诉讼程序，保障当事人辩护权，规定对弱势群体司法保障机制和缩短诉讼时限。

（二）仲裁制度

沙特仲裁制度发展较慢。为与国际社会接轨，适应现代社会发展需要，沙特参照《联合国国际贸易法委员会仲裁规则》制定新《仲裁法》，该法于2012年生效。该法适用于在沙特进行的仲裁案件或在沙特外进行的但当事人选择适用沙特《仲裁法》的国际商事仲裁案件。新《仲裁法》不适用于个人身份纠纷和不适用调解的案件，限制政府机构签署仲裁协议。新《仲裁法》承认仲裁条款的独立性，规定合同中的仲裁条款独立于合同其他部分，合同其他部分终止或失效不影响仲裁条款的效力。仲裁协议必须采用书面形式。当事人可以在向法院提起诉讼程序后签署仲裁协议，但是此时该协议应明确需要提交的具体事项，否则仲裁事项无效。一方将仲裁争议提交法院，不影响仲裁程序开始、进行或者作出仲裁裁决。

（三）司法协助

关于外国法院判决和仲裁裁决的承认和执行问题，2013年《执行规则》将法院判决和仲裁裁决的执行权交由"执行法官"处理。执行法官是专门处理执行业务的专业人员，能更高效地执行判决和仲裁裁决，但行政案件和刑事案件的判决和裁定除外。执行法官执行案件，除执行纠纷和破产程序决定外，执行法官的所有决定不得上诉。对外国法院判决的执行，除阿拉伯联盟和海湾合作组织成员国国家的法院判决可根据条约在沙特执行，其他国家的判决只能根据互惠原则执行。

四、沙特营商环境及法律风险防范

（一）沙特整体营商环境

近年来沙特致力于改革，努力营造良好的经商环境，在世界银行发布的《2017营商环境报告》中，沙特阿拉伯营商环境排名第94位，综合得分61.11分，是最受投资者欢迎的阿拉伯国家之一。在世界经济论坛《2016—2017年全球竞争力报告》中显示，沙特阿拉伯在全球最具竞争力的138个国家和地区中，排名第29位。

沙特的投资环境宽松。为了吸引外资,沙特政府颁布了一系列优惠政策措施,如配套基础设施保障、所得税减免、优惠的土地租金等。近年来,沙特投资总局更是加大力度出台一系列吸引外资举措。如成立专门的行动小组,以精简外商投资的程序,致力于提升与投资相关政府机构的工作效率,并着力寻求国际合作。

沙特的投资潜力较大。伴随经济的稳定增长及人口的迅速增加,沙特在能源、交通与物流、信息通讯、医疗健康、生命科学、人力资本等领域都有相当大的投资潜力。据沙特投资总局的报告,在接下来的十年,沙特在重大项目上的总投资将达接近 7000 亿美元,其中用于国内基础设施建设的投资超过 1000 亿美元。为了减少对石油领域的依赖、刺激经济增长、解决国内极高的失业率水平,政府亦计划投入巨大财力物力在教育、人力、基础设施建设等领域,这不失为外商参与沙特投资建设的一个好时机。[①]

(二) 沙特投资与承包工程风险及建议

1. 重视实地调研,做好尽职调查

投资商在决定进入任何一国投资之前,应充分了解当地政治、经济、文化、法律、人文及地理环境。沙特属伊斯兰教国家,对非伊斯兰教徒有诸多禁忌。另外沙特夏季室外气温较高,有时高达 50 多度,会影响施工进度、增加施工成本。加上沙特整个社会系统运行节奏慢,可能直接或间接影响到工期、导致工期延误,合同履行风险应格外注意。

在沙特找寻合作伙伴会使得办理相关手续更加便利,但仍应做好相关内容事项的尽职调查。包括合作伙伴能够提供哪些当地支持、与合作伙伴是否同属同行业、合作伙伴背景调查、土地及地上建筑物的所有者、商标及知识产权归属情况、证券和债务的相关证明文件、工程作业许可证和批准文件等。

2. 了解东道国形势,熟悉劳工政策

沙特国内形势存在不稳定性。如青年失业率高、严重的女性歧视、地域差异、什叶派少数族群的反抗等。沙特国内政治危机的核心原因,就来自于国内极高的青年群体比例以及居高不下的失业率。之前利比亚卡扎菲政权的倒台致使中国企业损失近 200 亿元,因此,投资者应更加关注东道国政权动荡所带来的破坏力。沙特严格控制外籍劳工的数量,沙特公民就业对政府依赖性极高。根据世界银行的数据,2014 年沙特公民整体失业率为 11.7%,而 35 岁以下年轻人口和女性的失业率分别高达 30% 和 32.8%;沙特中央银行数据显示,沙特就业公民近 9 成在政府相关部门任职。因此,沙特政府大力推行沙特化政策,外籍员工必须持有沙特政府签发的工作签证和工作许可证才能在沙特工作。

3. 警惕恐怖袭击风险

恐怖袭击使项目及人员安全产生风险。2010 年中东变局造成中东地区国家国内动荡、政局不稳。在伊拉克、叙利亚地区肆虐的伊斯兰国崛起就是一个典型的例证。也门内战以及沙特等国对也门胡赛武装的空袭,进一步给当地的恐怖主义以喘息扩张的机会。更令人焦虑的是,多个极端组织都明确表达了对沙特政府的敌视,甚至公开宣称将沙特作为恐怖行动目标,如阿拉伯基地组织宣称沙特王室同伊斯兰头号敌人美国勾结,在沙也边界策划

---

① 任琳,肖诗阳:《"一带一路"投资政治风险研究之沙特阿拉伯》,http://www.china.com.cn/opinion/think/2015—04/07/content_35255140.htm。

制造多起恐怖暗杀行动。极端组织借沙特南北邻国也门、伊拉克国内政治动荡之时不断扩张,令其周边国家和沙特境内频发战争及暴乱,均会使项目执行及员工安全面临风险。投资方需对此特别重视。

【案例】 中国铁建沙特麦加轻轨项目

1. 案情简介

2009年2月10日,中铁建总公司旗下上市公司中国铁建与沙特阿拉伯王国城乡事务部签署了《沙特麦加萨法至穆戈达莎轻轨合同》,约定采用EPC+O/M的总承包模式(即设计、采购、施工加运营、维护总承包模式)施工完成沙特麦加轻轨铁路项目。根据该合同,中国铁建从2010年11月13日起负责该项目三年的运营和维护,11月13日开通运营,达到35%的运能,2011年5月完成所有调试,达到100%的运能。截至2010年10月31日,按照总承包合同金额(66.5亿沙特里亚尔)确认的合同预计总收入为人民币120.51亿元,预计总成本为人民币160.45亿元,另发生财务费用人民币1.54亿元,项目预计净亏损人民币41.48亿元,其中已完工部分累计净亏损人民币34.62亿元,未完工部分计提的合同预计损失为人民币6.86亿元。①

2. 巨亏原因

(1) 未审慎分析合同,项目估算不足

本合同模式为EPC+O/M的总承包模式合同,即采用设计、采购、施工与运营管理模式。中东地区的工程项目,一般情况下均由欧美国家的咨询公司编制合同及规范,合同中一般均会包含非常详细的技术规范,这些技术规范对于设备、材料的参数、施工工艺等有非常细致的要求;在合同和规范中指定厂家、品牌非常常见;很多合同还会有指定分包。在这种情况下,如果对EPC合同模式不熟悉、报价时未能慎重分析合同及规范,容易导致项目投标人对工程量估计不足、报价远远低出当地建筑承包商,势必会造成巨大损失。

(2) 对海外工程模式及沙特市场不熟悉

未充分考虑工程实施成本的各类因素。投标人在参加项目议标前未对目标市场仔细调研,未对材料合同分包商进行逐项询价、未对轻轨建设地质条件进行勘探,而是直接套用国内的经验及管理模式进行询价,低估实施项目的难度。未充分考虑沙特市场特征。沙特是伊斯兰教气氛最浓厚的一个国家,各方面限制特别严,并且当地人的办事效率也奇低,甚至比周围的阿联酋、巴林、卡塔尔等国的情况更为严重,这些因素均是承包商在合同实施过程中须充分考虑的风险。

(3) 项目自身特点与合同履行风险

该项目自身设计动能为单向客流每小时72000人设计运量较大,此运量正常情况下需22个月完成。而本项目合同工期约定仅18个月,工期较短。该项目所处地自然条件恶劣,属于沙漠地带,合同履行地地处高温和风沙大的区域,合同正常履行造成较大挑战。

3. 建议

(1) 强化风险防范意识

---

① 张广荣:《中国企业"走出去"的六大风险》,载《经济》,2011年第9期。

风险防范意识作为一种先进的管理理念,是公司有效防范风险、控制风险、解决风险的一种管理能力,能够有效避免和减少损失、争取利益最大化。

(2) 强化管理水平,做好市场调研

项目管理应配套相应管理层,引进先进的管理经验和管理模式。项目投资应充分了解当地的政治、经济、文化、法律、人文环境及地理环境,熟悉劳工政策,以预见及应对项目风险。

五、小结

在中国政府"一带一路"的总体发展战略背景下,沙特作为与中国政府保持友好往来的国家,经济实力与政治地位兼具,近年来稳健的改革措施频出,中国的投资者择时进入沙特相关领域将具有深远意义。作为中国投资者,需要充分考虑当地各方面环境的复杂性,严格遵守当地法律法规,完善工程管理和人员管理制度,提前建立危机应对机制,把握机遇,迎接挑战。

伊 朗

一、伊朗国情简介

伊朗伊斯兰共和国(Islamic Republic of Iran,以下简称"伊朗")位于亚洲西南部,国土面积约164.8万平方公里,北面有土库曼斯坦、阿塞拜疆、亚美尼亚,接里海,与哈萨克斯坦、俄罗斯隔湖相望,西面为伊拉克与土耳其,东面是阿富汗与巴基斯坦,南面临海,与阿拉伯联合酋长国、卡塔尔等国隔海相望。[①] 伊朗地形地貌丰富多样,有高原沙漠,也有湖泊海洋。

伊朗文明历史源远流长,达五千年,史上曾称之为波斯帝国。伊朗是全民信教的国家,奉伊斯兰教为国教,国家政治体制便是建立在宗教的基础之上。伊朗全国共有31个省,首都德黑兰(Tehran)。货币为伊朗里亚尔(Riyal)。伊斯兰议会是最高国家立法机构。总统是国家元首,也是政府首脑。

伊朗能源及矿物资源储量丰富,探明石油和天然气储量分别居世界第四位和第二位,铁、铜、锌、铬、金、大理石、重金石等资源储量也居世界前列。伊朗油气领域主要企业为伊朗国家石油公司和伊朗国家天然气公司。[②]

中国和伊朗两国关系历来友好。中国是伊朗重要的国际贸易伙伴,也是伊朗商品重要的海外出口目标市场。伊朗是中国重要的经济贸易目的地,中国企业在伊朗广泛领域开展

---

① 外交部网站:《伊朗国家概况》,http://www.fmprc.gov.cn/web/gjhdq_676201/gj_676203/yz_676205/1206_677172/1206x0_677174/。

② 同上。

业务，涉及能源、交通、贸易、工程等。至今，伊朗并未加入 WTO 体系，因此，其市场秩序和游戏规则较为封闭。在工程承包方面，经过多年努力，中国企业已完工或在建一批项目，其中包括中伊产业园区项目伊巴姆汽车产业园区、中国水利水电集团塔里干水电站项目、中石化雅达油田项目、中石油北阿扎德甘油田项目、德黑兰－库姆－伊斯法罕高铁项目、布什尔石化项目等。

【小结】

就地理位置而言，伊朗与多个国家接壤，在亚洲通往欧洲的路径上占有重要位置。就资源储备而言，伊朗享有得天独厚的自然资源优势，石油、天然气、矿产的储量居世界前列。就国际投资产业而言，伊朗在能源矿产、交通运输、工业设施等方面具有优势，有利于发展高铁、高速公路、石油钻井、油气管道、矿业开采和工业园区等项目。

二、伊朗投资建设法律问题

伊朗的法律体系建立在伊斯兰宗教法（Shari'a law）基础上，但其民法通则参照了法国和比利时民法典。1979 年伊斯兰革命后，伊朗颁布了伊斯兰宪法，确立了伊斯兰民主政体，由宗教领袖和国家宪法监护委员会确保国家立法、行政及司法机关通过的法律法规符合伊斯兰教义，由直选确保立法机关和行政机关的民意基础，宗教领袖拥有最高权力。[①] 作为伊斯兰法系的典型代表国家之一，伊朗法律体系具有浓厚的宗教色彩。

（一）伊朗项目投资立法

伊朗基础设施和项目相关法律法规主要包括：《鼓励和保护外国投资法》及实施细则、《进出口条例》《公众股份公司法》《劳工法》《直接税法》《商标专利注册法》《海关法》及实施细则、《外国投资促进和保护法》《矿山法》《最大限度利用当地资源法》等。[②] 伊朗加入的国际组织主要包括：联合国（UN）、国际原子能机构（IAEA）、石油输出国组织（OPEC）、七十七国集团（G77）、伊斯兰会议组织（OIC）、经合合作组织（ECO）、亚信会议（CICA）等。

（二）伊朗外资准入及企业设立相关法律

根据伊朗外资准入的相关规定，外资可以在伊朗设立不同形式的企业组织实体，包括代表处、分公司、子公司、有限责任公司等。外国投资者的出资方式可以是现汇、设备和技术等多种方式。外资可以与伊朗公司采取合资、合作的方式投资，也可通过收购伊朗公司和独资的形式进行投资。伊朗财经部下属的"伊朗投资和经济技术支持组织（OIETAI）"是伊朗负责外国资本在伊朗投资、审批与外国投资事务的官方机构，其主要职责是：外资在伊朗的投资许可、资本进入、项目选择、资本利用、资本撤出等事项。[③]

---

① 中国金融信息网：《"一带一路"之伊朗投资法律规则与实践（上、下）》，http://world.xinhua08.com/a/20150804/1534608.shtml。

② 同上。

③ 同上。

而实践中，贸易工业自由区、特别经济区、工业园区及科技园区管理委员会也拥有外资审批权。①

《鼓励和保护外国投资法实施细则》规定，外国投资者享受与伊朗本国投资者同等待遇，对外国投资不设百分比的限制。② 但是，根据某些特别法的规定，相应的外商投资份额须在规定的比例范围之内。此外，一些特殊经济区域的实际管理规则也对外商投资的比例进行了限制。

伊朗主管贸易的政府部门是伊朗工业、矿业与贸易部（以下简称"工矿贸易部"），其主要职责是：建立和实施与其他国家的商务联系；调查研究其他国家的对外贸易政策；维护与各国的贸易关系；调查有关商业免税的事项；对进出口条款和进出口商品的复审提出必要的意见；制定进出口法规草案，指导和促进对外商务关系；编制国家进出口法规并监督执行，发放商业卡（审批进出口权）；建立与其他国家的对外贸易关系和国际关系；贸易数字的统计、编制、整理和公布。③

伊朗贸易促进组织（ITPO）是伊朗工矿与商业部的下属机构，负责伊朗的对外贸易政策制定、贸易促进和筹办国际展览等事务。④ 伊朗贸易促进组织根据经济发展的需求在首都德黑兰等大城市举办国际性展会，吸引大批国内和国外企业到伊朗参展，展会按需创设不同的主题，如产品贸易、工矿开发、油气开采、交通建设、设备配件等。

伊朗的特殊经济区域主要有贸易工业自由区（Trade-Industrial Free Zone）、特别经济区（Special Economic Zone）和工业园区（Industrial Park）三种特殊经济区域。自由贸易区有基什（Kish）、查赫巴哈尔（Chabahar）、安扎里（Anzail）、凯什姆（Qeshm）等7个。特殊经济区域有萨拉夫车甘（Salafchegan）、设拉子（Shirza）、阿萨鲁耶（Assaluye）、波斯湾（Persian Gulf）、石化经济特别区（Petrochemical Special Economic）等31个。⑤ 在自由区、经济贸易区和工业园区从事各种经济活动的企业和个人依据可以依据规定享受本区内的优惠条件和政策。

原则上，伊朗并未对外国投资者退出伊朗或外资企业经营利润的转移设置限制，也没有法律规定强制外资企业必须将其资本或技术部分或完全转让给本国企业。但是，在实践操作中，如何分配利益及掌控核心技术的问题贯穿项目的始终。

此外，中国与伊朗两国签订了一系列双边贸易协定或联合声明，其中包括：《关于相互促进和保护投资的协定》（2000年）《关于对所得避免双重征税和防止偷漏税的协定》（2002年）《中国商务部与伊朗工业矿业和贸易部官员开展中伊产业园区合作的备忘录》（2014年）《中华人民共和国和伊朗伊斯兰共和国关于建立全面战略伙伴关系的联合声明》

---

① 商务部国际贸易经济合作研究院，商务部投资促进事务局，中国驻伊朗大使馆经济商务参赞处：《对外投资合作国别（地区）指南—伊朗（2016年版）》，http：//fec.mofcom.gov.cn/article/gbdqzn/upload/yilang.pdf。
② 北京市人民政府外事办公室：《伊朗伊斯兰共和国〈鼓励和保护外国投资法实施细则〉》，http：//www.bjfao.gov.cn/jwtz/tzyz/tzaras/araszcfg/63218.htm。
③ 中国驻伊朗大使馆经济商务参赞处：《伊朗经济贸易机构》，http：//ir.mofcom.gov.cn/article/jmjg/201706/20170602588653.shtml。
④ 中国金融信息网：《"一带一路"之伊朗投资法律规则与实践（上、下）》，http：//world.xinhua08.com/a/20150804/1534608.shtml。
⑤ 商务部国际贸易经济合作研究院，商务部投资促进事务局，中国驻伊朗大使馆经济商务参赞处：《对外投资合作国别（地区）指南—伊朗（2016年版）》，http：//fec.mofcom.gov.cn/article/gbdqzn/upload/yilang.pdf。

(2016年)等。

(三) 伊朗工程建设相关法律

1. 工程领域市场准入

外国投资者不能以纯外资的方式在伊朗独立从事工程领域的服务,如工程咨询服务、工程设计服务和工程建设合同服务等,但可以以委任或合作的方式来执行,具体为:一种是委任伊朗当地公司(机构)来执行;另一种是与伊朗公司组成新的公司(联合体)来执行,合同的执行方可根据规定和合同约定的实际情况进行适当的分包。《外国投资促进与保护法》第2条的规定,禁止以外国投资者的名义以任何形式拥有任何土地;但该法实施细则第3条的规定,因外国投资而设立的伊朗公司,在经过伊朗投资与经济技术援助组织批准后,可根据其投资项目需要拥有适当的土地。① 在对外国资本的准入制度上,国际投资方应遵守伊朗法律法规的规定,符合伊朗国家安全和公共利益,有利于国家经济发展和产业布局,增加就业机会,并符合国家经济发展需求。

2. 招标方式规定

根据伊朗相关法律规定,通常招投标情形下,伊朗本地公司具有优先权,外国公司一般不能独立参加承包工程项目的招标,而应当与当地公司合作。合作方式分两种:一种是与伊朗公司签订合资协议,注册合资公司,以合资公司名义参加投标;另一种是在当地寻找合作伙伴,签订合作协议,成立生产性合资公司。② 若采用合资方式,应由伊方控股,伊方所占的比例在51%以上。

3. 劳动用工制度

伊朗对外籍人员进入伊朗工作规定严格,要求外籍人员按规定办理了许可证、工作证和居留证等相关证件后,方可合法就业。③ 用工制度上有当地化的要求,即需要雇佣相当数量的本地人后,方能雇佣外籍人士。若有违规,可能导致证照办理拖延、罚款、停业等风险。

4. 税收制度

《直接税法》是伊朗税收体系的主要组成部分,由纳税人、财产税、所得税、各种规定等几部分组成。根据《直接税收法》的规定,伊朗对房地产、未开发的土地、继承财产、工资、公司、附带收入以及通过各种来源获得的总收入征收直接税收。④ 在一定情形下,某些特定领域的企业可以根据《直接税法》的相关规定享受税收优惠。

5. 反商业贿赂的规定

伊朗国内法律规定,禁止官员受贿和任何形式的商业行贿。伊朗总检察院、伊朗司法部、内政部负责对伊朗政府官员的司法监督和行政监督。伊朗是《联合国反腐败公约》的

---

① 商务部国际贸易经济合作研究院,商务部投资促进事务局,中国驻伊朗大使馆经济商务参赞处:《对外投资合作国别(地区)指南—伊朗(2016年版)》,http://fec.mofcom.gov.cn/article/gbdqzn/upload/yilang.pdf。
② 中国金融信息网:《"一带一路"之伊朗投资法律规则与实践(上、下)》,http://world.xinhua08.com/a/20150804/1534608.shtml。
③ 商务部国际贸易经济合作研究院,商务部投资促进事务局,中国驻伊朗大使馆经济商务参赞处:《对外投资合作国别(地区)指南—伊朗(2016年版)》,http://fec.mofcom.gov.cn/article/gbdqzn/upload/yilang.pdf。
④ 中国金融信息网:《"一带一路"之伊朗投资法律规则与实践(上、下)》,http://world.xinhua08.com/a/20150804/1534608.shtml。

缔约成员国，公约的相关反腐败规定在伊朗具有法律约束力。针对跨国商业贿赂行为，伊朗还与伊拉克等国家签订了关于反商业贿赂和反腐败方面的司法协助备忘录。① 因此，在伊朗实施商业贿赂，有被处以罚款和刑罚的法律风险。

6. 环境保护相关规定

根据伊朗《宪法》保护环境的相关规定，保护环境，保证后代的生存权利是伊朗伊斯兰共和国的公众责任；任何经济或其他能够导致环境污染和对生态造成不可修复损害的行为都是被禁止的。② 在实践中，新建化工厂、炼油厂以及发电厂、矿山及轧钢厂等，都需经过环保可行性测试。开发地上和地下水资源须获得政府相关部门的许可，排放污水亦须得到政府许可。此外，当地的环保机构和相关部门制定有细化的环保标准和流程，供不同的项目遵照适用。相关企业应该积极主动地与主管部门沟通和交流，尽可能及时获得许可并达标，以免导致罚款或工期延误等不良后果。

（四）伊朗 PPP 相关政策与法律

《鼓励和保护外国投资法》第三条规定，允许外资直接投资到对私营部门开放的领域，或是以"国民参与"、"建设－经营－转让"（BOT）方式投资到其他部门。但实践中，很少有外国公司以 BOT 方式投资承建伊朗的大型基础设施项目。③

三、伊朗司法体系及争议解决

伊朗司法体系和法律体系比较完整，按照政教一体的特点设置。就其民商事法律规则而言，建立在伊斯兰法宗教教义的基础上，但吸纳并具备了部分大陆法系的特点。

伊朗的司法效率不高。伊朗的司法系统建立在政教合一的基础上，其司法救济的程序和规则也深受宗教规则的影响，缺乏现代国际司法制度的效率意识，诉讼的程序较为复杂、周期较长。在法律实践过程中，某些案外因素影响可能影响法律裁判。根据世界经济论坛《2016—2017 全球竞争力报告》，伊朗的"法律审判独立性"分指标得分 3.5 分，在 138 个国家中排名第 91 位。④

如在伊朗当地发生纠纷，中国企业可以考虑与对方协商解决，也可以请求中国驻伊朗使馆经商参处协调解决。协商解决不了的，可以直接诉诸法律。伊朗已经加入《纽约公约》，符合规定的国际仲裁裁决在伊朗具有法律执行效力，仲裁从而是常规的备选争端解决机制。对于不宜选择仲裁或不能适用仲裁的，也可直接在伊朗当地法院诉讼。

---

① 商务部国际贸易经济合作研究院，商务部投资促进事务局，中国驻伊朗大使馆经济商务参赞处：《对外投资合作国别（地区）指南—伊朗（2016 年版）》，http://fec.mofcom.gov.cn/article/gbdqzn/upload/yilang.pdf.
② 中国金融信息网：《"一带一路"之伊朗投资法律规则与实践（上、下）》，http://world.xinhua08.com/a/20150804/1534608.shtml.
③ 海湾资讯网：《投资伊朗法规与实践一二三》，http://www.gulfinfo.cn/info/show-5673.shtml.
④ 中国出口保险公司资信评估中心：《国别投资经营便利化状况报告（2016 年版）》，http://fec.mofcom.gov.cn/article/tzhzcj/gbtz/201702/20170202517915.shtml.

四、伊朗营商环境及法律风险防范

(一) 伊朗整体营商环境

世界银行发布的《2017年度全球营商环境报告》显示，伊朗的营商便利度在190个统计国家数中位居第120位。伊朗政府在国内设有一系列经济特区，这些经济特区通常按照特定行业设定，如石化、航运、矿产、能源、建筑等，设置优惠的产业政策，以利于集中促进产业发展，并吸引和获取外国投资。[1]

伊朗政府部门办事效率较低，耗时较长，由于没有完善的流程安排和一站式的服务意识，不同的政府部门之间往往各行其是，即使是相同的部门，也可能因经手人员不同就同一项事宜出现要求先后不一致的情况。以在伊朗境设立外资公司为例，从基本的登记注册，到实现公司的正常开业需要比较漫长的过程，租房、办理用地许可、通水电气、登记固定资产、办理人员工作许可证等都耗时耗力。若在伊朗承包工程项目，程序更为繁琐，需要与伊朗企业合作，还要设定本国人员和本地人员、办理就业手续，随着项目的推进，还要处理环保、税收、质保金等各种事宜。

(二) 伊朗投资与工程风险及建议

1. 工程投资主要行业

(1) 能源

石油和天然气在伊朗国民经济中占支柱地位。伊朗油气行业因制裁而受到巨大影响，制裁取消后，基于伊朗本国经济发展的需求，油气产量有望提高。伊朗拟修改石油合同模式，推进油气行业产业链对外开放，新合同条件有可能在某种程度上吸引更多外国投资者，或为中伊两国企业在油气项目方面的合作创造新契机。

【案例】

2005年，中石油在伊朗对外招标中中标某3区块，同年6月开始作业。然而到了2011年，中石油选择退出该项目。中石油放弃的重要原因在于中石油和伊朗签订的是一种"回购合同"（buy-back）服务条款，这也是当时伊朗和外国石油公司签订项目合同的统一模式。在这种模式中，外国企业垫付所有开发成本，在油田产油之后，伊朗方按照比例给企业售油分成作为还款和报酬。外国企业没有作业权，更不用说拥有油田。若产油量达不到设计要求，或油价较低，就可能没有收益。回购合同被认为是最为严苛的合同模式，双方权利和义务配置先天失衡，技术流程没有尊重油气开发的一般规律，承包商单方承担了与收益不相匹配的风险。[2] 新版石油合约（IPC）在一定程度上突破了原有回购合同的合同条件，承诺向承包方提供更为合理的勘探、开发、生产等方面的合约，可能一定程度上改善原有的规则，促进石油领域的投资合作。

(2) 电力

---

[1] Doing Business 2017, by World Bank Group, 14th Edition, P7。
[2] 姜明军，张明江：《伊朗新版石油合同的型构思路与实施展望》，载《国际石油经济》，2015第11期。

工业经济的振兴和发展离不开电力，伊朗政府也表示将大幅度发展电力工业。根据市场的需求和伊朗本国的实际情况，中国相关企业可能在相关领域承包工程，例如天然气发电、太阳能发电、风力发电等。

（3）轨道交通

伊朗表示将大幅度发展轨道交通，增强货运和客运营运能力。伊朗政府规划包括新建车站、建设新铁路线、改建原有铁路线、建设线路与邻国铁路相连。同时，伊朗政府还计划在多个城市发展建设地铁项目。

（4）公路

随着伊朗公路设施投资预算的增加，高速公路总里程将大幅提升。伊朗原有的公路设施不够完善、覆盖区域明显不够广泛。发展公路交通网络、提高公路交通配套设施将对促进经济发展起到积极作用。

（5）航空

伊朗民航产业市场发展前景广阔。航运市场需求旺盛，有望开通更多的国内航线和国外航线。伊朗幅员辽阔，国内城市之间同样也需要更多的航线。伊朗地理位置优越，是中亚和欧洲的天然连接点，具备发展国际航线的优势。随着伊朗市场开发的步伐，越来越多的国外航空公司也将在伊朗寻找机会，开辟新航线。

（6）旅游

伊朗地理资源丰富，不乏自然美景奇观。同时，作为数千年历史地文明古国，拥有丰富的古代文明遗产，有利于发展现代旅游业。随着政局的稳定和经济的发展，伊朗将进一步发展旅游业，兴建和完善与国际标准相匹配的旅游配套设施，诸如与各旅游景点相匹配的交通、饮食、住宿及购物设施等。中国的工程承包企业将有更多地参与建造星级酒店和大型商场的机会。

2. 风险应对措施建议

（1）重视当地法律、行政、宗教状况

重视当地法律、行政和宗教情况，发展友好关系。伊朗法律渊源中，宗教教义占重要地位。中资企业和人员在伊朗工作和生活中应尊重当地的宗教习惯和传统，注意自己的言行，避免触犯宗教禁忌。伊朗的政府要员也是宗教领袖，在社会中有相当高的威望。资企业应尽力与他们建立友好合作关系，以便在当地事务上获取相应的支持和帮助。例如，在伊朗，政府官员的岗位变动很可能会给商务合作带来变化，继任者中止其前任与外方签订的合同意向书或不再续签正在执行的合同司空见惯。[①] 中国企业在伊朗投资合作过程中应高度重视这些情况，及时应对，不尊重当地的行政和宗教实际情况必然会遭遇挫折，所谓入乡随俗便是这个道理。

（2）与媒体保持友好关系

与媒体保持友好关系，拓宽信息渠道。伊朗媒体受伊朗文化和伊斯兰指导部和伊朗伊斯兰共和国广播电视组织监督管理，日常新闻言论较为自由。[②] 中国企业应广泛关注当地媒体报道，充分尊重当地习俗，广泛结交并引导媒体做公正的报道，树立良好的社会形

[①] 陆瑾：《"一带一路"视角下中国与伊朗的经济合作》，载《阿拉伯世界研究》，2016年第6期。

[②] 商务部网站：《中国企业在伊朗应注意的事项》，http://www.mofcom.gov.cn/article/zt_shanglvfw/ir/201402/20140200499631.shtml。

象。中国企业通过媒体,可以了解更多的有效信息,避免走入当地政策和习俗的误区,以帮助商务决策,推进项目进程。

(3) 注重背景调查和风险评估

注重背景调查和风险评估,把握交易安全。在合作之前,应全方位了解合作伙伴的信息,包括董事或者股东的具体情况。对重点项目或贸易客户要做背景调查,全方位了解其资信,确保项目的可行性。项目过程中,要时刻警惕各类风险,与业主保持良好沟通,提前准备好替代性方案。通过背景调查和风险评估,可以更有效地预判风险,切实提高效率。

(4) 甄别选择正确的分包商

由于伊朗的社会环境复杂多变,在签订分包合同之际,应注意与商务的实际需求保持一致。工程承包企业应根据项目的需求,匹配分包商。一般而言,在不违背业主要求和当地法律政策的情况下,应首先考虑选择在伊朗有过类似项目施工经验的中国企业,这样的企业对伊朗的环境相对更为熟悉,也比较了解当地的风习惯和办事规则,比较容易实现合作共赢。值得注意的是,如需选择没有合作过的伊朗本国公司作为分包单位,需特别慎重,因为工作效率、工程成本、工程进度等方面都不易控制。

五、小结

中国是伊朗重要贸易伙伴国,伊朗对中国政府"一带一路"倡议持友好的态度,两国经济领域合作有望进一步加强。伊朗政局较为稳定、资源蕴藏较为丰富,在国际工程及相关投资领域优势较为明显。

巴 林

一、巴林国情简介

巴林王国(The Kingdom of Bahrain,以下简称"巴林")是位于波斯湾的西南部并由三十多个岛屿组成的一个岛国,处于卡塔尔与沙特阿拉伯两国的中间,西部距离沙特阿拉伯东部海岸约二十五公里,两国由一座跨海大桥相连,东部距离卡塔尔西部海岸约三十公里。巴林国土面积约为七百多平方公里,海域面积约为八千多平方公里,海域面积比国土面积大。巴林的首都为麦纳麦(MANAMA),位于巴林最大的一个岛上,约占国土总面积的85%。巴林的官方语言为阿拉伯语,日常生活中人们也通用英语。据世界卫生组织的权威统计,巴林2015年的人口总数为137.7万人,其中巴林籍人口约占48%,外籍人口约占52%,巴林绝大部分人口均为外来人口,其中,约一半的人口又居住在首都麦纳麦。巴林华人约为2000人,主要居住在首都麦纳麦。①

---

① 商务部国际贸易经济合作研究院,商务部投资促进事务局,中国驻巴林大使馆经济商务参赞处:《对外投资合作国别(地区)指南—巴林(2016年版)》,http://fec.mofcom.gov.cn/article/gbdqzn/upload/balin.pdf。

巴林实行君主世袭制,国家元首现由哈利法家族世袭,目前国王是哈马德·本·伊萨·阿勒哈利法。巴林政治局势稳定,社会治安环境良好,法律制度较为完善,市场化程度较高,基础设施较为完善。[①] 为发展经济,巴林政府自2011年开始加大了基础设施建设,经济得到了飞速发展,居民的生活水平也得到显著改善。

2015年,在巴林的GDP构成中,按行业分,其构成情况为:油气行业占比最大,为19.7%,金融业紧随其后,占比16.4%,制造业次之,占比14.6%,除此之外,其他行业如交通通讯业、建筑业、商业贸易业所占的比例都十分小。[②] 可以看出,石油和天然气是巴林的支柱性产业。但巴林很早就开始发展金融业,而不只是依赖于石油天然气行业,金融业在巴林国民经济构成中所占比例逐渐变大,是海湾地区金融业较为发达的国家,号称中东地区的金融中心。

【小结】

巴林地理位置优越,且其油气资源丰富,基于巴林的基本经济发展现状和未来方向,在"一带一路"发展中,将是我国的重要合作伙伴。

二、巴林投资建设法律问题

(一) 巴林外资准入及企业设立相关法律

巴林鼓励外国人在巴林进行投资,允许外商以独资或者合资的方式在巴林进行投资活动,创造了比较宽松的政策环境,鼓励外商投资基础设施领域,外资进入巴林有如下一些相关规定[③]:

1. 投资主管部门

巴林主要负责国内投资事业和国外投资事业的政府主管部门是工商和旅游部,该部又分设为工业、商业和旅游业三大体系分别进行管理,三者分工不同但又相互合作,共同制定和实施外商投资管理政策,推广投资机会,办理工业公司许可、公司注册及工业土地管理等事宜。

投资者在选定投资项目后,需按有关规定到巴林投资者中心(BIC)办理批准手续。BIC是致力于为投资者提供注册、年检、变更经营业务及咨询服务的一站式全方位服务大厅,工商和旅游部、市政管理部、司法部、卫生部公共卫生司、环保事务部门等政府行政单位都在BIC设有办公机构,此外还有银行、律师等商业服务机构驻扎,因此,在巴林办理相关注册、许可手续十分方便。

2. 外资准入的规定

巴林国内实施经济结构多元化的政策,重视引入外资,适时颁布一系列符合国际惯例

---

① 商务部国际贸易经济合作研究院,商务部投资促进事务局,中国驻巴林大使馆经济商务参赞处:《对外投资合作国别(地区)指南—巴林(2016年版)》,http://fec.mofcom.gov.cn/article/gbdqzn/upload/balin.pdf。
② 中国驻巴林大使馆经济商务参赞处:《巴林最新经济数据(2015)》http://bh.mofcom.gov.cn/article/ddgk/201608/20160801374802.shtml。
③ 商务部国际贸易经济合作研究院,商务部投资促进事务局,中国驻巴林大使馆经济商务参赞处:《对外投资合作国别(地区)指南—巴林(2016年版)》,http://fec.mofcom.gov.cn/article/gbdqzn/upload/balin.pdf。

的法规、政策,为外资进入巴林创造了宽松的政策环境。

在巴林,投资行业被划分为禁止性行业、限制性行业与鼓励性行业三大类,具体内容如下:

(1)禁止性行业:石油、天然气业由政府垄断,此外博彩业、酿酒业、武器制造、放射性废物的加工、存储或倾倒等属于禁止外商进入的行业。

(2)限制性行业:只允许巴林公民和公司从事的行业。如出租车经营、国内交通运输行业、保安公司、农牧渔业等。其他限制:商业和零售业,外商最多只能占股49%,巴林籍股东占比在51%以上。

(3)鼓励性行业:巴林鼓励外资进入的领域有基础设施建设领域、科教文卫领域以及金融业领域,此外,巴林还鼓励投资发展中小工业企业领域、当地传统手工艺产业。

3. 企业设置的规定

在巴林,企业注册和营业执照审批和检验受《商业公司法》约束,根据《商业公司法》,有八种企业形式:公共股份公司(Public)、私人股份公司(Closed)、有限责任公司(W.L.L.)、合伙公司(Partnership company)、简单两合公司(Simple Commandite company)、股份两合公司(Commandite By Shares Company)、个人企业(Individual Establishment)、外国公司分支机构(Foreign Company Branch)。

外国投资者在巴林成立公司,其可以选择注册的公司类型有代表处、分公司、有限责任公司和股份公司这四种。

(二)巴林工程建设相关法律

巴林政府非常重视工程建设行业,对拟进入巴林建筑市场的外资而言,有着相对宽松和友好的法规政策环境,巴林国内关于工程建设的相关法律法规如下[①]:

1. 外资企业获得土地的规定

巴林《土地法》规定,公民的私有财产受国家保护,并不可侵犯,个人可依法进行处置,非巴林人(包括自然人和法人)在规定的范围内以及具备相关条件后,可依照法律规定在巴林拥有土地和房屋。巴林《工业法》规定,在工业区内进行投资的企业,可以在工业区内申请租赁土地,租赁期限最长为50年,并在满足条件后可申请顺延。据此,外国投资者可以在巴林租赁政府的土地(租期长达50年)或者在规定的区域内购买土地,从而可以满足工业用地的需要。

2. 关于外国公司承包当地工程的法律规定

巴林建设市场涉及的法律有商业公司法、房地产管理条规、采购及招标法、劳工法、工程行业职业委员会条规等。管理规则明晰、执行规范,因此,建设市场竞争较为透明。

巴林国内一些较大的工程项目一般都是通过招标选择承包商,外国公司可以与当地公司联合起来组成联合体进行投标,也可以自行进行投标,外国公司中标后应在巴林当地注册成立项目公司,以管理实施工程项目。项目合同条款一般采用FADIC条款。工程开始建设时需要雇佣一定比例的当地人,即巴林籍员工,一般比例要求为5%。

---

① 商务部国际贸易经济合作研究院、商务部投资促进事务局、中国驻巴林大使馆经济商务参赞处:《对外投资合作国别(地区)指南—巴林(2016年版)》,http://fec.mofcom.gov.cn/article/gbdqzn/upload/balin.pdf。

巴林对承包商的资质等级有着严格的法律规定，工程设计资质从高到低总共分为 A、B、C、D 四个等级，施工公司的资质要求从高到低总共分为 AA、A、B、C、D、E、F 七个等级。

巴林禁止以外国自然人的名义承包工程项目。工程项目招标中一般不会明确地声明禁止外国公司进行投标，但有的工程项目会声明只允许巴林籍人控股的公司参加。外国投资者在投标项目前应准确地查看相关招标公告以便确定是否有参与投标的资格和条件。

巴林政府设有招标委员会，国内招标仅面向在巴林注册的公司，国际招标面向其他国家和地区的公司，招标信息通常会在巴林主要网站和主要报纸上公布。

3. 关于环保的法律规定

巴林于 1996 年颁布了《环保法》，对环境保护的内容、环境保护的责任、相关惩罚措施等做了较为详细的规定。巴林政府环保主管部门根据《环保法》的规定要求相关政府部门或政府机构在批准工程项目前要征得环保主管部门的同意；环保主管部门有责任根据环境保护的国际国内实践，不断更新环境保护的规则和条例，环保主管部门有权授予其他有关政府机构惩罚违反《环保法》及相关实施细则和条例的个人和企业。

环保主管部门依据《环保法》制定的一系列实施细则或条例规定，禁止任何个人和任何工程项目污染环境，各类工程项目在项目开工前均需到环保主管部门或其授予的有权机构办理项目环保批准手续，项目开工后，还要按时向环保主管部门提交环保报告，以确保工程项目不会破坏或污染环境。

4. 关于税收的法律规定

巴林本身是一个低税收的国家，只是对从事石油天然气行业的企业征收较高的税收，非资源类企业的税率非常低，税收法律体系也较为简单，没有增值税、个人所得税和营业税，对于外商投资而言，巴林还设置了一些特殊的税收优惠政策，比如外商在特定的工业区内进行投资还可享受其他一些优惠待遇，包括可以租赁到廉价的工业用地、享受到优惠的劳工措施、还可以免除原材料以及设备进口关税等。

（三）巴林 PPP 相关政策与法律

近几年，巴林政府为提升现有基础设施服务水平，拟对一些领域的基础设施进行新建或升级改造，包括：现有机场进行扩建；新建一条从沙特到巴林的输油管道；修建连接巴林到沙特的铁路；建造巴林—卡塔尔友谊大桥等，由于这些项目投资金额大，政府往往不能单独承担建设成本，故巴林政府往往采取政府和民间资本合作的方式开展基础设施建设，以 BOT、PPP 为主，这种吸引民间资本加入公共设施建设的方式可以缓解财政支出压力，降低政府的负债，提高工程建设的质量和效率，与此同时还可以引进国外先进的建设技术以及借鉴国外先进的管理方法。[①]

【案例一】

2011 年 2 月，巴林工程部和财政部将穆哈拉克废水处理装置合同授予由阿布扎比投资公司、英国国际联合公用事业公司和三星工程公司组成的联合竞标体。该项目规划日处理

---

① 商务部国际贸易经济合作研究院，商务部投资促进事务局，中国驻巴林大使馆经济商务参赞处：《对外投资合作国别（地区）指南—巴林（2016 年版）》，http：//fec.mofcom.gov.cn/article/gbdqzn/upload/balin.pdf。

污水能 10 万吨，未来进一步增加到 16 万吨，主要服务于国际机场、工业园和附近的居民区。建成后由三星工程公司和英国国际联合公用事业公司特许经营 24 年。

【案例二】

2015 年 12 月，巴林政府将一个项目总投资额为 2.5 亿第纳尔的天然气接收和气化终端项目授予由 Teekay、SamsungC&T 和 Gulf Investment Cooperation 三家公司组成的联合体。根据合同约定，巴林油气控股公司和上述三家公司将成立一家合资公司，持有并运营该项目，四家公司在合资公司中占股比例分别是 30%、30%、20% 和 20%。该项目将采用 BOOT 模式（建设－拥有－经营－转让），位于巴林东北部沿海，设计初期运营能力每天 1133 万立方米，后期翻倍至 2266 万立方米。合资公司享有的特许经营期限为 20 年，自 2018 年 7 月 15 日起计算。

三、巴林司法体系及争议解决

（一）法院体系

巴林法院体系分为一般法院和特殊法院两个类型。一般法院又分成两类：一类是伊斯兰法院，一类是普通司法法院。伊斯兰法院主要受理私法领域的案件，包括家庭、婚姻和继承等方面。其主要由沙里亚初级法院、沙里亚中级法院和沙里亚高级上诉法院这三级法院组成，每一级法院受理的案件大小不同且履行的职责也不同。普通司法法院受理的案件主要是民商事领域、刑事领域以及非伊斯兰的案件。其包括初级法院、中级法院、高级上诉法院和最高法院共四个级别的法院，最高法院对非伊斯兰的民商事纠纷和刑事纠纷等案件有最终裁决权。① 巴林的特殊法院是用于处理特殊领域的法律事务纠纷，主要有：巴林宪法法院、国家安全法法院、军事法院、统治家族法院等。

（二）司法效率

巴林司法执行效力较低，如果案件属于国际争议或其中一方是巴林中央银行颁发执照的金融机构，并且争议金额超过 500,000 第纳尔，则应当提交巴林争议解决院（BCDR）。在 BCDR，一般可以在 6~9 个月时间内取得判决，此后如需取得上诉，则需提交最高上诉法院，一般需要 1~2 年时间取得最终裁决。②

（三）争议解决

巴林商事法律框架较为成熟。很多巴林企业都将仲裁作为首选的争议解决方式，但大多数的争议往往在走到仲裁或者诉讼前都已通过私下和解或调解等其他替代性纠纷解决方式予以解决。

仲裁分为国内仲裁和国际仲裁两种，巴林的仲裁制度也区分了国内仲裁制度和国际仲裁制度。巴林《民事商事程序法》对巴林国内仲裁的各方面内容进行了详细规定，包括仲

---

① 国家开发银行：《"一带一路"国家法律风险报告》，法律出版社，2016 年 8 月第 1 版。
② 同上。

裁协议的有效性、仲裁机构的设立、仲裁裁决的内容和效力等。

在国际仲裁方面,巴林是《关于承认和执行外国仲裁裁决的公约》(也即《纽约公约》)、联合国国际商事仲裁示范法、国际投资争端解决中心等多个国际条约的缔约国,巴林较开放的政策环境使得其能较为迅速地接受国际仲裁的前沿规则。前述国际条约为外商在巴林选择国际仲裁这一争议解决方式奠定了坚实的法律基础,降低了外国投资者在巴林进行投资的忧虑。[1] 除了加入国际条约外,巴林于1994年颁布了《国际商事仲裁法》,是巴林国内法律对涉外仲裁规则的落实,是涉外仲裁的主要法律依据。

四、巴林营商环境及法律风险防范

(一)巴林整体营商环境

近年来,巴林积极努力营造良好的营商环境,世界经济论坛于2017年发布的《2016—2017年全球竞争力报告》显示,在全世界最具竞争力的135个国家和地区中,巴林排名第48位。[2] 世界银行于2017年发布的《2017年营商环境报告》显示,就营商环境方便度而言,在全世界189个国家和地区中,巴林排名第63位,比2016年上升3位。[3]

(二)巴林投资与承包工程风险及建议

巴林国内的政治局势较为稳定,外商进行投资所面临的政治风险较低。巴林市场化程度较高,巴林政府为了降低对石油天然气业的依赖,积极发展多元化经济,进一步对外开放市场,欢迎外资进入巴林投资金融、基础设施等领域,其投资环境较为友好。[4] 然而,中国在巴林的投资者仍应当注意[5]:

1. 了解市场特点

巴林政府现在鼓励外资对该国的基础设施进行投资,有些项目已经开始实施,但是这些项目方案出台慎重,需要长期跟踪。同时还要同当地注册的公司建立良好的合作关系,因为有些项目招标过程中要求与当地公司联合才能投标,双方共同努力才有可能拿到项目。近年来,巴林政府大力推出旅游地产概念,地产市场呈兴旺趋势,筹资兴建旅游居住区项目的公司越来越多,但资金较紧张。中国投资者应该认真分析市场,严格把握合同条款,选择恰当时机进入巴林投资。

2. 调整经营模式

---

[1] 中国国际贸易促进委员会:《巴林投资法律指南》,http://www.ccpit.org/Contents/Channel_4128/2017/0227/766655/content_766655.htm。

[2] 世界经济论坛:《2016—2017年全球竞争力报告》,http://www3.weforum.org/docs/GCR2016-2017/05FullReport/TheGlobalCompetitivenessReport2016—2017_FINAL.pdf。

[3] 商务部:《2017年营商环境报告:人人机会平等》,http://chinese.doingbusiness.org/data/exploreeconomies/bahrain。

[4] 中国国际贸易促进委员会:《巴林投资法律指南》,http://www.ccpit.org/Contents/Channel_4128/2017/0227/766656/content_766656.htm。

[5] 商务部国际贸易经济合作研究院、商务部投资促进事务局、中国驻巴林大使馆经济商务参赞处:《对外投资合作国别(地区)指南—巴林(2016年版)》,http://fec.mofcom.gov.cn/article/gbdqzn/upload/balin.pdf。

巴林劳工政策相对比较宽松，当地劳工比例需占 5%，中国在巴林开展劳务合作具有一定的竞争优势，特别是中国劳工能吃苦耐劳，工作效率高，较能容易适应巴林的生活环境。然而，随着国内经济的发展，中国劳工对出国务工的期望值不断提高，劳工队伍难带的事实突显。中国承包公司在海外投资项目主要以承担设计和施工管理责任为主，派出基本的施工骨干即可，可以采用在当地雇佣外籍劳工进行施工的模式进行施工。该种模式可供欲在巴林进行投资的中国公司研究和借鉴。

3. 根据市场规模统筹规划

巴林外商投资政策宽松，但市场规模十分有限，由此竞争较为激烈，中国公司在进入巴林投资前要根据市场规划和项目规划进行跟踪，并根据自身实力选择合适的项目适时而入，避免无准备地一拥而上。

五、小结

巴林投资环境较为宽松，与其他中东国家相比，经济较为发达，市场较为开放，能够有效辐射其他中东国家市场。但是巴林国土面积小，人口少，除了石油天然气外，其他资源十分稀缺，市场容量小，在巴的中国投资者应该相互交流信息，避免无序竞争，同时做好风险防范。①

土 耳 其

一、土耳其国情简介②

土耳其共和国（The Republic of Turkey，以下简称"土耳其"）横跨欧亚两洲，领土面积约为 78.36 万平方公里，领土范围包括有欧亚大陆桥之称的小亚细亚半岛和欧洲的巴尔干半岛上的部分地区。这使得土耳其的地理位置较为优越，其路上邻国有保加利亚、格鲁吉亚、亚美尼亚、阿塞拜疆、伊拉克、叙利亚、伊朗和希腊，并且土耳其还拥有长达 7200 公里的漫长的海岸线。在欧亚的主要内海，如地中海、爱琴海、马尔马拉海和黑海，土耳其都拥有出海口。传统上，土耳其一直都被认为是连接欧亚的十字路口。

作为一个横跨两大洲的国家，土耳其各地的气候存在一定差异，南部沿海地区为夏季炎热干燥，冬季温和多雨的亚热带地中海气候。而其内陆则为典型的冬冷夏热，气温年较差较大的大陆性气候。

---

① 中国驻巴林大使馆经济商务参赞处：《中巴合作—中资机构》，http：//bh. mofcom. gov. cn/article/zxhz/201108/20110807711223. shtml。

② 本节内容主要参考：外交部网站：《土耳其国家概况》，http：//www. fmprc. gov. cn/web/gjhdq_676201/gj_676203/yz_676205/1206_676956/1206x0_676958/以及商务部国际贸易经济合作研究院，商务部投资促进事务局，中国驻土耳其大使馆经济商务参赞处：《对外投资合作国别（地区）指南—土耳其（2016 年版）》，http：//fec. mofcom. gov. cn/article/gbdqzn/upload/tuerqi. pdf。

土耳其人口中有 80% 的土耳其族公民，是为土耳其的主体民族，但土耳其同时也拥有约占总人口 15% 的库尔德人以及部分阿拉伯人。土耳其拥有自己的语言即土耳其语，该国居民则主要如中东各国一般主要信奉伊斯兰教，其中大多数属于伊斯兰教中的逊尼派教徒，少数人则属于什叶派的一个分支：阿拉维派（Alevi）。需要指出的是土耳其最大的少数民族库尔德人拥有 1400 万的人口，但是其约一半的人口实际散居于土耳其的东部与东南部。库尔德人虽然大多数也都是伊斯兰，不过库尔德人的生活习惯、文化传统，均与土耳其族存在较大差异。

土耳其的首都是该国的第二大都市安卡拉，该市地处土耳其安纳托利亚高原，海拔约 978 米，人口约 530 万；土耳其的第一大都市则是更为著名的伊斯坦布尔，伊斯坦布尔人口达 1480 万之巨。土耳其使用的通用货币为新土耳其里拉，交通也较为发达，土耳其拥有长 6 万多公里的国家、省级两级公路，乡村公路也有 30 多万公里，并有长约 8600 多公里的铁路。此外各大城市间有航班往来。土耳其作为欧亚连接处，海运也较为发达，拥有多个重要港口如伊斯坦布尔、伊兹密尔、伊切尔（梅尔辛）、伊斯肯德伦等。

土耳其虽然信仰伊斯兰教，但是该国在政治、经济、文化等多个方面来看，均属于典型的欧洲国家，并且是欧盟的候选国之一。土耳其的法律体系也为大陆法系国家而非伊斯兰法系国家，目前施行的《1982 年宪法》为土耳其的第 3 部宪法。宪法规定："土耳其为民族民主的、政教分离的法治国家。"按照我国外交部的说法，土耳其的外交政策为"奉行在"普世价值"与国家利益之间寻求最大平衡的外交政策，联美、入欧、睦邻是其外交政策三大支柱，同时重视发展同包括中国、日本、韩国在内的亚太及中亚、巴尔干和非洲国家关系，注重外交多元化。近年来，土凭借其日益增强的综合国力和地缘战略优势，在外交上采取了更加积极进取的态度。自西亚北非地区局势动荡以来，土耳其深度介入了利比亚、叙利亚、伊核等地区热点问题，以提升自身对地区事务的影响力和塑造力。"[①]

虽然土耳其并非欧盟成员，但是土耳其却是北约的成员国，同时也是经合组织的创始会员国和二十国集团的成员国。据该国 2003 年至 2015 年的统计数据，该国经济总量已经从 3049 亿美元增长到了 7200 亿美元；人均国民收入总值则从 4559 美元增长至 9261 美元。2016 年国际货币基金组织估计，土耳其 GDP 约为 7357 亿美元，同比增长 3.3%，人均国民生产总值则为 9316 美元。总体而言，"土耳其为世界新兴的经济体之一，亦是目前全球发展最快的国家之一。"[②]

中土两国交通部较早就签署了《国际公路运输协议草案》，而中土经贸联委会（JEC）已经举行了 16 次会议，故而中土拥有一定的外交基础。2015 年 10 月，中土两国签署了关于将"一带一路"倡议与"中间走廊"倡议相衔接的谅解备忘录，2015 年 11 月中土央行签署了《双边本币互换协议》。因此土耳其同时也是我国"丝绸之路经济带"和"21 世纪海上丝绸之路"计划中的重要合作方。与我国"一带一路"相呼应的是，土耳其也发布了自己的"中间走廊"倡议，宗旨之一便是促进亚欧区域经济合作。

但 2016 年"中土两国的双边贸易额较 2015 年下降 9.7% 为 195 亿美元，且土耳其涉

---

① 外交部网站：《土耳其国家概况》，http://www.fmprc.gov.cn/web/gjhdq_676201/gj_676203/yz_676205/1206_676956/1206x0_676958/。

② 中国领事服务网：《土耳其国家概况》，http://cs.fmprc.gov.cn/zggmcg/ljmdd/yz_645708/teq_647632/gqjj_647640/t312284.shtml。

华贸易救济案件明显增多"。① 2017年1月9日，中国外交部和驻土耳其使领馆根据土耳其安全局势状况发布了谨慎前往土耳其的安全提醒，后又根据当前安全形势，将该提醒有效期延长至2017年10月25日。②

【小结】

土耳其地理位置居于连接欧亚的关键位置，其本身也在积极开拓海外合作发展机会，且重点发展能源和交通行业，投资规模巨大，再加上其本身与中国发展阶段大致相同，技术水平、商业文化也较为类似，是中国企业"走出去"的良好选择。但需谨慎看待目前土耳其的对华态度。

二、土耳其投资建设法律问题

（一）土耳其项目投资立法

目前土耳其投资事务的主管部门为土耳其经济部，该部也在土耳其"中间走廊"政策的驱动下，积极推动外资入土投资。

土耳其在外商投资方面的法规主要为："第5084号《鼓励投资和就业法》、第4875号③《外国直接投资法》（FDI）、外国直接投资管理条例、多边和双边投资公约、各种法律以及促进行业投资的相关规章。根据《外国直接投资法》的规定，在投资行业，外资与本土企业享受同等待遇（国民待遇），因此土耳其对外国资本在土投资在理论上没有限制。"④

（二）土耳其外资准入及企业设立相关法律

根据土耳其第4875号《外国直接投资法》，土耳其凡是一切对私营企业开放的投资领域均对外资开放，外资享受与土耳其本土企业同等的待遇。但是土耳其依旧通过采用禁止投资、持股比限制、许可进口、限定购置数量等方式对该国的广播、石油、航空、海运、金融、房地产等领域进行保护。比如土耳其的金融服务和石油行业需要政府的特别批准才能进入；而在广播业，外商的股权比例被限制为20%，半导体、电视机则为25%，航空和航海运输业为49%，邮政、电讯、电报等行业为51%。不过，2012年土耳其新修订的房地产法允许中国公民在土耳其购置住宅，有利于促进中资进入土耳其市场。⑤

目前土耳其并不禁止外国法人聘用外籍经理与技术人员，外国投资者设立企业的流程和相应股份的转让条件与本国公民并无区别，故而在土耳其投资经营时无需特别关注对外国人的额外规定。

---

① 中国驻土耳其共和国大使馆经济商务参赞处：《2016年土耳其涉华贸易救济案件明显增多》，http://tr.mofcom.gov.cn/article/jmxw/201607/20160701360032.shtml。

② 中国领事服务网：《提醒中国公民谨慎前往土耳其》，http://cs.fmprc.gov.cn/zggmcg/ljmdd/yz_645708/teq_647632/gbyj_647634/t1480808.shtml。

③ 注：土耳其习惯以法律编号称呼法律。

④ 土耳其共和国投资支持与促进局：《Invest in Turkey》，http://www.invest.gov.tr/zh-N/turkey/factsandfigures/Pages/TRSnapshot.aspx。

⑤ 注：土耳其并不完全向外国人开放其房地产市场，而是采用国别准许制度。

根据第6102号《土耳其商法典》，土耳其的公司分为法人和非法人两种形式，其中法人形式为：股份公司（JSC）、有限责任公司（LLC）、合作公司；非法人形式则为：集体企业（类似于国内的普通合伙制度，即合伙人在共同商号下从事商业活动的联合体，合伙人对联合体负有无限连带责任，没有最低注册资本限额，投资者必须是自然人）、两合公司（类似于国内的有限合伙，有些合伙人对公司负有仅限于所投资股份的有限责任，其他股东则负有无限责任）。

另外，外国公司也可以在土耳其设立分支机构和代表处，但均需要向商业登记处注册登记为法人实体，且负责人应为土耳其人，并具备总机构所分配的独立资金，但是无需制定独立的章程。该分支机构可以独立开展业务，并以自身名义开展外部经营活动。经过经济促进管理部门（M.E.I.A）和外商投资部门的批准，外国公司也可以设立代表处，最长年限3年，可以申请延期，代表处无权展开经营活动。

土耳其现在已经不再对本国股份公司和有限责任公司中的股东人数进行立法要求，一人公司已经获得合法地位。公司设立时的注册资本的缴纳方式也由以往的强制要求股东全额缴清注册资本方式，改为了世界范围更为普遍的"授权注册资本制度"（与我国新公司法注册资本认缴制度类似）。

外国自然人在土耳其设立新公司，需要按照土耳其相关法律进行商业注册，主要需提供护照、申请书、经营相关证明材料、税号和商业注册声明文件等，此外并无额外限制。

依据土投资支持促进局网站所载该国设立公司的主要程序为：[①]

1. 在MERSIS（土耳其中央注册记录系统）在线提交备忘录和公司章程；

2. 签订和公证公司文件。所有将要在土耳其外签发和执行的必要文件都必须经过公证，并由这些文件签发国的土耳其领事馆加签或批准。原来已执行、公证并加签的文件必须翻译成土耳其文并经土耳其公证处公证。土耳其文书公证非常重要且需求繁杂，实务中需要公证的相关文书以联系主管部门得到的信息为准；

3. 向税务机关获取潜在的税务识别号；

4. 向主管机关的账户存入某一百分比的资金，同时亦要向一家银行存入至少25%的启动资金并取得相应凭据；

5. 在土耳其商业注册处申请注册，完成注册阶段后，该商业注册处将依职权通知相关税务机关和社会保障机构申请公司成立的相关事宜。商业注册处一般会在公司注册大约10天内进行商业注册公报公示。同时申请者需注意，也要在注册同时对公司相关文书进行公证，并确保公证处依法通知税务机关对商业文书认证；

6. 申请人可跟进税务机关是否收到商业注册处的公司成立通知，同时商业注册处还将向税务机关寄送公司成立表，包括税号通知。在收到后，土耳其税务员会亲自前往公司的总部制作决定报告，该决定报告中必须至少有一个授权签名。

（三）土耳其工程建设相关法律

土耳其的土地制度为国有制，由土耳其的土地管理总局负责管理，外国人购买土地的

[①] 土耳其共和国投资支持与促进局：《在土耳其创办企业》，http://www.invest.gov.tr/zh-cn/investmentguide/investorsguide/pages/establishingabusinessintr.aspx。

主要流程与土耳其公民相同,购买者需要向该土地所在地的注册办公室提交相应的购买申请,通过办公室的审核后方可购买。此外在土耳其购买土地必须经过公证方为有效,当地的土地注册办公室或公证处均提供公证服务,否则转让行为一律无效。目前土耳其的相关法律主要为2006年新修订生效的5444号法案,该法案主要遵从"双边互惠"政策,即如果某国允许土耳其公民购买该国的土地,那么该国公民也将被允许在土耳其购买土地。此外土耳其的土地管理总局每年会修订并公布相应国家的名单,目前我国属于需要经土耳其内阁批准才能购买土地的国家。①

土耳其的建筑工程合同则主要受到《土耳其义务法案》第80至486条的约束。② 此部分对于"工程合同"的规定包括:承包商的主要义务、合同取消、无法执行、工程执行、工程批准、时间限制或是承包商失去行为能力等内容。

根据该义务法案,建筑工程合同中要需约定:工程承包商必须承诺自行完成建筑结构,而业主则须承诺如约支付工程价款。但值得注意的是,义务法案对工程合同的规制只是提供一个框架,最终需要结合土耳其最高法院的相关判例对建筑工程合同纠纷进行综合分析,即适用遵循先例原则。当义务法案对于某些情况没有相关规定时,那么最高法院的判决将会起到填补法律空白的作用。

土耳其的相关法规对于土耳其的工程建设有较为严格的规范措施,该国的工程建设必须依照该国标准建设并接受政府的监督检验,施工单位如果因工程质量问题造成人身或财产伤害则必须进行赔偿。土耳其的工程建设过程中还需要有土耳其本国的工程师和建筑师进行监理。且监理标准依据所涉工程之建筑面积的差异也存在不同监理标准。另外,土耳其工程所使用的建筑材料需要具备相应的TSE证书,工程所雇佣的工人也要进行岗位培训,监理方对上述规定的执行情况要进行监督。施工方依法还需要主动对工程进行整体检验,并根据验收报告修复工程的各类问题。

关于外国工程企业承揽土耳其工程建设。依据土耳其政府采购法的规定:土耳其本土企业可以享受达15%的价格优惠,此外土耳其对投标企业还要进行资格预审。因此土耳其的土建工程实质上对外国工程企业设有较强的壁垒。

不过土耳其对于采购安排,通常是依据项目的性质而定,土耳其法律对私人企业进行招标投标没有限制。但是涉及政府机构的建设项目则必须进行招标,除非相关法律明确免除政府机构的该项义务,否则必须通过招投标方式进行。

一个比较突出的问题是:目前土耳其政府实施的采购竞标资格认证程序所需费用高昂且程序烦琐。按照我国商务部的分析,这是由于土耳其本身就是工程大国之故,如ENR评出的全球250家最大国际工程承包商中,土耳其企业有43家,而目前中国大陆则有65家,中国企业目前实际较难参与土耳其的土建工程项目。不过近年来已经有了一定程度的改善,但是15%的价格优先权仍对中国企业造成了严重壁垒。

目前,外国承包商在土耳其承包工程时,依照土耳其《政府采购法》的规定需要提供以下文件:"①能够显示投标人财务状况的银行报表。②投标人的资产负债表。③证明投

---

① 江苏商务云公共服务平台:《外国企业在土耳其是否可以获得土地?》,http://www.jscc.org.cn/model/view.aspx?m_id=1&id=42120。

② Rayhan Asat:《土耳其工程法》,载《国际工程与劳务(International Project Contracting&Labour Service)》,2014年第8期。

标人在该项目领域的工作量,以及在相关领域已完成的营业额度的文件。④投标人需提交其生产能力、研发能力和质量控制体系等文件。⑤投标人需提交其已在相关商会注册的文件。⑥投标人需至少提交标价的 3%作为保证金。⑦投标人的投标价明显低于其他投标人的,在确定其中标前,需在规定的期限内,以书面的方式解释其标价过低的原因。⑧中标方需在签订合同前,提交相当于合同价格 6%的保证金,若中标者无法完全履行其义务,保证金将收归国家财政所有,并且不需任何法律程序。若中标者无法完全履行其义务,由发表方确定排名第二的投标者中标,依次顺延。若中标者为合资公司,合同需由所有的合伙人签署。"[1]

风险提示:仅从法律层面来看,土耳其对于外国工程企业参与土耳其工程建设项目的硬性限制较少。但实质上外国承包商是比较难以介入土耳其的建设工程承包领域的,该政策是否会在以后出现松动,值得关注。另外,本地企业享有的 15%价格优先权,也对外国土建公司提出了较大挑战。

(四) 土耳其 PPP 相关政策与法律

土耳其早在 1910 年便通过了《关于公共服务的特许权法》,允许政府授予民间资本特许经营权,至今它仍然是土耳其 PPP 项目的法律基础。

土耳其自 20 世纪 70 年代起,就在基础设施建设、能源、交通、港口等领域进行 BOT 模式推广,并取得了一定成果。土耳其 1984 年 12 月 4 日颁布 3096 法案(可称为能源私有制法案)后,土耳其成为全球最先将 BOT 模式适用于传统基础设施项目建设的国家。目前土耳其 BOT 模式主要集中于能源、交通、公共和地方政府投资等工程中,特许经营期限通常为 10—50 年。自 1984 年土耳其政府颁布第一部 BOT 法律开始,土耳其制定了多部与 BOT 相关的法规,如下表所示:[2]

法律编号	颁布时间	类 型	定 义 范 围
3096	1984	BOT,TOR	授权私人实体从事电力生产、传输、分配、贸易,不包括电力管理
3465	1988	BOT,TOR	委托私人实体从事高速公路建设、维护和运营,不包括公路总局
3996	1994	BOT	委托某些投资和服务应用 BOT 协议
4046	1994	TOR	私有化实施的安排以及修订某些法律法令的法律效力
4283	1997	BO	发电厂的建造和运营以及 BO 模型中电力销售的规则
5335	2005	TOR	机场和客运码头运营权的移交,不含国家机场管理总局
5396	2005	BLT	基于租赁和建造基础上的卫生设施建设规则以及设施服务和区域的修复,不包括基于修复和运营基础上的医疗服务领域

---

[1] 江苏商务云公共服务平台:《土耳其对外国公司承包当地工程有何规定?》,http://www.jscc.org.cn/model/view.aspx?m_id=1&id=42132。

[2] 王雷,李国宝,赵国良,金坎辉,姜岳:《PPP 模式在土耳其水利基础设施建设中的应用经验研究》,2016 第八届全国河湖治理与水生态文明发展论坛论文集,第 39 页。

在土投资 BOT 项目一般需要注意以下几个问题：①土耳其政府视具体项目不同，可能强制要求以联合体承接的项目必须有当地资本参与；②一般土耳其政府负责 BOT 项目的市场销售和授权工作，建议在合作协议中予以明确；③联合体项目运营期不得超过 49 年，且应在期满后将运行和使用情况良好的项目无偿无条件转让；④土耳其国库署负责项目融资担保事宜。

需要说明的是，土耳其的 PPP 项目实际是在 BOT 运作遇到困境后作为改良模式展开的，土耳其政府还设计了 BOT 模式的其他替代模式，如转移—权利（TOR）模式、建设—运营（BO）模式、建设—租赁—转让（BLT）模式来弥补建设投资缺口。

目前由土耳其的发展部、财政部、公共采购局和私有化管理局对 PPP 项目进行管理。各部门的主要职能为：发展部负责制定土耳其宏观经济发展规划并对 PPP 项目进行协调，财政部则提供预算编制与政府担保服务，PPP 项目的招标管理工作由公共采购局承担，私有化管理局则是 PPP 项目具体行政主管部门。实践中，土耳其最早的 PPP 模式应用于卫生领域，主要依据为 3359 号卫生服务相关法律。目前土耳其的 PPP 项目特许经营权最长可达 49 年，不过大多数的 PPP 项目特许经营期限则为 5~25 年。比如 Zonguldak 机场和 Gazipasa 机场的特许经营时间为 25 年。特许期限届满时，政府将无条件无偿收回 PPP 项目，其民间资本必须确保该项目运行状态良好。目前中资企业以承揽 EPC 项目为主，比较著名的有中电投和中航国际投资 17 亿美元建设的胡努特鲁燃煤电厂，另外也有部分企业采用 BOT/PPP 方式承揽项目。

【案例】

目前土耳其比较成功的项目有：安卡拉 Etlik 医疗健康园区（社会和卫生部门）、Milas—Bodrum 机场航站楼特许经营（交通部门）、伊斯坦布尔第三机场、博斯普鲁斯 Bosphorus）第三大桥等。

以往，我国与土方合作主要始于政府间的直接交流。如土耳其桑达勒杰克水电站项目，1999 年 2 月，由我国国家机电办、外经贸部、进出口银行、工商银行厦门分行以及中方三家企业达成的联合体共同派遣的经济专家组，完成了项目的可行性研究报告。1999 年 3 月 12 日，我国联合体与土方巴尔迈克公司正式签订《合作协议》约定：采用项目实施方式为 BOT，计划 5 年内完成工程施工。土耳其能源部批准了 25 年（不包括建设期）的项目营运期，待项目营运期结束后，移交土耳其政府所有。静态投资总成本（工程费用＋勘测设计监理费＋工程不可预见费＋工程保险费＋独立咨询费＋征地移民费＋初期营运资本）约 2.12 亿美元，总投资的 20% 为商业贷款，由项目公司作为融资主体，项目的内部收益率为 13.88%、资金收益率为 21.26%。

最近比较典型的中土项目为土耳其胡努特鲁燃煤电站项目。[①]

项目合作方式：由中国资本收购土耳其本土企业的股份而成为其股东，然后由该合资企业承建土方项目。具体为：土耳其本土 EMBA 公司负责投资建设燃煤电站，在该公司的股权构成为：上海电力 50.01%、中航国际 2.99%、原 EMBA 土耳其股东 47%。

项目运作模式：土耳其政府提供特许许可及相应的政策服务，并承诺收购该燃煤电站

---

① 安丰网：《STCN 解读：上海电力土耳其燃煤电厂项目取得实质性进展》，http://www.anfone.net/economy/SHDLGP/2015—1/1493867.html。

的电力,燃煤电站的建设运作由中土合资公司负责。项目资本金为动态投资的20%,由各投资方按比例出资。

项目收益评估:该燃煤电站项目有效期为发电许可证签发后的49年,该项目由2016年1月签署EPC总承包合同,中方参与的2台660MW超临界燃煤火电机组建设和运营总投资达17亿美元。据悉,项目全投资税后内部收益率将近13.59%、项目资本金收益率则为27.5%。

三、土耳其司法体系及争议解决

土耳其的司法权归属于土耳其法院及高级司法机关。宪法中有关司法的章节规定该国实行法治原则。司法体系以法院独立、法官终身制等原则为基础,并实行法官个人独立制。[①]

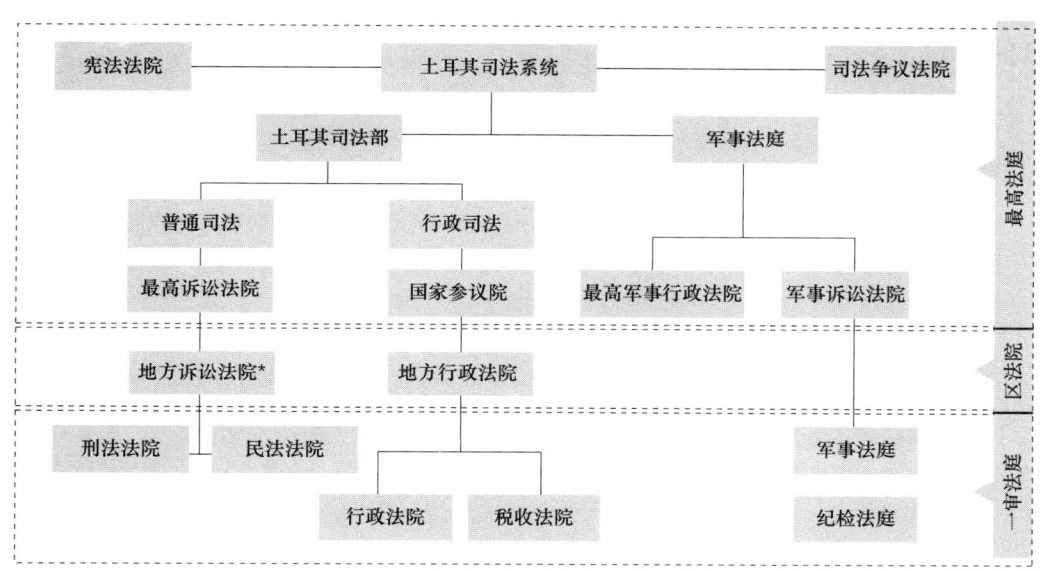

(注:引自上海市商务委员会土耳其国别指南2015版)

最高诉讼法院是普通民事司法的终审机关、国家参议院是民事行政司法的终审机关、军事诉讼法院是军事司法终审机关(仅针对刑事案件)、最高军事行政法院是土耳其的军事行政司法终审机关。法官和检察官最高委员会以及审计法院是宪法司法章节规定的另外两个具有特殊职能的组织机构,土耳其还设有宪法法院、司法争议法院。

我国与土耳其政府于1990年11月13日签订了《相互促进和保护投资协定》,其中第7条和第8条"投资争议"和"缔约双方间争议"对于争议解决进行了约定:如投资者遇到与土耳其政府之间的投资争议,可依据该协议有关规定寻求救济。此外,按照我国商务部投资指南的论述,我国与土耳其近期也修订了《相互促进和保护投资协定》,但尚待签署生效。

---

① 吉汉:《土耳其的新闻自由实际情况与其管理制度》,复旦大学硕士论文,2012年。

附：我国与土耳其签署的其他协定、备忘录等

名　　称	签署时间
《中华人民共和国和土耳其共和国建立外交关系的联合公报》	1971.08
《中华人民共和国政府和土耳其共和国政府贸易议定书》	1981.05
《中华人民共和国政府和土耳其共和国政府经济、工业和技术合作协定》	1981.12
《中华人民共和国政府和土耳其共和国政府领事条约》	1989.03
《中华人民共和国政府和土耳其共和国政府海运协定》	1989.11
《中华人民共和国政府和土耳其共和国政府关于互免签证协议》	1989.11
《中国和土耳其关于民事、商事和刑事司法协助的协定》	1992.09
《中华人民共和国水利部和土耳其共和国能源与自然资源部国家水利工程总局关于在水利领域开展合作的谅解备忘录》	1997.04
《中华人民共和国政府和土耳其共和国政府打击跨国犯罪的合作协议》	2000.02
《中华人民共和国政府和土耳其共和国政府能源领域经济和技术合作框架协议》	2000.04
《关于中国公民组团赴土耳其旅游实施方案的谅解备忘录》	2001.12
《中华人民共和国政府和土耳其共和国政府关于海关事务的合作互助协定》	2002.04
《中华人民共和国农业部与土耳其共和国农村事务部农业合作谅解备忘录》	2002.04
《中华人民共和国信息产业部与土耳其共和国交通部关于在信息技术领域合作谅解备忘录》	2002.04
《中华人民共和国水利部与土耳其共和国环境和林业部关于在水利领域开展技术合作的谅解备忘录》	2008.10
关于"一带一路"倡议和"中间走廊"倡议相对接的谅解备忘录	2015.11
关于在铁路领域开展合作的协定	2015.11
关于土耳其樱桃向中国出口检疫议定书	2015.11
关于土耳其乳制品向中国出口检疫议定书	2015.11

（注：上表引自商务部国别指南之土耳其 2016）

目前，如果在与土耳其的投资合作中产生纠纷，可适用土耳其国内法律予以解决。如合同中约定采取国际仲裁，亦可寻求国际仲裁予以救济。由于土耳其已签署并批准了《纽约公约》（即《关于承认并执行外国仲裁裁决公约》），因此国际仲裁机构作出的仲裁裁决在土耳其具有法律效力。当然我国企业也可以通过约定管辖的形式，在合作协议中约定由中国法院管辖。

四、土耳其营商环境及法律风险防范

(一) 土耳其整体营商环境

目前土耳其整体营商环境对中国较为开放,根据土耳其经济部统计,截至 2016 年,已有五万多家持有外商资本的公司在土耳其运营,其中拥有中国资本的土耳其公司超过 600 家,是较为优秀的投资国度。

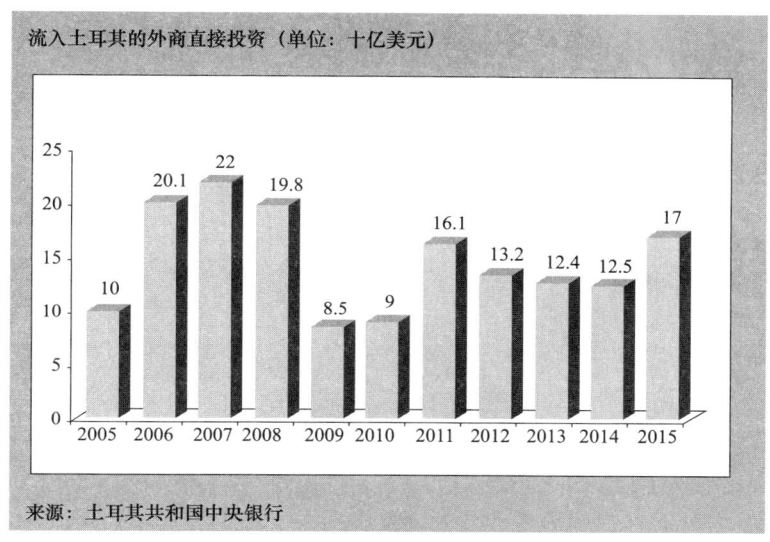

根据联合国贸易和发展会议(UNCTAD)发布的 2013~2015 年《世界投资前景报告》,土耳其在世界各国中投资前景位列前 20 位。中国与土耳其自 1971 年 8 月建交以来,双边关系包括经济贸易关系发展顺利。

(二) 土耳其投资与承包工程风险及建议

土耳其目前存在比较显著的几个投资风险,按照我国外交部、商务部相关的投资指南的风险提示,主要为:

1. 政治风险及地区安全风险。土耳其是世俗化、民主化的伊斯兰国家,发展水平较高,政治风险较小,但是土耳其是主要的"东突"组织的总部所在地,近年来"东突"分子每年都在我国使领馆门前举行多次示威活动,且多有针对我国游客和商旅极端活动。2015 年以来土耳其本国也发生了多起针对军方和平民的自杀式恐怖袭击,且土耳其库尔德问题为国内敏感问题,叙利亚难民潮也加剧了土国安全风险。

2. 经济风险。土耳其经济发展迅速,但是通胀率不断攀升。2016 年 3 月土耳其 CPI 较 2015 年同期上涨了 7.46%,远高于土耳其中央银行控制通胀 5% 的目标。土耳其财政赤字常年维持较高水平,目前长期依赖低成本的外国资本,用以填补缺口,因此对于资本流动非常敏感。目前土耳其的信用评级展望有下调趋势,应当注意。

3. 金融风险。土耳其法律和金融体系透明度较高，与国际标准一致，这有利于在土国投资。土耳其政府鼓励金融资源的自由流动，外国投资者可以从土耳其获得信贷。土耳其商业贷款的发放依据市场条件，曾经出现过中国企业与土方业主合作但是土方业主因为声誉不佳，无法为中方企业融资提供银行担保的情况。

投资土耳其一般还应当注意以下问题：

1. 全面了解土耳其政策法律。如《商法典》《外商直接投资法》《对外贸易法》《海关法》《进口产品不公平竞争预防法》《自由经济区法》《政府促进进出口税收措施法》和《外资框架法令》等。

2. 及时办理工作许可。就目前的实践来看，在土工作证许可申请难度大，办理周期长，土耳其对中资机构人员的工作签证审批严格。当前，该政策有趋严的趋势，若工作签证无法及时办理，则容易被土耳其政府认定为非法务工，该劳工将被予以拘押并遣返，如此则将对在土业务造成较大影响。若存在土方合作伙伴，建议通过合作协议约定由土方负责处理。

3. 土耳其里拉汇率波动较大，属于土耳其投资长期存在的风险。

4. 语言。土耳其的官方语言为土耳其语，英语并不普及。

根据中国商务部《"一带一路"投资国别指南土耳其》中的提示，就目前中国企业与土方的合作实践来看，在土耳其承包工程需要注意的主要为以下几点：

1. 目前中土合作的土建项目中，土方延期现象比较突出，应当在合作协议中做相应违约责任的约定。

2. 土耳其码头费用昂贵，各类设备、设施到岗后应当及时周转。

3. 土耳其失业率较高（2015年为10.8%），控制外来劳务方面规制较严，除却前文涉及的中国工人工作签证问题外，与土方进行劳务合作也应当谨慎。

4. 建议更多的与土耳其当地企业合作。

5. 土耳其的印花税适用面广泛，且其征收标准为按照标的额的0.15%至0.17%，远高于国内税费，这也是目前在土投资比较容易出现的纠纷与风险。

6. 土耳其BOT、PPP项目主要依赖于政府态度，且土耳其可能要求外国投资者通过当地法人实体（SPV）参与PPP项目。建议中方优先与当地合作伙伴合作、创建合资企业或收购当地施工企业。

五、小结

土耳其与中国商业文化氛围相近，投资环境较为友好，且土耳其本国经济发展态势也属于较为优良的国家，是国内企业值得开拓的国家。但是土耳其自己便是建筑工程承包大国，因此对于该项领域的壁垒较明显，且本身又是劳务输出大国，对于入土劳务来说，程序烦琐，再加上土耳其里拉汇率浮动一直较大，都为土耳其的投资增加了风险。

此外，土耳其外交政策上属于欧洲、北约阵营，以往的对华项目，以政府间合作为主。根据商务部提供信息：受双边贸易不平衡等因素影响，土耳其对中国采取了多项包括反倾销的贸易救济措施，且反倾销调查程序透明度不高，调查机关随意性较强，且拒绝给予中国完全市场经济地位，2016年双边贸易下滑将近10%。鉴于土耳其有传统的BOT、PPP经验，且上述项目对于政府态度依赖度较高，中国企业应当有所预警。

埃 及

一、埃及国情简介

阿拉伯埃及共和国（The Arab Republic of Egypt，以下简称"埃及"）是世界四大文明古国之一，历史文化悠久，位于北非东部，地跨亚、非两洲，与欧洲隔地中海相望，西连利比亚，南接苏丹，东临红海并与巴勒斯坦、以色列接壤，北临地中海，海岸线长约2900公里。尼罗河纵贯南北，全长6700公里，在埃及境内长1530公里。国土面积100.145万平方公里。[1]

埃及的行政区划包括27个省、8个经济区，首都开罗，位于尼罗河三角洲顶点以南14公里处，北距地中海200公里，是埃及的政治、经济和商业中心。它由开罗省、吉萨省、盖勒尤比省组成，通称大开罗，人口约2000万，是阿拉伯和非洲国家人口最多的城市，也是世界十大城市之一。[2]

埃及主要民族有东方哈姆族，占总人口的99%，努比亚人、希腊人、亚美尼亚人、意大利人后裔和法国人后裔占1%。官方语言为阿拉伯语，英语及法语由于历史的原因也被广泛使用。[3]

作为"丝绸之路经济带"和"21世纪海上丝绸之路"的交汇点，埃及在中国对外经贸合作版图上的地位再次被强化。[4] 2014年埃及总统塞西上台后频频出访，巩固老盟友，结交新伙伴，积极构建外交新版图。2015年3月埃及经济发展大会成功举行，签署超过600亿美元的项目协议和备忘录，其中作为重点领域的电力项目实施已经进入半程，新首都计划目前也正在积极推进。

2016年1月习近平主席访问埃及，中埃关系驶入发展快车道，中国已成为埃及最大的贸易伙伴，中国对埃直接投资存量6.63亿美元，双方共建的苏伊士贸易合作区一期建成，吸引了30多家企业入驻，成为两国企业投资合作的良好平台。在埃及开展经贸活动的中资企业中，油气勘探开采和油田服务公司站总投资额的84%，制造业企业累计占投资的12%，港口航运、通信技术服务、房地产住宿和餐饮服务类企业占投资的4%。[5]

【小结】

埃及是非洲的第三大经济体，也是中东地区人口最多的国家，同时是非盟、阿盟和伊斯兰合作组织等区域组织的核心成员国。作为世界文明古国的埃及在中东地区乃至整个伊

---

[1] 本书编写组：《埃及》，内蒙古人民出版社，2004年9月版。
[2] 商务部国际贸易经济合作研究院，商务部投资促进事务局，中国驻埃及大使馆经济商务参赞处：《对外投资合作国别（地区）指南—埃及（2016年版）》，http：//fec.mofcom.gov.cn/article/gbdqzn/upload/aiji.pdf。
[3] 中国干部学习网：《埃及》，http：//zt.ccln.gov.cn/dgzl/lgz/58138.shtml。
[4] 赵军：《埃及发展战略与"一代一路"建设》，载《阿拉伯世界研究》，2016年第3期。
[5] 商务部国际贸易经济合作研究院，商务部投资促进事务局，中国驻埃及大使馆经济商务参赞处：《对外投资合作国别（地区）指南—埃及（2016年版）》，http：//fec.mofcom.gov.cn/article/gbdqzn/upload/aiji.pdf。

斯兰世界都拥有重要的影响力。

二、埃及投资建设法律问题

埃及的法律制度是建立在伊斯兰法律和"拿破仑法典"基础之上,并结合本国国情而制定的具有本国特色的法律原则和框架体系。埃及的法律制度对很多阿拉伯国家都产生了深远影响,大部分阿拉伯国家的民法典都是参考埃及民法典起草。埃及作为大陆法系国家,其法律制度包括民法典,合同法,侵权法等,但其婚姻和家庭法由于受到个人宗教法的影响而体现很强的宗教注意色彩。但伊斯兰法律不强制适用于非伊斯兰,非伊斯兰也有自己的法庭解决婚姻和家庭问题。埃及政府一直希望采取措施来巩固伊斯兰教法的影响力,但商业法仍然以现代商业惯例为依托。

(一) 埃及项目投资立法

埃及在投资立法方面主要包括1981年颁布的《公司法》及其实施细则、1997年颁布的《投资保护鼓励法》及其实施细则、2002年颁布《经济特区法》及其实施细则。《投资保护鼓励法》适合特定行业和部门的国内外投资,鼓励境内外投资者对埃及进行投资,《经济特区法》允许建立出口导向型的经济特区,开展工业、农业和其他服务活动。[①]

2014年塞西就任总统后,作为一揽子经济改革的一部分,在2015年3月埃及政府对"原投资法"进行实质性的修改。新《投资法》中,70%的内容涉及行政管理,主要是简化审批程序,缩短审批时间,畅通投诉渠道,包括将外国投资者诟病最多的安全审查由KYC(Know Your Client)替代,并规定审批时间最长不超过97天;有关部门可在土地落实前事先发放企业执照、项目许可等。新《投资法》5%的内容涉及不同地区的投资优惠政策,埃政府将不同地区根据经济发达程度和产业发展情况划分为自由区、投资区和技术区,制定了相应的减税、土地划拨等优惠政策。新《投资法》在整体税收方面没有实质性优惠政策,投资进口设备关税等税赋不变。对外籍员工用工比例从原来严格的10%放宽到可灵活掌握,最高不超过20%。[②]

新《投资法》鼓励外国投资商从事以下活动:土地开垦和贫瘠土地的种植;动物,家禽或鱼类生产;制造和采矿;旅游项目(包括旅游交通,宾馆酒店相关设施);农业项目;航空运输服务;海外海运;石油勘探服务;住房和基础设施项目(包括电缆和无线通信系统的安装,运行和管理);医疗设施免费;租赁融资;承销证券;风险投资项目;信息技术;由社会发展基金资助的项目和部长会议可能增加的其他活动。

此外,《投资法》的执行条例中还增加可能受益于新《投资法》鼓励政策的活动领域,例如:地下运输系统和隧道的建设和运行;新城镇和工业区;软件开发;建立技术和孵化区;市场和信贷分析;金融计划;保理和证券化活动;河运工业项目用电和废物处理。

---

① 中国金融信息网:《"一带一路"之埃及投资法律规则与实践(上)》,http://world.xinhua08.com/a/20150608/1509546.shtml?f=arelated。
② 中国驻埃及大使馆经济商务参赞处:《埃及通过新〈投资法〉》,http://fec.mofcom.gov.cn/article/ywzn/gzx/guowai/201706/20170602586138.shtml。

(二) 埃及外资准入及企业设立相关法律

埃及政府规定外商只能股份制形式成立建筑公司,并且外资股权不得超过49%,非埃及员工在公司里的比例不得超过10%,在工程项目中遇到埃及员工无法胜任的情况,方可授予工作许可;对从事进口业务企业有严格限制,规定本国人才能注册从事进口业务,外国人不得从埃及从事商品流通和批发业务。①

外国投资者在埃及可设立以下机构:代表处、分公司、股份公司和有限责任公司。新《投资法》规定一站式服务,"单窗口制度"被认为是新《投资法》的亮点,它统一和简化程序,保护投资者免受官僚和腐败的影响。投资和自由区总局(GAFI, General Authority for Investment and Free Zones)作为唯一负责整个注册程序和最终签发许可证的监管机构,从而,投资者将不需要再接触众多政府部门。投资者现在可以将其申请直接提交给GAFI,GAFI依次审查文件并与有关政府机构协调,以发布所要求的许可证。

GAFI应在收投资者申请文件之日最多45天协调相关政府机构发许可证和批准书。除非投资人申请的商业行为需要满足额外的条件或投资人申请向主管机关确定的技术条件不符,否则不得拒绝申请。GAFI主席将在收到所有必需的许可证或批准后的15天内发布最终许可。如果在15天之前没有发出此类许可证,GAFI主席应将整个申请书于一个星期内将不签发最终许可证的理由一起转交给投资人。

1. 代表处

外国公司可以在埃及设立代表处或联络处,以进行市场调查或可行性分析,但不能进行任何商业活动。代表处的负责人可以不是埃及国民。由于代表处在商业活动方面的限制,一般外国投资者在前期项目跟踪和市场调查阶段倾向选择设立代表处。

2. 分公司

与代表处不同,分公司可以从事一定的商业活动,如可在一定范围内进行商业,金融,工业活动。但由于分公司并不是法律上承担责任的主体,不利于投资者对风险进行隔离处理。

设立分支机构需要GAFI的批准,分公司应向商业登记机构和与GAFI公司业务的外国公司部集中注册登记,注册有效期为五年。分公司由总经理负责管理,总经理可以不是埃及国民。设立分公司,不得雇佣超过10%的外国劳动力,或支付外国雇员(经理级除外)超过总工资的20%。在分公司工作的外籍员工应在埃及工作之前获得工作和居留证。分公司以其净利润的22.5%的比例缴纳企业所得税。

3. 股份公司

股份公司(Joint stock Company)是投资者在埃及市场中最为常用机构形式,特别是用于大量投资的制造项目的情况。股份公司组织管理结构更加严格,公司治理要求更为严格。

股份公司必须至少有三名股东,无论是自然人还是法人。股东数量没有上限。但是,如果股东人数达到100人,该公司将被视为公众公司,适用于上市公司的规则。公司注册

---

① 中国驻埃及大使馆经济商务参赞处:《"一带一路"之埃及投资法律规则与实践(投资)》,http://eg.mofcom.gov.cn/article/ddfg/201506/20150601008012.shtm。

资金的最低限度：不对外公开募集股份的公司为 25 万埃镑；对外公开募集股份公司为 50 万埃镑。公司成立时，应提交在银行存储公司资本额 10% 的证明。在公司注册 3 个月后，将投资的资本额提高到 25%。在 5 年之内缴齐剩余的股本金。股份有限公司不得雇佣超过 10% 的劳动力作为外国人，或者支付超过总工资的 20%（除了在董事会任职的外国人）给外国职员。在股份公司工作的外国雇员必须在埃及开始工作之前获得工作和居留证。

4. 有限责任公司

有限公司通常适用于不需要大量融资的小型项目，例如涉及国内贸易和服务活动的公司。有限责任公司的组织文件是公司章程。部长法令颁布了示范法规定，章程中任何变更必须经主管当局批准，否则注册可能被拒绝。根据 2009 年第 90 号投资法令，建立有限责任公司不要求最低注册资本，如果公司注册时规定注册资本，必须在成立时全额支付。有限责任公司可以是外资 100% 持有。但是，埃及法律规定有限责任公司至少有两名股东。设立有限责任公司不得雇佣超过 10% 外国劳动力，或支付外国雇员（经理级除外）超过总工资的 20%。

（三）埃及工程建设相关法律

1998 年第 89 号"招标和投标法"（"招标和投标法"）规定了所有政府采购私人或公共部门的商品，服务和建筑所有程序和规定。政府必须遵守以下规定：

1. 采购必须通过公开招标或公开谈判结束；
2. 在以下情况下，政府实体可以诉诸有限的招标或有限的谈判，不论承包商是否位于埃及境内，如果：

（1）合同的性质需要特定类型的供应商，承包商，顾问，技术人员或其他专家；
（2）制造的物品只能从某些承包商或生产地点获得；
（3）国家安全规定保密。

3. 直接承包（在特殊情况下）。

根据合同的性质，公开招标和谈判必须在当地或国外广泛阅读的每日报纸上刊登广告，以确保平等机会和自由竞争。

虽然政府合同必须以最合格，最低标准的方式颁发，但如果出价不超过 15% 以上的国外投标，埃及国内承包商应优先考虑。

同样，在最近的立法中，"埃及产品优惠政策合同法"（2015 年第 5 号法）规定，所有政府和行政机构（包括上市公司和国有企业）必须将其作为标准规范，埃及部分必须占项目估计值的不少于 40%。此条件适用于所有政府采购货物，服务和建筑物，但以下情况除外：

1. 如果符合埃及条件的产品不符合认证标准规格；
2. 如果符合埃及组建条件的产品不可用；
3. 如果符合埃及成分条件的产品的价格超过其竞争产品的价格 15% 以上；
4. 如果公共利益另有规定，以及颁布部长法令。

如前所述，埃及部分条件适用于政府采购协议，但以下情况除外：

1. 国防部，内政部，军事生产部和一般情报机构缔结的协定；
2. 对国家安全考虑保密的协议（需要部长法令）；

3. 私人与公共伙伴关系协议。

"公投招标法"允许政府终止投标人欺诈行为的合同,宣告破产或诱使政府官员违反"公投招标法"的规定。收到的投标书可能会因为:

1. 不符合技术规格;
2. 如果只提交了一个投标书;
3. 如果最低招标价格超过合同的估计价值。

如果缔约方违约(如重大违约)可能会收回任何损失,政府实体可以随时终止合同。

(四) PPP 相关政策与法律

埃及政府鼓励私人投资者积极参与国家经济和社会发展计划的建设,主动通过公私合营模式进行项目投资,政府以 2010 年第 67 号法案颁布公私合作法律("PPP 法")。

实质上,这种伙伴关系是提供公共服务的一种方式,政府与投资者签订合同,融资,建设和运营基础设施项目,在合同结束时,所有权转交给政府,从而增加公共资产的存量。

从更广泛的角度来说,PPP 合同被定义为政府和私人投资实体之间提供基础设施服务的安排,并被描述为增加预算资金的来源,"行政实体"包括各部门,公共机构和其他行政实体。

一个典型的 PPP 协议除了要求私人和公共实体作为其各方外,还应满足以下条件:

1. 为履行合同设立项目公司;
2. 协议期限不得少于五年且不超过三十年;
3. 协议的价值必须超过一百万埃及镑。

公私合营事务最高委员会是 PPP 项目的最高决策机构,由政府总理牵头,财政部、投资部等各行主管部门以及公司合营中心的人员组成。中心负责准备可研,发布、跟踪和监督 PPP 项目的发标、签署和执行,决定 PPP 招标顾问。[①]

【案例一】 新开罗城市污水处理厂项目

每天平均流量高达 25 万立方米,处理量服务于一百多万居民,是埃及首个成功的公私合作(PPP)项目。

项目类型:大型绿地城市污水处理厂

项目能力:日平均日流量 25 万立方米

交付方式:设计,建造,融资,经营,转让(DBFOT)

私人投资:1.4 亿美元

PPP 合约价值:4.82 亿美元,20 年期特许权

投标截止日期:2009 年 3 月 31 日

合同开始日期:2009 年 6 月 29 日(融资关闭:2010 年 2 月 3 日)

合同期限:2029 年 6 月 28 日

付款方式:包括固定支付覆盖范围(投资,债务,RoE 和固定经营成本)和根据污水处理量的可变经营费用

---

① 中国驻埃及大使馆经济商务参赞处:《"一带一路"之埃及投资法律规则与实践(投资)》,http://eg.mofcom.gov.cn/article/ddfg/201506/20150601008012.shtm。

时间：20年（建设两年，经营18年）

缔约当局：新城市社区管理局（NUCA），

SPV构架：

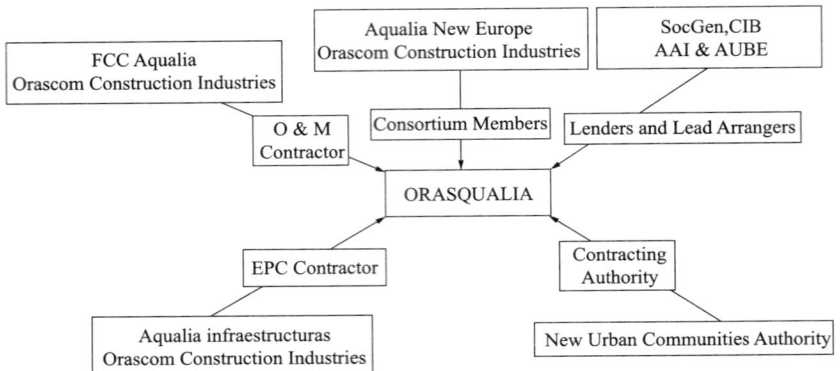

【案例二】 亚历山大大学医院项目

埃及拥有较为完善的医学教育，但却难以提供高质量的医疗保健，埃及政府寻求 IFC 资助以 PPP 的方式建设和经营两家新型专业教学医院。特许经营协议于 2012 年 4 月 30 日签署，预计 2014 年可以接受患者。本项目由埃及私募股权公司 Bareeq Capital 牵头和国际财团 G4S 赢得了亚历山大两家新医院 20 年的特许经营合同。

总体来说，埃及潜在的 PPP 数量较多，但真正落地较少，目前了解到的只有两个污水处理厂项目和亚历山大医院项目。埃及 PPP 项目主要采用可用性付款（Availability Payment）。在这种结构中，公共部门根据合同约定的表现可用，操作或质量标准来进行付款，如私人投资者无法满足其约定标准，公共部门有权利进行扣缴款。因此埃及政府在 PPP 付款方面还应该进一步多样化以满足不同 PPP 项目的需求，如公路项目的使用者收费等。

三、埃及司法体系及争议解决

（一）司法体系

埃及宪法具有最高的法律效力，其次是相关法律，随后是为澄清和解释法律而颁布的行政法规。埃及的法院系统可分为三大类：

1. 民事法庭（一级法院，上诉法院）：对私人/实体之间的争端具有管辖权。
2. 行政法院：对政府或其任何机构（作为主权权力）作为缔约方的争端的管辖权。
3. 特殊管辖法院：（最高宪法法院，经济法院，家庭法院和军事法庭）。

与其他大陆法系国家一样，判例法虽然没有具有法律约束力，但以往司法裁决确实具有说服力和影响力。某些法院事实上可以受到最高法院的民事、商业和刑事案件的判案原则和先例的影响。

(二)争议解决

埃及 1994 年修订的"仲裁法"作为国内和国际商事纠纷仲裁的框架,以及公共企业与私营部门之间的纠纷。自引入"仲裁法"(1994 年第 27 号法)以来,仲裁已成为争议解决的重要有效手段,这种趋势在商业上会越来越多的被使用,特别是当各方正在寻求相对较快的决议时,可以承受更高的仲裁费用。埃及仲裁机构是开罗地区国际商事仲裁中心(CRCICA)。CRCICA 基本上适用于联合国国际贸易法委员会的仲裁规则。在当地最受欢迎的仲裁机构是国际商会商(ICC)规则。

埃及于 1971 年加入了"解决投资争端国际公约",并且是国际投资争端解决中心的成员。埃及遵守 1958 年"纽约执法仲裁公约",1965 年"关于解决国家与其他国家国民之间投资争端的华盛顿公约",和 1974 年"阿拉伯国家与其他国家国民之间的投资争端解决公约"。

自 2011 年以来,埃及一直面临着多项投资争端的指控,主要是投资国仲裁,ICSID(国际投资争端解决中心)对埃及的指控有 14 个以上。因此,为了恢复投资者对埃及法律制度的信心,并保护埃及免受未来的仲裁争端的困扰,新《投资法》扩大了争议解决方式,主要侧重于解决争端而不是仲裁的友好手段。新《投资法》中引入新的争议解决方法,具体如下:

1. 申诉/投诉委员会

申诉委员会由埃及投资部设立,负责投资者对 GAFI 提出的行政决定的投诉。投资者自争议决定作出之日起十五天内提出投诉。委员会自收到投诉之日起六十日内作出决定。如果在上述期限内没有发出此类决定,投诉将被视为拒绝。委员会的决定是最终的,只对 GAFI 有约束力。投资者仍然可以选择诉诸国内法院或仲裁(视情况而定)。

2. 投资争议解决部长级委员会

投资争议解决部长委员会是在部长会议内设立的,有权审议投资者与政府机构在执行《投资法》时可能出现的请求,投诉或争议。上述委员会应在听证会最终定稿后 30 天内作出合理的决定。该决定是终局的,具有约束力的,不影响投资者诉诸国家法院或仲裁的权利。

3. 投资合同纠纷解决部长级委员会

投资合同纠纷解决部长委员会是在部长理事会内设立的,并应处理执行投资合同的所有争议,条件是政府机构(无论是公共的还是私人的)是有争议合同的当事方。经双方达成协议后,委员会有权通过恢复对已破裂的合同平衡来解决争端。

四、埃及营商环境及法律风险防范

(一)埃及整体营商环境

埃及政府在推进"振兴计划"的过程中,更加注重维护国内政治稳定和促进经济发展,并已取得一定成效。塞西上台后,埃及国内政局趋于缓和,对外关系得到理顺,尤其经济改革和大规模投资已产生明显的效应。2014 和 2015 年,埃及 GDP 增长率实现了大幅提升，达到 6.8% 和 5.5%（埃及官方估计值）。但是，长期困扰埃及政府的人口增长率、失业率和通胀率居高不下等现实难题依然严重。庞大的经济刺激计划虽在短期内使经济困境有所缓解，但其建立在完全依赖外援和不可靠的预期收入基础上的刺激计划都陷入了困境。①

在运输和区位优势使埃及成为北非和阿拉伯国家中较受国际投资者青睐的投资目的地国家。世界经济论坛《2015—2016 年全球竞争力报告》显示，埃及在全球竞争力的 140 个国家和地区中排名 116 位，其中基础设施方面排名 91 位，但在宏观经济环境方面仅排名第 116 位。根据世界银行《2015 营商环境报告》（Doing Business 2015）显示，埃及的投资环境在全球 189 个被观察国家和地区中排名第 112 位，较 2014 年的 128 位排名有所上升。② 穆迪等评级组织将埃及的评级升为稳定，IMF 也对埃及目前的经济状况给出相对正面的评价。

（二）埃及投资与承包工程风险及建议

1. 劳工关系

埃及有 23 个工会，会员 350 万，占全部劳动力的 20%。在雇员超过 50 人的公司，工人有权组织工会。③ 2015 年来，埃及发生工人罢工事件 778 起，其中开罗发生的最多，大部分罢工事件发生在私营企业，中国企业在埃及也曾受到罢工影响。根据埃及非政府组织 Democracy Meter 发布报告显示，2015 年埃及总计发生 1117 起劳工抗议事件，平均每天发生 3 起。抗议活动主要针对提出增加工资、薪金或津贴，反对任意辞退等提出要求。

2. 恐怖袭击

2015 年以来埃及各地恐怖袭击和爆炸频繁发生。2015 年 7 月意大利驻埃及总领馆遭炸弹袭击，造成一死数伤。9 月在西部沙漠地区发生外国游客被误击时间，极端宗教组织经常在西奈内陆地区活动，制造多起恐怖事件。2016 年 1 月 9 日，埃及发生两起恐怖袭击事件，导致 2 名军警死亡。4 月 7 日，西奈半岛发生爆炸袭击事件，造成 7 人遇难，15 人受伤。④ 建议中资企业来埃及开展投资业务前，做好项目的风险评估工作，尽量回避高风险区域。

3. 外汇问题

2016 年初，由于埃及外汇短缺，政府通过提高进口关税增加财政收入，限制外汇支出。同时，由于埃镑大幅贬值和进口商购汇困难，使得进口商进口成本和费用增加，利润空间大大缩水，绝大多数公司出现了亏损，经营困难，一些非正规公司将损失转嫁给出口商，出现拖欠货款，或赖账、不付款的情况。2016 年 11 月，埃及实行了浮动汇率，贸易中的汇率风险将有所缓解。但由于外汇来源有限，各种限制进口的措施仍将继续。

4. 国际仲裁

---

① 赵军：《埃及发展战略与"一带一路"建设》，载《阿拉伯世界研究》，2016 年第 3 期。
② 尹继武：《"一带一路"投资政治风险研究之埃及》，http://opinion.china.com.cn/opinion_50_129550.html。
③ 商务部国际贸易经济合作研究院：《埃及的工会、非政府组织和主要媒体》，http://www.freepard.com/african/news.html?t=1000017809。
④ 搜狐财经：《埃及出口风险持续上升》，http://www.sohu.com/a/133520217_649040。

埃及是纽约公约的成员国；然而，埃及法院并不总是承认外国的判决。争议解决速度很慢，有时将案件判决完成，平均为三到五年。截至2016年年中，埃及政府表示不愿将国际仲裁条款纳入商业合同和协议中。

5. 其他

贸易和投资的其他障碍包括过度的官僚主义，技术劳动力短缺，获得信贷机会有限，外来机会有限，海关手续缓慢、烦琐，知识产权问题和非关税贸易壁垒。

五、小结

埃及是中国在非洲的第三大贸易伙伴国，又是"一带一路"倡议的战略要地，拥有广大的市场。埃及政府一直致力通过颁布一系列的政策法规改善经商环境，以吸引外海投资，特别是来自中国的投资。但北非和西亚地区的政局不稳，容易对投资人的经济活动产生影响。投资者在埃及开展投资要注意事前调查、分析、评估相关风险。

阿 塞 拜 疆

一、阿塞拜疆国情简介

阿塞拜疆共和国（The Republic of Azerbaijan，以下简称"阿塞拜疆"）是东欧和西亚的"十字路口"，东临里海，与土库曼斯坦、哈萨克斯坦隔海相望，西与亚美尼亚和格鲁吉亚接壤，北靠俄罗斯，南毗邻伊朗。阿塞拜疆是古丝绸之路的重要组成部分，至今还保留着古丝绸之路上的城堡、驿站和市场遗迹，具有得天独厚的地缘优势。阿塞拜疆的气候呈多样化，东南部降雨较为充沛。东部及中部却为干燥型气候，北部与西部山区气温较低。据阿塞拜疆国家统计委员会数据，截至2016年1月1日，全国总人口961.4万，共有43个民族，其中阿塞拜疆族占90.6%。其居民主要信奉伊斯兰教（什叶派），但不强调教派间差异。亚美尼亚、俄罗斯、格鲁吉亚等少数民族信奉东正教。[①]

阿塞拜疆曾经是直属苏联的加盟共和国，1991年2月6日改国名为"阿塞拜疆共和国"，同年10月18日正式独立。其中央政府下设66个行政区和1个自治共和国（纳西切万自治共和国）。全国有77个城市，其中13个为市级区。首都巴库市素有"石油城"美誉，是里海沿岸最大的港口。[②]

阿塞拜疆石油天然气资源多分布在普歇伦半岛和里海大陆架，极为丰富。得益于其得天独厚的自然条件，阿塞拜疆还拥有丰富的农业、渔业资源和较丰富的野生动物资源。除石油之外，阿塞拜疆最著名的传统出口产品是闻名世界的里海鲟鱼黑鱼子。

---

① 储殷，柴平一：《"一带一路"投资政治风险研究之阿塞拜疆》，http://opinion.china.com.cn/opinion_39_130239.html。

② 同上。

从经济发展潜力来看，阿塞拜疆是一个以石油产业为支撑、产业结构单一的国家，其经济状况与石油价格走势有着密切的联系。由于尚未建立完整的农业和工业体系，多数商品需要进口，且这些进口商品对市场经济冲击很小，因此很少出现贸易摩擦的情况。

从经贸关系的发展看，阿塞拜疆目前倾向于外资向非石油行业进入，尤其是基础设施建设领域，并为进入基础设施建设领域的外资提供了主权担保。此外，阿塞拜疆规划了经济开发区，如"苏姆盖特化学工业园"，该工业园区以石油加工产业为主导，并结合电子通讯业和汽车制造业，重点引进高科技和产品出口型项目。企业入驻园区之后可享有贷款优惠和税收优惠，对于重大项目采取给予特定优惠政策"一事一议"的协调方式。中国企业目前尚未进驻该园区。①

目前，中国与阿塞拜疆的双边经济合作规模相对不大。贸易商品种类较为单一，中方的进口商品仍以矿物燃料、塑料及其制品等能源、原材料为主，占比达80%以上，出口商品仍以机械设备、纺织品为主，占比达50%以上。中方数据显示，2014年两国双边贸易额达9.4亿美元，同比下降16%。中方出口6.4亿美元、进口3亿美元，同比分别下降25.8%和增长3.9%；根据阿方数据，双边贸易额达7.6亿美元，同比下降14.3%，中国为阿第十三大贸易伙伴和第五大进口来源国。② 截至2015年底，中国对阿直接投资存量为6370万美元。近年中国在阿实施的大型经济技术合作项目较少，重点集中在工程承包、油气等领域，主要是中国建材、中石油、中材建设、沈阳远大幕墙、四川机械等公司承建的水泥厂、K&K油田开采、巴库新月宫幕墙、电解铝厂等项目。③

【小结】

中国当前"一带一路"合作倡议的提出，为阿塞拜疆和其他沿线传统能源国家的经济转型提供了难得的机遇期。阿塞拜疆国内各界人士也高度认可"一带一路"的意义并寻求积极参与"一带一路"的建设。随着中阿发展的战略对接，中阿各领域的合作也将随之迎来新的发展契机，两国的合作前景也越来越广，随着两国合作的不断深入，随着而来的法律问题是不可避免的，那在与阿塞拜疆的投资合作中都有哪些法律问题，以下我们将一一展开。

二、阿塞拜疆投资建设法律问题

阿塞拜疆为大陆法系，《宪法》于1995年通过之后一直具有最高效力，其规定了国家基本原则。阿塞拜疆的法律组成中包括国际条约，且当国际条约与该国法律（《宪法》和全民公投决定的法律除外）发生冲突时，以国际条约为准。

（一）阿塞拜疆项目投资立法

阿塞拜疆政府投资主管部门是经济部，其下属的外国投资和技术援助协调司负责外资

---

① 储殷、柴平一：《"一带一路"投资政治风险研究之阿塞拜疆》，http://opinion.china.com.cn/opinion_39_130239.html。
② 中华人民共和国商务部：《2014年中国和阿塞拜疆经贸合作基本情况》，http://www.mofcom.gov.cn/article/i/dxfw/ae/201503/20150300924823.shtml。
③ 储殷、柴平一：《"一带一路"投资政治风险研究之阿塞拜疆》，http://opinion.china.com.cn/opinion_39_130239.html。

事务，主管国内投资政策、国家投资规划以及协调国家投资项目的执行部门是该部的国家投资司。

根据阿塞拜疆《投资法》和《外国投资保护法》规定，外资企业的主要权利包括：通过在阿塞拜疆境内建立独资企业、合资企业、购买企业股份、债券、有价证券、土地和自然资源的使用权、其他财产权等方式在阿塞拜疆进行投资；参与阿塞拜疆国有资产、地方自治机构资产的私有化；从事阿塞拜疆法律未加禁止的其他任何经营活动。目前，阿塞拜疆尚未制定有关外资并购安全审查、国有企业投资并购、反垄断、经营者集中等方面的法律。但针对具体并购项目时，则须当地审计公司进行审计。必要时，有关项目须提交阿塞拜疆紧急情况部审批。外资受阿塞拜疆国家法律的保护。法律发生变更时，旧法优于新法，未来 10 年内仍执行先前的法规；对外商因阿塞拜疆实行国有化或财产被征收遭受的经济损失，应予以及时、等值和有效的赔偿。

目前，在阿塞拜疆投资的中资企业不超过 10 家。这主要是因为阿塞拜疆当地法律对外国投资的鼓励和保护上不具备普遍性。再加上税务、移民等政策的限制，使得中资企业在阿塞拜疆设立独立的投资公司比较困难。

（二）阿塞拜疆外资准入及企业设立相关法律

阿塞拜疆对投资行业准入未做明确规定，但在国内金融市场等行业的外资准入上存在一定限制，采取保护态度。例如不允许外国银行在阿塞拜疆开设分行，外资在阿塞拜疆保险公司中的股份不得超过 49% 等。[①]

阿塞拜疆企业法律制度主要体现在《民法典》中。根据阿塞拜疆《民法典》，其企业类型主要包括：股份有限公司、有限责任公司、附加责任公司、合伙企业、公开法律实体、有限合伙、普通合伙。

外国企业可以设立代表处或者分公司，其中代表处一般情况下不允许在当地开展商业活动，分公司可在当地开展总公司的全部或部分商业活动。

各类型企业的注册机关均为国家税务局，所有成立公司所需要的外国文件均需要在外国进行公证认证且该等文件的阿塞拜疆语翻译件也需要经过公证。企业将会在提交全部所需资料后的 3 个工作日内完成登记，注册费用在 14 美元到 280 美元之间。

（三）阿塞拜疆工程建设相关法律

关于外国公司在阿塞拜疆承包工程，阿塞拜疆《国家采购法》规定，具备相应资质的外国承包商均有权通过投标或议标的方式进入阿塞拜疆国内工程承包市场。参与国际金融组织或外国政府投资项目的资格由投资方和业主根据规定办理。外国承包商在阿境内享受国民待遇，除涉及国防安全和国家机密的项目以外，对外国承包商无特别禁止领域。但阿塞拜疆不允许外国自然人在当地承揽承包项目。

国家采购性质的项目招标方式的主要形式包括：公开招标、两阶段招标、限制性招标

---

① 商务部国际贸易经济合作研究院，商务部投资促进事务局，中国驻阿塞拜疆大使馆经济商务参赞处：《对外投资合作国别（地区）指南—阿塞拜疆（2016 年版）》，http://fec.mofcom.gov.cn/article/gbdqzn/upload/asaibaijiang.pdf。

和不公开招标、议标等。造价预算2.5亿马纳特（约1.45亿美元）以上的国家采购项目必须采取公开招标方式。而私人投资的项目则多用议标方式。阿塞拜疆法律规定，招标通告应按规定期限和要求在国家级报纸及具有国际影响的大众媒体上予以公布。

根据阿塞拜疆现行法律规定，外资企业在阿开展投资或承包的工程项目需在开工前取得环保论证，取得相应主管部门的认可。在此情况下，若不是独立投资，则需由项目业主方完成环境评估，并在阿塞拜疆生态与自然资源部、紧急状态部以及项目主管部门获得批准后，才能开始施工。

【案例】

阿塞拜疆第二大城市占贾（GANJA）的10万吨级电解铝厂项目，由四川机械设备进出口公司总承包。阿塞拜疆总统伊·阿里耶夫出席该项目的开工仪式并发言对项目表示祝贺和肯定。

2006年底，四川机械设备进出口有限公司与业主正式签订EPC总承包合同，合同总金额2亿美元，负责项目的设计、设备采购、施工及安装。项目一期工程于2009年5月完成，全部工程于2010年底前完成。①

英资背景的DET-AL公司是该项目的业主单位，在阿拥有钢管厂、铝矾土矿、铝厂等重要国企的长期托管经营权。该电解铝厂项目建设成功后，阿塞拜疆的电解铝年产能力将从目前的6万吨提高到16万吨，不仅能够促进阿非石油行业出口能力的扩大，而且可为当地创造数百个新的就业岗位，因此受到阿政府的高度重视。②

（四）阿塞拜疆PPP相关政策与法律

就PPP项目的主要投资方向基础设施领域而言，根据阿塞拜疆相关法律规定，各类实体机构均需要在获得阿塞拜疆国家经济部颁发的电信执照后才可从事电信领域活动；无线电领域设备除了须在经济部获得电信执照外，还需要在国家无线电频率局级国家通讯部注册；铁路是国家垄断产业，在当地由阿塞拜疆铁路公司及其子公司代表阿塞拜疆来开发及提升铁路交通系统。公路项目须由当地内阁批准，公路的融资方式可以为国家预算支持和国内外商业贷款。目前中阿共签订了三份相关文件：《交通运输领域谅解备忘录》《铁路运输领域合作协议》《中阿政府间关于共同推进丝绸之路经济带建设的谅解备忘录》。

除此之外，阿塞拜疆总统还批准了《关于实施对基础设施建设投资项目特殊融资法》，BOT在该法中被引入，规定境内及境外企业的分支机构或代表处都可以成为BOT投资者，BOT模式最长年限为49年，对投资项目免征关税。

目前阿塞拜疆境内开展的BOT和PPP项目的外资企业主要来自俄罗斯、美国、英国、土耳其等国。主要集中在铁路、油气、电力、通信等传统领域。对于项目的具体规定和特许经营年限根据每一个项目具体情况而定，其国内的一般规定为15～20年。截至目前，尚未有中资企业在阿塞拜疆实施BOT和PPP项目，两国在BOT和PPP领域有着很广的合作前景。

---

① 商务部网站：《中国公司承建10万吨级电解铝厂项目举行开工仪式》，http://www.mofcom.gov.cn/aarticle/i_jyjl/m/200803/20080305415614.html。

② 中国驻阿塞拜疆大使馆：《中国公司承建10万吨级电解铝厂项目举行开工仪式》，http://az.china-embassy.org/chn/jmwl/t426834.htm。

三、阿塞拜疆司法体系及争议解决

从法制健全程度来看,近年来阿塞拜疆的法制建设环境有所改善,但立法尚不完备、司法和执法透明度尚需提高,法制建设侧重于巩固政权和维持社会秩序,而在维护企业和公民利益、完善市场经济体制方面仍有待加强。目前,阿塞拜疆国内很多商业贸易纠纷仍然需要借助行政手段的干预才能解决。

(一)诉讼和仲裁

在阿塞拜疆的司法体制中法院依法独立行使司法职权。法院体系由宪法法院、最高法院、经济法院及各级普通和专门法院构成。宪法法院的9名法官是由议会根据总统提名任命的9名法官组成。阿塞拜疆的最高审判机关是最高法院,由议会根据总统提名任命的23名法官组成。检察院依照法律独立行使检察权,阿塞拜疆最高检察机关为共和国总检察院,总检察长经过议会同意后由总统任免。

当商务纠纷发生时,当事人双方在合同中没有明确约定的,当事方可以向被告所在地法院提起诉讼,适用被告一方所在国法律。但阿塞拜疆经济纠纷的解决效率偏低,若纯粹通过法律途径来解决,通常不仅耗费时间很长,而且阿塞拜疆的执法机构对经济案件执法的公正性和有效性都有很大的提升空间。法院判决后无法执行的情况也屡见不鲜。当纠纷发生时一般都是使用政府干预手段来解决纠纷。①

在阿塞拜疆境内,当商务纠纷发生后运用仲裁方式解决法律纠纷的效果往往不理想。除此之外,阿塞拜疆大公司还往往会利用"离岸公司"等方式逃避经济责任。

(二)司法协助

依照阿塞拜疆的法律规定,外国法院作出的判决只有符合阿塞拜疆国内的法律和公共秩序,且双方所在国家均为国际条约签署方时,外国法院依照其所在国法律作出的判决才能得到承认和执行。如若发生下列情况,外国法院的判决往往不会得到承认和执行:①阿塞拜疆法院对该等判决事项现有专属管辖权;②未适当通知相关方面导致相关方在判决中被剥夺出席的权利;③在阿塞拜疆法院已经存在针对该事项的判决或在阿塞拜疆法院的诉讼程序已经开始;④外国法院判决在该国未生效;⑤不符合互惠原则;⑥承认和执行将会违反阿塞拜疆法律规定和主权利益。

阿塞拜疆不仅是《纽约公约》的缔约国,而且也加入了1965年《华盛顿公约》。阿塞拜疆于1991年11月18日颁布的《国际仲裁法》也规定域外仲裁在不违反阿塞拜疆法律的前提下可以得到执行,阿塞拜疆的最高法院有权决定域外仲裁裁决是否可以在境内得到承认和执行。

在以下情况下,阿塞拜疆会拒绝承认和执行外国仲裁裁决:①相关方没有能力签署仲裁条款或仲裁条款依据适用法律无效;②相关方在选择仲裁员或仲裁程序时没有被适当通知或在仲裁时由于某种原因不能够提交相关证据;③没有规定仲裁条款但却通过仲裁方式

---

① 人民网:《阿塞拜疆概况》,http://world.people.com.cn/GB/8212/72474/72475/5046282.html。

解决或者仲裁解决的部分超过了协议中需要由仲裁解决的部分;④仲裁庭的组成或仲裁程序与双方签订协议的规定不符或双方未约定仲裁地;⑤仲裁裁决不是终局的或依据仲裁裁决地法院宣布暂缓执行;⑥承认和执行仲裁裁决将会违反阿塞拜疆的法律规定和主权利益。①

四、阿塞拜疆营商环境及法律风险防范

(一) 阿塞拜疆整体营商环境

阿塞拜疆近年来希望通过改革来改善其营商环境,简化了获得新的电力连接的过程,减少了确定新客户连接点所需的时间;通过引入电子系统来提交出口和进口声明,使得跨境贸易更加容易;取消对居民的车辆税,使纳税更加容易等。阿塞拜疆的这些改革措施也确有效用。从世界银行《2017年营商环境报告》来看,阿塞拜疆在全球190个经济体营商便利度排名中位列第65位。② 具体来说,其在获取信贷、保护少数权益投资者、税收和合同执行方面表现出色,分别排在第22、第32、第40和44位,尤其是开办企业的便利度极为突出,排在全球第5位;但在跨境交易、破产处置、获得电力、产权登记和办理建设许可方面表现一般,分别排在第83、第86、第105、第118和第127位。

(二) 阿塞拜疆投资与承包工程风险及建议

中国企业和个人在阿塞拜疆开展投资经营活动应注意以下事项:

1. 适应当地法律环境:包括了解当地的法律规定、熟悉法律程序、依法经营;

2. 做好投资风险评估:阿塞拜疆国内现行的法律法规对外企企业实行国民待遇,但是在实质上享受的优惠政策并不多。此外,在阿塞拜疆经营成本比国内高,存在一定的地方保护和当地企业垄断现象。建议中资企业在投资决策前充分评估市场风险,认真核算预期收益,选择适合本企业的切实可行的项目;

3. 2008年阿塞拜疆收紧移民政策以来,严格限制外籍劳工进入,一部分华人在办理赴阿签证和工作准证时遇到困难。提醒中资企业和个人在阿投资要以雇佣当地员工为主;

4. 资金风险较高:2015年以来,阿塞拜疆经济下行压力增大,外汇市场较为动荡,银行资产和实力大幅萎缩,对中国企业资金的保障能力减弱;

5. 设备技术面临西方的竞争:尽管近些年来,中国产品的质量提升较快,但阿塞拜疆与西方国家合作起步较早,非常认可西方的设备和技术。阿方经常宁可选贵的也不选次的产品;

6. 阿塞拜疆市场容量较小:承接产能转移能力有限。所以中国和阿塞拜疆在开展产能合作时一定要有长远眼光,既要立足于阿塞拜疆国内市场的基础,又要面向并辐射周边。

---

① 李海:《外国仲裁裁决在我国的承认与执行研究——以海事仲裁为重点》,大连海事大学博士论文,2014年。
② 李静:《世界银行发布〈2015年营商环境报告〉》,载《中国新时代》,2014年第12期。

五、小结

阿塞拜疆虽然政治稳定,但是法律法规尚待进一步完善,市场较为封闭,大多数市场参与者规模小,且存在信誉风险。阿塞拜疆自 2008 年以来收紧移民政策,严格限制外籍劳工进入,中资企业最好以雇佣当地员工为主。中资企业应当注意投资和贸易风险。

亚 美 尼 亚

一、亚美尼亚国情简介

亚美尼亚共和国(The Republic of Armenia,以下简称"亚美尼亚")是一个内陆国家,地处外高加索南部。亚美尼亚国土面积 2.98 万平方公里,90%的地区海拔在 1000 米以上,全境平均海拔为 1800 米。亚美尼亚位于高原的东北部,东靠阿塞拜疆,西与土耳其交界,北毗邻格鲁吉亚,南接伊朗,处于欧亚交界处,因此其地理位置有十分重要的战略意义。亚美尼亚语是亚美尼亚的官方语言,多数居民也通晓俄语,年轻人更倾向于学习美、欧语言。亚美尼亚境内通用的货币是德拉姆。到目前为止,人民币还可以与德拉姆进行直接的结算。①

亚美尼亚同其他中亚共和国一样,也是在苏联解体之后独立的共和国。1990 年 8 月 23 日亚美尼亚最高苏维埃通过独立宣言,改国名为"亚美尼亚共和国",亚美尼亚于 1991 年 9 月 21 日正式宣布独立。

亚美尼亚周围被土耳其等伊斯兰教国家所包围,但其大部分国民信奉东正教,再加上与邻国之间的国界争议不断,成为高加索地区的动荡地带。亚美尼亚独立后初期动荡不安,后经历了科恰良和萨尔基两任总统的治理,局势逐渐平稳,逐渐能够摆脱金融危机的影响,全国经济形势发展良好。虽与阿塞拜疆和土耳其存在领土与历史纠葛,但有缓解迹象。②

亚美尼亚实行市场经济制度。近年来虽受到全球特别是俄罗斯经济下滑的影响,但亚美尼亚经济一直稳步发展,2012 年经济增长率达 7.2%,2015 年实现 3%的经济增长,在独联体国家中表现尤为突出。

中国与亚美尼亚之间签署的双边投资保护协定有《鼓励和相互保护投资协定》《避免双重征税和防止偷税漏税的协定》《政府间经济贸易协定》《科技合作协议》《文化、教育、卫生、体育与旅游合作协议》《农业合作协议》《计量、标准与品质证书管理合作协议》及

---

① 江苏政务云:《亚美尼亚金融环境怎么样》,http://www.jscc.org.cn/model/view.aspx?m_id=1&id=43373。
② 商务部网站:《与我国驻亚美尼亚共和国大使馆经商参处关钢经济商务参赞网上交流》,http://gzly.mofcom.gov.cn/website/face/www_face_history.jsp?sche_no=1491。

多个《经济技术合作协议》。中国自 2009 年起成为亚美尼亚第二大贸易伙伴,随着两个国家经济贸易往来日益密切,近年来两国开展的合作也日益增加。

【小结】

亚美尼亚受宗教冲突及国界冲突影响,以及受其国内资源贫瘠、资金短缺等因素制约,经济较为落后,国民长期贫困。但近年来亚致力于发展经济,欢迎国外投资,其经济增长速度可观。曾是古丝绸之路上繁华驿站的亚美尼亚,一直将中国作为其"外交优先方向"之一。亚积极响应我国"一带一路"合作倡议,欢迎中国企业来亚开展投资、经贸合作。中国企业可以以此为机遇,积极拓展海外市场。

二、亚美尼亚投资建设法律问题

亚美尼亚属大陆法系国家,但是其也在逐渐引入普通法系元素,两大法系在其国内的法律体系中都有体现。就亚美尼亚国内法律体系来说,其有关于投资、贸易、建筑工程等方面的法律规定较为完善,且较为开放和公平,很少限制外国投资者。宪法、国民会议(议会)通过的法律、总统令、政府令以及其他国家机关和地方政府批准的法规等组成亚美尼亚的法律体系。亚美尼亚签署的国际条约也属于其国内法律体系的一部分,且效力上优先于其他国内法律法规。在亚美尼亚拥有最高法律效力的当然是其宪法,所以与宪法相冲突的法律规范当然不具备法律效力。《亚美尼亚共和国官方公告》周刊上公布亚美尼亚出台的各类法律文件。①

(一)亚美尼亚项目投资立法

亚美尼亚主管国内投资和外国投资的政府部门是商务支持执行委员会(Business Support Council of the Republic of Armenia),下设亚美尼亚发展署和其他 6 个行业代表处。② 另外还有《外国投资法》《贸易名称法》《国家法人注册法》《海关法》《商标、服务标识和产地名称法》《保护经济竞争法》《反倾销和反补贴措施法》和《国内市场保护法》以及相关的《矿产法》《能源法》等与投资贸易相关的重要法律。通过亚美尼亚议会网站(www. parliament. am)和亚美尼亚法律信息查询系统(www. arlis. am)皆可以查询到上述法律文件。③

2015 年 10 月 8 日,亚美尼亚政府通过第 45 号决议,批准了《亚美尼亚投资政策概念文件》及时间表。该文件描述了亚美尼亚整体投资环境,确立了国家政策在投资领域的主要目标是创造有利于投资的环境,提高监管框架透明度,发展市场基础设施,创造高水平高薪酬工作岗位,发展人力资本,实现可持续经济增长和人口福利。

依照亚美尼亚法律禁止外国公民在其境内买卖土地,但是在亚美尼亚注册的外资公司可以作为土地买卖的主体,实现土地的经营买卖。

---

① 中国驻亚美尼亚大使馆经济商务参赞处:《亚美尼亚法律制度概况》,http://am.mofcom.gov.cn/article/ddfg/sshzhd/201507/20150701046813.shtml。
② 亚美尼亚发展署 2015 年已与亚美尼亚工业发展基金会、亚美尼亚竞争基金合并为亚美尼亚发展基金会。
③ 江苏政务云:《亚美尼亚对外国投资合作的法规和政策有哪些》,http://www.jscc.org.cn/model/view.aspx?m_id=1&id=43425。

以下行业必须获得亚美尼亚政府有关部门的许可证后方可从事：炸药和武器弹药以及军事和警用的产品生产和经营，珠宝生产与加工，矿产资源开采，电信手机市场营运，航空和铁路运输及邮政营运等。

在亚美尼亚，有如下几种投资方式①：

1. 创立独资的法人企业及其分支机构；
2. 与当地人合作建立合资法人企业，或从现有企业中取得股份；
3. 在亚美尼亚境内购买股票等有价证券；
4. 取得亚美尼亚土地使用权与自然资源的使用权；
5. 取得其他财产权；
6. 法律未禁止的其他形式。

（二）亚美尼亚外资准入及企业设立相关法律

亚美尼亚政府对外资持一种较为开放的政策，给予外国投资者国民待遇和最惠国待遇，对外资的进入、运营及离开采取自由化原则，承诺除非出于公共政策目的否则不直接或间接征用外资，保证与投资相关的资金可以自由兑换货币的形式及时转移，对国家与投资人之间发生的争议通过协商、谈判和国际仲裁程序解决，并避免与外国投资相关的双重征税。

亚美尼亚《企业国家登记法》详细规定了其境内外企业在亚美尼亚登记注册的程序、方法。亚美尼亚允许外国人在其国内设立有限责任公司、股份公司、代表处及分公司等形式。根据亚美尼亚法律，在亚美尼亚的所有企业，包括公司的办事处，都应在亚美尼亚国家登记委员会进行登记。② 只有在登记注册之后才能从事生产经营活动。自2011年开始，亚美尼亚政府推出"一站式"快捷服务方式，意图通过简化公司、企业注册程序，企业可以通过网络在线注册系统进行注册，在手续材料准备齐全的情况下，一家企业完成注册只需要不到15分钟。

注册企业应准备的材料如下（所有文件均须提供亚语公证件）③：

1. 由董事会全权代表签署的注册申请书；
2. 由会议主席和秘书签字的董事会召开公司创立大会的会议纪要；
3. 至少两份董事会在公司创立大会上通过的公司章程；
4. 国家税收支付凭据；
5. 注册资金支付凭证（开户银行可自行选择，注册资金最低限额根据公司形式不同而不等）；
6. 其他证明材料，如法人全权代表的个人信息和联系。

【案例】

目前中资企业在亚美尼亚投资的有华为科技公司、中兴通讯公司、中国水电建设集团

---

① 国际投资贸易网：《亚美尼亚对外国投资的市场准入规定》，http：//www.china-ofdi.org/ourService/0/901。
② 江苏南通司法局，上海对外经贸大学：《"一带一路"国家法律服务和法律风险指引手册》，知识产权出版社，2016年1月第1版。
③ 中国驻亚美尼亚大使馆经济商务参赞处：《在亚美尼亚注册企业主要程序》，http：//am.mofcom.gov.cn/article/ddfg/tzzhch/201507/20150701042223.shtml。

国际工程公司、西安西电国际工程有限责任公司、方恩医药发展有限公司等。

(三) 亚美尼亚工程建设相关法律

建筑业作为亚美尼亚的支柱性产业，所以在亚美尼亚的经济比重中建筑业长期以来占GDP的比例为20%左右。近年来由于全球经济危机，亚美尼亚的建筑业受到很大冲击，其建筑业的业绩急剧下滑，亚美尼亚的经济受到很大影响，在最近一两年才不断缓解。所以亚美尼亚的建筑业在亚的经济中仍占较大比重，其市场可观。①

亚美尼亚自然人和法人可以自由买卖土地，在亚美尼亚注册的外国投资者可以购买和租赁林业用地，不可以买卖土地，只能根据土地租赁合同获得承包经营权，依据亚美尼亚的法律规定，土地的租赁经营期限为5年。

在亚美尼亚进行项目承包的具体事项规定是在其《民法典》第37章有较为详细的规定。这一章对总承包商及分包商，承包项目的期限和价格，风险分担，承包商的相关责任进行了较为详细的规定。至2011年，亚美尼亚各类生产资料受通货膨胀的不利影响，价格普遍上涨，尤其是亚美尼亚本国短缺产品涨幅更高。

亚美尼亚法律对外国承包商在亚美尼亚承包工程获得工程款的程序、项目验收及承包质量等方面都进行了规定，并要求承包工程项目的质量必须符合其签署合同条款所约定的质量标准。

根据亚美尼亚的法律规定，外国自然人与亚美尼亚公民签署民事合同没有特殊限制，包括承揽亚美尼亚境内发包方为自然人的承包项目的合同也是允许的。除涉及国家机密的军工等领域外，外国投资者在亚美尼亚承包工程没有限制。②

亚美尼亚工程建设项目实行的是十分严格的招标制度，项目的招标信息要在国际和国内的重要刊物上对外公开发布。当工程项目中标后，中资企业需要准备好国内商务部门的批文及其公司章程等相关文件，在亚美尼亚国家登记委员会注册公司或建立代表处，之后将获得亚美尼亚有关部门的工程承包许可。③

中国企业在亚美尼亚境内主要承包的重大工程项目是集中在道路和通信等基础领域。不少大型国有企业也在积极寻求在亚美尼亚有关铁路、电站等工程项目的参与，但是这些项目大多是世行等国际金融组织或是由亚美尼亚政府贷款项目。

【案例一】

2016年7月，中电工程华北院与格鲁吉亚BLOCK集团签署了亚美尼亚风电项目总承包合同，这是继格鲁吉亚风电项目之后华北院与BLOCK集团的第二次深入合作，也标志着华北院在外高加索地区的电力市场开发工作取得了又一突破性进展。该项目包含前期开发咨询和工程建设两部分。项目总装机容量为20万千瓦，包含两座装机容量为10万千瓦的风场，分别位于亚美尼亚北部的巴族姆地区和中部的塞万湖北岸，风资源非常丰富。④

---

① 山东省对外交流合作促进平台：《亚美尼亚工业》，http：//www.shindaya.com/info.php？cid=3&id=3170。
② 国家税务总局：《中国居民赴亚美尼亚投资税收指南》，http：//www.chinatax.gov.cn/n810219/n810744/n1671176/n1671206/c2581792/part/2581807.pdf。
③ 同上。
④ 中国起重机械网：《中电工程华北院签署亚美尼亚风电项目总承包合同》，http：//www.chinacrane.net/news/201607/20/106666.html。

在该项目完工后将成为亚美尼亚国内第一个大型商业运营的风电项目,可以向欧洲输送电力。

【案例二】

亚洲发展银行提供工程款的亚美尼亚南北公路 M1 塔林至久姆里(兰及科—久姆里段)公路,这一条公路全线长达 27.47 公里,花费了 7000 万欧元,中资企业中国电建集团国际工程有限公司参与了该工程项目。

(四)亚美尼亚 PPP 相关政策与法律

目前,亚美尼亚法规仅就可再生和不可再生自然资源开采领域的投资活动明确规定了特许经营权。在具体的实践中亚美尼亚境内许多 PPP 项目采取的是特许经营模式。

亚美尼亚也是遵行国际惯例方式运用 BOT 和 PPP 模式开展相关项目工作,BOT 模式主要是涉及电站、公路等基础设施建设。亚美尼亚境内的梅格里水电站项目是按照 BOT 方式建设的项目,梅格里水电站项目由亚能源和自然资源部与伊朗能源部合作,该项目由伊朗公司按照 BOT 方式建设并经营。该项目位于亚伊界河——阿拉克斯河,设计容量 10 万千瓦,总投资 3.23 亿美元,于 2012 年 11 月 8 日开始动工建设,计划在 5 年内完成该项目的建设。目前,项目尚在建设阶段,预计 2017 年交付使用。

PPP 模式只涉及供水和卫生设施建设领域。目前,正在执行的项目为亚埃里温供水公司与法国 Veolia Water 集团合作的租赁合同项目,租赁期限为 2006~2016 年。到目前为止中资企业尚未参与到亚美尼亚的 BOT 和 PPP 项目中。[①]

三、亚美尼亚司法体系及争议解决

(一)诉讼制度

出现在亚美尼亚的商务纠纷,在下列情况下可依照亚美尼亚法律途径解决:
1. 在亚方与外方的合作协议当中约定发生纠纷通过法律解决的;
2. 如果损失是在亚美尼亚境内造成的;
3. 诉讼是因在亚美尼亚执行的合同引起的。

(二)仲裁制度

依据亚美尼亚本国的法律规定,合同当事人可以书面约定将争议案件移交给仲裁机构审理。

就亚美尼亚的仲裁制度而言,亚美尼亚是《纽约公约》的缔约国,依照该公约的规定亚美尼亚可以承认和执行域外国家作出的裁决。需要注意的是,如果在协议中确定仲裁为唯一排他的争议解决方式,那么即使亚美尼亚法律规定该等争议必须由亚美尼亚法院解决,亚美尼亚法院仍有义务在反对方提出该等异议后停止相关法庭程序。

---

① 国际投资贸易网:《亚美尼亚对外国投资的市场准入规定》,http://www.china-ofdi.org/ourService/0/901。

(三) 司法协助

亚美尼亚也批准并通过了《解决国家与他国国民间投资争端公约》，是"国际投资争端解决中心"（ICSID）成员国之一。

就域外法院作出的判决来说，在没有与亚美尼亚签订承认和执行外国法院判决条约的情况下，域外国家法院作出的判决很可能在亚美尼亚得不到承认和执行，而截至目前，亚美尼亚与中国尚未签订此类条约。

亚美尼亚法院执行外国法院的判决及仲裁的时限为4～8个月。由于整体政局的不稳定，司法执行效率不高。

【小结】

立法、行政和司法三权分立的政治体制决定了亚美尼亚议会、政府和法院之间的相互作用、相互协调和相互制约的关系。中国企业在亚美尼亚进行投资合作，需要和所在地政府建立密切联系，因为地方政府和中央政府保持密切的上下级关系，并会影响相关决策。

四、亚美尼亚营商环境及法律风险防范

（一）亚美尼亚整体营商环境

近年来亚美尼亚致力于改革发展，努力营造良好的本国经商环境。改革措施主要通过建立现代和集中的抵押品登记制度，使亚美尼亚获得信贷的途径得到加强，以及通过关于个人资料保护的新法律来改进其信用信息系统。亚美尼亚通过引入各种调节机制，激励当事人自愿调解和尝试调解，使得执行合同更为便利。从世界银行《2017年营商环境报告》来看，亚美尼亚的改革措施已经初见成效，亚美尼亚在全球190个经济体营商便利度排名中位列第38位。具体来说，其在财产登记、获得信贷、合同执行、跨境交易和保护少数权益投资者方面表现出色，分别排在第13、第20、第28、第48和第53位，尤其是开办企业的便利度极为突出，排在全球第9位；在获得电力、破产处理、办理建设许可证和纳税方面表现尚可，分别排在第76、第78、第81和第88位。

（二）亚美尼亚投资与承包工程风险及建议

1. 投资方面

中资企业在亚美尼亚的投资活动应该要注意以下几点：

第一，深入了解当地法律法规。中国企业若要进驻亚美尼亚发展，首先要关注亚美尼亚的相关法律法规，尽可能地避免投资合作中的不必要风险，避免盲目投资。

第二，客观看待投资政策。亚美尼亚投资政策是较为开放的，对前往亚美尼亚投资的外国人实行的国民待遇，对待亚美尼亚的投资政策外资企业要理性理解，避免对亚美尼亚的投资政策和投资环境期望过高，要科学地进行成本预算，要以谨慎的态度在投资中保持主动地位。

第三，注重优势领域的投资机会。目前，亚美尼亚的建筑、建筑材料制造、矿山开采

（铜矿）、能源、制造业中的食品加工、通讯，以及通信装备、计算机及其他电子设备制造等主要领域处于优势地位。中国企业应利用自身优势，在这些投资领域里寻找投资合作机会，特别是在开展产能合作方面，需实地考察项目情况，详细了解矿产资源的实际储量、产权归属、开采许可、运输方式和价格等信息，避免投资的盲目性。亚美尼亚政府将制定采矿业发展长期战略，更多关注社会责任和环境因素，中国企业前往亚美尼亚开展投资合作前需密切关注相关政策法规。

第四，选择好的投资模式。要选择信誉良好的企业作为合作伙伴，一般可以选择建立合资企业或合作企业；亚美尼亚人善于商业经营，较为熟悉当地的情况，也有较为广泛的人脉关系，所以在此建议刚涉足亚美尼亚投资的中资企业可以选择合资、合作等方式。如果中资企业较为熟悉当地的情况，有较为稳定的人脉关系，自身优势较为明显的情况下，当然也可以选择独资经营的方式。

2. 承包工程方面

第一，抓住市场机遇。随着亚美尼亚的不断发展，其基础设施建设大力展开，例如在亚美尼亚首都埃里温的市政建设、火电和水电站建设、通讯基础设施建设、城际公路建设等。中国企业利用好自身的技术、质量和价格优势，抓住机会，可期在亚美尼亚电站、通讯领域工程承包领域大展身手。

第二，树立良好的企业形象。近年来中国企业赴亚美尼亚从事承包建设工程数量在不断增加，树立并维护中国企业的良好形象，树立中国品牌是至关重要的。要想树立中国企业的良好形象，首先要保证在国内选拔的员工素质高，另外也要对员工做好职业道德教育。

第三，发挥本地劳动力资源优势。亚美尼亚拥有丰富的劳动力资源，在建筑工程领域基本技术水平也都基本合格。如若中国企业在亚美尼亚承包工程项目可以充分利用当地丰富的劳动资源，雇佣当地员工不仅节约经济成本，也在很大程度上促进了当地就业，提升中资企业和当地的关系，不断提升中国企业在亚美尼亚的形象。

第四，注重承包工程质量。工程质量关系到一个企业的安身立命之本，承建的工程质量若是不合格，很难进一步发展中亚两国在建设工程及其他行业的合作。所以到亚美尼亚承包工程的中方企业，一定要严格把关工程质量，以确保所交付的工程保质保量，以便与亚方进行后续的合作发展。

五、小结

中国是亚美尼亚5大贸易伙伴国之一，与亚商事交往甚多，因此，要更加注意在合作中的风险与机遇。中国企业现在亚美尼亚投资以及承包工程虽有一定风险，但亚美尼亚的投资市场也具有很大的吸引力。亚美尼亚正值经济高速发展期，其经济发展也会带来相应的投资机会。中国企业可响应我国"一带一路"发展战略的号召，审慎选择投资机会，搭乘亚美尼亚发展的快车。

叙 利 亚

一、叙利亚国情简介

阿拉伯叙利亚共和国（The Syria Arab Republic，以下简称叙利亚）位于亚洲西部，地中海东岸，国土总面积 185180 平方公里。叙利亚南部毗邻约旦，北部接壤土耳其共和国，东邻伊拉克，西南紧挨黎巴嫩、以色列。叙利亚沿海和北部地区属亚热带地中海气候，夏季炎热干燥，冬季温和多雨，属于少见的遇热不同期气候；南部地区属于热带沙漠气候，干燥炎热。由于连年战乱导致人道主义危机和难民逃亡，2015 年叙利亚人口减少到 1980 万人，以阿拉伯人为主，还有库尔德人、亚美尼亚人、土耳其人和彻尔克斯人等。叙利亚居民中有 85％ 的伊斯兰，信奉伊斯兰教；14％ 基督教徒，信奉基督教。

叙利亚将全国行政区划为 14 个省，首都大马士革是叙利亚政治、经济、文化中心。叙利亚第二大城市是位于叙利亚北部阿勒坡，也是主要的工商业城市。霍姆斯、哈马和拉塔基亚、塔尔图斯也是叙利亚的重要城市。叙利亚曾是古丝绸之路的终端。

叙利亚矿产资源丰富，主要有石油、天然气、岩盐、磷灰石、磷酸盐、铜、铁及沥青等。叙利亚目前已探明的天然气储量为 3000 亿立方米，18 亿吨磷酸盐储量，25 亿吨石油储量。

叙利亚实行有计划的社会主义经济，但近年来叙利亚经济逐步向市场经济转型。叙利亚政府力图通过实施经济建设和社会发展的十一五计划（2011～2015 年），优化经济结构，推动经济发展，但叙利亚国内动荡局势和外部经济制裁对叙利亚经济产生严重影响，经济衰退迹象明显。叙利亚国有经济占主导地位，工业基础较为薄弱，尤其是现代工业起步较晚，发展缓慢。现有工业可以分为加工工业、水电工业和采掘工业，工业发展市场潜力较大。

叙利亚是世界古老文明的发源地之一，1944 年独立后自 1963 年起由阿萨德家族领导的阿拉伯复兴社会党执政至今。从 2011 年年初开始，爆发了叙利亚政府与叙利亚反对派之间旷日持久的冲突，境内武装暴力冲突不断，安全形势持续恶化，政府军与反对派武装在全国多地持续激战，并蔓延至首都大马士革等中心城市，安全局势失控。叙利亚内战目前已近尾声，无论是对于叙利亚国内还是国际社会来说，叙利亚战后重建工作都是重中之重的问题。需要重建的项目包括住房建设项目、交通运输项目等基础设施领域，根据世界银行在 2016 年 4 月的评估数据，叙利亚此次战后重建的资金至少需要 1800 亿美元，市场巨大，中国企业可以抓住这次机会，在电信、建材及机械设备等诸多领域寻找商机。

2017 年 4 月，由中国阿拉伯交流协会组织的代表团受叙利亚政府邀请访叙，探讨中国企业参与叙利亚战后重建工作。[①] 会上叙方表示给予中国在叙利亚的重建工作中的优先权。

---

① 网易新闻：《叙利亚邀请中国参与重建承诺给予优先权》，http：//news.163.com/17/0509/14/CK0HD3OM00018750.html。

伊马德穆斯塔法（叙利亚驻华大使）也在会后发声：希望中方企业尽快参与到叙利亚已开始的安全地区的战后重建工作。

【小结】

世界古老文明发源地之一的叙利亚，自然资源丰富，政府方致力于优化经济结构，促进经济发展，本身发展潜力较大。但是自从叙利亚发生动荡，叙利亚经济发展受阻甚至倒退，中叙双方经济贸易往来也受到很大冲击。为了保证中国企业人员的人身及财产安全，现阶段不建议国内企业及人员进入叙利亚从事商业活动，建议已在叙利亚的中国公民和机构减少不必要的外出，加强安全风险防范，尽量不去危险地区或人员聚集场所，务必注意安全。

二、叙利亚投资建设法律问题

叙利亚法律源自伊斯兰法学和法国民法。[1] 现执政党复兴党强调社会主义和世俗的阿拉伯民族主义，在阿拉伯国家里其法律系统具有较浓的西方化和世俗化的倾向。叙利亚在近几年起草和修正了很多法律，以适应叙利亚的经济和社会改革，但成效有限，叙利亚目前的法律环境还难以适应经济转型的需要。

（一）叙利亚项目投资立法

叙利亚 2007 年 1 月公布了第 8 号新《投资法》，允许投资者投资除涉及军事和国家安全项目外的其他任何领域。鼓励投资环保项目、服务项目、工业项目、石油和矿产项目、运输项目、电力、通讯项目、农业及土地改良项目等领域。投资者可以通过并购、成立合资公司、参股或以资金、设备作为投资资本等方式进行投资。《投资法》未对外国自然人投资进行特别限制。

根据《投资法》规定，外国投资者为建立及扩大项目可以拥有或租赁必要的土地或不动产，并允许用于项目建设的土地面积和不动产超过现行法律法规规定的范围。不过如投资者是叙利亚人的话，超出部分在项目撤销或最终清算时应当退交。国内外投资者如将其转让给非叙利亚籍的投资者用于建立项目，要经过委员会批准，并且对于交接时间要求是不得超过两年。根据 1956 年颁布的《341 号公共财产征用法准则》，未经法律许可及法律程序，政府不得没收和挪用根据《投资法》规定设立的项目和投资，不得对其所有权和处分权进行限制，如果因发展公共事业必须征用的，必须事先进行补偿（通常作等价补偿）。对于外国资本，应用可兑换货币支付补偿。[2]

【案例】

目前中国在叙利亚投资的企业包括中石油天然气勘探开发公司（SSKOC）、中石油技术开发公司（CPTDC）、华为公司、中兴公司（ZTE）、中石化集团叙利亚项目（SIPC）等，另外奇瑞汽车也在大马士革建有销售中心。

---

[1] 中国国际贸易促进委员会江苏省分会：《叙利亚的政治环境如何？—叙利亚是个什么样的国家》http://www.jscc.org.cn/model/view.aspx?m_id=1&id=42449。

[2] 商务部网站：《叙利亚 2007 年第 8 号法令（投资法）》，http://www.mofcom.gov.cn/aarticle/i/dxfw/gzzd/200705/20070504661211.html。

(二) 叙利亚外资准入及企业设立相关法律

根据叙利亚《公司法》，外资在商业实体中的持股份额一般不受限制，外国投资者注册成立的公司也不受到任何有关财产所有权的限制。

叙利亚企业规范的相关制度集中体现在其《1952年第151号法令》《2007年第33号法令》（商业法）《2008年第3号法令》（新公司法）《2008年第4号法令》（仲裁法）《2010年第84号法令》与《2010年第85号法令》中。

企业类型主要包括普通合伙、有限合伙、隐名合伙、有限责任公司、股份公司等。

1. 公司设立

《2008年第3号法令》（新公司法）对公司设立进行了规定。其内容体现在六个方面：

（1）提供了包括控股公司、离岸公司在内的新的公司形式；

（2）规定即使公司股东为外国人，在叙利亚境内设立的公司亦可享受叙利亚国籍待遇；

（3）允许公司以外汇作为注册资本；

（4）细化了公司法律形式转换的规定；

（5）允许公司根据业务需要拥有房地产；

（6）要求股份公司最少要有25个股东。

2. 分公司设立

任何公司在叙利亚境内设立分支机构都需要获得叙利亚经贸部的同意，并受经贸部监管。分支机构需要根据规定支付税金及政府对本国企业所规定的各项费用。分支机构获得注册后需要在官方报纸上发布公告，在未完成经贸部注册之前不能开展业务。

（1）中国企业可以在叙利亚注册主要有分公司、代表处、区域办事处以及临时办公室等几种形式的分支机构，注册时需向叙方提供的以下材料：公司章程；公司执照复印件；公司授权书；公司资质证明；承办人的身份证明（护照）。

（2）在叙利亚注册分支机构的程序为：①委托律师办理在叙利亚注册的相关手续；②申请者需要将上述文件译成英文先传给叙利亚律师确认；③在中国境内经过中国商会公证、中国外交部领事司认证、叙利亚驻中国使馆的认证；④将已认证的文件传给经指定的叙利亚境内的翻译机构翻译成阿文，最后报叙利亚经贸部、外交部审批。[①]

（3）《2007年第33号法令》（商业法）承认了由电子传输的商业账目及传真文件的合法性。

（三）叙利亚工程建设相关法律

1. 许可制度

根据叙利亚法令，外国公司和机构若想要与叙利亚国营公司签订承包工程合同，必须要在叙利亚注册的商务代理。叙利亚政府未明确规定外国公司和机构禁止承包的工程领域。

---

① 中国驻叙利亚大使馆经济商务参赞处：《在叙利亚投资注册企业如何办理手续》，http://sy.mofcom.gov.cn/article/ddfg/201106/20110607594849.shtml。

2. 招投标方式

叙利亚内战之前，叙利亚承包业务主要通过参加公开招标来进行。但有时由于不规范的招投标行为，也会出现废标现象。

根据叙利亚《15号法令》，参加投标的公司须指定当地代理商与其签订代理协议，中标时，外国公司须向招标部门出示已指定代理商的文件，该文件是签订合同的基本条件之一。参加叙利亚招标项目须提交1%～10%的投标保函，在信用证开出之前提交合同金额5%～10%的履约保函。

除以色列外的任何外国公司均可参加叙利亚招标工程项目，投标方需向招标方提交技术标书和商务标书及企业业绩，由招标方对投标方资质进行查验。

事实上，叙利亚内战以来，政府几乎暂停了所有大型投资项目的招标以降低支出。

3. 招投标信息的获取

叙利亚招标信息通常在官方报刊及招标信息报上公开发布，叙利亚个别部门也会将其招标书直接发给中国驻叙利亚大使馆经济商务参赞处，经商参赞处将上述信息公布在本处网站上。

中国驻叙利亚大使馆经济商务参赞处2013年9月撤离叙利亚之后，暂时停止提供相关信息。[①]

4. 注意事项

在叙利亚进行承包工程项目时，一定要审慎对待技术合同，另外协调与业主的关系也是在项目执行过程中要密切关注的，充分发挥用代理商的价值，把握好项目工程进度。当地公司办事效率较低，为了如期移交项目，尽量避免将土建工程项目分包给当地公司。

【案例】

湖北宏源电力工程股份有限公司曾在叙利亚承担水泥厂自备电站项目。据中国商务部统计，2015年中国企业在叙利亚新签承包工程合同4份，新签合同额272万美元，完成营业额1634万美元；当年派出各类劳务人员5人。自2011年3月以来叙利亚国内恐怖袭击和流血冲突不断升级，局面持续动荡不安，由于安全难以得到保障，大部分中国在叙的工程承包企业已相继退出叙利亚市场。

（四）叙利亚PPP相关政策与法律

叙利亚一直试图推进其PPP领域的发展。2009年，叙利亚政府在主管经济事务的副总理办公室下设置了PPP小组，希望能推进一个PPP管道项目的执行。2010年，叙利亚政府起草了PPP法律草案来对PPP项目进行规范，并打算成立一个新的PPP事务局来取代原来的PPP小组。但由于内战，这一系列进程都被搁置。

截至目前，叙利亚曾经尝试推进的PPP项目都集中在电信和港口部门。受叙利亚局势的影响，目前较大的PPP项目议程都暂时被搁置。

---

① 商务部国际贸易经济合作研究院，商务部投资促进事务局，中国驻叙利亚大使馆经济商务参赞处：《对外投资合作国别（地区）指南—叙利亚（2016版）》，http://fec.mofcom.gov.cn/article/gbdqzn/upload/xuliya.pdf。

三、叙利亚司法体系及争议解决

在司法方面,叙利亚"永久"宪法规定司法权独立,总统在最高司法会议协助下保证司法权的独立性。① 叙利亚最高法院由3名法官组成,是最高司法机构,审判的案件包括民事、刑事和军事案件。由总统以法令形式任命最高宪法法院成员,任期4年,可连选连任。叙利亚最高宪法法院有权审查法案和立法性法令是否符合宪法,以及审查法令草案是否合法,并对此提供法律意见。另外,总检察署受司法部长领导,是独立的司法机构;国务委员会也具有一定司法职能,即行使行政法院的职能。

就诉讼而言,叙利亚司法系统腐败现象较为突出,裁判效率低下,存在一定程度政治干预司法现象。叙利亚是《纽约公约》的签署国,但截至目前尚未与我国签订双边民商事司法互助协定。

由于叙利亚连年内战,政局不稳,其司法体系难以正常发挥作用,在叙项目如果遇到纠纷、索赔等问题,建议首选协商方式解决,因为若在叙国内选择仲裁或诉讼可能对我国企业不利。中国驻叙利亚大使馆经济商务参赞处对针对我国企业的不公平待遇可以通过同叙方交涉,以维护中国企业的合法利益。若中国企业在叙利亚在遇到困难,可以及时向该处反映情况,寻求帮助。

四、叙利亚营商环境及法律风险防范

(一)叙利亚整体营商环境

内战前的叙利亚拥有较好的投资吸引力,包括优越的地理位置;经济改革开放政策;与阿拉伯国家的关系基础较好;丰富的自然资源和劳动力资源;基础设施相对完善;拥有设施完善的工业区;优惠的税收政策;新投资法的颁布提供的优惠保障政策,更加增加了叙利亚的吸引力。

但是,由于国内局势动荡、外部经济制裁的原因,叙利亚目前的投资吸引力不容乐观。叙利亚内战爆发后,大量外资从其国内撤出,直至目前许多外国投资者对不愿在叙利亚采取具体投资行动。近年,叙利亚增加了公司注册的时间,增加了注册后程序的费用,从而使开办企业变得更加困难。由于在转让财产之前需要获得安全许可,也使得登记财产更为复杂。

世界银行编制的《2017年营商环境报告》显示,在其统计的全球190个经济体中,叙利亚排名第173位,营商环境不佳。整体上看,叙利亚在纳税和保护少数权益投资者方面表现尚可,分别排在第81和87位;但在开办企业、获得电力、办理建设许可、获取信贷、跨境贸易、破产处置、合同强制执行等方面表现出较大问题,绝大部分都排在150位之后,其中办理建设许可更是仅排在187位,处于垫底。

---

① 王希:《阿萨德政治体制简析》,载于《西亚非洲》,2003年3期。

(二)叙利亚投资与承包工程风险及建议

对于国内企业来说,在叙利亚投资时,要特别注意考虑政治风险。近年来,叙利亚国内局势动荡不安,给海外投资者带来了巨大的风险。因此,在对叙利亚进行投资前,国内企业首先要对叙利亚的政治、经济等进行认真的分析与充分的评估。由于叙利亚未来战争可能持续,应尽量予以回避或减少投资,因为政治动乱或战争一旦发生,多数情况下结果是难以预料和令人失望的,政局及战局的不确定会导致对投资项目造成较大且不可弥补的损害。

叙经济改革的进程缓慢,还存在法律体系尚不健全、金融体制相对落后、投资和贸易政策限制较多等问题,所以中方企业目前在叙承包工程时仍面临风险。目前在叙利亚投资及承包建筑工程应防范的最大的风险是非商业风险。叙利亚连年内战,已造成数十万人丧生,约六百多万人流离失所。在经济上,由于战争破坏,经济发展陷入瘫痪。前往叙利亚承包工程将会面临严峻的风险。

五、小结

当前,叙利亚国内投资环境不容乐观,投资风险较高。尽管叙利亚战后重建可能带来一定的投资机会,由于叙利亚国内面临战乱及恐怖主义威胁,总体来说目前不鼓励对叙进行投资。欲前往叙利亚投资的中国企业需要密切关注叙利亚局势变化,以避免不必要的风险。

伊 拉 克

一、伊拉克国情简介

伊拉克共和国(Republic Of Iraq,以下简称"伊拉克")地处亚洲西南部,毗邻阿拉伯半岛,疆域达到了438000平方公里。北接土耳其,疆东为伊朗,西部地区与叙利亚接壤,南部疆土与沙特阿拉伯、科威特交界,东南地区紧邻波斯湾。海岸线长60公里,领海宽度12海里。伊拉克国的东北地区气候特征为地中海式气候,其余主要是热带沙漠气候。夏季室外温度高达50℃,冬季低至零度左右。降雨较少,历史数据显示伊拉克年降雨量为100~500毫米不等,南北各异,而北部的山地区域超过700毫米。

伊拉克官方语言为阿拉伯语和库尔德语。伊拉克人口由阿拉伯族群、库尔德族群、土库曼族群、亚美尼亚族群等不同族群组成。据世界银行统计,到2015年,伊拉克全国总人数超过3642万,族群占比中阿拉伯族群接近五分之四,库尔德族群接近五分之一,剩下部分为土库曼族、亚美尼亚族等其他族群。伊国国家宗教为伊斯兰教,该教教义为伊立法的核心依据。伊拉克九成以上的现有国民以伊斯兰教为信仰,其他宗教信众不超过5%。

伊拉克历史悠久，建国于公元前2000年的巴比伦名列四大文明古国，具有深厚的历史文化传承。1958年建立伊拉克共和国。2003年伊战爆发，当权的萨达姆政府倒台。2011年美军完成从伊拉克撤军。2014年伊拉克政府选举，什叶派海德尔阿巴迪、逊尼派萨利姆朱布里、库尔德族福阿德马苏木分别当选为总理、议长、总统，伊拉克政坛架构初步呈现以什叶派为主导，什叶派、逊尼派、库尔德族三个不同政见的政治群体相互制衡的局面。

伊拉克全国共有十八个行政省份，行政省管辖市级，市级以下分别统管县、乡、村，首都为巴格达。18个省是安巴尔（Anbar）、埃尔比勒（Arbil）、巴比伦（Babil）、穆萨纳（Muthanna）、巴格达（Baghdad）、纳杰夫（Najaf）、巴士拉（Basrah）、尼尼微（Neineva）、济加尔（Dhi qar）、卡迪西亚（Qadisiyah）、迪亚拉（Diyala）、萨拉赫丁（Salahuddin）、杜胡克（Dohuk）、苏莱曼尼亚（Sulaymaniyah）、卡尔巴拉（Karbala）、塔米姆（Tameem）、米桑（Misan）、瓦西特（Wasit）。目前在伊拉克的一万名中资企业人员，主要集中在南部巴士拉、米桑、瓦西特和北部苏莱曼尼亚和埃尔比勒。

伊拉克自然资源中以油气最为富饶，已探明的石油总数占世界总量近一成。因此石油工业亦成为伊拉克的主要财政经济来源，在其国内生产值中的比例达到惊人的45%。2014年以来，国际油价大幅下跌致伊拉克财政紧张，国家重建出现资金短缺障碍。然而由于战争摧毁了伊拉克大量基础设施，国家建设任务紧迫，如电力建设、市政基础设施、交通运输、通信等行业，投资潜力巨大。

自1958年与中国建交以来，中伊在各领域展开合作。战后，中国参与了大量伊拉克重建工作。2015年，中资公司在伊国总承揽工程标的超过28.9亿美元。2015年底，伊拉克总理阿巴迪访华，两国签署包括"一带一路"在内的若干协议、备忘录。

【小结】

由于战争及国际制裁的大背景，伊拉克安全形势不容乐观，且存在法律、金融体系落后、政府拖欠工程款、信誉低下等问题，给中资企业投资伊拉克项目造成一定障碍。因此，赴伊拉克承揽工程的企业需要具备较为丰富的国际工程和跨国投资经验，充分考虑到安全风险，在安保方面进行投入，以保障人员、财产安全。

二、伊拉克投资建设法律问题

（一）伊拉克项目投资立法

伊拉克国家法律系统较为健全，具体以《投资法》《公司法》《商业法》《环境法》和进出境、海关及纳税的有关规定为主。除《投资法》是2006年出台并于2010年和2015年修订外，其他均是萨达姆政权时期颁布实施和欧美联军临管局颁布实施的，规范强度不大，且较为随意，内容上亦有诸多歧视性、含括性的表述。[①]

国际贸易方面，伊拉克尚未加入世界贸易组织系统，国内对外贸易仍以进口审查许可

---

① 中国驻伊拉克大使馆经济商务参赞处：《伊拉克与投资合作相关的主要法律》，http://iq.mofcom.gov.cn/article/sqfb/201104/20110407514120.shtml。

为主。伊拉克从国外进口的货物需要缴纳的税种有关税、印花税、国防税。伊国现有四个自贸区，分散在全国，分别是巴士拉—霍尔祖拜尔自贸区、尼尼微—法拉费自贸区、苏莱曼尼亚自贸区、卡伊姆自贸区。伊国设置的诸多自贸区是其引进国外资本及其对外商业交流的平台，功能定位于流转商品的存储、装备等综合服务。伊国四个自贸区内的货物除有相应的政策支持，还有国家的通关便利等举措，提高了贸易效率。[1]

伊拉克主要税收共有4种，即企业所得税、房屋租赁税、土地租赁税、个人所得税。企业所得税的税率一般是35%，房屋、土地税率分别是10%、2%。从缴税程序上看，企业所得税的报税义务主体是企业法人，可以是国有或私营企业，而纳税的财务基础一般是委托会计事务所，由会所出具相应的财务报告，并以此作为纳税依据。个税的缴纳上，可以是由纳税主体向税务局报备，也可以由其单位向税务局统一报备，报备频率是每月进行一次。

伊拉克允许投资者缴纳所有税费和清偿所有债务后在伊拉克央行的指导下汇出投资和收益。外国投资者有权进行投资证券组合、依法设立分公司以及注册专利。伊政策上向准许投资的法人主体提供十年的免税政策，减轻了投资人的税负担，对吸引外国资金有一定帮助。在项目建设过程中，用于该项目的、来源国外的材料、设备均免除关税。在投资者通知投资署要进行提高产能或者为生产线升级而进行的扩建后的三年内，用于扩建的进口物资免征关税。不超过项目资产价值20%的进口备品备件免除关税。其他项目中，涉及经济、民生、科研等项目在项目材、设的引进上也享受每四年一次的免税政策。

（二）伊拉克外资准入及企业设立相关法律

投资方面，2006年伊拉克颁布《投资法》，并成立伊拉克国家投资委员会。该委员会负责相关外资政策制定、落实和外资企业监督管理等，替外国的投资人统一在行政上给予全面帮助。获得该委员会批准颁发的投资许可证后，外国投资者还需要到伊拉克贸易部门公司注册处登记注册并领取营业执照，到内政部登记备案。

公司法上，伊国现今仍使用萨达姆政府制定的《商业法》及《公司法》。《商业法》1984年颁布实施，规制对象是伊国国企、私营企业等的经济贸易行为，从行业类别上有制造业、工程承包、国内的大小商品贸易等领域。《公司法》1997年通过，主要规制的是国资企业和社会私营资本在设立法人主体及其后续的运作、破产一系列相关事宜。

（三）伊拉克工程建设相关法律[2]

1. 许可制度：根据所承揽的工程性质，应得到伊国相应行政部门的批准，典型的石油业的开发，其项目应取得石油部的许可手续，而基础建设及商品房则应取得公共工程和住房部的相关许可批文。伊拉克不允许自然人在当地承揽工程。
2. 招标方式：通过招标会、邀标会、议标会。比如涉及油气项目，伊国会在石油

---

[1] 科技世界网：《伊拉克对外贸易政策和法规》，http://www.twwtn.com/detail_105490.htm.
[2] 商务部国际贸易经济合作研究院，商务部投资促进事务局，中国驻伊拉克大使馆经济商务参赞处：《对外投资合作国别（地区）指南—伊拉克（2016年版）》，http://fec.mofcom.gov.cn/article/gbdqzn/http://fec.mofcom.gov.cn/article/gbdqzn/upload/yilake.pdf.

部政府官网上挂相关的项目招标公告，或者通过纸质媒体等渠道向社会传达信息。有意向社会主体根据公告载明的途径获得招标书，在充分考虑自身竞争力的情况下进行报价。然后按公告要求投标、开标；如部委直接邀请已经通过资质预审或已经和部委有过良好的项目合作经历的企业投标，被邀请的企业可以不提交投标保函，其余流程和普通招标一样；议标也是伊国常见的发包模式，政府主管部门可以邀请若干有技术、经济能力的承包单位商议基础建设项目的投资施工。后者是私营业主承揽伊国项目的主要途径。

3. 承揽工程程序：

（1）获取信息：信息来源视所承揽项目而定，应从项目主管部门的官网或者其发行的纸质媒体渠道获得最新消息。伊国常见的主管建设部门有住房部、石油部等。而私营业主招标信息发布则以各类媒体为主，或者招标代理机构，当然也可以议标。

（2）投标：通过招标公告的要求获取招标书，并及时编制投标文件并投标，参加开标。开标前一般需要通过业主的资质、业绩审核，投标人需要按要求缴纳保证金。

（3）中标后：中标者到伊拉克贸易部专门的公司注册机构进行中标注册，之后应到财政部交纳相应税率的企业所得税，一般税率是3%，到工程决算完毕后再和该部门进行最终税费交纳，多交纳的可以退换。对于某些涉及民生的基础设施项目，如市政污水和供水项目，免除合同税。

对政府投资的工程，视情况应交签字费，签字费费率为一个百分点。

伊拉克的建设工程承包合同范本有条款约定，在合同签字生效的半年内施工单位务必人材机就位并开工，未执行的将课以较为苛刻的罚款。

4. 工程保险：伊拉克法律要求，任何外国企业在伊拉克经营承包项目，应向伊境内的保险企业投相应的工程险，否则不准签署合同。伊拉克业主一般在标书中会明确承包商必须在该国办理工程保险，并以此作为签署合同的先决条件。

伊拉克办理工程保险的一般程序：首先，向保险公司工程保险部送交一份英文函，并附上项目业主授予的合同委托书的复印件（有时需要中标通知书）。其次，保险公司根据投保申请发给关于工程情况的调查表，调查内容包括投保公司名称和法定地址，合同名称和工程地点，施工期和维修期，合同价格及承包商提供的材料设备价值等。再次，保险公司调查完成工程情况后，工程投保人即办理投保手续，填写保险单，明确投保险别、承保责任和排除责任，保险时间，投保金额，最高赔偿额度，保险费率等。以上步骤之后，保险公司会给承包商出具一份正在办理保险的证明，以备和业主签订合同之用。最后，合同签订后，承包商应及时办理最终确认保险，保险公司正式开出保单。

（四）伊拉克PPP相关政策与法律

伊拉克对资金能力强劲或者能接受EPC/BOT/BOOT承揽工程的国外企业采取宽容的态度，同时鼓励国外承揽企业将相关工程分包给有资质的当地企业，并鼓励雇佣本地人参与施工。目前，中资企业尚未在当地开展BOT模式合作，从2015年开始，伊拉克电力部门鼓励外资公司以BOT形式承包相关电站项目。

视承包工程种类的不同，在制度上执行承揽公司向伊拉克相关权力部门申请批准的许可制度。

【案例】 伊拉克 CPF 项目[①]

米桑油田改造项目，于 2014 年开工，2016 年正式投入运营。该项目是由多国多企业组成临时的责任部门与伊石油部签订综合服务合同，合同期限 25 年，临时责任部门的牵头单位是中海油伊拉克公司（CNOOCIRAQ），该公司依据大合同条款和 FEED 设计文件，把标准高程以上的项目具体拆分为脱气站、BUT 系统更新及 CPF、天然气中心、脱酸中心、取水管线、取水泵站、新鲜水和污水处理、原油外输管线等 EPC 或 PC 标段。

其中，海工英派尔工程有限公司承建核心为 CPF（Central Processing Facility）终端处理中心，该厂的功能定位于集中接受、存储、临时处理其他地区输送来的油气，加工合格后再向法奥港通过输气管道输送。该项目合同不管在签订上还是在内容上业主都是主导。内容中较多不容修改、对施工单位不公平、隐含了大量风险的条款、表述，较为常见的有如"包括但不限于、合同中明示、暗示或能合理推断出为实现装置功能和绩效的一切工作都由承包商完成"等可作无限解释的句式，把所有责任推给了海工英派尔公司。不过伊拉克政府严守合同，只要合同条款有载明或明确的义务，业主一般都是能遵守的。

该项目的顺利竣工得益于海工英派尔对现场及合同的精细化管理。具体来说，首先，全面识别风险。伊拉克局势动荡，风险因素高，政府对地方的掌控能力不足，甚至有战时遗留下来的地雷。这些特点考验企业的风控管理，有任何闪失都容易令企业背上沉重的负担。其次，对合同全面解读，清理风险点，严守合同条件。由于国内企业在合同执行上随意性较大，这是亟待改进的地方。对签订合同时承诺的人力、机具及奖惩约定等细节，均应遵照执行。海工英派尔公司在合同执行中，也存在一些问题值得其他企业注意，比如，选择的供应商和 FEED 上的供应商名单不一致，虽然最终合作的企业在资质上高于 FEED，可正是因为履行中无视合同条件，最终还是有一些工程设备需要替换，来回沟通和协调对工程工期的产生了较大影响。

三、伊拉克司法体系及争议解决

（一）伊拉克争议解决

如发生商务纠纷，可向伊拉克当地法院起诉，按伊拉克法律处理。在伊拉克法律不明确时，参照内阁相关规定处理。

伊拉克的国内仲裁法相较该地区其他国家较为成熟，不过其仲裁仍与国际仲裁相去甚远。伊国为《阿拉伯国家联盟公约国际商业仲裁（1987）》和《利雅得司法合作公约（1983）》签约国家，不过仍没有加入并受以下两个法律的约束：《纽约公约》及联合国国际贸易仲裁委员会设立规则和程序，以致国际判决和裁定在伊拉克难以得到支持。[②]

（二）中国、伊拉克司法协助协定

中国尚未和伊拉克签署司法协助协定，而且伊拉克并非是《纽约公约》签约国。根据

[①] 吴晓飞：《浅谈伊拉克 CPF 项目合同界面管理》，载《商品与质量》，2016 年第 46 期。
[②] 中国驻伊拉克大使馆经济商务参赞处：《中国企业/人员在伊拉克遇到问题该怎么办》，http://www.mofcom.gov.cn/aarticle/i/jyjl/k/201104/20110407514129.html。

《关于我国法院和外国法院通过外交途径相互委托送达法律文书若干问题的通知》，向伊拉克传递司法文书之途径需经省级高级人民法院的详细审核之后，由外交部领事司负责。

四、伊拉克营商环境及法律风险防范

（一）伊拉克整体营商环境

世界银行2017年营商环境报告载明数据显示，受国内动荡影响，伊拉克的营商环境在190个国家和地区内名列第165位，居于偏下水平。近期伊拉克营商环境的变化包括：允许接入公用事业服务许可的处理流程和建设许可申请同步进行，使得办理建设许可更为便利；电力部缩短电力导入之时限，使企业能更快接入电力系统。

伊拉克在纳税方面表现较为突出，排在世界第52位；在办理建设许可、财产登记、保护少数权益投资者、获得电力和合同强制执行方面表现一般，分别排在第104、115、123、133和138位；在其他方面均表现较差，排在第160位之后，其中获取信贷和跨境贸易分别排在第181和179位，处于垫底水平。

（二）伊拉克投资与承包工程风险及建议

伊拉克的犯罪率高，且政治不稳定，法律不健全。鉴于此，国内投资者在伊拉克投资前应充分做好调研，了解伊拉克法律规范大环境及投资领域的相关法律，并对政治政策风险进行摸底。

五、小结

由于先后承受了几场战争的摧残，伊拉克基础设施建设需求大，建筑市场总量大。由于国际油价下跌，伊拉克政府财政紧张，在伊拉克承建工程项目需要考虑资金的周转问题。同时，由于伊拉克国情复杂，宗教派系多，在伊承建工程应充分考虑人身、财产安全。此外，伊拉克总体法律不够完善，纠纷解决机制较为单一，也是在伊拉克投资应注意的问题。

科 威 特

一、科威特国情简介

科威特国（The State of Kuwait，以下简称"科威特"），位于波斯湾西北部和阿拉伯半岛东北部，其政治体制为君主世袭制酋长国，是石油输出国组织5个创始成员国之一。这些年，得益于储量丰富的油气资源，科威特的经济高速增长，石油是科威特财政收入的主要来源和整个国民经济的支柱。科威特历史上属于英国的殖民地，于1961年6月19日宣布独立，1963年5月加入联合国。1990年，因伊拉克的入侵，爆发了海湾战争，这是自科威特独立以来国家主权和领土完整受到最严重的一次危机，战后科威特全力投入到战后重建和国家经济的发展当中。科威特的法律及与外国缔结的协定需由国家元首埃米尔批准才能生效，为了创造经济发展的良好环境，科威特颁布了《直接投资促进法》《自由区法》《商业代理法》等法律法规。

科威特国土面积为17818平方公里，与伊朗、伊拉克和沙特阿拉伯接壤，东濒波斯湾，同伊朗隔海相望，西北与伊拉克为邻，南部与沙特阿拉伯交界。科威特拥有290公里的海岸线，水域面积5625平方公里，有布比延、法拉卡等9个岛屿。境内地形地貌多为波状起伏的荒漠，地势西高东低，西部有莱亚哈丘陵，西南部由杜卜迪伯高平原，海拔为275米，是全国地势最高的地方，东北部为冲积平原，其余为沙漠平原，一些丘陵穿插其间。科威特地处热带，属热带沙漠型气候。夏季漫长，常刮西风，干燥，气温45℃，最高52℃，沥青路面可达80℃。冬季短暂，最低气温可低至零度，常刮南风，每年降雨量约为108毫米。境内多沙漠，荒漠化比较严重，春夏季多见沙尘暴，境内无常年有水的河流和湖泊，淡水资源缺乏，饮用水主要来自伊拉克及淡化海水，淡水资源的缺乏成为科威特经济发展一大阻碍。

根据2013年人口普查数据，科威特总人口约为396.5万，其中科威特籍人口约124.3万，占总人口的38%，其外来人口主要来自印度、埃及和孟加拉国这三个国家。阿拉伯语为科威特官方语言，通用英语。科威特属于伊斯兰国家，伊斯兰教为其国教，95%的居民信奉伊斯兰教，分为逊尼派和什叶派两大派别，信奉逊尼派的人数占信奉伊斯兰教人数的70%。科威特首都为科威特城，位于科威特湾南岸，是阿拉伯半岛东海岸最重要的深水港，作为全国政治、经济中心的科威特城，始建于18世纪初，人口约51万，因石油迅速发展成现代化都市，拥有哈瓦利和萨利米耶两个卫星城，目的是分散科威特城过于拥挤的人口和工厂。

【小结】

科威特是一个主权完整、独立的政教合一的国家，阿拉伯语为其官方语言，通用语言为英语，地处阿拉伯半岛东北部、海湾西北岸，面积1.78万平方公里。自然地理方面有两个特点：一个是多沙漠，严重缺水；另一个是石油资源丰富。科国属于典型的伊斯兰教国家，伊斯兰教为其国教，其中逊尼派占主要地位。科国政府致力于保持经济健康发展，推行高福利分配制度，加强基础设施建设，在发展石油、化工业的同时，大力发展高新技术产业，以减轻国家经济对石油天然气资源的过度依赖。

二、科威特投资建设法律问题

（一）科威特项目投资立法

为改善投资环境，引进外资，科威特制定了一系列法律法规，形成了比较完善的引导外商来科投资的法律体系，为外资进入科威特提供了法律指引和保障。科威特引导外商投资的法律体系主要由《直接投资促进法》《合营公司法》《公共招标法》《自由区法》《商业代理法》《贸易公司法》《所得税法》等法律组成。

科威特为保持民族经济的健康持续发展，逐步摆脱经济发展对油气资源的过度依赖，增强民族经济发展的可持续性，将引资重点确定在高新技术产业等领域。鼓励外商投资合作的领域主要为以下四个方面：

（1）石油产业：积极引进外资对现有炼油设备进行扩建和更新升级，科威特更为看重的是外资所拥有的先进石油化工技术。

（2）基础设施建设：科威特推行高福利制度，对基础设施需求较大，科国近几年大力发展交通运输、供水、电力、房屋建设等行业以满足民众生活需求。政府为满足基础设施建设对外招标需求，推行电子化招标，减少纸质文件流转，有助于节省时间和精力，为外国承包商进入科威特提供了更为便利的条件。

（3）服务行业：作为第三产业的服务业，一方面能带动经济的繁荣，另一方面能够满足群众多层次的生活需求。近年来科威特政府对医疗保健、观光、电信、金融等服务行业的发展给予了高度重视。

（4）高科技产业：高新技术产业是知识、技术密集性产业，具有较高的经济效应和社会效应，科威特看重外国高科技技术和专业型人才，希望在电子网络技术、软件开发、环保产业、电信等领域与外资保持密切合作，以帮助科威特摆脱经济发展对油气资源的过度依赖，实现经济效应和社会效应的良性互动。

科威特对本国企业和外商投资企业实行区别化的税收政策，外商投资企业除缴纳本地企业应缴的宗教税外，还需要缴纳外资股份税、企业营业税等税赋，但是在自由贸易区内的外商投资企业经批准会享受相应的税收优惠政策。科威特政府为吸引外资参与到"2035年发展愿景"计划，加大基础设施建设，提高公共服务供给的质量和效率，鼓励外国承包商和本地承包商以及银行组成联合体以BOT形式参与基础设施建设和运营，同时经批准，外商投资的基础设施项目还可以享受相应的税收优惠，包括项目所需的机械设备原材料进口享受关税全部或部分减免以及项目运行10年内免征所得税或任何其他税收等政策。

（二）科威特外资准入及企业设立相关法律

根据《直接投资促进法》及相关条例规定，科威特允许外商在当地进行经营的方式主要有三种：一是在科威特注册的外资占51%～100%股份的公司；二是外国公司设立的科威特分公司；三是外国在科威特设立的以市场研究为目的的代表处（不能从事经营活动）。同时，该法也对外资并购审批方式进行了规定，并购申请应报请科威特直接投资促进局审批。

科威特和其他国家一样，基于国家安全和保护民族经济考虑，对外资进入相关行业进行了特殊规定，包括外资进入的领域和外资比例。根据《吸引外资投资法》规定，外资不得进入保险业和石油产业的上游领域如原油和天然气开采，在金融行业持股比例不得超过49%，房地产行业仅允许六个海湾国家外资进入。科威特2015年第75号部长会议明确了10类不允许外资进入的领域：原油开采、天然气开采、焦炭生产、肥料和氮化物生产、煤气制造、通过主管道分配气体燃料、房地产（不包括私人运营的建设项目）、安全和调查活动、公共管理与国防、强制性社会保障、成员组织和劳动力雇佣（包括家政人员雇佣）。[①]

---

① 商务部网站：《科威特明确不允许外商投资进入的领域》，http://www.mofcom.gov.cn/article/i/jyjl/k/201502/20150200900756.shtml。

(三) 特殊经济区域的规定

科威特于 1995 年颁布《自由贸易区法》，并将设立自贸区作为吸引外资、发展工业、促进经济的重要举措，设立自由贸易区的宗旨是：以贸易为先导，发展出口导向型和其他服务行业，吸引外资，促进经济发展。为此，该地区制定了许多优惠政策，包括免税、外资比例不受限制、不需当地代理等。

2016 年 7 月，Nuwaiseeb 自由贸易区正式被批准成立，规划占地面积为 200 万方平方米，建成后将成为该地区最大的自由贸易区之一，由科威特直接投资促进局（KDIPA）负责运营和管理。科威特除 Nuwaiseeb 自由贸易区外，还有舒威赫港、AI-Abdali 两个自由贸易区，都由直接投资促进局（KDIPA）负责接管和运营，其中 AI-Abdali 和 Nuwaiseeb 是新建自由贸易区。

(四) 科威特工程建设相关法律

科威特的工程项目招标方式可以分为国际竞标项目和本地竞标项目。国际竞标项目一般通过国际公开招标的方式来确定符合要求的承包商，此类项目多为对专业性和技术性具有较高要求、合同金额较大的项目；而本地竞标项目金额相对较小，主要涉及道路桥梁、电力、和学校等基础设施建设，合同额在几万至上千万第纳尔不等，外国承包商参与此类项目竞标的限制条件较多，根据科威特中央招标委员会（CTC）的规定，只有在科威特工商部和工商会注册的本地公司或合资公司才有资格参与此类项目竞标。

按照投资主体划分，科威特工程项目又可以分为 BOT 项目和私人投资项目，科威特政府鼓励外国承包商和本地承包商以及银行组成联合体参加 BOT 项目竞标；而私人投资项目大多采用直接议标的方式确定承包人，该类项目外国承包商介入的机会比较少。

因科威特政府提出了"2035 年发展愿景"规划，斥资千亿美元加强基础设施建设，吸引了大批外国承包商的加入。外国公司若想以总包方式参与项目建设，除采取买标方式以当地总包名义承揽工程外，需要在当地注册合资公司才能取得竞标资格，否则只能以工程分包或劳务分包的方式参与项目建设。另外，外国公司如果想参与科威特面向国外公司进行招标的政府类投资项目，投标人必须在投标委员会进行注册，外国公司必须有科威特代理或合作伙伴。

从 2016 年 8 月 1 日，科威特开始实施电子招标，项目的第一阶段——在线发布政府措施和招标信息。电子招标包括：协调有关当局，在线发布招标信息，通知申办的其他政府部门、购买所需文件、投资者报价等。

【案例】

按照现行科威特招标投标法律制度，只有在科威特工商部注册和工商会正式注册的当地公司或合资公司才有资格在当地以总包方式承揽工程，中国建筑股份有限公司为了合法合规的在当地承包工程，在科国成立了中建中东公司。中建中东公司于 2015 年 4 月 9 日收到科威特中央投标委员会发来的科威特大学萨巴赫·萨利姆大学城附属设施项目（Academic Support Facilities Sabah Al-Salem University City-Kuwait University）中标函，中标合同金额为 13,978 万科威特第纳尔，约折合 4.63 亿美元。

三、科威特司法体系及争议解决

根据科威特宪法规定,最高法院院长和总检察长由埃米尔任命,各级人民法院以埃米尔的名义行使司法权。科威特法院由专门法院和各级普通法院组成:普通法院审理普通民商事案件和刑事案件等;专门法院由5名大法官组成,为科国宪法法院,负责宪法条款的解释和审理法律法规合宪性纠纷案件,同时行使宪法赋予的对议会和议员选举的监督权,并有权向国民议会提出异议。

国际仲裁是当前中科双方解决境外投资纠纷最为重要途径之一,中国和科威特均是《纽约公约》的签约国,生效的仲裁裁决可根据《纽约公约》相关条款申请承认和执行。另外,中国和科威特都是《华盛顿公约》的缔约国,"解决投资争议国际中心"是为落实《华盛顿公约》而成立的,其是各缔约国和其他缔约国的国民之间产生投资争端进行调解和仲裁的常设国际机构,中科双方投资纠纷的解决也可以寻求"解决投资争议国际中心"的帮助,其裁决在中科两国都能得到及时、有效的承认和执行。

2007年6月18日,中科在北京签订了《中华人民共和国和科威特国关于民事和商事司法协助的协定》,两国将就司法文书的送达、调查取证、法院或仲裁生效裁判的承认与执行等相互提供司法协助。

四、科威特营商环境及法律风险防范

(一)科威特整体营商环境

世界银行发布的《2017营商环境报告》显示,科威特营商环境在190个国家和地区中排名第102位。2001年,科威特通过《吸引外国投资法》,允许外国投资者独资或与本地人合资在科威特投资经营,为外资进入科威特提供了法律保障。2013年,科威特专门成立直接投资促进局,在负责外国直接投资的主管部门——工商部的领导下,主要负责管理外资及招商,为外资投资者提供服务及便利手续,旨在把科威特建设成为地区性金融中心和贸易枢纽。科国对外程度较高,与100多个国家和地区签有双边贸易协定,外汇兑换不受限制,外国投资者有权将任何投资获利、本金等汇往海外。

科国基础设施完备,拥有现代化的高速公路和完善的航空运输体系,有两个现代化港口(舒韦赫港与舒艾拜港),水陆空交通便利;科国是一个高福利的国家,比较注重基础设施的建设,鼓励外资参与到"2035发展愿景"计划,加强包括交通运输、供水、电力、房屋建设等基础设施的建设,鼓励外国承包商和本地承包商以及银行组成联合体以BOT形式参与基础设施建设和运营,以此来提高公共服务供给的质量和效率。

(二)科威特投资与承包工程风险及建议

中国公司在科威特承包工程应注意以下问题:

1. 工程价格方面。科威特承包工程项目较少按照国际通行的菲迪克(FIDIC)条款执行,工程项目一般实行固定价,合同一旦签订,设备、材料价格执行固定价,不会按照市

场价格的波动进行调整；

2. 劳务用工方面。科威特为了保障本国人的充分就业，法律强制规定外国公司根据不同行业，雇用人员必须有2%~25%为科威特籍人，其工资标准普遍高于其他国籍人员。中国公司如申请中方人员的工作签证的手续也比较多，签证办理时间长。另外，建议中国企业原则上不要自行雇佣外籍劳务人员，以免在手续不健全的情况下涉嫌非法用工，注意规范当地劳动用工手续。科威特属于热带沙漠气候，夏季漫长，常刮西风，干燥，气温高达45℃，最高52℃，沥青路面可达80℃，为保证工人健康与安全，按照科威特的劳动保护条例，在每年6月1日至8月31日的午间11点至下午4点，禁止工人进行户外无遮挡作业，否则将面临政府处罚；另一方面需注意尊重伊斯兰劳务人员的宗教信仰和生活习俗。在当地承包工程要充分考虑此类因素对工期的影响，在项目投标前对工期进行精确测算，以免考虑不足导致工期延误被索赔。

3. 关于项目领导任职资格问题。外国总包公司的项目经理、工程师等除需获得相应学历及工作资历外，还需经业主面试合格方可担任相应的职务。实际操作中，中国公司的项目经理、工程师很难通过资格考核，不得不在当地高薪聘请专业人员担任项目管理人员。

4. 外国承包商若想在当地合法合规的承包工程，除采取买标方式外，需在科威特工商部注册和工商会正式注册公司。外国公司若以总包方式参与项目建设，必须与当地公司成立合资公司并在当地注册才能取得竞标资格，否则项目承揽面临合法性的问题。

五、小结

在中国政府"一带一路"的总体战略发展过程中，科威特作为与中国政府保持友好往来的国家之一，在其自身经济发展以及"2035年发展愿景"规划政策刺激下带来的基础设施建设浪潮中，中国的投资者以及相关企业择时进入当地进行投资建设具有重要意义，但中国企业需要充分考虑当地法律环境的复杂性，严格遵守当地法律法规，完善工程管理、合同管理和人员管理制度，提前建立危机应对、争端解决等机制。

黎 巴 嫩

一、黎巴嫩国情简介

黎巴嫩共和国（The Republic of Lebanon，以下简称"黎巴嫩"）地处亚洲西南部，北部和东部与叙利亚相邻，南部接壤以色列，西部是地中海海岸。黎巴嫩位于亚非欧三大洲要冲地带，历史悠久、文化多元、商贸发达，腓尼基文明发源于此地。黎巴嫩属地中海型气候，年平均气温21摄氏度，但由于其境内多山，气候条件有很大差异。沿海地区夏季高温干燥；山区则夏季凉爽，冬有雪，中东有雪山的国家屈指可数，黎巴嫩是其中之一。黎巴嫩发达的旅游业与其独特宜人的气候密切相关。黎巴嫩总人口约462万，其中伊斯兰人口占比最大,基督教徒人数次之。黎巴嫩人绝大多数为阿拉伯人。此外,黎巴嫩国外黎巴嫩裔人口多于国内人口,世界上出现这种情况的国家极少,形成原因与其民族特性和多年内战分不开。

黎巴嫩于2003年将全国分为8个省(南方省、北方省、贝卡省、山区省、阿卡省、纳巴蒂亚省、巴尔贝克—赫尔梅勒省和贝鲁特省)。

黎巴嫩矿产极少。探明的矿产仅有铜、铅、褐煤、铁和沥青等,但是这些矿物的储量和实际开采量都非常有限。制造业原料主要依赖进口。已经探明黎巴嫩与塞浦路斯间海域石油储量6.6亿至8.6亿桶,天然气储量30万亿至90万亿立方英尺,石油和天然气资源十分丰富。①

在政治方面,黎巴嫩实行以教派分权为基础的独特政治体制,宗教对政治和社会生活具有十分重要的影响。因宗教、政治及历史等原因,加之中东地区整体局势及大国冲突对黎巴嫩政局有较大影响,黎巴嫩党派关系错综复杂,政府更替较为频繁。

在经济方面,黎巴嫩服务业较为发达,占GDP的70%左右,金融、旅游、贸易、交通为"四大支柱"。私营经济较为活跃,是经济的主体部分。黎巴嫩市场较为开放,货币兑换相对自由,资金流动限制少。欢迎和鼓励外国投资,仅对少数行业有特定的要求。黎贸易限制较少,仅不到1%的商品进出口受到限制,大部分商品关税低于5%。

在外交方面,黎巴嫩奉行中立、不结盟和开放政策。主张建立公正、合理、平等、均衡的国际政治、经济新秩序,反对在执行联合国安理会有关决议及国际法准则问题上搞"双重标准"。② 其国内主要风险是恐怖袭击事件频发。

【小结】

黎巴嫩气候宜人,市场开放程度高,资金流动限制少,对待外国投资者的政策较为友好。但是近年来受恐怖势力、叙利亚内战等的影响,其国内经济安全受到较大冲击,尤其是叙利亚难民的涌入使黎巴嫩不堪重负。另外国内恐怖事件频发也大大降低了黎巴嫩国内投资安全指数。有意向投资黎巴嫩的企业应注意防范此类风险。

二、黎巴嫩投资建设法律问题

除特定领域外,黎巴嫩对于外商投资限制较少,允许多种形式的组织形式存在,货币兑换较为自由,贸易限制较少,并且其对外税收制度友好。总体来说,黎巴嫩对于外商投资持欢迎态度。

(一)黎巴嫩项目投资立法

黎巴嫩投资发展局(IDAL)是鼓励投资的窗口性机构,旨在简化投资审批程序、优化投资法律环境和提供信息咨询。该管理局对与投资有关的事项皆可给予相关帮助,投资者申请许可、注册等事宜,该局可"一站式"办理。黎巴嫩投资发展局不仅负责签发行政

---

① 江苏商务云公共服务平台:《黎巴嫩的地理环境怎样》,http://www.jscc.org.cn/model/view.aspx?m_id=1&id=42942。

② 张凤玲:《丝绸之路上的老朋友,愿与中国共谱一带一路新篇章》,http://www.sohu.com/a/142580305_157514。

许可证,解答国内外投资者的投资疑问,而且还负责对外推广黎巴嫩的投资环境和投资项目,对投资项目的优惠政策进行审核等。

黎巴嫩规范和促进投资活动的法律主要是 2001 年出台的第 360 号法令,即《投资法》,该法共 22 条。根据黎巴嫩其他法律法规,按投资类型和投资项目所在位置的不同,分别对外资企业实行税收激励和税收减免政策。

黎巴嫩法律对外国投资者限制较少,不但不强制规定投资业绩要求,而且对外国投资者在内资比例、出口扩展、技术转移、进口替代、融资来源或地理位置等方面没有相关要求。黎巴嫩除了银行投资外,监管和审批程序都不需要投资者公布私有信息(Proprietary Information),但银行投资必须获得黎央行的批准。[①]

黎巴嫩对于外商的投资方式无特殊限制,外国投资者不仅可以出售、购买、建立企业的股权,而且也可以进行并购。但是出于对金融企业监管的需要,黎巴嫩在银行企业并购方面有一些特殊规定。另外,2003 年黎巴嫩 IDAL 发起投资者配对服务(Investors Matching Service),进一步拓展了投资合作方式。投资者可通过合资、参股、收购、服务外包和 BOT 项目等方式来黎投资。

【案例】
2014 年中国公司完成并购黎巴嫩一家 IT 行业公司,整个过程较为顺利。

(二)黎巴嫩外资准入及企业设立相关法律

黎巴嫩要求外国投资者投资房地产、媒体(电视、政治报纸)、保险、控股和离岸公司和银行等行业需要经相关主管部门审查并取得许可,但是对其他外资准入行业一般无特殊限制。

黎巴嫩法律规定投资者可设立下述商业组织:合伙(有限合伙、有限责任合伙)、合资企业、股份有限公司、有限责任公司、控股公司及离岸公司。其中最为常见的是股份有限公司及有限责任公司等企业组织形式,控股公司及离岸公司,有时会被作为免税工具。不同公司形式须适用不同规则。

在黎巴嫩注册公司,程序如下:①委托律师携带经黎巴嫩驻中国大使馆认证的材料去相关部门办理手续,包括在黎巴嫩经贸部注册和在当地商业登记处登记;②要向财政部申请营业授权和增值税号;③若有外籍员工,则需为其办理长期居留证及工作许可证。

(三)黎巴嫩工程建设相关法律规定

战后重建为黎巴嫩的承包工程市场带来发展契机。黎巴嫩 1975~1990 年间发生的内战破坏了大量黎巴嫩国民经济赖以发展的基础设施,更严重拖缓了黎的发展速度。战后黎巴嫩百废待兴,大规模的重建拉动政府对基础设施大量投入,并推动民间房地产投资,由此而形成巨大的工程承包市场。[②]

黎巴嫩对外国公司在当地承包工程的有关规定:

---

① 商务部网站:《黎巴嫩对外国投资合作的法规和政策有哪些》,http://www.mofcom.gov.cn/aarticle/i/dxfw/gzzd/201103/20110307466861.html/。
② 商务部网站:《黎巴嫩承包工程投标中的游戏规则》,http://www.mofcom.gov.cn/aarticle/i/dxfw/gzzd/200502/20050200345319.html。

1. 许可制度

外国的承包商在黎巴嫩投标当地工程项目,黎巴嫩政府很多部门首先审查投标方的资格,即实行资格预审制。中方承包商可以选择有优势的当地代理并与其机构合作,以便顺利通过资格预查。黎巴嫩政府部门的工程承包项目通常要求由公司或公司组成的联营体参与投标,并不允许自然人参与投标,对参与投标的承包商的业绩、资质审查较为严格。黎巴嫩的《公共工程法》对承包商的各项要求颇为严格,该法也是黎巴嫩政府出资的工程所执行和依照的法律文本,是故中国公司要持谨慎态度对待执行黎巴嫩《公共工程法》的工程合同。

对于采用国际贷款或者垫资建设的工程项目,也有采用菲迪克(FIDIC)条款等一些国际通用惯例。对于中国企业投资的工程项目,其项目合同应尽量采用菲迪克条款,要尽可能避免使用黎巴嫩的工程格式合同,如果在没有选择的情况下,必须使用黎巴嫩本地的格式工程合同,则应在格式合同中要多争取承包商的合理、合法权益。

2. 禁止领域

依据黎巴嫩法律规定,其对外国投资的项目工程中,仅仅对涉及国家安全的领域有较为特别的限制,除涉及国家安全领域外,一般工程项目的特殊限制较少。

3. 招标方式

依照黎巴嫩的法律规定,其工程项目一般采用公开招标的方式,也存在议标的方式,但项目较少且可操作空间较小。其建设工程项目一般由各业主方进行招标,公开招标的对象要求必须是获得投标准许资格的公司,也包括跨国公司。① 所以黎巴嫩的招投标方式是与国际惯例基本相同。

但在黎巴嫩承包工程也具有一定的局限性:由于自然资源匮乏,大型工程所需资源相对短缺。在涉及工程项目有关的审批程度多、时间长,如涉及矿山开采许可证、材料运输证等。而且上至项目业主、下至分包商和材料供应商等当地企业主经常出现合同延期的情况。有时党派斗争和武装袭击也会影响到工程的施工安全和进度。

【案例】

中国首次在黎巴嫩中标项目是在 2002 年上海振华港机公司在黎巴嫩重大工程和成套设备进口招标中,以 2270 万的价格中标贝鲁特港集装箱码头港机采购项目。②

在两国刚开始展开项目合作后,随着黎巴嫩国内战争的爆发,国内局势的不稳定,大量的中资企业和人员全面撤离黎巴嫩,所以在黎巴嫩开展的建设工程项目也都处在了没有保护的状态下。③

(四)黎巴嫩 PPP 相关政策与法律

黎巴嫩允许外资开展 BOT 项目,从黎巴嫩曾经规划及实施的 BOT 项目看,主要集中在旅游景点开发、公路、机场附属设施、会议中心、通信等基础设施领域,特许年限从 10

---

① 中国驻黎巴嫩大使馆经济商务参赞处:《黎巴嫩为外资提供"一站式"服务》,载《中国经贸》,2014 年第 17 期。
② 中国驻黎巴嫩大使馆:《中国同黎巴嫩经贸合作简况》,http://www.fmprc.gov.cn/ce/celb/chn/jmwl/sbjmgk/t227972.htm。
③ 南方周末:《中东战火与中国关联有几多》,http://news.qq.com/a/20060810/001477.htm。

年至 30 年不等。黎巴嫩于 20 世纪 90 年代通过 BOT 方式开发当地著名旅游景点——杰达溶洞，外资公司为德国 Mapas 公司，该项目特许经营年限为 18 年。1992 年至 2002 年，黎巴嫩通过 BOT 方式建成运营两个 GSM 网络，外资参与方为法国公司 France Telecom Mobil International 和芬兰公司 Telcom Finland International。

阿联酋 GULFTAINER 公司于 2012 年中标、2013 年签约，以 BOT 方式进行的黎波里港口新建集装箱码头的后续建设和运营，特许经营权为 25 年。

黎巴嫩议会尚未通过 PPP 法律。但黎巴嫩基础设施建设较为落后，是经济发展的主要制约因素，亟待发展和改善，并降低建造、维护成本。政府将致力于制定电力、水利、公共交通等基础领域的投资计划，并有计划制定 PPP 相关法律。

三、黎巴嫩司法体系及争议解决

黎巴嫩适用的是混合型法律制度，一方面其法律制度中仍保持有传统伊斯兰法系的特点，宗教影响明显，另一方面又受到法国民法典的影响。

（一）诉讼

黎巴嫩国内的法院体系分为最高法院、上诉法院、初审法院、行政法院和治安法院、宗教法庭等。其中宗教法庭主要处理婚丧、遗产继承等问题。黎巴嫩有较为健全的法院体系，且律师资源较为丰富，但黎巴嫩司法系统效率较低，判案易受政治及其他因素影响，司法的公正性有待完善。在不与本国法律冲突的情况下，当地法院可承认由投资协定规定的外国司法判决。

（二）仲裁

黎巴嫩国内、国际的投资和贸易纠纷由黎巴嫩的仲裁中心负责。黎巴嫩同时为《纽约公约》和《华盛顿公约》的成员国，所以只要符合公约规定的国外仲裁裁决一般可以在黎巴嫩得到承认和执行。涉及政府争议的方面，在政府同国际投资者之间签署的合同中有仲裁条款规定的前提下，政府方认可国际仲裁，且合同的国际仲裁条款还需经内阁事先以法令形式批准。但是，如果投资者所在国与黎巴嫩签署并批准了双边投资保护协定的，并且投资者双方在合同中约定通过国际仲裁解决纠纷条款的除外。

【案例】

中资企业在黎巴嫩承包工程曾遇到涉及政府的争议，因合同中有国际仲裁条款，曾提起国际仲裁，但最终双方仍通过协商解决。

四、黎巴嫩营商环境及法律风险防范

（一）黎巴嫩整体营商环境

黎巴嫩由于国内基础设施落后、工业基础薄弱，国土面积不大，资源相对匮乏，且法律体系不尽完善，营商环境并不理想。2106 年黎巴嫩在当年经济自由度指数排名第 98 位，总共是 178 个经济体。在 2016 年世界银行营商便利度排名中列第 123 位,总共是 189 个经济体。具体而言,黎巴嫩在纳税负担方面表现尚可,但在开办企业、办理建设许可、财产登记、跨境交易、信贷获取方面表现较差,均处于世界中下游水平。

尽管黎巴嫩的国内局势不稳定,但是黎巴嫩的投资环境对外国的投资者还是有很大的吸引力。即便是在其政治和区域安全局势不太稳定的情况下,各国投资者也从未放缓对其投资的步伐。而投资的主要领域则从原来主要集中在旅游服务和房地产业逐渐向能源、交通、电信、医疗、教育、媒体、科技、环境、农牧业、工业、基础设施建设等领域转移。[①]

(二)黎巴嫩投资与承包工程风险及建议

近年来,黎巴嫩局势相对稳定,社会环境安全有所改善,由此也吸引了一些外国公司进驻黎巴嫩投资。但是在黎巴嫩投资的外国企业也在投资过程中面临很多问题,最常见的就是法律解释和运用的不稳定、司法效率低下、国内基础设施落后、行政系统办事效率低下、税费过高、通信资费高、知识产权缺乏有效保护、国内安全环境差、腐败问题严重等。这些问题制约了黎巴嫩对外资吸引力的发展。中国公司需对上述不利因素有所准备,寻求法律咨询协助,规避不必要的制度风险,正确选择拟注册的公司形式和经营范围。此外,还需注意下列问题:

1. 适当调整优惠政策期望值

为了吸引外资并大力引进外资,黎巴嫩政府也在积极采取措施,制定并公布了一些鼓励和保障外国投资者的法律和政策性文件。但是中国企业应当客观的看待这些优惠政策,黎巴嫩于 2001 年颁布《投资法》,该法明确规定了三类优惠政策,但是据报道,外资企业若想享受这些优惠政策也并非简单申请即可,优惠政策的适用还有"申请成本",即每项投资优惠政策的适用均需经相关联的主管公共部门审批,有时还可能因为审批权限模糊等问题而遭遇申请障碍。因此,中国企业应当调整对优惠政策的期望值,客观认识黎巴嫩的优惠政策。

2. 做好企业注册的充分准备

在黎巴嫩投资设立公司由于注册手续繁多,故而审批时间较长。中方企业若有意在黎进行企业注册,可以挑选专业律师等专门人员代为办理,若可以聘请到合格的专业人员予以代办,可以为企业省去不少麻烦。

3. 办理投资保险

黎巴嫩也是世界银行多国投资保证机构(MIGA)的会员国。其国内也成立了国家投资担保公司(NIGC),鼓励本国企业和外国投资公司在黎巴嫩积极开展投资活动。黎巴嫩投资担保公司的涉及范围也相当广泛,涵盖了征收、暴乱、内乱、战争及破产等风险,保险费率一般为 0.2%。中国企业要想在黎巴嫩积极开展项目投资,可以充分了解国内和黎巴嫩的有关投资和保险政策,做好风险防范准备,积极利用相关法律和政策。

4. 安全风险防范

---

① 商务部国际贸易经济合作研究院,商务部投资促进事务局,中国驻黎巴嫩大使馆经济商务参赞处:《对外投资合作国别(地区)指南—黎巴嫩(2016 年版)》,http://fec.mofcom.gov.cn/article/gbdqzn/upload/libanen.pdf。

位于以色列和叙利亚之间的黎巴嫩,有数十万巴勒斯坦难民长期滞留在黎巴嫩境内。据 2014 年 4 月 3 日有关报道,联合国表示从叙利亚逃至黎巴嫩的难民人数已经超过"毁灭性的里程碑"——100 万人。在黎巴嫩的叙利亚难民注册人数至 2016 年 3 月末已近 105 万。受国内和地区多重矛盾的严重影响,黎巴嫩成为中东的安全热点地区,国内政治和安全环境令人堪忧。尤其是在 2005 年 2 月由于黎巴嫩总理哈里里遇刺,黎巴嫩国内的安全局势急剧恶化,安全事件频发,每年发生的安全事件多达数百起。

2012 年黎巴嫩受区域局势特别是邻国叙利亚动荡和本国政局不稳影响,全国安全形势继续动荡,武装冲突、恐怖袭击、暗杀等安全事件数量较 2011 年有所上升,黎巴嫩亲叙派和反叙派也发生了数次小规模冲突,并造成了人员伤亡。发生地主要集中在的黎波里、赛达等城市,其中,的黎波里安全事件数量最多。2013 年,黎巴嫩真主党武装赴叙利亚境内支持叙利亚政府军作战,黎巴嫩激进派之间冲突更加频繁,极端势力在黎巴嫩亦有活动,黎巴嫩安全形势尤为严峻。首都贝鲁特和北部城市的黎波里发生 4 起恶性炸弹袭击事件导致近百人遇难,将近一千人受伤。其中 11 月份发生在贝鲁特南郊伊朗使馆附近的爆炸事件,导致该馆一名外交官遇难。2014 年,黎巴嫩安全形势仍不容乐观,受叙利亚局势及"伊斯兰国"等势力不断渗透等影响,黎巴嫩安全形势面临较大压力。其中在 2015 年 11 月 12 日,黎巴嫩贝鲁特南郊发生两起连环自杀式爆炸袭击事件,造成了 43 人死亡,240 人受伤。

赴黎巴嫩的个人和企业都应深刻认识到黎巴嫩安全风险,而且此类风险不会短期内消失。因此,不仅个人要树立安全风险防范的意识,而且驻黎机构更应严格防范此类风险,在思想上高度重视,行动上投入必要的财力人力,认真执行各项规章制度,建立健全应急预案,确保中资机构及人员的生命财产安全。

五、小结

中国提议的"一带一路"建设并没有类似于美国马歇尔计划下的军事力量保障。因此,在黎巴嫩等社会局势不稳定国家的投资很难获得较为完备的保护。有意向在黎巴嫩投资的企业要加强自身的风险应对能力,不仅针对经济风险,而且尤其针对政治和安全风险。

约　　旦

一、约旦国情简介

约旦哈希姆王国(The Hashemite Kingdom of Jordan,以下简称约旦)位于阿拉伯半岛西北部,亚洲西部。约旦领土总面积约 8.93 万平方公里,海岸线全长 26 公里,仅有亚尔巴湾一个出海口。与以色列、巴勒斯坦毗邻,东南及南部与沙特相接,北部接壤叙利亚,东北方向与伊拉克交界。约旦人口总数约为 760 万,主要民族是阿拉伯人,官方语言是阿拉伯语，92%以上的居民为伊斯兰，信奉伊斯兰教。

约旦实行阿拉伯君主立宪制，国王有立法权和军事统帅权，是国家元首。约旦首都为安曼，全国共划分为12个省，每一个省分成52个街道。约旦是属于比较小的阿拉伯国家，但其政治经济和文化生活等都比周边国家稳定。

约旦资源相对匮乏。虽然约旦周边的沙特阿拉伯、伊拉克等国石油储量丰富，但约旦的石油和天然气储量较小。约旦有地热资源，但就目前发现的情况来看，量非常少。油页岩是唯一已知的化石能源，储量比较丰富，但尚未发现煤矿资源或其他有色金属矿藏。此外，约旦具有出口优势的资源型产品也不多，主要是磷酸盐、石材、钾盐等。

约旦经济总量较低，经济基础相对薄弱，工业与农业的规模较小，国民经济中占比分别为25%和3%。服务业占比约为72%，是支柱产业。能源和水资源匮乏，经济对外依赖性较强，经常账户和财政收入双赤字的局面短期内难以清除。2015年初，国际货币基金组织预计约旦的国民生产总值增长率为2.9%，但实际仅为2.3%，总值约为387亿美元。①

中国与约旦签署的双边投资保护协定主要是《中国政府和约旦政府关于投资保护的协定》，中国与约旦暂没有签订避免双重征税协定，中资企业也尚不能用人民币开展跨境贸易和投资合作。我国自2006年起即成为约旦第一大进口来源国，截至目前中国依然是约旦第二大贸易伙伴。

中国商务部数据显示，中国企业于2015年在约旦新签7份工程承包合同，新签合同额4285万美元，完成营业额8459万美元；当年派出各类劳务人员50人，年末在约旦劳务人员1097人。新签大型工程承包项目包括中国石油工程建设公司承建约旦能矿部亚噶吧石油终端（AOT）安装工程分包合同；中国大连国际经济技术合作集团有限公司承建约旦LPG储藏终端项目等。

【小结】

在沿线国家中，约旦在"一带一路"的发展路径上占据了重要的地理位置和战略意义，传统上和中国的贸易投资关系良好。因此，深入研究约旦项目投资建设法律环境，开发投资机会是非常必要的。

二、约旦投资建设法律问题

约旦法律体系受英国及法国殖民时期法律影响较大，同时也有部分伊斯兰教法成分，商业立法逐步完善，但法律透明度仍有待提高，整体法律环境一般。

（一）约旦项目投资立法

约旦的贸易主管部门为工业、贸易与供给部。其职责是管理工业、注册公司，对发展工业，提高竞争力进行研究；管理内外贸，保护国家和企业的合法利益。另外，该部还负责开展与其他国家和组织的经济合作，向内阁提出有关区域合作和加入某个经济组织的建

---

① 中国驻约旦大使馆经济商务参赞处：《约旦经济近况》，http://jo.mofcom.gov.cn/article/ddgk/zwjingji/201606/20160601350553.shtml。

议等。

约旦进行改革的同时颁布了新的《投资促进法》，实行私有化政策，这对于外来投资者而言提供了更好的投资机会。《投资促进法》主要规定了投资的管理机构、投资申报程序和投资者所享受的优惠政策。根据相关法规，提供给外国投资者的保证包括：

1. 除另有规定外，国内外投资者同等地享有国民待遇；
2. 除建筑业、贸易或矿产开采等法律规定的行业要求投资需要有约旦合伙人之外，允许非约旦投资人拥有项目的全部或部分产权；
3. 外籍投资者除参与公共股份公司外，投资额不得低于5万约旦第纳尔（约合7万美元）；
4. 投资者有权以自己的方式经营公司，或委托他人管理投资项目；
5. 非约旦投资者有权以可兑换货币形式将投资资本、利润、收入、投资清算收益等部分或全部售出，并将收益自由汇出；
6. 为投资项目工作的非约旦技术人员和行政人员可以将工资和报酬汇往国外；
7. 除非为了公众利益并给予合理补偿，否则不得征用投资项目或采取类似措施。给予非约旦投资者的补偿必须是可兑换货币的形式。[①]

（二）约旦外资准入及企业设立相关法律

与企业制度相关的法律主要包括《公司法》和《关于非经营性外国公司办事处或地区代表处注册申请的规定》。

约旦《公司法》将约旦境内公司分为无限合伙公司、有限合伙公司、有限责任公司、有限合伙股份公司、有限责任私营股份公司及有限责任公共股份公司等六类。约旦法律法规规定，外国投资者可以下几种形式注册：[②]

1. 办事处：不进行经营活动，无需缴纳税收。注册时需提供如下文件：
（1）公司代表的授权书；
（2）公司总部国内的工商文件；
（3）申请信件。
2. 项目公司或分公司：根据项目合同注册公司并进行经营活动，并按合同约定缴纳税收。注册时需提供以下文件：
（1）项目合同；
（2）公司代表授权书；
（3）申请信件；
（4）公司总部的相关工商文件；
（5）项目业主的信件；
（6）委托当地审计师和律师的信件；
（7）申请表；

---

① 《国际商务财会》编辑部：《对外投资国别产业指引》，载《国际商务财会》，2012年第3期。
② 商务部中国企业境外商务投诉服务中心：《与我国驻约旦大使馆经商参处马建春参赞网上交流》，http://shangwutousu.mofcom.gov.cn/article/lbqz/lbtg/200912/20091206692303.shtml。

(8) 财务报告。

3. 有限责任公司：根据约旦法律法规，注册该种形式的公司时需要的文件如下：

(1) 合作伙伴的文件（公司或个人）；

(2) 总部公司的相关工商文件；

(3) 若是个人注册的话，还需要存入 5 万约旦第纳尔现金银行账户；

(4) 授权书（授权约旦合作伙伴）；

(5) 申请书。

（三）约旦工程建设相关法律

约旦涉及建筑标准的法律主要为 1988 年颁布的《建筑承包商法》。约旦同时成立了约旦承包商协会（JCA）协助政府实施法律，并管理承包公司的登记注册。在约旦由公共工程与住房部主管工程承包的部门。当地承包商按照规模和业绩划分，可被分为 6 级；从专业角度划分，则可以将承包商分为五类，分别是路桥、供水、机电、建筑和污水类主管约旦国内承包商的分类、分级和政府工程招标工作的是公共工程与住房部下设的政府招标委员会。在约旦没有明确禁止外国承包商参与的建设领域。

约旦相关法规对国外公司在约旦开展承包工程的义务规定如下：外国公司必须加入约旦承包商协会，并正式成为会员，进行注册登记，每年缴纳会费 1000 第纳尔，登记费用为 1500 第纳尔；若是外国公司，应当出具所属国国内提供的工商、资信证明等相关文件；依照约旦现行《公司法》，外国公司应当在约旦贸易与工业部进行注册登记，申请办理营业执照。

约旦的工程市场允许外国承包商进入，但对参加工程投标的外国承包商通常实行资格预审制，即投标人要首先通过资格审查。但这并不绝对，有些项目也可以采取资格后审的方式进行招标。出于保护约旦本国施工企业利益的需要，外国承包工程商被当地政府要求分包 20%的工程给约旦本国的施工企业。当然分包商的资格预审文件要经业主审查批准，如此方可分包。

约旦的工程项目大多实行招投标。工程招标项目因政府招标项目或私人招标项目的性质不同而有所区别。对于政府项目，除非时间特别紧张或者项目专业性特别强时，经首相办公室批准可自行招投标，其他一律由政府招标委员会集中进行。尤其值得关注的是，即使是已经经批准自行招标的项目，其招投标也要设立临时招标委员会，并且需要政府招标委员会主席参加、监督招投标过程。而对于私人工程的招标，则由业主自行招标或委托咨询公司代理招标事项即可。

【案例】

在约旦首都安曼的阿塔拉特油页岩循环流化床矿电联营项目，是约旦国内目前最大的电站在建项目，该项目由中国广东粤电集团、爱沙尼亚 Enefit 电力公司、马来西亚杨忠礼电力公司共同投资建设，该项目在 2017 年 3 月举行了发布会，目前该项目已经进入全面投资建设实施阶段。

该电站项目是约旦国内截至目前最大的由私营资本投资的项目工程，也是当今世界第二大的油页岩电站项目。电站项目工程投资共计约 21 亿美元，以中国工商银行为首的中资银团为该项目工程提供了 16 亿美元的融资，依照该项目的建设规划，预计于 2020 年完工并投产。

　　油页岩是约旦国内唯一已知的化石能源，储量较为丰富，但约旦的开发利用较为缓慢，直至近些年来才开始开发油页岩资源，该电站项目也是约旦第一个利用油页岩资源发电的项目。这不仅可以为本地提供数千就业岗位，而且还可降低约旦的对外能源依存度，促进约旦的经济社会发展。同时也通过该项目的实施，加强了两国的合作，进一步夯实了中约战略伙伴关系，也是在"一带一路"合作倡议框架内推进两国能源投资合作的重要举措，也是中国、马来西亚、爱沙尼亚等国企业与约旦创新合作方式的一次大胆的创新尝试，较为充分地体现了"一带一路"合作倡议的开放性和包容性。[①]

（四）约旦 PPP 相关政策与法律

　　自 2011 年叙利亚危机开始以来，约旦已因此损失了约 25 亿美元。在此背景下，约旦政府准备采取措施支持私营部门发展，非常欢迎私营部门以 PPP 模式参与约旦国内部分大型项目工程的建设。

　　2014 年 9 月，约旦 PPP 法律公布。同年，财政部私有化委员会更名为 PPP 局。目前，约旦 PPP 在建项目 25 个，建成项目 3 个，总投资 59.24 亿美元。

　　约旦对于码头、铁路等大型项目多要求开发商以建造—运营—转让（BOT）方式承接。外国公司在约旦承接 BOT 方式项目，需同时遵守约旦当地对于外资工程承包商的相关规定。

　　外资公司要在约旦以 BOT 方式承接项目，需遵行以下流程：

　　1. 加入约旦承包商协会，进行注册登记并成为正式会员；
　　2. 外国公司需提供其所属国家的官方管理机构出具注册登记证明；
　　3. 根据现行法规，外国公司应在约旦官方主管部门进行注册登记，申请领办营业许可证。

【案例一】

　　亚喀巴侯赛因国王国际机场（KHIA）通过招标交由科威特国家航空服务公司以 BOT 方式投资建设，为期 15 年。

【案例二】

　　亚喀巴发展公司（亚喀巴特区管委会与约旦政府共有的私营公司）在 2007 年与马士基集团签署了一项为期 25 年的发展和经营协议，以 BOT 方式共同开发和运营亚喀巴集装箱码头项目。

【案例三】

　　2008 年约旦政府正式启动 Disi 输水工程项目，该项目由约旦水资源与灌溉部与土耳其 GAMA 公司正式签署执行协议，由 GAMA 公司通过 BOT 方式实施该项目。

【案例四】

　　FTIAIG 集团以 BOT 方式承建约旦新机场，新机场由 FTIAIG 集团经营 25 年后，所有权再移交给约旦政府。其中，机场前 6 年营业收入的 54.4% 交政府，后 19 年营业收入

[①] 外交部网站：《中国提供 16 亿美元融资的约旦油页岩电站项目进入建设实施阶段》，http://www.fmprc.gov.cn/web/zwbd_673032/gzhd_673042/t1446749.shtml。

的54.6%交政府。

三、约旦司法体系及争议解决

约旦司法体系较为复杂，其国内的法律体系混合了大陆法系、海洋法系和伊斯兰法系，所以其法系同时具有以上每个法系的一些特征。

（一）诉讼制度

约旦法院从不同的审判功能上，可以分为民事、宗教和特别法院，其中特别法院指国家警察、军事、安全、海关法院及重大刑事案法院。民事法院主要负责民事和刑事相关案件；宗教法院主要负责审理婚姻家庭等案件。从级别上讲，约旦法院分为高等法院、高级上诉法院、上诉法院、初级法院及地方法院等。如果当事人对下级法院的判决结果不服，可以上诉至上一级法院。国内司法裁决一般要经历3～4年，从裁决到执行要等待12～18个月。

根据约旦司法部规定，约旦公共安全法院内设立了司法调解部门，负责对民事争议的调解。依照约旦的法律规定，在诉讼程序中是否聘请律师进行代理，也有其独特的规定。对于刑事案件，当事人必须聘请律师代理有关诉讼，如当事人无能力聘请律师，法院将代为指定律师代理有关诉讼。民事案件通常也要求当事人聘请律师代理有关诉讼。对于诉讼标的低于3000约旦第纳尔的案件，当事人可不聘请律师并自行诉讼和出庭。

（二）仲裁制度

根据约旦《仲裁法》规定，争议适用仲裁的条件是当事人双方在事前就特定仲裁事项进行明确约定，或在争议发生后达成临时仲裁协议。如果是临时的仲裁协议，商业合同双方当事人可以经过协商确定一整套适用于自身案件的仲裁规则。双方也可在合同中约定参照法定程序进行仲裁，或者根据联合国国际贸易委员会条例进行临时仲裁。

约旦于1972年加入了国际投资争端解决中心。外国投资者可以根据合同约定或所在国与约旦政府的相关协定，将商务纠纷以仲裁形式提交。

（三）司法协助

约旦之后于1979年11月15日批准加入了《纽约公约》，所以要是符合条件的外国仲裁裁决也可以在约旦国内得到承认和执行。同时，约旦也是其他许多司法协助双边协议或协定的参加国。

约旦法院一般会承认并执行外国法院判决或国际仲裁机构裁决，但如果发生以下情况，约旦法院有权拒绝承认或执行外国法院判决或国际仲裁机构裁决：

1. 没有管辖权的外国法院作出的判决；

2. 被执行的一方在外国法院管辖区内没经营业务，或者在其司法管辖区内没有住所或处所；不是自愿出庭或不承认作出判决法院的管辖权；

3. 被告未得到作出判决或裁决的法院或仲裁庭的出庭通知，或者没有正式或适当地收到通知；

4. 判决或裁决以欺诈方式作出的；
5. 被告能证明相关的判决或裁决不是终局的；
6. 因为违反约旦公共政策或道德，约旦法院不被允许对外国法院或仲裁庭的判决或裁决所涉及的案件进行开庭审理；
7. 作出判决或裁决的法院或仲裁庭所在司法管辖区的法律不承认和执行约旦法院或仲裁庭的判决或裁决。

【小结】

约旦重视法制建设，法律体系较健全，法律程序也较为严谨，法律服务设施相对完备。但是在约旦审理案件耗时冗长，经济纠纷判决的执行也很困难，所以在约旦发生纠纷要审慎选择纠纷解决方式。

四、约旦营商环境及法律风险防范

（一）约旦整体营商环境

世界银行《2017年营商环境报告》数据显示，约旦整体的营商环境在190个国家和地区中排名第118位，总体居于中等偏下水平。近期约旦营商环境的变化包括：约旦通过提高特定固定资产的折旧率的方式来降低纳税负担；通过简化海关手续、推进一站式处理以及改善亚喀巴港口的基础设施，使进出口贸易更加便利。

具体而言，约旦在获得电力、跨境贸易、纳税负担方面表现较为出色，分别排在第48、第50、第79位；在获得信贷、开办企业、办理建设许可和合同强制执行方面表现一般，分别排在第96、第106、第109和第124位；在保护少数权益投资者和财产登记方面表现较差，分别排在第165和第185位。

（二）约旦投资与承包工程风险及建议

1. 投资方面

（1）慎重选择投资合伙人。由于在约旦当地投资建筑业、贸易或矿产开采等项目需要有当地合伙人入股，且需要一定比例的资金证明才能得到工业、贸易与供给部的批准，因此挑选合伙人务必审慎，必要时可聘请律师对当地合伙人用法律文书予以规制，以此来确保自身合法权益。

（2）充分考虑外籍员工进入障碍。约旦国内的就业形势较为严峻，就业压力大，约旦政府解决就业问题十分重视，所以一般要求外资企业要聘用当地人员。这样也有一个问题就是企业在雇佣当地人员的申请工作许可中要耗费较多的时间。

2. 承包工程方面

（1）慎重选择投资合伙人。约旦要求在当地投资于建筑业、采矿业等行业，若想要得到相关部门的批准，不仅需要有当地合伙人入股，而且需要一定比例的资金证明，因此要审慎挑选合作伙伴。

（2）充分考虑外籍员工进入障碍。约旦就业压力大，政府对就业问题非常重视，所以外资企业常被要求聘用部分约旦籍员工。而企业在雇用外籍员工时申请工作许可耗时颇长。

（3）物资清关和运输。约旦海关对工程设备清关检查严格，进口货物若与装箱单不一致，则要被罚款。约旦由于港口及公路较少，所以交通运输不方便。

（4）土地使用。一般情况下在约旦私人可以拥有土地所有权，所以有必要在工程建设时和土地所有权人就土地的问题提前约定，如有必要可以聘请专业律师，降低风险，以免发生纠纷。

（5）分包份额。对于约旦本地企业的分包份额，尽管承包商协会有相关规定，不过这些规定并没有一直都得到很好的执行。

（6）成本控制。约旦物价水平包括工程材料皆偏高，中国投资者在承包项目时应充分考虑成本价。

（7）施工队伍派出。施工队伍最好选择成建制，避免在项目所在国发生不必要劳务纠纷。

（8）登记注册。约旦要求工程总包在多个部门进行登记注册，程序烦琐，可以通过当地律师办理相关手续。

【小结】

在约旦投资或从事贸易的中国企业，要注意加强与当地政府的联系。首先，在约旦地方官员大部分只用阿拉伯语工作，中国企业应首先配备一名阿拉伯语翻译。中国企业或工作人员在与约旦公司和商人来往时要注意依法依规签订合同，选择可靠的合作伙伴，尽量减少贸易纠纷。其次，在约旦投资或承包工程的企业，要注意和了解所在地的周边环境，制定本项目的安全保卫措施，建立应急预案，并与中国驻约旦使馆领事部和经商参赞处的应急预案接轨，以便在发生紧急情况时，能够在第一时间采取措施。

五、小结

约旦古往今来都是中东商贾贸易往来之要塞，地理位置优越。约旦虽目前经济基础薄弱，经济总量较低，但是近年来约旦重视法制建设、实施经济开放政策，主张贸易自由化，积极引进外资。经济政策上对外资比较友好。另外，约旦近年偶有恐怖袭击事件，在约旦投资也要密切关注当地安全形势，提高警惕、加强防范，以保护自己的人身财产安全。

格 鲁 吉 亚

一、格鲁吉亚国情简介[①]

格鲁吉亚共和国（Georgia，以下简称为"格鲁吉亚"）位于南高加索中西部。北部连接俄罗斯，东南和南部分别毗邻阿塞拜疆和亚美尼亚，西南与土耳其接壤，西邻黑海，

---

① 中国一带一路网：《格鲁吉亚》，https：//www.yidaiyilu.gov.cn/gbjg/gbgk/904.htm。

海岸线长 309 公里，面积为 6.97 万平方公里，人口为 371 万。首都第比利斯，人口 117 万。民族主要为格鲁吉亚族（占 86.8%）。官方语言为格鲁吉亚语，因靠近俄罗斯，居民大多通晓俄语。宗教主要信奉东正教。行政区划方面，全国由首都第比利斯、9 个大区、1 个自治州（南奥塞梯）、2 个自治共和国（阿布哈兹、阿扎尔）组成。

议会是格鲁吉亚最高权力代表机构和最高立法机构，一院制，由 150 名议员组成，其中按比例制选举产生的议员占 77 席，按单一制选举产生的议员占 73 席，任期 4 年。2013 年 10 月，马尔格韦拉什维利当选总统。2015 年 12 月，前副总理兼外长克维里卡什维利担任总理。目前政局逐渐趋于缓和，但破坏政局稳定的因素（如政治斗争和民族分离倾向等）仍然存在。

经济方面，因 2008 年格俄战争和国际金融危机，格鲁吉亚受到严重影响，2009 年经济环境恶化，外贸额明显下降，外国直接投资大幅减少。2010 年以来经济形势好转。近年来致力于建立自由市场经济，大力推进经济改革，进一步降低各种税率及关税，加快结构调整和私有化步伐，积极吸引外资。2015 年，格鲁吉亚 GDP 为 139.6 亿美元，同比增长 2.8%。

2014 年 2 月，格鲁吉亚政府颁布了名为"格鲁吉亚 2020"的经济社会发展规划。该规划确定了以恢复经济发展、创造更多就业岗位保障经济包容与可持续发展为主题的发展目标。在这一规划下，未来几年格鲁吉亚的政策环境将更为友善，对于外国投资的需求度和投资营商环境将进一步扩大和改善。目前外国对格鲁吉亚的投资集中在能源、基础设施建设和工业项目。2013 年底的数据显示，格鲁吉亚吸收外资存量为 116.8 亿美元，2013 年全年吸收外资流量为 10.1 亿美元。[1]

目前，中国是格鲁吉亚第 4 大贸易伙伴、第 3 大进口来源国和第 2 大葡萄酒出口市场。新疆华凌集团是格第一大外资企业，累计在格投资 5.3 亿美元，在格经营银行、自由工业园、国际经济特区及木材深加工等项目，曾被格评为 2014 年度最佳投资商。中国企业在格鲁吉亚投资经营的矿产资源开发、能源、商贸、建材等领域项目也取得了良好业绩；在格鲁吉亚承建的公路、铁路、风电等基础设施建设项目进展顺利。此外，目前双方还正在探讨开展电力机车、港口建设、铁路运输等合作项目，已呈现出全方位、宽领域、多层次的合作格局。[2]

【小结】

格鲁吉亚具有相对稳定的宏观经济环境、对本国和外资平等的待遇；积极的私有化政策、简化的执照和许可程序、开放的工程承包市场、对基础设施项目的大量需求等，具备较好的投资条件。此外，2016 年 10 月，中国与格鲁吉亚实质性结束自由贸易协定谈判并签署了谅解备忘录。中格自贸协定签署后，中国企业在格进行投资，将面临一个更加稳定和良好的环境。[3]

---

[1] 储殷，柴平一：《"一带一路"投资政治风险研究之格鲁吉亚》，http://opinion.china.com.cn/opinion_62_139362.html。

[2] 中国一带一路网：《中国与格鲁吉亚实质性结束自由贸易协定谈判》，https://www.yidaiyilu.gov.cn/yw/bwdt/1265.htm。

[3] 同上。

二、格鲁吉亚投资建设法律问题

(一) 格鲁吉亚项目投资立法

格鲁吉亚与项目投资相关的法律众多,主要包括《民法》《税法》《海关法》《投资促进保障法》《国家投资促进法》《国产资产私有化法》《工业保税区法》等。[①]

格鲁吉亚对外商投资实行国民待遇。[②] 因此,外国投资者不会面临更高的行业准入门槛,亦不会享有特殊的优惠政策。《国家投资促进法》无差别地适用于本国和外国投资者。该法规定了可享受"特别重要投资地位"的投资者条件,包括:投资额超过 800 万拉里或从功能和战略角度考虑对国家经济发展和基础设施产生重要影响的投资者;或在格鲁吉亚高山地区投资额超过 200 万拉里或从功能和战略角度考虑对地方经济发展和基础设施产生重要影响的投资者。获得"特别重要投资地位"的投资享有政府给予的重点保护和促进,可预先获得执照和许可,投资促进局对其提供免费服务。[③]

投资方式方面,格鲁吉亚企业不受任何限制,可以使用土地、工厂或车间等不动产与外资企业合作进行入股。[④] 外国投资者既可以设立新公司,也可以通过股权并购方式开展投资经营活动。格鲁吉亚法律不直接规定企业并购行为,企业资产、负债、知识产权等的转让都应符合相应法律法规,不同领域并购审查由不同政府部门相关单位监督控制。对于影响居民健康及涉及国家利益或国家资源领域的行业,以颁发许可证的形式加以控制。许可证分为经营许可和使用许可,除特殊规定,均为永久有效。使用许可主要针对资源开发领域。

(二) 格鲁吉亚外资准入及企业设立相关法律

根据格鲁吉亚法律,禁止投资行业的清单由总统提议报议会批准。限制的行业包括:生产、销售武器和爆炸物;配制、销售属于特别控制的药物;使用和开采森林资源和矿藏;开设赌场和其他提供赌博和彩票的场所;银行业务;保险业务;发行公众流通证券;无线通信服务和创建电视和无线电频道等。格鲁吉亚政府对限制的行业进行许可证管理,外商与本国投资者均需获得相应机构签发的专门许可证。鼓励的行业包括:基础设施项目(如公路、港口、管道运输、电信设施等)、制造业、能源设施(特别是水电建设、新修或改造输电网络等)、农业和旅游业等,能够促进经济发展和增加就业的领域。[⑤]

外国公司在格鲁吉亚设立企业,主要有以下 4 种形式:公司代表处、分公司、有限责

---

① 《以葡萄酒著称于世的格鲁吉亚》,《中国经贸》,2015 年 6 期。
② 商务部网站:《与中国驻格鲁吉亚大使馆经商参赞陈润云经济商务参赞访谈记录》,http://www.mofcom.gov.cn/article/zhengcejd/bj/200911/20091106642550.shtml。
③ 商务部:《对外投资合作国别(地区)指南—格鲁吉亚(2016 年版)》,https://www.yidaiyilu.gov.cn/wcm/files/upload/CMSydylgw/201702/201702090239044.pdf。
④ 中国驻格鲁吉亚大使馆经济商务参赞处:《格鲁吉亚投资法规概况》,http://ge.mofcom.gov.cn/article/ddfg/tzzhch/201112/20111207874498.shtml。
⑤ 国家税务总局:《中国居民赴格鲁吉亚投资税收指南》,http://www.chinatax.gov.cn/n810219/n810744/n1671176/n1671206/c2581119/part/2581134.pdf。

任公司和股份公司。除此之外，还有普通合伙企业、有限合伙企业、合作社和个人企业家等形式。相关规定如下：

1. 分公司（Branch，或代表处）：为企业实体的分支机构，非法人实体；
2. 有限责任公司（LLC/LTD）：对债权人根据资产承担有限责任的法人实体，单个人也可成立，一般不超过 50 个合作伙伴（发起人），注册费 160 拉里；
3. 股份公司（JSC）：法人实体，最低资本要求为 1.5 万拉里，注册费用约 360 拉里。

一般企业注册程序主要包括以下步骤：向公共注册服务机构提出书面申请，税务稽查局企业登记处注册审批，从辖区税务局领取税务登记证，刻制企业公章，开设银行账户。如果注册建筑施工企业等，还应向有关部门申请许可证。

（三）格鲁吉亚工程建设相关法律①

格鲁吉亚在许可手续方面，对设计、施工和承包的要求有所不同。项目业主在启动建设建筑类工程项目之前必须到相应的市政规划部门办理设计方案审批和施工许可手续。规划管理部门批准的前提是，建筑设计方案必须有在格鲁吉亚注册的公司参与，可以由其单独设计或合作设计。而在格鲁吉亚参加工程承包项目，承包商无需办理许可手续。国际承认资质的各类工程公司均可在格鲁吉亚承揽相关业务。在工程承包和设计方面，格鲁吉亚承认多种标准，包括欧洲标准、英国标准、美国标准和中国标准等。

格鲁吉亚对工程承包实行开放政策，对外国公司参与格鲁吉亚的机场、港口、电信、石化、天然气等行业的工程项目没有任何限制。但是，除非得到特别许可，外国承包商不可承揽格鲁吉亚军工工程项目和敏感项目等。

根据格鲁吉亚《国家采购法》，使用政府（包括地方政府）筹资或国际组织贷款的项目必须进行公开招标。对于商业建设项目，法律没有强制性规定，业主可自行选择承包商，一般通过"议标"确定。当地企业或外资企业可根据自身资质、实力单独或组成联合体参加投（议）标。规模较大的项目一般采取 EPC 或交钥匙总承包方式，部分项目采取 BOT、BOO 方式，个别项目正探讨采用 PPP 方式。② 如 2016 年 10 月 25 日，中国能建广东院正式签订了格鲁吉亚 METEKHI 37MW 水力发电站项目 EPC 总承包合同；③ 天辰公司与格鲁吉亚石油天然气公司正式签署了格鲁吉亚 230MW 联合循环电站的总承包建设合同。④

【案例一】 第比利斯 Park Hyatt Hotel 五星级酒店项目

2007 年 12 月 20 日，中国二十冶建设有限公司通过议标方式与格鲁吉亚国际房地产投资公司（即业主）签署第比利斯 Park Hyatt Hotel 五星级酒店项目的施工总承包合同，合同金额 1.55 亿美元，工期 28 个月。至 2008 年底，中方共计完成营业额 800 万美元。但

---

① 中国商品网：《格鲁吉亚工程承包市场报告》，http：//ccn.mofcom.gov.cn/spbg/show.php?id=11673。
② 商务部网站：《对外承包工程国别市场指南—格鲁吉亚》，http：//ccn.mofcom.gov.cn/spbg/show.php?id=11673。
③ 中国能建广东院：《广东院签约又一格鲁吉亚水电站总承包项目》，http：//www.gedi.com.cn/art/2016/11/9/art_6441_1251568.html。
④ 天辰：《天辰公司正式签署格鲁吉亚 230MW 联合循环电站项目》，http：//cn.china-tcc.com/Plus/m_default/Cms/docDetail.php?ID=283。

是受全球金融危机影响，欧洲复兴开发银行停止项目贷款，项目融资出现困难，工程因此搁置。经协商，双方决定修改项目设计方案，业主按照新的设计方案与银行落实贷款。2009年6月，中方人员暂时撤回。目前项目仍处于停滞状态，格方亦在积极寻求新投资方加入。因此，中国公司在格鲁吉亚承包工程，需要注意项目融资方面的问题，充分做好前期调研和风险评估，避免工程搁置的损失。

【案例二】 RIKOTI公路隧道修复工程项目

RIKOTI公路隧道为格中西通道的必经之路，全长1.75公里，由世界银行出资，业主为格国家公路局。中水电集团国际工程公司于2010年2月中第一标，4月14日与业主签订合同，合同金额2850万美元。该项目于2010年6月3日正式开工，工期720天。由于施工组织得当，管理科学规范，该项目进展非常顺利，工程质量和管理水平受到业主和监理公司的一致好评。值得一提的是，该项目是中国公司在格通过国际竞标获得的第一个项目。

（四）格鲁吉亚PPP相关政策与法律

1997年5月，格鲁吉亚颁布了《国产资产私有化法》。近年来，格鲁吉亚政府对国有资产全面实行私有化。① 格鲁吉亚对机场、港口和铁路等重点领域的企业私有化一般规定经营年限（最长不超过49年）和投资发展规划，实行特许租赁经营。②

格鲁吉亚《民法典》《合同法》《国有资产法》和《公共采购法》共同构成了格鲁吉亚有关BOT的法律制度，但未对BOT项目设置特别的政策或激励措施。目前格鲁吉亚基础设施领域尚未普遍采用BOT方式，运用该方式的主要是国内两个机场项目：第比利斯机场和巴统（BATUMI）机场项目。目前，两个机场均已投入使用，作为投资方的TAV-URBAN财团已获得两个机场为期20年的经营管理权。格鲁吉亚即将建设的阿纳克利亚深水港、波季港炼油厂等项目将采用BOT方式，根据协议特许经营年限一般为20年、30年、49年等。③

格鲁吉亚政府在其发展规划中明确提出，将进一步加强公共部门和私人部门的合作，有效采用PPP机制，通过与国际合作方的密切合作，发展有效的PPP机制。

三、格鲁吉亚司法体系及争议解决

格鲁吉亚新《宪法》于2013年底总统选举后正式生效，格鲁吉亚由此确立议会总统制，并实行立法、司法和行政三权分立。司法制度层面，设宪法法院、最高法院、总检察院、监察院。最高法院是最高审判机关，负责对其他下级法院进行监督。院长和大法官由总统提名，议会选举产生，任期10年。不允许设立专门和特别法院。战争期间

---

① 中国驻格鲁吉亚大使馆经济商务参赞处：《格鲁吉亚投资法规概况》，http://ge.mofcom.gov.cn/article/ddfg/tzzhch/201112/20111207874498.shtml。
② 国家税务总局：《中国居民赴格鲁吉亚投资税收指南》，http://www.chinatax.gov.cn/n810219/n810744/n1671176/n1671206/c2581119/part/2581134.pdf。
③ 商务部网站：《格鲁吉亚交通运输状况不断改善》，http://www.mofcom.gov.cn/aarticle/i/dxfw/jlyd/200710/20071005162862.html。

可设军事法院。宪法法院负责审查立法机关或政府法令的合法性和合宪性,保证宪法的最高权威。①

在格鲁吉亚开展工程承包等业务时签订的合同受格鲁吉亚法律约束。在商务纠纷的解决方式上,大多采取国际仲裁。一般来说,双方在签订合同时可约定仲裁机构,在英国伦敦、法国巴黎或者新加坡等地的国际仲裁机构均可选择,没有任何限制。但在工程承包投标时情况可能不同,业主方一般会预先在标书里规定采用的国际仲裁机构。②

格鲁吉亚已于1994年加入《纽约公约》,为承认和执行外国仲裁裁决提供了保障和便利,对进一步开展国际商事仲裁活动起到了推动作用。

四、格鲁吉亚营商环境及法律风险防范

(一) 格鲁吉亚整体营商环境

根据世界银行《2017年全球营商环境报告》,格鲁吉亚在全球190个经济体营商便利度排名中位列第16位,在开办企业、办理施工许可、获取电力、财产登记等方面分别位列第8位、第8位、第39位和第3位,多项指标名列前茅,整体营商环境较好。

(二) 格鲁吉亚投资与承包工程风险及建议

中国公司在格鲁吉亚承包工程,需要防范许多方面的风险。就招投标方面来看,近年来,格鲁吉亚政府逐步加大了对基础设施的投入,如正在实行的公路、铁路、电网、地铁、市政工程改造与扩建,以及信息网络化建设等公共项目。这些项目大多通过国际招标进行,中国企业可积极参与。但是,招标信息公布后截标时间往往较短,而且使用政府资金的项目标书使用格文,投标文件也要求使用格文,外文投标文件必须翻译成格文并公证。因此,想参与当地竞标的中国企业最好能在格鲁吉亚设立代表处等办事机构,充分调研市场行情,建立必要的人脉关系,提前留意项目信息,为赢得项目竞标创造条件。

此外,尽管格鲁吉亚政局基本稳定,但派系斗争仍然存在,应尽量规避相关风险;在前期可行性研究过程中,还应预见可能产生的环境问题(如征地、取土、用水等)和人口问题(如拆迁、民族、宗教等),严格遵守当地法律法规;控制用工比例,格鲁吉亚规定工程承包类企业中,外籍员工和格鲁吉亚工人人数比例一般为3∶7等。

在格鲁吉亚承包工程,还应重视以下几个方面的问题:

1. 重视私营工程承包③

格鲁吉亚许多重要国有资产已实现私有化,如机场、港口、供水、供电、供气等重要

---

① 国家税务总局:《中国居民赴格鲁吉亚投资税收指南》,http://www.chinatax.gov.cn/n810219/n810744/n1671176/n1671206/c2581119/part/2581134.pdf.
② 商务部国际贸易经济合作研究院,商务部投资促进事务局,中国驻格鲁吉亚大使馆经济商务参赞处:《对外投资合作国别(地区)指南—格鲁吉亚(2016年版)》,https://www.yidaiyilu.gov.cn/wcm.files/upload/CMSydylgw/201702/201702090239044.pdf.
③ 中国商品网:《格鲁吉亚工程承包市场报告》,http://ccn.mofcom.gov.cn/spbg/show.php?id=11673.

设施。此外,近年私营企业大规模开发房地产、高档宾馆酒店、商业中心等。一般来说,因为法律没有强制要求,私营工程承包项目选择承包商多采取议标方式而非公开招标方式,因此利润空间相对更大。

2. 选择适当经营方式

格鲁吉亚资金短缺,许多项目要求带资承包,或要求承包商参与项目的经营。中国企业要根据项目类型,采取适当的经营方式。对提供政府担保或不动产抵押方式的项目,可寻求与中国相关金融机构或保险机构的合作,进行带资承包;对可以参与经营的项目,可以考虑采取 BOT 等方式。中国企业如在当地注册设立公司,则更有利于竞标和经营承包项目。

3. 注重本地化经营

格鲁吉亚劳动力市场较大,且失业率较高,劳动力素质整体较高。虽然格鲁吉亚法律没有关于雇佣当地劳动力的硬性规定,但如果中国企业开展工程承包业务时能注重本地化经营,在普通岗位雇用当地人员,充分考虑解决当地就业问题,将受到格鲁吉亚政府的高度重视,并得到政府的支持,不仅有利于提升企业形象,还有利于进一步拓展市场。

【案例】

2014 年中国某民营企业通过非官方渠道收到格鲁吉亚业主方的公路项目投标邀请,在不了解实际情况及缺乏对项目实地勘察的情况下盲目投标,标价过低。经驻格大使馆经商参处反复提醒解释,该公司代表实地勘察后发现,如项目中标将给公司带来难以挽回的巨大损失。后该公司虽决定放弃投标,但已造成投标银行保函费用等损失。因格鲁吉亚公开招标一般采用"最低价中标"原则,来格工程承包企业应加强前期市场调研,谨慎投标。

五、小结

格鲁吉亚是"丝绸之路经济带"上的重要节点,战略地位和经贸位置重要。[①] 从投资环境吸引力角度考虑,格鲁吉亚主要竞争优势有:地处欧亚之间优越的战略地理位置和拥有黑海波季、巴统两个港口;相对稳定的宏观经济环境;有竞争性的贸易制度;低税赋;世界领先的自由劳动就业制度;简化的执照和许可程序;积极的私有化政策;自由的金融体制和政府坚决打击腐败的措施等。[②] 近年来格鲁吉亚与中国经济贸易合作发展迅速,成果显著,相信未来中格在"一带一路"框架下的经贸合作前景更加广阔,中国企业将面临更多商机。

---

① 中国日报中文网:《中国与格鲁吉亚实质性结束自由贸易协定谈判》,http://www.chinadaily.com.cn/hqzx/2016-10/08/content_26993059.htm。

② 中国驻格鲁吉亚大使馆经济商务参赞处:《格鲁吉亚投资吸引力》,http://ge.mofcom.gov.cn/article/ddfg/tzzch/201507/20150701058281.shtml。

以 色 列

一、以色列国情简介

以色列国（The State of Israel，以下简称"以色列"）面积为1.52万平方公里。以色列的首都是特拉维夫还是耶路撒冷，国际社会一直存有争议。1950年，以色列将耶路撒冷（JERUSALEM）设为首都，并于1980年通过《基本法：耶路撒冷——以色列的首都》，以国家基本法的形式向国民和国际社会宣示耶路撒冷为国家首都，[①] 但这一法律遭到了联合国安理会的否决。

根据犹太人虚拟图书馆（Jewish Virtual Library）网站的统计数据，截至2017年以色列独立日，以色列人口为868万，其中74.7%为犹太人，20.8%为阿拉伯人，其余为非阿拉伯基督徒与巴哈教信徒等。[②] 希伯来语、阿拉伯语是以色列的官方语言，英语亦可通用。犹太教是以色列的主要宗教信仰。

以色列属于中东地区国家，处在东海岸，为亚洲、欧洲、非洲三个大陆的交汇地带。独特的地理位置赋予以色列悠久灿烂的历史文化，却也促成了其复杂的地缘政治，尤其以巴以冲突为最突出的地缘风险隐患。除了巴勒斯坦，以色列还与黎巴嫩、约旦、叙利亚、埃及相邻。

以色列经济发达，居民文化素质高，以色列国家旅游部驻中国办事处网站显示以色列生活水平列世界第24位。[③] 世界经济论坛发布的《2017—2018年全球竞争力报告》中，以色列居于第16位，创新能力指数为5.3。[④] 其在纳斯达克上市的公司数量位居世界第三，前两名是美国和中国。

【小结】

以色列国家经济发达，部分地区存在较大的地缘政治风险，其基础设施建设相对薄弱，建筑工人缺乏，住房供不应求。以色列在基础设施建设领域的建设需求与我国建筑企业在"一带一路"倡议下走出去的战略计划是吻合的。

[①] 中国外交部：《以色列概况》，http://www.fmprc.gov.cn/web/gjhdq_676201/gj_676203/yz_676205/1206_677196/1206x0_677198/。

[②] http://www.jewishvirtuallibrary.org/latest-population-statistics-for-israel。

[③] 以色列国家旅游部驻中国办事处：《以色列国》http://www.goisrael.cn/%e4%bb%a5%e8%89%b2%e5%88%97%e5%9b%bd。

[④] 世界经济论坛，《2017—2018年全球竞争力报告》，http://reports.weforum.org/global-competitiveness-index-2017-2018/competitiveness-rankings/。

二、以色列投资建设法律问题

(一) 以色列项目投资立法

以色列近年来对有关营商投资的主要法律做了修改,使得其营商环境变得更加现代和开放。以色列的经济部是主管外商投资的政府部门。以色列与基础设施有关的法律包括:《基本法:以色列土地》等一系列土地法规、《规划与建筑法》《公司法》《外国劳工法》等法律。

目前,以色列尚未就外商投资专门立法。以色列税收制度采用的是属地和属人税法形式结合的制度,税负较重。2016年1月起,以色列企业所得税税率降至25%。早在2003年,以色列便实现了外汇兑换自由化。为了鼓励外商投资,以色列政府还特别设立了相关法规政策红利。

比如,《资本投资鼓励法》特别定义了A开发区域,位于该区域的出口企业税率仅为9%,而全国其他地区的出口企业公司税率比其高出7个百分点,为16%。A开发区域会在政府网站公示更新。根据《工业研发鼓励法》,以色列政府将为满足该法规定条件的企业,提供政府补贴和奖励、贷款,并同时减免税收。以色列还设立了具有特色的首席科学家办公室,对研发活动提供最高可达85%的经费资助。

(二) 以色列外资准入及企业设立相关法律

以色列对外商投资的禁止行业仅有博彩业,总体限制很少。外国投资者可以设立多种形式的企业进行商业运作,主要有5种,即以色列公司、外国公司、合伙企业、合作社和合资企业。

1. 以色列公司

以色列企业包括股份有限公司、有限责任公司和无限责任公司。以上三种公司均适用《公司法》①。以色列通常对公司没有最低资本限制。私人公司股东可为一至五十人。上市公司股东最少为七人。

2. 外国公司

以色列外商投资和产业合作局公开的《以色列营商环境报告2016》显示,以色列所有公司都必须完成在企业注册处的登记注册。在企业注册处注册外国公司,需提交下列文件:

(1) 公司董事名单,及其护照号码;

(2) 授权委托书;

(3) 法人代表的个人信息,包括全名、住址、身份证,以代表公司收取法律信函;

(4) 公司章程,以及对应的希伯来语公证翻译件;

(5) 公司所在国出示的公司执照,并附Apostille认证加签。假如所在国不出具此类

---

① International Labour Organization: Israel, http://www.ilo.org/dyn/natlex/natlex4.detail? p_lang=en&p_sn=79956&p_country=ISR&p_count=167。

证件,申请注册的律师除了要提交官方文件,说明公司已在所在国的企业注册处进行注册,还应递交署名信件,声明所在国不出具此类证件;

(6) 公司执照的希伯来语公证翻译件;

(7) 公司所在国出示的公司运营状态证明文件,证明公司在所在国正常运营,以及相应的希伯来语翻译件;

(8) 注册费用缴费凭证(目前注册费用为2614新谢尔克,约654美元)。公司注册成功后,会收到一个9位数的唯一标识码。

(注:截图来自《以色列营商环境报告2016》)

3. 合伙企业

以色列的合伙企业适用《合伙企业法》(Partner Ordinance),合伙企业可以不在以色列司法部合伙企业注册处(Registrar of Partnerships)注册。一般情况下,合伙企业合伙人少于20人,公司、外国居民亦可作合伙人。

4. 合作社

5. 合资企业

(三) 以色列工程建设相关法律

1.《规划与建筑法》(Planning and Building Law)

《规划与建筑法》适用于以色列境内的所有建造和土地使用管理,以色列内政部负责落实《规划与建筑法》。新建建筑物或道路需要申请许可证。如果该建筑或道路不符合国家与地区的规划,建设方必须申请取消或变更项目,或者申请"前期使用豁免"。

2. 土地相关法律

《基本法:以色列土地》(Basic Law: Israel Lands)规定以色列国家所有的土地不得买卖或转让,除非以色列政府通过法律程序允许。以色列的公有土地可向特定对象出租,年限可为49年或98年。《以色列土地法》(Israel Lands Law)细化了若干基本法的例外情形。《以色列土地管理法》授权以色列土地管理局(Israel Land Administration)负责管理国家土地。以色列仅有7%的土地为私有,国家土地管理局管理着以色列的93%的土地。在这占比93%的公有土地中,政府占有比例为69%,土地开发机构(Development Authority)与犹太民族基金会(Jewish Fund)分别持有12%。以色列私有土地大部分位于较大的城市中,比如耶路撒冷、特拉维夫、海法等。

3. 外资企业如何在以色列获得土地

公有土地只可以出租给以色列公民,不得出租给外国人,此处的外国人包括非以色列国籍的居住在耶路撒冷的巴勒斯坦人。外国企业在以色列如果需要在以色列购买土地,只能选择私有土地。对于私有的土地,以色列法律并没有租赁与转让的限制。转让或出租时无需考虑对方是否为犹太人或是否具为以色列国籍。

以色列部长委员会于2009年批准了土地管理局提交的土地改革措施，但土地改革进程由于种种阻力，进程十分缓慢。

4. 外国建筑公司承包以色列工程的禁止领域

由于以色列是世界贸易组织《政府采购协议》的缔约国，根据以色列政府加入时的承诺，对于500万特别提款权及以上政府投资的公共工程项目，其只可对该协议成员国开放相应市场。涉及国防、国家安全及公共安全等问题的工程项目市场禁止外国企业进入。外国企业如欲参与以色列旅游代理、国际通讯、无线电通信服务、酒店业等领域的施工也会受到不同程度的限制。

5. 外国建筑公司承包以色列工程的方式①

以色列承包工程的主管部门是隶属于经济部的工业合作局（The Industrial Cooperation Authority），具体管理承包商的机构是承包商注册处（Contractor Registrar）。

以色列工程建设项目需要遵守《强制招标法》（1992年制定并实施）以及根据该法延伸的《强制招标规定》《关于优先选用以色列产品和强制性商业合作的强制招标规定》《国防设施合同强制招标规定》《关于优先选用国家优先区域产品的强制招标规定》等法律法规，根据这些法律法规确定招标方式和适用范围。一般来说，以色列工程建设项目实行公开招标，由项目相关单位组成招标委员会来实施。对于不公开招标的项目，相关单位需作出特别说明。② 实践中，外国（建筑）公司可以通过以下几种方式进入以色列的工程承包市场：

外国（建筑）公司可以通过国际招标方式进入以色列建筑市场。此类方式适用于某一国际招标项目，外国公司无须在以色列注册，由以色列住房建设部给予特别许可批件，即可从事该建筑项目。③

【案例一】

2016年3月7日，以色列政府在以色列本地建筑协会和私人公司的反对声中，通过No. DR/60决议，向外国公司发布招标公告，向外国公司放开以色列住宅建筑许可，以缓解国内住宅供不应求。以色列在投标的约49家企业中选中了6家列入了数据库，拟通过相应审查和程序后给予其参与建造以色列住宅的资格。招标要求包含④：公司在以色列没有办公地址，过去三年（自招标投递文件截止日期起倒推）在建筑和基础设施领域的年营业额不低于3亿美元，负债率不高于60%，在海外住宅建设领域有至少15年的经验，且每个项目平均建筑面积不少于3000平方米；至少有一个项目的楼层高于15层。由于本次中标的每个外国建筑公司可以携带1000个工人来以色列施工，因此，招标书中还要求对工人经验作描述。公司入选数据库后，以色列政府将给予其5年的在以色列建造住宅楼的

---

① 中国驻以色列国大使馆经济商务参赞处：《以色列法律关于外国公交公司进入以色列建筑市场的有关规定》，http://il.mofcom.gov.cn/article/ddfg/laogong/200301/20030100061117.shtml。
② 中国世界贸易组织政府采购公共信息咨询平台，http://gpa.mofcom.gov.cn/。
③ 中国驻以色列国大使馆经济商务参赞处：《以色列法律关于外国公交公司进入以色列建筑市场的有关规定》，http://il.mofcom.gov.cn/article/ddfg/laogong/200301/20030100061117.shtml。
④ 以色列财经网站"环球"：《以色列住建部招募外国建筑公司建造以色列住宅的招标公告》，http://www.globes.co.il/en/article-housing-cabinet-approves-'importing-foreign-construction-firms-1001108645。

许可。但外国公司不可以购买或涉足房地产开发商业活动，除非该项目是与以色列公司联合的项目。此次中标的外国公司只能采取与以色列集团公司联合投资的形式，以分包商（Subcontractor）的身份实施建设活动。

【案例二】

（1）2016年10月，以色列住建部曾在49家投标者中选出5家中国建筑公司，拟给予其在以色列建造住房的施工资格。2017年2月，以色列政府在对投标公司递交的财务报告与业绩的可靠性做了审慎调查后，发布公告，取消了其中2家中国建筑公司在以色列建造住房的施工资格。

（2）外国（建筑）公司如果欲在以色列设立外商独资建筑公司，该公司需要有2名在以色列注册的建筑工程师，并且要求曾在以色列的建筑公司工作过；以色列对外商独资的建筑公司注册资本金方面也作了要求，需200万新谢克尔（约50万美元）[①]。设立合资公司是解决上述人员与注册资本金条件的办法，但外国公司很少在以色列设立合资建筑公司。其主要原因有两个，一是以色列经济体量小，建筑市场规模有限；二是外国建筑公司可以通过国际招标方式竞标承揽以色列大型建筑项目。

（3）外国公司可以以分包商身份进入以色列建筑市场。即当项目的总承包商是以色列建筑公司，所涉项目是以色列国内招标，该外国公司没有在以色列注册成立建筑公司。此种情况下，总承包商对（外国）雇员负最终法律责任。

（4）外国公司还可以通过提供劳务的方式进入以色列建筑市场。在这种情况下，外国公司可以在以色列注册为一般公司，也可以不在以色列注册公司；可以与以色列建筑商签订劳务分包合同，或签订单纯提供劳务的合同，向以色列建筑商提供劳务服务。[②]

（四）以色列PPP相关政策与法律

以色列没有专门的PPP立法，但由于其法律体系高度发达，政府方可以通过行政法、针对具体项目的立法、政府采购方的决议等各种方式进入PPP合同。PPP模式适用公共采购领域的相关法律法规，主要是《强制招标法》（Mandatory Tenders Law）以及《强制招标规定》（Mandatory Tenders Regulations）。

欧洲投资银行的研究报告显示，截止到2016年第二个季度，以色列已完成的PPP项目总投资额为190亿新谢克尔，在建的PPP项目总投资额达100亿新谢克尔，处于投标阶段的项目估计投资额有46亿新谢克尔[③]。

以色列财政部负责PPP项目的识别，财政部下属的总会计办公室基础设施署暨项目司（Infrastructure and Projects Division of the Office of the Accountant General）负责PPP项目的开展，负责调用各种资源开发PPP项目。部分PPP项目执行的工作移交给国有公司Inbal，由其协助相关政府部门协调工作。项目由部门间投标委员会（Inter-Ministerial Tender committee）提出。一个典型的PPP项目申请过程包括可承受能力研究、风

[①] 中国驻以色列国大使馆经济商务参赞处：《以色列法律关于外国公司进入以色列建筑市场的有关规定》，http://il.mofcom.gov.cn/article/ddfg/laogong/200301/20030100061117.shtml。

[②] 商务部网站：《如何开拓以色列劳务市场》，http://www.mofcom.gov.cn/article/zt_waipailaowu/subjectc/200612/20061204112911.shtml。

[③] 欧洲投资银行（European Investment Bank）研究报告，http://www.eib.org/。

险分配、起草投标与特许经营文件、竞标、审查融资情况、对建设和运营情况进行监督等事项。

【案例】 以色列特拉维夫轻轨红线项目，从 BOT 失败到全面国有

以色列红线项目是以色列首都特拉维夫区域轻轨系统的第一个项目。以色列轻轨红线南起 Bat Yam，向东北延伸至 Petah Tikva 区域地下部分。整个红线耗资约为新谢克尔 110 亿元，红线项目从最初立项至今可谓历经曲折。

2006 年，考虑到轻轨项目耗资巨大且具有公益性质，为了缓解政府财政压力，以色列政府最初计划以 BOT 方式来建设红线项目。2006 年，通过招标程序，红线项目的特许经营权被授予给联合体 MTS，该联合体是由非洲以色列投资公司（Africa Israel Investments）、中国土木工程集团公司、葡萄牙建筑公司 Soares da Costa、以色列最大的公共汽车公司 The Egged Bus Cooperative、西门子以及荷兰交通公司 HTM 联合组成。该特许经营合同标的 71 亿新谢克尔，是以色列史上向私营企业招标的最大标的合同。特许经营协议签订于 2007 年 5 月 28 日。项目须在特许经营协议签订后一年内融资关闭。融资关闭之日起五年内完成项目建设，项目建设阶段结束之后，开始起算 27 年的运营期限。需要特别注意的是，以上日期将依双方协议修改而有所变动，并且可能因各种因素而延期。①

就红线项目，MTS 内部成立了承包商联合体（EPC）以及运营管理（O&M）联合体，所有联合体成员对外对本项目承担连带责任。后来，受到 2008 年全球金融危机外部环境影响，再加上非洲以色列投资公司本身融资失败，政府方依据 MTS 申请，不得不将协议约定的时间表屡次延期。2009 年，以色列政府宣布将考虑取消 MTS 特许经营资格，并给予其再一次融资延期，直至 2010 年。如果届时资金仍无法到位，政府将考虑取消 BOT 的建造方式，转向全部使用国家资金建设该项目。2009 年，以色利政府与 MTS 谈判失败后，政府正式取消了 MTS 对红线项目的特许经营资格。MTS 要求政府赔偿其可能从该项目获得的利润，总计 27 亿新谢尔克。以色列政府认为 MTS 违约，要求其支付 35 亿新谢尔克的赔偿金。历经 5 年多，以色列轻轨红线项目特许经营协议风波，以联合体 MTS 的请求被全面驳回落幕。

2010 年 12 月，红线项目正式由 MTS 移交至以色列国有公司 NTA，项目接下来的所有建设资金将全部来自于以色列政府财政资金。以色列财政部总会计署与 MTS 联合体就取消红线项目的特许经营资格达成结算协议。依据该协议，以色列政府将保留其没收的巨额银行保证金。MTS 负责缴纳以色列国家参与法律程序的部分费用②。

（五）外国劳务进入以色列有关法律问题

外国人在以色列提供劳务的话，其就业签证时限一般一次为两年③。以色列政府对农业和建筑领域的外国劳务提供者，实行配额制管控。以色列与外国人就业的法律主要有

---

① 非洲以色列投资公司（Africa Israel Investments Ltd.）：《2010 年合并财务报表（英文）》，http：//www.afigroup-global.com/userfiles/File/Finance%20Docs/Annual2010ChapCEng.pdf。
② 以色列财经网站"环球"：《MTS forfeits NIS 145m over TA light rail debacle》，http：//www.globes.co.il/en/article-mts-forfeits-nis-145m-over-ta-light-rail-debacle-1001118358。
③ 商务部网站：《如何开拓以色列劳务市场》，http：//www.mofcom.gov.cn/article/zt_waipailaowu/subjectc/200612/20061204112911.shtml。

《外国劳工法》(The Foreign Workers Law)《以色列入境法》(The Entry into Israel Law)《劳务公司雇佣法》(The Law of Employment of Workers by Manpower Companies)《以色列雇员服务规定》(The Employment Service Law)等。

《外国劳工法》规定了雇佣外国劳工的雇主和外国劳工的义务，雇主欲雇佣外国劳工时应当从移民局（The Population Immigration and Border Authority，简称 PIBA）PIBA 取得用工许可。雇主应当履行其应尽义务，缴纳各种税费，并向有关部门提供被雇佣劳工的相关文档。政府可以在某些特定情况下，要求雇主为其雇佣的劳工缴纳保证金。雇主必须取得被雇佣劳工国籍国出具的健康证明，与劳工签署书面劳动合同，为劳工购买达到卫生部最低要求的医保，为外国劳工提供适当的住宿。

《以色列入境法》规定了进入以色列以及签证和居住证的种类。劳工取得的签证和居留许可仅仅限定在特定的领域内，要防止劳工在未经 PIBA 允许在其他领域从事工作。

外国公司在以色列主要是提供劳务服务，很难作为承包商承包建筑工程。我国一些公司在以色列注册，但不是建筑公司，没有申请外籍劳务配额资格，不能作为承包商承担法律责任，实际上是提供劳务，并负责劳务管理。

以色列政府曾经成立专门的"外来劳工问题特别委员会"（Special Committee on the Problems of Foreign Workers）处理一系列有关外国劳工就业的问题。[①] 但该委员会已经在第 19 届国会期间被解散。

三、以色列司法体系及争议解决

以色列法律体系构成较为多元复杂，兼有普通法、大陆法、犹太法典的三重特征，有成文法，亦有判例法。以色列的法院系统有最高法院、地区法院和基层法院三级组织，此外还有军事法庭、宗教法院、交通法院和劳资法院。[②]

中国与以色列都是《纽约公约》的缔约国。以色列 1958 年全面加入《纽约公约》，并于 1978 年颁布并实施《关于执行纽约公约的规定》。赴以色列投资的中国公司与以色列方签订合同时，建议务必在订立合同时设立书面仲裁条款。中以可通过选择中立第三方来规避将仲裁地设在中国或以色列可能造成的偏见，可选择使用英语作为仲裁语言，可约定香港为仲裁地。

在承认与执行外国判决的国际条约方面，中国至今不是 1971 年签订的《民商事案件外国判决的承认与执行公约》的缔约国。我国与以色列先后分别于 2001 年和 2004 年加入《〈1969 年国际油污损害民事责任公约〉1992 年议定书》。该议定书第 10 条涉及缔约国间对于特定判决的相互承认与执行，但其判决所涉范围十分狭窄。

自 1987 年起，中国先后与约 36 个国家缔结了双边的民商事司法互助协定，其中大部分是关于承认与执行外国法院判决的问题。然而，以色列不是我国司法互助协定国家。鉴于以上原因，中国企业在以色列投资争议解决途径不建议诉诸诉讼。

---

① 《以色列外国劳务》研究报告（英文），https：//www.gov.il/BlobFolder/reports/foreign_workers_in_israel_2016_report/he/foreign_workers_israel_review_0916.pdf.

② 中国外交部：《以色列概况》，http：//www.fmprc.gov.cn/web/gjhdq_676201/gj_676203/yz_676205/1206_677196/1206x0_677198/.

中以两国均认可互惠原则,但直到2015年,以色列与中国都没有执行对方法院判决的先例。直到2015年10月,以色列特拉维夫法院作出了予以承认和执行储呈林与Itshak-Reitmann合同纠纷案南通中院一审判决的裁定。该案案号为(2009)通中民三初字第0010号。

【案例】

上述案件中申请执行判决的是我国国有企业"海外集团",被执行人是"以色列人Itshak Reitmann"。江苏省南通市中院一审判决Itshak Reitmann返还海外集团已给付的佣金551400美元和人民币8372615.36元。① 以色列法院在裁决书中写道,证明互惠关系仅需证明外国法院承认以色列法院判决存在"一定可能性","在司法协助上的消极等待会造成两国间司法互助的恶性循环"。裁决书还提到,先行承认中国判决有利于促进两国间的经济合作,符合以色列的公共利益。② 该判决是以色列法院首次承认并执行中国法院作出的判决,说明中国法院公正性和权威性开始得到以色列法院的认可。笔者认为,可以预见未来将会有更多类似案例出现。

四、以色列营商环境及法律风险防范

(一)以色列整体营商环境

根据世界银行出具的《2017营商环境报告》,以色列营商效率名列第52位。整体上,以色列营商风险较小。然而,在以色列营商做好风险防范仍然必要。

目前以色列地缘政治压力较大,巴以双方在耶路撒冷、难民、边界等核心问题上分歧严重,巴以僵局一直是国际社会冲突的热点。2015年9月开始,以色列与巴勒斯坦在多地屡次发生零星冲突,造成人员伤亡。2016年,在特拉维夫发生恐怖袭击,多人死伤。我国建筑企业从投标阶段及签订合同时就应注意项目所涉及的区域是否包含争议敏感地区合同载明的施工地址应避免涉及巴以冲突的区域,以免带来不必要的风险和损害。

【案例】

2017年4月23日,以色列住建部与中国商务部于耶路撒冷签署中以劳务协议,主要内容为:以色列将引入6000名中国建筑工人,并保障他们在以色列工作的安全与权益。该协议本身没有提到中国建筑工人"不在定居点工作",但补充协议列举了中国工人的工作地点,没有超过以色列1967年的边界线,没有一个是约旦河西岸的犹太人定居点地区。③

(二)以色列投资与承包工程风险及建议

1. 以色列政府招标要求严格,第三方尽职调查审查严格。我国建筑企业应在投标时

---

① 中国江苏网:《南通中院公布2012—2016年度十大典型案例》,http://jsnews.jschina.com.cn/nt/a/201702/t20170215_61425.shtml。

② 彭兵,蓝天彬:《护航"一带一路",江苏律师在行动》,载《新华日报》,2017年5月26日,http://xh.xhby.net/mp3/pc/c/201705/26/c327964.html。

③ 陈克勤,王盼盼:《中国工人赴以建房避开敏感地点》,载环球网,2017年4月25日,http://world.huanqiu.com/exclusive/2017-04/1053400。

对自身的财务报表、业绩证明文件审慎准备,以免再次出现 2016 年以色列住建部取消我国企业中标资格的案例。以色列政府建筑工人欠缺,居民住房供不应求,房子问题已经成了其一大社会问题。在此背景下,以色列政府 2016 年 7 月向外国建筑公司招标,满足条件的外国建筑企业将入选以政府住建部的企业库,获得承建规划区域内住房的许可。我国江苏省第一建筑安装股份有限公司、中国华西企业有限公司与其他三家中国企业名列前十入选。然而,2017 年 2 月,以色列《国土报》披露以色列政府取消了江苏省第一建筑安装股份有限公司与中国华西企业有限公司的中标资格。以色列政府没有透露具体细节,但指出取消该两家中国企业的中标资格缘于他们未通过以色列政府组织的尽职调查。

2. 以色列土地政策独特。企业在承接项目时,应充分了解项目所涉及土地的性质是公有还是私有,是否已经取得所有权以及业主是否取得施工许可证。上文已经阐述,此处不再赘述。

3. 以色列政府由于有基础设施建设的巨大需求,可以预见该国政府未来仍然需要考虑以 PPP 方式发展基础设施。然而,PPP 项目周期最长可达 30 多年、融资压力大,风险不容忽视。特拉维夫轻轨红线项目 BOT 模式的失败即是前车之鉴。在特拉维夫轻轨红线项目中,我国企业中国土木工程集团公司在承包商联合体中占有 30% 的股份,作为承包商,联合体负责了包括项目前期规划设计的土木工程和基础设施建设任务。按照 PPP 项目合同,承包商联合体需承担部分项目风险。如果红线项目在合同约定的融资关闭日期前未能融资到位,MTS 与以色列政府将不向承包商联合体支付针对先期设计的 800 万美金。① 红线项目经过一再延期依然无法融资关闭,最终不得不以项目公司违约的原因而终止合同,项目公司被没收履约保证金。中国土木工程集团公司作为 MTS 的股东,持有 20% 的股份,在项目承包商联合体中占有 30% 的股份,红线项目流产为其带来损失是难以避免的。笔者经过检索,未发现就该项目,中国土木工程集团公司的相关财务情况资料。然而,该案例应引以为鉴,对于外国 PPP 项目的风险不可低估。

4. 我国企业进入以色列建筑劳务市场的法律风险防范。据以色列《国土报》报道,以色列建筑工地事故率是欧盟的 2 倍,英国的 5 倍。仅 2015 年,以色列就有约 5 万人在工作中受伤,54 人死亡,其中 63% 是建筑工人。外国建筑工人死亡概率是本国工人的两倍。② 以色列国会研究和信息中心的研究显示,2011 至 2015 年间,以色列建筑工地工人死亡事故调查率仅 50%,超过一半的调查因证据不确定而终止。③ 无论采取哪一种方式进入以色列建筑市场,我国企业都应当注意了解以色列劳动法规,保护员工,同时树立中国企业在以色列的良好形象。

5. 以色列注重保护自然环境。施工引起的噪音和粉尘都有可能遭遇当地居民的抱怨甚至抗议,应与以色列合作方在项目前期就可能遭遇的问题全面沟通。企业相关业务部门应当重视法律顾问提示的潜在法律风险,充分发挥内部法律顾问和外部专业律师的作用,

---

① 非洲以色列投资公司(Africa Israel Investments Ltd.):《2009 年 1 至 9 月董事会报告(英文)》,http://www.afigroup-global.com/userfiles/5ed07157-5512-46f2-9427-e8f29e4d9d71.pdf。
② 中国驻以色列国大使馆经济商务参赞处:《以色列建筑工人伤亡率在西方国家位居前列,工地安全亟待重视》,http://il.mofcom.gov.cn/article/ztdy/201605/20160501315131.shtml。
③ 拉乌尔·乌特利夫:《以色列建筑工人死亡事故调查率仅 50%》,载以色列时报,2016 年 10 月 6 日,http://cn.timesofisrael.com/报告:以色列建筑工人死亡事故调查率仅 50。

要求企业法律顾问全程参与境外重大经营项目的市场开拓、投标、合同谈判、签约、履约和风险管理，并根据需要提供法律意见书；对存在较大甚至重大法律风险的项目，应当事先进行详细的尽职调查和法律评审。

6. 汇率风险。以色列经济体量较小，开放性高，对国际贸易依赖程度高，受国际金融环境影响较大。2015年6月，以色列货币新谢克尔曾在过去一周之内急剧起伏，先升值2.1%后，因央行干预贬值0.8%，曾被调侃为"全球最糟糕货币"。我国企业投资以色列，无论是以承包商还是分包商的身份都需要考虑汇率风险。国际工程承包项目的结算款币常是外币和当地币一定比例的组合。汇率风险可能出现在投标、施工准备、实施以及质保期阶段。做好汇率风险的防范可以考虑以下途径：预测汇率走势，恰当分配当地币和外币的支付比例；结合实际情况，慎重考虑选择合同采用固定汇率还是浮动汇率；较早收回结算款，以避免夜长梦多的不可预测的汇率风险；做好项目总体资金计划，合理安排多币种资金收支，尽量减少不同币种间兑换；在PPP合同中，当汇率动荡超过一定预设值时，可设定该种风险由当地政府承担，以转移风险；加强对金融趋势的研究，考虑利用金融产品比如远期结算汇、货币掉期、货币期权等防范汇率风险。

五、小结

以色列与我国经济合作不断加深，其鼓励创新的氛围、高度的工业化以及技术方面的领先都对于中国有重要借鉴意义。以色列虽然地缘政治压力较大，然而社会整体平稳、法制健全，营商环境较佳。以色列在基础设施建设领域的巨大需求与我国的"一带一路"倡议匹配吻合。我国企业近年来在以色列重要海港、交通项目的深度参与都将为国家在全球的经济政治战略布局奠定良好基础，产生深远影响。

巴 勒 斯 坦

一、巴勒斯坦国情简介

巴勒斯坦国（the State of Palestine，以下简称"巴勒斯坦"或"巴"）地处在亚洲西部，占地面积不大，但确是亚洲、欧洲及非洲三洲的交通要塞，地理位置重要。由于诸多原因的作用，尤其是战争因素和宗教因素，使得巴勒斯坦由两个地区组成，分别是加沙地带及约旦河西岸。这两个地区面积都不大，其中，属于巴勒斯坦可以实际控制的面积就更小了。据有关数据，巴勒斯坦在约旦河西岸面积实际控制的面积为2500平方公里，在加沙地带，实际可以控制的面积也只有约360平方公里，巴勒斯坦的海岸线也比较短，只有40公里。正是因为上述多种因素的存在，巴勒斯坦的人口数量也并不占优势。巴目前约有1700万人，而且大部分人口在外，在国内的人口不足600万。巴勒斯坦的通用语言与周边大部分国家一致，为阿拉伯语，使用的文字为阿拉伯文。宗教上，国内大部分人信仰伊斯兰教。[①]

其中，巴勒斯坦国都为耶路撒冷，加沙地带分为五个省，约旦河西岸分为八个省。加沙地带的五个省分别为拉法、北方省、罕尤尼斯、加沙、代尔拜来赫，八个省分别为希伯伦、图乐凯尔姆、杰宁、纳布卢斯、拉马拉、耶路撒冷、杰里科、伯利恒。

历史和政治形势方面。在这里提及历史和政治形势，原因主要是巴勒斯坦国目前的政治形势对进一步了解巴勒斯坦具有很大的影响，不了解相应的历史、政治形势，对未来进行形势的预估，将是一个不小的风险。

以1947年为一个节点。节点前，英国统治着巴勒斯坦地区，巴勒斯坦内部内外矛盾严峻，巴勒斯坦问题依然举世可知；节点后，英国把巴勒斯坦问题移交给联合国，希望予以解决此事。而联合国经过对不同方案的选择，提议就是在巴勒斯坦建立两个独立的国家，一个是犹太独立国，一个是阿拉伯独立国，相应地在耶路撒冷市建立特别国际政权。分治计划中的两个国家，一个是后来的以色列，而因埃及和约旦占领了分治计划中本来划分给阿拉伯国的领土，这个阿拉伯独立国从未正式存在过。

鉴于巴勒斯坦国主权不完整，1964年，巴勒斯坦解放组织（以下简称"巴解"）在耶路撒冷成立，旨在领导巴勒斯坦人民取得独立政权，赢得胜利。其中，巴解的最高权力机构为巴勒斯坦全国委员会。当年10月，巴解组建了巴勒斯坦解放军。1967年，爆发阿以战争，以色列占领了当时约旦和埃及控制的巴勒斯坦其他地区——加沙地带和西岸。在此之后，虽经联合国斡旋，以色列与巴解矛盾升级，以军于1982年进攻黎巴嫩，宣布要消灭巴解。巴解被迫转移。1987年12月，在被占领的巴勒斯坦地区发生了集体抗暴行动，反对以军。以军暴力镇压，导致众多平民伤亡。

1991年，阿以继续谈判。1993年年中，巴解与以色列就安全和政治问题举行会谈，起初未见起色，阻滞不前，颇为不顺，后来得以推进。1993年8月末，巴以双方结束会谈并达成协议。1993年9月10日，以色列与巴解组织就相互承认换文，双方代表并于9月13日签文谈和。

之后，巴以之间尚待谈判的困难问题包括：以色列是否以及如何撤出被占巴勒斯坦领土、最后边界如何划定、难民如何处置、定居点如何划分、耶路撒冷的地位如何。1995年9月28日，双方签署新协议，代替了原签文，约定将约旦河西岸分成三个区，各区由双方共同管理。

1996年至1999年之间，双方进一步推动和平的进程又遭停顿。由于外部合力，这种阻滞的情形一直持续到2003年年末。

2004年初，以色列宣布从加沙地带大部分地区和西岸一小部分地区撤出的计划。后续一些有关和平的一些问题，也在持续缓慢推动当中，时停时进。

资源和经济增长方面。巴勒斯坦铁、铝土、铬矿、天然气、石油、煤的矿藏本身储备丰富。巴勒斯坦目前以农业为主，其他有建筑业、手工业、服务业、加工业等。巴勒斯坦经济严重依赖邻国以色列，据官方统计，加沙地带以及约旦河西岸地区每年可以消费约四十亿美元的以色列出口产品，巴勒斯坦约有80%的服务和70%的商品从以色列进口。由

[①] 地图看世界：《巴勒斯坦地区——苦难的犹太民族和独特的以色列国》，http://blog.sina.com.cn/s/blog_555b8d8b010110y5.html。

于以色列持续对巴封锁、外部财政援助未能及时到位等原因,近两年以来,巴勒斯坦出现严重财政困难。巴勒斯坦,工业规模较小、水平低,主要是加工业,如塑料、石材、橡胶、制药、化工、印刷、建筑、造纸、纺织、制衣、食品、家具等。截至2013年底,巴勒斯坦共有各种外资企业25家、工业企业5400余家。2015年巴勒斯坦国内生产总值(GDP)76.9亿美元,人均国内生产总值约1729美元,比2014年增长了4.7%,失业率28%。

【小结】

从巴勒斯坦国20世纪和21世纪初政治环境的复杂性和冲突的易发性上看,巴勒斯坦不适合进行投资,但是在看到战争、暴乱的同时,也要看到与之共同滋生的广大市场和劳动力市场,而且,现阶段巴以局势通过联合国及世界各国的努力,正在慢慢缓和、明朗,生产总值渐渐回升、增长,国际地位也在提高,巴勒斯坦在"一带一路"中的合作潜力是较大的。

二、巴勒斯坦投资建设法律问题

自从我国提出"一带一路"倡议后,巴勒斯坦响应积极。"一带一路"使得巴勒斯坦与中国的经贸合作有了更多的可能和机会。中国政府与包括巴勒斯坦在内的30个国家政府于2017年5月14日至15日签署了经贸合作协议。当然,除了与巴勒斯坦开展经贸合作,中国还可通过多边场合与巴勒斯坦开展经贸合作。此外,因为巴勒斯坦的地理位置与以色列、埃及和约旦等国接壤,而中国与这些国家之间都有良好的外交关系、密切的经贸合作,中国与这些国家在基础设施建设领域已经开展或是拟议中的合作项目,有些就会涉及跨境合作,这也间接为通过多边场合促进中巴经贸合作提供了可能。

(一)巴勒斯坦具有发展潜力的领域

1. 民生方面

巴勒斯坦资源丰富,轻工业较多,劳动力资源充沛,人口与资源分配不成比例。民生方面的需求较大。

因为历史和经济原因,中国在民生方面拥有较多的经验和优势,如食品加工、农业生产和住房建设等,可以为巴勒斯坦提供借鉴和分享。

2. 基础设施建设方面

在多种原因的交织影响下,诸如以色列的长期对巴勒斯坦的控制、占领和封锁,巴勒斯坦在基础设施方面一直都十分缺乏,而2014年以色列对加沙地区的狂轰滥炸,更使得巴勒斯坦原本就十分落后和欠缺的基础设施遭受重创乃至完全摧毁。

道路交通方面,目前巴勒斯坦各主要城市之间已建设相对完善的公路,城市之间有黄色小巴士,随叫随停,各市市区内也都有固定的停靠站点及汽车站点,各城市市区有出租车。巴勒斯坦无铁路,无水路,加沙地带的海上交通被以色列封锁。巴勒斯坦无机场,赴巴人员须先飞抵以色列、约旦或埃及,再经陆路进入巴勒斯坦。

巴勒斯坦的基础设施需要完善和提升,加沙地区还有重建的问题。而与此同时,无论是基础设施建设,还是城市建设,中方企业的能力和优势都经得住考验,完全可以通过中巴经贸合作的途径,让中国的建筑团队融入巴勒斯坦的城市,助巴勒斯坦完成基础设施建设。

3. 职业教育方面

当今巴勒斯坦一个普遍存在的现象是年轻人多，失业率高。究其原因，一方面可能是因为巴勒斯坦的经济困境无法提供更多的就业可能性；另一方面，不少人由于历史因素导致工作技能缺乏而错失工作机会。

巴勒斯坦，百废俱兴，正是用人之际。但是巴勒斯坦的市场培训并不完善。如果巴勒斯坦很多失业者在教育培训系统后有一技之长，就能更好地把握工作机会。此外，中国作为投资者进入巴勒斯坦职业教育领域，还可以较好地促成巴勒斯坦、以色列之间人才的流动。所以，在巴勒斯坦开展、加强职业教育，具有非常重要的现实意义，应该成为中巴经贸合作的内容之一。[①]

4. 网络电信服务方面

巴勒斯坦现在建设的需求是比较全面的。虽然目前巴勒斯坦的经济水平不高，但网络电信的需求却不言而喻，第一，网络电信的发展可以较好地反哺其他领域，促进其他领域的发展及建设，助推经济发展和民生改善。第二，政治环境的复杂性和冲突的易发性，会对国家的通信业务造成破坏，因此巴勒斯坦网络电信服务方面的需求也是极大的。

中国是一个网络电信大国，在这方面拥有优秀的能力和实力，通过中巴经贸合作，帮助巴勒斯坦提升网络电信水平不失为一个好的选择。

5. 观光旅游业方面

巴勒斯坦地区气候宜人，历史悠久，拥有众多世界闻名的历史、宗教和文化等旅游景点。而中国已连续4年成为世界第一大出境旅游消费国。对于中国游客来说，巴勒斯坦具有相当的知名度和吸引力。

截至目前，去过巴勒斯坦的中国游客还只是很少一部分，除了普通中国人担心那里的安全局势外，另一方面可能还与赴巴旅游必须拥有以色列签证有关。如果今后巴勒斯坦及其周边地区的安全局势有所改善，中国游客一定会蜂拥而至。所以，在旅游观光方面，中巴合作，以中方为旅游媒介，以巴方为旅游资源待开发地，市场潜力很大。

虽然巴勒斯坦在以上领域具有发展和合作潜力，但是介于多方面因素，其投资方面法律建设并未取得较大发展。

（二）影响巴勒斯坦投资建设的因素

1. 经济来源被动

巴勒斯坦现今的主要经济来源之一是经济援助。2008～2010年，巴民族权力机构每年获得的财政援助分别为18亿、14亿和12亿美元，美国和欧盟是最大的援助方。2011年，由于巴谋求加入联合国，美冻结部分对巴援助，巴全年仅获得9.83亿美元援助，财政缺口巨大。2012年，中东问题"四方机制"呼吁国际社会向巴提供11亿美元财政援助。2013年，巴获得10.2亿美元财政援助。2014年加沙冲突后，加沙重建大会在埃及召开，参会各方承诺将为重建加沙提供54亿美元援助。[②]

[①] 华夏时报：《一带一路穿越"奶和蜜之地"，巴勒斯坦期待中国经贸"大礼包"》，http://www.chinatimes.cc/article/66830.html。

[②] 新华丝路网：《巴勒斯坦》，http://silkroad.news.cn/2017/0718/39516.shtml。

2. 经济交往缺乏

以我国与巴勒斯坦的交往为例，据商务部统计数据，2015 年中国对巴非金融类直接投资无数据，劳务承包新签合同额 191 万美元，位居中国对西亚国家承包工程数额的第 12 位（倒数第二）。根据外交部统计数据，2016 年，中国和巴勒斯坦双边贸易额为 0.6 亿美元，同比下降 14.4%，主要为中国对巴勒斯坦出口。另外，在文化、教育交流方面，中国每年向巴勒斯坦提供 100 个政府间奖学金名额。截至 2015 年，中国通过政府间渠道共接收 615 名巴勒斯坦留学生。2004 年，中巴两国政府签署文化教育合作协定。2013 年，中巴两国政府签署文化教育合作协定 2013 年至 2016 年执行计划。[①] 综上可知，中巴双方来往十分有限，中方尚未与巴勒斯坦有深度接触。

3. 经济发展受限

从巴勒斯坦经济与财政状况看，巴勒斯坦经济严重依赖以色列，因此巴以僵持对巴经济发展形成严重制约。另外，巴国多年财政收支处于赤字状态。2015 年，政府经常账户赤字占 GDP 的 13.5%。而来自欧盟和美国的国际援助，以及巴税款常因巴以关系的动态变化而受到影响，巴国财政状况入不敷出是常态，这使双方合作项目面临巨大的资金风险。自 2000 年以来，巴勒斯坦外国直接投资对经济增长贡献率几乎为零。另外，如果国外投资于巴勒斯坦国内市场，双方进行产能合作，还必须考虑到产品市场情况。由于巴国为产能消费能力有限，国内现有人口 1200 万人，因此产品必须要走向国际市场。而巴国边境进出口贸易不能自主，由以方把控，长期无法顺利融入国际市场。这一事实导致巴勒斯坦在进出口货物时，无法做出更具有竞争性的选择，难以解决产品销售问题。[②]

【小结】

虽然现阶段巴勒斯坦的国内投资法律建设不完备，但是随着美国斡旋的进一步展开，巴以双方在安全、定居点建设、耶路撒冷地位以及巴勒斯坦难民回归权等核心内容上的分歧上渐渐磨合。随着政局的稳定、经济的发展，巴勒斯坦的需求势必扩大，在民生、基础设施建设、职业教育、网络电信服务、观光旅游等领域的需求一定会愈发明显。相对应的，外资企业进入巴勒斯坦投资的机会也会与日俱增。

三、巴勒斯坦司法体系及争议解决

由于之前的连年动乱，目前巴勒斯坦司法制度并不完善，行政机构及军队同时兼具司法的功能。虽然目前巴勒斯坦执行机构与以色列政府达成安全合作协议，巴勒斯坦拥有警察和安全部队，社会治安总体较好，犯罪率较低，但巴内部纷争不断，特别是以军经常在巴勒斯坦采取不同规模的军事行动，以军警与巴平民经常发生冲突，流血伤亡事件频发。

巴以和谈屡次阻滞、巴勒斯坦最终地位问题迟迟得不到解决，以及自治政府无法获得完全立法权和司法权是外部原因；行政权力对立法和司法的过度干涉则是内部原因。综上，巴勒斯坦并未形成稳定的司法体系，争议解决方式也并未统一。

---

① 华夏时报：《一带一路穿越"奶和蜜之地"，巴勒斯坦期待中国经贸"大礼包"》，http://www.chinatimes.cc/article/66830.html。

② 同上。

四、巴勒斯坦营商环境及法律风险防范

由于巴以冲突,局势长期动荡,巴勒斯坦安全问题亟待解决。而且巴勒斯坦至今未发行本国货币,财政状况入不敷出,经济环境堪忧。在现阶段,双方之间的投资活动隐藏着不小的风险,所以,中巴交往主要集中在人文交流层面。

但是动荡国家也具备一定的积极因素,比如市场需求巨大、外资引进门槛低。巴勒斯坦现有各类公路5146.9公里,并由于2000年爆发的巴以冲突,巴交通建设陷入停滞。[①] 巴勒斯坦于1996年组建民航机构,至今巴勒斯坦航空公司仅有2架支线客机。因此,巴勒斯坦在政治形势趋于稳定后,有极大的市场空缺。而这对于我国"一带一路"政策而言,既是发展机遇,也是挑战。

中国政府、金融机构、企业要走出去适应当地营商环境,就要充分考虑可能遇到的风险,包括经济和金融风险、地缘政治风险、政治风险、恐怖主义风险、政策风险、法律风险等,做好风险防范机制。尤其在巴勒斯坦国内发展受到政治因素制约的情况下,需要研究周边支点国家的发展战略、政局走向、政府政策、法律法规及社会文化习俗等领域。[②]

鉴于我国与巴勒斯坦的贸易往来并不密切,我国企业在考虑降低各种风险时,应当主动联系有关学者专家和主动搜索巴勒斯坦一方为加强对巴投资机遇的推介。"一带一路"发展合作既是中国的机遇,也是巴国的机遇,双方都不能错失。

五、小结

在中国政府"一带一路"的总体战略发展过程中,巴勒斯坦在其自身经济发展面临局限性和资源缺乏的情形下,中国的投资者以及相关企业择时进入巴勒斯坦国相关领域将具有深远意义。作为中国投资者,需要充分考虑当地法律环境的复杂性,考虑到当地条件的严峻性,提前建立危机应对机制。

阿　　曼

一、阿曼国情简介[③]

阿曼苏丹国(Sultanate of Oman),简称阿曼,位于阿拉伯半岛东南沿海地区,与也门、沙特阿拉伯及阿拉伯联合酋长国接壤。阿曼海岸线全长2092公里,东方、南方临阿

---

① 中国领事服务网:《巴勒斯坦》,http://cs.mfa.gov.cn/zggmcg/cgqz/sbcgqz/sqysqz_660469/yz_660473/b/t1084722.shtml。
② 中国中东研究网:《"在中东推进一带一路建设的机遇与挑战"学术研讨会在杭州举行》,http://www.mesi.shisu.edu.cn/3e/b5/c3715a81589/page.htm。
③ 中国驻阿曼大使馆经济商务参赞处,http://om.mofcom.gov.cn/。

拉伯海，东北毗邻阿曼湾，其扼守的霍尔木兹海峡是世界上最重要的石油输出通道。

阿曼大部分地区是沙漠，约占大陆总面积的 82%，耕地面积仅 6.01 万公顷。阿曼属热带沙漠气候，年均降水量仅 97 毫米，全年分为两个季节，5～10 月气温较高，可高达 4℃，11～4 月气温适宜，平均气温 24℃。

阿曼自然资源丰富，尤其是石油、天然气及矿产资源，是典型的资源输出型国家，但农业发展较差，农产品大部分依赖进口。因临近波斯湾及阿曼湾，故渔业发展相对较好。阿曼工业主要是以石油、天然气为主的石油化工产业，除少数诸如面粉、炼油、水泥等大型企业由阿曼政府投资经营，大多数企业都是私人投资的中小企业。

阿曼国内主要的运输方式是公路运输，铁路运输能力较弱。为带动阿拉伯半岛沿线国家经济发展，海湾合作委员会国家拟打造"半岛铁路网"，其中一部分就在阿曼境内进行建设。

阿曼是中国在中东地区的第四大贸易伙伴，中国主要从阿曼进口石油及相关产品，其中石油份额占据九成，占阿曼石油出口份额的一半以上。阿曼是 WTO 成员国，货币为阿曼里亚尔，100 阿曼里亚尔约合 1791.25 人民币①。

【小结】

阿曼位于"一带一路"的西端交汇地带，拥有丰富的油气及矿产资源，未来 15 年在国内交通基础设施、海水淡化设施及工业园区建设方面有较多投资机会，是"一带一路"建设的重要合作伙伴。

二、阿曼投资建设法律问题

（一）阿曼项目投资立法

阿曼关于项目投资立法主要是《商业公司法》《外国投资法》《公司所得税法》《劳动法》《商标法》《专利法》《代理法》等。

2016 年 5 月 26 日，阿曼召开两会联席会议修订《公司所得税法》，确定液化天然气企业所得税率为 55%，石油化工及非石油公司所得税率为 35%，同时修订《企业所得税法》，将企业所得税率增加至 15%。值得注意的是，阿曼政府计划与其他海湾地区国家一样，对进口商品、外籍劳务、烟草及含酒精饮品等特殊进口商品加征税费。

2016 年 4 月，阿曼矿业局宣布，实行待投资矿区租借制度，并承诺提供完整的政府许可证明。即将出台的新矿业法拟为投资者提供较长的矿区租期并取消一部分投资限制，以吸引更多投资者。

（二）阿曼外资准入及企业设立相关法律

1. 投资额及投资比例限制

根据阿曼《外国投资法》第二条规定："一般的项目投资额不得少于 39 万美元，外资比重不应多于 49%，若得到阿曼商工大臣批准，该比重不得多于 70%。对阿曼国民经济

---

① 2017 年 5 月 4 日汇率。

发展意义重大且投资额在 130 万美元以上的项目，若得到商工大臣推荐并经内阁批准，外资权重可达 100%。"

2016 年 5 月 17 日，阿曼商工部宣布，即日起取消 39 万美元注册公司资本最低限额。该项新规定适用于除合资公司外所有类型的公司，且注册者无需提交与此规定有关的书面证明。①

阿曼《外国投资法》没有对外来投资的范围进行确切的限制，但以下商业活动必须由阿曼人运营：①宗教朝期活动；②劳务雇用和提供；③保险服务；④商业代理；⑤海关清关服务；⑥机场货物处理；⑦海运服务；⑧政府部门的跟踪服务；⑨房地产服务、土地和建筑租赁与管理；⑩残疾人福利、康复机构、老年人福利机构等公益服务组织；⑪报章媒体、出版印刷、摄像影视、艺术演艺、影院博物馆等相关艺术文化产业；⑫租车服务；⑬广告服务；⑭各类运输服务；⑮旅行社。

2. 投资方式和设立形式

外资在阿曼享受国民待遇，投资者若能取得当地政府许可，可以独立投资经营项目，否则应当与阿曼本地个人或企业合资经营。阿曼在外资收并购法律规定方面处于空白状态。

阿曼商工部要求："除个别已经明确的行业外，外国投资者在阿曼注册公司仍需要有阿曼籍合伙人，注册者可在网上提交注册信息，完成注册后需要在财务年度结束后四个月提交公司年度报表。"②

按照阿曼《商务公司法》和《商务代理法》规范要求，外资在当地投资经营主要有以下几种：③

（1）合资企业：外国投资主体和阿曼本地投资主体共同出资成立企业。

（2）独资企业：由外国企业全资在阿曼设立的企业。该企业模式需要阿曼政府批准特许经营权，并要求投资项目是对阿曼国民经济发展意义重大且投资额在 130 万美元以上。

（3）分公司：①总公司与阿曼当局签订合作协议；②依照苏丹卡布斯令成立的企业；③经营活动对阿曼国民经济发展意义重大并经阿曼内阁公布。

若外国公司参加阿曼政府国际招标项目或阿曼石油开发公司（PDO）、阿曼液化天然气公司（LNG）的工程招标，可在接到中标通知后，在阿曼注册建立分公司。

（4）代表处：根据阿曼商工部 2000 年第 22 号颁布令规定："从事工业、贸易、服务行业的外国公司和机构可以在阿曼开设代表处，允许对其公司生产的产品或服务进行宣传，同用户进行直接沟通，但不允许在阿曼境内进口、出口或销售其产品。代表处的非阿曼籍雇员可以依申请获得必要的签证，同时代表处应遵守就业阿曼化的规定。"

【案例】

2016 年 10 月 24 日，穆珊旦电力公司承建的穆珊旦 120 兆瓦燃气电站正在有序推进中，于 2017 年初开始运营，该公司是韩国 LG 商事与阿曼石油公司共同投资的合资企业。阿曼石油设备开发公司（Oman Oil Facilities Development Company）工作组到现场视察

---

① 中国驻阿曼大使馆经济商务参赞处：《阿曼取消注册公司资本最低限额》，http：//om.mofcom.gov.cn/article/ddgk/201605/20160501325616.shtml。
② 同上。
③ 李屏：《知悉政策法规企业投资阿曼需做足功课》，载《中国工业报》，2017 年 5 月 11 日。

并对调试前的准备工作进行了审核。

(三) 阿曼工程建设相关法律

1. 土地制度

外国人在阿曼购买土地和房地产是被法律禁止的，仅有政府批准的少数旅游地产具有买卖的可能性。

2. 外国公司承包工程许可制度[①]

《招标法》和《招标规则》是阿曼工程建设方面的主要法律，负责招投标的管理部门是招标委员会，阿曼交通运输大臣担任主席，其他与社会经济发展有关的各部大臣级官员担任委员。招标委员会的职责主要有：①相关技术标准及条件的审查，招标方式的决定，招标公告的发布，接收投标人的报价并组织开标；②在各地组织成立分支机构并规定其职责；③分级承包商、进口商以及咨询公司。

阿曼《招标法》规定，所有政府部门（军队和安全部门除外）及国有企业的运输、工程、服务、进口、采购、咨询、房屋租赁等政府采购项目都必须通过公共招标完成。若招标合同金额大于50万里亚尔，则由招标委员会负责招标并将招标信息在政府公报上发布。50万里亚尔以下金额的招标，可由各地方和各部门经招标委员会主席许可设立的内部招标部门组织实施，其决定具有最终效力，严禁外国自然人在阿曼承揽工程。

3. 外国公司承包工程禁止领域[②]

对于外国公司在阿曼承包工程，当局没有明确规定禁止领域，但应当注意阿曼国内标和国际标的不同规定。

对于国际标，外资企业可以独立参加招投标并组织实施，一般是在当地成立分公司并完成注册。而对于国内标，外资企业不能独立参加，实践中多为委托当地企业代理或与当地企业合作，合作方式有成立合资公司、与当地企业组成联合体等。

4. 招标方式[③]

阿曼政府除了公开招标，还有一种有限招标的方式，即只有被招标委员会邀请的企业才能投标。招标一般由技术标、商务标组成，两者分别在总评分中占部分比例。

阿曼政府项目的中标规则不一定是最低价中标，这一点要尤其注意，一般会在阿曼政府的招标公告中予以确认。"阿曼境内贡献值"在技术标中占据很大的考量因素，主要考察投资者对阿曼境内的贡献，例如解决阿曼籍员工就业情况，提升当地员工技术情况，对当地货物及服务的购买力度，促进当地技术发展和转化为生产力情况等，较大的项目都会设立评标专家专门对贡献值进行评审。"阿曼境内贡献值"甚至是投标成功与否的决定性因素，因为实践中往往招标人会选择贡献值大的一方。

5. 施工企业注册[④]

企业在接到招标委员会的中标通知后，1个月内履行完毕企业注册手续。企业首先应准备好注册所需资料，如注册办公地址、电话、邮箱等联系人资料、公司登记注册文

---

① 中国国际贸易促进委员会：《阿曼投资法律指南》，http://www.ccpit.org.htm/。
② 同上。
③ 同上。
④ 同上。

件（翻译件和复印件）、项目实施合同（复印件）经中国外交部、贸促会和阿曼驻中国大使馆确认的项目经理授权书（原件）。之后向当局商工部申请完成商业注册，并向商工会申请注册为其会员，会员证书和商业注册证书由商工部统一发放。企业注册可根据完工日期确定注册期限，但商工会的会员证书需每年进行更新注册，同时缴纳625里亚尔费用。在阿曼以分公司形式注册的企业需缴纳1500里亚尔的注册费用，无需缴纳注册资金。

6. 施工许可

企业施工前，应获得当局部门的施工许可（No Objection Certificate，简称"NOC"）。施工许可应当由阿曼当地政府所承认的公共关系官员（Public Relationship Officer，简称"PRO"）来申请，PRO一般应由阿曼人担任。

除了施工许可，根据工程项目种类的不同，还可能涉及其他需要申请的许可，例如：环保类许可、施工开挖许可、取沙类许可、公用地使用许可、切割沥青路面许可、打井降水类许可、PDO水管的许可、使用自来水许可、园林和灌溉水管许可、公司招牌和食堂运营许可、阿曼电信电缆的许可、用电许可、交通管制类许可、实验室运行许可、路灯的许可等。

工程施工许可的申请程序为：公司向PRO提供申请材料；PRO联系相关政府部门递交申请；PRO跟踪申请进展并传达政府部门意见；公司根据政府部门意见进行协调、调整；PRO从政府取得许可。

7. 《劳动法》中的特殊规定

（1）有关劳动时间的规定：斋月时伊斯兰每天作业工时不能多于6小时，每周累计作业工时不多于36小时。平日每天不间断作业工时不得超过6小时，吃饭休息时间不少于半小时，若工人连续作业6日，应给予其完整的24小时休息时间。

（2）有关解雇石油企业员工的特殊规定：2016年，阿曼石油行业的公司被禁止解雇阿曼籍员工，阿曼政府要求这些公司在与员工签署合同时需要明确工种和到期协议，并要尽量用阿曼籍员工替换外籍员工。

（3）有关就业本地化的要求：阿曼人口结构年轻，35岁以下人口超过本国人口70%，每年新增就业人口较多，就业压力较大。为解决阿曼人就业问题，阿曼政府制定了就业阿曼化的国策，规定所有在阿曼注册的企业应按一定比例雇用阿曼籍员工。本地化比例主要根据行业划分，兼顾岗职、时间等因素。其中石油、天然气领域，生产作业90%，直接服务82%，分包商73%，本地社会公司82%；承包领域，二级公司及以上30%，延续项目80%；其他领域，运输、仓储、交通领域60%，金融、保险、房地产领域45%，工业部门35%。

（4）外国人在当地工作的规定：只有经过阿曼劳工部的批准，才能在阿曼雇佣外国劳工，且应严格执行批文对外国劳工职位及数量的要求。劳工部在受理外国劳工在本地工作的申请时，会同时审核用人公司雇佣阿曼籍员工的比例情况，如果企业阿曼籍员工比例未达要求，该项申请将很难得到批准。外籍工作人员得到当局准许后，企业应为每位外籍工作人员支付200里亚尔费用。

(四) 阿曼 PPP 相关政策与法律

1. BOT 方式

因国际油价低迷,为压缩政府支出,缓解财政压力,阿曼正在积极推行 BOT 等含有投资元素的项目合作模式,目前还未建立统一的合同规则,相关法律法规正在不断完善中。水电行业是近年采用 BOT 方式合作较为集中的行业,通常由外国合营体承担项目建设,赋予 20~25 年运营权,之后向阿曼政府移交,项目生产的水、电由阿曼政府认购,用于民用和商用。通常,阿曼 BOT 项目的获得者将建设环节对外招标,运营由其自主负责。合同都须符合阿曼有关招投标法律规定。在公共工程领域,业主(即阿曼政府)与开发商之间的关系由投标法(皇家法令 36/2008 号)来规范,该法仍在不时进行修改。目前,水、电项目的外资企业主要来自沙特、日本、新加坡。中资企业尚无采用 BOT 模式执行项目的先例。

2. PPP 方式

阿曼财政部在 2017 年财政预算案中表示,正在加快政府与社会资本合作(PPP)模式的相关立法工作,尽快出台相关法律法规。

【案例一】①

2017 年 2 月 8 日前,阿曼物流公司启动了 Khazaen 一体化物流中心项目首期工程的招标工作。投标截止日期为 2017 年 8 月 31 日。该公私合营项目位于南巴提奈省,占地面积 95 平方公里,首期工程占地 10 平方公里。中标企业将负责首期工程的设计、建设、融资及 40 年期的运营。

【案例二】②

2016 年 10 月 14 日,阿曼电力与水务采购公司(OPWP)表示共有 4 家联合体提交了 Salalah 和 Sharqiyah 独立水厂项目标书。它们分别是由 JGC Corporation、GS Inima、ACWA Power 和 Tedagua 牵头的联合体。中标者将负责项目的设计、建设、拥有、运营、融资和维护。两个项目总的海水淡化能力达 18 万立方米/天,其中 Salalah 独立水厂将于 2019 年第三季度投入商业运营,Sharqiyah 独立水厂将于 2020 年第二季度完工。

【案例三】③

2016 年 3 月 3 日阿曼电力和水资源采购公司(OPWP)签署了位于伊比利和苏哈尔的几个独立电力项目的建设合同。合同的签约方是由日本的三井物产,沙特 ACWA 国际电力公司和阿曼当地公司佐法尔国际发展投资控股公司组成的联合体。该项目内容包括建设两座天然气联合循环发电站,总装机量达 3219MW。这一联合体将负责建设、持有并运营这两座电站,之后将生产电力以 15 年的购电协议销售给阿曼电力和水资源采购公司,项目投资额达 8.85 亿里亚尔(约合 23 亿美元)。

---

① 中国对外承包工程商会:《阿曼物流公司启动 Khazaen 物流中心项目首期工程的招标工作》,http://obor.chinca.org/syjh/57657.jhtml?country=546。

② 中国对外承包工程商会:《4 家联合体提交阿曼 Salalah 和 Sharqiyah 独立水厂项目标书》,http://obor.chinca.org/syjh/57287.jhtml。

③ 中国对外承包工程商会:《阿曼电力和水资源采购公司签署伊比利和苏哈尔的独立发电项目合同》,http://obor.chinca.org/scdt/56275.jhtml。

三、阿曼司法体系及争议解决机制

（一）诉讼制度

解决经济纠纷可参照的法律主要有《司法法》《阿曼仲裁法》（苏丹法令 47/1997）《外国投资法》等。根据规定，除非合同规定出现纠纷可在异地仲裁，否则都在当地法院审理。

阿曼的审判组织分为三级，最高法院是最高级别的审判组织，其判决为终审判决，上诉法院是第二个级别的审判组织，全国共有 6 所，初审法院是最低级的审判组织，全国共有 41 所。此外，阿曼还设立了国家安全法院和行政法院各 1 所。阿曼在 1999 年 11 月颁布了《司法法》，成立了最高司法委员会，卡布斯苏丹担任该委员会主席，司法大臣担任副主席。

（二）仲裁制度

根据阿曼《外国投资法》第十四条规定，可将外资项目中同第三方产生的任何纠纷转交地方或国际仲裁机构。仲裁在阿曼是最受欢迎的争端解决方式之一，主要是因为仲裁具有节省时间、金钱及解决方式灵活的特点，并且实践中能最终解决问题。

为确保争端能够及时解决，《阿曼仲裁法》规定了裁决的期限，该法规定，最终裁决应当在双方合意的期限内及时做出。同时规定，若双方未能就争端裁决的期限形成合意，则仲裁结果的通过期限为仲裁程序开始之日起 12 个月，仲裁程序的开始日期以书面形式明确记录。

（三）司法协助

司法协助方面，阿曼极少与其他国家签署承认与执行外国法院判决的协议，因此外国法院的判决极少能得到阿曼的承认与执行。在外国仲裁裁决承认和执行方面，阿曼为《纽约公约》缔约国之一，虽然同意承认并执行外国仲裁裁决，但作出互惠原则的保留声明。[①]

根据各国在阿曼的纠纷处理情况，对我国投资者建议如下：①阿曼当地代理能在复杂的合同纠纷中起到不可替代的作用，通过代理与上层沟通，展开高层公关活动，获得上层信息，确保纠纷解决。②对于复杂的合同纠纷应积极联系中国驻阿曼大使馆并得到其支持，大使馆代表中国政府可发挥一些政治作用。③阿曼政府官员和人民都有着很强的阿拉伯民族自尊，投资者应当充分理解并尊重阿拉伯民族的文化，得到他们的理解和帮助。

【案例】

凯发（Hyflux）的新加坡子公司 Hydrochem 针对阿曼塞拉莱（Salalah）海水淡化设施的 2009 年 8 月底工程与采购合同纠纷，向 SEPCOIII 电力建筑企业发出仲裁通知。合同约定适用英格兰和威尔士法律，仲裁地为香港。

---

① 国家开发银行：《"一带一路"国家法律风险报告（下）》，法律出版社，2016 年 8 月第 1 版，P906。

四、阿曼营商环境及法律风险防范

（一）阿曼整体营商环境

世界银行《2017年营商环境报告》中显示，阿曼的营商便利度在全球190个经济体中排名第66位，其在开办企业位列第32位、办理建设许可第52位、获得信贷第69位、保护少数权益投资者第35位，其中开办企业简便度在海湾地区排名第一。

（二）阿曼投资与承包工程风险及建议

1. 做好市场调研。阿曼虽然属于发展中国家，但市场高端，对于环保、技术标准及工程规范要求很高，倾向于发达国家的设备和技术标准，因此在投标前一定要充分调研，深入了解当地市场。

2. 寻找合作伙伴。阿曼工程项目的中标方不一定是最低报价企业，招标委员会将综合考察阿曼籍员工比例是否达到要求，是否有当地企业参与等因素。在当地寻求优良合作伙伴对初到阿曼的企业至关重要，这些合作伙伴能帮助协调疏通政府关系或搜集市场信息，提高项目推进效率。企业要根据自身实际选择合作伙伴，不应盲目寻找大公司，应关注合作伙伴在开拓当地市场，协助解决问题方面的能力。

3. 依法行事。根据阿曼国内法规定，外国投资者一般只能与当地企业共同成立合资企业进行项目投资。有的企业表面上与当地企业签署了合资合同，但只是利用了当地企业的阿曼国籍，实际上当地企业并未出资，也不参与实际经营，只通过私下协议获取分红或费用。这种做法被阿曼的投资法规所禁止，成为企业的一项法律风险。

4. 就业阿曼化比例要求。阿曼籍员工在当地企业应当占据一定比例，这是当地的一项基本国策，在阿曼进行投资的企业都应当遵守，这点应当重视。

5. 工作效率问题。阿曼夏天气候炎热，并且宗教活动及假期较多，在斋月期间每天工作时限只有6小时。每年6月至8月，大部分政府官员和企业中高层会出国度假，因此整体上工作效率不高，应当合理规划项目日程。

6. 公共关系官员（PRO）。在阿曼PRO是企业必设的岗位，并且必须由阿曼人担任，负责协调与政府部门的关系，办理相关事务。PRO很大程度上决定了企业的办事效率，因此投资企业拥有一个办事能力强、诚实可靠、有政府关系背景的PRO是相当重要的。

7. 利用工业园区。经过多年发展，阿曼各工业园区、经济特区的建设日臻完善、制度逐步健全、专业性更加突出。中国中水、华为等企业在工业区、高科技园区投资设点，有效地利用了当地赋予的优惠政策，并规避了一些投资不利因素。

五、小结

总体来说阿曼投资环境良好，并在不断修改外来投资法，解决外国投资者关切的问题，改善商业投资环境。我国投资者应当充分考察、研究阿曼当地的法律法规、宗教信仰及民族文化，在投资的各个环节上选取优质合作伙伴，同时合理安排公司阿曼籍员工的比例和配置，规避可能的投资风险。

也门共和国

一、也门国情简介[①]

也门共和国（Republic of Yemen，以下简称"也门"）于1990年由阿拉伯也门共和国（北也门）和也门民主人民共和国（南也门）合并组成，位于阿拉伯半岛的西南端，是世界上第二大的半岛国家。也门共和国的国土面积大约为55.5万平方公里，其国境之内有山地和高原，也有沙漠，一年只有凉热两季，4～10月为热季，11～3月为凉季。也门共和国全国共有约2360万的人口，大部分都是阿拉伯人，也门以阿拉伯语为官方语言，以伊斯兰教为国教。

也门实行共和制，行政区划为一个直辖市和二十个省。原首都为萨那，因被胡赛武装分子占领，于2015年3月也门将亚丁定为临时首都。

因为也门石油储量丰富，所以石油是也门经济的支柱产业，因而也门属于典型的资源型国家。因为也门从未参与过任何石油组织，所以也门不会受到国际石油组织配额的限制，在石油生产上具有较大的自主性。正因为如此，也门政府也特别重视石油的勘探与开采，欲通过出口石油、天然气等资源解决也门的经济问题。也门除了拥有丰富的油气资源外，还拥有丰富的矿藏资源。尽管也门拥有大量的先天的资源优势，但也门粮食作物不能自给自足，一般的粮食长期依赖进口，而且也门全国没有铁路交通不便，故也门仍然属于世界上经济最不发达的国家之一。

自南北也门统一后，也门共和国的政府强调要遵守合并前，南也门和北也门双方分别同各国签署的所有的协议和国际条约，并遵守联合国宪章和阿拉伯国家联盟宪章；奉行和平、不结盟政策；坚持睦邻友好、和平共处、互不干涉内政，以和平方式解决国际争端及分歧。也门已同100多个国家建立了外交关系，并于1945年5月5日加入阿拉伯国家联盟，属于最早加入阿盟的国家。2005年1月1日，也门成为大阿拉伯自由贸易区的成员国，同时也门还是欧盟提供关税优惠的受惠国。战乱之前，也门市场开放，除了武器等极个别行业外，其他领域广泛对外国投资者开放，而且鼓励外国投资者以BOT等PPP模式参与也门的基础设施项目。

中也两国友好交往可以追溯到千年以前的海上丝绸之路，1956年中也建交以来，两国在各个领域的合作不断发展，2013年，中也两国贸易额高达52亿美元，2014年，受战乱影响，中也双边贸易额下降至51.38亿美元。据中国商务部统计，2015年中国企业在也门新签订的工程承包类合同有12份，合同总额3510万美元，完成营业额3354万美元。新签大型工程承包项目包括中国水产有限公司参与也门渔业项目，华为技术有限公司承建也门电信等。2015年4月6日，中国外交部宣布中国驻也门使馆暂时闭馆，同日，中国海

[①] 外交部网站：《也门国家概况》，http://www.fmprc.gov.cn/web/gjhdq_676201/gj_676203/yz_676205/1206_677124/1206x0_677126/.

军撤离了最后一批在也门的中国公民。①

【小结】

也门经济发展落后，基础设施需求很大，虽然地处阿拉伯地区咽喉地带，但军事实力不够，地理优势未能显现。鉴于目前政治局势的不稳定，外国投资者应时刻关注政治和安全局势，确保人身和财产安全。

二、也门投资建设法律问题

也门法制并不健全，很多领域缺乏正式的法律法规。也门法律制度是以英国法律体系为基础，融合伊斯兰教法而形成的。其主要法律有《宪法》《基本选举法》《知识产权法》等，而其目前仍尚无担保法律制度。

（一）也门项目投资立法

也门的《投资法》是1991年颁布的，其旨在也门国家总体政策的范围内，以国民经济社会发展计划的目标和前提为实际依据，以不违反伊斯兰法律条款为前提，鼓励和组织也门本国的经济体与外国资本进行符合也门法律规定的投资合作。

《投资法》的主要内容包括：在也门投资采用注册登记制；对于那些质量与进口产品相当的工业、农业产品，也门政府和公共部门可以以高于进口产品15%的价格优先购买前述产品；只要是根据也门《投资法》注册登记的项目，不管该项目本身及其资金的法律形式是怎样的，也门方均视其为私营项目，一般情况下，不允许他人占有该项目，也门政府也不能将项目国有化；外国投资者有将其投资资金及利润、分红等本金及盈利自由的汇出也门境外；项目应尽最大的可能雇用也门本地劳工；根据也门《投资法》设立的项目，该项目的设立、改建和扩建所需要进口固定资产的，也门政府给予免去所有关税和其他税收的税收优惠政策；所有项目免征7年所得税；所有项目免房地产税；只要是根据也门《投资法》设立的项目，免征个人所得税；对于房地产项目中的住房项目，要求根据公共工程和城市发展部批准的规划和要求进行建造，且最终建造的住房数量不能少于50套，所建住房可作为个人资产也可出租；旅游建筑的等级不能低于三星级。②

2011年1月，也门工业和贸易部发布《2011—2021年也门微型和中小企业国家发展战略》。战略规划包括增加对中小企业的金融支持、改进中小企业政策和规章制度改革、建立创新和企业家精神文化、技术和管理、商业支持、创业支持。在渔业、农业、旅游业和工业等四个部门加强对中小企业的支持。在基础设施建设方面，由于也门社会持续动荡，各类安全事件频发，目前政府正处在政权过渡期，除等待捐助国资金以解决人道主义危机外，尚无成型的基础设施领域发展计划。

---

① 商务部国际贸易经济合作研究院，商务部投资促进事务局，中国驻也门大使馆经济商务参赞处：《对外投资合作国别（地区）指南—也门（2016年版）》，http：//fec.mofcom.gov.cn/article/gbdqzn/upload/yemen.pdf。
② 汕头市商务局：《也门投资法》，http：//www.stfet.gov.cn/detail.aspx？id=2485。

(二)也门外资准入及企业设立相关法律[1]

根据《也门投资法》,限制外商投资的领域包括:特别协定规定的石油、天然气及矿产勘探和开采领域;武器和炸药;损害环境和健康的工业;银行和钱庄;金融、进口、批发和零售贸易。与此同时,也门对外国投资实行"国民待遇"原则,对于外国投资企业的注册形式和行业没有明确的限制。

也门工业和贸易部受理一般的工商业企业的注册登记,而大型的投资项目由也门投资局办负责办理注册登记。

需要在也门注册设立公司的外国企业应当向也门工业和贸易部提交以下材料,该部受理上述注册的法定时限为2天:

1. 公司商业注册证明,成立公司合同(需认证);金融类公司还须提供公司基本章程(需认证);
2. 总公司商业注册证明(需认证),同时根据银行和投资法,在商业注册证明里应注明金额;
3. 公司上个财政年度的决算,须经公司负责人或者其授权人签字并认证;
4. 总公司的正式授权书,任命分支公司经理或代表;
5. 银行存款证明,金额为最低3万美元;
6. 外国公司注册费用收据。

以上材料如以外语书写,均需由指定的翻译机构翻译成阿拉伯语的文本后再提交。

(三)也门工程建设相关法律[2]

也门建设工程项目的承包商一般是通过招投标的方式来挑选的,外国投资者在也门承包工程建设项目要注意遵守《也门共和国投标、拍卖、仓储法》(简称《也门招投标法》)的规定。在也门,招标分为四种形式:一种是公开招投标;第二种是有限招投标,指在除广告外的公开招投标中,招标方对符合资质的不少于3家的公司进行招标时,所采取的一系列的法律、技术、行政手续;第三种是实行议标,主要指招标方为获得报价而实施的一系列的法律、技术、行政手续,以便迅速快捷的完成购买程序,比如日常商品、简单工作等;第四种是根据直接命令实施,主要指招标方与提供商品或者服务的任何人进行谈判和直接协商,为签订合同而实施的一系列的法律、技术、行政手续。若因材料或者工程复杂等原因,导致不能一次性确定项目全部的技术规范,那么可以采取分段招投标,一般分为两段,即技术标和财务标。在此过程中,投资者需要注意,是否能参加财务开标以投资者是否通过技术标为前提,没有通过技术标的投资者会被直接取消投标资格。在一般招投标正式招标前,专门委员会将对不同的招投标向招标方提出指导性建议。

投标者有权在第一封信标开标前撤回投标,投标保函可退回,如再次公开招标,撤标者可再投标。

也门本国经济发展较为落后,技术能力有限,因而也门没有为工程承包制定单独的国

---

[1] 汕头市商务局:《也门投资法》,http://www.stfet.gov.cn/detail.aspx?id=2485。
[2] 同上。

家级的标准和规范。在也门的工程承包实践中，业主一般均要求承包人适用欧洲或者美国的技术标准，承包合同条款的设置基本以 FIDIC 合同为基础，但是需要取消因汇率和物价变动进行补偿的条款。这对于投资者来说，在合同条款设置方面往往处于不利的地位，其在施工过程中的风险缺少保障。

在也门负责承包工程的政府主管部门系也门道路和公共工程部。该部中的公共工程司、道路司、住宅司分管各自领域内涉及的工程承包项目。项目工程实施处、研究和设计处、规格计量和合同处以及中心实验室等具体部门在每个司中都有设置，但是注册和分类处只在公共工程公司中才有设置，该处主要负责的是公共工程、道路、住宅等各类企业的注册和分类。

也门的工程项目招标信息的主要获取渠道为以下几种：①官方主办的《革命报》（阿拉伯语）；②《也门观察家报》《也门时报》等主流英文报纸。也门的国际招标，会在报纸、互联网等多种媒体上发布阿拉伯语和英语两种版本的招标信息。

在建设工程承包领域，除了《也门招投标法》外，也门目前还未制定较为完善全面的法律法规，一般在工程承包中，都是依靠合同的约定来约束双方的。对于工程验收，除了按照合同约定进行验收外，还存在一些习惯性做法。一般来说，验收分为初级验收和最终验收两个阶段，初级验收是为了承包人针对项目存在的问题和需要进一步改善，以便最终验收的顺利通过，提高验收的效率，使项目能够顺利地交接。

（四）也门 PPP 相关政策与法律[①]

也门正在修订《也门投资法》中关于 BOT 的规定。目前，也门的亚丁自由区主要以 BOT 和成立合资企业的方式建设。

1. 投资建设管理机构

成立于 1992 年的投资总局（GIA）是也门的投资主管部门，其主要职责包括：促进当地企业和外国企业对也门的投资；提供投资服务；负责投资项目的注册登记等。

投资总局设董事会，由也门总理直接领导，董事会成员包括相关政府部长、也门工商联合会主席和投资总局主席。董事会负责制定投资政策、批准投资计划和投资项目。

投资总局主席直接对总理负责，并设总经理负责总局日常事务。2016 年，投资总局公布 2016 年第 39 号决议，采取积极措施简化和加快投资者交易程序，要求 GIA 一站式服务（OOS）所辖有关部门和政府机构按时有效完成一站式服务，OOS 服务系统包括了 90% 的负责对投资项目发放许可证的政府机构。

2. 特许经营法律环境

（1）特许经营法律体系构成：目前，也门没有针对 BOT 等 PPP 模式制定相应的法律。BOT 等 PPP 项目一般也都适用《也门投标法》和《也门投资法》。

（2）特许经营项目资格：也门对外国投资者在也门进行工程承包持开放的政策，并对外国投资者实行"国民待遇"，并未对外国投资者参与当地工程承包设置特殊的许可制度和招投标程序，也未对外国投资者工程承包的领域做出禁止性规定。也门的招标投标法并没有工程承包项目投标者的资格做出统一的限定，一般是由业主根据项目的需要以资格预

---

① 汕头市商务局：《也门投资法》，http://www.stfet.gov.cn/detail.aspx?id=2485。

审的方式选定合格的投标者。也门业主的资格预审主要是对投标者的技术、资金和装备能力及以往业绩进行考察,值得投资者们注意的是,也门的业主大多都非常重视投标者的既往业绩及经验。

(3) 特许经营项目投资者选择程序:①也门的特许经营项目的投资者是通过招投标的方式进行选择的,投资者一般通过媒体了解项目招标信息后,直接向业主购买招标文件并报送资格预审的资料;②资格预审通过后,投资者将根据招标文件的要求准备并按时提交投标文件,并交纳投标保证金;③投资者出席项目的开标会并当场开标,在也门如果出现只有唯一投标的情形,也是可以正常开标的;④业主组织评标并决标;⑤业主向中标的投资者发出授标通知书;⑥中标投资者撤回投标保证金,交付履约保证金,并与业主签订合同。

(4) 投资项目注册程序:外国投资者或其授权代表可以到也门投资总局或其分支机构领取所办业务的申请表格,根据企业性质按照填表要求仔细填写,并将申请表连同下列文件一并提交给投资总局:①投资者个人或家庭身份证明复印件,或护照复印件(如果投资者是外国人);②由委托代理人代办业务的,还应提交授权委托书;③有效的企业商业注册证明;④如项目有多家投资方,还需要提交多家投资方一同签订的投资合作协议;⑤项目计划书。投资总局将根据相关法律的规定征求各个项目审批分支机构的意见,各分支机构在收到申请 15 日内作出是否同意的意见,15 日内未提出反对意见的视为同意。然后由投资总局完成注册手续。

(5) 特许经营项目批准程序:也门的项目招投标主管部门系最高投标和拍卖委员会,也门境内的公有工程项目的招投标均需取得该委员会的批准,且业主决标后必须将中标结果报该委员会审批通过后才能向中标企业发出授标通知书。值得投资者注意的有以下两点:一是,任何投标人自开标后享有 10 天的申诉期,投标人可以向该委员进行申诉;二是,如果有合理的理由,在项目合同实施的任何阶段均可对项目合同的内容进行调整,不过前提是要获得该委员会同意,而且调整的增减幅度不能超过合同总价款的 10%。

【案例】

也门将在国内建设铁路项目,以便加强与阿拉伯世界的交流,该项目有 21 家获得也门交通部批准的国际企业参与投标。根据前期也门政府相关部分作出的可行性调研报告显示,该项目于 2011 年开始分三期实施,预计 2025 年完成,总投资大约为 35 亿美元。也门政府方称,此项目将会以政府和社会资本合作的方式进行融资建设。

【小结】

从法律角度来说,也门对外商投资并没有太多限制,但法律体系的不健全和政治局势的不稳定将使投资者面临巨大挑战。

三、也门司法体系及争议解决

也门的法律制度是在英国法律制度的基础上,融合了伊斯兰教法而形成的。从实践来看,也门存在司法效率低下,地方保护主义严重的问题,外国投资者与也门当地企业或政府发生争议后,外国投资者往往处于较为不利的地位。

也门于 1997 年成了也门仲裁和调解中心,该机构专门受理国际商事纠纷法,通过调停、调解、仲裁方式解决经济纠纷。中国企业在也投资时，可以通过协议选择该中心进行仲裁。

由于也门非《纽约公约》的成员国，因此投资者们在也门发生争议可以通过诉讼、仲裁的途径解决。在也门，负责解决投资争议的主管部门系也门商业法庭，而解决投资纠纷的主要方式是仲裁。也门法院整体效率不高，法官整体素质不高，判决结果带有一定的偏向性，并存在腐败问题。因而，投资者在也门进行投资时，切记在签订合同或投资协议时，要特别关注争议解决方式和适用法律的条款。①

【案例】②

也门 Ras Isa 油库项目是由英国 Chemic-Tech 公司承建的，根据合同约定，项目基础建设执行至 30% 时，也门政府需支付 300 万美元。但如今，也门石油产业部下属的 SEPOC 公司却迟迟无法支付上述款项。故，SEPOC 将面临国际诉讼。事实上，该项目之前的承建公司也因也门石油矿产部和财政部无法支付中标方项目安装费用而停建。由于也门技术能力有限，目前整个国家在涉及执行国际合同时都存在信用风险。

四、也门营商环境及法律风险防范

（一）也门整体营商环境

根据世界银行《2017 年全球营商环境报告》显示，也门的营商便利度在全球 190 个经济体排名中位列第 179 位，十分落后。在开办企业、获取电力、信贷获取、保护少数权益投资者、跨境交易、合同强制执行率、破产处置效率等方面均处于下游水平，分别位列第 161 位、第 188 位、第 185 位、第 132 位、第 189 位、第 142 位和第 152 位；在办理建设许可、财产登记、纳税方面表现尚可，分别位列第 94 位、第 83 位、第 92 位，处于世界中等水平。③

（二）也门投资与承包工程风险及建议

也门总体经济落后，法律法规不健全，加之政局动荡，战乱侵扰，导致经济发展停滞不前。因此，在也门投资与承包工程可能面临如下风险：

1. 也门整个行政环境较差，整体腐败的现象较为严重，在也门的招投标中因政府腐败导致延迟开标或中标被取消的现象屡见不鲜，外国投资者在也门进行投资必须重视这一问题，避免因行政腐败导致不必要的损失；

2. 也门的经济基本依靠石油产业，大部门商品均依赖进口，整体经济环境较差，故也门市场受到国际市场供求关系影响较大，外国投资者在也门进行工程承包，必须时刻关注建材的价格，避免因市场价格波动，导致工程成本增加，甚至对工程质量及工期造成不

---

① 国家开发银行：《"一带一路"国家法律风险报告（下）》，法律出版社，2016 年 8 月第 1 版，P146-153。
② 商务部网站：《也门 SEPOC 石油公司可能面临国际诉讼》，http://www.mofcom.gov.cn/article/i/jyjl/k/201412/20141200817434.shtml。
③ 商务部网站：世界银行发布《2017 年全球营商环境报告》，http://images.mofcom.gov.cn/gn/201610/20161027171453550.pdf。

良影响；

3. 也门政治局势不稳，战乱不断，中国企业在也门承包的工程因战乱造成停工导致损失案例很多，中国企业对也投资必须要慎重考虑这一问题，尽量避免因战乱导致的投资风险。① 中国驻也门大使馆商务参赞胡要武在2015年4月9日的记者会上称："目前有3个石油项目停工，援外项目建成80%停工，有些企业合同已签，有的前期已投资，损失肯定是有的，但目前还没有统计出来数据。"②

4. 中国企业在也门进行工程承包时，常常需要租用一些无法自带的大型设备，如塔吊起重机等设备。可是也门首都萨那仅有3、4家公司提供这种大型设备的租赁服务，而且价格非常昂贵，中国投资者在投标时要注意设备租赁的成本，合理报价。

5. 中资企业在也门承揽工程要注意合理竞争，不要使用"先赔后赚"的低价策略，实践证明不少中资企业因此发生亏损。如某中资企业第一个污水处理项目投标价比第二名低了一倍多，500万美元的项目干下来赔了400多万，他们没有总结经验，又一连投了两个这样的工程，导致一再亏损。中资企业要做到进入也门市场要做到"有所为，有所不为"，高度重视进入也门市场的项目选择。

6. 也门的劳动力市场性价比较低，劳动力效率普遍较低且成本较高。也门是伊斯兰教国家，大部分国民都是伊斯兰，每天都需要给予当地工人做礼拜的时间，且晚上工作需另行支付加班费。更令人担忧的是，当地工作人员效率极低且时间观念淡薄，政府官员也不例外。投资者在也门当地进行投资时，要注意劳动力的选择，在与政府部门对接的时候，要留够充足的时间，切莫轻易相信其给予的承诺，每件事儿都应由专人盯到底。

7. 也门正处于经济改革时期，整个经济市场会根据政府的施行的产生波动，甚至是大幅度的震荡。例如2003和2004年的里亚尔对美元的汇率基本稳定在18:1左右，但随着也门新税法施行日期的临近，该汇价出现了大幅变化，到了2005年6月底的几天里，一度贬为197:1，为此也门中央银行不得不紧急动用超过上亿美元的资金储备注入也门的金融市场，以抑制疯狂上涨的汇价。③ 因此，在参加也门的工程承包招标时，应特别注意因政府新政策的出台导致的市场波动的风险。

五、小结

也门营商环境较差，法律体系不健全，投资成本较高，且政局并不稳定。建议投资者充分进行可行性调研，利用中国政策性保险机构提供的政治风险、商业风险等保险产品提前进行风险防范，并建立相应的风险应对机制，确保人身和财产安全。

---

① 中国驻也门大使馆经济商务参赞处：《参与也门投标、工程项目承包应注意的问题》，http://ye.mofcom.gov.cn/aarticle/ztdy/200508/20050800250456.html。

② 环球日报：《中资企业在也门项目处停滞状态损失尚无统计》，http://www.chinadaily.com.cn/hqgj/jryw/2015-04-09/content_13519469.html。

③ 中国驻也门大使馆经济商务参赞处：《参与也门投标、工程项目承包应注意的问题》，http://ye.mofcom.gov.cn/aarticle/ztdy/200508/20050800250456.html。

第七章

中东欧地区国别法律及实务案例

阿尔巴尼亚

一、阿尔巴尼亚国情简介[①]

阿尔巴尼亚共和国（The Republic of Albania，以下简称"阿尔巴尼亚"），位于东南欧巴尔干半岛西部，北部和东北部分别与塞尔维亚、黑山和马其顿接壤，南部与希腊为邻，西临亚得里亚海，隔奥特朗托海峡与意大利相望。面积 2.87 万平方公里，人口为 288 万（截至 2017 年 1 月），其中阿尔巴尼亚族占 82.58%。少数民族主要有希腊族、马其顿族等，官方语言为阿尔巴尼亚语。阿首都为地拉那（Tirana），人口 80 万。现任国家元首为总统布亚尔·尼沙尼（Bujar NISHANI），2012 年 6 月当选。

1998 年 11 月，阿尔巴尼亚经全民公决通过新宪法。宪法规定，阿尔巴尼亚为议会制共和国，总统为国家元首，由议会以无记名方式选举产生，每届任期 5 年，可连任一届。宪法是阿尔巴尼亚最重要的法律渊源，所有法律、法令和国家机构的其他决定，以及其他组织和个人的活动均不得与之相抵触。

议会是国家最高权力机关和立法机构，实行一院制，任期 4 年。本届议会于 2013 年 9 月产生，议席 140 个，下设 8 个专门委员会和 9 个议员团。最高行政机关称部长会议，任期 4 年，由议会第一大党负责组阁。2013 年 9 月，阿尔巴尼亚新一届政府成立。行政区划方面，全国划分 12 个州，下辖 61 个市。

经济方面，阿尔巴尼亚近来呈现平稳增长的态势。2015 年主要经济数据如下：国内生产总值为 114.7 亿美元，国内生产总值增长率为 2.6%，人均国内生产总值为 3965 美元，通货膨胀率为 1.9%，失业率为 17.5%。

外商投资方面，2014 年阿尔巴尼亚吸引外国直接投资 8.01 亿欧元。主要投资国为欧洲国家，投资方向集中在能源、电信、金融等领域。目前，我国在阿尔巴尼亚开展经营活动的中资公司有三十多家，其中大型企业主要有华为公司、中兴公司、中建材有限公司等。[②] 根据中国驻阿尔巴尼亚共和国大使馆经济商务参赞处网站统计数据显示，2014 年中国企业在阿尔巴尼亚新签订承包工程合同 4 份，合同总额 1.05 亿美元，完成营业额 616 万美元。

二、阿尔巴尼亚投资建设法律问题

阿尔巴尼亚属于大陆法系国家，宪法参照西欧模式建立，实行三权分立。为加入欧盟，阿尔巴尼亚按照与欧盟签订的《稳定和联系协定》要求修订了国内法律法规，在经

[①] 外交部网站：《阿尔巴尼亚国家概况》，http://www.fmprc.gov.cn/web/gjhdq_676201/gj_676203/oz_678770/1206_678772/1206x0_678774/。

[②] 中商情报网：《一带一路沿线国家：阿尔巴尼亚 2015 基本情况介绍》，http://www.askci.com/news/finance/2015/11/09/133713qbo5.shtml。

济、贸易等方面均有相应立法。

（一）阿尔巴尼亚项目投资立法

阿尔巴尼亚国内关于投资的法律主要包括《外商投资法》《商业公司法》《商业注册法》《破产程序法》《工业产权法》等。

根据《外商投资法》，在阿尔巴尼亚进行投资的外国投资者享受国民待遇，政府鼓励外国投资者在农业、建筑业、旅游业、加工工业、矿业、基础设施等各个领域投资，并对其提供保护。《特许经营法》鼓励外国投资者以特许经营方式在阿尔巴尼亚开展各种经济活动，同时阿尔巴尼亚法律也允许外国投资者以独资、合资等各种方式进行合作。

相关法律还规定了一系列与投资相关的金融、税费优惠措施，例如：

1. 投资用途的资本货物的进口免缴关税和消费税，增值税的延迟缴纳时间为进口清关后 12 个月内；
2. 前 5 年内免缴利润税，第 2 个 5 年内利润税减免 50%；
3. 与投资有关的全部资产和合法所得均可自由汇出；
4. 投资所得红利免缴所得税，投资利润再投资，可获最高 40% 的利润税减免；
5. 生产出口商品，免交增值税；
6. 企业所得税和个人所得税均降到 10%。[①]

在双边协定方面，阿尔巴尼亚政府已同包括中国在内的许多国家政府签订了《双边投资保护协定》和《避免双重征税协定》；阿尔巴尼亚还加了多个国际条约，比如 WTO 的《与国际贸易有关的知识产权保护协议（TRIPS）》和国际《多边投资担保署条约（MIGA）》。

【案例】

据报道，中国光大集团于 2016 年 10 月 7 日以不公开的价格，收购阿尔巴尼亚地拉那特蕾莎修女国际机场（TIA）100% 股权。这被认为是中国加强与欧洲贸易联系的一部分。根据协议，光大集团将通过与富泰资产管理有限公司的合营公司 Keen Dynamics Limited（KDL）接管地拉那国际机场的特许经营权至 2027 年。2016 年 4 月，光大与富泰资产曾宣布收购机场经营权至 2025 年，其后获得阿尔巴尼亚政府批准并增加 2 年。

路透社称，中国现为阿尔巴尼亚第二大贸易伙伴，在"一带一路"倡议下，中国政府一直鼓励本国企业进行海外基础设施投资。分析认为，光大收购阿尔巴尼亚机场后，有助于中国企业更好进入欧洲东南部。

（二）阿尔巴尼亚外资准入及企业设立相关法律

1. 外资准入

阿尔巴尼亚政府鼓励投资者在各个领域进行投资，特别是农业、旅游业、加工业、矿业、能源以及道路交通、电讯等基础设施等重点领域。阿尔巴尼亚政府出台了多项政策进行行业鼓励，也对少数特定行业进行限制：

---

① 山东国际商务网：《阿尔巴尼亚投资环境简介》，http：//wap.shandongbusiness.gov.cn/index/content/in/zc/sid/83168.html。

(1) 颁布针对个别行业的鼓励措施，鼓励行业投资。如 1993 年颁布的《旅游业发展鼓励措施》。

(2) 议会通过《特许经营法》，旨在以特许经营方式吸引外商直接投资。通常来说，经营下列行业需要申请授权或许可证：旅游、施工、燃料贸易、能源、渔业、电信、广播和电视、教育、医药和医疗产品贸易、交通运输、游戏和竞技行业、资产评估、采矿等。

(3) 通过税收优惠，吸引外商投资。例如，为建立 5 兆瓦以上的电站或改造现有电站而进口的机器设备免缴进口关税，对电力生产所需的液体或固态燃料已缴的关税和消费税予以退税；免缴农业燃油税等等。

(4) 阿尔巴尼亚政府对于在公共基础设施、旅游、电力或农业领域不动产进行投资的符合条件的外国投资者予以"国家特别保护"。外国投资者投资 1000 万欧元以上并根据相关规定获得该不动产后，若出现第三方产权纠纷，阿尔巴尼亚政府将保护外国投资者并代其与第三方进行纠纷处理。如最终外国投资者需赔偿，则由政府支付，而与外国投资者无关。①

(5) 2014 年，阿尔巴尼亚政府提高了矿产采掘业的投资准入门槛。有意投资矿业部门的企业在向阿尔巴尼亚许可证中心（QKL）申请相关许可前，需缴纳投资保证金、环境保证金等费用，费用相当于投资总额的 10%。②

2. 企业设立

根据阿尔巴尼亚法律，外商在当地可以建立各种形式的法律经济实体，包括独资公司、无限合伙公司、有限合伙公司、有限责任公司、股份公司、分公司或者公司代表处等。

商业公司可以先开展商业活动，再申请注册。除非法律另有规定，法人应在组成后的 15 天内、其他强制注册应在组成后 30 天内办理。

根据 2007 年颁布的《全国注册中心法》，阿尔巴尼亚成立"全国注册中心（NRC）"，并采取"一站式"的行政注册程序，将企业注册简单化，大幅缩短时间和降低成本。新公司注册时间只需 1 天，注册费用为 100 列克，不到 1 欧元，提交注册申请文件的方式也多种多样，非常便利。

（三）阿尔巴尼亚工程建设相关法律

阿尔巴尼亚法律规定，外国公司是否能够承包当地工程主要由发包人自主决定。国内外公司共同参加投标的项目，外国投标者与本国投标者一般享有相同的待遇。阿尔巴尼亚对外国公司承包当地工程没有特别的禁止领域。③

招标方式包括公开招标和邀请投标。具体要求因项目而异，投标公司需要直接向阿尔巴尼亚招标主管部门进行咨询。

需注意的是，阿尔巴尼亚税收分为中央税和地方税两种，其中，中央税包括基础设施

---

① 范丽萍，于戈，叶东亚：《中东欧 16 国土地政策概览》，载《世界农业》，2015 年第 7 期。
② 中国驻阿尔巴尼亚大使馆经济商务参赞处：《阿尔巴尼亚将提高矿产采掘业投资准入门槛》，http://al.mofcom.gov.cn/article/jmxw/201401/20140100466952.shtml。
③ 江苏商务云公共服务平台：《阿尔巴尼亚对外国公司承包当地工程有何规定》，http://www.jscc.org.cn/model/view.aspx?m_id=1&id=44682。

建设税。该税种根据新建造投资的百分比征收，一般是按照建造投资额的1%至3%不等（地拉那市为2%至4%）。有些基础设施工程项目（国道建设、港口、机场、隧道、大坝等），根据建造投资额的0.1%但不少于因新建项目而发生的翻修成本征收。项目投资者是基础设施建设税的纳税义务人，该税种按投资计划预算额计算，在项目许可通过时缴纳。对于在合法化进程中的建筑物，基础设施建设税的征收比例是投资额的0.5%。①

【案例】

目前中国企业在阿尔巴尼亚签订的大型工程承包项目不多，主要包括中国电力建设股份有限公司承建阿尔巴尼亚拜拉特市绕城公路项目，以及温州矿山井巷工程有限公司承建阿尔巴尼亚布洛奇泽9号盲竖井工程等。此外，目前在阿尔巴尼亚开展业务的中国公司主要有：从事铜矿合作的江西矿业公司，从事铬矿合作的温州井巷设备公司，从事电信合作的中兴公司、华为公司，从事基础设施建设的中国建筑总公司等。②

（四）阿尔巴尼亚PPP相关政策与法律

2016年12月，阿尔巴尼亚公布《特许经营法》，旨在以BOT特许经营方式吸引外商直接投资，涵盖了交通运输、矿业、电力生产和配电、电信等行业领域。阿尔巴尼亚政府重点发展基础设施建设项目，一般采取授予特许经营权的方式，企业和政府签署特许经营协议，在某些领域以BOT的方式展开合作。特许经营权协议期限一般为35年，可延长。目前在当地开展BOT的外资企业主要来自挪威、奥地利、土耳其等国。挪威和奥地利涉及的项目主要在电站、矿业等领域。土耳其涉及的项目主要在电站和钢铁制造、集装箱码头经营等。

阿尔巴尼亚政府也在积极尝试公私合营（PPP）的投资模式。阿尔巴尼亚政府对未来四年基础设施的发展规划为：使基础设施建设服务于经济社会发展的大需求，直接贡献于经济增长和就业，优先建设与周边国家互联互通的交通基础设施，大力推动公私合营的投资模式。

三、阿尔巴尼亚司法体系及争议解决

（一）司法体系

阿尔巴尼亚司法机构设1个宪法法院、1个最高法院、6个上诉法院、22个地方法院，采用二审终审制。③

最高法院是最高司法机构，由总统任命并由议会通过的17名法官组成，负责监督下级法院法律适用的正当性及统一性、法律的解释及完善，以及审理下级法院判决后提起上

---

① 国家税务总局：《中国居民赴阿尔巴尼亚共和国投资税收指南》，https：//www.yidaiyilu.gov.cn/zchj/zcfg/4620.htm。
② 华龙网：《阿尔巴尼亚外长："一带一路"促进了经济发展和地区合作》，http：//finance.ifeng.com/a/20160826/14813175_0.shtml。
③ 外交部网站：《阿尔巴尼亚国家概况》，http：//www.fmprc.gov.cn/web/gjhdq_676201/gj_676203/oz_678770/1206_678772/1206x0_678774/。

诉的案件。最高法院由民事及刑事陪审团组成。

上诉法院主要审理一审法院的上诉案件,由3名法官组成陪审团。地区法院根据其受理的不同案件争议类型分为民事争议庭、家事争议庭和商事争议庭。

此外,阿尔巴尼亚还设有专门解决行政争议的特殊法庭。行政法院由一审行政法院、上诉行政法院和最高法院的有关机构组成。

(二)争议解决

阿尔巴尼亚法律规定,任何投资纠纷均可提交至地拉那仲裁法庭或者各级阿尔巴尼亚法庭裁判,或者到国际仲裁机构申请仲裁。一般而言,任何有关金钱或财产的争议,或由金钱或财产关系引起的争议均可以仲裁的方式解决,除非阿尔巴尼亚有关法律明确规定该争议必须由法院管辖(包括有关不动产及遗嘱的无效性等争议)。

阿尔巴尼亚已于2001年加入《纽约公约》,为承认和执行外国仲裁裁决提供了保证和便利,对进一步开展国际商事仲裁活动起到了推动作用。此外,阿尔巴尼亚还加入了《欧洲国际商事仲裁公约》。

四、阿尔巴尼亚营商环境及法律风险防范

(一)阿尔巴尼亚整体营商环境

根据世界银行《2017年全球营商环境报告》,阿尔巴尼亚在全球190个经济体营商便利度排名中位列第58位,在开办企业、办理施工许可、获取电力、产权登记等方面分别位列第46位、第106位、第156位和第106位。从以上排名可以看出,阿尔巴尼亚整体营商环境较好,但在当地注册机构、办理相关许可方面的营商环境仍有待进一步改善。

(二)阿尔巴尼亚投资与承包工程风险及建议

综合阿尔巴尼亚的投资环境,以及欧盟、IMF和世界银行等国际组织对阿尔巴尼亚的评价,在阿尔巴尼亚投资应注意的事项有:

1. 社会稳定性差

阿尔巴尼亚地处巴尔干半岛,是欧、亚、非三洲交界之处。由于宗教矛盾和领土争端等问题,本地区矛盾始终错综复杂。由于巴尔干半岛地缘政治的重要性,多个大国频频干涉,致使这一地区的矛盾冲突频繁地被放大为战争。[①] 因此,阿尔巴尼亚的政治风险以及社会风险不容忽视。

近年来,为尽快"加盟入约",阿尔巴尼亚参照欧盟国家法律不断修改本国法律,法律法规变化速度快且变化内容多,但总体而言仍不够健全。中国企业要在阿尔巴尼亚进行投资,应当聘请当地的律师和会计师,来处理法律和税务方面相关的事务,以了解现行法现政策,并确保合法合规。

---

① 中国网:《"一带一路"投资政治风险研究之阿尔巴尼亚》,http://opinion.china.com.cn/opinion_48_37548.html。

此外，根据当地媒体和一些驻阿尔巴尼亚国际机构普遍反映，在阿尔巴尼亚司法、海关、税务、医疗等部门办事，所需时间较长，且缺乏透明度。

2. 腐败问题十分严峻，法制薄弱

阿尔巴尼亚政府官员的腐败现象十分严重，是世界上最腐败的国家之一。2008年，据美国USAID资助的IDRA发展研究机构调查结果，阿尔巴尼亚人70%被迫行贿；阿国人不相信法官。除了腐败问题，阿尔巴尼亚还存在诸多问题，比如薄弱的法治、过度的官僚机构、不足的立法框架、不断恶化的基础设施等。①

3. 基础设施薄弱

根据世界经济论坛《2014—2015全球竞争力报告》显示，阿尔巴尼亚交通基础设施在144个国家和地区中排名第105位，排名非常落后。因阿尔巴尼亚经济欠发达，基础设施相当不完善，尤其是缺电、缺水问题非常突出。目前仍然无法保证全天供水，且水质存在污染问题。2009年以来，阿尔巴尼亚电力生产有了明显改善，但现在仍有停电现象发生，特别是夏季用电高峰季节。此外，铁路和公路运输能力也严重不足，因此基础设施建设需求强烈。

4. 市场规模小、外籍劳务需求少

阿尔巴尼亚国内市场很小，且政府监管不力，规则意识不强，存在许多不规范行为。当地企业也大多为小微企业，本身资金欠缺，生产规模较小，就业率也不高。因此，阿尔巴尼亚政府致力于解决就业问题，国家对外籍劳务需求量不大。

针对上述情形，建议中国企业在阿尔巴尼亚承包工程时注意：对当地和合作公司进行尽职调查和风险评估，完善相应的应对措施；选择有较高资质和较强实力的合作公司和承包商；要守法经营，按照国家和地方性要求，依法为当地雇员缴纳各种强制性税费和社保，为本国派出技术人员办理合法签证和工作许可手续等；在签约时不仅要遵守相应法律法规，还要注意商务条款，如工程或产品质量等标准；合同中须有对合作公司预付款、按工程进度付款的约束条款；对项目尾款的回收要制定保障措施。②

五、小结

阿尔巴尼亚地处东南欧海陆交通要道，区位优势明显，是"一带一路"沿线重要国家。③ 阿尔巴尼亚吸引外国投资的优势有：地理位置优越，邻近西欧发达国家市场；劳动力成本较低；自然条件优越。而且阿尔巴尼亚基础设施发展比较落后，国家财政资金紧张，基础设施建设的需求非常强烈。④ 投资者应注重对项目可行性的分析调研，时刻关注相关政策及法规，提前进行风险评估并建立防范机制，谨慎投资。

---

① 中国网：《"一带一路"投资政治风险研究之阿尔巴尼亚》，http：//opinion.china.com.cn/opinion_48_137548.html。

② 商务部网站：《与我国驻阿尔巴尼亚共和国大使馆经商参处张殿祥经济商务参赞网上交流》，http：//gzly.mofcom.gov.cn/website/face/www_face_history.jsp?sche_no=1422。

③ 大众网：《张高丽访问阿尔巴尼亚谈"一带一路"建设》，http：//www.dzwww.com/xinwen/guoneixinwen/201704/t20170418_15793842.htm。

④ 中国网：《"一带一路"投资政治风险研究之阿尔巴尼亚》，http：//opinion.china.com.cn/opinion_48_137548.html。

白 俄 罗 斯

一、白俄罗斯国情简介

白俄罗斯共和国（The Republic of Belarus，以下简称"白俄罗斯"），位于欧洲中心，总面积20.76万平方公里，拥有多条河流和湖泊，被称为"万湖之国"、"万河之国"。白俄罗斯全国划分为六个州及具有独立行政区地位的明斯克市。其中，明斯克市是白俄罗斯首都及第一大城市，也是政治、经济和文化中心。①

2016年1～11月，白俄罗斯GDP为859亿白俄罗斯卢布（约合436亿美元），同比下降2.7%，2016年1—10月白GDP同比下降2.8%。工业生产713亿白俄罗斯卢布（约合363亿美元），同比增长5.1%，环比增长1.9%，比2016年1月减少0.9%；农业生产14亿白俄罗斯卢布（约合73亿美元），同比增长3.4%。②

白俄罗斯总统卢卡申科日前批准了《白2016-2020年社会经济发展纲要》，其中规定该五年计划主要目标是提高人民生活水平、增强白经济竞争力、吸引投资和创新性发展。该五年计划纲要以2016年召开的第五届全白俄罗斯人民大会上通过的条例为基础制定而成。对2011～2015年五年计划实施结果做出评价，并对2016～2020年社会经济发展的主要目标、任务、优先方向和预想结果进行了阐述。白政府认为，提高经济竞争力的基础是创新性发展、实体经济的健康发展、降低各类消耗、提高中小企业比重等。③

自中白两国1992年正式建交以来，双方经贸合作发展整体较为顺利。④ 1992年双方签署《中华人民共和国政府和白俄罗斯共和国政府经济贸易合作协定》，1993年签署《中华人民共和国政府和白俄罗斯共和国政府关于鼓励和相互保护投资协定》，为双方今后顺利开展经贸合作打下基础。⑤ 自2009年起，中白两国领导人进一步加强访问沟通，促进两国经贸往来加速发展，逐步建立起互利双赢、多领域、多层次的经贸合作伙伴关系。

工程领域的经贸合作是中白两国合作的重点之一。中国目前在白俄罗斯承包的工程主要包括热电站改扩建、水泥厂改造、高速公路建设、智能交通管理、铁路电气化改造、安全视频监控、纯碱厂、纸浆厂、水电站、机场航站楼改建、卫星发射等多个项目。⑥ 上述项目中不乏建设难度较大、建设周期较长的重要工程项目，其成功实施促进了白俄罗斯相

---

① 李树藩：《最新各国概况—欧洲分册》，长春出版社，2007年1月第1版。
② 中国海运信息网：《白俄罗斯2016年1—11月GDP同比下降2.7%》，http://www.chinashippinginfo.net/cataitem.aspx?art。
③ 白俄罗斯TUT.BY门户网站，https://www.tut.by/。
④ 韩璐：《中国与白俄罗斯经贸关系：现状、问题及对策》，载《俄罗斯中亚东欧市场》，2013年第6期。
⑤ 中国驻白俄罗斯大使馆经济商务参赞处：《中国企业到白俄罗斯投资有关法律指南》，http://by.mofcom.gov.cn/article/ddgk/zwjingji/2010。
⑥ 韩璐：《中国与白俄罗斯经贸关系：现状、问题及对策》，载《俄罗斯中亚东欧市场》，2013年第6期。

关领域的快速发展，也同时为我国企业"走出去"提供动力。

然而，由于我国企业对于白俄罗斯当地法律规定、财会金融制度、社会政治环境、环境保护规定、劳工特点等问题缺乏了解、经验不足，[①] 因此现有经贸合作项目的开展存在较多问题和困难，容易因项目延期造成经济损失。

【小结】

作为"一带一路"上的重要枢纽国家，白俄罗斯希望在"一带一路"框架下与欧洲国家加强基础设施互联互通。2016年9月29日，中白签署了《中华人民共和国政府与白俄罗斯政府共同推进"一带一路"建设的措施清单》，该措施清单涵盖交通物流、贸易投资、金融、能源、信息通信、人文等领域相关措施或项目[②]，有利于加强双方在"一带一路"框架下的进一步合作。

二、白俄罗斯投资建设法律问题

（一）白俄罗斯项目投资立法

关于在白俄罗斯开展对外贸易，《白俄罗斯对外贸易活动法》是白俄罗斯国家管理对外贸易活动的法律基础。根据该法律，白俄罗斯实行独立的对外贸易政策，在履行白俄罗斯所承担的国际义务的同时，国家采取保护国内市场的措施和白俄罗斯共和国商品生产者的利益，并帮助白俄罗斯商品走入国际市场。[③] 对外贸易活动由白俄罗斯总统和政府管理。[④] 由白俄罗斯政府和共和国授权的国家管理机构协调国家机构制定有关白俄罗斯的对外贸易政策的建议，管理对外贸易活动的参加者，签订白俄罗斯在对外经贸关系方面的国际条约。[⑤]

该《对外贸易活动法》第十三条对进口商品的保护措施进行了相关规定。如某种商品的进口数量或其进口条件对白俄罗斯境内的同类或直接参与竞争的产品的生产者，以及对白俄罗斯经济带来实质损失或构成威胁，则白俄罗斯总统或政府有权采取必要的数量限制或实行特殊海关关税的保护措施，以消除损失或防止其侵入。[⑥] 其中，"实质损失"系指使国内生产或个别部门状况全面恶化，其标志是相应的商品生产指标减少或其利润率下降；"构成威胁"系指以事实确认的明显无法避免的损失。[⑦]

关于在白俄罗斯进行外国投资，白俄罗斯的《外国投资法》对在白俄罗斯国境内实施外国投资的程序进行规定，旨在吸引和利用外国投资者，发展白俄罗斯经济。该《外国投资法》适用于白俄罗斯境内的所有外国投资者和含有外国投资的企业。[⑧] 根据第四条规定，

[①] 韩璐：《中国与白俄罗斯经贸关系：现状、问题及对策》，载《俄罗斯中亚东欧市场》，2013年第6期。
[②] 趋势财经：《中国与白俄罗斯签署"一带一路"建设清单》，http://stock.cngold.com.cn/gnhg/20160930d1985n90155221.html。
[③] 中俄法律网：《白俄罗斯共和国对外贸易法》，http://www.chinaruslaw.com/CN/USSRLaw/xom1tnx5/2008321120401_767147.htm。
[④] 中俄科技合作信息网：《白俄罗斯对外贸易法》，http://www.crstinfo.com/Detail.aspx?id=9252。
[⑤] 同上。
[⑥] 世界华商促进投资会：《白俄罗斯政策法规》，http://www.wsmip.org/Html/gbzc/2010090149231888_20.shtml。
[⑦] 同上。
[⑧] 《白俄罗斯共和国境内的外国投资法》，载《俄罗斯中亚东欧市场》，1998年第9期。

对于外国投资在白俄罗斯境内的形式进行了列举,包括参加与白俄罗斯法人和自然人共同建立的企业、建立完全属于外国投资者的企业、购买企业、房屋、建筑物、股票和其他有价证券、购买土地、其他自然资源使用权及其他产权以及不同白俄罗斯法律相抵触的任何经济和其他活动形式。①

此外,该《外国投资法》第二章规定了含有外国投资的企业的建立与活动规则;第三章对外国投资者和含有外国投资的企业在银行和信贷财政领域的活动、购买有价证券、参加交易所活动进行了规定;第四章规定了有关外国投资者和含有外国投资的企业购买土地和其他产权或使用权的问题;第五章列明了在自由经济区开展的利用外国投资的经济活动的程序和为此提供的优惠由白俄罗斯有关法律确定;第六章就征税、税收和关税优惠进行规定,含有外国投资的企业和外国投资者根据白俄罗斯的法律和本法所规定的优惠纳税。在法定基金中外国投资者份额占30%以上、全部收入来自劳务与自制品的销售的企业,自其宣布获得利润起的3年期间内,包括第一个利润年,免交利润税。如果含有外国投资的企业为白俄罗斯生产特别重要的产品,那么,白俄罗斯部长会议有权根据其确定的名单再给3年减免利润税率50%;第七章涉及对外国投资者的担保问题,包括对国家机关征用和非法行为、对收入和其他外汇金额以及对财产的担保和保险问题等;第八章作为该法最后一个章节,规定了含有外国投资的企业和其他法人和自然人之间的纠纷以及这类企业的参加者之间在与企业活动有关的问题上的纠纷的解决方式,包括法庭、仲裁庭以及其他白俄罗斯参与的国际条约和国际协议中规定的争议解决方式。②

(二)白俄罗斯外资准入及企业设立相关法律

根据白俄罗斯的企业法律制度,白俄罗斯的企业类型主要包括普通合伙、有限合伙、有限责任公司、附加责任公司、公开股份有限公司、封闭股份有限公司、集中统一企业、生产合作企业、农场企业。

其中,合伙企业和公司的资金来源均为股东或出资人提供,企业以其财产进行商业活动,但股东或出资人对企业承担责任的范围不同。在合伙企业及生产合作企业中,由普通合伙人或出资人承担补充责任;附加责任公司中,股东在设定的公司资本范围内承担补充责任;有限责任公司、封闭股份有限公司、公开股份有限公司及农场企业中由公司独立承担其责任;集中统一企业中,一般而言,由企业独自承担其责任与义务,但是对于公有集中统一企业,如果其财产不足以承担全部责任,国家承担补充责任。

白俄罗斯对于非白俄罗斯居民在白俄罗斯设立企业并从事商业活动没有限制,即白俄罗斯居民与非白俄罗斯居民在白俄罗斯境内注册成立企业时享有同等的法律权利。

(三)白俄罗斯工程建设相关法律

白俄罗斯对于外国公司承包当地工程规定较为严格且申请时间往往较长。具体来说,作为有意向在白俄罗斯当地承包工程的外国公司,需要首先取得白俄罗斯当地的承包资质证书,此后方可进行当地公司的组建,包括选定法人代表、任命总工程师和总会计师等。

---

① 韩璐:《中国与白俄罗斯经贸关系:现状、问题及对策》,载《俄罗斯中亚东欧市场》,2013年第6期。
② 同上。

施工开始前,需要办理施工许可证书、审核施工图纸、进行价格审计等。施工开始后,需要严格履行当地有关监理、完工报告、工程验收等相关要求。另外,针对外国公司作为承包商缺少资质,但其选定的分包商具有所需资质的情况,可以由外国公司向白俄罗斯相关机构进行申请,若获得授权,则可以开展工程。

关于在白俄罗斯实施项目设立常设机构问题,以往主要包括三种方式:设立白俄罗斯法人组织、设立代表处或通过项目现场实施。然而,根据白俄罗斯2014年1月1日起实行的《外国组织代表处开设程序和活动条例》第四条规定:"外国商业组织代表处只能出于以该组织名义或根据其委托开展筹备性和辅助性活动的目的设立,包括:①积极协助实施白俄罗斯在贸易、经济、财务、科技、交通领域的国际合作协议,寻求进一步发展上述合作及完善合作模式的机遇,建立和扩大经济、商务和科技信息交流;[①] ②研究白俄罗斯的商品市场;③研究在白俄罗斯境内开展投资的可能性;④建立有外国投资者参与的商业组织;⑤航空和铁路票、汽运及海运舱位的预订及销售;⑥其他社会公益活动。"[②] 从本条可以看出,外国代表处在白俄罗斯的设立是受到严格控制的。但是,由于本款对于何为"筹备性和辅助性活动"未作出明确的界定,因此建议我国企业在白俄罗斯从事建筑工程项目时避免以代表处的名义进行。

关于招标方式问题,白俄罗斯与我国国内招标方式类似,均分为技术标和商务标分别进行公开招标或议标。国有企业及国有控股企业的项目往往采取公开招标的方式,而扩容项目则主要采取议标的招标方式。

需要注意的是,白俄罗斯对于商业贿赂存在较为严格的规定。首先,白俄罗斯签署并加入的国际反腐败公约较多,包括《腐败民事责任公约》《腐败刑事责任公约》《联合国反腐败国际公约》《打击跨国有组织犯罪公约》等。其次,白俄罗斯国内相关法律制度较为详细,包括《反腐败法》《个人收入与财产申报法》《白俄罗斯国家公务人员法》《预防犯罪所得合法化措施》以及《刑事法典》的专门章节等。[③] 最后,白俄罗斯针对腐败的刑法措施较为严格,包括罚金、没收财产、剥夺权利、职务或自由等。因此,作为我国对外承包工程企业,需要严格遵守白俄罗斯当地法律法规,避免出现商业贿赂的行为。

(四)白俄罗斯PPP相关政策与法律

白俄罗斯没有针对BOT模式和EPC模式单独制定法律,仅针对PPP模式于2015年12月30日颁布《公私合作模式法》。根据该法,道路建设、通信设施建设、公共卫生建设、社会服务设施建设、教育与文化设施建设、体育设施建设、能源设施建设、农业设施建设和科技设施建设等建设工程项目以及与能源、自然资源开发相关的项目,可以采取PPP模式进行。

在建设工程PPP项目中,外国投资者以PPP模式参与白俄罗斯互联互通设施建设的,必须提交技术、资金、项目施工经验等证明文件,公共部门应当为该项目提供担保;在能源、自然资源开发PPP项目中,公共部门有义务向私营部门提供项目土地使用权而非土

[①] 中国驻白俄罗斯大使馆经济商务参赞处:《白俄罗斯关于外国企业在白实施项目的法律调整》,http://by.mofcom.gov.cn/article/ztdy/201404/20140400550828.shtml。

[②] 同上。

[③] 赵路:《白俄罗斯检察院监督法律的准确执行》,载《检察日报》,2012年2月2日。

地所有权,公共部门可以通过永久特许使用、临时特许使用或土地租赁的方式向私营部门提供土地使用权。

三、白俄罗斯司法体系及争议解决

若在白俄罗斯发生纠纷,可以寻求法院或仲裁的方式予以解决。

白俄罗斯法院包括宪法法院和普通管辖法院两类,其中普通管辖法院由白俄罗斯最高法院、地区法院、明斯克城市法院、地区经济法院、明斯克市经济法院和区(市)法院组成。法官具有独立性,任何干涉白俄罗斯法官进行公正审判的行为都为法律禁止。其中,经济法庭通常用于解决商务纠纷,例如白俄罗斯各州经济法庭、明斯克市经济法庭以及最高经济法庭。

白俄罗斯于1958年12月29日签署加入《纽约公约》,该公约于1961年2月13日对白俄罗斯生效。白俄罗斯对该公约作出互惠保留。因此,外国仲裁裁决可以根据《纽约公约》的要求在白俄罗斯获得承认与执行。

关于白俄罗斯的检察系统,根据《白俄罗斯共和国检察院法》的规定,白俄罗斯检察机关是一个统一的中央集权制的独立机关,共分为包括总检察院、州级检察院和区(市)级检察院三个级别。[①] 此外,白俄罗斯还有针对军事检查、交通运输和环境等方面的专门检察院。上述检察机关的监督机构为白俄罗斯最高苏维埃司法监督委员会及其他委员会。各级检察机关具有审查起诉权、案件侦查权、批准逮捕权、参加会议权等。[②] 检察官拥有的权力较为广泛,既享有审查起诉权、案件侦查权、批准逮捕权以及对其权属范围内的法人、自然人在执行法律的统一性和准确性方面的监督权。为保障上述检察官权力的顺利实施,白俄罗斯法律还就检察官的自由出入权、要求提供文件权、解释权和审查决定权进行规定。[③]

四、白俄罗斯营商环境及法律风险防范

(一)白俄罗斯整体营商环境

在世界银行最新公布的《2017年营商环境报告》中,白俄罗斯在参与评选的190个国家中位居第37位,比2015年有所上升。[④] 该报告排名依据是:一国与商业经营相关的十大领域法律法规的健全度和有效性。白俄罗斯在这十大领域的排名分别为:开办企业第30位;建设工程许可第28位;获得电力第24位;财产登记第5位;获得信贷第101位;保护少数权益投资者第42位;纳税第99位;跨境贸易第30位;合同强制执行第27位;破产处置第69位。

[①] 季美君,萨齐科·保罗〔白俄〕:《白俄罗斯检察制度的发展》,载《国家检察官学院学报》,2012年第6期。
[②] 马恩茹:《论职业公诉人及其自由裁量权》,山东大学硕士论文,2006年。
[③] 季美君,萨齐科·保罗〔白俄〕:《白俄罗斯检察制度的发展》,载《国家检察官学院学报》,2012年第6期。
[④] 中国驻白俄罗斯大使馆经济商务参赞处:《白俄罗斯在世界银行〈2017年营商环境报告〉》位居第37位,http://by.mofcom.gov.cn/article/jmxw/201611/20161101560904.shtml。

自中白两国 1992 年正式建交以来，双方经贸合作发展整体较为顺利。[①] 1992 年双方签署《中华人民共和国政府和白俄罗斯共和国政府经济贸易合作协定》，1993 年签署《中华人民共和国政府和白俄罗斯共和国政府关于鼓励和相互保护投资协定》，为双方今后顺利开展经贸合作打下基础。自 2009 年起，中白两国领导人进一步加强访问沟通，促进两国经贸往来加速发展，逐步建立起互利双赢、多领域、多层次的经贸合作伙伴关系。

（二）白俄罗斯投资与承包工程风险及建议

关于涉税问题。白俄罗斯有关税务的法律主要是《白俄罗斯税收法典》，由于其本身篇幅较长、内容较为繁杂、翻译版本容易出现理解偏差等问题，我国企业常常由于不能正确理解法条内容而导致因未能正确履行法定缴税义务而涉及税务风险，甚至触犯当地税务及刑事法律。建议企业在当地寻找专业的公司或人员提前就项目开展做好税务规划，在项目开展过程中严格按照当地法律履行税务义务。另外，由于白俄罗斯与中国订有《关于对所得和财产避免双重征税和防止偷漏税的协定》，根据该协定规定，缔约国一方企业的利润应仅在该缔约国征税，但该企业通过设在缔约国另一方的常设机构在该缔约国另一方进行营业的除外。[②] 如果该企业通过设在该缔约国另一方的常设机构在该缔约国另一方进行营业，其利润可以在该缔约国另一方征税，但应仅以属于该常设机构的利润为限。因此，建议企业根据法律规定进行合法合理避税。

关于工程劳务问题。白俄罗斯有关外国劳务的法律为《白俄罗斯涉外移民法》，该法律对于引进外国劳务人员的具体要求和规定进行了详细列举。根据该法律，引进外国劳务人员需要为其按照规定办理相关许可申请，而该申请程序较为复杂且耗时较长，建议企业在研读该法律规定后，提前进行相关许可程序的申请，避免非法雇佣涉外劳务人员或因未及时办理引入申请导致工程进度拖延的情况。此外，由于引入涉外劳务所需时间成本及经济成本较大，作为我国企业，可以考虑劳务本土化，即聘请对于白俄罗斯的法律环境、文化氛围等较为熟悉的当地人员服务于项目。

关于特许协议问题。白俄罗斯有关特许协议的法律为《白俄罗斯特许协议法》，我国企业作为外国投资人，可以根据该法律在白俄罗斯通过竞标或者拍卖的方式与白俄罗斯政府签订特许协议或投资协议，该协议需要事先获得相关行政机关或立法机关批准后，才能由外国投资人在白俄罗斯境内开展国家才有权进行的活动的权利的合同或转让国家所有资源的使用权。[③] 我国企业需要按照相关法律规定与白俄罗斯政府签订特许协议、履行协议所规定的义务，并按照协议的规定行使包括修改合同条款、要求获得损失赔偿等权利。

五、小结

由于白俄罗斯尚处在转型时期，其社会制度、经济发展模式、国家战略和经济体制与中国存在较多不同且变化频率较快，作为中国投资者，需要在对白俄罗斯进行投资之前充

[①] 韩璐：《中国与白俄罗斯经贸关系：现状、问题及对策》，载《俄罗斯中亚东欧市场》，2013 年第 6 期。
[②] 李微：《183 天规则适用的若干法律问题研究》，华东政法大学硕士论文，2008 年。
[③] 中国驻白俄罗斯大使馆经济商务参赞处：《白俄罗斯对投资的法律保障》，http://china.huanqiu.com/News/mofcom/2013-07/41149。

分考虑各项法律风险和投资风险，充分了解白俄罗斯的经济环境、地理环境、人文环境等。随时关注白俄罗斯法律法规动态，充分利用专业法律服务，加强风险防范意识，建立规范的人力资源管理、合同索赔管理、风险管理体系等，切莫将商业问题政治化，从而实现项目效益的最大化，接轨国际化标准，实现可持续发展。

斯 洛 伐 克

一、斯洛伐克国情简介

斯洛伐克共和国（The Slovak Republic，以下简称"斯洛伐克"）是欧洲的内陆国家，位于中欧，与乌克兰、匈牙利、捷克、奥地利、波兰相邻。国土面积49037平方公里，人口542万（2015年底）。斯洛伐克的主要民族为斯洛伐克族，占人口总数的85.8%，此外匈牙利族占9.7%，罗姆（吉卜赛）人占1.7%，其余为捷克族、乌克兰族、日耳曼族、波兰族和俄罗斯族，居民大多信奉罗马天主教。官方语言为斯洛伐克语。[①]

第一次世界大战后，奥匈帝国瓦解，1918年斯洛伐克和捷克一起组成捷克斯洛伐克，第二次世界大战时期的1938年至1945年斯洛伐克获得"独立"（实际上是当时被纳粹德国控制的一个傀儡国），战后斯又重新和捷克合并，并成为一个社会主义国家。1992年12月31日，捷克和斯洛伐克联邦解体，斯洛伐克成为主权独立国家，推行市场经济，调整产业布局，国际地位显著提高。2004年3月和5月分别加入北约和欧盟，2006年至2007年担任联合国安理会非常任理事国，2007年12月成为《申根协定》缔约国，2009年1月1日起加入欧元区，2016年下半年担任欧盟轮值主席国。

总统安德雷·基斯卡（Andrej KISKA），2014年3月29日当选，2014年6月15日就任，任期5年。2016年3月5日，斯洛伐克国民议会举行选举，左派方向党以28%的得票率获胜，蝉联议会第一大党，在国民议会150个议席中占49席，同民族党、桥党和网络党组建联合政府。方向党主席罗伯尔特·菲佐第三次任总理。

斯洛伐克优势产业为汽车、电子、冶金和机械制造。汽车工业是斯洛伐克支柱产业，在其经济中占有重要的战略地位。电子工业也是斯洛伐克的重要产业之一。此外，斯洛伐克冶金和机械制造业历史悠久。目前大众、标致雪铁龙和起亚三大世界知名汽车厂均在斯洛伐克投资建厂，并成为斯洛伐克汽车产业核心企业。2014年中车集团收购德国ZF集团旗下BOGE斯洛伐克汽车零配件厂，航天科工海鹰集团旗下IEE斯洛伐克公司投资扩建新工厂。

2016年1～6月，中斯贸易额达32.4亿欧元，同比增长12%。其中自华进口26.5亿欧元，增长8.3%；出口5.9亿欧元，增长23.6%，斯对华贸易逆差20.6亿欧元。我国

[①] 商务部国际贸易经济合作研究院，商务部投资促进事务局，中国驻斯洛伐克大使馆经济商务参赞处：《对外投资合作国别（地区）指南—斯洛伐克（2016年版）》，http://fec.mofcom.gov.cn/article/gbdqzn/upload/siluo-fake.pdf.

对斯洛伐克出口的商品80%为电子、机械类产品，还包括无线电话、录放机、广播接收设备、数据处理设备、镁及其制品等。主要进口的商品90%为汽车，主要车型为大众途锐、保时捷卡宴和奥迪Q7等SUV汽车，除此之外还有钢材、电动机和发电机、轮胎生产设备等。①

【小结】

斯洛伐克经济稳定，地理位置优越，交通便利，技术劳动力丰富，是连接东西欧的桥梁。近年来，中斯两国加强经贸合作，2017年，斯洛伐克议会通过了"2017至2020年斯洛伐克与中国经济关系发展纲要"，两国未来将主要在投资、贸易、运输、旅游和科研创新等领域进行合作。

二、斯洛伐克投资建设法律问题

总体来说，斯洛伐克不存在限制或歧视外国投资者的政策法规，可以说是欧盟国家中最为开放的国家。斯洛伐克政府在2015年与捷豹、路虎签署15亿欧元的投资合同，很好地诠释了其与跨国投资方的合作意愿。

斯洛伐克经济部主管贸易，主要包括内贸、外贸相关政策制定及消费者保护等。斯洛伐克投资和贸易发展局 Slovak Investment and Trade Development Agency（SARIO）是斯洛伐克经济部下属的提供外国投资服务的机构，包括：寻找潜在的供应商和亚供应商、闲置生产能力的监测、协助建立合资企业、在线数据库支持等和投资支持（包括：投资协助、提供可以获得的房地产的数据库、提供关于国家提供支持方面的咨询等）。②

（一）斯洛伐克项目投资立法

斯洛伐克欢迎投资，颁布了一系列鼓励投资的法案，具体包括《国家资助法》《投资激励法》《所得税法》《就业服务法》，《产业园区法》等。

1. 《国家资助法》③

根据《国家资助法》规定，国家可以通过现金资助、所得税减免、对创造就业机会给予补贴、以低于市场价转让国有或地方政府拥有的不动产等方式对以下四类投资项目给予支持：

（1）工业生产：建立新设施，为了实施新生产项目而对原有设施进行升级，对现有设施进行根本性的改造和并购濒于破产的企业；80%以上的销售收入来自该投资企业；用于购买新技术、新设备的投入至少占其有形资产和无形资产的60%；符合环保要求。

申请工业生产投资资助条件最为严格。根据具体地区失业率与斯洛伐克平均失业率水平的差异，斯洛伐克政府对投资者固定资产和最低投资金额作了以下规定：如当地失业率低于斯洛伐克平均水平，对固定资产的最低投资额1400万欧元，其中至少投入700万欧元。如当地失业率高于斯洛伐克平均水平，对固定资产的最低投资额为700万欧元，其中

---

① 中国驻斯洛伐克大使馆经济商务参赞处：《国别概况》，http://sk.mofcom.gov.cn/article/ddgk/.
② Doing business in Slovakia 2016，Moore Stephens。
③ 中国驻斯洛伐克大使馆经济商务参赞处：《斯洛伐克将实行新的〈投资资助法〉》，http://www.mofcom.gov.cn/aarticle/i/dxfw/jlyd/200711/20071105215993.html。

至少投入350万欧元。如当地失业率高于斯洛伐克平均水平50%，对固定资产的最低投资额为350万欧元，其中至少投入175万欧元。

（2）技术中心：投资研发新设施或对现有设施进行升级；投入不少于50万欧元购买有形资产和无形资产；至少70%的员工具有大学学历；至少创造30%的新岗位。

技术中心必须体现其高附加值的特性，申请此类投资资助条件严格程度仅次于工业生产，在审核过程中同时参照当地失业率水平。

（3）战略服务中心：包括IT程序研发中心、客户支持中心及跨国公司总部等，旨在为客户提供高附加值产品和服务，在服务领域提供相关软件技术以及涉及高级人才的高科技。设立新设施，对现有设施进行升级；投入不少于40万欧元购买有形资产和无形资产，其中投资者至少投入20万欧元；至少30%的员工具有大学学历。

（4）旅游：旅游服务设施至少提供三种不同的服务，如客房、体育健身及餐饮服务，项目必须符合环保要求。斯洛伐克政府根据当地失业率情况对最低投资限额作了以下规定：如当地失业率低于斯洛伐克平均水平，对固定资产最低投资额为1000万欧元，其中至少投入500万欧元，且新技术设备购置支出至少占40%；如当地失业率高于斯洛伐克平均水平，对固定资产的最低投资额为500万欧元，其中至少投入250万欧元，且新技术设备购置支出至少占20%。

国家提供投资资助包括以下几种方式：现金资助、所得税减免、对创造就业机会予以补贴、以低于市场价转让国有或地方政府所拥有的不动产和财政馈赠补贴。

（5）税收减免：享受税收减免的投资者，根据上述资助比例，在提交纳税申报单时可以申请税收减免。享受税收减免的期间最多为连续的10个税收年度，从获准享受资助时算起。

（6）新就业岗位补贴：补贴比例根据当地失业率决定。对新就业岗位的补贴金额不得超过一定比例，补贴期间不超过2年。如果投资者雇用就业竞争力较弱的人员（如长期失业者、新毕业的学生及残疾人员），补贴按月发放。按所在地失业率高低，每个就业岗位的补贴金额995～5311欧元。补贴比例等于当地资助比例。因此，如投资者在斯洛伐克东部投资，当地最高资助比例为35%，申请的补贴比例也为35%。

（7）现金资助：购置有形和无形固定资产提供的资助，根据具体地区实际情况确定资助额度。该项资助只有失业率高于平均失业率的地区方可申请。

（8）以低于市场价转移国有及地方政府不动产（市场价与实际价格之间的差额视同补贴）：提供这种类型的补贴，需要根据当地具体情况及所涉及的产业及生产活动而定。

2.《投资激励法》

《投资激励法》于2008年开始实施，为了吸引外资和创造就业，国家将提供10%至50%不等的资助规模，不同地区适用不同比例的资助；投资者创业的可以获得18个月的补贴；政府以低于市场价格的方式转让国有不动产等。税收方面，斯洛伐克于2004年进行了税收体制的改革，新成立的公司可以免缴企业所得税10年，取消红利税，礼品税，遗产税和房地产交易税，降低所得税的税率，个别特殊行业税率更低，提高间接税的税负，同时按照避免双重征税协议，抵免来源于境内的所得。在国际环境方面，由于斯洛伐克是欧盟、经合组织和WTO的成员，遵守"欧洲自由贸易协定"（EFTA）、"中欧自由贸易协定"（CEFTA）以及其他国家与欧盟签署的优惠贸易协定，这些都给斯洛伐克对外贸易的发展提供了有利的条件。①

3.《所得税法》

《所得税法》规定在满足《国家资助法》和《投资激励法》中关于税务减免规定，并获得有关机关批准后，投资人可以申请税务减免补贴。税务减免不得超过连续 10 年。

4.《工业园区补贴法》

政府根据具体条件为设立工业园区而提供补贴。国家对工业园的财政补贴按以下原则进行：在失业率超过 10% 的地区建立工业园区，可享受建设合理费用 95% 的补贴；在失业率低于 10% 的地区建立工业园区，可享受建设合理费用 85% 的补贴；项目补贴最低金额为 10 万欧元，最高补贴金额为 600 万欧元，项目最高投资不得超过 800 万欧元。

5.《就业服务法》

雇主可以对就业做出贡献申请补贴。劳动和社会事务家庭中心办公室将对雇用低于 25 岁无业人员 3 个月以上，29 岁以下无业人员 6 个月以上的雇主提供现金鼓励。

（二）斯洛伐克外资准入及企业设立相关法律

斯洛伐克并不限制或歧视外国投资者，但是在某些特殊行业领域，外国投资者在进入该市场前仍需要获得政府部门的批准，如军品生产、博彩业、广播电视、部分矿产资源开采及影响环保的行业，投资者只有在获得相关许可后方能注册。根据 2014 年斯洛伐克国家银行的报告，其外国投资主要来自荷兰、奥地利、捷克、意大利、德国和韩国。②

外国投资者可在斯洛伐克新设企业，也可通过收购斯洛伐克现有企业股权或资产方式进行投资。

1. 新设企业

斯洛伐克《商法》规定了外国人从事商业活动可以选择的商业形式和具体的注册程序。外国投资者普遍选择有限责任公司（limited liability company）、合资公司（joint stock company）、分公司（branch office）的形式。分公司没有注册资本的要求，但不是独立法人。从 2017 年开始，外国投资人还可以选择简单合资公司（Simple joint stock company）。有限公司、合资公司和简单合资公司的区别如下：

	有限公司	合资公司	简单合资公司
最低注册资本	5000 欧	25000 欧	1 欧
最少人员要求	1 名董事	4 名（1 名董事，3 名监事）	1 名董事
监事会	可选	必要	可选
可否证券交易	否	可	否
准备金	有（公司盈利开始）最高至 10%	有，最高至 20%	有，最高至 20%

---

① 黄日涵：《"一带一路"投资政治风险研究之斯洛伐克》，http：//opinion.china.com.cn/opinion_6_142206.html。
② 刘玉香：《企业境外投资需注意的法律问题》，载《商业经济》，2015 年第 2 期。

以注册有限责任公司为例，一般注册程序完成需要 11 个工作日，具体流程如下：选择公司注册名称，公证公司章程和相关文件，申请营业执照并进行税务登记，开立账户，在当地社保公司注册社保账号。

2. 并购

斯洛伐克法律对外国公司和个人并购当地企业没有特殊限制，但是一些特定的行业并购需经过斯洛伐克有关主管部门批准，如并购商业企业需经斯洛伐克反垄断办公室批准，并购银行需经斯洛伐克央行批准。根据斯洛伐克法律规定，并购斯洛伐克企业可以通过多种方式进行，其中最常用的是收购有限公司或股份公司的股权，其他并购方式包括收购选定资产等。

斯洛伐克有关反垄断和经营者集中的法律法规主要由 2001 年《竞争保护法》和反垄断办公室颁布的《罚款办法指引》《并购程序提前披露》《经营者集中》《与集中直接相关的竞争限制》等行政指令组成。此外，由于斯洛伐克系欧盟成员国，收购行为也受欧盟《竞争法-收购控制适用准则》等相关法律和指令约束。[①]

外资并购流程主要见于斯洛伐克 1991 年《商法典》。根据该法第 218 条，外资收购或合并当地企业首先应签署收购协议。协议中需列明：

（1）如以股权置换方式收购，双方股份的置换比率及各自股份的等级、种类、面值、限制转让条款等；

（2）如以现金方式购买被收购公司股份，溢价不应超过股份面值的 10%；

（3）被收购公司普通股股东、优先股股东、可转换债券所有人、董事会及监事会成员的各项权利；

收购协议签署后，收购公司与被收购公司董事会向各自监事会提交并购报告供其审议，监事会通过后交由股东大会表决通过。双方股东大会批准收购后，收购公司持批准文件到公司注册部门进行收购注册登记。

建筑企业间的并购案例较多，例如：瑞典的 Skanska 公司并购了斯洛伐克的 Banské stavby Prievidza 公司。法国 Collas 集团收购了斯洛伐克 Inžinierske stavby 公司。法国的 Eurovia 收购了斯洛伐克 Košické cestné stavby 公司。斯洛伐克最大的建筑企业 Doprastav 收购了捷克第二大建筑企业 Metrostav。[②]

（三）斯洛伐克工程建设相关法律

斯洛伐克市场中大型基建项目一般为政府采购项目，政府机关对当地承包商和国际承包商也并无明显偏好，但融资方一般对承包商设定一定的准入条件。例如，部分政府项目为欧盟资助项目，要求承包商企业为欧洲公司或者加入世界贸易组织《政府采购协议》国家的公司。私人建设项目金额较小，采购方式及条件由业主根据项目需求确定且不透明。

---

① 商务部国际贸易经济合作研究院，商务部投资促进事务局，中国驻斯洛伐克大使馆经济商务参赞处：《对外投资合作国别（地区）指南—斯洛伐克（2016 年版）》，http://fec.mofcom.gov.cn/article/gbdqzn/upload/siluofake.pdf。

② 商务部网站：《斯洛伐克基础设施建设介绍》，http://www.mofcom.gov.cn/aarticle/i/dxfw/jlyd/200701/20070104270643.html。

施工企业在斯洛伐克必须申请区域证书（Zoning Permit）和施工许可证书（Building Permit），特殊项目还需要申请其他证书：①

1. 环评程序，一般由项目发起人负责，环评报告最终由环境部提供。环评报告是获得区域许可证书和建设许可证书前提。

2. 区域许可证书，由施工方负责申请，由当地行政机关批准，是获得建设许可证的前提。根据世界银行调查结果，获得区域许可证书一般需要 150 天才能完成。

3. 建设许可证由施工方申请，由交通部批准。根据世界银行的调查结果，一般需要 80 天完成。

因此在环评通过的情况下，承包商至少需要经过 230 天才能获得施工许可证书。

（四）斯洛伐克 PPP 相关政策与法律

斯洛伐克一直关注 PPP 项目，但完成的项目并不多，大部分项目仍在筹备中。PPP 方式在政府采购和基础设施建设方面越来越受欢迎，在交通项目方面，斯洛伐克准备采用 PPP 作为政府采购的工具。在 2009 年引进的电子收费系统是首例 PPP 项目。

在斯洛伐克，没有专门的 PPP 立法，PPP 项目主要由以下法律规制：第 25/2006 号《公共采购法》（Public Procurement Act）；第 278/1993 号《国有财产管理法》（Act on Administration of State Property）；第 513/1991 号《商法典》（Commercial Code）。斯洛伐克境内工程和基础设施建设项目资金主要来源为欧盟基金，因此斯洛伐克沿用欧盟相关规定。根据欧洲议会 2004/18/EC 指令，欧盟基金可用于服务、供应和工程三类项目。欧盟下辖的欧洲援助局（Europeaid）制定的《实务守则》规定，工程项目包括满足经济或技术目的的建筑和民用工程项目，与欧盟签订融资协议的成员国可申请欧盟基金进行项目建设。标的额在 500 万欧元以上的工程项目原则上应进行国际公开招标，如项目性质特殊，确需限制招标，应事先提交欧盟委员会审议。标的额在 30 至 500 万欧元的工程项目，原则上应进行本地公开招标，30 万欧元以下项目可进行议标。②

斯洛伐克的 PPP 项目主要集中在交通基础设施、国防、公用事业、教育或医疗服务等领域。中央层面的重大项目包括：R1 高速公路（斯洛伐克中部）、D4/R7 公路（布拉迪斯拉发支线）和全新的布拉迪斯拉发大学医院，这些项目规模均超过 10 亿欧元。市政层面上 PPP 需求更加强烈，涉及市级医院、当地交通、供暖及供水系统等，这些项目规模从数亿到数十亿欧元不等。布拉迪斯拉发环城高速公路项目采用 PPP 模式和特许经营合同形式建设，工程总投资 15 亿欧元，特许经营期 30 年，2016 年 2 月由西班牙 Cintra 建筑公司牵头联合体中标，预计 2020 年完工。③

---

① Doing business in Slovakia 2017，World Bank。
② 商务部国际贸易经济合作研究院，商务部投资促进事务局，中国驻斯洛伐克大使馆经济商务参赞处：《对外投资合作国别（地区）指南—斯洛伐克（2016 年版）》，http：//fec.mofcom.gov.cn/article/gbdqzn/upload/siluofake.pdf。
③ 中国对外承包工程商会：《斯洛伐克 PPP 模式法律及应用最新分析》，http：//obor.chinca.org/fxyj/56390.jhtml。

三、斯洛伐克司法体系及争议解决

（一）司法体系

斯洛伐克是大陆法系国家，实行三权分立，立法权、司法权和行政权相互独立，相互制衡，国民议会为最高立法机构，实行一院制。法院可分为宪法法院和普通法院。宪法法院是保护宪法的独立司法机关，主要职责为审查普通法律，政府命令是否违宪等。普通法院可分为县级法院，州法院和最高法院。目前县级法院有 58 个，负责一审案件，8 个州法院负责二审上诉案件。

（二）争议解决

根据斯洛伐克当地法律，商务纠纷可以通过协商、调解、诉讼、仲裁等途径解决。如通过诉讼，当事人可事先在合同中约定适用法律，可选用第三国法律。由于斯洛伐克法院系统的不透明，效率低，因此外国投资者更倾向于选择国际仲裁程序。[1]

在仲裁机构选择上，对于国际市场公开招标项目，建议选择国际仲裁机构如 UNCITRAL 和 ICC 等，合同的适用法律也尽量选择第三国法律。斯洛伐克是《纽约公约》的成员国，承认和执行国际仲裁裁决。在政府采购的项目中，选择斯洛伐克本国法律的居多，建议签约前寻求当地律师的法律意见。

四、斯洛伐克营商环境及法律风险防范

（一）斯洛伐克整体营商环境

目前，国际三大评级机构对斯洛伐克评级分别为：穆迪 A2、标准普尔 A＋、惠誉国际 A＋。在世界银行颁布的《2016 年营商环境报告》排行榜上，斯洛伐克在 189 个经济体中经商便利度排名第 29 位。[2]

（二）斯洛伐克投资与工程承包风险及建议

1. 优惠政策

斯洛伐克颁布实施了《投资激励法》等一系列的投资鼓励措施，但该法律是在欧盟投资鼓励法律框架下形成的，因此，所给予的优惠条件以欧盟标准为限，特别是在投资金额，投资地区和投资目的地失业率等方面的要求比较严格。整个申请过程从提交投资计划书之日起需要 6 个月。且相关投资鼓励措施每年在变，持续更新，因此，投资企业需要详细了解斯洛伐克优惠政策的最新条件，适当调整对优惠政策的期望值，科学地进行成本

---

[1] Investment Climate Statement，United State Department's Office of Investment Affairs。
[2] Doing Business 2017-Slovakia，世界银行。

核算。[①]

2. 税务问题

根据世界银行和PWC的税务报告，2016年斯洛伐克企业税务负担远高于欧盟国家的平均值，特别是企业所得税，自2014年起从7%上升至10.5%。为满足税务要求方面所花费的时间较上一年还有所增长，而整个欧盟的水平是在不断下降。但斯洛伐克整体税务环境在近几年还是有明显改进，整体税务环境评价已从2012年的129位上升至2017年56位。在投资斯洛伐克前，建议提前查明有关税务的要求，结合税务激励措施，作出合理的税务安排。

3. 腐败问题

腐败问题仍然是斯洛伐克面对的最大挑战，全球腐败透明指数排名第50位。腐败问题尤其在司法和社保医疗方面尤为严重。根据PWC2016年全球经济犯罪的报告，参与问询的公司中，有四分之一的公司认为自己是因为竞争对手贿赂行为而丧失商业机会，8%的公司曾在两年内被要求行贿。

4. 工资成本

斯洛伐克的工薪成本包括工资和社保资金两部分。自2004年1月1日起，斯洛伐克执行461/2003号《社会保险法》。该法律规定的雇主和雇员缴纳社会保险的义务如下：雇主须为其雇员缴纳医疗保险和社会保险；雇员缴纳部分由雇主在其工资中扣除。最新数据显示，斯洛伐克每小时平均工资为9.7欧元，比捷克的9.4欧元高出30欧分。投资者到斯洛伐克投资要了解当地劳动法关于工资和社保资金的具体规定，精心核算工资成本，提高劳动生产率。同时斯洛伐克经常修改其劳动法，需要密切关注劳动法对人员工资成本的影响。[②]

5. 建筑市场

目前来看，斯洛伐克的外国投资大部分投入设备机械制造领域，除住宅项目外，建筑市场的投资呈下降趋势，并且这一趋势还有延续的可能。同时斯洛伐克政府的投资规模不大，主要依靠欧盟资金，市场竞争较为激烈。

五、小结

斯洛伐克是"一带一路"欧洲的落脚点，又是连接东西欧市场的桥梁，地理位置优越，有着得天独厚的条件，其经济增长迅速，政府也采取政策措施改善投资环境，包括减免税收，增加补贴，完善法律法规等。但是企业仍需要注意在斯洛伐克开展投资活动时要避开民族尖锐问题，尊重当地文化，与各方政党保持友好关系，密切关注政府政策导向，采取更加有利的经营战略。[③]

[①] 中国驻斯洛伐克大使馆经济商务参赞处：《斯洛伐克贸易投资指南》，http://www.mofcom.gov.cn/aarticle/i/dxfw/jlyd/201011/20101107227770.html。

[②] 同上。

[③] 黄日涵：《"一带一路"投资政治风险研究之斯洛伐克》，http://opinion.china.com.cn/opinion_6_142206.html。

塞 尔 维 亚

一、塞尔维亚国情简介[①]

塞尔维亚共和国（The Republic of Serbia，以下简称"塞尔维亚"）地处潘诺尼平原南部和巴尔干半岛中部，是处于中欧和东南欧十字路口的国家。塞尔维亚为内陆国，国土面积约 8.83 万平方公里，多瑙河的五分之一在其国境之内，属于温带大陆性气候。塞尔维亚位于西欧时区，比北京时间晚 7 小时。全国人口约 713 万（不包含科索沃地区），塞尔维亚语为其国语，大部分国民信奉东正教。

塞尔维亚行政区划由伏伊伏丁那和科索沃 2 个自治省、29 个大行政区、首都贝尔格莱德构成。其首都是全国的政治、经济、文化及科研中心，系前南斯拉夫最大的城市、东南欧第四大城市，仅次于伊斯坦布尔、雅典和布加勒斯特。

塞尔维亚拥有丰富的水力和矿产资源，森林覆盖率达 25.4%，拥有冶金、汽车制造、纺织、仪器加工等产业为主的工业和农业，拥有以公路和铁路为主的交通网，旅游业发展良好。服务业是其主导经济产业。2009 年受全球金融危机的影响，其经济出现大幅负增长，目前经济状态平稳且有上升的态势。

塞尔维亚是一个军事中立的国家，也是联合国、欧盟、世贸组织、欧安组织、黑海经济合作组织、中欧自贸区等众多组织的成员。与欧盟、美国、俄罗斯、中国的双边关系是塞尔维尔亚外交关系的四大支柱，同时也是中国在中东欧地区首个建立全面战略伙伴关系的国家。中国长期属于塞尔维亚第五大贸易伙伴，在中塞双边贸易中，中国长期处于贸易顺差地位。根据塞尔维亚国家统计局数据显示，塞尔维亚主要进口产品为车辆、电器及电子产品、机械设备等。据中国商务部统计，2015 年当年中国对塞直投流量 763 万美元，截至 2015 年末中国对塞直投存量 4979 万美元。

塞尔维尔亚属于中东欧 16 国，总理武契奇于 2015 年 11 月 11 日对正式访华并出席第四次中国-中东欧国家领导人会晤。2016 年 6 月 17 日，国家主席习近平访塞，在此期间两国元首共同签署了《中塞两国关于建立全面战略合作伙伴关系的联合声明》，将中塞关系定位提升为全面战略伙伴关系；两国元首还共同见证签署了多项政府部门间的商业协议，涉及产能、基建、军工、科技、文化、媒体、地方交往等多领域合作。

【小结】

塞尔维亚是连接欧洲和亚洲、中东、非洲的陆路必经之路，有欧洲的十字路口之称，其地理战略位置不言而喻，在"中国与中东欧 16 国合作"框架下，中塞双方合作上升到了新的高度，加之塞尔维亚自身经济状况及未来发展的需求，为中方投资企业提供了新的机遇，也为"一带一路"的发展创造了良好的环境。

[①] 外交部网站：《塞尔维亚国家概况》，http://www.fmprc.gov.cn/web/gjhdq_676201/gj_676203/oz_678770/1206_679642/1206x0_679644/。

二、塞尔维亚投资建设法律问题

塞尔维亚作为欧洲大陆法系国家之一，法律体系相对稳定，法律制度相对完善，该国的法律风险处于可控水平。

（一）塞尔维亚项目投资立法

在塞尔维亚进行基础设施建设主要涉及的法律有《公司法》《公私合作法》《吸引外资法》等法律法规。

目前中国企业在塞尔维亚投资主要分两类：一类是旅塞华商投资建设的中国商品销售中心（如贝尔格莱德"70号中国商城"和尼什市的"亚洲商城"）；另一类是国内企业境外直接投资项目，包括山东好彩有限责任公司投资总额5553万美元收购我驻前南联盟被炸使馆旧址地块开发建设的中国文化中心项目，江苏恒康家居科技股份有限公司2013年投资315万美元并购Everrest Production公司后在塞设立的合资企业艾瑞斯特制品有限公司。[1]

（二）塞尔维亚外资准入及企业设立相关法律

塞尔维亚政府积极鼓励外商投资，除了博彩业和军工业，一般不限制投资。塞尔维亚政府重点鼓励外国投资者在下列几种领域内进行投资：汽车、农牧、电子、家电、基础设计建设、通信技术、以及清洁能源产业。

塞尔维亚资本账户是开放的，外资可以自由进入。塞方对于外资参与国有企业私有化项目或参股、并购民营企业均持欢迎和支持的态度，对外资企业施行一系列的税收减免政策。不过，对于涉及国有企业的项目，普遍要求投资方承诺新增一定数量的工作岗位。

塞尔维亚投资政策优惠包括：①给予外资企业国民待遇；②外资可投资任何工业；③投资成本及利润、分红等均可自由转移；④外资可在对等条件下购买房地产，租用建筑用地，租用的期限最长可达99年；⑤外商投资者在塞尔维亚进行项目投资可以获得国家主要信用机构、国际信用组织驻塞尔维亚机构、塞尔维亚出口信用担保；⑥外国投资者还可以获得双边投资保护协定保护（指与塞尔维亚已签署投资保护协定的32个国家，包括中国）。[2]

塞尔维亚投资项目财政资助政策：①以投资额17%为上限的奖励：要求投资的项目必须为投资额超过2亿欧元的大型项目，且10年内至少能创造一千个工作岗位；②以投资额20%为上限的奖励：要求投资的项目必须为投资额超过5000万欧元，且十年内至少能创造三百个工作岗位；③以投资额10%为上限的奖励：要求投资的项目投资额要超过5000万欧元，且10年内至少能够创造一百五十个工作岗位；④对于小型投资项目存在下列情况的，且能够在三年内至少创造五十个就业岗位，塞方政府对于每个新增的就业岗位奖励4000～10000欧元：1) 投资当地经济欠发达地区的制造业，投资金额超过50万欧

---

[1] 环球网：《塞尔维亚基本情况及我"一带一路"倡议实施条件》http://china.huanqiu.com/News/mofcom/2015-03/5928024.html。

[2] 商务部国际贸易经济合作研究院，商务部投资促进事务局，中国驻塞尔维亚大使馆经济商务参赞处：《对外投资合作国别（地区）指南—塞尔维亚（2016年版）》，http://fec.mofcom.gov.cn/article/gbdqzn/upload/saier-weiya.pd。

元；2）投资当地其他地区的制造业，投资金额超过 100 万欧元；3）投资旅游业超过 500 万欧元；4）若向塞出口服务业投资额超过 50 万欧元，并且 3 年内至少创造十个就业岗位，塞方将对每个新增的就业岗位奖励 4000～10000 欧元。①

投资者在塞投资需注册企业的可选择下列四种类型的企业：①股份公司；②有限责任公司；③合股公司；④合伙公司。投资者无论申请注册何种形式的企业，均需到商业注册署办理注册手续。企业的最低注册资本为 500 欧元，办理注册手续时需要缴纳 70 欧元的注册费。注册手续主要包括②：

1. 注册申请：提交公司注册申请、发起人的合作协议以及拟注册公司的章程。
2. 注册审批：公司注册的审批工作由塞尔维亚商业注册署负责，一般需要 2 个工作日，审批通过后向公司发放《注册登记证》。
3. 申请统计代码：向当地统计局申办统计代码。
4. 刻制公司印章：企业注册申请审批通过后，企业需要在指定机构刻制公司印章。
5. 开设银行账号：企业注册申请审批通过且取得统计代码后，应及时在塞尔维亚的银行开立公司公户。
6. 申请增值税号：企业取得《注册登记证》后，必须到当地的税务机关办理企业税务申报登记，申领纳税人识别号码。

外国公司可以在塞设立代表处，但是由于代表处无法人资格，所以不能从事商业活动。在塞设立代表处的流程如下：③

1. 向塞尔维亚经济部提出设立代表处的申请；
2. 塞尔维亚经济部批准通过后，外国公司去商业注册署办理注册登记。

（三）塞尔维亚工程建设相关法律④

依照塞尔维亚相关法律规定，外国投资者在塞尔维亚从事工程承包项目必须要先在当地注册一个公司，然后由该公司去申请工程承包许可。除了军工工程以外，对于外国投资者承包工程的领域没有其他的限制，不过一般来说外国自然人施工及技术能力均有限，基本没办法在塞承包大型的工程项目。

依照塞尔维亚《公共采购法》的规定，由政府采购的基础设施、学校、医院等公共工程均需通过招标的形式确定承包方。对于中方企业来说，因为中塞政府联合签署了《基础设施领域经济技术合作框架协议》，所以中方企业参与塞尔维亚政府采购项目时，可以不受前述约束，直接与塞方业主议标。

塞尔维亚建设、交通和基础设施部以及能源和矿产部等主管部门通过指定的咨询公司发布招标信息。

---

① 商务部国际贸易经济合作研究院，商务部投资促进事务局，中国驻塞尔维亚大使馆经济商务参赞处：《对外投资合作国别（地区）指南—塞尔维亚（2016 年版）》，http：//fec.mofcom.gov.cn/article/gbdqzn/upload/saier-weiya.pd。
② 中国驻塞尔维亚大使馆经济商务参赞处：《塞尔维亚对外国公司承包当地工程的有关规定》，http：//yu.mofcom.gov.cn/article/ddfg/tzzhch/201405/20140500580608.shtml。
③ 同上。
④ 同上。

在塞尔维亚，外国投资者独立注册的公司与塞尔维亚当地的公司享有同等待遇，可直接参与投标；在塞尔维亚没有注册公司的企业，可与当地公司合作参与投标，或委托当地代理公司投标。针对国际金融机构贷款建设的项目进行的公开的国际招标，外国投标商可以直接参与投标，不需要在当地注册公司，但是外国投标商要通过严格的资格预审。

塞尔维亚工商会是审核认定企业投标资格、审核颁发"承包工程项目设计许可"和"承包工程项目施工许可"以及审核确定"施工企业登记名录"的主管机构。

1. 企业参加承包工程项目投标的基本条件和规定：
(1) 必须在工商注册局办理公司注册登记和经营范围的登记，且公司在塞必须有合法的经营地点；
(2) 5年内无违法、犯罪及经济违规行为；
(3) 无法院或工商、行政执法机构的强制勒令破产、清算或停业整顿等处罚记录；
(4) 企业须遵照塞尔维亚法律的规定按时纳税；
(5) 对于公共采购业务，企业必须获得从事公共采购业务的许可，该许可的发放是根据政府行政主管部门的特别规定进行的，对外国企业在办理该许可方面存在一定的限制；
(6) 企业具有拥有充足的资金及良好的融资能力；
(7) 拥有经营能力和技术实力（外国专业技术人员的执业资格受到限制）。

2. 外商投资者参加工程承包项目投标时，向塞尔维亚工商会提交如下文件：
(1) 塞尔维亚工商注册局的注册登记证明；
(2) 企业在塞尔维亚纳税证明；
(3) 在塞尔维亚营业许可证明；
(4) 财务年度审计证明；
(5) 近3年在塞的经营业绩（新成立公司受到限制）；
(6) 提供企业质保说明（外国公司受到限制）；
(7) 工程技术人员、专家、质检员的执业资格和声明（中国公司人员受到限制）；
(8) 承包商以往工程承包业绩的资料及图片；
(9) 符合标书要求的技术标准、规格及质检认证的证明；
(10) 关于工程质量和生产、服务能力的调查报告；
(11) 外国承包商还必须提供塞尔维亚当地机构对其投标资质的认证和公证（中国公司受到限制）；
(12) 投标商确认接受塞尔维亚《公共采购法》第45章第1、2条关于在塞尔维亚注册公司和及时纳税的规定，并注明是总承包还是选项承包；
(13) 承包工程施工单位必须是塞尔维亚工商会施工企业名录登记的企业，并提交相应的登记证明；
(14) 投标人在建筑、水利、能源、交通及通信项目上应用的设计、技术标准必须取得塞尔维亚各权威机构一致的技术认定。塞尔维亚承包项目招标委员会根据塞尔维亚《公共采购法》，按照上述资质要求，对投标商进行严格的资格预审。

3. 施工单位申办进入"施工企业登记名录"并获取证明的流程：
(1) 外国法人、自然人作为施工单位必须符合塞尔维亚《公共采购法》第45条和塞尔维亚关于建筑工程的相关规定、资质、基本条件等要求，才能申请进入改名录；

(2) 注册地址在塞境内的施工单位可以直接申请进入该名录,注册地址在塞境外的施工单位,除了满足前述第(1)项的要求之外,该施工单位还必须与塞政府签订相应的协议,才能申请进入该名录;

(3) 申请进入该名录须提交以下 8 项书面证明材料,包括:①法院注册;②工商注册;③法院和工商部门出具的不存在违法违规情形证明;④从事相应业务证明;⑤施工证明;⑥高管和技术人员资质证明;⑦业绩证明;⑧企业能力和实力证明(上述证明均须在塞尔维亚办理公证)。

4. 申办工程承包和施工许可需要提交以下材料:

(1) 企业基本情况资料;

(2) 企业在塞注册的行政批文(须公证),法院和工商注册登记证明;

(3) 高管及技术人员名单、简历、业绩和执业资格以及企业的资质证明;

(4) 施工单位与工人的劳动关系证明;

(5) 注册设计师、注册工程师、注册建造师等专业人员的执业资格证;

(6) 以往业绩证明;

(7) 塞尔维亚工商会建筑行业协会的推荐信及"施工企业名录登记证明"。

5. 招标方对于一些周期长、租赁经营投资大、存在一定风险的基础设施建设工程项目,会要求投标人提供一定的担保,具体有以下几种类型的担保:

(1) 信誉良好的银行出具的金额不低于投资预算 10%的保函;

(2) 履约保函,金额不低于投资预算的 10%;

(3) 金额至少为投资预算总金额 5%的过失责任保函;

(4) 租赁合同约定的押金及保险。租赁期限内,租赁者一般必须办理以下保险种类:①为施工企业办理全险;②第三者险;③避免专业责任险;④人员的人身及财产损害险;⑤租赁合同约定的其他担保和保险。①

【案例一】

塞政府举债建设的泛欧 11 号走廊高速公路塞境内部分路段,包括约 50 公里路段利用中方优买贷款(优惠出口买方信贷,即中国进出口银行承办的"两优"贷款的一种)并由中资企业承建,正就约 150 公里路段以何种投资模式建设和维护与中国有关企业在协商中。②

【案例二】

中国、塞尔维亚、匈牙利三国总理在 2013 年 11 月中国—中东欧领导人会晤上就贝尔格莱德至匈牙利布达佩斯铁路现代化改造项目合作建设达成共识,2015 年 11 月 26 日塞尔维亚总理武契奇参加第四届中国—中东欧领导人会晤并访华时签署该项目合同。③

---

① 中国驻塞尔维亚大使馆经济商务参赞处:《塞尔维亚对外国公司承包当地工程的有关规定》,http://yu.mofcom.gov.cn/article/ddfg/tzzhch/201405/20140500580608.shtml.

② 商务部国际贸易经济合作研究院,商务部投资促进事务局,中国驻塞尔维亚大使馆经济商务参赞处:《对外投资合作国别(地区)指南—塞尔维亚(2016 年版)》,http://fec.mofcom.gov.cn/article/gbdqzn/upload/saierweiya.pdf.

③ 同上。

【案例三】

科斯托拉茨 B 电站改建及新建项目已由中资企业承建，并已向中方申请优买贷款。①

【案例四】

莫拉瓦运河综合开发项目，塞方表示希望该项目由中方企业通过特许经营模式，仿照中国三峡进行建设。②

【案例五】

中塞合作的"泽蒙—博尔查"跨多瑙河大桥项目，以 EPC 总承包的模式实施，总投资额约为 1.7 亿欧元，桥身长 1500 米，工期三年，2011 年春开始施工，2014 年建成通车。③

（四）塞尔维亚 PPP 相关政策与法律④

塞尔维亚的 PPP 模式和特许经营均受《PPP 和特许经营法》的规制。该法于 2011 年 11 月发布在《塞尔维亚共和国政府公报》（第 88/11 号）上，这是塞首次引入 PPP 的概念，但关于 PPP 执行的法律直至 2013 年中才取得通过。

塞方各级政府对 PPP 模式均持比较积极态度，其主要有以下几个方面的原因：一方面，PPP 项目可以为其投入的资金带来较多的回报，尤其是在提供重要的公共服务时；另一方面，PPP 项目不会导致公共部门资产负债，这对塞限制预算开支有利。

目前，塞尔维亚 PPP 委员会批准的 PPP 项目大约有 20 个，主要系公共废弃物收集、公共交通、运输以及公共基础设施等领域的存量改造工程，在这些项目中，目前只有个别项目进入了合同实施阶段。塞尔维亚非常重视与中方的合作，故其鼓励中国投资，对于一些大型项目，尤其是涉及基础设施建设的，塞方比较愿意由中方企业参建。

1. 关于投资及 PPP 项目的主管部门

经济部是塞尔维亚外国投资的主管部门，外商投资的咨询和服务由经济部直属的外国投资和出口促进署负责，对于 PPP 项目来说，其属于塞尔维亚 PPP 委员会监管的范围，该委员会是依据《PPP 和特许经营法》建立的，其主要职能系对建议书草案发布正式意见。

2. 关于 PPP 项目的法律政策

（1）关于 PPP 项目的招标流程。由政府方向 PPP 委员会（PPP Commission）准备和提交 PPP 建议书草案。若该建议书草案获得 PPP 委员会的批准，则相政府方可着手政府采购，并选定社会资本方。

塞尔维亚政府会根据项目所在领域的相关法律规定的流程，确定社会资本方。根据实际情况的不同，流程的快慢也不同，一般情况下不会少于 4～6 个月，对于个别复杂的项目，可能会需要至少 12 个月。

（2）关于 PPP 项目投标者资格。在塞尔维亚，外国投资者虽然可以直接参与 PPP 项

---

① 商务部国际贸易经济合作研究院，商务部投资促进事务局，中国驻塞尔维亚大使馆经济商务参赞处：《对外投资合作国别（地区）指南—塞尔维亚（2016 年版）》，http：//fec.mofcom.gov.cn/article/gbdqzn/upload/saierweiya.pdf。

② 同上。

③ 赵嘉政：《"一带一路"的名片项目泽蒙—博尔察大桥赢得"中国桥"美誉》，载《光明日报》，2017 年 8 月 29 日，第 10 版。

④ 中国对外承包工程商会：《塞尔维亚 PPP 模式法律及应用最新分析》，http：//obor.chinca.org/fxyj/56368.jhtml。

目,但是为了履行合同必须要在当地成立一家 SPV。

(3) 关于 PPP 项目融资安排。大多数国际金融机构对塞尔维亚的 PPP 项目持积极的态度。

(4) 关于政府收回特许经营权的途径。在塞尔维亚,依据合同的相关约定或者出于公共利益的目的,政府方可以在给予特许方及时、充分补偿的前提下,收回特许经营权。

【案例】

Horgos-Pozega 公路项目系塞尔维亚最大基础设施项目,但该项目因未获得融资最终以失败告终。

【小结】

塞尔维亚自身投资能力较弱,在基础设施建设等大型项目上对外国投资,特别是中资企业依赖性较大,且较支持以 PPP 合作模式投资。中国投资者应注意塞方相关法律政策的变化,积极搜集已实施项目的经验。

三、塞尔维亚司法体系及争议解决

塞尔维亚系大陆法系国家,其司法机构主要有宪法法院、最高上诉法院、上诉法院、区法院和市法院。商业法院主管商业诉讼。塞尔维亚司法效率较低,执法力度因地区不同存在差距。

塞尔维亚是《纽约公约》的成员国,但对于《纽约公约》做出了声明和保留:第一,仅承认和执行在另一个缔约国领土上做出的裁决;第二,仅限于根据塞尔维亚国内法被认为属于商业性质的问题所产生的法律纠纷(不论是否属于合同纠纷);第三,仅承认和执行《纽约公约》生效后公布的仲裁裁决。①

为了保证在判决做出前,塞尔维亚国家或商业主体的公平地位,塞尔维亚执行外国法院裁判必须要进过完整而复杂的认证程序。塞尔维亚的法庭做出承认外国裁判的决定后,仅指该外国裁判可以在塞尔维亚开启执行程序,但是否执行该裁决,法院会根据互惠原则进一步判断。②

由于塞尔维亚法制建设尚不完善,且目前未与中国签署民商事司法互助协定,中国企业如在投资和合作中与塞方合作伙伴发生纠纷,仍应以磋商解决为首选方案,将诉诸法律途径作为最终手段。此外,也可在商务合同中明确仲裁条款,尽量绕开当地司法管辖,以规避当地司法体系缺陷导致的潜在风险。

四、塞尔维亚营商环境及法律风险防范

(一) 塞尔维亚整体营商环境

根据世界银行《2017 年全球营商环境报告》显示,塞尔维亚的营商便利度在全球 190

---

① 国家开发银行:《"一带一路"国家法律风险报告(下)》,法律出版社,2016 年 8 月第 1 版,P63。
② 同上。

个经济体排名中位列第 47 位，在开办企业、办理建设许可、财产登记、信贷获取、合同强制执行效率、破产处置效率排名中表现出色，分别位列第 47 位、第 36 位、第 56 位、第 44 位、第 61 位和第 47 位，尤其是跨境交易环境较为宽松，跨境交易难易度位列第 23 位；但在获取电力、保护少数权益投资者和纳税领域表现一般，分别位列第 92 位、第 70 位和第 78 位。[1]

（二）塞尔维亚投资与承包工程风险及建议

塞尔维亚基本营商环境良好，鉴于其正处于经济转轨过程中，中国企业在投资与承包工程中应注意以下问题：

1. 抓住机遇，客观评估

自从前南斯拉夫分裂后，塞尔维亚先后经历了 10 年国际经济制裁、3 年波黑种族内战以及科索沃战争，其国内经济、交通设施被摧毁殆尽，目前基础设施建设是塞尔维亚重点发展领域，为中国企业的进入提供了良好的机遇，而且塞尔维亚政府自身投资能力较弱，对外资依赖性强，中国企业应把握这一机遇，对项目进行客观评估，可以尽可能开展符合当地政府规划以及被当地政府鼓励的投资项目，以此争取获得较好的投资环境。

2. 关于融资模式的选择

由于塞尔维亚政府近年来兴建基础设施，向外举债较多，公共债务的规模逐年扩大，财政风险持续提高，导致国际金融机构对塞融资提出了众多限制性要求。故塞尔维亚政府目前青睐将公私合营、特许经营等模式作为今后实施基础设施项目的首选融资模式。此前，我国企业多以总承包（EPC）模式在塞尔维亚参与基础设施项目，今后能否继续参与，取决于我国企业能否在融资模式上取得突破创新。

3. 关于 PPP 合作模式

塞尔维亚政府目前对此模式采取积极支持的态度，中方企业在进行 PPP 项目时，则需要重点关注许可的条件、退出机制和担保条件，并对费用进行精准的预算，切忌盲目乐观导致不必要的投资风险。

4. 关于法律及政策环境

鉴于塞尔维亚的经济正处于转型期，法律政策环境复杂，要注意及时获取最新法律政策动态，避免因政策问题导致的投资失败。

【案例】

塞尔维亚国有 Vrsacki Vinogradi 葡萄酒厂私有化项目曾由浙江冠南集团参与，且该集团通过公开竞标以 528.54 万欧元拍得有关资产，但无奈的是，该项目招标拍卖结果被塞政府主管部门认定无效，后该项目择期重新挂牌拍卖。[2]

5. 关于工程劳务

塞尔维亚对外来劳务进行严格的限制，其工作许可及入境签证程序复杂且较为严格，

---

[1] 商务部网站：《世界银行发布〈2017 年全球营商环境报告〉》，http://images.mofcom.gov.cn/gn/201610/20161027171453550.pdf。

[2] 凤凰财经网：《塞尔维亚资源禀赋、主要产业、吸引外资政策、投资环境及我在塞投资情况》，http://finance.ifeng.com/a/20140508/12291173_0.shtml。

且工作许可常常附加有限条件。① 塞尔维亚从业人员工资中所包含的社保基金比例较大，须按期交纳，且当地技术型劳务工资较高，应注意有效核算工资成本。

五、小结

在"中国与中东欧16国"合作框架下，塞尔维亚对"一带一路"的发展的重要性不言而喻，但往往机遇与风险相伴而生，塞尔维亚处于经济转型改革时期，其法律环境较为复杂，投资者在投资时应注意当地法律的变动信息，注意新法与旧法的变更内容及时效问题，密切关注在法规不完善条件下政府出台的临时性政策和决定，充分进行项目可行性调研，理性评估投资风险，谨慎决策。

保加利亚

一、保加利亚国情简介②

保加利亚共和国（The Republic of Bulgaria，以下简称"保加利亚"），位于巴尔干半岛东南部，与土耳其、希腊、塞尔维亚、马其顿相邻。国土面积大约为111001.9平方公里，系欧洲第16大国家，人口约718万人，以保加利亚族为主，约占84%，保加利亚语为国语，主要信奉东正教。

保加利亚共有28个大区和254个市。世界闻名的花园城市索非亚（Sofia）系其首都，也是其政治、经济、文化中心。

保加利亚自然资源比较丰富，森林面积约412万公顷，约占保加利亚国土面积的33%。

东欧剧变前，出口贸易系其国民收入的主要来源，占90%。东欧剧变后，其开始向市场经济过度，发展多种经济，特别是农业、轻工业、旅游和服务业。至2004年底，保加利亚大部分国有资产已完成私有化。后受金融危机影响，其经济有所衰退，但目前正稳步回升。玫瑰、酸奶和葡萄酒是其优势产业。

保加利亚实行现实主义的对外政策，核心系维护民族利益、国家安全和领土完整。目前，其已与140多个国家建立了外交关系，并于2004年3月加入北大西洋公约组织，2007年1月加入欧盟。中保于1949年10月4日建立大使级外交关系，其是世界上第二个承认中华人民共和国的国家。保加利亚作为中东欧16国之一，也参加了"16+1合作"。

据欧盟统计局统计，2016年1~9月，其进出口额为401.8亿美元，在这之中超过一半的货物贸易是在欧盟区域内进行。在欧盟区域内，其最主要的出口国是德国、意大利和罗马尼亚；在欧盟区域外，土耳其系其最主要的出口国，俄罗斯系其第二大进口来源国，

---

① 江苏南通司法局，上海对外经贸大学：《"一带一路"国家法律服务和法律风险指引手册》，知识产权出版社，2016年1月第1版，P398-404。

② 外交部网站：《保加利亚国家概况（最近更新时间：2017年2月）》，http：//www.fmprc.gov.cn/web/gjhdq_676201/gj_676203/oz_678770/1206_678916/1206x0_678918/。

中国系其第二大逆差来源地。①

中国是保加利亚前十大贸易伙伴和第三大非欧盟国家贸易伙伴。其对中国出口的主要产品为贱金属及其制品，第二大类为矿产品；其自中国进口的主要产品为机电产品、家居玩具和化工产品。中国企业在当地的投资主要集中在以下五大领域：一是汽车制造，如长城汽车项目；二是建设工程，如浙大网新的脱硫项目、中材国际（天津）代夫尼亚水泥厂总承包项目；三是农业合作，如天津农垦在保项目；四是通信领域，如华为、中兴在保项目；五是可再生能源项目，如伊赫迪曼光伏项目等。②

【小结】

保加利亚现在是欧盟最贫穷的国家之一，但市场需求量大，给众多投资者带来机遇。在"16+1合作"机制下，保加利亚也将为"一带一路"的发展提供新的助力。

二、保加利亚投资建设法律问题

在欧盟的监督及压力下，保加利亚的各项法律、规定正在逐步改革，但缓慢的进程冲击了一部分投资者的信心，且其司法效率不高，行政和司法界限模糊等问题亟待改善。

（一）保加利亚项目投资立法

在保加利亚进行商业投资主要适用的法律有《投资促进法》《劳动法》《政府采购法》《〈投资促进法〉实施办法》《土地法》《商业法案》和《申请投资优惠政策法》等相关法律。

保加利亚投资署还制定了《法律指导》《投资环境和主要产业指导》《主要投资者信息》等文件及材料，并提出外国投资者可以获得优惠政策支持的投资领域为：制造业、可再生能源、信息产业、研发、教育以及医疗6个行业。

2008年，该署推出8个鼓励外商投资的重点行业：电气电子、机械加工、化工、食品及饮料加工、非金属采矿、医药行业、再生能源、ICT及服务外包。2015年的《能源法修正案》规定，30千瓦以下的屋顶和墙面光伏发电站、部分小型生物质能发电站及高能效的热点联产企业可享受政策优惠。③

保加利亚对外国投资在税收及投资政策上都有一定的优惠，特别是《鼓励外国投资法》规定的A类（投资额2000万列弗以上）和B类（投资额1000万列弗以上）项目将会享受更多的优惠。

根据《（NDP BG2020）中长期国家发展计划》，其长期经济发展规划的核心是保证经济的稳定、快速和可持续发展，重点是培养人才，提高社会竞争力，新建、改建和完善基础设施，提升优势产业（IT、旅游、医药化工、农业和食品加工、纺织服装等）的综合竞争力，支持企业创新等。在基础设施建设方面，于2014年2月发布2014—2020发展规

---

① 商务部网站：《国别贸易报告—保加利亚（2017年第1期）》，http://countryreport.mofcom.gov.cn/record/qikan110209.asp?id=9091。

② 商务部国际贸易经济合作研究院，商务部投资促进事务局，中国驻保加利亚大使馆经济商务参赞处：《对外投资合作国别（地区）指南—保加利亚（2016年版）》，http://fec.mofcom.gov.cn/article/gbdqzn/upload/baojialiya.pdf。

③ 同上。

划，其交通和基础设施建设将吸收欧盟基金和保加利亚国家资金共约19亿欧元，其中用于公路和铁路基础设施建设的资金将超过13亿欧元。[1] 除了欧盟基金外，保加利亚还考虑利用财政预算、政府贷款、公私合作伙伴关系和收费系统等方式筹资。

（二）保加利亚外资准入及企业设立相关法律

一般情况下，外资企业在当地投资与当地企业享同等待遇，即便是并购当地企业也无特别的限制性规定。不过如果该外国企业的来源国对保资企业有投资或并购限制的，那么保加利亚也将对该外国企业进行同等的限制，即同等对待原则。

外资企业可以在保设立分支机构，且税务、社保及统计等无须另行注册登记，注册登记机关为保加利亚登记署。各类型公司注册的主要规定如下：

1. 关于注册有限责任公司的规定

注册有限责任公司除了要取得公司名称唯一性的证明材料之外，还需提供公司章程、出资情况、70%资金到位的银行确认函、管理层人员名单、有能力从事该领域商业活动的权威机构证明材料。注册费用80欧元，公司名称唯一性证明费25欧元。注册资金下限为2列弗即1欧元。

2. 关于注册股份公司的规定

注册股份有限公司的资金下限为50000列弗，约25000欧元。股份公司注册费为230欧元；分支机构注册费为215欧元；银行保险类的注册费为1700欧元。注册股份公司必须举行股东大会，股东需要对公司章程、管理层人选等进行表决通过，且每位股东必须签字。以非现金方式入股的还需提供地方法院认可的专家证明材料。

在保加利亚注册公司办理时间大约为1天，投资者应一次性准备好相关材料，避免增加无谓的投资成本。

（三）保加利亚工程建设相关法律

外国投资者在保进行商业投资享受国民待遇，而且在法律无禁止性规定的情况下，各个领域均允许外国投资者进行投资。

保当地的公共采购项目应按照其《政府采购法》的规定实施，对于保中小型企业作为分包商的情形，政府可以直接向该企业支付价款；如果项目的总额大于欧盟规定的门槛，该项目的总承包人必须要将大于该项目的30%的部分进行分包；若总承包人未向分包人支付相应的对价，那么该总承包人不得再参与同类项目的招投标。[2]

根据保的未来发展规划及存量现状，对于外国投资者来说，在公路、旅游及太阳能等可持续能源领域存在着大量的投资机会。[3]

由于保加利亚大部分基础设施建设项目的资金是由欧盟基金提供的，因此众多项目只

---

[1] 商务部国际贸易经济合作研究院，商务部投资促进事务局，中国驻保加利亚大使馆经济商务参赞处：《对外投资合作国别（地区）指南—保加利亚（2016年版）》，http://fec.mofcom.gov.cn/article/gbdqzn/upload/baojialiya.pdf。

[2] 同上。

[3] 中国对外承包工程商会：《保加利亚基建市场分析》，http://www.chinca.org/cms/html/main/col141/2016-08/23/20160823154323898879137_1.html。

允许欧盟成员国参与投标。对于中国企业能够投标的项目,在投标过程中中国企业也经常会遇到信息不透明等阻力。而且在实操中,保方经常制定出一些对中国企业不利的条件,如产品需在欧盟国家生产或向欧盟国家出口等。

(四)保加利亚PPP相关政策与法律

2012年6月,保加利亚通过《公私伙伴关系法》了,至此在保的PPP项目有了专门的法律来规制,BOT作为PPP模式的具体形式受该法规制。另外,在保的PPP项目还受《特许经营法》《公共采购法》的规制。

1. 投融资建设管理机构

保加利亚投资署为保加利亚的投资管理机构,隶属于保加利亚经济部,主要负责投资政策的制定、实施以及促进工作。其职能清晰,对投资者的服务主要有:详细的信息咨询、深度的市场调研、有针对性的牵线搭桥和组织投资洽谈等。[①]

2. PPP项目相关政策与法规

(1)关于PPP模式适用的领域:PPP模式主要适用于当地的基础设施建设和公共服务设施建设领域,如停车场、车库、公共交通、教育、体育、监狱、公益性住房等。但是PPP模式在当地不是必然手段,只有当公共项目不适用于《特许经营法》或《公共采购法》的情况下才会适用PPP模式。[②]

(2)关于PPP协议的规定:PPP协议一般在公共合作伙伴和所选择的私营合作伙伴(有限责任公司)之间缔结。如果选定的私营合作伙伴不是有限责任公司,或者在投标公告里对私营合作伙伴的类型做了此类规定的,公共合作伙伴应与新成立的有限公司(通称项目公司)缔结PPP协议,所选择的私营合作伙伴应为该项目公司的股东,并管理该公司。公共合作伙伴无论其在该公司份额如何,均对该公司通过的决定享有否决权。在法律明确规定的情况下,PPP法案允许公共合作伙伴通过书面附件修改PPP协议。特许权协议的最长期限为35年。在符合《特许经营法》的情况下,该期限可以延长,但延长时间不得超过协议初始期限的三分之一。

(3)关于特许经营的法律体系构成:在保加利亚,有关特许经营权的授予、实施及收回由2006年7月1日生效的《特许经营法》规制,对于地下资源的特许权制度,还受《地下资源法》的规制,对于矿泉水生产的特许权由《水法》规制。2008年《特许经营法》修正案提出了可以向混合型公私合营公司授予特许权的可能性,并指明该混合型公司营公司的股东可以是国家、直辖市、上市公司或私营实体。

(4)特许经营权适用的领域:特许经营权适用于公共工程领域、公共利益管理服务领域和矿产开采领域。

(5)特许经营投资者的选择:外国企业或个人在符合《特许经营法》规定的情况下,可以参与特许经营权项目的招投标,特许经营权是通过特许经营协议授予的,而只有有限

[①] 商务部国际贸易经济合作研究院,商务部投资促进事务局,中国驻保加利亚大使馆经济商务参赞处:《对外投资合作国别(地区)指南—保加利亚(2016年版)》,http://fec.mofcom.gov.cn/article/gbdqzn/upload/baojialiya.pdf.

[②] 走出去智库:《中东欧六国PPP模式法律及应用最新分析》,http://www.cggthinktank.com/2016-07-19/100075725.html.

责任公司才能签订特许经营权协议。特许经营权项目必须以公开招投标的方式进行，候选人提交报价，由评估委员会根据公开招标公告中约定的标准对施工技术、服务质量、价格及特许权期限等方面进行评估，并确定中标人。

（6）关于特许经营的招投标程序：特许经营项目的通知会发布在保国家公报上，同时该通知和项目的招标文件会一同发布在国家特许经营登记处网站上；标书提交期限一般至少为通知发布后的 52 日；一般投标截止日后的 3 个工作日开标。对特许经营权授予程序中通过的任何决定，包括评估委员会的中标者决定有异议的，均可在决定作出之日起 10 日内向保护竞争委员会提出上诉。对特许经营中标决定的上诉，在争议解决之前，会暂停特许经营授权程序。对其他决定的上诉，除非上诉人要求，否则上诉并不会中止特许经营权授予程序。对于保护竞争委员会的上诉决议，可以向最高行政法院提出上诉，由该法院裁决，该裁决为终局裁决。

（7）关于 PPP 项目投融资：在保加利亚，通常以债务和股权组合的模式为 PPP 项目进行融资，如果符合欧盟融资以及援助规则时，欧盟将给予援助资金。参与 PPP 融资的主要金融机构包括：当地银行、国际银行、基础设施投资基金、多边融资机构（欧洲复兴开发银行、欧洲投资银行、国际金融公司等）。①

【案例一】

保加利亚第一个水处理特许经营项目，中标者为当地第一个私有化水利公司 SofiyskaVoda。②

【案例二】

普罗夫迪夫机场项目将开启新一轮特许经营流程，特许经营招标期限为 35 年。该项目在上一次特许经营招标流程中无人中标。

【小结】

保加利亚政府鼓励来自中国的投资，致力于建立良好的保中双边商业关系。虽然保加利亚有一系列关于 PPP 项目的法律制度，但是保加利亚 PPP 项目实践经验不充分，市场风险主要由私营合作伙伴承担，因此投资者应对项目进行充分的可行性分析，谨慎投资。

三、保加利亚司法体系及争议解决

在保加利亚发生争议，可以寻求以下几种争议解决途径：自行协商、法院诉讼、仲裁和国际调解等。在当地发生纠纷后，适用的法律主要有：《民事诉讼法》《国际私法》《国际仲裁法》等。保加利亚作为欧盟成员国，欧盟关于商务纠纷解决的一系列理事会规定在保也适用。此外，解决投资贸易纠纷的国际法依据还有双边国际条约和协定。③

保加利亚相关法律规定，未在保注册的外国公司，可以在保以外的国家仲裁，但是在

---

① 走出去智库：《中东欧六国 PPP 模式法律及应用最新分析》，http：//www.cggthinktank.com/2016-07-19/100075725.html。
② 中国对外承包商会：《保加利亚基建市场分析》，http：//obor.chinca.org/fxyj/56980.jhtml。
③ 商务部国际贸易经济合作研究院，商务部投资促进事务局，中国驻保加利亚大使馆经济商务参赞处：《对外投资合作国别（地区）指南—保加利亚（2016 年版）》，http：//fec.mofcom.gov.cn/article/gbdqzn/upload/baojialiya.pdf。

保注册的公司必须在本地仲裁。不过，对于涉及由外资控制的合资公司的仲裁，仲裁员中可以包括非保加利亚公民。保加利亚是《纽约公约》成员国，因此符合规定的外国仲裁裁决可以依据公约在保加利亚申请强制执行。

中保双方签订有《中华人民共和国政府和保加利亚人民共和国政府关于鼓励和相互保护投资协定》，根据该协定的约定：中资企业在保加利亚与当地企业或政府发生纠纷的，先通过外交途径友好协商解决，六个月还协商不成的，任何一方可向专设仲裁庭提交仲裁申请。①

四、保加利亚营商环境及法律风险防范

（一）保加利亚整体营商环境

根据世界银行《2017年全球营商环境报告》显示，保加利亚的营商便利度在全球190个经济体排名中位列第39位，在办理建设许可、财产登记、信贷获取、保护少数权益投资者、跨境交易、合同强制执行效率、破产处置效率排名中表现出色，分别位列第48位、第60位、第32位、第13位、第21位、第49位和第48位；但在开办企业、获取电力及纳税领域表现一般，分别位列第82位、第104位和第83位。②

（二）保加利亚投资与承包工程风险及建议

目前，在保加利亚进行商业投资、承包工程的中资企业大约有20余家，但遗憾的是，中保合作项目数量较少、合作领域较为狭窄，根据当地的营商及法律环境，结合中资企业在当地进行商业投资、工程承包的现状，现对投资者们发出以下几个方面问题的提醒及建议：

1. 承包商的投标资格问题

不论是在保加利亚还是在任何一个地方投标/投标者首要关注的问题就是资格问题。因此，投标者在投标前，一定要应仔细阅读有关招标材料中对投标者的资质及相关要求，如是否允许中资企业投标、是否要求设备原产自欧盟境内等，否则，投标者可能会因为缺乏对招标文件的仔细研读，导致出现一些不必要的风险。

2. 承揽工程可能存在的干扰

欧盟资金资助的项目虽然不限制非欧盟企业参与，但在评标等实际运作过程中可能更倾向于选择欧盟企业，即使中资企业中标也可能面临后续竞争对手的干扰，尤其要注意因中标决定上诉导致获取特许经营权延期的现象。

3. 法律制度问题

保加利亚自加入欧盟后，在欧盟的压力下，其法律制度在逐步完善，投资者要时刻注意法律制度的变动，注意新法与旧法的内容的区别以及实施的时间节点，以提前防范因法律规定的改变而导致的风险。

4. 政策及管理问题

---

① 商务部条约法律司：《中华人民共和国政府和保加利亚人民共和国政府关于相互鼓励和保护投资协定》，http：//tfs.mofcom.gov.cn/aarticle/h/au/200212/20021200058400.html。

② 商务部网站：《世界银行发布〈2017年全球营商环境报告〉》，http：//images.mofcom.gov.cn/gn/201610/20161027171453550.pdf。

在外投资要时刻关注政策动向,以避免因政策改变而导致的损失。在管理方面,要亲自实地参与管理,时刻保持警惕,保证公司的财务及发展的可控性。

【案例】

某中资企业与某奥地利公司在保加利亚设立合资企业,由于过于信任合作方,未派中方员工做好财务监管等工作。后奥方股东通过伪造与中方公司债务合同的方式,非法转移合资公司名下中方近千万欧元的资产。中方企业发现后即委托律师发起诉讼,并向保加利亚检察部门报案。但保司法效率不高,程序繁杂,合资企业经营收益虽已被暂时冻结,但中方企业的部分损失已无法挽回。

5. 关于工程劳务

虽然当地劳动力短缺,尤其是建筑行业特别缺乏熟练工人,对外籍劳务进入其国境的规制仍然存在,投资者一定要注意当地政府对外籍劳务入境的限制性规定,例如:保加利亚政府严格限定外籍劳工占雇员的比例,不能超过10%,企业应注意不要违反这一规定。同时,企业应将劳务成本纳入项目精准预算中去,切忌疏略估算。

五、小结

保加利亚具备低成本、低税率的宽松营商环境,但作为欧盟目前最贫穷的国家之一,其市场规模较小,购买能力较弱。加之其目前还处于地区经济一体化的过渡阶段,体制机制建设仍待完善,整体商业环境仍存在诸多先天不足的因素。这对于"16+1"合作机制、"一带一路"发展都是一种机遇及挑战。投资者对在保加利亚投资、承包工程,一定要对项目进行充分的可行性调研,关注政策及法律动向,时刻保持警惕,将风险把握在可控范围之内。

乌 克 兰

一、乌克兰国情简介

乌克兰共和国(Ukraine,YKPAÏHA,以下简称"乌克兰")位于欧洲东部,为原苏联加盟共和国,1991年苏联解体后独立。乌克兰东与俄罗斯接壤,西南部与罗马尼亚、摩尔多瓦等国毗邻,西部连接波兰、斯洛伐克、匈牙利,北部为白俄罗斯、立陶宛,其国土总面积603628平方公里,居世界第46位,欧洲第2位,仅小于俄罗斯。乌克兰地处黑海、亚速海北岸,有2782公里的海岸线,大部分地区为温带大陆性气候,1月平均气温-7.4℃,7月平均气温19.6℃。

乌克兰全境共分为27个行政区,包括基辅、塞瓦斯托波尔两个直辖市,24个行政州以及克里米亚自治共和国。乌克兰有459个市、490个区和907个镇。首都基辅(kyiv),位于乌克兰的中北部,曾为苏联第三大城市,乌克兰独立后重新成为首都,是乌克兰政治、经济、文化中心,也是东欧重要的工业、科学、文化和教育中心。乌克兰2016年初总人口数为4292.9万,相对于上一年同比下降5.5%,总人口数下降明显,而生育率长期徘徊在

1.14%以下,颓势明显;城市人口占69%,农村人口占31%,男女比例为0.86∶1,劳动经济人口短缺,而同时劳动力市场需求不足,失业率近9%(2015年统计数据)。乌克兰是个多民族国家,共有110多个民族,乌克兰族占总人口的72%,俄罗斯族占22%,但在克里米亚自治共和国,俄罗斯族占58%,乌克兰族仅占25%,鞑靼族占13%。官方语言为乌克兰语,而东部乌克兰仍有不少人用俄罗斯语交流,虽然乌克兰语和俄罗斯语同源自斯拉夫语,但有一定的差别,并不能认为会乌克兰语的人一定就会俄罗斯语。

乌克兰的优势集中在农业、矿产资源和部分高精尖工业(比如航空、核武器)。乌克兰农业资源优势明显,农业用地为国土面积的70%,且大部分为肥沃的黑土地,乌克兰黑土地占世界总量的四分之一;乌克兰的农业产值近300亿美元,粮食年产量6200万吨,粮食出口量为世界第三,有"欧洲粮仓"美称。乌克兰矿产资源丰富,地下矿藏储量为世界总量的5%(而其人口仅占世界人口的0.8%),已探明储量资源主要为:煤、铁、锰、镍、钛、石墨以及耐火土,其中锰矿石储量为世界最多,已探明储量超过20亿万吨。乌克兰曾是苏联高精尖工业(尤其是军工)中心,尤其是苏联的航母制造体系大部分在乌克兰,苏联解体后仍留在乌克兰,所以乌克兰有很高的军舰制造水平;乌克兰的航空航天工业也很发达,火箭、宇航、飞机和导弹装置制造水平居世界前列;乌克兰曾是世界第三大核武器国家,虽然目前遗留在乌克兰的核武器已大部分销毁或封存,但其核工业基础设施并一并拆除,核人才和技术储备决定其超强的核武器恢复能力。

乌克兰由于多年的政治动荡,经济严重下滑,目前人均GDP为欧洲倒数第二,2016年乌克兰人均GDP为2193美元,居世界第136位。同时物价水平居高不下,2015年通胀率高达12%,加上高失业率,而乌政府对此难有作为,经济运转基本靠美欧和国际货币基金组织借款和援助维系。

自1992年中乌建交后,两国经济往来日益频繁,尤其是2011年建立战略伙伴关系之后,合作不断深入推进至各个领域。2011年中乌贸易总额超过百亿美元,较1992年增长了45倍,时至今日,中国已成为乌第五大出口国和第二位进口国。目前已有20余家中资企业也开始在乌克兰经营,主要在农业投资与贸易、通讯、电子产品、机械制造业等领域。[①]

【小结】

乌克兰受其地理位置影响,处于欧盟与独联体两种意识形态的交叉点,国内政治不稳定,有较高的投资风险;但资源丰富,曾经拥有发达的科技,投资潜力大。乌克兰是我国"一带一路"倡议的重要节点,也是最先响应我国"一带一路"倡议的国家。现阶段,乌克兰政府对于中国投资者的投资普遍持开放态度。

二、乌克兰投资建设法律问题

(一)乌克兰项目投资立法

乌克兰经济发展和贸易部是乌主管投资的政府部门,其下设的"投资司"负责制定投

---

① 外交部网站:《乌克兰国家概况》,http://wcm.fmprc.gov.cn/pub/chn/gxh/cgb/zcgmzysx/oz/1206_40/1207/t9479.htm。

资政策。

目前，乌克兰涉及贸易与投资的法律主要有三部：《对外经济活动法》、《乌克兰海关法》（2004年）、《外国投资制度法》（1996年颁布，2000年修订）。此外，涉及外国人经济活动的法律还包括《乌克兰税收体系法》《乌克兰税法》《乌克兰增值税法》《乌克兰海关税率法》《乌克兰统一关税税率法》《乌克兰各边境站货物通行统一收费标准法》《乌克兰对外经济关系中来料加工法》《乌克兰商品和交通工具进口及清关程序法》《乌克兰预算法》《地籍簿法》《土地市场法》《租赁法》《特别抵押法》《乌克兰特别（自由）经济区法律》等。其中最需关注的是《外国投资制度法》和《对外经济活动法》。

中乌签署的双方协议有：《关于鼓励和相互保护投资协定》《关于避免双重征税的协定》《关于进出口商品合格评定合作的协定》《关于科技合作的协定》《关于海运合作的协定》《知识产权合作协议》。

投资者可进行以下投资：通过股权受让的方式参股乌克兰国内企业；设立外商独资企业、分公司；购买乌克兰法律容许的资产，如房屋、设备、交通工具等；购买土地和自然资源使用权等。①

【案例】②

华为公司于1998年在乌克兰成立代表处，自2000年起正式在乌销售设备，并与同乌国内最大的移动和固话运营商签署了一系列合作合同。目前，华为在乌智能移动电话市场份额已超过8%。

（二）乌克兰外资准入及企业设立相关法律

1992年，乌克兰出台《对外经济活动法》，确立了外贸体系的发展方向：实施对外贸易自由化，融入世界贸易体系。按该法律规定，所有在乌的合法注册企业，经向乌克兰经济部申请办理有关登记手续，便获得外贸经营权。

1. 受理机构

外国公司在乌设立代表处可向乌克兰经济发展和贸易部外国企业处申请注册登记，在乌设立企业和组织可向各行政区下属注册机关申请办理③。

2. 主要程序

需提交的关于注册代表处的申请文件包括：

（1）使用本公司的信头纸。其中需要注明以下内容：①外国公司总部的名称；②外国公司总部所在国；③外国公司总部的法定地址；④外国公司总部的成立时间；⑤外国公司总部的组织形式；⑥代表处所在城市及地址；⑦在代表处工作的外国员工人数；⑧外国主管机构对公司设立代表处的批文；⑨代表处的经营活动范围和发展预期等。

（2）外国公司的银行证明。需提供账号信息和银行负责人的签字，银行证明应采用该银行的信头纸；驻乌代表处负责人的授权委托书（注明职能范围），授权委托书应由总经

---

① 商务部国际贸易经济合作研究院，商务部投资促进事务局，中国驻乌克兰大使馆经济商务参赞处：《对外投资合作国别（地区）指南—乌克兰（2016年版）》，http://fec.mofcom.gov.cn/article/gbdqzn/upload/wukelan.pdf。

② 中国驻乌克兰大使馆经济商务参赞处：《华为扩大在乌员工人数》，http://ua.mofcom.gov.cn/article/express/jmyw/201607/20160701360750.shtml。

③ "一带一路"江苏商务云公共服务平台，http://www.jscc.org.cn/model/view.aspx?m_id=1&id=42510。

理签发，并应有公司签章。

（3）代表处负责人的身份证明，包括身份证和护照。

（4）企业章程、营业执照（副本）、董事会决议。

以上文件均需译成乌克兰语并由乌克兰驻华使馆认证。

在乌克兰申请注册公司，申请人可向各州政府下属负责企业登记的部门提出书面申请[①]。注册资本超过 1000 万格里夫纳可以直接向乌克兰司法部申请，注册文件与普通公司相同[②]。所有公司的注册资本需在公司经营第一年内缴清。

（三）乌克兰工程建设相关法律

1. 许可手续

所有拟在乌承包工程项目的承包商，必须先在乌克兰境内注册公司，并应向乌地区发展和建设部下设的专门委员会提交有关设计与施工资质材料（包括公司介绍、组织架构、经营范围和营业额、国内政府主管部门颁发的资质证书、承包工程项目业绩等），由该专门委员会审核通过并颁发相应设计与施工资质许可。上述材料的组织和提交手续较为复杂，审核周期一般在半年至 1 年左右，企业可咨询当地法律机构，由当地建筑商协会协助办理。

2. 禁止领域

乌克兰法律对外国承包商从事的建筑领域活动并无特别的限制。

3. 招标方式

乌克兰政府部门对招标要求并无统一规定，承包商主要根据招标公告规定的投标方式和时间节点进行投标。投标前应向发包方及主管部门具体了解项目的融资、建设和经营模式。

4. 招标信息获取

依据乌克兰法律规定，在乌的工程项目招标公告应同时以乌克兰语和英语两种语言在主管政府部门的网站固定板块上公布。乌克兰政府采购网公布所有国家机构及国有企业的采购招标通知（国家政府采购网：www. tender. me. gov. ua）。各大型企业的网站也会发布相关招标信息，如公路项目招标公告均公布在国家公路局网站（www. ukravtodor. gov. ua），电力工程项目的招标公告均公布在国家电力公司网站（www. ukrenergo. energy. gov. ua）。中国驻乌克兰大使馆经商参处也会及时在其网站上发布收集到的项目招标信息。[③]

（四）乌克兰 PPP 相关政策与法律

乌出台的政府与社会资本合作模式的法律主要包括《特许经营权法》和《公共—私营合作制法》。根据《特许经营权法》，特许经营年限一般 10 年到 50 年，具体根据项目内容确定。

[①] "一带一路"江苏商务云公共服务平台，http：//www. jscc. org. cn/model/view. aspx? m _ id=1&id=42510。

[②] 商务部国际贸易经济合作研究院，商务部投资促进事务局，中国驻乌克兰大使馆经济商务参赞处：《对外投资合作国别（地区）指南—乌克兰（2016 年版）》，http：//fec. mofcom. gov. cn/article/gbdqzn/upload/wukelan. pdf。

[③] 人大经济论坛：《"一带一路"之乌克兰投资法律规则与实践》，http：//bbs. pinggu. org/k/news/847701. html。

乌克兰首个采用 BOT 模式实施的项目是"利沃夫——科拉克维茨公路"项目，由其国内企业建造运营。截至 2016 年初，尚无外资企业参与乌克兰国内的 BOT、特许经营权融资建设项目。

2010 年出台的《公共—私营合作制法》，规定以 PPP 方式进行公私合营的年限为 5~50 年，可以进行以下产业：

1. 尚未签订任何协议的矿产勘探和开采项目；
2. 燃料生产、运输及供应；天然气供应；
3. 建设及管理公路、铁路；
4. 机场跑道、桥梁、公路立交桥；
5. 隧道和地铁项目，港口等基础设施建设；
6. 机械制造；
7. 收集、净化、分流水源；
8. 卫生保健；
9. 旅游、休闲、娱乐、文化和体育项目；
10. 维护灌溉和排水系统；
11. 垃圾处理；
12. 电力生产、分流和供应；
13. 物业管理。

【案例一】

2015 年 7 月，乌国家公路署发布启动利沃夫——克拉科维茨公路建设和经营权招标，长度 84.4 公里，为乌第一条特许经营公路。该项目特许经营年限 45 年，采用 BOT 模式实施，乌克兰国家投资占 40%，社会资本方投资占 60%。

【案例二】

自 2016~2019 年，乌国家公路署将分 4 个阶段举行特许经营招标建设基辅市环城路一期项目，拟建设 151.6 公里的 4 车道一级公路。总投资金额 12.5 亿美元。

三、乌克兰司法体系及争议解决

（一）司法体系

乌克兰自独立后便建立了由宪法法院、法院（分普通法院和经济法院）和检察院组成的完整司法、护法系统。

2016 年 6 月，乌议会议长签署发布新版《司法体系和法官地位法》，该法律对乌克兰的司法体系进行大幅调整。调整后的乌克兰司法体系包括：地方法院、上诉法院、最高法院。取消最高刑事、民事法院、最高经济法院和最高行政法院，建立最高法院，建立最高反腐败法院、最高知识产权法院。[①]

---

① 中国日报中国网：《乌克兰议会通过新版〈司法体系与法官地位〉法》，http：//www.chinadaily.com.cn/hqzx/2016-06/20/content_25775668.htm。

（二）国际公约

乌克兰于 1960 年 10 月 10 日经批准加入《纽约公约》，并于 1961 年 1 月 8 日正式生效。

（三）中乌司法协助

为了实现司法领域的合作，中国与乌克兰于 1992 年 10 月 31 日签订了《中华人民共和国和乌克兰关于民事和刑事司法协助的条约》，条约约定双方应互相提供民事和刑事方面的司法协助。

民事方面包括：
1. 根据请求送达司法文书和司法外文书；
2. 询问当事人、证人和鉴定人；
3. 进行鉴定和勘验；
4. 其他与调查取证有关的诉讼行为；
5. 承认与执行本条约生效后在缔约另一方境内作出的法院裁决和仲裁机构的裁决，其中依裁决性质应执行者，则予以执行；通知执行结果。

刑事方面包括：
1. 相互代为询问证人、被害人、鉴定人和讯问刑事被告人；
2. 进行搜查、鉴定、勘验、检查以及其他与调查取证有关的诉讼行为；
3. 移交物证、书证以及赃款赃物；
4. 送达刑事诉讼文书，并通报刑事诉讼结果。[①]

四、乌克兰营商环境及法律风险防范

（一）乌克兰整体营商环境[②]

根据世界银行发布的《2017 年营商环境报告》，乌克兰国内整体营商环境排名第 80 名，较 2016 年提高了 1 名。开办企业、办理施工许可证、获得信贷、保护少数投资者分别位列第 20 位、第 140 位、第 20 位和第 70 位。

（二）乌克兰投资与承包工程风险及建议

乌克兰因为前几年的政局动荡，导致开展投资与工程承包业务问题比较多，常见的问题主要有：

1. 政治风险[③]

在乌克兰投资，政治风险是不得不提的问题。乌克兰地处苏联地区，地缘上毗邻俄罗

---

① 中国人大网：《中华人民共和国和乌克兰关于民事和刑事司法协助的条约》，http：//www.npc.gov.cn/wxzl/gongbao/2000-12/28/content_5002968.htm。
② 世界银行官方网站，http：//chinese.doingbusiness.org/data/exploreeconomies/ukraine。
③ 黄日涵：《一带一路投资政治风险之乌克兰》，http：//opinion.china.com.cn/opinion_5_144405.html。

斯，其内政治局势受俄罗斯势力影响较大。中国目前对一带一路沿线国家大举投资，在乌克兰的投资会挑战中俄两国关系，势必会影响中国在乌克兰的投资数量。尤其在能源开发方面，中国企业参与乌克兰能源开发的动作颇大，而历史上乌克兰是俄罗斯天然气输往欧洲的中转地，俄罗斯控制乌克兰能源工业的意愿较强，不希望乌克兰能源得以开发，更不希望乌克兰对外出口能源。

2. 法律环境风险

乌克兰的政权更替较快，缺乏对司法队伍的整顿，司法系统腐败严重。鉴于欧盟的自贸区协定的要求以及IMF提供借贷的附加条件，乌克兰政府从2015年11月着手改革法律体系，整顿司法系统。从效果来看，改革并不成功，司法环境依然恶劣。

执法成本较高。世行2016年营商环境指数公布的乌克兰在合同执行指标所示该项得分为57.11分，排名第98位（共189个国家），表明在乌克兰，外资企业在乌克兰进行诉讼活动程序繁琐，耗费时间较长，诉讼费用较多。

巨大的财政预算压力导致乌克兰政府的失信，较多的政府项目遭到延迟甚至取消。尤其在克里米亚，由于俄罗斯的"接管"，乌政府与俄政府对外资企业与对方签订的合同均不予以承认。①

3. 税制风险

乌克兰政权的频繁更替带来税收政策的频繁调整，常年累积致使税制复杂、税负繁重。近些年来，乌克兰进行税制简化改革，税种合并、税负减轻、税收环境逐渐趋好，但仍有很大的改善空间②。

乌克兰的税收政策变更深受其经济形势和不稳定的政局影响。格里夫纳贬值、金融危机及2015、2016年的财政预算草案的制定，导致乌克兰政府于2014～2015年间进行了三次税改。

4. 经营性风险

（1）腐败风险

乌克兰在国际透明组织公布的2015年全球清廉指数（CPI）报告中的排名由2014年的142位升至第130位。这一事实表明，乌克兰国内的腐败情况有所改善，但改善程度不大。

（2）没收风险

在乌克兰，民间资本很难受到政府的保护，会面临被征收被国有化的风险，几乎每届政府都有征收政敌支持者财产的案例。

（3）劳工关系风险

乌克兰失业率的居高不下导致了对引入外籍劳工的限制，除非在乌没有胜任的劳动者才允许引入外籍技工，聘请外籍专家同样需提供充分的理由。

在乌克兰，劳动者罢工权利受到严格限制，工会服务于不同政治派别，并不热衷于为劳动者争取权利，外籍劳工在乌克兰受保护的程度极低。

5. 风险防范建议

（1）慎重选择工程项目

---

① 微口网：《乌克兰投资风险简析》，http://www.vccoo.com/v/2bb34f。
② 《中东欧经济三》张俊杰学苑音像出版社2004年。

建议中国企业在乌投资前应对项目进行详细考察，着重考察项目的实施背景、融资担保所需额外条件、运营过程需面临的风险，充分考量自身实力和各种风险，慎重选择工程项目。

（2）及时获取相关资质

中国企业在乌进行工程建设，应充分了解乌相关法律法规并按前文所提供的途径及时申请设计和施工资质，因办理的手续复杂、周期较长，建议有一定的提前量。

（3）重视劳务问题

中国企业应充分了解乌有关劳动和相关经济类法律，核算雇佣成本，按照法律规定签订用工合同。

（4）严格实施监理验收

在乌克兰承包工程，应仔细研究乌克兰关于建设的相关法律，尤其是监理和验收应严格按照相关法律进行。中国企业需要在工程合同谈判、签署、执行过程当中，依法行事，如相对方有超出合同规定的要求，请务必要求签署补充合同，并保存好相关证据，以备工程验收和索赔时使用。[①]

五、小结

乌克兰因其历史、地理原因，有其值得投资的方面。总结如下[②]：

1. 拥有东欧最大的消费市场，增长潜力大；
2. 劳动力综合素质高，尤其是IT人才数量庞大，居世界第五；
3. 地理位置独特，是销往欧盟、北非以及独联体的产品中转地；
4. 拥有便利的交通基础设施，尤其是港口；
5. 拥有世界上最肥沃的黑土地，农业发达；
6. 拥有先进的装备制造业，尤其是航空航天制造业。

然而，乌克兰由于自身政治资本欠缺，常常成为大国博弈的筹码，国家发展受国际阻力较大[③]；国内民族成分复杂，政党争斗激烈，国家难以维持长久的稳定局面；吸引外资投资的途径单一，主要通过国企私有化，难为长久之计；落后的监管标准和复杂多变的税收制度。过多的不确定性使外国投资者承担很大的风险，投资时无所适从、望而却步。[④]

乌克兰最早支持中国"一带一路"倡议，积极欢迎中国企业在乌投资。这对中国投资者来说，既是机会，又有风险；建议投资者在投资前做好充分的调查工作，选择合适的投资领域，理解相关法律法规，保护己方利益。

---

① 《中东欧经济三》张俊杰学苑音像出版社2004年。
② 湖南省商务厅：《乌克兰：对接"一带一路"加快合作》，http://www.hunancom.gov.cn/test/zt/wjzn/gb-dqzn/201612/t20161219_3678507.html。
③ 黄日涵：一带一路投资政治风险之乌克兰 http://finance.huanqiu.com/br/column/bj/2016-03/8631738.html。
④ 黄日涵：《一带一路投资政治风险之乌克兰》，http://opinion.china.com.cn/opinion_5_144405.html。

摩 尔 多 瓦

一、摩尔多瓦国情简介

摩尔多瓦共和国（The Republic of Moldova，以下简称摩尔多瓦）属于欧洲，黑海沿岸地区，位于巴尔干半岛东北部多瑙河下游地区，东欧平原南部边缘地区。东、北部接壤乌克兰，南部邻靠黑海，西隔普鲁特河与罗马尼亚相望，国土面积为33800平方公里。摩尔多瓦境内丘陵和谷地纵横交错，最高处海拔仅429.5米，平均海拔为147米。摩尔多瓦是一个内陆国家，属温带大陆性气候，四时分明。截至2016年1月1日，摩尔多瓦人口为355.31万（不含德左和本德尔市）人口，摩尔多瓦族占75.8%，乌克兰族、加告兹族等也占一定比例。98%的摩尔多瓦人信奉东正教。摩尔多瓦语是摩尔多瓦的官方语言，但其通用语言为俄语。货币是摩尔多瓦列伊。人民币与列伊目前尚不能直接兑换，需要通过美元、英镑等货币进行间接兑换。

摩尔多瓦于1991年8月从苏联独立。实行新的行政区划，全国共划分为32个区、3个直辖市和2个地方特别行政区（德涅斯特河左岸行政区、加告兹自治行政区）。摩的首都是基希讷乌。

摩尔多瓦自然资源稀少，大宗矿物和能源资源稀缺。但全国境内蕴藏着石膏、石灰岩、沙土、陶土、玻璃沙土、硅藻土、大理石等丰富的非金属富矿。其中硅藻土是摩尔多瓦宝贵的矿物资源。摩尔多瓦还盛产黄色、绿色和红褐色黏土，且品质较高，该黏土是制砖、制陶、瓷器不可缺少的原料。摩尔多瓦位于乌克兰大平原地区，黑钙土面积广大，土地肥沃，人均7.5亩耕地，农业自然资源良好，有多瑙河下游的葡萄酒王国的美称。

摩尔多瓦是连接独联体及欧盟两大政治、经济集团的桥梁和窗口，地缘优势明显，市场辐射潜力较大。摩尔多瓦政局基本稳定、社会秩序良好，融入欧盟已成为其今后较长时期推动经济社会转型和发展的国策。摩尔多瓦和欧盟于2014年6月正式签署深度广泛自由贸易协定和联系国协定，在上述协定生效后，在摩生产、加工获得摩原产地证的产品可免关税、免配额、自由进入独联体、欧盟、中东欧和土耳其总计近9亿人口的欧亚大市场。除此之外，摩尔多瓦还享有WTO、中欧自贸区、独联体自由贸易区等多个经贸合作机制给予的贸易优惠。

中国于1992年1月与摩尔多瓦建交，建交以来两国关系发展良好，但至今中国企业在摩尔多瓦的投资案例很少。

【小结】

摩尔多瓦是从苏联独立出来的国家，其从地理上位于欧洲地区，地缘优势为其扩大了市场辐射潜力。但截至目前，中国在摩尔多瓦的投资几近空白，这意味着有必要分析摩尔多瓦的投资潜力和投资风险，为有投资能力和意愿的企业深度挖掘合作机会和潜能添砖加瓦，以便加强与一带一路沿线国家的战略对接。

二、摩尔多瓦投资建设法律问题

摩尔多瓦法律体系属于传统的大陆法系，只有宪法和其他制定法可以作为法律渊源。摩尔多瓦的法律制度正在进行改革。

（一）摩尔多瓦项目投资立法

摩尔多瓦于 2004 年颁布了《摩尔多瓦企业投资活动法》，该法是摩尔多瓦吸引外资的主要法律，该法律就摩引进外资方面进行了诸多规定，不仅赋予外国投资者的各种投资优惠，还给予依法注册的外资企业在摩尔多瓦的一切经营活动包括融资方面享有国民待遇。经摩尔多瓦财政部和经济部门的批准，外国投资还可以购置国家债券，投资摩尔多瓦的私有化项目。

摩尔多瓦与 48 个国家（包括中国）签订了避免双重征税协定，签订了 40 个双边投资保护协定。摩尔多瓦的投资主管部门是摩尔多瓦经济部及其下属的投资和出口促进组织。

【案例一】

2016 年 12 月 1 日，广东猛狮新能源科技股份有限公司与摩尔多瓦共和国国家能源部签署了《能效和可再生能源领域合作备忘录》，双方旨在联合推动政府组织和企业在能效、节能和可再生能源领域的合作和项目开发。[①]

【案例二】

2014 年 9 月 10 日，中铁五局集团贵州海外进出口贸易有限公司与摩尔多瓦共和国阿思孔霓酒庄签约，此次签约后，贵州海外进出口贸易公司将获得阿思孔霓酒庄的葡萄酒中国市场代理权，为期 5 年。[②]

（二）摩尔多瓦外资准入及企业设立相关法律

根据摩尔多瓦相关法律，除了军事领域，外国投资者可向任何领域投资。

摩尔多瓦法律规定，在摩尔多瓦注册的企业形式可以是代表处、分公司、有限责任公司和股份公司（开放或封闭）以及其他形式。[③]

自 2009 年 1 月 1 日起，在摩尔多瓦境内注册的股份公司，不论何种形式，最低注册资金统一调整到 2 万列伊，同时取消先前的关于股份公司最低注册资金限制规定。摩尔多瓦负责外资企业注册的管理部门是国家注册局，自然人与法人注册公司所需要提供的材料也有所不同。自然人需要提供本人身份证明和已支付注册费的清单。法人需要提交外国投资者母国发放的证明文件、外国企业注册证明、外国企业的创立文件、外国企

[①] 猛狮科技：《关于公司与摩尔多瓦共和国国家能源部签署合作备忘录的公告》，http：//www.topcj.com/html/0/GSGG/20161203/2159965.shtml。

[②] 陈曦：《蒙启良出席贵州省企业与摩尔多瓦共和国酒企签约授权仪式》，载《贵州日报》，2014 年 9 月 11 日。

[③] 商务部中国企业境外商务投诉服务中心：《与我国驻摩尔多瓦大使馆经商参处须同凯参赞网上交流》，http：//shangwutousu.mofcom.gov.cn/aarticle/lbqz/lbxt/201006/20100606997841.html。

业开户行出具的该公司资信证明、投资方关于投资决定的证明文件和已支付注册费的清单等。①

(三) 摩尔多瓦工程建设相关法律

近年来,摩尔多瓦土地和房屋的总体价格比以前有大幅度的提高,但在欧洲国家仍属较低水平,具体价格根据用途、地理位置、交通便利情况不同而有所区别,属于政府的土地多以公开拍卖的形式出售。按市场价格计算,土地成本约占建设总成本的50%。

按照摩尔多瓦《土地法》和其他相关法律规定,在摩尔多瓦注册的企业包括外资企业都被允许进行土地和不动产的买卖(受限于双边条约的规定),因此摩尔多瓦公民和外国企业都可以成为摩尔多瓦私有土地权的拥有者(包括土地所有权和使用权)。但是就自然人而言,只有具有常住资格的居民(包括具有常住资格的外籍人士)方可购买土地和不动产。除此之外,只有摩尔多瓦公民和没有外资股份的公司才能购买耕地,外国自然人和法人不能获得耕地所有权,但其可以租赁耕地并且没有时间限制。

摩尔多瓦工程承包项目主要集中在基础设施领域。摩尔多瓦基础设施相对落后,独立后对基础设施建设的投入也并未有所改善。公路、铁路维修改建,城镇建设,通信网络现代化,电力供应等领域有合作机遇。到目前为止,除小型工程设计咨询外,中国企业在摩尔多瓦工程承包领域业绩为零,可尝试在此领域有所突破。但是摩尔多瓦政府资金缺乏,基础设施改善大多依靠国际金融组织优惠贷款,每年摩尔多瓦可获得大量来自世界银行、欧洲复兴开发银行的贷款,承包工程也大多被欧洲企业获得。如果中国企业在工程承包领域不能提供带资或融资等优惠条件,将很难进入该领域。而且,摩尔多瓦承包工程需要根据不同地市的规定和国家规定获取相应的许可认证,部分认证工作耗时较长,因此在承包交付项目时需对摩尔多瓦承包工程市场提前了解,识别风险点。

摩尔多瓦对外国投资者承包当地工程的相关规定包括:

1. 许可制度

按照摩尔多瓦法律规定,未在摩尔多瓦注册的外国企业不能独立参加投标。在独立参加投标以前,外国企业要在当地注册企业并获得主管部门批准的经营项目许可。参加投标项目时需向有关部门提供企业资质证明,未注册的外国企业可以和当地企业合作投标。许可由相应的项目主管部委颁发。摩尔多瓦建设与地区发展部管理摩尔多瓦的一般工程项目,所以由该部负责颁发项目许可,涉及建筑设计、大修、还原修复、加固和配套设施建设的工程设计。但是摩尔多瓦办理建设许可方面,需要经历27道程序,耗时247天,程序烦琐,许可审批体系有待改善。摩尔多瓦法律规定,允许以外国自然人名义注册的企业承包工程项目,但摩尔多瓦发包单位一般会对承包企业资质提出要求。

2. 禁止领域

一些涉及国家安全,例如军工的工程项目不对外资开放,但外资可以参与其他工程项目的承包。

---

① 商务部国际贸易经济合作研究院,商务部投资促进事务局,中国驻摩尔多瓦大使馆经济商务参赞处:《对外投资合作国别(地区)指南—摩尔多瓦(2016年版)》,http://fec.mofcom.gov.cn/article/gbdqzn/upload/moerduowa.pdf。

3. 招标方式

摩尔多瓦所有的工程项目均要求采取招标方式进行，招标可以采用公开和非公开两种方式。

公开招标，即不限定投标单位的数量，凡是有经营资格的企业均可参加投标，这种方式也称为开放式招标。此外招标单位还可以只邀请几个企业投标，此种方式称为封闭式招标。在市场形成自然垄断的情况下，也可只邀请一家企业参加投标。参加项目投标的方式有两种，一种是在当地注册企业独立参加投标，也可以不注册企业但同当地企业联合参加投标。

摩尔多瓦相关法律规定，要求承包工程项目必须通过招标方式对外发布，选择经营者。国家投资项目由负责工程的各个部门发布招标信息，下属各地区及主要城市也设有工程项目相对应的管理部门，负责发布本地区的工程项目信息，各主要报刊也刊登项目招标信息。企业出资（或贷款）工程项目由企业自主发布招投标信息。国际组织招标项目由国际组织或会同摩尔多瓦主管单位组成招标委员会对外发布招投标信息。

上述部门发布的招标信息中一般注明项目名称、资金渠道、截止日期以及对参与投标企业的要求等，凡符合这些要求的企业均可在规定的时间参加投标。

【案例】

2005年，我国的金隅集团建都设计院成为摩尔多瓦首都中心地带商务中心楼的中标者，其设计的建筑设计方案获得摩尔多瓦建筑部部长的高度赞扬。

（四）摩尔多瓦 PPP 相关政策与法律

2008年7月10日，摩尔多瓦议会颁布第179号关于公私合作（PPP）有关的法令，规定国家对公私合营的项目、目的、条件和有关文件进行审批。摩尔多瓦中央政府、经济部、地方政府也陆续出台了具体规定。摩尔多瓦法律规定，除法律明文禁止以外的资产、工程、公共服务等领域，以及在此基础上创立的服务、信用、租约等新领域均可开展特许经营服务，服务期限最长为50年；50年后公共财产部分无偿归还国家，且不承担任何责任。尽管摩政府希望通过BOT和PPP方式改善基础设施，但具体实施此等方式的项目较少。2013年，摩政府授予俄罗斯公司投资成立的AVIA INVEST S.R.L公司49年的特许经营权，负责运营和管理基希讷乌国际机场。

目前，中资企业尚未在当地开展过BOT和PPP合作项目。

三、摩尔多瓦司法体系及争议解决

外资企业在摩尔多瓦发生投资纠纷时，可选择仲裁和司法诉讼等方式进行解决，摩尔多瓦2003年5月30日出台的《民事诉讼法》是处理民事纠纷的主要依据。摩尔多瓦反贪污中心负责对经济犯罪行为进行调查。[1]

（一）诉讼

摩尔多瓦于建国后建立了法院、检察院及宪法法院，由此形成了完整的司法审判和检

---

[1] 国家开发银行：《"一带一路"国家法律风险报告（下）》，法律出版社，2016年8月第1版。

察监督等司法机关系统。摩尔多瓦法院体系包括法院、最高法院、上诉院、经济法院、宪法法院、军事法院。经济法院是专门处理经济纠纷的法庭。为使案件在经济法庭立案审理，申诉方必须出示申诉，法庭的决定对当事各方均有约束力并不能上诉，但可以递交给作为监督机关的议会审核。此外，当事双方还必须支付案件审理程序中的各种费用。根据法律规定，在经济法院立案的纠纷，当事人双方仍可以根据他们自己之间的约定自行解决，也就是说，商业争端不必提交到经济法院，但是必须将结果通知经济法院备案，通知内容包括如何、由谁、以何种语言、双方所达成一致程度等。

（二）仲裁

1994年，摩尔多瓦成立了仲裁法院，专门从事国际商务纠纷的仲裁。摩尔多瓦目前与40多个国家签署了投资保护协定，详细规定了投资合作纠纷是否可要求国际仲裁。国际投资和贸易纠纷的双方可在合同中约定纠纷的适用法律和有关仲裁的规定，也可要求国际仲裁和异地仲裁，但需认真审核对方是否具有相关履行合同义务和执行司法判决的能力。这类仲裁的费用是固定的，与争议标的的数额无关。

（三）司法协助

摩尔多瓦1998年成为《纽约公约》的缔约国，因此，摩尔多瓦政府承认并执行外国的仲裁裁决，但做出了互惠原则的保留声明。除此之外，《纽约公约》对于该国仅适用于公约生效后作出的外国仲裁裁决。

（四）其他

此外工会也是维护企业和职工合法权益的机构，需要注意的是，根据摩尔多瓦《劳动法》，禁止进行政治罢工。

一般情况下，建议中国企业或个人以国际法和中国法律作为适用法律与摩尔多瓦企业签订相关合同。

四、摩尔多瓦营商环境及法律风险防范

（一）摩尔多瓦整体营商环境

摩尔多瓦的投资环境整体尚可，但在某些方面有待改善。近期摩尔多瓦营商环境的变化包括：增加了公司注册费用，使得开办企业成本上升；取消了对于容量小于200千瓦的新客户必须通过国家能源监察局检查的要求，使得企业获得电力更为容易；取消了必须提交社会保险文件原件的要求，使得缴纳税款更加容易；提高了公路税、环境税和雇主缴纳的医保费用，提高了缴纳税款的成本；为当事人参与调解提供了财务激励，以鼓励当事人调解，使得合同执行更为容易。

世界银行发布的《2017年经商环境报告》显示，摩尔多瓦在189个经济体中全球营商环境排名第44位，处于偏上水平，较之于2016年有所上升。其中，摩尔多瓦在纳税、财产登记、跨境贸易和开办企业方面表现出色，分别排在第21、31、32、34、42和44位。

在破产处置、合同强制执行和获得电力方面表现尚可,分别排在第60、62和73位。在办理施工许可方面不尽人意,仅排在第165位,处于世界下游水平。

(二)摩尔多瓦投资与承包工程风险及建议

1. 投资方面

(1) 做好注册准备工作:尽管外资企业在摩尔多瓦注册门槛很低,但需为注册所做的准备工作颇为烦琐。由于摩尔多瓦有意加入欧盟,故其法律有向欧盟靠近的趋势,注册审查及核准程序也不例外,较为严格。不建议中国企业自行注册公司,若聘请当地律师协助办理注册事宜可提高效率。

(2) 选择适当投资形式:中国企业初时可选择以独资方式进行投资,以便决策。待投资项目出现新的情况,可再对投资方式进行调整。

(3) 全面估量雇工成本:在摩尔多瓦雇用当地人员,雇佣关系确定后,企业不能随意解雇员工。除法定工作时间外,当地员工加班需按照法律支付较高的加班费。

(4) 理性评估合作的投资收益:在对摩投资时,在考察项目阶段就要开始对投资与合作的风险与收益进行理性评估,一旦开始合作要及时督促摩方按时履行承诺,及时跟进合作进行状况。

(5) 了解摩尔多瓦政治情况:了解摩尔多瓦选举政治和政党你上我下的现实及其利益诉求,对选择和确定与摩尔多瓦合作项目的成功至关重要。深入了解合作项目和摩方合作伙伴的背景、正确选择有实力合作伙伴、了解摩尔多瓦执政当局、各党派利益和项目关系,有利于扎实推动、落实、实施项目。

2. 承包工程方面

摩尔多瓦承包工程需要根据不同地市和国家规定获取相应的许可认证,部分认证工作耗时较长,因此在承包项目时需对摩尔多瓦承包工程市场提前了解,识别风险点。

外国公司在摩尔多瓦进行工程承包活动的项目资金来源方式主要有国家财政拨款、国际金融组织低息贷款或赠款、外国银行商业贷款、企业自有资金或自主贷款,这些资金的来源不同对外资企业在摩尔多瓦开展工程承包影响有所不同。

(1) 对于文化娱乐设施建设、城市基础设施、供水管道铺设、天然气管道铺设、铁路改造等项目大多使用国家和地方财政的项目,大多被摩尔多瓦国内的施工单位承包,为了保护国内企业利益,外国投资者难于介入;

(2) 有些项目由国际货币基金组织、世界银行等国际金融组织提供优惠低息贷款或赠款,虽然这些项目不禁止外国企业的参与,但只要求少数项目的技术引进、设备采购进行国际公开的招标,大多时候这些金融组织更有意向把这些项目发包给摩尔多瓦本地企业;

(3) 当然外国企业也可独立参与外国银行的优惠商业贷款项目(包括城市供水、机场、公路等项目)的招标,但这类项目往往投标条件限制较多,不仅项目必须采用分包方式进行,而且一般要求中标企业使用当地原材料及劳动力;外籍工人数量被摩尔多瓦法律严格限制,要求外国竞标企业必须满足这些限制条件;

(4) 对于企业自有资金项目,或者企业的自主贷款项目(可能涉及一些房地产开发企业、通讯公司、天然气公司)工程项目,外国公司也可寻求与这些企业合作开发,但风险较大，应慎重考虑。

五、小结

摩尔多瓦基础设施落后，第二产业薄弱，国内经济抗风险能力也较弱，虽发展速度不断提高，但贫困问题仍难以解决。但由于摩尔多瓦对外国投资持欢迎态度，并发布一系列优惠措施，加之其地缘政治优势，对摩的投资仍具有相当大的吸引力。目前中摩经贸合作还处在较低水平，中国驻摩尔多瓦企业和人员都相对较少，摩尔多瓦还有相对广阔的市场等待中国企业去开拓。

捷 克

一、捷克国情简介

捷克共和国（Czech Republic，以下简称捷克）位于欧洲中部，北部毗邻波兰，西部同德国相接，南部毗邻奥地利，东部同斯洛伐克接壤。捷克国土面积78866平方公里，东部为喀尔巴阡山脉，中部为河谷地，西北部为高原。捷克系北温带，典型的温带大陆性气候。四季分明，夏季平均气温约25度，冬季平均气温约零下5度，气候湿润，年均降水量674毫米。捷克总人口约1055万，主要民族为捷克族，约占总人口的94%，除此之外，还有斯洛伐克族、波兰族、德意志族等。[①]

捷克分为14个州级行政区，包括首都布拉格市和13个州。首都布拉格为直辖市，是全国最大的城市，面积496平方公里，地处欧洲大陆的中心，在交通上拥有重要地位。布拉格是一座著名的旅游城市，市内拥有为数众多的各个历史时期、各种风格的建筑。捷克的主要经济中心城市包括奥斯特拉发、布拉格、皮尔森和布尔诺市等。

捷克铀、褐煤、硬煤资源较丰富，其中褐煤和硬煤储量约为134亿吨，分别居世界第三位和欧洲第五位。捷克森林资源丰富，面积达265.5万公顷，森林覆盖率为34%，在欧盟居第12位。主要树种有云杉、松树、冷杉、榉木和橡木等。森林木材储量6.78亿立方米，平均每公顷264立方米。从所有权来看，其60.32%的森林归国家所有，地方州市及林业合作社拥有17.63%，私人拥有22.05%。从用途来看，商业用材林占75%，特种林占22.3%，自然保护林占2.7%。捷克拥有420万公顷农业用地，包括300万公顷耕地，农产品可基本实现自给自足。[②]

捷克是最早承认中华人民共和国的国家之一。1949年10月6日，中国同原捷克斯洛伐克建交。1957年3月27日，双方签订中捷友好条约。1993年1月1日中国承认捷克共

---

① 中国驻捷克使馆经商参处：《捷克概况》，http://cz.mofcom.gov.cn/article/ddgk/zwjingji/201205/20120508_32814.shtml。

② Globserver.com：《捷克能源概况》，http://globserver.cn/捷克/能源。

和国,并与其建立大使级外交关系。2014年4月29日,两国外交部发表《新闻公报》,双方重申高度重视中捷关系。①

【小结】

捷克地处"欧洲心脏",在"一带一路"沿线国家中处于重要位置,是中国和中东欧国家"16+1"合作互助的重要成员。捷克优越的地理位置以及在中东欧国家中的较大影响力,使得捷克有基础、有条件成为中国和中东欧国家的重要合作伙伴,捷克在一带一路发展中的重要性不言而喻。

二、捷克投资建设法律问题

捷克系大陆法系国家,法律较为健全,政策的制定和执行透明度较高。随着社会的发展,捷克在移民法、贸易法、税收及养老金等方面均进行了政策及法律调整。②

(一)捷克项目投资立法

目前捷克基础设施投资建设及相关的法律包括《商法》《破产兼并法》《贸易许可法》《投资鼓励法》《外国人法》等。③

捷克《投资鼓励法》于2000年5月1日生效,并于2002年、2004年、2007年和2015年进行了修订,修改的内容主要为:放宽外资投资限制,采用欧盟国家支持规则,加大对技术中心和商业支持服务投资项目的支持幅度,减少对制造业投资项目的税收优惠和资金补贴。捷克《投资激励及相关法律的修订案》规定,在捷克境内投资的投资者可享受投资激励补助。捷克和外国法人实体与自然人从事经营活动的,均可申请。投资激励补助的领受人必须是注册办公地点在捷克境内的法人实体。支持的领域包括制造业生产中心的设立和扩建;技术中心、研发中心的设立和扩建;工商业支持服务中心的设立和扩建,包括高科技维修中心、共享服务中心、软件开发中心。

捷克主管贸易和外国投资的部门是工业和贸易部,其主要职责是制定工业、能源和内外贸易政策和法规;制定和实施对外经贸国别政策;负责多边和双边对外经济贸易谈判;负责与世界贸易组织等国际经济组织合作等。

(二)捷克外资准入及企业设立相关法律

投资局是捷克工贸部下属半官方机构,其主要职责是促进捷克吸引外国投资,为投资者提供投资政策和投资经营环境方面的专业咨询和信息服务,帮助投资者与有关政府部门联系,协助国外投资者与捷克供应商建立合作关系,对投资优惠申请进行初步审核。捷克投资局拥有地产和企业大型数据库,为投资者和相关企业提供免费服务。④

---

① 中国驻捷克使馆经商参处:《捷克概况》,http://cz.mofcom.gov.cn/article/ddgk/zwjingji/201205/20120508132814.shtml。
② 程永如:《参赞致辞》,http://cz.mofcom.gov.cn/article/about/greeting/201508/20150801092635.shtml。
③ 蒋万庚:《论我国商法地方性研究的实现路径》,载《法制与经济》,2016年第6期。
④ 中国驻捷克经商参处:《捷克投资局(Czech Invest)》,http://cz.mofcom.gov.cn/article/xiangglj/201405/20140500580606.shtml。

根据捷克《贸易许可法》，捷克禁止外商在涉及化学武器和危险化学物质类的行业进行投资；限制性行业为军用产品工业、核燃料开采工业、对环境危害严重的行业、资源开采行业，对限制性行业投资须经过有关政府职能部门审批，同时接受政府严格监管；鼓励性行业为信息与通信技术、工程机械、高技术制造业（电子、微电子、航空航天、高端设备制造、高技术汽车制造、生命科学、制药、生物技术和医疗设备等）、商业支持服务（软件开发中心、专家解决方案中心、地区总部、客户联系中心、高技术维修中心和共享服务中心等）、技术中心经济创新与发展类。①

根据捷克《商法》，捷克公司形式包括有限责任公司、股份公司、普通商业合伙公司、合伙公司（包括有限合伙和共同合伙）、合作社和外国企业设立的分公司等。捷克《商法》还规定，捷克境内外投资者（包括自然人）可通过股份收购或通过资本市场并购或收购上市公司。在购入股票过程中，当收购方拥有股票数量达到上市公司流通股票的5%以及5%的倍数时，必须向交易所通报。当收购方完成收购成为公司第一大股东后，必须召开公司股东大会，公告公司股东变动情况，并将会议情况通报交易所。如被收购公司股份没有上市流通，收购方则可直接与公司管理层或拥有多数股票的大股东商谈，以协议转让方式获得公司多数股权，并在股权转让完成后向工商登记部门通报股权转让情况。《证券法》亦规定，如果收购方是从国家手中购买国有股份而成为目标公司的大股东，并在今后可能把这些购买的股份出售给第三者，股票价格有下限，即出售给第三者价格最多只能比买入原有股份时的价格低15%，② 上限则不封顶。

【案例】

中国华信能源有限公司与中国广核集团有限公司、捷克斯科达布拉格公司和捷克电力工业联盟签署战略协议，开展中捷两国在核电领域的四方战略合作，包括技术支持、联合投资等，将产生巨大的协同效应。华信还与恒丰银行股份有限公司、捷克波德布雷佐瓦钢铁集团签署战略合作协议，合资成立上海恒丰华信工业装备投资控股有限公司，用于投资工业项目。此外，华信还与捷克J&T金融集团签署战略合作协议，华信将收购J&T金融集团50%的股权，成为J&T金融集团最大股东，这是首个控股欧洲银行的中国民企，双方将在欧洲及中国开展更多元化的深度合作，为"一带一路"建设和中捷合作注入更多实质内容。③

（三）捷克工程建设相关法律④

根据捷克《公共采购法》，外国公司可直接参加投标。实践中，参与捷克工程建设投标的外国企业一般先在捷克设立公司，在工商登记部门注册并取得相关营业执照，然后缴纳通常为项目建设总额1%的竞标保证金后，参加公开投标。对于招标方式，捷克法律规

---

① 商务部国际贸易经济合作研究院，商务部投资促进事务局，中国驻捷克大使馆经济商务参赞处：《对外投资合作国别（地区）指南—捷克（2016年版）》，http://fec.mofcom.gov.cn/article/gbdqzn/upload/jieke.pdf.
② 同上。
③ 管克江：《共绘中捷关系发展新蓝图——捷克各界积极评价习近平主席对捷克进行国事访问》，载《人民日报》，2016年03月31日02版。
④ 中国驻捷克经商参处：《捷克投资局（Czech Invest）》，http://cz.mofcom.gov.cn/article/xiangglj/201405/20140500580606.shtml.

定，600万克朗以上公共建筑项目必须通过招标方式实施，小额公共合同可通过内部或小范围议标方式实行。私人建筑工程项目可自主决定是否采用公开招标方式。

捷克法律规定，自然人不能直接承揽工程承包项目。外国承包商只要符合法律规定的条件，均可在捷克注册包括建筑公司在内的各类公司，取得相关的执照，并享有与捷克本国承包企业相同的待遇。但外国公司承揽军工工程、对环境有可能造成污染的工程项目、某些资源开采项目等，需获得特许。

（四）捷克PPP相关政策与法律

捷克2006年颁布实施《特许经营法》，对签订特许经营合同的程序进行详细规定。根据该法，业主与被特许的经营者签订合同后，经营者提供服务或产品、取得利润并承担风险。[①]

目前，对于公私合营项目（PPP），捷克并无立法的专门规定。由于缺乏持续的政策支持，到目前为止，捷克尚未实施大规模的PPP项目，正在规划的项目未来经营期限均为30年左右。北欧、奥地利等国家和地区有实力的建筑商较多参与了捷克基础设施承包建设项目，主要依据《公共采购法》和《特许经营法》等相关规定进行操作。

【小结】

1998年4月，捷克工贸部和投资局共同拟定了吸引外资的诸多优惠措施。随后，捷克政府不断补充、完善有关优惠政策，制定相关法律法规并完善修正案，旨在进一步加大吸引外资力度。这些法律法规和优惠政策有助于更多的中国投资者进入捷克。[②]

三、捷克司法体系及争议解决

（一）诉讼制度[③]

从司法体制上分析，捷克的法律体系和法律框架有着明显的大陆法系特点：第一，在审级上，捷克实行四级审级体系，其第一级县法院为初级法院，第二级州、市法院为中级法院，第三级为高级法院，第四级为最高法院；第二，在审限上，捷克实行三审终审制，大体的分工为一审是事实、法律和程序的全面审，二审主要是程序审，三审是法律审，没有再审制度；第三，庭审方式上，捷克实行复杂案件合议制、简易案件独任制、陪审员制等制度；第四，在案件管辖权划分上，捷克根据案件的性质、数量和地域实行分类审理；第五，法院工作人员特别是法官的选拔管理实行比较严格的遴选和管理制度。捷克设有最高检察院，但对法院并无监督权。和其他国家不同的是，捷克的最高法院并不在首都布拉格，而是位于捷克的第二大城市布尔诺。

根据捷克的法院管理程序，法院按司法区域设置法院。高等法院设置上，捷克在全国仅

---

① 商务部国际贸易经济合作研究院，商务部投资促进事务局，中国驻捷克大使馆经济商务参赞处：《对外投资合作国别（地区）指南—捷克（2016年版）》，http：//fec.mofcom.gov.cn/article/gbdqzn/upload/jieke.pdf.
② 刘哲，孙熠：《金融危机视角下转型国家资本流动和外资依赖问题分析—以波兰、捷克、匈牙利为例》，载《世界经济与政治论坛》，2010年第2期。
③ 孙万胜，韦经建，石成军：《关于东欧四国司法制度变革情况的考察报告》，载《当代法学》，2006年第1期。

设立两个高等法院,分别在布拉格和奥洛蒙。捷克法官实行终身制,在法官任职生涯中,注重法官知识专业化,工作岗位横向交流少,上级法院法官一般通过遴选产生,由低而高,往往是终身从事某一方面审判工作。捷克设有国家的法官委员会,法官委员会的主要职责是对法官进行考核,法官缺员时提出任命建议,同时实行对法官的监督。法官的任命由国家元首(总统)负责。对法官履行职责情况也有监督。除了法官委员会外,捷克专设了负责处理法官违法违纪问题的审议庭,设在两个高等法院,各由五名高等法院法官组成。

(二)仲裁制度[①]

仲裁在捷克被视为诉讼程序的一种替代性程序。仲裁程序主要用来解决建筑业、能源业以及银行业等行业中的复杂交易纷争及涉外商事纠纷。根据捷克《仲裁法》规定,当事人双方可就财产性纠纷进行仲裁,关于金钱性质的诉求都可以被视为财产性纠纷。当事人之间必须就争议事项达成书面仲裁协议。仲裁协议可事先签订,也可事后就争议事项达成。当事人可以在主合同中约定仲裁条款,也可以另行签订单独的仲裁协议。仲裁协议对双方当事人的合法继承人同样具有约束力,除非双方另有约定。

仲裁程序规定,已选任的仲裁员应当就可能影响自身中立性或其他影响自身任命资格的事项及时告知各方当事人及法院。当事人在遵循相应程序的基础上,有权对任何参与仲裁程序的仲裁员、专家证人或翻译人员存在偏见、直接或间接与仲裁结果存在利益冲突等问题提出质疑。捷克《仲裁法》还专设部分条款保护当事人参与仲裁程序利益。如该法第20条第1款明确规定:具有管辖权的法院在特定情况下,须协助仲裁庭调查相关证据;第21条规定:在无过错的情况下,当事人未能及时参与仲裁程序或者未及时在仲裁过程中采取必要的防御措施的,仍有机会弥补上述未尽事项。另外,如果仲裁案件存在涉外因素,仲裁庭首先须根据双方当事人的选择确定本案适用法。当事人未在仲裁协议中明确具体适用法的,仲裁庭应当根据冲突法规则确定本案具体的适用法。

四、捷克营商环境及法律风险防范

(一)捷克整体营商环境

近年来捷克致力于改革努力营造良好的经商环境。世界银行《2015年营商环境报告》显示,捷克在全球经济体营商总排名中位居第44位,在中东欧国家中位居第7名。《2016年营商环境报告》显示捷克在全球189个经济体中排名第36位。其中"跨境贸易"单项衡量指标上捷克位居榜首。《2017年营商环境报告》显示捷克整体营商环境进一步改善,全球排名位居第27位。

(二)捷克投资与承包工程风险及建议

1. 警惕金融变化及政局、政策突变之风险

捷克共和国政府自2004年以来频繁更迭,在欧盟各成员国中,其政局较为缺乏稳定

---

① 欧丹:《仲裁:捷克诉讼程序的一种替代性程序》,载《人民法院报》,2016年06月24日第8版。

性。在捷克历届政府中，众议院并没有占到明显多数，因此政府的更迭均在政党政治法律框架内展开。

企业到捷克投资，须全面掌握捷克政府相关政策，了解地区金融相关信息，分析市场金融对政府政策制度的诸多影响。捷克市场主要以出口为主，其经济发展与国外需求密不可分，受到欧元区主权债务危机负面影响，捷克货币汇率波动大。其主权债务极强的溢出和扩散效应直接延展至捷克国内财政，短期内紧缩的财政制度可能导致部分行业补贴与支援政策发生变化。如德国产能供应过剩，导致了煤炭价格下滑，中欧国家电价被压低，捷克电力、能源公司及其上下游企业都面临低能源价格的挑战。企业到捷克市场投资需要及时了解相关信息，提前做好应对措施，以适应市场变化之需求。

2. 应认真调研、充分把握市场，避免投资风险

企业到捷克投资，应充分了解当地有关投资的法律和环境，做好市场可行性研究，弄清市场定位的同时发掘自身竞争优势。捷克是中东欧地区经济转型较为成功的国家，投资企业应注意雇用和培养当地人员，同当地政府机构和居民建立良好关系，如不熟悉当地情况的投资企业优先考虑通过并购、合作等方式进入捷克市场。投资者应注意分析投资国走向，做好项目成本核算，充分考虑风险因素。捷克属中东欧地区传统工业国家，在进行投资、贸易、承包工程和劳务合作的进程中，须特别注意相关风险评估，做好事前调查与分析、事中风险规避和管理工作，切实保障投资企业自身利益。

2013年底以来，捷克央行实行克朗贬值政策，未来一段时期内，投资企业应注意资金汇入汇出的汇率风险。因此，投资企业可分析投资国保险、担保、银行等保险金融机构和其他专业风险管理机构的相关业务，包括投资、贸易、工程承包、劳务类信用保险、财产保险、人身安全保险、银行的保理、政府担保、商业担保、保函等。在充分了解的基础上，积极利用其保障自身利益。在投保以上业务的基础上产生了风险，则由相关保险机构定损核赔、补偿风险损失，相关机构可以协助信用保险机构追偿，以避免或减少投资风险。如未能及时投保或未有效规避风险，导致风险损失发生，亦应穷尽当地法律、尽快通过相关手段进行追偿。

3. 了解承包工程风险，充分利用地方机构服务

捷克对于工程项目环境、质量、安全等环节要求较高，因此在捷克承包工程，应遵守工程项目环境要求，重视工程质量及施工安全，做好承包工程的标准与国内标准之间的换算。面对基础设施项目竞标可能产生项目风险时，应积极考虑与当地公司合作联合竞标，以期进一步避免项目工程风险。

捷克地方机构为促进对内对外贸易，特别设立捷克贸易促进局，该局隶属于捷克工贸部，其主要职责是为捷克出口商进入国外市场提供专业的信息、支持及咨询服务，同时也帮助国外贸易商到捷克投资寻求商业合作方。该局总部设在首都布拉格，在中国亦设有3个商务处，分别地处北京、上海和成都。投资企业可以充分利用此地方机构服务，以期了解行业情况及市场动态，充分把握市场需求。

4. 熟悉劳工政策，保障劳工权益

投资企业在对捷克开展经济贸易合作中，应对其外国劳工政策的变化予以充分关注。如捷克劳动和社会事务部于2012年初即出台政策，收紧对欧盟以外非专业技能人才工作签证的发放。该政策旨在解决捷克国内经济形势低迷，失业率升高的国内形势。为保证国

内就业,捷克政府对于劳工政策做出更为明确及细致的规定。投资企业在捷克进行劳务合作时,须深入调查合作伙伴及用人单位的实力和资信。在捷克投资须熟悉捷克在劳工保护方面的法律规定及政策变化,充分重视保障劳动者权益,签订符合双方法律规定的劳务合同,明确双方的责任和义务,对劳务人员工资待遇、生活安排及法律保障等做出明确规定。

五、小结

中国政府"一带一路"总体发展战略的推进将为中捷合作提供前所未有的机遇。据中国商务部统计:截至2014年底,中国在捷克投资经营企业共有15家,累计投资额约3亿美元。2015年中国企业在捷克新签承包工程合同18份,新签合同额8936万美元,完成营业额7754万美元。新签大型工程承包项目包括华为技术有限公司承建捷克电信等。在中国—中东欧合作框架下,中资企业对在捷克投资兴趣较浓。[①] 中捷双方在金融、投资、机械、航空等众多领域已达成多项合作协议,中捷经贸合作将带领双方走向共赢。

波 兰

一、波兰国情简介[②]

波兰共和国(The Republic of Poland,以下简称"波兰")位于欧洲中部,北与波罗的海相邻,南与捷克和斯洛伐克接壤,东与白俄罗斯相邻,西与德国接壤,东北和东南部则与俄罗斯、立陶宛以及乌克兰接壤,属中欧16国。国土面积31.27万平方公里,四分之三在海拔200米以下,全境地势平坦、开阔,河湖密布。波兰人口约为3849万人,其中98%为波兰族,官方语言为波兰语,货币为兹罗提,全国约90%的人信奉天主教。

波兰实行三级(省、县、乡)行政划分。当前波兰共有16个省、314个县和65个县级市、2478个乡。首都华沙系波兰第一大城市,系波兰的工业、贸易、科学文化及交通运输中心,也是中欧各国贸易的交通要道。

波兰矿产资源丰富,除此之外,波兰还是世界琥珀生产大国,是"琥珀之路"沿线的重要国家。

东欧剧变后,波兰开始实行市场经济,其经济状况稳中有升。1995年7月加入世贸组织,1999年3月加入北约,2004年5月加入欧盟,系欧盟第六大经济体,2007年12月加入《申根协定》。

波兰是中东欧地区首位与中国建立起战略合作伙伴关系的国家,从2012年起,中国

---

① 商务部国际贸易经济合作研究院,商务部投资促进事务局,中国驻捷克大使馆经济商务参赞处:《对外投资合作国别(地区)指南—捷克(2016年版)》, http://fec.mofcom.gov.cn/article/gbdqzn/upload/jieke.pdf.

② 外交部网站:《波兰国家概况(最近更新时间:2017年1月)》, http://www.fmprc.gov.cn/web/gjhdq_676201/gj_676203/oz_678770/1206_679012/1206x0_679014/.

与中东欧 16 国达成合作对话共识,并在波兰首都举行了首次领导人会晤,"合作机制"逐步发展建立,如今已进行了五次国家领导人会晤。在"一带一路"的背景下进行的"16+1 合作"为中国、中东欧以及欧盟三方共赢的合作发展提供了新机遇。

据欧盟统计局的统计报告显示,2016 年前三个季度,中国为波兰的第一大贸易逆差国、第二大进口来源地和第二十二大出口市场。中国主要进口产品为机电产品、家具、玩具、贱金属及其制品和杂项制品;主要出口的产品为纺织品及原料和家具、玩具、机电产品和杂项制品。[①] 当前,波兰已成为中国在欧盟的第九大贸易伙伴和中东欧地区最大的贸易伙伴。据我国统计,截至 2015 年底,中国对波兰直接投资存量达 3.52 亿美元,投资领域包括金融、电子、机械、IT 产品、商贸服务、生物医药、新能源等领域。龙头企业有华为和柳工等,同时有中水电、平高集团等企业跟进波兰的工程承包项目。[②]

【小结】

波兰作为"琥珀之路"的重要沿线国家及中国与中东欧重要沿线合作国之一,基于其自身的基本经济状况及未来发展方向,波兰在"一带一路"发展中,将为贯通欧洲东西乃至连接欧洲南北经济发展做出重要贡献。

二、波兰投资建设法律问题

波兰系大陆法系国家,自 2004 年加入欧盟后,其法律体系不断完善。在波兰的法律位阶中,宪法属于首位,国际条约位于第 2 位,议会立法处于第 3 位,其他的法律规范位于第 4 位。

(一) 波兰项目投资立法

在波兰与投资有关的法律主要包括《总体规划法》《建筑法》《商业公司法》《经济自由法》《劳动法》等。

波兰的外商投资促进机构为波兰信息和外国投资局(PAIIIZ),主要提供外商投资法律政策的咨询服务。根据 PAIIIZ 提供的信息,波方在基础设施、能造就新就业机遇的工业投资以及新兴行业等领域鼓励外商投资,以中央政府资助、欧盟结构基金、经济特区政策及地方政府资助鼓励外国直投。[③]

外商可以现汇、设备、技术和知识产等在波方开展投资合作。波方国有企业在获得国库部的批准后,可以不动产作为资本与外商进行合作投资。

波兰实行的是属地税法,全国税收制度一致。当地企业所得税标准税率为 19%,不过中波之间有避免双重征税协定。根据该协定,在个别情况下,若该分支机构有足够证据证明其在波的业务达不到常设机构的水平,波方对其可不依照波兰的企业所得税法进行税务

[①] 商务部网站:《国别贸易报告—波兰(2016 年第 4 期)》,http://countryreport.mofcom.gov.cn/record/qikan.asp? id=8823。

[②] 商务部国际贸易经济合作研究院,商务部投资促进事务局,中国驻波兰大使馆经济商务参赞处:《对外投资合作国别(地区)指南—波兰(2016 年版)》,https://www.yidaiyilu.gov.cn/wcm.files/upload/CMSydylgw/201702/201702100451045.pdf。

[③] 同上。

征收。①

根据波兰的《2014—2020年国家社会经济发展计划》，2016年2月波兰新政府出台《负责任的发展计划》，提出2020年目标是：投资增长超过GDP的25%；研发开支增至GDP的2%；大中型企业数量超过22000家；外国直接投资增长70%；出口和工业产出增长超过GDP增长；人均GDP达到欧盟平均水平的79%。为了在2020年实现加入欧盟时的承诺，波兰政府优先考虑高速公路和快速路建设，将更广泛地采用公私合营（PPP）等方式建设新的高速公路。

（二）波兰外资准入及企业设立相关法律②

根据1991年的波兰《外资企业法》及相关法律规定，波兰对外资并购当地企业一般没有限制，除非涉及电信、航空、渔业、广播等领域，对这些领域内的当地企业进行并购时，需要获得并购许可，且外资的股份比例有限制性规定。目前尚未有中国企业在波兰开展并购遇到障碍的案例。

根据《经济活动自由法》《商业公司法》及其他法律的规定，不论是自然人还是法人，外商投资者均可在波兰设立公司，一般没有限制性规定。不过对于无永久居留权的外国自然人在波兰设立公司的，其设立的公司类型有限制性规定，其只能设立以下几种类型的公司：有限合伙公司、有限股份公司、有限责任公司和股份公司。外国投资者在波兰设置代表处的需要注意以下几个问题：①代表处进行对母公司业务宣传和推介的活动；②不能参与贸易活动；③也不能签订合同。

在波兰，不同类型公司注册申请由不同的机构负责。经济部外国企业登记处负责代表处的设立申请；地方法院经济庭负责注册分公司、有限责任公司或股份公司。申请设立公司时，应向受理机构递交的文件需为波兰文。

注册机构受理注册申请后，会将外国投资者递交的材料转送至外交部进行核查，并将核查结果反馈至注册机构，若核查通过，由注册机构向投资者颁发注册登记证。企业注册登记审批的时间一般为2~12周，费用为3500~8000兹罗提。

企业注册申请被批准后，还需完成下列事项：①向当地统计局申请统计代码；②在指定机构刻制公章；③开立银行账户；④申请增值税号；⑤申报社会保险；⑥申报劳动安全检查和网上注册等手续。

（三）波兰工程建设相关法律

波兰的工程建设法律体系主要由《总体规划法》《建筑法》和《工程服务特许经营法》构成。根据前述法律的规定，建设工程应符合地方总体规划或已取得规划决议，否则无法取得建筑许可证。申请建筑许可证需提交设计意见、批准许可、总体规划、不动产管理、确认建筑流程参与方权利证书、根据规定模板格式确认以建筑用途转让不动产之权利陈

---

① 商务部国际贸易经济合作研究院，商务部投资促进事务局，中国驻波兰大使馆经济商务参赞处：《对外投资合作国别（地区）指南—波兰（2016年版）》，https://www.yidaiyilu.gov.cn/wcm.files/upload/CMSydylgw/201702/201702100451045.pdf.

② 中国驻波兰大使馆经济商务参赞处：《我国企业或个人在波兰注册公司的程序及应注意的问题》，http://pl.mofcom.gov.cn/article/ztdy/200512/20051200981288.shtml。

述，没有总体规划的需提交规划决议，投资于封闭区、采矿项目等特定位置或性质的项目时，还应提交其他相关的文件。另外农用地或森林不得用于工程建设。如取得后三年未动工或停工超过三年，建筑许可证可能会因此作废。

波兰法律并未对外国企业在波兰参与当地公共项目的招投标予以限制，但外国承包商不得承揽军工、石化、输变电等特定行业的工程项目。波兰允许外国自然人投资者在当地进行工程项目的承包，但前提是该投资者符合承包相应工程的要求，如具有相应的资质证书、具备专业知识和经验、拥有一定数量和质量的专业设备和技术人员以及具备符合要求的经济能力和投资能力等。[①]

在波兰从事建筑业，必须签订建筑合同，一般采用 FIDIC 模板合同。且未经投资方同意，承建方一般不得与分包方签订并履行合同。对于分包方应获得的款项，投资方与承建方承担连带责任。除农业生产、电力设施、自来水供应及污水排放系统、建筑物供气、供暖及通信系统、特种停车位、独立单层建筑等无须建筑许可证的工程外[②]，在主管部门颁发最终、不可修改的建筑许可证之后，建设工程才能开始施工。对于多家庭住宅、零售业建筑、工业建筑、桥梁等特定建筑，投资者还需要在竣工后通知国家卫生检查部门、国家消防服务部门等机构并取得占用许可证。[③]

（四）波兰 PPP 相关政策与法律

随着经济不断发展，波兰对基础设施领域的建设需求不减，而波兰政府也愿意采用 PPP 模式开展基础设施建设项目。波兰于 2008 年 12 月 19 日和 2009 年 1 月 9 日先后出台了《公私合营法》和《工程服务特许经营法》，积极探索推进 PPP 模式的健康运行和发展，多次在小型项目中成功运用 PPP 模式，并已开始在国家级项目中采用 PPP 模式。

目前，波兰公私合营项目均由地方政府实施，项目规模较小。主要应用于体育娱乐、停车场、健身医疗设施等领域。大多数项目由波兰本地企业实施，少量由来自欧洲各国的外资企业参与。项目采用政府付费和特许经营两种类型，特许期限一般为 20～40 年，政府一般会承担兜底责任。目前还没有中国企业在波兰实施 BOT 等 PPP 项目的成功案例。

1. 投资建设管理机构

波兰运输、建设和海事经济部是波方基础设施领域的主管部门，统筹协调全国 PPP 工作的系经济发展部。

2. 特许经营法律环境[④]

（1）特许经营法律体系构成

波兰对 PPP 模式的立法采用"双轨制"，一条轨道系 2008 年出台的《公私合营法》即《PPP 法案》，另一条轨道系《工程服务特许营经法》和《公共采购法》。波兰对于

[①] 商务部国际贸易经济合作研究院，商务部投资促进事务局，中国驻波兰大使馆经济商务参赞处：《对外投资合作国别（地区）指南—波兰（2016 年版）》，P78-79，https：//www.yidaiyilu.gov.cn/wcm.files/upload/CMSydylgw/201702/201702100451045.pdf。

[②] 江苏南通司法局，上海对外经贸大学：《"一带一路"国家法律服务和法律风险指引手册》，知识产权出版社，2016 年 1 月第 1 版。

[③] 波兰信息与外国投资局，http：//www.paih.gov.pl/polish_law/construction_process。

[④] 国家开发银行：《"一带一路"国家法律风险报告（下）》，法律出版社，2016 年 8 月第 1 版，P478-502。

BOT项目方式未做出专门的整体的法律规定，不过在个别领域的法律中，对BOT方式承包工程项目做了规定，例如《波兰收费高速公路和国家道路基金法》就对以PPP方式，特别是以BOT方式修建收费高速路等项目做出了具体的规定。

(2) 特许经营相关立法之间的关系

国家层面的《PPP法案》主要内容是：拟提高基础设施建设项目中的私人投资比例；允许每年可签署40到50亿兹罗提的工程项目；规定合伙方须为公共利益服务，并只有当同一项目由私人公司承建比国有公司承建更有益的情况下，才能采取公私合伙合作形式。①其中，若私人投资者的收益全部或部分来源于市场和最终消费者，还需受到《工程服务特许经营法》的监管；若私人投资者的收益全部来源于政府预算，则需受到《公共采购法》的监管。

(3) 特许经营的领域

波兰于2004年颁布了新的《经济自由法》，该法将采矿业、能源生产和销售、炸药生产和销售、证券服务、广播业和航空运输业六个领域，规定为需要获取特许经营的领域，特许经营期限为5年到50年不等。

(4) 特许经营项目招投标规定

根据《公共采购法》规定，特许经营项目必须通过公开渠道或互联网等媒体发布公开招标的公告，不同的项目类型规定的发布渠道要求不同，投资者们可以根据不同的投标需求，关注不同的招标公告发布渠道，例如：投资超过2000万欧元等值的兹罗提的工程类项目、投资超过1000万欧元等值的兹罗提的服务类项目，必须在国家期刊或报纸上发布招标信息。在波兰参与项目投标时，投标者在投标截至目前必须向招标方交纳不超过投标项目总投资3%的保证金（现金、银行保函、有价证券等），待中标结果公布后未中标者的保证金予以退还。该保证金是为了保证中标者履行合同签订义务，若中标者不履行此义务，业主有没收保证金的权利。在邀请招标中，业主邀请的企业数额在5~20家，业主与众多意向投标者统一议标，意向投标者先递交不含价格和期限的标书，业主评审后再邀请意向投标者递交正式标书。涉及技术垄断、创新领域和专利保护的项目，业主可以单独邀标。

【案例一】

由于资金、技术及经验的不足，波兰波兹南市以PPP模式开展了垃圾热处理工厂项目。在立项之初，该市政府进行了充分的可行性调研、环评等前期工作，并依照欧盟的标准对垃圾管理系统进行了调整，以便于申请欧盟基金资助。同时，该市政府对工厂选址公开征集市民意见，为项目的顺利建设提供了良好的环境。在申请到欧盟资助后，该市政府依照政府采购法的规定，以竞争性对话方式选择私营合作伙伴，最终授予SitaZielonaEnergia公司特许经营权。该市政府与该公司签署的PPP合作协议将该项目的周期分为2个阶段：建设周期为PPP协议签订后的43个月内；运营周期为建设周期结束后25年。②

该项目由社会资本方、政府方与欧盟基金共同融资。波兹南市市政府通过调研测试，主动承担相应的风险，并与社会资本方制定了合理报酬支付方式，从而激励社会资本方，

---

① 商务部网站：《波兰政府通过〈公私合伙法〉法案》，http://www.mofcom.gov.cn/aarticle/i/jyjl/m/200709/20070905099344.html。

② 孟春、杨文淇：《波兰垃圾处理PPP模式的运作经验及对我国的启示》，http://www.cn-hw.net/html/srt054/201408/46799.html。

以最优的风险分配方式实现了该项目的价值。

【案例二】

克拉科夫市有轨电车四期PPP项目，系波兰第一条城市轨道交通PPP项目，已获得波兰经济发展部的审批备案，并有希望取得欧盟对其的资助，金额大约是该项目50%的启动资金。①

【案例三】

2015年10月3日，波兰经济发展部在其新设政府门户网站（ppp.gov.pl）上发布了波兰的第一个国家级PPP项目，新松奇市地方法院新址的设计、建设、融资和20年的管理维护。该项目拟在2016年开始，协议周期为23年：包括3年的投资建设期和20年的管理维护期。②

【小结】

随着经济的不断发展，波兰市场对基础设施有着极大的需求，且作为中东欧地区PPP模式发展较成熟的国家之一，波兰有着双轨制的立法体系，加之波兰政府及欧盟基金的支持，对境外投资者在波兰投资PPP项目提供了一定的保障。

三、波兰司法体系及争议解决

波兰系大陆法系国家，三权分立，故法院独立性较高，但是波兰司法执行效率一般，且有一定的腐败现象。

在诉讼方面，波兰法院架构由地方法院、地区法院、上诉法院、最高法院以及特别法院（军事法院、国务法院、宪法法院）组成。波兰实行两审终审制，地方法院是一审法院，审理的是标的金额至多为5万兹罗提的案件，地区法院为二审法院。

在仲裁方面，波兰已加入《纽约公约》，因此符合规定的外国仲裁裁决可以依据该公约在波兰得到承认和执行。但由于波兰非《华盛顿公约》缔约国，中国企业与波兰政府间的投资争端只能通过ICSID协助程序来解决。ICSID审理过3个涉及波兰的投资纠纷，但遗憾的是具体案由未对外公布。截至目前，中国投资者在波兰未出现与当地企业及政府间的投资纠纷。

中波之间签有《互相鼓励和保护投资协定》，根据该协定的约定，中资企业在波兰投资的，波兰给予中资企业公平的待遇及保护，并且保证不低于给予任何第三国投资者。

四、波兰营商环境及法律风险防范

（一）波兰整体营商环境

波兰一直为打造良好的营商环境做着努力，根据世界银行《2017年全球营商环境报

---

① 建筑网：《中咨公司组织中国城市轨道交通代表团成功考察欧洲三国（瑞士—西班牙—波兰）PPP项目》，http://ppp.cbi360.net/news/3427.html。

② 波兰政府新门户网站：《First PPP at State level》，http://www.ppp.gov.pl/English/News/Strony/FirstPP-PatStatelevel.aspx。

告》显示,波兰的营商便利度在全球 190 个经济体排名中位列第 44 位,在办理建设许可、财产登记、纳税、合同强制执行效率、信贷获取、获取电力、保护少数权益投资者、破产处置效率排名中表现出色,分别位列第 46 位、第 46 位、第 38 位、第 20 位、第 42 位、第 47 位、第 55 位和第 27 位,尤其是跨境交易环境较为宽松,跨境交易便利度位列第一;但在开办企业领域表现一般,位列第 107 位。①

(二)波兰投资与承包工程风险及建议②

虽然波兰营商环境较好,但在波兰进行投资、承包工程还是具有一定风险的,常见的问题主要有以下几个方面:

1. 关于承包商的主体问题

即承包商为法人还是自然人,是当地法人还是国内法人,若是自然人且无永久居留权时,那么在当地设立公司需受到公司类型的限制;若为法人,在当地投标时,以国内法人名义投标就会牵扯在当地注册分公司的问题。

2. 前期可行性调研问题

对于在波兰承包工程项目来说,充分的前期可行性调研是必不可少的环节,在项目立项之初,投资者必须区分清楚项目的性质,要根据项目的前景、资金来源、土地规划、审批及许可情况、合作模式、担保方式进行理性的风险分析,切忌盲目乐观,冷静谨慎投资。

3. PPP 或特许经营项目问题

对于 PPP 项目来说,一样需要注意前期的调研分析,主要关注的问题在以下几个方面:①是否能够达到获得许可的标准;②是否存在退出机制;③项目风险分担方式如何;④是否设有担保;⑤波兰对于相关项目领域的法律法规及政策;⑥投资资金及利润的汇出等多个问题。

4. 工程劳务

波兰的劳动力市场虽然存在结构性短缺,但其劳动法律法规要求严格,用工制度及劳动保障要求较高,当地用工成本高。其虽已加入《申根协定》,但对于中国劳工来说,其工作许可及签证制度负责且严格,即便获得工作许可,也常常附加有限制条件。

五、小结

波兰地处中东欧地区,是"一带一路"及"琥珀之路"的沿线国家,在贯通欧洲东西、连接欧洲南北上具有极高的战略地位,其经济的高速发展及市场需求不断加大都吸引着外商的投资。加之波兰相对较好的营商环境及较为健全的法律体系,为中国投资者及企业的进驻提供了良好的环境。但中国投资者及企业不能盲目乐观,要充分考虑当地法律环境的复杂性,完善企业管理及工程管理制度,提前建立危机应对机制。

---

① 商务部网站:《世界银行发布〈2017 年全球营商环境报告〉》,http://images.mofcom.gov.cn/gn/201610/20161027171453550.pdf.

② 中国对外承包工程商会:《中国企业在波兰开展劳务合作需注意的问题》,http://obor.chinca.org/tzzn/55593.jhtml?country=501.

罗 马 尼 亚

一、罗马尼亚国情简介

罗马尼亚（Romania）位于东南欧巴尔干半岛东北部，国土面积 23.84 万平方公里，人口 2224 万，分别列欧盟第 9 位和第 7 位。2004 年和 2007 年，罗马尼亚分别加入了北约和欧盟。

罗马尼亚全国分为 41 个县和 1 个直辖市（首都布加勒斯特），县下设市、镇、乡。罗马尼亚首都布加勒斯特是全国经济、文化和交通中心，位于罗马尼亚东南部瓦拉几亚平原中部，多瑙河流经市区。布加勒斯特是全国最大工业中心。工业以机械制造、化学、电子和纺织工业为主，食品工业种类繁多，电力、冶金、服装、制鞋、玻璃、造纸和印刷等工业有较大发展。罗马尼亚拥有黑海最大港口康斯坦察港以及多瑙河—黑海航道，作为首批与中国签署推进"一带一路"建设谅解备忘录的国家之一，是中国进入欧洲的重要门户。[①]

罗马尼亚自然资源丰富，石油和天然气储量居欧洲前列，土地肥沃，地表水和地下水藏量较大，农业潜力巨大。同时，罗工业和服务业发展迅速，作为新型工业化国家，罗马尼亚曾被誉为"欧洲之虎"。因劳动力、土地、税收等方面优势，罗在中东欧地区是最有吸引力的投资目的国之一。[②]

罗马尼亚的公路和铁路是其主要的运输方式，但其交通基础设施方面仍存在很多缺陷。航空业发展迅速，已开辟连接首都和国内 17 个城市、欧洲大多数国家的航线。水运方面，康斯坦察港与铁路、公路、内河、航空和管道网络相连，占地面积 1313 公顷，水域面积为 2613 公顷，年货物处理量超过 1 亿吨，将罗马尼亚与多瑙河沿岸的其他 13 个欧洲国家相连。[③]

【小结】

罗马尼亚在 2007 年加入欧盟，是中东欧地区重要的战略区域。2015 年，罗马尼亚和中国签署了推进"一带一路"建设的谅解备忘录，罗成为首批与中国签署类似协议的国家。罗马尼亚也是中国在中东欧地区投资最多的国家之一，中国企业正积极参与大型基础设施项目，能源、交通领域是热点和重点。[④]

[①] 商务部国际贸易经济合作研究院，商务部投资促进事务局，中国驻罗马尼亚大使馆经济商务参赞处：《对外投资合作国别（地区）指南—罗马尼亚（2016 年版）》，http://fec.mofcom.gov.cn/article/gbdqzn/upload/luomaniya.pdf。

[②] 同上。

[③] 中国驻罗马尼亚大使馆经济商务参赞处：《罗马尼亚的基础设施状况如何》，http://ro.mofcom.gov.cn/article/jjgk/201601/20160101228192.shtml。

[④] 人民网：《李克强将出席第三届中国—中东欧经贸论坛并发表演讲》，http://world.people.com.cn/n/2013/1122/c1002-23630511.html。

二、罗马尼亚投资建设法律问题

罗马尼亚投资环境较为开放，欢迎外国投资，对外国投资者提供国民待遇。作为欧盟成员国，罗马尼亚适用欧盟统一的贸易政策，但从法律法规的执行效果来看仍存在一定的滞后和不一致的情况。

（一）罗马尼亚项目投资立法

根据 1997 年第 92 号《鼓励直接投资政府紧急法令》，外国投资需满足以下三个条件：不违背环境保护法律规范；不侵害罗马尼亚国家安全和国家利益；不危害公共秩序、健康和道德。在此前提下，投资可以在工业、自然资源勘探和开发、农业、基础设施和通信、民用和工业建筑、科学研究和技术开发、贸易、运输、旅游、银行和保险服务等各领域进行。①

2008 年第 85 号政府紧急法令《促进投资紧急法令》所遵循的核心原则是对内外资实行无差别非歧视性待遇，对外资企业实行国民待遇，对内资企业实行与外资相同优惠政策。②

同时，罗马尼亚政府在近几年不断改善税务管理系统，增强其透明度，并通过法律手段规范外国投资。罗政府开展重点行业国有企业股权私有化，如能源、勘探行业，吸引大批外国投资方。外国投资和公私合营署是外商投资的主管和促进部门，直属于总理管辖。

（二）罗马尼亚外资准入及企业设立相关法律

外商可单独或与罗自然人或法人合作在罗投资设立股份公司、有限责任公司、子公司、分公司、合伙公司或代表处。罗政府对外国企业在合资公司中的持股比例没有要求，允许 100% 持有。目前，需要获得政府审批的外商投资领域包括国防、国家垄断行业和涉及国家安全产业。③

1. 公司注册形式

（1）有限责任公司（SRL）：SRL 的股本必须至少为 200 列伊，约合 46.5 欧元（按 4.3 列伊/欧元的汇率计算）。有限责任公司可由最少一个股东、最多 50 个股东组成。这些股东包括个人和/或法人实体。一个自然人或法人不能成为一个以上 SRL 的唯一股东。此外，有限责任公司不能在另一个由唯一股东拥有的有限责任公司作为唯一股东。

（2）股份公司（SA）：股东的责任限定于所认购的公司股本数额。根据法律"441/2006"对《罗马尼亚公司法》的修订，股份公司的最小法定资本为 90,000 列伊，约合 21,428 欧元（按 4.2 列伊/欧元的汇率计算）。股份必须由至少 2 名股东持有，股东应为

---

① 山东商务网：《罗马尼亚》，http://www.shandongbusiness.gov.cn/index/content/sid/274296.html。
② 国际投资贸易网：《罗马尼亚对外国投资的市场准入的规定》，http://www.china-ofdi.org/ourService/0/577。
③ 商务部国际贸易经济合作研究院，商务部投资促进事务局，中国驻罗马尼亚大使馆经济商务参赞处：《对外投资合作国别（地区）指南—罗马尼亚（2016 年版）》，http://fec.mofcom.gov.cn/article/gbdqzn/upload/luomaniya.pdf。

个人和/或法人实体（没有最大数量限制），公共部门或私营部门均可参股。每1股面值不应少于0.10列伊。

（3）代表处：通常由外国公司在罗马尼亚建立，代表母公司开展非商业活动，例如广告和市场调研。代表处不能在罗马尼亚进行商业活动。要注册代表处，公司人员应向经济、商业和业务环境部提交申请，并以支付相当1200美元的许可年费。得到许可后，代表处还必须在公共财政部和罗马尼亚商会进行登记，并且必须支付相当于4000欧元的年度所得税。

（4）外国公司的分支机构：不拥有自己的法人资格。作为母公司的一个部门，分支机构的业务活动不能超越母公司的业务活动范围。

（5）财团：国内立法允许订立合资企业协议，根据此协议，当事方为实现共同的业务目标而共同采取行动。

（6）欧洲公司（SE）：根据欧盟法规2157/2001，可以在任何欧盟成员国注册成立SE。欧洲法律要求各成员国对SE按照根据其注册办公所在地的成员国法律成立的公共有限责任公司对待。使用SE形式时，在几个成员国运营的业务可以成立一个单一的公司，而不是遵守其附属公司所在的每个国家的不同规则。SE仅适合大型公司。

比较而言，有限责任公司是本地和外国投资者在罗马尼亚开展业务时较为常用的一种形式，此类公司管理要求更少，运营的灵活性更大，并且对启动资金的要求更低。然而，由于投资者热衷于股权投资，罗马尼亚的股份公司数量在不断增长。

2. 注册程序

根据罗马尼亚的相关法律规定，设立子公司必须完成与设立公司相同的注册登记手续，当地负责企业注册的政府机构是贸易登记厅办公室（National Trade Register Office），其网址为 www.onrc.ro。

办理注册手续由股东、经办人员或授权代表向贸易登记厅办公室递交申请文件及现行法规要求的相关材料，并就以下内容提交责任声明：3年内不开展经营活动的责任声明；经营期间遵守消防、卫生环境及劳动保护的声明。[①]

办理注册登记手续需要提交以下文件和证明：

（1）名称核准。法律规定要求公司名称须具有唯一性（可用性）；商业登记机构将在1天内出具名称核准通知书。如果公司名称中带有"罗马尼亚（Romania）"字样，需要向政府秘书总局申请核准，一般需要2~3个星期。

（2）股东文件。法人股东须提交：成立公司的决议，公司章程，资信证明和商业登记证明；文件需要公证，但是对于中国官方签发的文件，则不需要。

（3）注册资本。最低注册资本：有限责任公司200列依；公司注册资本金可以是现金，也可以是实物。

（4）公司地址文件。要求递交的公司地址文件有：公司场地预购/租赁协议、产权证或者其他可证明产权的文件。

（5）公司地址注册证书。一个公司注册地址不可与其他公司混用；税务机关签发公司地址注册证书。

---

① 中欧低碳生态国际合作促进会：《罗马尼亚》，http://www.celceicpa.com/news/html/?968.html。

（6）商业登记机构注册登记。商业登记处负责公司的注册登记，需递交的文件有：①上述第（1）—（5）项的文件；②关于纳税申报的纳税核定书；③核定的经营活动的责任自担声明。如果所有文件都符合规定，贸易登记厅办公室将对公司进行登记并颁发营业证书以及公司登记专属代码。该公司登记专属代码将与纳税核定书一起通知到税务机关。

（三）罗马尼亚工程建设相关法律

有关承包工程招标程序的法律主要是《公共采购法》，该法案吸收了欧盟关于公共采购的内容，采用了欧盟法院关于公共采购和特许经营方面的重要判决内容。[①] 根据《公共采购法》的第215条规定："公共采购项目的招标档案被视为公共文件"，包括投标企业、媒体在内的组织或个人均有权要求查阅相关项目招标的历史档案，从而大大提高其招标程序的透明度。此外，《公共采购法》中还引用的"value for money"的理念，综合考量产品、服务、工程的全周期成本。[②]

政府采购合同可分为四类，分别是工程采购合同、服务采购合同、货物采购合同和公用事业（水、能源、邮政、交通）的采购合同。特许经营合同分为三类，分别是工程特许经营、服务特许经营和货物特许经营。

在政府采购项目中，承包商提供货物、服务、工程，政府为此支付费用。其中承包商无权参与项目的运营和开发，不得向市场收费，同样承包商也不承担运营的风险。

在特许经营项目中，特许经营方将获得项目的特许经营权，负责对项目的投资、融资、开发和建设，并在运营期间开展运营和市场开发，向终端用户收费，特许经营方根据项目的经济效益向政府方缴纳特许经营费。

在罗马尼亚从事建筑物的建造，需要取得建筑许可证，该证依土地所有人或者土地上建筑物某一权利的权益持有人（所有权人、地上权、使用权、特许权等）的申请颁发。建筑物的新建、重建、扩建、加固或者改建以及临时建筑等均需要取得建筑许可证方可开工。不改变建筑物的固定结构、建筑外观或者颜色以及不打地基的直接立于地表的系列安装工程，可以不需要建筑许可证。取得建筑许可证之前需要先取得城市规划许可证、完成技术文件以及取得城市规划证中要求的所有批准和许可。建筑许可证签发的有效期一般为12个月或者更长的时间，根据工程的复杂程度以及适用的不同的缴费金额而定，缴费的比例根据工程的类型以及建筑的目的而定（例如用于住宅的建筑工程的建筑许可证缴费比例为核定的工程造价的0.5%；搭建帐篷、大篷车或者野营搭建建筑物为2%；其他类型的建筑为1%）。城市规划证或者建筑许可证的延期需要缴纳最初核定的费用金额的30%的延期费。

（四）罗马尼亚PPP相关政策与法律

罗马尼亚在2010年制定《PPP法》，将PPP与特许经营（Concession）和政府采购

---

① 中国驻罗马尼亚大使馆经济商务参赞处：《罗政府通过新的公共采购法草案》，http：//www.mofcom.gov.cn/article/i/jyjl/m/201511/20151101163778.shtml。

② 商务部合作司：《承包工程市场国别报告（罗马尼亚）》，http：//tradeinservices.mofcom.gov.cn/c/2010-05-25/82540.shtml。

（Public procurement）进行区分。但PPP与特许经营又有很多共同之处，两种模式下，私人投资方都负责项目融资，都允许向终端用户收费，特许经营期结束后都需要将项目免费转移给政府方。PPP和特许经营二者的区别主要包括以下方面：

1. 适用情形

2013年年底罗马尼亚议会通过新的《PPP法》，该法对PPP的适用情形做出明确的规定：只有当预可行性研究的结果表明，项目公司的收入大部分将来源于政府支付的，方可适用PPP模式。当项目收入主要来自使用者的收费，将适用特许经营模式。

为了更清晰的解释这一标准，罗马尼亚基础设施部的代表指出，"项目本身产生的收入，可以覆盖投资者成本加利润的，将继续使用特许经营方式；项目本身不能产生收入，或其产生的收入不能覆盖成本和利润的，将适用PPP模式。"

可见，从罗马尼亚PPP立法来看，适用PPP模式还是特许经营模式，将取决于项目本身经济指标，即其是否能产生足够的收入，让投资者收回成本并取得利润。选择哪种模式的主导权在政府，政府根据其完成的预可行性研究来决定采用何种模式。

2. 风险分担

PPP与特许经营在风险分担上也有明显的区别。PPP模式要求政府方和私人投资者按比例合理地分担风险，PPP合同中将项目风险分为Transferable risk（私人投资者承担）和Retained risk（政府承担），对二者风险的分担会有明确的划分。而特许经营的项目，私人投资者应当承担大部分风险。

3. 特许费

在特许经营模式中，私人投资者需要向政府支付特许费用。而PPP模式中不存在特许费的概念。

4. 对私人投资者影响

（1）招标程序不同。特许经营项目原则上使用公开招标或限制性招标；而PPP项目，按照2013年《PPP法》的规定，只有竞争性对话这一种招标程序。无论是公开招标还是限制性招标，投标人都会面临比较剧烈的竞争。竞争性对话分为三个阶段，资格预审、谈判和正式投标，进入谈判阶段的人数不会很多（法律规定不少于3名），而且在谈判阶段，私人投资者与业主直接对话，如果在此阶段业主满意投资人提出的方案，则该投资人中标可能性也会大大增加。

（2）适用情形的不同。根据罗马尼亚《PPP法》的规定，PPP用于产生收益较少的项目；而特许经营用于产生收益较多的项目。

（3）风险不同。特许经营模式下，私人投资者承担项目的自负盈亏的风险；在PPP模式中，风险将在政府方和私人投资方之间合理分担，具体如何分担可以在签署合同时进行谈判。

（4）收入来源不同。特许经营中，私人投资者依靠向市场收费的方式收回投资成本，自负盈亏；而在PPP中，私人投资者的收入来源主要来自政府（可有少量来自市场收费），收入更有保障。

（5）注意事项

《PPP法》不适用的情形包括：涉及国家秘密、国防工程的项目、公共电信服务、特许经营项目等。

关于低价投标：无论是公开招标还是竞争性对话，当政府合作方认为某投标是异常低价（Unusually low price）的，政府合作方在经投标人书面说明后，有权取消其竞标资格；若政府合作方查明异常低价的原因是投标人受到政府资助的，须投标人证明该资助不影响其他投标人的公平竞争，否则将被取消资格。

三、罗马尼亚司法体系及争议解决

（一）司法体系

罗马尼亚属于民法法系，并受到法国、比利时、意大利和德国法律的深刻影响。在罗马尼亚法系中，不承认案例法，或法院以往判例不能作为法律依据。1991年11月21日，罗议会批准新宪法，12月8日全民公决予以通过。罗宪法规定：罗马尼亚是一个主权独立、统一和不可分割的民族国家；政体为共和制。2003年10月，罗修改宪法，进一步确立政治多元化、三权分立的制衡原则；明确规定保障和保护私有财产；增补罗加入欧盟、北约的相关条款，规定罗公民同欧盟公民依法享有同等权利和义务，允许欧盟公民在罗购买土地和拥有土地所有权。议会是罗人民最高代表机构和唯一的立法机关，由参议院和众议院组成。任期4年。中央设有宪法法院、审计法院、最高法院和最高检察院，县、市、镇设各级法院和检察院。[①]

（二）争议解决

罗马尼亚承认财产和合同权利，但通过当地司法程序实现权利时间较长，成本较高，难度大。法官对国际性的商业模式、知识产权等方面经验比较有限，外国投资方比较担心当地法院对商业问题的专业水平。根据世界银行的报告，从开始起诉到判决执行完毕平均需要512天，从立案到法院作出判决平均需要365天，执行判决需要额外95天，整个流程需要花费诉讼申请金额的30%。

因此国际承包商更倾向于选择国际仲裁机构进行仲裁。罗马尼亚的法律和司法实践认可合同当事人选择国际知名的仲裁机构，如ICC或UNCITRAL。罗马尼亚是《纽约公约》的成员国和《欧洲国际商业仲裁公约》的成员国，承认和执行外国判决。

四、罗马尼亚营商环境及法律风险防范

（一）罗马尼亚整体营商环境

罗马尼亚是一个潜力巨大、战略地理位置优越和日益稳健的市场。其为欧盟成长最快的国家之一，2013年实际国内生产总值增长3.4%，2014年增长2.8%，2015年主要由消

[①] 商务部国际贸易经济合作研究院，商务部投资促进事务局，中国驻罗马尼亚大使馆经济商务参赞处：《对外投资合作国别（地区）指南—罗马尼亚（2016年版）》，http://fec.mofcom.gov.cn/article/gbdqzn/upload/luomaniya.pdf。

费和投资驱动的增长率为 3.8%，罗马尼亚国家银行宽松的货币政策支持经济从 2008 年开始的金融危机中恢复。从 2009 年初的 10.25% 逐步降息至目前的创纪录的低点 1.75%。公共债务目前低于国内生产总值的 40%，预计中期将下降，罗马尼亚货币是过去几年该地区最稳定的货币之一。

根据"罗马尼亚合作协定"，罗马尼亚将有资格在 2014～2020 年计划期内从欧盟基金以及农村发展和渔业基金中获得约 430 亿欧元的资金。

随着罗马尼亚国内承包工程市场发展，众多本土及国际工程承包企业已经参与到罗马尼亚各行业工程建设中。中国企业在罗马尼亚的业务也取得了一定的发展，但份额上少，市场领域较窄。[①]

近年来，罗马尼亚的承包工程行业越来越有吸引力。越来越多的国外建筑公司在罗马尼亚投资施工。这些著名的公司包括：法国的 VINCI 和 Bouygues、美国的 Bechtel、奥地利的 Strabag、以色列的公司、意大利的 Astadli、英国的 Mivajnkier 以及德国的 Geiger 和 Max Bogl。这些公司得到了一些投资较大的工程，包括修建宾馆、购物中心、写字楼、公路路段等。[②]

（二）罗马尼亚投资与承包工程风险及建议

在罗马尼亚承包工程项目中，需要注意以下几个方面问题：

1. 投标时应注意的问题

（1）调查承包工程项目的资信情况，一般包括以下方面：

① 项目是否已经列入政府的发展计划，是否已经取得政府的立项批准文件。

② 项目资金是否已落实，如果是政府方自筹资金，其资金来源是否来自国际大型金融机构，是否有相关证明文件。如果项目要求提供卖方信贷，是否已有外国银行提供贷款，而该外国银行是否在罗马尼亚已有可接受的银行为其提供保函和开具信用证。

（2）该工程方案是否确定，有无经济和技术可行方面的可研报告。

2. 与当地承包商的合作

中国公司在罗马尼亚进行的工程承包业务，基本上都采取与当地公司合作的方式。例如中兴集团与罗马尼亚移动运营商的合作。因为就独立承包企业来说，罗马尼亚政府更偏好欧盟或者美国的实力雄厚的外资企业。中国企业对罗马尼亚当地的情况并不熟悉，采取合作的方式更容易开展业务。[③]

3. 政府管理

罗马尼亚有关管理部门之间往往各行其是，互不沟通。有些部门官僚作风严重，办事效率不高，有时会因为一个环节出了问题而耽误整个投资项目的进行。[④]

[①] 商务部合作司：《承包工程市场国别报告（罗马尼亚）》，http://tradeinservices.mofcom.gov.cn/c/2010-05-26/82540.shtml。

[②] 同上。

[③] 商务部国际贸易经济合作研究院，商务部投资促进事务局，中国驻罗马尼亚大使馆经济商务参赞处：《对外投资合作国别（地区）指南—罗马尼亚（2016 年版）》，http://fec.mofcom.gov.cn/article/gbdqzn/upload/luomaniya.pdf。

[④] 同上。

4. 劳动力状况

入盟后，罗马尼亚的劳动力可以自由流动，从而导致本国劳动力流失严重，劳动力严重短缺。国内劳动力严重短缺，也成为建筑业进一步发展的瓶颈，不仅使许多工程无法正常施工，还大大增加了建筑业的劳动力成本。2008年罗马尼亚政府批准的劳工许可证总数量达到了1.5万个，但劳动力市场的劳工缺口依然将近5万人，主要集中在建筑业、纺织业和服务业等领域。目前，罗马尼亚对外籍劳工尚存在较大的需求。

5. 法律健全程度

罗马尼亚法律法规多变且透明度差，导致投资风险相对较大。因此，投资前必须调查有关法令变更情况。外国投资者同当地合作伙伴或雇员发生经济等纠纷时，罗司法部门往往偏袒本国公民，即使后者败诉，也不执行判决结果；警察署、海关或法院有时会故意拖延执行判决结果。大量中国劳工曾在罗马尼亚遭遇劳资纠纷与居留问题。

6. 私有化进程中出现的问题

私有化虽然带来了一定的机会，但也同样带来了挑战。在罗马尼亚某些地产和建筑产权不清，易产生法律纠纷，而且一般关闭或即将倒闭的企业私有化，虽然开价较低，但附加条件不应忽视，如偿还债务等。① 因此在投资前寻求当地的法律、财务方面的支持，做好尽职调查。

五、小结

在"一带一路"倡议和中国—中东欧国家"16+1"合作机制的框架下，中国与罗马尼亚的合作日益紧密，双边关系发展势头良好。双方将在进一步加强发展战略对接，推进核能、火电等重点领域项目合作，加强农产品深加工合作。

匈 牙 利

一、匈牙利国情简介[②]

匈牙利（Hungary）是中欧内陆地区的一个议会制共和国，位于多瑙河冲积平原，依山傍水，北接斯洛伐克，东到罗马尼亚，南接塞尔维亚，西接斯洛文尼亚，西南邻克罗地亚，西北接奥地利，东北到乌克兰，占地面积93,030平方公里。匈牙利是中欧16国之一，属于欧盟中等规模的成员国，官方语言是匈牙利语，有约1000万居民，其中90%为匈牙利族，居民主要信奉天主教和基督教。

全国分为首都和19个州、23个州级市、304个市和2826个乡。欧洲著名古城布达佩斯系匈牙利的首都，系该国主要的政治、商业、运输中心，被列为阿尔法全球城市。

---

① 国际投资贸易网：《中国企业到罗马尼亚开展投资合作应该注意的事项》，http：//www.china-ofdi.org/ourService/0/582。

② 商务部网站：《国别贸易报告—匈牙利（2016年第4期）》，http：//countryreport.mofcom.gov.cn/record/view110209.asp? news_id=52107。

匈牙利系中等发达国家，系经合组织的成员国，建立以私有制为基础的福利市场经济系其经济建设的目标。匈牙利人有着极强的创新精神，有"发明家民族"的美称。匈牙利是中欧和东欧最大的电子产品制造商，电子制造和研究也是全国创新和经济增长的主要动力。据匈牙利投资促进局统计，匈牙利单位GDP劳动力成本在中东欧地区属于最低的，平均工资是西欧国家的三分之二左右，且拥有高等学历的高科技人才较多，技术劳动力居世界第16位。

匈牙利已与170多个国家建立外交关系。2014年2月，匈牙利总理欧尔班正式访华，来年11月欧尔班总理与李克强总理在苏州举行双边会见。匈牙利作为中东欧16国也加入了"16+1"合作框架，在2013年11月、2014年12月和2015年11月中国—中东欧国家领导人三次会晤中，中国与中东欧16国共同发表《中国—中东欧国家合作布加勒斯特纲要》《中国—中东欧国家合作贝尔格莱德纲要》和《中国—中东欧国家合作苏州纲要》，这进一步为加强了中匈之间的合作关系。

根据欧盟统计局统计，2016年1—9月，中国为匈牙利主要贸易逆差国，机电产品是匈牙利对中国出口最重要的商品，光学、钟表、医疗设备和运输设备居第二和第三位；非常有意思的是，匈牙利自中国进口的主要商品竟然也是机电产品。

【小结】

根据匈牙利自身的特点及未来发展状况，结合匈牙利的地域及劳动力资源优势，匈牙利对"一带一路"的发展具有重要战略意义，是打开欧洲市场重要大门。

二、匈牙利投资建设法律问题

（一）匈牙利项目投资立法

匈牙利的外商投资主管部门系外交与对外经济部，其下属的投资促进局负责具体的投资促进方案以及项目优惠政策的制定工作。外国投资者在匈投资主要适用的法律有《外商投资法案》《注册法》《会计法》《反歧视法》《商业组织法》《劳动法》《破产与清算法》以及《联合经营法》等法规政策。

匈牙利政府积极吸引外国投资并采取了一系列优惠政策，包括对外国投资提供无息、低息贷款，补助补贴等；以及设置投资者激励机制，如对1000万欧元以上的投资额设立了特别激励机制，给予特定项目的投资者现金补贴、发展税津贴、培训补贴和就业岗位创造补贴等。

2011年1月，匈牙利政府推出面向2020年的中长期经济发展计划—"新塞切尼计划"，致力于促进经济可持续增长、扩大就业、提升匈牙利国际竞争力。依据该计划，我们不难看出匈牙利政府下一步将在医疗健康、商业环境、科技创新、绿色经济、住房、就业、交通等领域加大发展力度。[①] 匈牙利根据欧盟要求，制订了2014～2020年基础设施发

[①] 商务部国际贸易经济合作研究院，商务部投资促进事务局，中国驻匈牙利大使馆经济商务参赞处：《对外投资合作国别（地区）指南—匈牙利（2016年版）》，https：//www.yidaiyilu.gov.cn/wcm.files/upload/CMSydylgw/201702/201702100315039.pdf.

展规划,主要涉及铁路新建和升级改造、高速公路建设等领域。加之匈牙利现有的基础设施确实较为落后,故匈牙利基础设施建设市场需求量在未来会逐步增大。

(二)匈牙利外资准入及企业设立相关法律

根据匈牙利相关法律的规定,匈牙利对外国投资分为有条件的限制和禁止性限制。从事有条件限制的行业需获得政府的批准,具体包括:赌博业、自来水供给、铁路、电信和邮政、公路、水运和民航等行业;对外商投资的禁止性规定系:①外国投资者不能购买耕地和自然保护区;②对外国投资者购买不动产进行严格的限制,即便该不动产所在地是该外国投资者的第二居住地。若该外国投资者为外国银行,那么首先该外国银行需获得匈牙利央行金融机构监管部门的批准,其次该外国银行只能为有限责任公司或分公司的形式在匈投资。

外国投资者在匈设立企业不需要获得许可,享国民待遇,并且可以在以下形式中选择设立公司的类型:股份有限公司、有限责任公司、有限责任合伙公司、无限责任合伙公司。①

匈牙利公司设立的登记机关为匈牙利经济法院注册厅,获得注册批准后,投资者还需在税务、中央统计局、社保部门及商会进行登记。2008年匈牙利启用了公司电子注册系统,方便投资者进行公司注册,该系统要求投资者在制定公司章程后30日内向注册法院递交注册申请。② 有限责任公司的注册资本不得低于50万福林,上市股份有限公司的股本不得低于2000万福林,非上市股份有限公司的股本不得低于500万福林。③

在匈牙利设立企业的主要流程如下④:

1. 提交公司注册申请。所有向经济法院注册庭递交的文件都必须是以匈牙利文字书就的,且必须是由匈牙利律师签字后以电子方式递交给注册法院;

2. 注册申请提交后15日内向公司总部所在地的税收机关进行税务登记,且向税务机关提供税号,该税号在提交公司注册申请时即可获得;

3. 对于那些在注册时没有申请欧盟税号,在进行税务登记时又希望将来能与欧盟成员国纳税主体在商业上建立往来的,可以向税务登记机关索取欧盟税号;

4. 若投资者为外国法人的分支机构或代表机构,在取得税号通知后15日内,向税务机关提交能够证明其与外国法人之间具有关联的有效文件,该文件需为匈牙利语,且需为90日内出具的;

5. 外国企业派来的劳务人员,如果预计完工时间超过183天的,在该劳工开始工作的次月的20日前,该劳工应向税务机关提交个税申报单;

6. 经营需要获得许可的业务,在取得许可后,15日内向税务机关进行备案登记,并向公司法院提交该许可文件;

---

① 中国驻匈牙利大使馆经济商务参赞处:《在匈牙利注册企业的程序》,http://hu.mofcom.gov.cn/article/tzzn/201504/20150400958984.shtml。
② 范丽萍、张田雨、于戈:《中东欧16国外资企业注册审批政策及流程概览》,载《世界农业》,2015年11期。
③ 中国驻匈牙利大使馆经济商务参赞处:《在匈牙利注册企业的程序》,http://hu.mofcom.gov.cn/article/tzzn/201504/20150400958984.shtml。
④ 同上。

7. 制定符合会计准则的规章、制度和其他运营规章,在提交注册申请次月的 15 日前完成会计义务;

8. 在提交注册申请次月的 12 日前报工资税费;

9. 注册登记完成后,自登记日起该公司需在法律规定的时间完成财务和纳税申报。

【案例一】[①]

2017 年,经过匈牙利竞争管理局等官方机构的审核和批准,中国收购了匈牙利电信公司 Invite99.9984% 的股权。

【案例二】[②]

NOSTRA 水泥厂项目的社会资本方为中国中材国际工程股份有限公司,该项目采用的是 EP 总承包模式。

【其他案例】

截至目前其他投资项目还包括:中国银行在匈牙利设立的分行和子行;山东烟台万华集团收购匈牙利宝思德化学公司;2011 年山东帝豪国际集团收购布达佩斯"中国商城",开始建立"中国商品交易展示中心",此后逐步收购"切佩尔港物流园区"及德国"不莱梅物流园区",形成了覆盖中国与欧洲的商贸物流园区,2015 年 4 月获批为国家级"境外经济贸易合作区"。

(三) 匈牙利工程建设相关法律[③]

由于匈牙利本国工程承包类的企业大多都是中小型企业,其市场竞争力较小,加之匈牙利政府对外国企业在匈承包工程,除了要求必须在当地注册公司以外,没有其他限制,因此外国企业只要符合招标公告要求的承包条件,均可参与当地工程项目的招投标。

匈牙利对外国企业的资质予以承认,但以其业务范围为限。中国企业在匈牙利注册分支机构的,匈方也承认该分支公司拥有其所属总公司的资质,但是必须将该分支机构的介绍及资质文件翻译成匈牙利文。

根据匈牙利政府规定,自 2005 年 8 月 29 日起,所有超过 1000 万福林的建筑工程项目都必须向税务机关申报并递交相关资料。税务机关是为了了解工程的费用、工人等工程信息,建筑单位及建筑管理部门均需递交相关资料。即便是翻新、改建工程,只要符合前述条件,也必须向税务局进行报告。

【案例】[④]

匈塞铁路项目的总承包商是中铁国际集团有限公司(简称"中铁国际")与中国铁路国际有限公司(简称"铁总国际")、匈牙利铁路公司在匈牙利组成的联营体。铁总国际和中铁国际在该联营体中占 85% 的股份。该项目为既有铁路改造工程,工期初定为 24 个

---

① 中国拟在建项目网:《中国—中东欧投资合作基金收购匈牙利著名电信公司》,http://www.bhi.com.cn/ydyl/gwdt/35857.html。

② 中国驻匈牙利大使馆经济商务参赞处:《王宏亮参赞出席匈牙利 NOSTRA 水泥厂项目竣工移交仪式》,http://hu.mofcom.gov.cn/article/jmxw/201109/20110907743466.shtml。

③ 商务部网站:《匈牙利建筑市场情况》,http://www.mofcom.gov.cn/aarticle/i/dxfw/jlyd/200708/20070805017657.html。

④ 中国新闻网:《中国企业中标匈牙利—塞尔维亚铁路项目》,http://finance.chinanews.com/cj/2015/11-25/7641373.shtml。

月，估算总额约 4700 亿匈牙利福林（约合人民币 100 亿）。

(四) 匈牙利 PPP 相关政策与法律

匈牙利承包工程项目以 PPP 模式为主。PPP 模式深入匈牙利道路设施、体育设施、教育和文化等各个领域。但是由于这些项目成本过高及融资安排的失误，导致项目失败的案例也挫伤了投资者和匈牙利政府的信心，遂匈方于 2010 年暂停开发新的 PPP 项目。

1. 关于特许经营法律体系的构成

PPP 项目在匈牙利没有专门的立法规定，主要适用的是《民法典》《特许经营法》、《国有资产法》以及《公共采购法》中的相关规定，特别是《公共采购法》中关于 PPP 项目的流程的规定。

2. 关于特许经营项目投资者的选择

匈牙利的政府采购项目，会根据项目实际需求，通过国际招标的方式筛选社会资本方。外国投资者只要符合投标资格即可参与投标。

3. 关于劳务许可及建材进口

外国企业在匈注册公司后，根据项目的规模申请工作及劳务许可，并按照当地的法律法规进行运营。对于建筑工程项目的建材进口问题，只要是符合欧盟建材进口标准的，均可予以进口。[1]

4. 关于特许经营项目的融资安排

在匈牙利，一般是以债务和股权相结合的模式为 PPP 项目进行融资的，或者是以夹层融资或债券发行的方式为其融资。主要的融资机构有：当地银行、国际银行、基础设施投资基金、多边融资机构（欧洲复兴开发银行、欧洲投资银行、国际金融公司等）。

【案例】[2]

M1-M15 公路项目，采用运营商加承包商的股权组合模式进行融资，后来因为缺少金融机构的支持，导致资金断裂，最后被收归国有。

【小结】

在匈牙利，PPP 项目常常因为政府的更迭而遭受不利的影响，目前匈政府的政策对开展新的 PPP 项目的态度并不友好，因此会出现许可手续迟迟难以通过审批的情形，而许可证导致的延期问题也会对 PPP 项目形成巨大的挑战。

三、匈牙利司法体系及争议解决

匈牙利具有成熟的法律体系，司法、行政与立法机构分开，法官及最高法院院长由总统直接任命，司法高度独立，不易受外部压力。

在匈牙利，普通法院的专门机构—经济庭负责审理与经济活动有关的案件。企业解决经济纠纷的途径还有调解庭和仲裁庭，调解庭与仲裁庭的裁决具有普通法院裁决的法律

---

[1] 一带一路江苏商务云公共服务平台：《匈牙利对外国公司承包当地工程有何规定》，http://www.jscc.org.cn/model/view.aspx? m_id=1&id=43478。

[2] 刘婷、王守清、盛和太、胡一石：《PPP 项目资本结构选择的国际经验研究》，载《CONSTRUCTION ECONOMY》，2014 年。

效力。

匈牙利与中国签订了《关于互相鼓励和保护投资协定》，根据该协议的约定，中方投资者在匈的投资将受到不低于第三国的待遇和保护，双方发生争议可以通过外交方式协商解决，若协商不成的可提交给专设仲裁庭。①

匈牙利与中国签订了《民商事司法协助条约》，该条约规定：匈方承认并执行中方法院作出的如下裁决：①对民事案件做出的裁决；②就刑事案件中有关损害赔偿所做出的裁决。这里所说的"裁决"包含调解书及免除诉讼费的决定。但是匈方仅承认和执行该条约生效后的裁决，匈方的法院应根据其本国的法律对裁决进行形式审查，不涉及裁决的实质内容。一般对符合下列条件的裁决予以承认和执行②：

1. 若该裁决在其境内作出，那么按照中方或匈方任何一国的法律，该裁决均具有法律效力且可执行；
2. 按照匈牙利法律规定，作出裁决的法院具有管辖权；
3. 不论按照中方还是匈方的案例，败诉方需经过合法传唤且具有法定主体资格；
4. 匈牙利法院未对案涉标的作出生效裁判，或当事人未就案涉标的在匈牙利法院提起诉讼的；
5. 承认与执行该裁决不违反匈牙利法律及公序良俗的。

中方企业可直接向主管法院提出承认与执行裁决的请求，也可以通过司法部向当地法院提出申请，提交该申请所需的文件有③：

1. 裁决的完整和准确的副本；
2. 败诉方受到裁决的证明；
3. 如果非终裁裁决，应提交该裁决具有法律效力的证明；
4. 存在缺席仲裁的，且裁决中未说明的，应提交被告已经合法传唤的证明；
5. 存在无民事行为能力的当事人时，若裁决未对此进行说明，需提交该当事人已得到适当代理的证明；
6. 上述裁决和文件的准确译本。

四、匈牙利营商环境及法律风险防范

（一）匈牙利整体营商环境

匈牙利政府对外商投资比较重视，根据世界银行《2017年全球营商环境报告》显示，匈牙利的营商便利度在全球190个经济体排名中位列第41位，在财产登记、信贷获取、合同强制执行效率方面表现优异，分别位列第28位、第20位和第8位，尤其是跨境交易

---

① 商务部条约法律司：《中华人民共和国和匈牙利共和国关于鼓励和相互保护投资协定》，http：//tfs.mofcom.gov.cn/aarticle/h/au/200212/20021200058393.html。
② 外交部网站：《中华人民共和国和匈牙利共和国关于民事和商事司法协助的条约》，http：//www.fmprc.gov.cn/web/ziliao_674904/tytj_674911/tyfg_674913/t422607.shtml。
③ 外交部网站：《中华人民共和国和匈牙利共和国关于民事和商事司法协助的条约》，http：//www.fmprc.gov.cn/web/ziliao_674904/tytj_674911/tyfg_674913/t422607.shtml。

环境较为宽松，跨境交易便利度位列第一；在开办企业、办理建设许可、保护少数权益投资者、纳税、破产处置效率排名中表现一般，分别位列第 75 位、第 69 位、第 81 位、第 77 位、第 63 位；但在获取电力领域表现较差，位列第 121 位。①

（二）匈牙利投资与承包工程风险及建议

虽然匈牙利政府重视吸引外商投资，且营商环境较便利，但在匈牙利进行投资和承包工程还需要注意以下几个主要方面的问题：

1. 关于承包工程投资形式问题

鉴于匈牙利工程承包一般必须在匈牙利设立企业，建议中国企业提前通过新设或并购的方式在匈牙利设立承包工程企业，以便于参与投标和承包匈牙利的工程项目。

2. 关于承包工程投标的问题

在匈牙利，外国企业普遍通过与当地企业合作的方式才能获得承包工程项目，因此要注意与当地企业合作方式的选择及分工，要切实参与项目的运营，切勿盲目轻信合作者。

3. 关于工程企业的问题

在施工能力上，我国企业实力较强，故应充分发挥自身的技术优势，不断提升其市场竞争力。但是中国企业在管理经验、一些技术领域与国外一流工程企业存在差距，在匈牙利开展工程承包应注意企业的管理，长期跟踪项目，并熟悉当地规则，找准市场的切入点。

4. 关于特许经营项目

要重视政府政策的态度及许可证延期的问题，以便积极建立预防机制，避免因此增加投资风险。

5. 关于工程劳务

匈牙利劳动力素质高且成本低，从本国派遣劳动力的成本反而高且程序复杂，流程较长，工作许可证有效期一般仅有 1 年，故除非高级管理及技术人员外，建议投资者尽量在当地筛选劳动力，以避免因劳务派遣困难带来的不必要的成本增加或履约风险。

五、小结

匈牙利政局总体稳定，法律法规健全，治安状况良好，对"一带一路"的发展具有重要战略意义，是中国企业打开欧洲市场的重要大门。在匈牙利进行工程承包时，中资企业首要进行的就是项目可行性调研分析，理性评估项目前景和风险，特别是要重视分析和规避政治风险和商业风险。在项目开展过程中要重视管理工作，避免因管理疏忽造成的不必要的风险，以保障中资企业自身的利益。

---

① 商务部网站：《世界银行发布〈2017 年全球营商环境报告〉》，http://images.mofcom.gov.cn/gn/201610/20161027171453550.pdf。

斯洛文尼亚

一、斯洛文尼亚国情简介

斯洛文尼亚共和国（The Republic of Slovenia，以下简称"斯洛文尼亚"）地处欧洲中南部，巴尔干半岛西北端，与意大利、奥地利、匈牙利和克罗地亚接壤，国土面积约为20273平方公里，人口约206万，主要信奉天主教，其人口中83%为斯洛文尼亚族，斯洛文尼亚语为国语。[1]

斯洛文尼亚全国共有12个区、211个市。首都是卢布尔雅那，主要城市为：布莱德市、马里博、玫瑰港、古城皮兰、科佩尔、克拉尼市等。斯洛文尼亚以生物多样性为特征，是欧洲水资源最丰富的国家之一，拥有密集的河网，丰富的含水层系统和重要的岩溶地下水道。森林资源丰富，位列欧洲第三位，一半以上的领土被森林覆盖，有"小瑞士"的美誉。但斯洛文尼亚矿产资源相对贫乏。

斯洛文尼亚属于发达国家，其是前南斯拉夫经济最发达的地区，服务业是其经济的龙头产业，工业和建筑业位列第2、3位。斯洛文尼亚于2004年被欧盟吸纳成为欧盟成员国，并于2007年1月加入欧元区，同年12月加入申根协定。

斯洛文尼亚于1991年正式与中国建交，也是中国与中东欧国家"16+1"合作框架下的合作国。2015年，中斯签署《斯洛文尼亚输华乳品动物卫生和公共卫生条件协定书》，为斯洛文尼亚农产品对华出口打开窗口；2016年，中斯签署《中国与斯洛文尼亚民航当局谅解备忘录》，为双边航空运输合作奠定基础。2016年斯洛文尼亚作为中国—中东欧国家林业合作协调机制牵头国家，在斯洛文尼亚举行了第一次中国—中东欧国家高级别林业合作会议。[2]

据欧盟统计局统计，2016年1~9月，中国是斯洛文尼亚除欧盟之外最重要的进口来源国。斯洛文尼亚对中国主要的出口产品为运输设备，自中国进口的前两大类产品为机电和化工产品，除此之外还有贱金属及制品、家居玩具、纺织品及原料和鞋靴伞等轻工产品。[3]

根据斯洛文尼亚政府的2015~2020年国家计划，在未来五年，其目标是将外商投资总额从当前的105亿增加到150亿，并将中国也列为前景市场。在基础设施发展规划中，斯洛文尼亚在电力、交通运输、通信及节能改造方面需求量较大。

【小结】

斯洛文尼亚是连接欧洲东南西北重要交通枢纽，其地理战略地位不言而喻，在"中斯

---

[1] 外交部网站：《斯洛文尼亚国家概况（最近更新时间：2017年2月）》，http://www.fmprc.gov.cn/web/gjhdq_676201/gj_676203/oz_678770/1206_679738/1206x0_679740/.

[2] 商务部国际贸易经济合作研究院，商务部投资促进事务局，中国驻斯洛文尼亚大使馆经济商务参赞处：《对外投资合作国别（地区）指南—斯洛文尼亚（2016年版）》，http://fec.mofcom.gov.cn/article/gbdqzn/upload/siluowenniya.pdf.

[3] 商务部网站：《国别贸易报告—斯洛文尼亚（2017年第1期）》，http://countryreport.mofcom.gov.cn/record/qikan110209.asp?id=9037.

合作"框架下,根据斯洛文尼亚的经济发展现状和对未来的发展规划,其对"一带一路"在欧洲的发展将起到至关重要的作用。

二、斯洛文尼亚投资建设法律问题

斯洛文尼亚属于欧洲大陆法系国家之一,其法律体系庞大,涉及民商事、刑事、劳动、健康、保险、网络、税务、金融等众多方面,门类齐全。自2004年加入欧盟后,欧盟所有的法律法规几乎都被收纳进斯洛文尼亚的法律体系。

(一)斯洛文尼亚项目投资立法

斯洛文尼亚作为大陆法系国家之一,其立法涉及公司、劳动、采矿、保险、银行、民商事、诉讼、知识产权等多个领域,门类齐全。关于投资的立法主要有《推动外国直接投资和企业国际化法案》《斯洛文尼亚股权投资管理法案》《收购法案》《竞争法案》《公司法》《外国直接投资金融刺激法令》《法院登记法》《投资基金和公司管理法案》《公共采购法》、《国际商务交易活动外国公职人员公约》等相关法律法规。

斯洛文尼亚已和中国签订了避免双重征税协议。同时,根据斯洛文尼亚颁布的《外国企业所得税法》的相关规定,企业从境外汇入利润免征税费。斯洛文尼亚政府为了吸引外资,还出台了一系列财政、地区鼓励政策。例如:企业所得税率为17%,如从事政府鼓励的活动,还可获得税收减免的待遇;投资研发领域的企业,其企业所得税100%减免;雇佣残疾人可享受特别补助等。

斯洛文尼亚的投资主管部门系企业、创新、旅游、发展和投资事务局,该局由投资促进署、旅游局和技术局合三为一而来,该局主要为外国投资者提供投资及优惠政策咨询服务。

(二)斯洛文尼亚外资准入及企业设立相关法律[①]

斯洛文尼亚禁止外商投资的领域为:武器和军事设备的生产和销售;国家财政预算内指定的养老保险和医疗保险业;[②] 铁路与航空运输;交通与通信;保险业。对审计企业、出版和广播领域的企业、证券经纪领域的企业、投资公司(负责管理投资基金)等企业中的外资投资比例有一定的限制。

在斯洛文尼亚,在国家对等的条件下得到中央银行"斯洛文尼亚银行"的批准后,外国人可以建立独资银行。

根据当地《公司法》《法院登记法》的相关规定,在当地设立公司的形式主要有以下几种:普通合伙、有限合伙、隐名合伙、有限责任公司、股份公司、股份合伙有限公司。2006年之后,欧洲公司(SE)这种组织形式在当地也可以适用。外商投资者可以在当地全部或部分拥有公司并享受国民待遇,企业形式一般选择有限责任公司和分公司形式。

---

① 中国驻斯洛文尼亚大使馆经济商务参赞处:《斯洛文尼亚投资注册企业手续》,http://si.mofcom.gov.cn/article/gaikuang/tzsx/201501/20150100874260.shtml。

② 中国驻斯洛文尼亚大使馆经济商务参赞处:《斯洛文尼亚对外国投资的市场准入规定》,http://si.mofcom.gov.cn/article/gaikuang/ddfg/201501/20150100862762.shtml。

股份公司最低注册资本为 2.5 万欧元，其名称中必须包含 d.d. 后缀，其注册资本中至少三分之一的部分必须采用资金形式，至少要在注册前支付四分之一的应付股份票面价值，若以实物出资的，在公司注册前必须保证实物完整。

有限责任公司的股东人数在未获得经济部长批准前至多 50 人，最低注册资本是 7500 欧元，各股东的最低出资额为 50 欧元。公司注册前，各股东必须至少认缴股份的 25%，且只能以现金方式认缴，当股东出资额超过 10 万欧元时，必须出具会计师评估报告，且该会计师须有资质。法人企业投资设立公司的，还需提交该法人企业的资产负债表和盈亏报告。

若设立分支机构的，只能通过公证人员在官方指定的法院进行注册，且需要按时提交年报，同时其经营范围不能超出母公司业务范围。

当地法律规定，公司注册时必须包含合法有效的公司名称、住址和组织形式，公司名称除了表示创办人名字外，只能用斯洛文尼亚语。外国投资者不论为法人还是自然人，均可在斯洛文尼亚地方法院注册公司，并且享受国民待遇。如果注册独资的有限责任公司还可以在网上注册（网址 evem.gov.si）。

【案例】[1]

近年来，中斯合作不断深入。2013 年，我国对斯洛文尼亚投资获得历史性突破，中国恒天集团收购斯洛文尼亚巴士企业，成为中斯建交以来中方在斯洛文尼亚投资的首家生产型企业。

2015 年，浙江机电股份入股斯洛文尼亚轮毂电机科技企业，华为在斯洛文尼亚注册公司，2016 年中国银联与斯洛文尼亚科佩尔银行联合开通银联业务。

2016 年 12 月，深圳市天健源投资基金管理有限公司收购斯洛文尼亚马里博尔市机场全部资产及周边 91 公顷土地。该项目除了改建、扩建原有机场外，还将开辟新的航线，为斯洛文尼亚与欧洲各国的沟通交流提供了便利。

（三）斯洛文尼亚工程建设相关法律[2]

斯洛文尼亚公共预算的一半都是以政府采购的形式实现的。当地政府采购主要依据《公共采购法》和《水利、能源、运输和邮政公共采购法》。根据上述法规，进行工程承包必须通过招投标的方式进行。一般工程项目由业主自行发布招标信息，获得批准的大型基础设施项目，必须要向社会公开发布招标信息。

公共采购的流程按照项目金额的大小分为以下几种：

1. 小金额采购流程：项目金额为 2 万～4 万欧元的公共供给与服务项目、项目金额为 4 万～8 万欧元的建设工程项目采购；

2. 招标流程：项目金额为 4 万～12.5 万欧元的公共供给和服务项目、项目金额为 8～27.4 万欧元建设工程项目；

---

[1] 环球网：《"一带一路"引领中国与斯洛文尼亚两国合作走向繁荣》，http://world.huanqiu.com/hot/2017-04/10472496.html。

[2] 商务部国际贸易经济合作研究院，商务部投资促进事务局，中国驻斯洛文尼亚大使馆经济商务参赞处：《对外投资合作国别（地区）指南—斯洛文尼亚（2016 年版）》，http://fec.mofcom.gov.cn/article/gbdqzn/upload/siluowenniya.pdf。

3. 对于项目金额为 12.5 万欧元以上的公共供给和服务项目、项目金额为 27.4 万欧元以上的建设工程项目的具体流程按情况又分为以下几种:

(1) 通常,向社会进行公开采购,任何符合采购条件的企业均可参与投标,但由于法规规定的空白,在招标程序上业主具有更大的自主性,有时会以选择谈判方式进行。

(2) 少数情况下,招标方采用两个层次的限制性招标。第一层次,招标方审查竞标人资格;第二阶段,进行商业招标。

(3) 近年来,也出现了不少不公开谈判的采购方式。在技术垄断、采购金额较小、科研测试物品采购、时间要求紧迫等公开招标无法得到满意结果的特殊情况下,可以采用不公开方式。

斯洛文尼亚一般对所有的投标者"一视同仁",但是对于本国投资者和欧盟投资者在实践中往往会给予一定的照顾,或者直接在招标文件中对此进行限制。目前,当地在建及已建的基础设施建设项目多由其本国企业承包,或者与欧盟企业合建,只有很少一部分分包给其他外国投资者。

在斯洛文尼亚,外国企业在当地参与工程承包的条件有以下几点:①在当地注册分公司;②向业主递交总公司的资质、以往业绩、银行征信等材料进行资格审查;③承包商负责人必须是取得斯洛文尼亚工程师协会注册登记的工程师。只有同时满足上述的条件,外国企业才能参与当地工程承包项目的招投标。此外,在当地进行工程承包必须使用斯洛文尼亚语。外国投资者承包当地工程需要派遣劳务的,要先办妥所有人员及项目的保险,然后向斯洛文尼亚就业与劳动局申请配额。

国家公共采购监察委员会负责监督政府公共采购行为,在斯洛文尼亚进行招投标活动时,外国投资者认为自己遭受了不公正的待遇,或者认为招投标流程违反了《公共采购法》,可以向该委员会提出法律要求。

《产权法典》《土地登记法》和《住房法令》是斯洛文尼亚有关土地的主要立法,根据上述法规的规定,中国公民不能在当地购买土地。

(四) 斯洛文尼亚 PPP 相关政策与法律

1. 特许经营法律体系构成

在斯洛文尼亚,特许经营权受《公私合营公约(PPP)》("《PPP 法》")和其他各种特别立法的约束。《PPP 法》的规定始终是辅助性的,企业只要为公共利益提供经济或其他公共服务或活动,公共合伙人(政府,市政当局或其他公共实体)将通过特许经营权合同授予企业特殊或排他性的经营权利,但是在某些领域(例如对自然资源、教育、卫生和其他社会服务、公用事业方面)特许经营权也受到特定法律的约束。《PPP 法》的目的是帮助缩小基础设施差距,减少公共开支,鼓励私人企业参与进来,特别是在基础设施项目(公共事业)的设计、建设、融资、运营和维护方面。

2. 特许经营项目投资者的选择

根据《PPP 法》,外资企业或个人可以在斯洛文尼亚开展 PPP 项目,包括以在斯洛文尼亚注册分公司的形式,或通过财团或非法人集团申请特许经营权。在此过程中,应注意相应的风险分担。PPP 项目由公共合作伙伴通过国家级官方报刊或欧盟官方公报发布招标通告,投标文件须用斯洛文尼亚语,对于程序、价格在极少数情况下可以用外语。公开开标后（除官方或军事机密外）由特别专业委员会检查其招标文件的合规性，对投标进行评估和排名，甄选出最终决定授予特许权的投标人，由公共合作伙伴（特许经营者）的授权机构负责与其或其项目公司签订特许协议。对于这些程序性的决定，投标人原则上没有向法院提出上诉或请求其他司法保护的权利，但可以向国家审计委员会要求审计。在 PPP 项目中可采用不同的激励措施，包括财务和其他补贴、公共合作伙伴的一些风险承担和担保（特别是非政府组织商业风险）等，但都必须遵循国家援助的规定。①

3. 特许经营项目的前置程序

在 PPP 项目通过年度预算或发展计划后的三个月内，公共合作伙伴一般会对该项目的融资、技术、法律及相关可行性问题进行研究。而对于超过 528 万欧元的项目，这一研究程序是必需的。研究后，将在四个月内决定是否开展这一项目。

4. 特许经营项目的限制

外国投资者在斯洛文尼亚若获得相应许可可以开发可再生和不可再生的自然资源。地方政府部门签发可再生资源的特许许可，国家签发不可再生资源的特别审批。

外国人必须得到项目所在地及斯洛文尼亚政府许可，方可获得建设、经营及转让合同（即 BOT 合同）项目，并单独组建公司建设和管理项目。合同期满后，这些设施必须被移交给合同规定的当地企业。

【小结】

斯洛文尼亚对基础设施建设特别是建筑业有着大量的需求，但是鉴于斯洛文尼亚法律环境的复杂性，投资者应多咨询、调研，提前建立好预防机制。

三、斯洛文尼亚司法体系及争议解决

斯洛文尼亚法院体系如下：宪法法院、最高法院、高等法院、区法院和县法院，专门法院有高等劳动和社会法院、行政诉讼法院。其加入欧盟后，法律体系日益复杂，司法效率偏低，商业案件一般需要半年的时间，复杂案件要 1~2 年的时间才能结案。但是斯洛文尼亚司法廉洁程度较高，腐败现象少见。②

特许经营权公司与其客户之间发生任何争议所适用的法律始终是斯洛文尼亚法律。根据《特许权法》的规定，强制性赎回、收购或剥夺特许权的情况都可能发生，征收条款也可以在特许协议中规定。除斯洛文尼亚的法律外，与外国人的特许权协议还适用多边和双边投资保护协定（IPA），管辖权一般属于其法院或相关机构。但外国投资者也可以在协议中约定以仲裁的方式解决争议，例如通过 ICSID 解决投资争议。另外，当地的企业一般都以会员身份加入当地各大企业协会，如斯洛文尼亚工商协会和商会，这些商会、协会中普遍设有行业分会或协会，在发生争议时中国企业也可以选择向相应的行业协会求助，或者向相关投资管理部门（如 SPIRIT、经济部、外交部）求助。

中斯签有《互相鼓励和保护投资协定》，该协定约定，中资企业在斯洛文尼亚进行投资时，会受到不低于第三国的待遇和保护。因为征收措施发生争议时，中资企业可向采取

---

① 斯洛文尼亚贸易投资促进局，http：//www.investslovenia.org。
② 中国领事服务网：《斯洛文尼亚》，http：//cs.mfa.gov.cn/zggmcg/ljmdd/oz_652287/slwny_654769/。

征收措施一方的主管者提出申诉,若该争议在申诉提出后一年内仍未解决,中资企业可以向通过向法院提起诉讼或请求专设国际仲裁庭仲裁的途径解决。①

对于外国法院判决,根据当地《国际私法和程序法》的规定,当地法院在下列情形应当拒绝承认或执行:判决所涉当事人未能参与审判,并对判决提出反对的;司法审判过程中存在文书未送达相关域外当事人或者根本没有进行送达程序的;斯洛文尼亚法院或相关机构对争议事项具有排他管辖权的;就同一法律事项,斯洛文尼亚法院或相关机构已做出最终判决或另一外国的法院判决已获得斯洛文尼亚法院承认的;承认或执行该判决有违斯洛文尼亚公序良俗的;不存在互惠条件的域外判决。

斯洛文尼亚已加入《纽约公约》,但对于域外仲裁裁决的承认与执行,在遵守该公约约定的情况下,还应符合当地《国际私法和程序法》的规定。对于存在下列情形的域外仲裁裁决,当地法院应当拒绝承认或执行:根据斯洛文尼亚法律规定,争议事项存在不能进行仲裁的情形;承认或执行该裁决有违斯洛文尼亚公序良俗;不存在互惠条件的域外裁决;仲裁协议无效;仲裁程序违反斯洛文尼亚法律或不符合仲裁协议约定的;超裁;裁决并非终局和可以强制执行的;裁决存在不可理解或自相矛盾的情形。

四、斯洛文尼亚营商环境及法律风险防范

(一)斯洛文尼亚整体营商环境

根据世界银行《2017年全球营商环境报告》显示,斯洛文尼亚的营商便利度在全球190个经济体排名中位列第30位,在开办企业、获取电力、财产登记、保护少数权益投资者、纳税、破产处置效率方面表现出色,分别位列第49位、第16位、第34位、第9位、第24位、第12位,尤其是在跨境贸易方面表现最为突出,位列第1位;在办理建设许可、信贷获取、合同强制执行效率领域表现一般,分别位列第80位、第133位、第119位。②

(二)斯洛文尼亚投资与承包工程风险及建议

根据斯洛文尼亚的法律规定及当地的工程承包市场的实际情况来看,中资企业要获得在当地单独承包工程的可能性较小,因此中资企业应与当地企业或欧盟内有实力的企业联合参与项目投标,这将有助于提高中标率。即便中标项目,中资企业在工程承包中仍将面临以下几方面的难题:③

1. 建筑市场整体环境

斯洛文尼亚当地的建筑市场规模虽然普遍较小,但技术水平要求较高,这就要求中资

---

① 商务部国际贸易经济合作研究院,商务部投资促进事务局,中国驻斯洛文尼亚大使馆经济商务参赞处:《对外投资合作国别(地区)指南—斯洛文尼亚(2016年版)》,http://fec.mofcom.gov.cn/article/gbdqzn/upload/siluo-wenniya.pdf.

② 商务部网站:《世界银行发布〈2017年全球营商环境报告〉》,http://images.mofcom.gov.cn/gn/201610/20161027171453550.pdf.

③ 中国驻斯洛文尼亚大使馆经济商务参赞处:《承包工程方面的注意事项》,http://si.mofcom.gov.cn/article/gaikuang/zysx/201501/20150100874268.shtml.

企业对当地的建筑市场的信息、行业规则、法律法规政策、技术要求、环保要求等方面进行充分的调查研究，否则很难进入当地的建筑市场。

2. 获得投标资格的问题

根据斯洛文尼亚法律的相关规定，我们不难看出，外国企业单独参与当地工程承包项目的招投标的可能性较小，往往需要与当地企业或欧盟企业进行合作，在此过程中，中资企业要重视对合作者的选择，注意风险的分配方式，切忌盲目合作，切勿轻信合作者。

3. 获得项目难的问题

中资企业在斯洛文尼亚参与工程承包项目的投标尚且困难重重，想要最终中标项目更加难上加难，当地业主倾向当地企业与欧盟企业是不争的事实，因此，中资企业要重视与当地企业或欧盟企业的合作。

4. 工程劳务

外国劳动力入境限制在各国均有规定，斯洛文尼亚对外籍劳务实行工作许可总量和国别配额双重限制，特别是对欧盟及原南斯拉夫以外国家劳务的入境进行严苛的限制。外籍劳务入境流程复杂，且时间漫长。[①] 因此，中资企业即便能够中标了工程项目，在没有当地政府支持和协助的情况下也很难派遣外籍劳务，加之斯洛文尼亚当地劳动力价格成本较高，这无疑又削弱了中资企业的竞争优势。

五、小结

斯洛文尼亚虽然拥有重要的地理战略优势，法律体系健全、条文清晰，营商环境良好，但其政府对于本国劳动力的保护政策及优先欧盟国家的现实情况，在斯洛文尼亚进行投资或承包工程一定要客观地评估投资环境，可以考虑以三方合作的方式，打开斯洛文尼亚市场，实现互利共赢的局面，也可以考虑以并购欧盟内企业的方式，直接获得欧盟企业的建设资质和管理团队，为在斯洛文尼亚开展业务提供便利。不过笔者相信，在互利共赢的合作框架下和"一带一路"的不断发展中，未来中国企业进驻斯洛文尼亚的阻碍将逐步减小。

克 罗 地 亚

一、克罗地亚国情简介

克罗地亚共和国（The Republic of Croatia，以下简称"克罗地亚"）地理位置位于欧洲东南部，处于地中海及巴尔干半岛潘诺尼亚平原的交界处，首都为萨格勒布。

克罗地亚为资本主义国家，经济较为发达，服务业是支柱产业，此外工业也占一定比

---

① 中国驻斯洛文尼亚大使馆经济商务参赞处：《承包工程方面的注意事项》，http://si.mofcom.gov.cn/article/gaikuang/zysx/201501/20150100874268.shtml。

重,旅游业是国家经济的重要组成部分。克罗地亚经济基础良好,旅游、建筑、造船和制药等产业发展水平较高。

克罗地亚政局相对稳定,经济发展前景良好,但中国企业在克投资并不活跃。据商务部统计,截至2015年末,中国对克罗地亚直接投资存量1182万美元;承包劳务方面,2014年仅中建材与普洛切港务公司签约散料中转站项目港口设备合同,合同额为2890万欧元,2015年中国在克罗地亚无承包合同。①

这种情况的形成与中克双边经贸合作协议较少不无关系。中克双方于1992年签署了政府间经贸协定,之后签署了相互鼓励和保护投资协定、避免双重征税协定,但目前尚未签署货币互换协议、产能合作协议、基础设施合作协议、FTA协定,也未建立投资合作磋商机制。

但是,这一情况在近年来有所改变。2014年,李克强总理提出"16+1合作"计划,旨在深化中国同中东欧16国的传统友谊、加强互利合作,克罗地亚积极参与该框架合作,2015年的"16+1"旅游部长会议在克罗地亚举办。

【小结】

随着"一带一路"倡议的推进,作为"一带一路"沿线国家的克罗地亚,与中国的经贸往来必定在可预见的将来提高到新的高度,这也是中国企业在克投资千载难逢的好机会。

二、克罗地亚投资建设法律问题

克罗地亚属于大陆法系国家,其法律在很大程度上受到德国和奥地利法律体系的影响。在2010年6月30日克罗地亚加入欧盟谈判完成后,其法律已完全符合《共同体既存典章制度》克罗地亚现行宪法颁布于1990年12月22日。②

(一)克罗地亚项目投资立法

克罗地亚项目投资方面的立法主要包括《鼓励投资法》《投资促进与改善投资环境法》《劳动法》《外国人法》《所有权和其他物权法》等法律规定。

克罗地亚2007年颁布的《鼓励投资法》从税收方面给了外国投资一定的鼓励条件。此外,克罗地亚于2012年9月21日颁布了《投资促进与改善投资环境法》,在鼓励投资、增加就业方面给予了具体优惠政策。具体而言,投资100万欧元以下,创造5个就业岗位的,将给予10年内减免50%所得税;投资100万~300万欧元,创造10个就业岗位的,将给予10年内减免75%所得税;投资300万欧元以上,创造15个就业岗位的,将给予10年内减免100%所得税。以上保持投资项目的期限不能短于享受鼓励措施的年限,大型企业至少保持5年,中小型企业至少保持3年。③

---

① 商务部国际贸易经济合作研究院,商务部投资促进事务局,中国驻克罗地亚大使馆经济商务参赞处:《对外投资合作国别(地区)指南—克罗地亚(2016年版)》,http://fec.mofcom.gov.cn/article/gbdqzn/upload/keluodiya.pdf.
② 维基百科Croatia词条,https://en.wikipedia.org/wiki/Croatia#Law_and_judicial_system。
③ 商务部国际贸易经济合作研究院,商务部投资促进事务局,中国驻克罗地亚大使馆经济商务参赞处:《对外投资合作国别(地区)指南—克罗地亚(2016年版)》,http://fec.mofcom.gov.cn/article/gbdqzn/upload/keluodiya.pdf.

克罗地亚优先鼓励基础设施建设、新能源的使用和开发、旅游设施建设行业的发展。克罗地亚很多地区出台了本地区的鼓励政策，这些政策一般适用于本地的经济区、开发区、企业区等园区，但各个园区一般对园内进驻产业有所限制，应当引起注意。对于中国工程企业而言，杜布罗夫尼克省的 BANICI 经济区是一个理想的投资地点，园区内产业包括建筑及贸易，优惠政策包括减免企业税、公共费用、市政费用，并提供用地补贴。其他园区的产业与工程似关系不大，此处不多赘述。

此外，克罗地亚还依据不同的指标，对来克投资的外国企业给予不同程度的激励和补助。这些激励和补助包括对新增就业的资助、劳动密集型投资项目就业激励机制、就业劳动岗位培训的资助、投资固定资产项目激励机制、设立技术发展与创新中心的资助、以及对有重要经济利益的大型项目的资助。

（二）克罗地亚外资准入及企业设立相关法律

市场准入方面，投资行业需要特许的领域包括：矿山开采；港口扩建；公路建设；国有农业用地的使用；狩猎权；海港的使用；电信服务；占用无线广播电视频率；国有自然保护公园的开发和利用；水资源和水道的使用；铁路建设。克罗地亚以上各类项目的投资建设，均需通过国际公开招标获取。[1]

投资克罗地亚，设立企业以一般公共企业、股份制公共企业、股份公司、有限责任公司、经济利益联合体、隐名合伙企业等形式为佳。根据克罗地亚法律，成立一家股份公司的最少股本为 20 万库纳（2.8 万欧元），单股票面价值最少为 10 库纳。成立一家有限责任公司的最少股本为 2 万库纳（2800 欧元），个人持股额最少为 200 库纳。外国自然人只有获得手工业执照才可以在克罗地亚经营手工业。[2]

流程方面，企业负责人首先需向克罗地亚驻中国使馆申请旅行签证（此签证一般为一次进出，最长 3 个月）；在公证处办理相关手续，并在商业法院注册公司；公司经理或董事长（只能有一人）向克内务部申请经营许可，经营许可相当于临时居留和多次往返签证；公司其他人向克内务部申请工作许可和临时居留。

如果注册人为自然人，需要出示公证过的护照复印件；如果注册人为法人即商业公司，需要出示公证过的公司注册证书及其翻译件。

如果是单个注册人，需要在公证处书写公司注册声明；如果是多个注册人，需要在公证处签订公司注册合同。

注册人需将注册资金存入克罗地亚一家银行的个人账户里，作为公司周转资金。一旦注册完毕，这笔资金即可取出。

注册人需出示三份证明：是否曾在克罗地亚注册过公司；在克养老保险、健康保险部门有无未清款项；在克税务部门有无未清税务。这些证明可从克罗地亚上述主管部门获得。

注册公司一般需 1 个月时间。[3]

---

[1] 商务部国际贸易经济合作研究院，商务部投资促进事务局，中国驻克罗地亚大使馆经济商务参赞处：《对外投资合作国别（地区）指南—克罗地亚（2016 年版）》，http://fec.mofcom.gov.cn/article/gbdqzn/upload/keluodiya.pdf。

[2] 商务部网站：《在线访谈文字实录—克罗地亚》，http://interview.mofcom.gov.cn/detail/201605/1517.html。

[3] 商务部国际贸易经济合作研究院，商务部投资促进事务局，中国驻克罗地亚大使馆经济商务参赞处：《对外投资合作国别（地区）指南—克罗地亚（2016 年版）》，http://fec.mofcom.gov.cn/article/gbdqzn/upload/keluodiya.pdf。

(三) 克罗地亚工程建设相关法律

按克罗地亚法律规定,外国承包商在克罗地亚承包工程需获得许可。克罗地亚对外国公司参与当地工程承包无禁止领域。克罗地亚工程建设实行严格的公开招标制度。不进行公开招标的项目需要特别说明。

土地管理制度方面,克罗地亚仅允许欧盟成员国以及其他与克罗地亚签有双边对等条约的国家的公民和企业在克罗地亚购买不动产,因此,理论上中国公民和企业在克罗地亚不能购买土地。但是在实践中,如果我国公民及企业有在克购买土地的需求,可以通过在克罗地亚注册公司的方式购买克罗地亚不动产。

劳工政策方面,克罗地亚《劳动法》较为完善,几乎覆盖了所有可能产生的劳动纠纷。企业需要注意的规定包括:必须与劳工签订劳动合同;解除劳动合同须书面提前通知员工本人(工作少于1年的员工,须提前两周通知;工作1~2年的员工,须提前1个月通知;工作2~5年的员工,须提前一个半月通知;工作5~10年的员工,须提前2个月通知;工作10~20年的员工,须提前两个半月通知;工作20年以上的员工,须提前3个月通知);劳工报酬方面,克罗地亚《劳动法》规定男女劳动报酬平等,且当月工资发放不得晚于下月15日,法定工作时间一周不超过40小时,劳工每年享有20~30个工作日的带薪休假;雇主有责任为劳工缴纳社会保险,金额约占劳工毛工资的三分之一。

税务方面,克罗地亚实行属地税法。克罗地亚《税法》不歧视外国人和外国公司,对其实行与居民和居民公司同等的纳税制度。在加入欧盟之后,克罗地亚正逐步调整税制,以便与欧盟标准保持一致。克罗地亚主要税种包括个人所得税、企业利润税、增值税、消费税等等。与中国工程企业关系比较密切的是企业利润税和增值税。企业利润税税率为20%,而增值税规定较为复杂,其纳税基数为商品和服务的周转额,即销售商品或提供服务的价值减去增值税后的余额。应当注意的是,2015年起,克罗地亚政府开始对房地产开发征收土地增值税。

(四) 克罗地亚 PPP 相关政策与法律

克罗地亚于2012年7月6日颁布了《PPP法》,并在2014年颁布了该法的修正案。

克罗地亚《PPP法》共32条(2012年颁布时为42条,2014年修订后删去了第21~29条),分为六部分(2012年颁布时为七部分,2014年修订后删去第三部分"PPP受理机构"),分别为:

1. 第一部分:一般规定,包括本法目的、定义、基本术语、PPP合同、SPV等规定;
2. 第二部分:PPP项目的实施,主要是对业主方的一些要求,如向有关部门上报信息、提交PPP项目计划、获得财政部批准等等,需要注意的是,克罗地亚《PPP法》规定,对于投标的社会资本(private partner)唯一的选择标准即经济优势(economic advantage),即所谓低价中标;
3. 第三部分:小规模PPP项目,规定了小规模PPP项目的申报和审批;
4. 第四部分:法律保护,规定了与PPP项目有关的争议解决规则;
5. 第五部分:罚则,规定了不同违法行为的罚款金额;
6. 第六部分:过渡及最终条款。

克罗地亚近几年投资和工程承包领域的法律不断完善，对我国拟赴克投资的企业来说是一大利好消息。此外，我国企业赴克罗地亚投资和承包工程案例鲜少，因此对前人经验的借鉴与反思必不可少。

【案例】

克罗地亚萨格勒布 Gorican 高速公路前期规划不合理，导致后期投资方与政府部门发生纠纷，社会资本不到位，导致项目失败。克罗地亚的另一条收费公路 Macelj 在项目规划阶段，忽视了前期的可行性研究，直至特许经营权授予之后都没有进行与项目规模匹配的财务可行性论证，最终由于财务效果不理想，不得不进行再协商，最后双方并未达成协议。[①]

三、克罗地亚司法体系及争议解决

克罗地亚设宪法法院和最高法院，宪法法院主管违宪事项，最高法院是最高上诉机构。此外，克罗地亚还设有县法院、市法院、轻罪法院、商事法院以及行政法院。治安法官也参与审判。

整体而言，克罗地亚司法效率一般，主要体现在以下方面：一是克罗地亚司法体系功能不够完善，案件判决执行程序的效率有待提高，存在案件积压的情况；二是需要更多专业素质良好的司法人员和培训机制。

克罗地亚同时是《纽约公约》和《华盛顿公约》成员国，这意味着国际仲裁的裁决在克罗地亚受到承认，我国企业如若与克政府发生投资纠纷，可诉诸 ICSID 仲裁。

四、克罗地亚营商环境及法律风险防范

（一）克罗地亚整体营商环境

根据世界银行《2017 年营商环境报告》，克罗地亚的营商环境排名全球 43，在东欧国家中不具有明显优势，落后于马其顿（10）、爱沙尼亚（12）、拉脱维亚（13）、立陶宛（21）、波兰（24）、捷克（27）、斯洛文尼亚（30）、斯洛伐克（33）、罗马尼亚（36）、白俄罗斯（37）、保加利亚（39）。根据世行的报告，在克罗地亚建立企业需要公证费用较高，因此门槛也被抬高了。在保护小股东方面，克罗地亚因要求董事对内公布详细的利益冲突，强化了对小股东的保护。此外，克罗地亚纳税制度中引入了广播和电视费用，并且为新公司减去了工商总会会费。

（二）克罗地亚投资与承包工程的风险与防范建议

克罗地亚目前国内局势稳定，近几年发生的唯一一件大事即克罗地亚通过入盟谈判，正式加入欧盟。因此，对于克罗地亚加入欧盟后法律法规上出现的变化，中国企业应当特别加以注意。

---

① 周国光，江春霞：《交通基础设施 PPP 项目失败因素分析》，载《技术经济与管理研究》，2015 年第 11 期。

1. 法律风险与防范建议

按照克罗地亚政府的说法，克罗地亚在正式加入欧盟之后法律法规已经与欧盟相应的法律法规相统一，但在实践中，企业仍要对欧盟法律法规加以注意，以保证其行为不仅符合克罗地亚法律法规，同时也符合欧盟的法律法规。

2. 税赋风险与防范建议

税赋方面，克罗地亚的税收体制较为复杂，在加入欧盟之后，克国也一直在进行与欧洲相关税收体制并轨的尝试，也许在不久的将来，克罗地亚的税收体制会有所简化；但从目前来看，企业仍不能掉以轻心，应认真核算税赋成本。

如本文第二部分所述，克罗地亚政府在国内兴建了多个园区，每个园区针对不同行业出台了不同的鼓励政策。企业如果能够充分利用这些鼓励政策，势必会实质性减少税赋成本。

3. 工程承包风险与防范建议

结合克罗地亚当前国情，我们认为克罗地亚目前在工程承包方面存在的风险有资金和劳工政策两方面。

资金方面，目前克罗地亚资金短缺，很多项目要求带资承包。企业在投标时应当采取审慎的态度，选择最适合自己的承包方式。此外，中国企业应当从前述两个克罗地亚高速公路 PPP 项目失败案例吸取教训，尽管近些年克罗地亚的 PPP 相关法律正在逐步完善，但仍应当防范政府审批不严导致的项目风险。企业应当在承包项目前做好可行性研究，最大程度上防范风险，并使用中国政策性保险机构及政策性银行提供的保险，以保障自身利益。

劳工政策方面，中国与克罗地亚尚未签署劳务合作领域的相关协议。目前，克罗地亚实行工作许可年度配额制度，外籍劳工进入克罗地亚从事相关工作难度较大，而克国国内的失业率总体较高。从这一情况来看，企业雇佣当地工人不失为一个选择，但由于当地《劳动法》对企业的用工制度和劳动保障提出了很高的要求，这一选择无疑会大幅增加企业的用工成本，企业应当予以权衡。

五、小结

虽然在过去的几十年中，中国与克罗地亚在投资与工程承包领域的合作较少，但这种情况在"一带一路"倡议提出之后出现了改变的可能。克罗地亚良好的政治经济环境，无疑是中国企业在克罗地亚投资与承包工程的一大利好。近年来，中克两国的交流增多也是有目共睹的事实。中国投资者应当密切关注中克关系动向，把握机遇。

黑　　山

一、黑山国情简介

黑山共和国（The Republic of Montenegro，以下简称"黑山"），位于亚得里亚海东岸、巴尔干半岛西南部。黑山的东北部与塞尔维亚毗连，西北部与波黑及克罗地亚交界，东南部与阿尔巴尼亚接壤，西南部濒临亚得里亚海。黑山的国土面积为13800平方公里，其海岸线总长度约为293公里。在气候方面，黑山主要领土地区和沿海地区有所不同，分别为温带大陆性气候和地中海气候。

黑山首都位于波德戈里察，整个国家共有23个行政区，官方语言为黑山语。

截至2017年2月的数据统计，黑山全国总人口有63万。民族分布为：黑山族、塞尔维亚族、波什尼亚克族、阿尔巴尼亚族，所占比例分别为：43.16%、31.99%、7.77%、5.03%，宗教主要为东正教。

黑山2016年前三个季度的公共债务总额为二十三亿欧元，占比已超过GDP的60%。其中，对外借债的总和约为十五亿欧元，约为其GDP的46%。

黑山的主要贸易伙伴为：塞尔维亚、意大利、希腊、克罗地亚、中国等。2016年黑山对外贸易总交易量约24亿欧元，同比增加了11%；其中出口3.258亿欧元，进口20.6亿欧元。

黑山国内经济的主要支柱产业为制铝工业和旅游业。前南斯拉夫解体后，黑山因受战争的影响，国内经济状况一直不景气。近几年来，随着国际经济形势及国内经济改革的不断推进，黑山的经济形势逐渐步入正轨，总体上呈上升趋势。

2006年6月3日，黑山宣布独立。同年6月14日，中国宣布承认黑山的主体地位。7月6日，中黑两国建交，两国外交部建立了磋商机制。中黑建交11年来，在经济、贸易、科技、文化等领域有着密切的交流与合作。2007年8月，黑山广播电视台台长米利亚尼奇受邀来到中国，参加中国国际广播电视博览会。2012年1月，黑山议长克里沃卡皮奇来华，出席中方向黑山出口第一艘远洋货轮的交接仪式。2015年1月，《中华人民共和国政府和黑山政府经济技术合作协定》签字仪式在黑山首都波德戈里察举行。[①]

据中国海关统计，2016年双边贸易额1.4亿美元，同比下降约11%，其中中方出口额1.1亿美元，下降约19%，进口额0.3亿美元，同比增长约33%。

【小结】

中黑建交以来，在各领域都保持着密切的交流与合作。虽然黑山国土面积和经济总量有限，却是中国与中东欧"16+1"合作以及"一带一路"倡议最积极的参与者之一，且近年来经济增长势头良好，是中国企业值得考虑的投资目的地之一。

---

① 中国驻黑山大使馆：《中黑关系史》，http://me.chineseembassy.org/chn/zhgxs/t1440356.htm。

二、黑山投资建设法律问题

(一) 黑山项目投资立法

黑山共和国投资促进机构（The Montenegrin Investment Promotion Agency，即 MIPA）系黑山政府在 2005 年设立的官方投资机构，该机构致力于促进外国投资及经济发展。

截至 2017 年 5 月 MIPA 官网提供的数据，黑山与涉外工程项目及投资有关的法律文件包括：《商业组织法》《外商投资法》《外国人就业和工作法》《空间开发及建筑结构法》《特许经营法》等。

(二) 黑山外资准入及企业设立相关法律

1. 《商业组织法》

黑山《商业组织法》(Law On Business Organizations) 规定了黑山的企业组织形式，包括公司（有限责任公司、股份公司、一人公司）、合伙企业（普通合伙、有限合伙）及外国公司分支机构。该法对前述组织形式的设立、变更、终止等行为进行了规定。

若外国公司拟在黑山设立分支机构，则应在其分支机构设立完成后 30 日内，向主管机关提交如下文件：公司地址、经营范围、名称及企业形式、公司章程及法院认证的翻译件、外国公司的注册证明或相应注册国的证明文件、法定代表人的姓名及住址、一名（或以上）公司在涉及法律诉讼时的代理人（需在黑山有永久住所）、公司近期的资产负债表或类似文件。

2. 《外商投资法》（2011 年 3 月 17 日颁布）

黑山《外商投资法》(The Foreign Investment Law) 主要对外国投资者的界定、投资形式、投资者权利义务等进行了规定，具体如下：

(1) 外国投资者范围：根据该法律，外国投资者包括国外企业或国外个人、外资股本占比不少于 10% 的企业、国外个人在黑山设立的企业、在国外有居所的黑山公民及根据黑山法律被授予黑山公民身份的人。

(2) 投资方式及领域：外国投资者可以以设立企业、外国企业分支机构、收并购的方式在商品、服务、资产及有价证券领域进行投资。

(3) 限制性条款：需注意的是，关于军火装备的生产和贸易领域的投资，外国投资者需先取得外贸主管部门与国防主管部门的许可，且必须与黑山国有企业或者个人进行合作，合作时的持股比例不得超过 49%。

(4) 外国投资者保护：除法律另有规定外，黑山政府不得征收外国投资者的资产。一旦发生征收行为，政府应当就此支付赔偿金。同时，如因战争等行为导致外国投资者受损，则其赔偿金标准不得低于国内企业或自然人。此外，外国企业如因政府或公权力的非法或不当行为导致受损的，同样可以获取赔偿金。

3. 《外国人就业和工作法》（2004 年颁布）

根据《外国人就业和工作法》(Law On Employment And Work Of Foreigners)，黑

山就业管理局负责外国人工作签证的签发,且应于每年的 10 月 31 日前,决定下一年度的外国人工作签证的配额,该配额包括每个业务领域下的配合细分工作。

申请外国人工作签证者需在黑山有常住的居所,或者经政府批准的临时居所(无常期居住的外国人在就业领域方面存在限制)。申请时应当提交如下材料:签证文件、临时居所证明、专业领域的资质证书及健康证明、职位信息或者相关履历、所在公司或企业在黑山政府的注册文件、聘用原因等。申请人在获得工作签证后,还应当提供常住居所证明。

签证签发时效方面,就业管理局应当于申请者提交申请材料的 30 日内给予回复。申请人如对回复存在异议,则可在收到回复的 15 日内提出。除当年配额已满的情况下,申请人可在收到回复后 30 日内向有管辖权的法院提出异议。

(三)黑山工程建设相关法律

2013 年颁布的《空间开发及建筑结构法》(Law On Spatial Development And Construction Of Structures)为黑山有关建设及建筑规定的法律。根据该法,在黑山从事建设工程工作,需遵守法律规定并符合有关技术及质量规范,取得相关建设证照后方可进行工程开发。

同时,该法第 71 条特别规定了损害赔偿的责任及工程保险条款:即项目投资人、施工方、监理方均需承担对第三方的赔偿责任,该等损害赔偿责任应适用于整个建设过程。鉴于上述赔偿责任,在黑山开展工程建设施工工作的,必须购买相应的工程项目保险。上述各方可按单个项目或者按年度向保险公司投保,但保费不得低于 5000 欧元/年。

【案例】[①]

在黑山,中国企业参与建设最多的是基础设施类的项目,高速公路便是其中一大典型的代表。2014 年 2 月,中国路桥工程有限责任公司与黑山政府就修建黑山南北高速公路(一期)工程签订了合同。

黑山南北高速公路贯穿黑山并连接塞尔维亚,全长 169.2 公里长,其中隧道、桥梁、高架桥占据了总长度的 40%,是欧洲单位造价最昂贵的公路之一,也是全欧洲最大的建设项目之一。非高峰时期,黑山南北高速公路的日均车流量为 5000~8000 辆左右。高峰时期,其日均车流量则可高达 20000 辆。

作为中国最大的国际工程项目承包商之一,中国路桥工程有限责任公司拥有超过一百家分支机构,是国内交通基础设施建设领域的龙头企业,它也是中国交通建设股份有限公司的全资子公司。

本次中国路桥工程有限责任公司参建的黑山南北高速公路(一期)全长 41 公里,系整条黑山南北高速公路中技术和施工难度最大的一段,整个项目工期需四年左右,隧道、桥梁的比例已占到了 60%。修建黑山南北高速公路(一期)工程所需资金约 8 亿欧元,黑山政府提供其中的 15%,剩余 85% 将由中国进出口银行以贷款方式提供。

(四)黑山 PPP 相关政策与法律

2002 年 7 月 1 日施行的黑山《特许经营法》(Participation Of The Private Sector For

---

[①] 戈丹娜·久多维奇,张佳慧,吴锋:《中黑两国经贸和农业的合作现状与未来展望》,载《江南大学学报》,2015 年第 2 期。

The Delivery Of Public Services）主要对政府与社会资本之间的特许经营活动合作进行了规定，所涉公共服务包括租赁及管理合同、特许经营、BOT 及其他该法令规定的内容。本文仅就 BOT 模式下的相关条文进行列举介绍：

1. 除法律规定可以直接签订合同外，投资者必须通过参加竞标的方式取得特许经营项目的特许经营权；

2. 合同期限：除非合同履行条件发生实质性变更，否则 BOT 模式下的特许经营合同自运营阶段之日起不得超过 30 年；

3. BOT 项目开展前，有关部门应当组织由法律、技术、金融、环境及其他有关专业的专家组成 5 人项目评估小组，评估小组还可根据《政府采购法》选聘有关中介机构介入 BOT 项目；

4. 政府部门负责对社会投资方进行资格预审，选择标准应当包括：成本及资金规模、设备性能及折旧年限，同时投资人应证明其可用资金不小于投资资本的 25%；

5. 投标响应文件的所使用的语言，应符合招标文件的要求等。

三、黑山司法体系及争议解决

黑山的法院体系由：宪法法院、最高法院、行政法院、上诉法院、经济法院、中级法院和初级法院组成。黑山现任宪法法院院长为米兰·马尔科维奇，2007 年 12 月就任；现任最高法院院长为韦斯娜·梅黛尼察，2007 年 12 月就任。

黑山的检察体系设有 1 位最高检察长、2 位中级检察长和 13 位初级检察长。黑山现任最高检察长为兰卡·查拉皮奇，2008 年 4 月就任。

2006 年，黑山成为《纽约公约》的缔约国，黑山政府承认并执行外国的仲裁裁决，对互惠原则作出了保留声明。

根据黑山《外商投资法》的规定，除争议方约定根据国际条约选择国内外的仲裁机构进行仲裁外，所有因外国人投资产生的争议应由黑山国内有管辖权的法院管辖。

四、黑山营商环境及法律风险防范

（一）黑山整体营商环境

根据《2017 年营商环境报告》的营商效率全球排名，黑山以 72.08 的得分在 190 个国家中排名第 51 位。

根据该报告披露，在税收支付方面，黑山通过减少个人所得税方式来降低税收，并通过使用电子备案系统支付增值税的方式提升交税的便捷度。

黑山在信贷取得、合同强制执行、保护少数权益投资者、跨境贸易、开办企业方面表现较好，分别排名第 7 位、第 41 位、第 42 位、第 43 位和第 57 位，特别是在合同强制执行方面较 2015 年的第 136 位提升了 95 位。

关于办理施工许可方面，黑山排名第 93 位。其中，办理所需程序为 8 个，需耗时 152 天，成本占比为 11.3%。

根据《2017年营商环境报告》，近年来黑山的跨境贸易排名有所提升，较2015年的数据提升了9位，排在190个国家中的第43位。

（二）黑山投资与承包工程风险及建议

黑山投资与承包工程风险大致可以分为：
1. 政策、政府关系处理和汇率风险；
2. 建设工程市场不稳定的风险；
3. 国内企业在涉外工程管理经验不足的风险；
4. 专业型人才储备不足的风险。

就上述或有风险，建议投资者在进入黑山投资前，充分了解黑山对于外国人投资与承包工程方面的法律法规。同时，投资者可通过我国驻黑山大使馆了解最新的投资动向与政策导向。

五、小结

黑山自2006年6月独立以来，国内政局基本平稳。近年来，黑山在基础设施的建设方面始终与中国保持着密切的合作关系。建议中国工程企业在黑山开展投资、贸易及进行工程承包或从事劳务工作前，充分了解当地法律对于外资进入及工程建设领域的所需资质的特别规定，办理有关资质并获取政府相关的准入许可证，必要时应当购买保险，适当做好风险防范工作。

马 其 顿

一、马其顿国情简介

马其顿共和国（The Republic of Macedonia，以下简称"马其顿"），是位于东南欧的巴尔干半岛南部的内陆国家，与保加利亚、希腊、阿尔巴尼亚、塞尔维亚四国相邻。马其顿地形以山地为主，主要河流为瓦尔达尔河。

早在20世纪之初，马其顿国内便存在着严重的民族纷争。大约在16年前，马其顿族与阿尔巴尼亚族之间曾发生过一次大规模的冲突。为了平息这场纷争，联合国介入进行了调停。随后，各方签署了《奥赫里德和平框架协议》，矛盾才得以化解。

自马其顿内部革命组织党联合其他党派执政以来，政府以促进经济发展、扩大就业机会、提高民众福利等作为重点，使得近几年其经济增速位居欧洲前列。

据欧盟委员会近日发布的报告预测，2016年和2017年，马其顿经济增速预计均达到3.5%，位居爱尔兰（4.9%）、罗马尼亚（4.2%）、马耳他（4.1%）、波兰（3.7%）之后。

为进一步加快国内经济发展，马其顿政府大力推进基础设施建设，并带动了上下游行业的迅速发展。近年来，中国与马其顿在基础设施领域开展了诸多重要的合作。其中比较典型的有：中国水利电力对外公司承建的马其顿科佳水电站项目、中国水电建设集团承建马其顿国内高速公路项目（长约 110 公里，马其顿史上最大工程项目）等。

此外，中国与马其顿两国在对外贸易领域的合作，一直以来均以中国对马其顿出口为主，出口商品有纺织品、化工材料等。同时，中国也会向其进口葡萄酒、烟草等。

【小结】

马其顿拥有明显的地缘优势、稳定的国内局势和低廉的用工成本，与中国也保持着良好的外交及合作关系。有鉴于此，国内企业可以以马其顿作为开拓巴尔干半岛的切入点，从而"走出去"拓展更多国家和地区的业务。特别是在基础设施领域，中国在马其顿合作成功的先例，为国内企业在国际建设工程领域的对外扩展打下了坚实的基础。

二、马其顿投资建设法律问题

马其顿在前南斯拉夫的部分经济法律体系和欧盟有关政策制度范例基础上，经过进一步修订完善，形成了目前较为完善的法律体系。在投资、建设领域，马其顿已颁布《宪法》《工业产权法》《公司法》《反不公平竞争法》《贸易公司法》《并购法》等法律。

（一）马其顿项目投资立法

除军工业、麻醉品、古文物交易领域外，马其顿的其他投资领域均允许外资企业参与。马其顿鼓励外资企业在汽车零部件、IT 产业、农产品加工、医药和医疗健康、成衣、纺织和皮革、能源、旅游、化工、建筑和房地产等领域内投资。

关于投资方式，外国企业在马其顿投资可设立有限责任公司和联合股份公司，或在马其顿设立分支机构或代表处开展非营利性活动。并购方面，马其顿一直致力于吸引外资，简化外资并购程序，对外资并购并无特殊要求，对私人投资也无特殊限定。马其顿政府允许外资和内资公平地参与国企改革。目前，暂无中资企业在马其顿开展并购的案例。

（二）马其顿外资准入及企业设立相关法律

在马其顿可设立的企业形式有：普通合伙公司、普通合股公司、股份有限公司、股份公司、有限合伙公司、独资公司。

在马其顿新设立外资企业，应当前往企业所在地的经济法庭进行登记。注册登记完成后，企业会得到一份由马其顿和外资方的语言编写的双语注册文件。最后，企业必须在马其顿统计局和海关管理处注册。当然，如外资企业需聘用非马其顿国籍劳工的，还应前往警察局办理工作和居留许可证。

和大多国家一样，在马其顿境内设立外资企业，应当遵守其国内法律规定。企业只可在核准的经营范围内开展业务，如需增加新业务类型的，应当申请增加营业范围。

根据马其顿《公司法》的相关规定，申请设立外国投资企业的基本程序和要求如下：

1. 检测公司名称的唯一性；
2. 预付法定的初始资金；
3. 公证公司相关材料；

4. 公司人员的有关犯罪记录材料；
5. 业务范围的登记；
6. 发布公司注册公告；
7. 制作公司图章；
8. 到马其顿国家统计局登记；
9. 公证公司注册执照；
10. 银行开户；
11. 到税务机关登记；
12. 到社会保安机构登记；
13. 到雇员管理机构登记；
14. 到海关管理处登记；
15. 到警察局办理工作和居留许可。

（三）马其顿工程建设相关法律

目前，马其顿法律尚未就外资进入建设工程承包这一领域进行限制，由于马其顿国内建筑公司在国际承包工程市场上有一定的比较优势，因而对来自外国的承包工程公司，也采取"平等竞争"的态度。

马其顿法律不允许自然人在当地承包工程项目，要求必须以公司形式开展相关工作。马其顿对所有的项目工程采取公开招投标方式，根据项目所属领域和主管部门，由业主、政府监管部门、专家等组成招标委员会，对参与竞标者提交的标书进行评估，按照最优条件选择合适的中标者。

马其顿虽然不大，但在多个领域均有各种外资企业投资合作的机会，尤其是在以下建设工程领域[①]：

1. 冶金业

马其顿冶金业的产值已占整个国家 GDP 的 10%。其主要产品有热（冷）轧钢、铝合金、铁合金等，大多数用于出口。虽然发展迅速，但由于生产设备陈旧、管理水平不足等原因，其供给量已无法满足国际冶金市场的需求。这给外资企业在马投资冶金业提供了机会，建议企业可在该领域从事厂房建设、生产设备改造等工程项目。

2. 电信业

马其顿有较为完整的电信网络。平均每 100 人有 26.7 部电话。其国家电信公司：马其顿电信公司已在 2001 年私有化，匈牙利的 MATAV 公司拥有其 51% 的股份（MATAV 公司的股东为德国电信公司，持有 60% 的股份）。

2004 年 12 月 31 日，马其顿结束了国内电信业的垄断，并在电信领域实行自由竞争。目前，马其顿在包括互联网接入的数据通信市场已完全实现市场化。互联网用户已有 13 万，有 9 个互联网服务商（类似于国内的电信、铁通及东方有线）。

与此同时，马其顿在 2005 年新颁布了"电信法"，要求国内电信业逐步向欧盟靠拢，增加电信行业的市场竞争，这也使得更多的外资企业有机会投身于电信业基础设施改造

---

① 中国驻马其顿大使馆经济商务参赞处，http://mk.mofcom.gov.cn/。

项目。

目前，我国电信设备的两大龙头企业中兴与华为已在马其顿设立了办事处。其中，中兴已获得许可，逐步开展电信工程承包业务。

3. 电力业

马其顿的电力主要由国家电力公司（ECM）提供，ECM 共有 3 座热电厂、6 座水电站。其中，位于托比拉的电厂占全部发电量的 70%。目前，调整马其顿的电力行业的法律主要为能源法。

【案例】

如前文所述，2004 年 7 月，由中国水利电力对外公司负责承建的对科佳水电站正式落成发电。

该项目于 1998 年 5 月签约，由中国银行提供 90% 的买方信贷，中国人民保险公司提供信用保险。中方承包商负责提供并安装 2 台 4 万千瓦的发电机组，马其顿业主负责电站的二建工程。

（四）马其顿 PPP 相关政策与法律

马其顿因自身资金匮乏，积极支持外资企业以 BOT[①]、PPP[②] 方式参与其基础设施建设，对外资参与领域并无特殊限制，对特许经营的年限并无统一规定。但 BOT、PPP 项目也需要参加招投标，根据年限最少、从政府申请补贴最低等条件，综合评估，最优者中标。目前 BOT 项目主要集中于机场、道路、电站等领域，包括土耳其、奥地利等国企业都参与其中。PPP 模式根据项目性质不同，给予特殊经营的年限和政策也不尽相同。中资企业目前尚没有 BOT、PPP 项目。

【案例】

土耳其 TAV 公司，参与马其顿首都斯科普里亚历山大大帝机场新航站楼建设，耗资 1 亿欧元，马其顿业主为马其顿财政部和交通部，2011 年建成，包括新增 4 万平方米的航站楼，6 个乘客通道，1000 平方米办公区域，可容纳 1300 辆汽车的停车场等，机场年可接纳旅客人数提高到 400 万人，货运量提高到 4 万吨，特许经营年限为 20 年。

三、马其顿司法体系及争议解决

马其顿的司法系统由基础法庭、上诉法庭和最高法庭组成。2007 年，行政事务法庭（Administrative Court）成立，负责审理有关行政法的案件。2011 年，高级行政事务法庭成立，接受对一般行政事务法庭审判结果的上诉事宜，在争议解决法律方面，马其顿制定了《仲裁法》《调解法》。

根据马其顿法律，经议会批准的国际协议和协定适应于国内，争议双方可以协商选择适应马其顿国内法律，或者通过调解方式，或者通过涉外仲裁庭仲裁方式，解决双方

[①] BOT："建设—使用—转让"模式，即受特许人将持有的特许目标用自己的财产建设，投入使用，按合同期限内投入使用，并在合同结束时转让为国有及地方持有。

[②] PPP："政府和社会资本合作制"。

争议。

马其顿是1958年《纽约公约》的成员国（1998年加入），投资者与当地政府的商业纠纷可诉诸国际投资处理解决中心（ICSID），寻求国际仲裁。虽然马其顿接受投资纠纷以国际仲裁解决的方式，但仲裁解决机制仍不畅通。

四、马其顿营商环境及法律风险防范

（一）马其顿整体营商环境

根据《2017年营商环境报告》的营商效率全球排名，马其顿以81.74分在190个国家中排名第10位。

根据该报告披露，近期马其顿通过改善交易担保体系、采取现代化的担保物注册系统等手段提升了获取信贷的便捷度；通过增加股东在公司重大决策中的权利、允许股东在诉讼中更好地获取公司信息等手段增强了对于少数权益投资者的保护；通过改变对于重组计划的投票程序以及允许债权人更大程度地参与破产程序提升了破产程序的便利度；但其新修正的民事诉讼法要求在提起诉讼前进行调解，从而使得合同强制执行更为困难。

马其顿在开办企业、纳税、保护少数权益投资者、信贷获取、跨境贸易、获得电力、合同强制执行、破产处置等所有方面均表现出色，其世界排名均在36位之前。在财产注册方面也表现较好，排在第48位。

关于办理施工许可方面，马其顿排名第11位，表现突出。具体来说，办理施工许可所需程序为8个，需耗时89天，成本占比为5.1%。

（二）马其顿投资与承包工程风险及建议

1. 投资方面

政策方面，马其顿政府鼓励外资进入，尤其是高科技、环保类的项目落户。为吸引外资，政府已承诺简化行政审批程序。需注意的是，马其顿政府对国内环境及劳动力保护方面要求较高，外资企业进入前可能要对这两块内容进行相应的评估。

【案例】

为吸引外资，马其顿在全国规划建立经济园区15处，政府对投资者进驻园区给予优惠政策，10年内免征企业所得税、个人所得税，永久免征增值税、财产税、消费税，对进口原材料和设备免征关税，并在进出通关方面给予绿色通道政策。为吸引中国投资者，马其顿政府拟建立专门的中国经济园区，在特定区域内提供优惠的贸易投资政策。

2. 贸易方面

近年来，中国企业与当地在大多数业务领域的合作较为良好，双方基本上能在诚实守信的基础上进行交易，但也不排除个别马其顿企业拖欠款项的现象。建议国内企业在马其顿开展贸易前做好充分的尽职调查，评估交易风险，并通过加强贸易管理加强风险规避，必要时采取保函、信用证等金融工具和其他专业风险管理机构的保障措施，最大程度的保护自身权益。

【案例】

从贸易纠纷案来看，中马企业之间主要涉及货款拖付的问题，以前曾出现过某中资企业销往马其顿的空调货款难以收回的情况，该中资企业赴马其顿交涉起诉，但因马其顿公司破产倒闭，最后无果而终。因此中资企业与马其顿开展贸易时，一定要做好事前的摸底调查，以控制风险。

3. 承包工程方面

根据马其顿法律，大型工程项目应当进行公开招投标。马其顿一直致力于加入欧盟，在重大工程外包时，对欧盟公司有潜在偏好性，特别是在使用欧盟资金开展建设项目方面更甚。

马其顿政府对工程承包项目有较大话语权，中国企业在马其顿参与大型工程项目时，建议与马其顿有关项目的决策机构建立联系与合作。同时，建议同当地有实力的公司进行合作，这样在招投标过程中会更有优势，从而增加中标机会。

【案例】

中资企业参与马其顿项目的招标案例中，都曾有成功和不成功的情况。2013年由于马其顿缺乏资金，在中国提供优惠贷款融资情况下，中资企业成功中标马其顿两条高速公路项目。2014年6月，在欧洲复兴开发银行提供资金情况下，中国南车公司成功中标马其顿国铁公司动车组采购项目。但是，某中国装备制造企业曾参加马其顿铁路设备招标，在价格、技术占优的情况下，却被某欧盟国的企业中标，中资企业曾请业主对此作出解释，但理由牵强，不具备说服力。

4. 劳务合作方面

目前，马其顿国内失业率较高，因此，对企业聘用外国劳动力的审核非常严格，劳工签证申请需先提交马其顿驻所在国使馆受理，通过后需在马其顿内务部审批，最长需等待6个月，而且获得批准的机会较小，因此短期来看，在马其顿开展劳务合作上存在一定的难度。以中资企业在马其顿开展的承包项目看，马其顿对参与项目的中方人员设置了数量和工种限定，绝大部分施工人员要雇用本地劳力，中方只能进入一定数量的技术管理人员。但能够进入马其顿的中方人员在办理工作准证方面也困难重重，办理时间长，程序复杂。如不能及时办理，在居留时间超过90天的情况下，将面临非法滞留、遣返出境的风险。

五、小结

近年来，马其顿大力发展基础设施建设，同时也带动了上下游产业的联动发展。建议中国企业在进入马其顿进行投资过程中，采取一系列担保措施，就国际工程承包方面购买相应的保险，做好投资开展过程中的风险控制工作。

波 黑

一、波黑国情简介

波斯尼亚和黑塞哥维那（Bosnia and Herzegovina，以下简称"波黑"），是巴尔干半岛的一个国家，国土总面积51129平方公里，位于原南斯拉夫中部，东邻塞尔维亚，东南部与黑山共和国接壤，西部及北部紧邻克罗地亚。波黑地形以山地为主，平均海拔693米，迪纳拉山脉（也叫"狄那里克阿尔卑斯山脉"）的大部分自西北向东南纵贯全境，最高山峰为马格里奇山，海拔2386米。波黑境内多河流，主要有奈雷特瓦河、博斯纳河、德里纳河、乌纳河和伐尔巴斯河。波黑北部为温和的大陆性气候，南部为地中海型气候。四季分明，夏季炎热，冬天非常寒冷，通常是大风雨雪天气。黑塞哥维那和该国的南部区域以地中海气候为主，年均降雨量在600至800毫米之间。而在中部和北部则以高山气候为主，年均降水量在1500到2500毫米之间。萨拉热窝在一月的平均气温在－5℃左右，七月的平均气温为20℃。[①]

上述所说的波斯尼亚、黑塞哥维那两个名称本为历史学意义上的两个地理区域名称，直到2014年，波黑都不存在直接使用这两个名称的政治实体。而波黑实际是由波黑联邦和塞族共和国两个实体和一个布尔奇科特区组成。波黑联邦下面有10个州，塞族共和国下面有7个区。至于位于波黑东北部的布尔奇科特区，由波黑联邦和塞族共和国共同所有，是波黑重要的商业城市和交通中心。首都萨拉热窝建于1263年，位于波黑的东部的波斯尼亚河上游，群山环绕，气候温和。首都分为老城区和新城区，老城区保存了大量土耳其时代的建筑，新城区为现代化都市。

经济方面，波黑的宏观经济经历了重建、转型期之后，进入了恢复发展阶段，目前恢复态势较为缓慢。同时，波黑经济对外倚重较大，易受国际金融危机及世界经济波动影响。据波黑国家统计局统计，2015年，名义上波黑国内生产总值（GDP）为285.4亿马克，比2014年增长4.52%；实际的GDP总额为166.92亿美元，同比实际增长为3.03%；2015年波黑的人均GDP为7473马克（约合4240美元）。此外，由欧盟统计局对外发布的数据显示，在所有被统计的欧洲国家中，波黑的GDP只占了欧洲平均水平的28%，排在最后面。

政治和外交关系方面，自从前南斯拉夫联盟、克罗地亚和波黑三国领导人于1995年签署了代顿协议，结束了波黑战争后，世界银行、欧安会、北约、美国、欧盟和联合国组成了波黑和平理事会及相应执委会，向波黑派驻国际社会高级代表。该组织的职能包括统筹协调驻波黑国际组织、监督落实代顿协议、推进经济改革、帮助波黑融入欧洲一体化进程等。与此相应的是，波黑对外政策的重点在于发展与美国、欧盟关系，并将加入欧盟和

[①] 外交部网站：《波斯尼亚和黑塞哥维那国家概况》，http://www.fmprc.gov.cn/web/gjhdq_676201/gj_676203/oz_678770/1206_678988/1206x0_678990/。

北约作为其外交的中心任务，同时也致力于睦邻修边，加强区域合作。截止到2009年，波黑已经加入"北约和平伙伴关系计划"（2006年），在北约布加勒斯特峰会期间，波黑获得欧盟对话国地位（2008年4月），同欧盟签署了《稳定与联系协议》（2008年6月）。①

中波关系方面，两国人民之间的关系可追溯到古代丝绸之路时期，丝绸之路不仅开启了两国之间的贸易往来，也为两国社会和文化纽带的建立铺平了道路。1995年4月3日，中国和波黑正式建立大使级外交关系并签署建交联合公报，两国政府同意，在和平共处五项原则基础上，发展两国之间的友好合作关系，在对等的基础上，根据国际惯例，互相为对方在其外交代表履行职务方面提供一切必要的协助。波黑战后重建期间，中国向波黑提供了棉花、面纱、拖拉机以及医疗、教学设备等无偿援助。2010年5月，波黑部长会议主席十皮里奇对中国进行工作访问。2013年11月，国务院总理李克强会见了波黑总理贝万达。2014年李克强总理出访中东欧，并参加第三次中国—中东欧国家领导人会议，与包括波黑在内的16个中东欧国家发表《中国—中东欧合作贝尔格莱德纲要》，就共同推进"一带一路"建设合作达成重要共识并制定了行动纲领。②

【小结】

波黑地理位置优越，自古便通过丝绸之路与中国相连，中波两国世代关系良好，就共同推进"一带一路"建设合作已达成重要共识。波黑经济金融体系稳定，政府重视引进外资，因此其不仅可以作为中国企业进入欧盟市场的战略门户，也为中国企业投资承包工程提供了商机。

二、波黑投资建设法律问题

（一）波黑项目投资立法

波黑与投资合作相关的主要法律有《波黑外国直接投资法》《塞族共和国投资法及修订》《波黑联邦外国投资法及修订法》《塞族共和国公司法》《波黑联邦公司法》《波黑海关法及修订法》《波黑增值税法》《公司所得税法》《自由贸易区法》《劳动法》等。

波黑两个实体政府都对在波黑自由贸易区内注册经营的企业免征5年企业所得税。而且外国投资者可将其投资收益自由兑换成其他外币汇出境外。此外，波黑各个地方政府的鼓励外资政策，主要体现为土地使用的价格免费或者给予优惠以及适度减免地方税等。

在税收优惠方面，两个实体稍有不同：

1. 波黑联邦的税收优惠政策

（1）免税优惠：如果纳税人出口收入占总收入的30%，当年可免缴所得税；如果纳税人第一年投资额达到400万马克，且连续5年投资生产领域并达到2000万马克以上，可从投资的第一年计算，5年内缴交企业所得税；如果纳税人外国投资股份超过20%，头5年可免缴企业所得税；如果纳税人雇佣50%以上的残疾人，且所雇时间不少于一年，当年

---

① 一带一路公共服务平台：《波黑"一带一路"投资政治风险》，http://www.cnobor.org/fengxian/969.jhtml。
② 高鹏，周瑾：《"一带一路"投资政治风险之波黑》，http://www.china.com.cn/opinion/think/2015-06/11/content_35793892.htm。

可免缴企业所得税。

（2）减税优惠：新成立的公司，给予按年减免企业所得税优惠。无论是波黑公司还是外国投资公司，新成立公司第一年的企业所得税100%全免，第二年免税70%，第三年免税30%。

2. 塞族共和国的税收优惠政策

（1）免税优惠：对外资企业前5年免征企业所得税，对在不发达地区新投资的企业追加免征3年企业所得税。

（2）减税优惠：如果纳税人所投资的设备用于本企业的生产活动，可享受一定的税收优惠。如果投资者的收益来自塞族共和国以外，即波黑联邦的各州，企业已缴纳的税额可计入塞族共和国税收的一部分，不再另加征税。

（二）波黑外资准入及企业设立相关法律

1. 投资主管部门

波黑主管外国投资的部门是外贸和经济关系部。负责招商引资的部门是1998年成立的波黑外国投资促进局（FIPA），FIPA是根据波黑法律由波黑部长会议设置的机构，具体负责吸引外资、宣传波黑的投资环境、向外商提供投资服务等。

2. 投资行业的规定

在波黑投资的范围有限，依照波黑相关法律，生产和销售军用武器、弹药、军用设备和公共媒体信息等领域为限制或禁止外资进行投资的领域。其中公共媒体信息领域包括：广播、电视（包括有线电视）、电子媒体（包括因特网）以及在当地市场出版和发行的其他出版物。但凡是外国投资者投资受限制领域，外国投资人须在投资前向上述领域所在的实体政府、相关地方部门进行申报，只有经过严格审批后方能按合法程序开展投资活动。原则上，受限制领域的外方投资额不得超过投资企业总资产的49%，但值得关注的是，波黑关于外国投资的行业限制正渐渐被取消。比如，在2015年3月，波黑《外国投资法》修正案允许外国投资者在报纸、杂志等纸媒领域拥有超过49%的股权。

在波黑投资设立企业的形式有4种：无限共同责任公司、有限责任公司、联合股份公司和有限合伙公司。投资商可以在波黑境内设立公司代表处，但因为公司代表处不是法人实体，只允许在波黑境内从事非直接经营活动。企业注册、受理机构为波黑两个实体政府的经济部或者注册公司所在地区的法院。

鉴于波黑本地法律较为复杂，不同实体间更是存在一定的法律规定冲突，外国投资者最好结合当地律师意见建议及国内律师相关意见之后，再考虑投资。

（三）波黑工程建设相关法律

根据波黑法律，承包工程项目需在波黑注册公司，而且该公司的成立需获得许可，在进行项目开发建设时，某些工业项目需获得环保许可证、特许经营权。工程项目验收需要依照波黑设计和工程规范要求，验收包括初级验收、最终验收。验收合格后，由波黑相关单位签发验收合格证书。目前，波黑承包工程的主要做法是BOT方式，项目一般通过政府公开招标实施，由承包商带资承建，由政府向承包商授予特许经营权。外国承包商不能承揽军工等行业的工程项目。①

(四) 波黑 PPP 相关政策与法律②

外资公司开展 BOT 涉及的主要产业有能源、矿产、水资源开发等。特许经营年限为 30 年，并可于到期后延长。目前，在波黑开展 BOT 的外资企业主要来自英国、瑞士、俄罗斯、克罗地亚、塞尔维来和土耳其。

由于波黑由波黑联邦和塞族共和国两个实体组成，两个实体的具体实施模式有部分差别。

1. 波黑联邦规定了三种模式

（1）自建模式。这种模式主要是是利用自有资金，再借助银行贷款、欧盟资助及私企的投资，进行开发建设，比如在波黑境内建设中小型电站，一般是采用这种模式。

（2）合资模式（首选模式）。建立战略合作伙伴关系＋BOT 模式，这种模式为企业之间彼此建立战略合作伙伴关系，再通过 BOT 方式进行开发建设。联邦规定合资双方对项目公司股权的占比应各为 50%。此举重在强调合资双方的平等关系。这种模式，旨在利用外国融资，建设投资金额较大的重点大型基础设施项目。该模式依法规定了合资双方的基本义务，波黑方的义务是：提供项目场地、保障资源供应（如煤炭及水等）、保障基础设施 办理相关批文及许可等。外资方的义务是：提供技术、提供设备、投入建设资金、实施项目施工等。

（3）公私合作合营（PPP）模式。这种模式是依据《公私合营法》政府投资与私人投资相结合对项目进行开发建设。在波黑，建设大中型能源和基础设施项目多采用这种方式，其原则、程序、实施及经营与 BOT 类似。

2. 塞族共和国也规定了三种模式：

（1）"贷款＋承包"模式。此种模式用于建设重点大中型基础设施项目，由外国银行向塞方提供贷款（优惠贷款或商业贷款），外国银行所在国家的公司按 EPC 总承包提供货款（优惠贷款或商业贷款），外国银行所在国家的公司按 EPC 总承包项目，并按工程造价额定的一定比例将部分施工分包给当地公司实施。

（2）合资模式（首选模式）。根据《特许经营法》，建立战略合作伙伴关系＋BOT 模式，该模式同联邦的规则基本相同，即：建立战略合作伙伴关系＋BOT，企业之间彼此建立战略合作伙伴，在通过 BOT 方式进行开发建设。但所不同的是塞族规定合资双方对项目公司股权的占比分别为塞方 49%，外方 51%，以外资为主。此种模式也经常用于建设重点大中型基础设施项目。

（3）完全 BOT 模式。根据《特许经营法》，通过公开竞标授予中标的当地公司或外国公司投资项目特许权，由获特许权的公司以 BOT 方式建设和经营重点大型基础设施项目。比如，塞尔维亚 EFT 公司承接的波黑斯坦纳里 30 万千瓦燃煤站就属于此类项目，EFT 转而同中国的东方电气公司达成转包合同，以解决融资困难和设备供货问题。

---

① 江苏商务云公共服务平台：《波黑对外国公司承包当地工程有何规定》，http://www.jscc.org.cn/model/view.aspx?m_id=1&id=44504。

② 商务部国际贸易经济合作研究院，商务部投资促进事务局，中国驻波黑大使馆经济商务参赞处：《对外投资合作国别（地区）指南—波黑（2016 年版）》，http://fec.mofcom.gov.cn/article/gbdqzn/upload/bohei.pdf。

波黑的交通基础设施项目采用特许经营 BOT 或 EPC 总承包模式。电力项目通常采用特许经营投资承包模式，即：建立战略合作伙伴关系＋BOT（建设—经营—转让）或公私合作合营（PPP），以建立战略合作伙伴关系＋BOT 模式为主。具体做法是，根据《特许经营法》和地方实体政府关于建设项目的决定，通过公开竞争性招标选定战略合作伙伴，然后采取两种实施方式：一是由政府向被选定的战略合作伙伴授予投资项目特许权控股，并要其同指定的波黑国营电力企业组建合资公司，共同建设项目（由战略伙伴投融资及施工）、共同经营项目、共享所得利润，项目设施运营期满后转交给波黑当地政府；二是由政府向战略合作伙伴与当地国营电力公司组建的合资公司授予投资项目特许权（双方股份平等），按 BOT 模式完成项目。

【案例一】 塞尔维亚 EFT 集团项目

塞尔维亚 EFT 集团自 2005 年起获得特许权，对波黑塞族共和国斯坦里煤矿进行开采，并通过国际招标选择合同伙伴。EFT 集团承诺投资超过 1000 万欧元用于煤矿的整修及购置开采设备。截至 2012 年 7 月，已累计投入 6300 万欧元用于斯坦纳里地区的矿能综合开发。

此外，EFT 还获得以下特许权：

2007 年 11 月，获得对 Dragalovac 地区饮用水及工业用水的勘探和开采特许权。

2008 年 2 月，获得对斯坦纳里地区火电站的建设和使用特许权。

2008 年 2 月，EFT 集团下属波黑斯坦纳里煤矿及火力发电站公司与波黑塞族共和国政府签署了关于建设及使用斯坦纳里火电站的特许经营合同，并一次性支付特许经营费用 356 万马克。2012 年 6 月，EFT 与中国国家开发银行签署价值 3.5 亿欧元的贷款合同，用于建设斯坦纳里火电站。斯坦纳里火电站是第一个使用中国—中东欧合作机制 100 亿美元专项贷款额度的项目，项目总金额为 5.5 亿欧元，除了项目建设，资金将用于矿区产能扩大、输电网络对接，以及配套项目和基础设施建设。根据 EFT 集团的要求，斯坦纳里火电站由东方电气公司以"交钥匙"模式进行建设，塞尔维亚 EFT 集团为总承包商，东方电气公司为项目 EPC 交钥匙分包商。该项目已于 2016 年初投入运营。

【案例二】 中国公司项目

2013 年 7 月，中国山东电力建设第三工程公司与波黑泽尼察市签署合同，由中国公司承包建设该市一座 39 万千瓦火电站项目，建设期为 29 个月，采用交钥匙模式。该项目完成后，由德国公司 STEAG 负责运营、维护 15 年后交给波黑泽尼察市。[①]

三、波黑司法体系及争议解决

根据宪法，波黑设宪法法院和国家法院。宪法法院是裁决两个实体之间纠纷、波黑与两个实体纠纷或波黑与实体之一纠纷的唯一法律授权机构，同时还裁决波黑国家一级机构间的纠纷，其裁决是终审决定。宪法法院由 9 名法官组成，任期 5 年，其中 4 名由波黑联邦议会代表院推选，2 名由塞族共和国人民议会推选，其余 3 名由欧洲人权法院院长与波

---

① 商务部：《中国公司承包建设波黑火电站》，http：//www.mofcom.gov.cn/article/i/jyjl/m/201307/20130700206560.shtml。

黑主席团协商同意后推选，但该3名人选不能是波黑或波黑邻国公民。宪法法院从9名法官中推选1名院长和1名副院长。

波黑法院是国家最高法院，主要终审裁决波黑国家机构、布尔奇科特区机构、公共机构及国企的上诉。波黑法院由15名波黑籍法官组成，任期6年，可以连任，波黑法院从15名法官中推选1名院长和2名副院长。

此外，波黑两个实体分别设波黑联邦最高法院和塞族共和国最高法院，终审裁决两个实体内的司法上诉。

1997年，波黑加入《纽约公约》，外国投资者与波黑政府的投资争议可诉诸国际投资争端解决中心（ICSID）寻求国际仲裁。波黑国内的仲裁机构是波黑外贸商会（Bih Foreign Trade Chamber）下设的仲裁庭。在波黑境内解决商务纠纷也可通过波黑本地法院或通过波黑相关的仲裁机构解决，但目前波黑国内的法律规则并不完善且效率不高。

四、波黑营商环境及法律风险防范

（一）波黑营商整体环境

世界银行《2016年全球营商环境报告》指出，2015年波黑营商环境排名在全球189个经济体中位列第79位。达沃斯世界经济论坛《2015—2016年全球竞争力报告》显示，波黑在140个国家和地区中综合排名位列第111位。据波黑《独立报》报道，《华尔街日报》和美国传统基金会共同发布的2016年经济自由度指数排名显示，波黑在178个国家（地区）中排名第108位，列前南斯拉夫国家之末。[1] 总体来看，波黑营商环境有待完善。[2]

（二）波黑投资与承包工程风险及建议

在波黑开展工程承包业务问题比较多，常见的问题主要有：

1. 工程投标资格问题

波黑相关部门办事效率低，特别是波黑联邦，实行三级管理，审批手续复杂。在投标前，应仔细阅读有关招标材料中对投标者的资质要求，如是否允许中资企业投标、是否要求设备原产自欧盟境内等。

2. 承揽工程的市场可行性调研问题

在投资之前，要特别注意事前调查、分析、评估相关风险，事中做好风险规避和管理工作，切实保障自身利益。包括对项目或贸易客户及相关方的资信调查和评估，对项目所在地的政治风险和商业风险的分析和规避，对项目本身实施的可行性分析等。

3. 工程劳务问题

波黑失业率高，外籍劳务市场规模较小，实施工程承包项目通常要雇用本地劳务施

---

[1] 中国驻波黑大使馆经济商务参赞处：《〈华尔街日报〉公布经济自由度指数排名》，http://ba.mofcom.gov.cn/article/jmxw/201605/20160501317081.shtml。

[2] 商务部国际贸易经济合作研究院，商务部投资促进事务局，中国驻波黑大使馆经济商务参赞处：《对外投资合作国别（地区）指南—波黑（2016年版）》，http://fec.mofcom.gov.cn/article/gbdqzn/upload/bohei.pdf。

工。目前，解决或增加波黑当地的就业成为衡量当地政府政绩的主要指标。因此，在签订合同时，要充分明确用工责任条款。

五、小结

波黑经济对外依赖度较高，其主要投资来源国以及贸易往来国多为周边地区与欧盟国家，外商投资主要集中于制造业、银行业、通信业及商业。近年来，为与欧盟保持一致，波黑经济开始走向复苏，也具有一定的投资优势。波黑地理位置优越，是陆路进入欧盟的门户，且波黑已经与欧盟正式签署了《稳定与联系协议》，这意味着波黑生产的任何商品都可以在欧盟地区销售，而不受配额、关税等条件的限制，因此，波黑可以作为中国企业进入利润丰厚的欧盟市场以及中欧市场的战略门户。此外，波黑拥有与欧元挂钩且较为稳定的金融体系，外国投资者享有与本国公民同样的权利，因此投资更为便利，收益更高。同时，波黑政府重视引进外资，以改善其落后的基础设施建设，为外商投资波黑承包工程提供了商机。[①]

爱 沙 尼 亚

一、爱沙尼亚国情简介

爱沙尼亚共和国（The Republic of Estonia，下称"爱沙尼亚"）位于波罗的海的东海岸，与芬兰隔海相望，面积为45339平方公里。爱沙尼亚东面相邻俄罗斯，南面相邻拉脱维亚，西南是里加湾，北面接着芬兰湾，两面临海，海岸线长约3794公里，属于海洋性气候，春季凉爽少雨，夏秋季较为温暖湿润，冬季则较为寒冷且经常下雪，年均气温6.8℃。截至2015年1月，爱沙尼亚人口约131.3万。爱沙尼亚国内主要有爱沙尼亚族、俄罗斯族、白俄罗斯族和乌克兰族。官方语言是爱沙尼亚语，通用英语和俄语。爱沙尼亚国内主要信奉基督教路德宗、东正教和天主教。[②]

爱沙尼亚曾经是前苏维埃社会主义共和国联盟（下称"苏联"）的加盟共和国，于1991年8月20日宣布独立。独立二十多年来，爱沙尼亚先后加入欧盟、欧元区、申根区和北约经合组织。爱沙尼亚的首都是塔林（Tallinn），位于西北部，与波罗的海相邻，一直是连接中欧与东欧，以及南欧和北欧的重要交通枢纽，被誉为"欧洲的十字路口"，目

[①] 高鹏，周瑾：《"一带一路"投资政治风险之波黑》，http://www.china.com.cn/opinion/think/2015-06/11/content_35793892.htm。

[②] 外交部网站：《爱沙尼亚共和国概况》，http://www.fmprc.gov.cn/web/gjhdq_676201/gj_676203/oz_678770/1206_678820/1206x0_678822/。

前也是北欧著名的运输港口，拥有国内最大的港口塔林港和最大的货运港口穆嘎港①。

爱沙尼亚自然资源非常丰富，尤其是森林覆盖面积很大，面积约为227.4万公顷，森林覆盖率高达48.7%，是欧洲人均森林面积最大的国家。爱沙尼亚主要的资源有木材、石灰石、油页岩、泥煤等。油页岩是爱沙尼亚电力的主要燃料，其页岩气储备是全世界最多的国家之一②，尤其是东北部的油页岩储量非常丰富，总储量约为48亿吨，其中适合商业开采价值的油页岩储量约为13亿吨。爱沙尼亚的淡水资源也极为丰富，国内河流约有7000多条，但由于地势平坦，落差小，水力发电潜能低。③

中国与爱沙尼亚自1991年建交以来，先后与中国签订了《关于促进和相互保护投资协定》《经济贸易合作协定》《关于避免双重征税和防止偷漏税协定》等多个双边协议，为中爱两国的双边贸易关系发展奠定了良好政治基础。④ 建交二十多年来，两国领导访问频繁，双边贸易额由建交时的800多万美元，跃升至2015年的11.88亿美元，增长了148倍。中国出口爱沙尼亚的主要商品是机电产品、机动车、非机动车零部件、通信设备及其零部件、计量精密仪器和设备以及铜和铜废料等。华为、中兴、同方威视等高新技术企业已经进驻爱沙尼亚，在通讯和集装箱检测设备市场等市场占据了一定的份额。

【小结】

爱沙尼亚具有天然地理优势，是连接欧洲和俄罗斯开展商贸往来的枢纽，是波罗的海三国中经济实力最强的一个国家。爱沙尼亚自独立以来，积极树立国际地位，参与国际事务，先后加入了联合国、欧盟、欧洲安全与合作委员会、北约、经济合作与发展组织和世界贸易组织，同时爱沙尼亚作为北欧部长理事会、波罗的海八国、波罗的海国家理事会等多个地区合作框架的核心成员在北欧事务中也发挥着积极作用。

二、爱沙尼亚投资建设法律问题

爱沙尼亚的投资环境总体来说比较优良，尤其是在投资领域方面对外国投资者基本没有限制，几乎所有行业都对外开放。因此，爱沙尼亚以其独特的地理优势、良好的投资环境和优惠的投资政策吸引了众多的外资投资，爱沙尼亚的外商直接投资额位于波罗的海三国之首，在东欧各国排列在前。

（一）爱沙尼亚项目投资立法

目前，在爱沙尼亚进行投资和开始经营活动的法律依据主要是《外国投资法》《营业法》和《企业法》。根据爱沙尼亚《外国投资法》的规定，国家保护外国投资，对外资企

---

① 商务部国际贸易经济合作研究院，商务部投资促进事务局，中国驻爱沙尼亚大使馆经济商务参赞处：《对外投资合作国别（地区）指南—爱沙尼亚（2016年版）》，http://fec.mofcom.gov.cn/article/gbdqzn/upload/aishaniya.pdf。

② 中国社会科学院：《爱沙尼亚倡导"一带一路"框架下对等和平衡合作》，http://www.cssn.cn/mzx/sjmz/201511/t20151127_2716348.shtml。

③ 商务部国际贸易经济合作研究院，商务部投资促进事务局，中国驻爱沙尼亚大使馆经济商务参赞处：《对外投资合作国别（地区）指南—爱沙尼亚（2016年版）》，http://fec.mofcom.gov.cn/article/gbdqzn/upload/aishaniya.pdf。

④ 同上。

业和外国投资者的个人财产不实行国有化或征收。外国投资者可以采取包括知识产权在内的任何形式在爱沙尼亚境内进行投资。

《外国投资法》同时规定，外国投资者在爱沙尼亚享有完全的国民待遇。在爱沙尼亚，外国投资者或外资企业与其本国的投资者和企业享有同等的权利并承担相同的义务。例如，外资企业与当地企业的融资条件一样。外资在爱沙尼亚设立的企业可以向当地银行申贷，无特别限制。银行贷款部会根据企业的经营状况、纳税情况、往来账户的资金流动、以往的贷款记录，以及项目的还款预期来进行评估。但就银行开户而言，爱沙尼亚主要银行对外国公司在爱沙尼亚开户设有一些限定条件。银行开户所需资料因公司所属国而有所不同，非欧盟国家企业在爱沙尼亚申请银行开户，需要提供以下材料：公司营业执照、公司章程、法人业主证件、选举/委任公司管理层的文件、授权/委托证明书、法人指定办事处文件、法人代表证件、年费支付证明。

2004年爱沙尼亚正式加入欧盟，但是，爱沙尼亚在执行欧盟统一的外经贸政策的同时，仍然保留了原有的对外商投资的优惠政策，即对于外商投资企业利润中用于再投资部分免征所得税，只有当外商投资企业进行利润分配以及将收益汇出境外时才需向税务部缴纳相应的所得税。

（二）爱沙尼亚外资准入及企业设立相关法律

爱沙尼亚执行自由贸易政策，经济高度自由，所有的投资领域基本上都对投资者开放。外商投资企业的注册申请、经营管理及注销等事项分别由各个相关的政府部门管辖。外国投资者在申请注册企业时，在法律规定许可的范围内可以自主确定投资方式、经营范围、投资期限、合作方及利益分配等事项，任何部门都不会进行限制，爱沙尼亚的投资主管机构是经济事务部下属的爱沙尼亚投资局。

1. 注册的经营实体类型

根据爱沙尼亚新的《商业法》，可以注册的经营实体类型有：

（1）代表处：外国投资者的母公司或其授权代表向爱沙尼亚商业注册局提交申请设立代表处的相关文件。

（2）分公司：外国投资者的母公司或其授权代表向爱沙尼亚商业注册局提交申请设立分公司的相关文件。

（3）有限责任公司：外国投资者即股东向爱沙尼亚商业注册局申请设立有限责任公司的注册。目前，成立有限责任公司的注册资本金不得低于2500欧元，同时外国投资者应当在指定银行设有该有限责任公司的自己账户。有限责任公司自递交申请之日起，商业注册局会在14个工作日内完成注册登记手续。但是实践中，爱沙尼亚公民半小时内即可完成公司的网上申请注册，而且也可以在网上完成后续经营中所需的报表申报。

（4）股份有限公司：目前，股份有限公司的注册资本金不得少于25000欧元，除了需在商业注册局申请注册外，同时也要在爱沙尼亚的中央证券注册中心申请注册，股份有限公司股东没有人数限制，可以是一个或者多个自然人或法人。

2. 注册企业的受理机构

根据《外国投资法》的规定：外国投资者与爱沙尼亚公民和法人享有和承担相同的权利和义务，享有完全的国民待遇。需要在爱沙尼亚设立企业的外国投资者，投资前只需到爱沙尼亚商业注册局进行登记即可，没有其他的特殊要求。

3. 注册企业的主要程序

在爱沙尼亚注册企业主要有以下 5 个基本步骤：

（1）企业名称注册

根据《商业法》的规定，新设立的企业名称应当首先进行重名核查，投资者可以在爱沙尼亚商业注册局注册信息中心的网站（www.rik.ee）上自行进行提前核查。

（2）在银行存入企业注册资本

在注册公司之前，应当将注册资本金全部存入银行，并取得银行的存款证明凭证。公司注册后，该银行账户可变更为公司基本账户。

（3）向商业注册局提交注册申请

根据《爱沙尼亚公司法修正案》的规定，企业的董事会应当在股东合作协议签订后一年内向商业注册局提出申请注册申请。商业注册局收到申请书后会在 15 天内完成审查，如有特殊情况的，也可以延长至 3 个月。商业注册局的审核完成后，注册通知书会在 10 天内发出通知书。公司应在收到通知后缴付注册资本金。[①]

（4）向国家税务局提交办理税务登记的申请

在爱沙尼亚注册的外资企业应当在国家税务局申请办理企业增值税的登记，税务和负有向国家税务局及海关部门缴纳增值税的义务。公司纳税营业额从每公历年超过 16000 欧元之日起，应在三日内缴纳增值税（除进口货物之外），企业的增值税税率为 20%。

（三）爱沙尼亚工程建设相关法律[②]

根据相关法律规定，外国公司可以承包爱沙尼亚的当地工程，但是如果要参加政府招标项目，只能是爱沙尼亚国内企业、欧盟成员国的企业或是加入 WTO 政府采购协定的企业才能参加。而且，欧盟对参与基础设施建设的企业设有较高的门槛，要求设计咨询和施工企业具有在欧盟成员国的相关业绩和注册工程师；装备制造企业须取得产品认证；严格限制劳务人员入境；对施工标段划分较小，不利于大型企业发挥优势等。

1. 外国公司承包当地工程的相关法律

（1）许可制度

外国公司承包当地工程的，应当向相关部门申请承包许可证，如有必要还需进行环境影响评估。外国公司根据《建筑法》《设计法》《环评法》《土地改革法》《商业法》等法律规定组织施工和管理承包当地工程工程建设有关的。工程建设过程当中，必须按法律要求，请技术监督局的专业人员对施工过程进行全程监督，包括施工质量，是否符合设计要求，现场安全防护措施是否到位，是否达到环保要求，有无扰民情况等。项目完工后，由所在地区的技术监督、消防、电力、市政等部门对工程进行全面联合验收，验收合格后方

[①] 商务部国际贸易经济合作研究院，商务部投资促进事务局，中国驻爱沙尼亚大使馆经济商务参赞处：《对外投资合作国别（地区）指南—爱沙尼亚（2016 年版）》，http://fec.mofcom.gov.cn/article/gbdqzn/upload/aishaniya.pdf。

[②] 商务部国际贸易经济合作研究院，商务部投资促进事务局，中国驻爱沙尼亚大使馆经济商务参赞处：《对外投资合作国别（地区）指南—爱沙尼亚（2016 年版）》，http://fec.mofcom.gov.cn/article/gbdqzn/upload/aishaniya.pdf。

可发放使用许可证。外国自然人不允许在当地承揽工程承包项目。

（2）招标限制

根据《公共采购法》的规定，对于爱沙尼亚的政府招标项目，只有爱沙尼亚国内企业、欧盟成员国企业或是 WTO 政府采购协定国家的企业才能参加。目前，我国尚未加入 WTO 政府采购协定，因此中国公司还不能单独参加爱沙尼亚的政府招标项目的投标，只能与爱沙尼亚国内企业合作才能参加[1]。爱沙尼亚的法律，对外国公司承包其国内工程的行业没有限制，但是应当按照相关规定办理相关的注册和施工许可的申请，以及按时缴纳税费。

（3）招标方式

爱沙尼亚的招标制度非常严格，根据《公共采购法》的规定，招标程序包括限制性程序、开放性程序、协商性程序等，竞争对话性程序投标者需要根据不同程序的具体规定在相应的时间内完成投标。政府采购的相关信息由爱沙尼亚财政部下属的公共采购办公室负责并实施监督[2]。

2. 在爱沙尼亚承揽工程项目的程序

（1）获取信息

根据《爱沙尼亚公共采购法》的规定，招标方须将项目采购和工程招标书等信息发布到爱沙尼亚公共采购局的公共采购注册处网站上（网址：www.rha.gov.ee）。同时，项目主管部门和企业的网站上也定期发布有关招标信息。

（2）许可手续

爱沙尼亚承包工程的主管部门一般是当地市政主管部门或隶属政府各部相关部门（如公路、桥梁工程承包由爱沙尼亚经济交通部公路局负责）。公司成功竞标后，则需到上述相关部门办理登记，并获得工程承包许可。在施工过程中，爱沙尼亚环保、消防、技术监督、能源公司等部门按项目工程进度进行相关科目的验收检查等。

3. 土地法相关规定

根据《土地改革法》的规定，在自 1920 年至 1939 年期间，对曾由爱沙尼亚个人拥有的，但是被苏联无偿国有化的土地实行"退还"政策，对因种种原因已无法退还的实行补偿。外国人或外国企业法人可以在爱沙尼亚购买包括林地、农业用地、商铺、写字楼及住宅楼在内的各种类型的不动产。但是，如果拟购买 10 公顷以上的土地或林地的，应当首先向土地所在地区的政府申请批准。为了维护国家安全，边境地区的土地和林地禁止向外国人出售[3]。

4. 劳动法相关规定

根据《劳动合同法》的规定，企业应当与员工签署书面劳动合同，外国人或无国籍人员在持有劳动许可的前提下，与爱沙尼亚本国人享有一样的劳动权利和义务。在爱沙尼亚，建筑工地劳动力十分短缺，而且 50% 的建筑工人没有受过专业的培训。

在爱沙尼亚，医疗保险是强制性的。企业必须依法为员工缴纳 33% 的社保。从员工入职之日起 7 天内，企业应当在国家的疾病基金会为新员工进行注册。

---

[1] 中国对外承包工程商会：《丝路 65 国国别指引——爱沙尼亚》，http://obor.chinca.org/tzzn/57525.jhtml?country=570。

[2] 同上。

[3] 范丽萍，于戈，叶东亚：《中东欧 16 国土地政策概览》，载《世界农业》，2015 年第 7 期。

【案例】

2016年11月，中国铁建国际集团有限公司与世福资本管理有限公司及爱沙尼亚（RichmondCapital）公司签订了爱沙尼亚北海岸物流园项目的合作备忘录。该项目计划建立在塔林的穆加港，战略位置十分优良，同时连接北欧、东欧和俄罗斯，三方计划通过该项目将这三国的铁路和公路干道基础设施连接起来。同时，该港口又是拟建的波罗的海铁路在爱沙尼亚境内的始发站。是"一带一路"框架内中爱两国合作的关键性节点性的重大项目。①

（四）爱沙尼亚 PPP 相关政策与法律

爱沙尼亚目前尚无有关 BOT/PPP 的立法，也没有在建的 BOT/PPP 项目。②

三、爱沙尼亚司法体系及争议解决

爱沙尼亚法律属于罗马—德国体系以法律条文为核心，较为完备，法治较为健全。根据爱沙尼亚宪法的规定，国际协定的效力优先于爱沙尼亚本国法律的效力，从属于国际法。③

爱沙尼亚司法系统起源于德国法律，属于大陆法系，其民法体系与德国有着直接的历史关联。爱沙尼亚司法系统分为三级：城乡法院及巡回上诉法院、地区法院和最高法院。法官采用终身任职制，在职期间不得兼任其他政府职务。具体来说，爱沙尼亚的法院体系包括一个作为终审法院以及宪法法院的最高法院，两个巡回法院（作为二审法院），四个基层法院（作为初审法院）及两个行政法院。

在爱沙尼亚发生法律纠纷，一般都适用爱沙尼亚当地法律进行解决。公司间发生纠纷，可以根据相互之间签订的合同，向法院起诉或者向仲裁机构申请仲裁。目前，中资企业与爱沙尼亚当地企业发生的商业纠纷多以私下协调为主，尚没有诉诸仲裁机构或者法院的先例。

1992年7月23日，爱沙尼亚加入《纽约公约》。外国投资者与当地政府纠纷可诉诸国际投资争端处理解决中心（ICSID）寻求国际仲裁。

四、爱沙尼亚营商环境及法律风险防范

（一）爱沙尼亚整体营商环境

爱沙尼亚具备良好的营商环境，根据世界银行《2017年营商环境报告》显示，爱沙尼亚在全球190个经济体营商便利度排名中位列第12位，在开办企业、办理施工许可证、获得信贷、保护少数投资者等方面分别位列第14位、第9位、第32位和第53位。

---

① 莱芜新闻网：《从广州到驿板卧铺/大巴车 176-6521-7311 大巴车票价》，http://www.laiwunews.cn/b2b/show-36-420277.html。

② 商务部国际贸易经济合作研究院，商务部投资促进事务局，中国驻爱沙尼亚大使馆经济商务参赞处：《对外投资合作国别（地区）指南—爱沙尼亚（2016年版）》，http://fec.mofcom.gov.cn/article/gbdqzn/upload/aishaniya.pdf。

③ 中国驻爱沙尼亚大使馆：《走进爱沙尼亚》，http://peking.vm.ee/static/files/088/estonia_peking_220.pdf。

爱沙尼亚的主要竞争优势有：经济市场化程度高，自然资源丰富尤其是矿产资源，经济增长稳定且具有较大潜力。而且，如今爱沙尼亚是世界上信息技术发展最快的国家之一，拥有全欧洲网速最快的互联网，国内网络的普及率高达98%；目前，爱沙尼亚各办事部门已经基本实现了"无纸化"的政务工作；爱沙尼亚居民都使用电子身份证，通过电子身份证爱沙尼亚人可直接享受4000多项的公共的私人提供的信息服务；爱沙尼亚国内，98%的银行业务都可以通过网络完成；爱沙尼亚居民在网上最快只需20分钟即可完成注册一家公司的全部手续。

（二）爱沙尼亚投资与承包工程风险及建议

爱沙尼亚政府鼓励外商投资，且外商准入门槛较低，投资环境较宽松，但有关PPP项目法律的空白及实践经验过于贫乏，投资者应充分进行项目可行性调研，谨慎投资，深入了解法律法规和投资环境。外国投资者进入前应当对拟投资的产业进行全面尽调，充分利用当地政府的优惠政策，选择对外国投资者更为有利投资领域，比如投资当地政府扶持的相对薄弱的产业。我国企业如需在爱沙尼亚参与投标承包工程建设项目的，首先应通过当地政府、中介组织和中国驻爱沙尼亚大使馆经商参处，选择信誉良好的、经济实力较强的且在当地有一定影响力的企业进行合作，同时也应当聘请当地权威性的咨询中介机构，由其对工程建设项目的投标程序、标书设计、工程预算、基金审核和工程监理等方面各方面提供必要的咨询服务，以提高项目的中标率，避免不必要的财力和人力损耗。

五、小结

爱沙尼亚是波罗的海沿岸重要国家，是中国在"16+1合作"框架中的重要合作伙伴之一。爱沙尼亚加入欧盟后，积极改善投资环境，保持经济稳定，维护良好的社会治安。爱沙尼亚政府各部门采用信息化系统，极大地提高了政府的办事效率。爱沙尼亚作为欧元区成员国，汇率风险较小，金融市场整体较为稳定。爱沙尼亚国内民众的受教育水平高，商业商誉较好。这一切都为外商投资提供了良好的投资环境。作为中国投资者，需要充分考虑当地法律环境的复杂性，严格遵守当地法律法规、尊重当地风俗习惯、重视环境保护与维护生态、完善工程管理和人员管理制度、提前建立危机应对机制等。

立 陶 宛

一、立陶宛国情简介

立陶宛共和国（Republic of Lithuania，以下简称立陶宛）地处欧洲中东部，其西南与俄罗斯加里宁格勒州和波兰相邻，濒波罗的海，北与拉脱维亚接壤，东、南与白俄罗斯相连。立陶宛国土面积约6.53万平方公里，人口约296万，是一个由立陶宛族、俄罗斯族、白俄罗斯族、波兰族、乌克兰族等共同组成的多民族国家，常用的语言包括立陶宛语、英语和波兰语。立陶宛气候介于海洋性气候和大陆性气候之间，其森林资源和水资源比较丰富，境内湖泊总面积达880平方公里、国内河流有722条，是欧洲湖泊数量最多的国家之一。木材是立陶宛向外输送出口的主要资源之一，木材加工业成为立陶宛的优势产业。

立陶宛全国划分为10个县、44个区、92个市、22个镇。10个县包括维尔纽斯县、克莱佩达县、首莱县、考纳斯县、潘押维日县、陶拉格县、泰尔夏伊县、马里亚姆渡列县、阿利图斯县、乌捷纳县，其中维尔纽斯为立陶宛的首都和最大城市，也是波罗的海国家最大的金融中心之一，其面积401平方公里，人口53.2万，维尔纽斯的工业产值占立陶宛全国工业总产值的三分之二以上。

中立双方建交以来，两国贸易往来频繁，中国现已成为立陶宛在亚洲最大的贸易伙伴。双边贸易额2014年达18.15亿美元、2015年为13.51亿美元。2016年，由于原油以及食品价格下降，立陶宛出口总额有所下降。2017年立陶宛经济在出口、消费以及投资的驱动下继续增长。①

立陶宛经济属于高度外向型经济，长期以来与各国往来密切。立陶宛实行的经济政策多元开放、与时俱进，被西方国家高度评价为中欧地区最自由的市场经济国家，甚至认为其经济自由开放程度已经超过了捷克、波兰和匈牙利。背靠欧盟，立陶宛获得了丰厚的优惠政策，并在加入世贸组织之前就与欧盟签订了自由贸易协定。②

【小结】

立陶宛连接欧、亚、波罗的海地区、地理位置关键，其所在位置在地图上恰如画龙点睛之笔，坐落于几大市场的交叉点上。欧洲有80%的产品和货物会通过立陶宛，进而向全世界输送。立陶宛现正积极参与穿过波罗的海三国交通基础设施建设补贴项目，补贴金额高达119.3亿欧元。中国现正加强和欧盟在互联互通的融资合作，包括中方投资欧盟的战略投资基金和具体的基建投资项目，基于立陶宛基本经济发展现状和未来方向，其在一带一路发展中有着极其重要的地位。③

二、立陶宛投资建设法律问题

立陶宛法律体系建立在欧洲大陆法律传统的基础上，苏联时期为与苏联保持一致做出了巨大的更改。1990年独立以来，其法律系统又进行了一系列改革，以适应社会、经济变化的需要，又力求使立陶宛法律与欧盟法律达到和谐统一，以加入欧盟。④

（一）立陶宛项目投资立法

目前立陶宛与基础设施建设有关的法律包括《土地法》《建筑法》《投资法》《税法》《法人注册登记法》《劳动法》等。

---

① 中国中小企业信息网：《立陶宛2016经济概况2017出口、消费以及投资是新的驱动力》，http://coids.miit.gov.cn/cms/news/100000/0000000274/2017/6/15/0cd909071b2645afbc7757ee434454ac.shtml。
② 任琳，丁天恒：《"一带一路"投资政治风险研究之立陶宛》，http://opinion.china.com.cn/opinion_0_137900.html。
③ 刘作奎：《欧洲的"桥梁"立陶宛》，http://opinion.china.com.cn/opinion_4_135704.html。
④ 《立陶宛法律体系简介》，https://max.book118.com/html/2016/1011/58421351.shtm。

1999 年颁布的《投资法》适用于国内和外国投资。根据该法，外国投资者和立陶宛本国投资者享有同样的权利，平等对待。除了涉及国家安全及国防领域之外，外国投资者可以进入立陶宛的各个经济领域进行投资而不受国家法律限制。①

立陶宛有诸多针对外国投资者的优惠政策，比如免征关税、增值税，利润可汇出国外等。这些优惠政策是立陶宛自由经济体制的表现，也是吸引外商对其投资的招牌之一。与此同时，立陶宛法律还允许外商参加包括垄断行业在内的所有私有化进程。近年来，立陶宛积极调整经济结构，使得金融中介、旅游业等服务业在立陶宛经济中所占的比重提高到了 70%。自宣布独立起，立陶宛已经形成并发展了 1300 余家有着外国资本参与的企业，随着经济的发展，联营企业的数量保持稳定势头，资本流动量逐年增加，呈现加倍趋势。②

（二）立陶宛外资准入及企业设立相关法律

立陶宛境内建有 4 个工业区、7 个自由经济区和 5 个高新技术园区。投资政策制定机构为立陶宛经济部，执行机构主要是隶属于立陶宛经济部的投资署。投资署主要职能是为外国投资者提供本国商业环境和相关投资信息，吸引外国投资者到立陶宛投资。③ 此外，立陶宛参与投资促进工作的机构还有立陶宛自由市场协会、投资者论坛和立陶宛国际商会等。

根据《投资法》，投资者在其境内可依据法律所规定的程序，通过以下方式进行投资：设立经营主体；收购在立陶宛共和国注册的经营主体的全部或部分股份；收购各种形式的有价证券；兴建、收购长期资产或使其增值；投资者向已拥有部分股份的经营主体提供借款或其他资产，试图取得经营主体控制权或向其施加明显影响力；履行许可经营合同、租赁赎买合同以及政府主体与私营主体合营合同。④

根据立陶宛《法人注册登记法》，设立企业的形式有 11 种，其中外国投资企业最为常用的是设立责任有限公司及股份有限公司。责任有限公司最低注册资本为 2896 欧元，股份有限公司最低注册资本为 43443 欧元。立陶宛注册中心为该国注册企业的受理机构。注册企业的主要程序通常包括 5 个步骤（约需 3 周时间），其注册程序为：提交公司名称的预先申请，准备注册成立公司的相关文件，开设一个金额不少于 2900 欧元的银行有效账户，通过公证机关提交认证申请，通过注册中心完成企业注册。⑤

（三）立陶宛工程建设相关法律

根据立陶宛《宪法》《建筑法》《土地法》及《经济活动环境影响评估法》，立陶宛对外国公司承包当地工程没有特别的限制性或禁止性规定，但要求投资商必须具备立陶宛法

---

① 中国对外承包工程商会：《立陶宛外国投资市场准入的相关规定》，http://obor.chinca.org/tzzn/55394.jhtml。
② 任琳，丁天恒：《"一带一路"投资政治风险研究之立陶宛》，http://opinion.china.com.cn/opinion_0_137900.html。
③ 驻立陶宛使馆经商参处：《立陶宛非营利性中介服务机构（一）》，http://lt.mofcom.gov.cn/article/slfw/200409/20040900286320.shtml。
④ 驻立陶宛使馆经商参处：《立陶宛共和国投资法》，http://lt.mofcom.gov.cn/article/ztdy/201410/20141000752190.shtml。
⑤ 商务部在线访谈，http://interview.mofcom.gov.cn/detail/201605/1556.html。

律所规定相关资质，外国自然人在立陶宛承揽工程承包项目也需要申领工作许可。

法律规定对建筑物的安全性、防火、防震、对相邻建筑和环境的影响具有较高的要求，新建建筑工程项目、现有建筑重建项目、新技术投产或现有技术或生产方式升级或改变、产品型号改变、产品质量或类别改变、地址及自然资源勘探活动以及土地、森林及水资源调查活动等均需进行环境影响评估。

立陶宛法律规定有4种招投标方式：公开招标、限制范围招标、竞争对话方式招标以及协商议价。立陶宛在招标投标制度上与欧盟一致，通过国际通行的公开招标的方式选定承包商。立陶宛法律对投标方的资质规定了基本条件，招标方对投标方的资质设定具体条件，包括：无犯罪记录、无腐败、无违反税收管理规定等违法记录；具有完成工程的相应资质；企业注册国颁发的资质证明文件及至少5年以上的从业经验等。同时投标方还需要提供有关经营和信用情况的说明，如银行报表、至少连续3年的经营状况等。根据立陶宛《公共采购法》，立陶宛对外国公司承包当地工程国民待遇原则。具体程序严格按照招标、投标、开标、评标与定标等法律规定进行。

立陶宛对工程建设和验收的程序包括：申请并获得地块所有权证书，申请并取得建设特殊建筑工程的许可证，申请并获得有关污水处理的资质，申请并获得有关通信网络服务，申请并取得设计方案和建筑许可证，申请并通过有关部门的工程测试和验收，申请并获得电话连接审批及签订合同，连通电话服务，申请并通过有关部门的工程测试和验收，申请并取得供水和污水处理方面部门的批准并签署合同，连通供水服务，申请并通过有关部门的工程测试和验收，雇用测量公司并完成结构测量，建造者向国家国土规划和建设督察部门提交申请并取得建设完工证明书其他补充文件，注册登记土地及房地产，工程验收；检查是否认真执行以上程序，聘请专业公司核查工程质量并出具报告，接收有关证件、合同、图纸和文件。①

（四）立陶宛PPP相关政策与法律

立陶宛《特许经营法》规定可在以下基础设施和公用事业领域开展特许经营：能源；公路系统；水经济；废水处置及运输；废物利用、循环和管理；公路、桥梁、隧道、公园以及其他公路交通的设施；健康医疗系统；通信设施；教育系统；港口和河坝建设；机场设施；公共交通设施；旅游设施设备；文化、体育、休闲设备及其他设施。2005年欧盟各国特许经营权法评估中，欧洲复兴发展银行认为立陶宛新《特许经营法》最符合国际惯例。在与欧盟接轨过程中，公路、铁路、机场和港口等基础设施项目，以及核电站、天然气管线等能源项目较多采用此种项目融资模式。

《投资法》自2010年1月1日起增加政府主体与私营主体通过签订合营合同而开展投资活动，对PPP方式从概念、参与方、法律依据、实施原则、特殊规定、合同内容等方面进行了法律规范。根据该法及相关规定，私营主体有权参与基础设施的设计、建设、改造、修缮、翻建、管理、使用和运营等相关活动，新建、转让、管理或使用国有资产、地方政府资产，提供运输、教育、卫生保健、社会保护、文化、旅游、社会秩序和社会保障

---

① 中国对外承包工程商会：《立陶宛对外国公司承包当地工程的有关规定》，http：//obor.chinca.org/tzzn/55400.jhtml。

领域的公共服务。合同应对下列内容予以规定：私营主体为政府部门所执行的业务活动、特点、承揽工程和提供服务的金额；投资来源和协议投资额；合同期限和延期条款；合同中所述工程的竣工期限及展期条件，提供服务的起始期及其展期条件；政府主体为服务提供保障和工程实施不中断；为保证履约，合同双方依据合同行使各自权利的规定；私营主体履行义务的保障方式；针对转由私营主体管理和使用的国有资产或地方政府资产或新建资产，私营主体须签订保险合同，如果私营主体为履行合同义务而引入第三方，则私营主体必须履行第三方法人义务的责任；合同双方对资产的权利；在合同中所述资产以及所提供服务的质量或数量要求；合同规定的双方责任风险的划分；合同双方结算和交付的程序和条件；合同双方因未履行必要合同条款而引起的民事责任；政府主体监督私营主体履约情况的权力、履约情况的评估协议，以及信息提供的程序；在合同有效期内发生不可抗力事件的协调机制；合同变更（如竞标条款中规定此可能性）以及合同终止的条件；争议协调机制等。①

在具体项目方面，从前几年立陶宛规划的一条连接欧洲、波罗的海、黑海的短程往返列车项目，到一条从俄罗斯延伸到南欧的南北公路，再到一条从芬兰至欧洲中部的公路，以及 4 座国际机场和 4 个物流中心等，这些项目都具有投资的可能性。②

【案例】

2014 年 10 月 21 日，连云港港口集团与立陶宛铁路公司和克莱佩达港口局签署战略合作框架协议，两国三方将联手搭建连云港至克莱佩达港的物流通道，打造向东延伸至东北亚和东南亚、向西延伸至北欧和西欧的洲际物流链。

根据协议，三方将重点开展运输业务交流与合作：一是加强连云港港口集团与克莱佩达港口局之间的业务交流与技能培训合作，互相借鉴经验，探索提高装卸运输效率和口岸服务水平；二是发展陆桥过境运输，充分吸收并利用连云港—阿拉木图过境班列的成功运营经验，开通两地间的过境集装箱班列，或将阿拉木图班列延伸至立陶宛；三是开通海上运输航线，探讨开通连云港至克莱佩达港的集装箱和散货班轮航线。此外，三方在运输业务合作基础上，还将进一步探讨在连云港或者立陶宛境内合作建设物流中转基地的可能性。③

【小结】

加入欧盟十年来，立陶宛经济水平显著上升，立陶宛开放自由的市场经济环境和宽松的商业政策，吸引了越来越多的外商投资，基础设施建设也越来越完善。近年来随着社会资本的积极参与，立陶宛颁布并修正了《特许经营法》和《投资法》等，而迄今仍未有中资企业在立陶宛开展特许经营或 PPP 项目。

---

① 驻立陶宛使馆经商参处：《立陶宛共和国投资法》，http://lt.mofcom.gov.cn/article/ztdy/201410/20141000752190.shtml。
② 任琳，丁天恒：《"一带一路"投资政治风险研究之立陶宛》，http://opinion.china.com.cn/opinion_0_137900.html。
③ 其庄：《连云港港口集团与立陶宛铁路公司、克莱佩达港口局签署战略合作框架协议》，载《大陆桥视野》，2014 年第 21 期。

三、立陶宛司法体系及争议解决

立陶宛国内法律体系包括：宪法、法律、议会及政府决议、总统法令、其他政府部门和地方市政主管部门颁布的条例。除些之外，议会批准认可的国家条约和公约具有法律约束力；法律在总统颁布和政府公报上公布后生效。

立陶宛法庭体系包括：最高法院、上诉法院、地区和地方法院。最高法院法官由议会指定；上诉法院的法官由总统指定，议会通过。地区和地方法院的法官由总统指定。法律不承认判例，但最高法院院长可以通过分析法院惯例并听取建议，做出公平的判决。检察院是司法调查和起诉机关，设有总检察院、地区检察院、地方检察院。①

根据立陶宛《投资法》，立陶宛国家和地方机关及其公职人员因违法行为而给投资者造成的损失，应按照立陶宛共和国法律的有关规定予以赔偿。侵犯投资者权利及其合法利益的纠纷应根据立陶宛法律解决，可以由立陶宛法庭、国际仲裁机构或其他法律机构审理。外国投资者在立陶宛发生投资纠纷后，可依据双方合同条款规定处理，也可以向立陶宛法庭、国际仲裁机构或其他机构寻求争议解决，还可以依据《华盛顿公约》或《纽约公约》直接向国际投资争端解决中心提请仲裁。投资者有权选择仲裁地点，可选择地分别为：国际投资争端处理解决中心、联合国国际贸易法委员会、国际商会仲裁院、斯德哥尔摩商会仲裁院。立陶宛的案件多数通过解决投资争端国际中心进行。

四、立陶宛营商环境及法律风险防范

（一）立陶宛整体营商环境

近年来立陶宛致力于改革努力营造良好的经商环境，世界银行《2017年营商环境报告》显示，立陶宛在全球189个经济体营商便利度排名中位列第21位，比2016年下降一位。世界银行指出，立陶宛在开办企业、电力供应、少数权益投资者保护这三个领域实现了积极改革。根据该报告，立陶宛在财产登记便捷性方面得分最高，排名全球第二。在纳税负担、办理建设许可、破产处置等方面比上一年有所进步，但在财产登记、电力获取方面得分比去年有所下降。

（二）立陶宛投资与承包工程风险及建议

1. 正确评估风险，加强自身保障

投资企业在决定进入立陶宛实行大规模投资前，应充分了解该国政治、经济、文化、法律、人文及地理环境。立陶宛受国际形势影响外交政策摇摆不定，在此情况下，投资商面对长期处于政策变化的国家，需要综合评定如何获得长期和丰厚的回馈。在立陶宛投资存在诸多潜在风险：社会发展不稳固、贫富差距大、黑社会组织不断增加并呈现逐步向政治、经济等领域渗透的趋势、社会安全隐患大，因此，在立陶宛进行投资，需做长远打

---

① 《立陶宛法律体系简介》，https://max.book118.com/html/2016/1011/58421351.shtm。

算,具体到投资项目上,要特别注意做好相关内容事项的尽职调查,对投资风险作进一步评估和分析,对于可预见风险尽可能规避,以保障自身合法利益。

投资企业可针对项目具体情况采用立陶宛国家相关保险、担保、银行等保险金融机构和其他专业风险管理机构相关业务保障自身利益,包括贸易、投资、承包工程和劳务类信用保险、财产保险、人身安全保险、政府担保、商业担保、保函各类担保业务等。投资企业亦可针对企业所在国家开展的对外投资合作过程中使用的政策性保险机构提供的包括政治风险、商业风险在内的信用风险保障,也可使用企业所在国政策性银行提供的商业担保服务等。在承保业务的情况下产生了风险损失,由该类保险机构定损核赔、补偿风险损失,相关机构协助保险机构追偿该类损失。如未有效追偿或未有效规避风险,则须根据损失情况尽快通过相关法律手段追偿,对此,投资企业须在投资进入前充分考虑并做长远打算。

2. 了解东道国法律,分析地方市场,注意保障劳工合法权益

立陶宛加入欧盟后,为符合欧盟有关要求、在保障自身权益的情况下对照本国法律体系进行了修改。因此,企业到立陶宛进行投资与合作,不仅要了解并遵守立陶宛本国法律法规,还须遵守欧盟相关法律规定。

在熟悉东道国法律的情况下,投资企业须客观分析投资国市场特点,选择合适的投资领域并充分利用当地辐射欧盟和独联体国家的区位优势,以切实避免投资风险、保障投资利益。

立陶宛有关法律对雇员的休假、工作时间、加班时间、工资报酬等方面均有着明确的规定,投资企业应在充分熟悉投资国劳务方面法律规定及政策要求、并调研投资国劳动力现状及市场的情况下,应充分保障派驻员工和当地雇员的合法权益。对于派驻员工,派遣劳务人员之前,投资企业应对该领域的具体劳务需求、合作企业信用及经营状况、劳务合同的条款等,进行深入的调研和认真的分析,避免出现因开工不足、工资标准与合同不符而出现劳务纠纷等问题。除此之外,投资企业还须告知派驻劳务人员应尊重当地的文化、宗教、风俗和生活习惯,自觉遵守合同约定及当地的法律法规,告知派驻劳务人员提高安全防范意识,遇到问题及时与雇主单位、驻地使馆经商处联系,以保障自身合法权益,避免矛盾激化。立陶宛国内失业率高,外籍劳务需求小,投资商在东道国雇佣当地劳务时应认真遵守东道国劳工政策及法律,避免因侵犯雇员合法权利而导致劳动纠纷等一系列问题,维护投资企业在当地的形象。

3. 抓住市场机遇、开拓国际市场,守信用、重礼仪

投资商应努力抓住市场机遇,立陶宛加入欧盟后,在其援助资金的支持下,基础设施建设和改造项目较多,投资企业可充分利用自身优势,寻求承揽承包道路、交通、能源等领域工程项目的机会,积极开拓立陶宛市场。立陶宛对承揽工程项目企业资质及项目管理者有着明确的要求,投资企业参与东道国工程项目时,应明确项目对专业资质及项目管理者诸多方面及要求,在施工中注意遵守当地环保、安全等有关方面的规定,以保障顺利投资及收益。

立陶宛人重信用、讲礼仪,投资企业对此应多加重视。投资企业应注重信用,在商务谈判和商业往来中,投资商应重视企业信用,对已经签订的合同应遵照执行,避免因合同细节疏忽让当地人觉得企业不守信用、不重信誉,影响今后的贸易合作。立陶宛人注重礼

仪，投资企业在整个投资过程涉及的商务谈判、合同签订等过程中，应充分重视当地风俗习惯，并注重企业及管理者形象和礼节。

三、小结

风险与机遇并存。立陶宛作为古丝绸之路上的一个重要关口，具有牵引欧、亚两大洲的合作及往来，优势的地理位置显而易见。在中国政府"一带一路"的总体发展倡议背景下，中国和欧盟正加强在互联互通上的融资合作，包括中方投资欧盟的战略投资基金和具体的基建投资项目。因此，对立陶宛的投资，其战略价值非常明显。投资者在明确具体投资领域的前提下，充分考虑立陶宛各方面环境的复杂性，严格遵守当地法律法规，完善工程管理和人员管理制度，提前建立危机应对机制，切实保障投资利益。

拉 脱 维 亚

一、拉脱维亚国情简介

拉脱维亚共和国（The Republic of Latvia，下称"拉脱维亚"）位于东欧西部，西面濒临波罗的海，里加湾深入内陆，北面是爱沙尼亚，东面是俄罗斯及白俄罗斯，南面是立陶宛，国界线总长1866公里。国土面积64589平方公里，其中陆地面积62046平方公里，内水面积2543平方公里，海岸线长498公里[①]全国地势较为平整，只有西部和东部地区是丘陵。拉脱维亚语是官方语言，俄语为通用语言。国内民众主要信奉基督教的路德教派和东正教。首都里加是拉脱维亚全国的政治、经济、文化中心，是3个波罗的海国家（立陶宛、拉脱维亚、爱沙尼亚）中最大的城市，也是波罗的海地区重要的交通枢纽和工业、金融中心。[②]

拉脱维亚国家分为5个区（里加地区、维泽梅地区、库尔泽梅地区、泽梅盖尔地区、拉特盖尔地区）和1个区级市（里加市），下设8个市、110个县。拉脱维亚于1991宣布脱离苏联，恢复独立，独立二十多年来，拉脱维亚分别成为了联合国、北约组织、欧盟、欧盟申根、欧元区、经合组织等多个国际组织和联盟的成员国。

拉脱维亚主要矿产资源有石灰石、石膏、白云石、石英砂、砂砾和泥炭。而且拉脱维亚水资源极为丰富，国内共有3000多个湖泊和750多条河流，内陆水域面积达2419平方公里，加上波罗的海，使得拉脱维亚的水产业发展有了很好自然条件。拉脱维亚森林资源也十分丰富，森林覆盖率位居欧洲第四。拉脱维亚经济实力水平在苏联各国国民经济中居

---

① 外交部网站：《拉脱维亚概况》，http：//www.fmprc.gov.cn/web/gjhdq_676201/gj_676203/oz_678770/1206_679330/1206x0_679332/。

② 商务部国际贸易经济合作研究院，商务部投资促进事务局，中国驻拉脱维亚大使馆经济商务参赞处：《对外投资合作国别（地区）指南—拉脱维亚（2016年版）》，http：//fec.mofcom.gov.cn/article/gbdqzn/upload/latuoweiya.pdf。

领先地位,工农业较为发达,加工工业和港运交通十分发达,劳动力素质高,生产能力和生产水平居苏联各国前列,但是能源等资源相对比较贫乏,仍然需要俄罗斯等国提供。[①]

1991年9月12日,中国与拉脱维亚建立外交关系。1992年因台湾问题中国政府从拉脱维亚撤出大使馆。1994年8月,中国驻拉脱维亚大使馆恢复。两国在经贸、科技、文化、教育等领域签署双边合作文件近20个,我国还与拉脱维亚建立了经贸合作委员会。根据中国商务部统计,2016年中国和拉脱维亚之间贸易总额为11.9亿美元,同比增长2.3%,其中中方出口10.6亿美元,同比增长3.9%,进口1.3亿美元,同比下降8.6%。拉脱维亚主要的出口商品是运输工具、化工产品、金属制品、木材及其制品、机械和电子设备等,进口商品主要是机械设备、金属制品、电子设备、纺织品等。[②]

【小结】

拉脱维亚地理位置优越,政局较为稳定,经济增长加快。拉脱维亚实行自由经济政策,鼓励外国投资,总体投资环境良好。拉脱维亚拥有3个国际性的海港,交通运输便利,基于其丰富的森林资源和林业资源,在林业、农业、交通运输等领域拥有广阔的发展前景。

二、拉脱维亚投资建设法律问题[③]

拉脱维亚主要继承大陆法系传统,但也同时保留了苏联法的部分特征,其法律渊源为宪法、成文法及签订的国际条约等。加入欧盟后,国内法律也根据欧盟法律做了相应的调整。

(一)拉脱维亚项目投资立法

目前与拉脱维亚基础设施建设有关的法律包括《民法》《外国投资法》《建筑法》《移民法》《劳动法》等方面的法律。

根据《2014—2020年拉脱维亚国家发展规划》,拉脱维亚进一步明确了国家的发展发展方向、发展目标、应当采取的措施,以及负责的机构和资金来源等多方面。鼓励国民共同努力,改善商业投资环境和提高生产率。拉脱维亚政府希望提高国内有限自然资源、资金和劳动力的竞争力,实现国民安全、国民经济发展和地区发展三个优先发展方向,达到"经济突破"。并计划在2020年,实现提高整个国家国民生活质量的战略目标。拉脱维亚根据该规划制定国家财政支出,以及使用欧盟基金。根据中国商务部2016的统计数据,2015年当年中国对拉脱维亚直接投资流量45万美元。截至2015年末,中国对拉脱维亚直接投资存量94万美元。中国对拉脱维亚直接投资存量主要投资领域为通信行业、木材加工、房地产、餐饮、零售。中资企业主要有:华为技术拉脱维亚子公司、中国港湾(拉脱

---

① 中国社科院:《拉脱维亚经济概况、特点及其发展趋向》,http://www.cssn.cn/gj/gj_gjwtyj/gj_elsdozy/201311/t20131101_820728.shtml。
② 外交部网站:《拉脱维亚概况》,http://www.fmprc.gov.cn/web/gjhdq_676201/gj_676203/oz_678770/1206_679330/1206x0_679332/。
③ 同上。

维亚）工程有限公司、通宇通讯（拉脱维亚）有限公司和 PLK 国际公司等。[①]

（二）拉脱维亚外资准入及企业设立相关法律

拉脱维亚主管投资的部门是投资发展署（LIAA），该部门主要是吸引外国投资，促进本国的商业发展，增强本国企业在国内外市场的竞争力。根据《外国投资法》的规定，外国投资者除了涉及国家安全方面的行业，其他行业都可以进行投资。20世纪，拉脱维亚为吸引外资，实施了大量的优惠政策，但是，近年来已经取消了对外资的优惠政策。目前，对外国投资者实行国民待遇，外国投资者与本国国民享有同等的权利和义务，但是大型长期投资项目仍然享有一定的退税优惠。拉脱维亚国内银行对外国投资者没有任何开立账户的限制。外国投资者缴纳各种税费后，也可将投资收益自由汇出；外国投资者在履行了偿债义务后，还可以将其投资本金汇出。目前，由于中国与拉脱维亚间尚未签订相应的银行合作的协议，因此，两国间投资者仍需通过第三国的银行进行外汇汇款。

外国企业申请注册设立，需向拉脱维亚企业注册部门递交以下材料：

1. 外国企业名称；
2. 外国企业所在国家、地址、电话等基本信息；
3. 外国企业的相关文件，如注册证明文件、公司章程等；
4. 外国企业代表的姓名、国籍、通信地址、身份证号码、授权范围等；
5. 如果要从事特殊行业的，还应当提交有关部门的许可证。

所有递交的文件都需做拉脱维亚语言的公证。

（三）拉脱维亚工程建设相关法律

1. 许可制度和禁止领域

外国公司承包当地工程需要得到拉脱维亚相关行业管理部门的许可。拉脱维亚允许外国自然人在当地承揽工程承包项目，但必须在当地注册公司。除了有关国家安全的工程项目外，拉脱维亚对外国公司承包工程的领域没有限制。

2. 招标方式

根据欧盟相关规定和国内的《公共采购法》和《公共服务提供者采购法》的规定，拉脱维亚工程项目招标分为公开招标、邀请招标和议标。拉脱维亚公共采购主要有货物采购、服务采购和工程建设采购。如果预估货物或服务合同价格在4.2万欧元及以上、预估工程合同价格在17万欧元及以上，则需采用以下五种招标方式中的一种：公开招标、限制性招标、方案设计招标、竞争性谈判和询价采购。

3. 建筑安全

根据拉脱维亚《建筑法》修正案的规定，施工监理负责检查方案和施工是否合法，监督建材是否达标；政府组建专门机构监督公共建筑设施的建设，政府赋予施工监理较大的权限；施工监理如果发现任何违规行为，有权立即暂停施工，即使施工方投诉也不得影响

[①] 商务部国际贸易经济合作研究院、商务部投资促进事务局、中国驻拉脱维亚大使馆经济商务参赞处：《对外投资合作国别（地区）指南—拉脱维亚（2016年版）》，http://fec.mofcom.gov.cn/article/gbdqzn/upload/latuoweixia.pdf。

停工令的执行；工程建设项目既需要鉴定设计又必须检验施工质量，必须采取一系列措施，以保证当地居民能够更快更全面地得到有关建筑施工的信息；对于会影响周围环境的项目，比如产生气味、噪音或者其他污染的项目都必须经过公众的讨论；如果任何人阻止施工监理的巡视和检查的，施工监理有权向法院申请强制令，并追究阻碍监理的人员的相关责任。[1]

4. 土地和劳务相关法律规定

拉脱维亚从1993年进行全新的土地改革，分别颁布了《城市土地改革法》《农村土地改革法》《农村土地私有化法》和《土地登记法》等土地法律，承认1940年以前土地所有者的土地所有权。政府严格控制输入外籍劳务人员，因为其自身的外籍劳务市场规模较小。近年来，拉脱维亚大量劳动人口外流至欧盟发达成员国。拉脱维亚"发展移民政策"特别工作组向政府提出引进外籍劳务的相关建议，2016年4月，拉脱维亚议会通过《移民法》修正案，收紧投资移民政策。

据中国商务部统计，2015年中国企业在拉脱维亚新签承包工程合同4份，新签合同额1102万美元，完成营业额399万美元。新签大型工程承包项目包括同方威视技术股份有限公司承建拉脱维亚基础设施项目等。

（四）拉脱维亚PPP相关政策与法律

近些年来，拉脱维亚重视基础设施建设。虽然拉脱维亚尚无专门关于BOT模式的法律规定，但是有关PPP模式的法律，即拉脱维亚《公私合营法》（Law On Public-Private Partnership），主要涉及社会公共服务、能源、教育文化、交通、环境卫生和司法领域，特许经营年限一般不超过30年。

拉脱维亚《公私合营法》详细地规定了公私合营合同金额的确定方法、金额核算程序和主管部门提供意见的依据，并明确了特许经营权的审批程序。在拉脱维亚，特许经营包括一般特许和特殊特许。另外，该法案还规定了公私合营合同的订立、修改、终止和补偿程序，以及公私合资公司的成立、资产规模、监管、中止和终止、信息交换、股权转让以及贷款人介入权，并明确了PPP模式的监管部门。[2]

目前，尚无外资企业在拉脱维亚成功开展BOT或PPP。

三、拉脱维亚司法体系及争议解决

拉脱维亚属于大陆法系，解决争议的途径主要有和解、调解、仲裁、诉讼。和解是争议当事人双方自愿通过协商谈判解决争议，调解是争议当事人双方自愿同意通过独立的第三方进行调解，通常由律师、专业人士、仲裁法庭的仲裁员出面进行调解。和解与调解均本着平等自愿的原则。民事纠纷，可以提交特别仲裁法庭，或者提交常驻仲裁机构（如拉脱维亚工商会仲裁院、拉脱维亚国际仲裁院、汉莎国际仲裁院、拉脱维亚银行协会仲裁

---

[1] 中国驻拉脱维亚大使馆经济商务参赞处：《拉脱维亚议会通过建筑法修正案强化对建筑行业的监督中华人民共和国商务部网站》，http://www.mofcom.gov.cn/article/i/jyjl/m/201407/20140700664708.shtml.

[2] 国家开发银行：《"一带一路"国家法律风险报告》，法律出版社，2016年8月第1版。

院）来解决争议。拉脱维亚法院是独立的司法机构，实行三级管理，即高等法院、地区法院及行政区和市法院，各级法院拥有不同的审判权限。①

四、拉脱维亚营商环境及法律风险防范

（一）拉脱维亚整体营商环境

拉脱维亚具备良好的营商环境，世界银行《2017年营商环境报告》显示，拉脱维亚在全球190个经济体营商便利度排名中位列第14位，在开办企业、办理施工许可证、获得信贷、保护少数投资者等方面分别位列第22位、第23位、第7位和第42位。

（二）拉脱维亚投资与承包工程风险及建议

1 不符合当地法规的风险

拉脱维亚十分注重生态环境的保护，为了保持优质的生态环境，拉脱维亚对在其境内经营的企业有很高的要求，因此中国企业要在拉脱维亚投资的话，必须严格遵守当地的环保法规，以便能够实现企业的长期经营和持续发展。外国投资者在拉脱维亚享有国民待遇，与本地投资者享有相同的权利和承担相同的义务；外国投资者可以将缴纳税收后的利润自由汇出。建议中国企业在投资前，对拉脱维亚的政治与法律风险进行深入的研究，了解其基本国情，了解其与中国签署的双边或多边条约，以及有关外国投资和工程承包的政治法律制度等各方面，同时，也应当了解欧盟及拉脱维亚的市场准入规定，以便建立有效的风险控制体系。

实践中，在某些项目的招投标的过程中，招标方会通过设定"符合欧盟技术和环保标准"等要求，将中国企业排除在外。因此，建议我国企业可以通过与当地企业合作，或者与欧盟成员国企业合作的灵活方式。

【案例一】

在参与拉脱维亚"客运列车"公司电动列车及其配件采购项目投标过程中，项目招标方要求投标企业在独联体地区有经营业绩，且要求符合欧盟技术标准，为此，中国企业最终未能参与该项目的投标。②

【案例二】

华为技术有限公司拉脱维亚子公司及同方威视技术股份有限公司通过与当地企业合作在欧盟内注册公司的方式，成功参与了拉脱维亚基础设施建设项目，不仅实现了销售目标，还减少了参加投标的成本。③

2. 汇率风险

涉外工程承包要注意防范投资资金的汇率风险。拉脱维亚已加入欧元区，通常的计价货币是欧元，也可以是其他约定的货币。为了防范因汇率变动导致的汇率风险，建议中国企业

---

① 中国驻拉脱维亚大使馆经济商务参赞处：《中国企业/人员在拉脱维亚遇到困难该怎么办》，http://www.mofcom.gov.cn/article/i/jyjl/m/201407/20140700664708.shtml。

② 同上。

③ 同上。

在整个项目运作过程中,时刻关注外汇市场的行情变化,或者在签订合作协议时,通过对合同价款、币种、付款进度等方面进行特殊的约定以保障自己的利益,防范汇率风险。①

3. 劳务风险

拉脱维亚劳务市场对技术的要求比较高,要求外资企业及工程技术人员必须具备符合欧盟及拉脱维亚技术要求的相应资质,对于中方人员来说,有一定的难度。另外,中国企业的设备及材料如果要进入当地市场,必须首先获得欧盟的 CE 认证或者当地的认证,该类认证的程序复杂,费用较高。而且,拉脱维亚大多数都是用欧盟基金项目来建设基础设施建设项目,如果中国企业要参与该类项目的话,还要遵循公共采购法的相关规定。因此,如果中国企业想要参与拉脱维亚工程竞标的,可以与当地企业或者欧盟企业合作,借助这些企业在当地的经验和影响力共同参与该类项目的投标,可以提高中标的可能性。在选择合作伙伴和合作模式上应当采取谨慎态度,应当提前做好全面的考察和尽调,建议选择规范较大的或者有过业务往来的正规企业,采用适当的合作方式,降低投资风险。

另外,目前,拉脱维亚签证政策较紧,申请劳务签证的等候时间需 1~2 个月,申请程序也较为复杂。根据目前的移民局的相关规定,新成立的企业在成立一年后,才能向移民局提出雇佣欧盟成员国以外的员工的许可申请,而且该企业必须有过税收缴纳记录。另外,企业如果需要雇佣外籍员工的,要首先提前一个月向拉脱维亚移民局申请职位空缺,然后才能向移民局提出工作许可的申请。而且,一个工作岗位只能申请一个工作许可,如果一个员工需在多个岗位任职的还需要申请多个工作许可。②

五、小结

在"一带一路"的总体倡议发展过程中,拉脱维亚是中国"16+1 合作"框架中的重要合作伙伴之一。自独立后,拉脱维亚一直实行全面的对外开放政策,积极参与世界经济的活动。但是因为缺少资金和外汇,外国投资采取鼓励、保护和优惠的方针,以便吸引更多的外资投入。投资者在投资时,一定要重视前期的项目可行性调研,评估风险,利用保险、担保及其他风险管理手段,防范政治风险和商业风险,切身维护好自身的利益。

塞 浦 路 斯

一、塞浦路斯国情简介

塞浦路斯共和国(The Republic of Cyprus,以下简称"塞浦路斯"),是地中海东北部的一个岛国,为地中海面积、人口第三大岛,位于亚洲、非洲、欧洲交界处,为亚非欧

---

① 中国驻拉脱维亚大使馆经济商务参赞处:《中国企业/人员在拉脱维亚遇到困难该怎么办》,http://www.mofcom.gov.cn/article/i/jyjl/m/201407/20140700664708.shtml。

② 同上。

三大洲的海上的交通要点。全国总面积9251平方公里。塞浦路斯地形北部为狭长山脉，多丘陵；中部是派迪亚斯河的出河口美索利亚平原；西南部则坐落着特鲁多斯山脉，地势较高，塞浦路斯的地形最高点正是位于特鲁多斯山脉中的海拔1951米的奥利匹斯峰。岛上无常流河，只有少数间歇河。① 目前塞浦路斯全国人口数约110万人，其中人口组成为72.8%的希腊族、9.6%的土耳其族和17.6%的外籍人士。塞浦路斯目前的官方语言为希腊语和土耳其语，亚美尼亚人和塞浦路斯人的阿拉伯语被认定为该国的少数民族语言，因为曾被英国殖民所以英语在塞浦路斯被广泛使用，可视为塞浦路斯的通用语言。塞浦路斯国内的教派比较多，大多数希族塞人信奉希腊正教会，而土族塞人则多信奉逊尼派伊斯兰教，也有少数人信奉天主教或基督教。

塞浦路斯属典型的亚热带地中海气候，同时还伴随着半干旱特征，夏天干热，冬天温湿。② 塞浦路斯的夏天一般持续八个月之久，8月最热，最高温度可达36℃；1月最冷，最低温度大约在6℃。塞浦路斯的雨季通常是从11月到第二年3月，年均降水量大约在400毫米。

塞浦路斯全国划分为6个行政区，每个行政区划分为市、乡、村三级，首都是尼科西亚（Nicosia），第二大城市是南海岸的利马索（Limassol）。

塞浦路斯的矿藏资源以铜为主，其他有硫化铁、盐、石棉、石膏、大理石、木材和土性无机颜料，但已接近枯竭，开采量极小。③ 森林面积1735平方公里。塞浦路斯国内水力资源贫乏，大坝仍然是国内和农业用水的主要水源；塞浦路斯共有107座水坝和水库，水总容量约为3.3亿立方米。政府正在逐步建设海水淡化厂，以应对最近几年的长期干旱。塞浦路斯南部和西南部海域发现由石油天然气储藏，现已探明天然气储量约5万亿立方英尺。④

中塞民间贸易始于1967年。1971年中塞建立大使级外交关系；两年后两国签订"贸易和支付协定"，易货记账贸易开始；1981年两国签订以现汇贸易为主要内容的"贸易协定"，该贸易协定使得双边贸易得到了较快发展；1990年两国签订避免双重征税协定、海运协定，2001年两国签订相互投资保护协定。⑤

现今中国与塞浦路斯的经贸合作正稳步发展，但目前在塞浦路斯注册的中国企业并不多，两国之间的贸易主要是集中在货物贸易领域。据统计，2015年中国是塞浦路斯第6大贸易伙伴，双边货物贸易额为3.07亿美元。我国对塞浦路斯出口的商品主要有：船舶、机电产品（机械设备、家用电器、仪器仪表、金属制品等）、纺织品和服装、鞋帽、玩具、箱包、化学品等；塞浦路斯对我国出口的商品主要有药品、金属矿砂和金属废料等。⑥

塞浦路斯于21世纪初被世界银行列为高收入经济体系，2001年被国际货币基金组织

---

① 百度百科：《塞浦路斯》，https://baike.baidu.com/item/塞浦路斯/129361?fr=aladdin。
② 同上。
③ 同上。
④ 商务部国际贸易经济合作研究院、商务部投资促进事务局、中国驻塞浦路斯大使馆经济商务参赞处：《对外投资合作国别（地区）指南—塞浦路斯（2016年版）》，http://fec.mofcom.gov.cn/article/gbdqzn/upload/saipulusi.pdf。
⑤ 同上。
⑥ 同上。

列入发达经济体系,经济繁荣多样化,是地中海地区最富有的国家之一。① 塞浦路斯最近几年进行了大规模的公共服务领域建设和基础设施建设,政府决定建设发电容量50兆瓦的太阳能发电厂,将太阳能发电系统引入塞浦路斯商业、工业部门以及各大公共建筑。另外,塞总统于2015年7月宣布在利马索启动预算1.25亿欧元的工程建设项目,其中,1.6%用于新建一座体育场,11.2%用以改善学校设施,40.8%用以建设污水处理设施。②

受到2012年全球金融危机、欧元区金融与银行危机的影响,塞浦路斯经济也出现一定程度的萎缩,对此政府推出一系列刺激经济计划,加大在基础设施和公共服务领域的投入,重点关注环保和绿色能源领域。主要的建设项目有新建或改建9个大型的生活垃圾和特殊垃圾填埋场;建设能源中心,发展光能、风能发电;对南部大陆架进行石油天然气开发;修建帕福斯至伯利斯的高速公路和尼科西亚外环高速公路;对利马索尔、拉纳卡港口设施进行改扩建。③

【小结】

目前塞浦路斯政府正规划建设大规模的基础设施,这是中资企业进入塞浦路斯市场的一个重要契机。同时,塞浦路斯独特的地理位置和欧盟成员国身份也是中国进入欧洲、中东等国际市场的重要跳板。

二、塞浦路斯投资建设法律问题

塞浦路斯政府取消了对外国投资者的限制,许多情况下容许外商拥有100%的股权,且其证券交易所开放外国证券投资。塞浦路斯的税收政策相较于其他国家有诸多明显优势,企业所得税的税率仅为12.5%,而且塞浦路斯已经与超过45个国家签署了避免双重征税的协定。另外,在塞浦路斯的税收优惠政策还包括证券交易不征收资本所得税;被动股息收入不征税;在塞浦路斯境外分发的股息、利息和版税不代扣所得税;共同损失税收减免;没有资本弱化规则;对集体融资活动的优惠规则。

(一)塞浦路斯项目投资立法

塞浦路斯与贸易相关的主要法律有《公司法》《合伙企业法》《国际法》《知识产权法》《合同法》《税法》等。④

塞浦路斯贸易主管部门是塞浦路斯商业工业旅游部(The Ministry of Commerce, Industry and Tourism,简称"商工部"),主要负责贸易政策的制定与实施,对国内的贸易行为进行行政管理。中央银行主要负责制定、实施和审批外国对塞浦路斯投资和塞浦路斯对外投资的有关政策以及对海外公司的管理。塞浦路斯设有专门的塞浦路斯投资促进署,是外国投资者在塞浦路斯的官方联络机构,帮助外国投资者开展在塞浦路斯的业务。

---

① 商务部国际贸易经济合作研究院,商务部投资促进事务局,中国驻塞浦路斯大使馆经济商务参赞处:《对外投资合作国别(地区)指南—塞浦路斯(2016年版)》,http://fec.mofcom.gov.cn/article/gbdqzn/upload/saipulusi.pdf.

② 同上。

③ 同上。

④ 同上。

塞浦路斯的公司可以进入欧盟统一市场，有权在欧盟自由地进出口商品。塞浦路斯对公司的运营地点没有地理限制。如果公司愿意且目标国家允许，公司可以在世界的任何地方运行。① 而且，塞浦路斯并不要求公司在塞浦路斯保持实体存在，也不要求公司必须在塞浦路斯开设长期存在的银行账户。

塞浦路斯在拉纳卡设有特殊经济区为自由工业区，为了促进塞浦路斯工业出口，同时便于投资者充分利用塞浦路斯的地理优势。区内企业海关手续简便，可免税进口生产线、机械、设备、原材料等，在塞浦路斯当地采购可免缴增值税。自由区内生产出的产品可以以当时的优惠关税的最低税率完税后进入当地市场。自由区加工产品进入塞浦路斯本地市场按其应税价值，以最惠国关税的最低税率（即欧盟成员国关税）缴纳进口关税。②

（二）塞浦路斯外资准入及企业设立相关法律

塞浦路斯对于外商投资的具体产业政策如下：

1. 鼓励类：在投资方面外国投资者和本国投资者享有同等待遇。在塞浦路斯投资和运营航运、金融服务、旅游、旅游基础设施、医药、可再生能源、石油和天然气以及国有企业私有化等领域是对外国投资者极具有吸引力的。

2. 限制类：限制类的产业主要有广播电视站台的成立、设立运营；设立发电站、生产和供应电力；银行业和邮政业。

3. 禁止类：塞浦路斯政府享有一定的裁量权，若某一具体投资可能危害塞浦路斯国家安全则可能被政府禁止。

塞浦路斯的公司类型为私营公司和公众公司，外国投资者可以单独设立上述两种公司。外国投资者也可以与塞浦路斯本地企业进行合资，设立普通合伙企业或有限合伙企业。外国投资者也可以设立欧洲公司，跨国企业可以在塞浦路斯建立分公司，塞浦路斯法律允许建立托拉斯，并允许企业进行并购。③ 不同类型企业的规定具体如下：

1. 公司

私营公司（Private Company）：公司成员应当不超过50人，但是公司雇佣人员或者之前是公司雇佣的人员后通过公司决议成为公司成员并仍被公司雇佣的人员不在上述人数限制范围内。私营公司禁止向公众发行公司债券或者股份，公司成员转让股份的权利受到一定的限制。私营公司没有最低实缴资本的限制，并且不会强制要求公司在塞浦路斯开设的银行开户，或者将资本金存入开设在塞浦路斯的银行中。④

公众公司（Public Company）：公司最少成员（股东）为7人，没有上限。公司至少要任命两名董事。公众公司最低公开募资额为25630欧元，其余股份可以后续再向公众募资或向具体的定向团体募资，公司的股份可以自由转让。⑤

---

① 商务部国际贸易经济合作研究院，商务部投资促进事务局，中国驻塞浦路斯大使馆经济商务参赞处：《对外投资合作国别（地区）指南—塞浦路斯（2016年版）》，http://fec.mofcom.gov.cn/article/gbdqzn/upload/saipulusi.pdf。
② 同上。
③ 京师律师事务所：《塞浦路斯投资考察报告》，http://www.sohu.com/a/157098739_99935500。
④ 国浩律师事务所：《塞浦路斯外商直接投资法律概况（中）》，http://www.ilouzhu.com/yuedu/440w.html。
⑤ 同上。

外国投资者可以自行设立公司或收购已设立的塞浦路斯公司的股份，而且获得事先许可。外国国民设立公司的程序与本国国民相同，公司设立必须通过律师（出庭律师）进行。在塞浦路斯设立公司需要遵循以下几个程序：

（1）聘用一名塞浦路斯律师或者服务提供者。根据塞浦路斯法律规定，只有被塞浦路斯律师协会授予执照的律师才能够准备备忘录、公司章程和 HE1 表格并在上面签字。

（2）公司名称核准。公司可以通过律师或者服务提供者递交名称核准申请。正常的名称核准程序需要大约一个月的时间，需收取 10 欧元核准费。加速程序大约 2~5 个工作日，需收取 30 欧元核准费。①

（3）收集所需的证明文件，准备要求递交给登记机关的表格。

（4）递交了所有的申请文件并支付申请费之后，若没有其他问题则登记机关会颁发公司登记证明和证明合格的备忘录与公司章程。

（5）在公司成功注册后，需向税务局注册以获得纳税号码和增值税注册号码以及社会保障服务。雇佣单位有义务为周薪未超过 200 欧元或者月薪未超过 700 欧元的雇员缴纳社保基金。

2. 合伙企业

外国投资者有权设立合伙企业，设立的合伙企业应当符合《合伙企业法》的有关规定。合伙企业是个人之间出于营利目的而共同设立、运行的企业形式。合伙企业分为普通合伙和有限合伙，普通合伙中，合伙人对合伙企业的全部债务承担连带责任；有限合伙至少要有一名普通合伙人，普通合伙人对合伙企业的全部债务承担连带责任，有限合伙人在进入合伙时需要提供一笔或数笔的一定价值的资产作为合伙的资本或财产，有限合伙人只在其投资范围内对合伙企业的债务承担责任。

（三）塞浦路斯工程建设相关法律

1. 法律体系

（1）承包商准入：《2001—2004 年建筑及土木工程建设承包商注册和管理法》等。该法主要规定了在塞浦路斯申请取得承包商执照的要求和程序，建设工程和土木工程的定义和范围，承建标准等内容。承包商管理委员会（Council for the Registration and Control of Building and Civil Engineering Contractors）负责审核和授予承包商相关执照。

（2）政府采购：《公共供应合同、公共工程合同授予法和其他有关事项的法律》《关于协调水、能源、交通运输及邮政服务领域采购程序的法律》《关于协调公共工程、货物和服务合同授予程序的法律》《关于协调公共工程、货物和服务合同授予程序的规定》等。国外承包商一般需要提供相应的资质证明，如财务和经济状况证明、技术实力及工程质量证明等。国外承包商若存在产权或债务纠纷、曾在承包工程中出现过重大技术失误、曾被法院裁定有公司违法行为、向招标方提供虚假信息等情况，则会被限制或禁止参加投标。

（3）土地法：《不动产法》《城市建设规划法》《不动产征用法》《农用土地管理法》《土地买卖法》《塞浦路斯环境保护法》等。塞浦路斯的土地主要有三种所有权形式，私人所有、国家所有和集体所有。大部分的土地均为私有，塞浦路斯土地管理局负责土地管理的日常事务，部长理事会对重大土地及不动产事项进行讨论决策。购买土地需要委托律

---

① Point of Single Contact Cyprus，www.businessincyprus.gov.cy。

师,并向土地管理局提出申请,审批机关根据土地规划、所有权形式等具体情况决定是否核准。对于来自其他国家的投资者,购买土地及不动产需要取得当地政府及部长理事会的批准。并且只能取得一套居住用房(别墅或公寓)或一块建筑用地(最大4014平方米)的所有权。公司购买需要提供公司注册证明等法律文件。

2. 工程承包的条件和程序

在塞浦路斯法人或者自然人都可以申请注册为承包商并取得承包商执照。法人承包商必须满足以下条件才能够在塞浦路斯申请注册承包某一类别工程的执照:

(1) 在塞浦路斯或其他欧盟成员国合法成立并营业;

(2) 依照其备忘录或者公司章程的规定有权限或者有能力进行工程承包;

(3) 雇佣至少一名全职技术指导,以指导和监督建设工程或土木工程,且该名指导符合下列条件:

① 身体条件和智力条件都能够承担管理职责且为人正直;

② 在公司申请注册的承包工程类别中同为注册承包商;

③ 根据与公司签订的雇佣合同规定,监督并确保整个工程得到合理管理;

④ 符合其他相关规定的条件。

3. 招投标流程

塞浦路斯是欧盟成员国,政府采购和公共项目的招标是按照国际管理和欧盟的一般原则进行的,相对来说要求比较严格。[①]

(1) 招标的主要方式

① 公开招标:达到规定限额和条件的应采用公开招标。1年内收益超过75万欧元的项目应采用公开招标,任何满足招标文件要求的自然人和经济实体都可以参加投标。[②]

② 有限招标:75万欧元以下的项目可以采用有限招标,招标文件只发给有限的投标商。最少5家,最多不超过20家。[③]

③ 合同谈判:公共部门在特定情况下可以直接与供应商谈判,不事先发表合同公告而授予公共合同。[④]

(2) 招标和投标的一般原则[⑤]

① 招标部门应当遵守公开、透明的原则及国别非歧视政策,平等地对待所有供应商;

② 投标人可以是自然人或法人。供应商可以采用联合体投标,这一联合体需要以特殊法人的形式投标,当授予合同时需组成一个法律实体;

③ 投标部门授予欧盟成员国供应商的公共合同,要使用在政府采购协议里对第三国供应商的同样优惠条件;

④ 投标人须书面提交投标文书,亲自送达或邮寄均可。投标人采用其他方式递交投

---

① 商务部国际贸易经济合作研究院,商务部投资促进事务局,中国驻塞浦路斯大使馆经济商务参赞处:《对外投资合作国别(地区)指南—塞浦路斯(2016年版)》,http://fec.mofcom.gov.cn/article/gbdqzn/upload/saipulusi.pdf。

② 塞浦路斯签证中心:《塞浦路斯招标体系介绍》,http://www.visaun.com/saipulusiqianzheng/touzi/1729.html。

③ 同上。

④ 同上。

⑤ 同上。

标文书的，必须包含所有评标所需文件并保持投标文件保密性，能在到期后开标；

⑤ 有限招标和合同谈判方式下的中标候选人的筛选原则：在有限招标和合同谈判程序里，授标部门将在评估供应商的地位、经济和技术性质的最低条件的基础上，选出他们准备邀请投标或谈判的供应商。采用有限招标程序授予合同的，授标部门应根据需提供的服务性质、需实施的工程或需提供的货物事先决定他们准备邀请供应商的数量，并在合同公告里说明。为了保证竞争，应邀请最少5家，最多不超过20家的候选人参加投标。采用合同谈判方式授予合同的，授标部门邀请谈判的候选人不能少于3家。授标部门应当对满足条件的欧盟成员国的投标商和本地投标商一视同仁，非歧视地发出谈判邀请。

（3）投标人的基本要求[①]

任何供应商、承包商在下列情况下不能参加投标：

① 破产，正处在法院受理时期，有暂停的贸易活动；

② 正处在宣布破产、命令被迫停业、法院管理或判给债权人；

③ 已被法院裁决其职业活动有犯罪行为；

④ 在贸易和经营活动中有过专业错误；

⑤ 没有履行根据所在国或塞浦路斯法律规定的交纳税款的义务；

⑥ 在提供所需的相关信息时提供虚假声明或陈述。

（4）评标[②]

评标由授标部门进行，报招标委员会审批，招标委员会设在财政部。如果在投标文件中出现不正常的低价，授标部门在拒绝此投标之前，将书面要求投标人对报价或授标部门认为不正常低价的部分进行解释。授标部门将进一步对投标人所做的解释进行评价。授标部门会对投标人提供的包括制造程序的经济化、所选择技术解决办法和制造的经济化、投标人已享有的或建议享有的特殊的优惠条件等降低价格的方面进行客观的评价。如果合同文件规定要将合同授给最低价标，授标部门将通过主管机构报招标委员会，拒绝其认为不正常的低价投标。授标部门将在收到书面要求15天之内通知被排除的候选人或投标人，并说明拒绝他们申请或投标的原因。

（5）招标审核局

如果投标人对评标结果有异议，可以在收到评标结果的5日之内向招标审核局发出书面审核申请，申请中应说明审理的理由及事实依据，并随之附上申请审核的全部细节文件、投标部门名称和招标合同或公告细节。招标审核局在收到申请之后应当在30天内做出决定。授标部门和投标人如不服招标审核局的裁决，可以根据宪法146条向塞浦路斯最高法院提起诉讼。[③]

（四）塞浦路斯 PPP 相关政策与法律

塞浦路斯加入欧盟之后，为了达到欧盟的标准，加快了对基础设施的建设和改造，其

---

① 塞浦路斯签证中心：《塞浦路斯招标体系介绍》，http://www.visaun.com/saipulusiqianzheng/touzi/1729.html.

② 商务部国际贸易经济合作研究院，商务部投资促进事务局，中国驻塞浦路斯大使馆经济商务参赞处：《对外投资合作国别（地区）指南—塞浦路斯（2016年版）》，http://fec.mofcom.gov.cn/article/gbdqzn/upload/saipulusi.pdf.

③ 塞浦路斯签证中心：《塞浦路斯招标体系介绍》，http://www.visaun.com/saipulusiqianzheng/touzi/1729.html.

中包括道路、港口、机场的建设和城市改造、环境保护设施、农业和能源设施等等。所有公共工程项目都依据《公共供应合同、公共工程合同授予法和其他有关事项的法律》等法律法规进行国际招投标，欧盟及塞浦路斯签署相关双边条约的国家企业，都可以参与塞浦路斯政府采购招标，成为私有企业参与公共建设的主要形式。

塞浦路斯大的工程，多采用 BOT 和 DBFO（设计、建造、融资和经营）方式，如帕福斯—伯利斯（Paphos-Polis）高速路项目和能源中心项目都采取 BOT 方式。[①] 此外，拉纳卡机场和帕福斯机场也采用了 BOT 方式扩建，经营期限为 25 年。

目前在塞浦路斯开展 BOT、PPP 的外资企业主要来自欧盟及以色列等经济伙伴国。中资企业尚未参与塞浦路斯 PPP 项目。

三、塞浦路斯司法体系及争议解决

塞浦路斯没有专门审理与外国投资合作纠纷的法院，发生投资合作纠纷且双方协商无果时，投资者可以向塞浦路斯地方法院起诉，直至案件上诉至塞浦路斯最高法院。中国与塞浦路斯《关于相互促进和保护投资协定》第九条约定投资者可以将争议提交给缔约另一方有管辖权的法院解决[②]，根据《中华人民共和国和塞浦路斯共和国关于民事、商事和刑事司法协助的条约》规定，中塞双方应当在境内承认与执行另一方在境内作出的对民事案件的裁决，含中国法院作出的调解书和塞浦路斯法院作出的协议判决。[③]

投资者在塞浦路斯发生争议可以选择将争议交由仲裁解决，争议将会基于以下规则进行仲裁：《塞浦路斯仲裁法》《塞浦路斯国际商事仲裁法》或《解决国家与他国国民之间投资争议公约》和其他国际公约或双边条约。[④]

四、塞浦路斯营商环境及法律风险防范

（一）塞浦路斯整体营商环境

自 1998 年成为欧盟成员候选国以来，塞浦路斯开始按照入盟要求对经济政策、结构

---

① 中国驻塞浦路斯大使馆经济商务参赞处：《塞浦路斯主要公共工程项目和工程承包市场》，http://tradeinservices. mofcom. gov. cn/f/2008-04-16/29770. shtml。

② 《中华人民共和国和塞浦路斯共和国关于相互促进和保护投资协定》第九条："投资一方应当与缔约另一方就在其领土内的投资产生的任何法律争议未能在六个月之内通过协商解决，投资者可以将争议提交缔约另一方有管辖权的法院解决。"

③ 《中华人民共和国和塞浦路斯共和国关于民事、商事和刑事司法协助的条约》第二十四条："一、缔约一方应根据第二十五条规定的条件在其境内承认与执行在缔约另一方境内作出的下列裁决：（一）法院对民事案件作出的裁决；（二）法院在刑事案件中所作出的有关损害赔偿或诉讼费的裁决。二、本条约所指的"裁决"亦包括中国法院作出的调解书和塞浦路斯法院作出的协议判决。"

④ 《中华人民共和国和塞浦路斯共和国关于相互促进和保护投资协定》第九条："三、任何法律争议如按照本条第一款的规定协商后当地行政复议程序。但是，如果投资者已经诉诸了本条第二款规定的程序，则本款规定不适用。六、本条第三款第（一）项和第（二）项所指的仲裁庭，应依照接受投资的争议缔约方的法律包括其冲突法规则、本协定的规定和其裁决中裁定争议一方承担较高比例的费用。七、本条第三款第（一）项和第（二）项所指的仲裁庭，应依照接受投资的争议缔约方的法律包括其冲突法规则、本协定的规定和可适用的国际法原则作出裁决。"

进行调整。2004年5月,塞浦路斯正式加入欧盟,此后,经济进一步融入欧洲。然而,塞浦路斯受到全球经济衰退和欧洲主权债务危机影响,经济在2009年萎缩。2011年7月,埃弗洛拉基斯海军基地(Evangelos Florakis Naval Base)爆炸,为该国带来沉重经济负担,估计损失约1~3亿欧元,高达国内生产总值的17%。2012年6月,受希腊债务减记影响陷入财政危机,不得不向欧盟申请救助。2013年3月25日,塞浦路斯与"三驾马车"达成100亿欧元救助原则性协议。①

(二)塞浦路斯投资与承包工程风险及建议

1. 关于法律规定,由于塞浦路斯的法律规定详尽,惩罚措施严厉,尤其是在环境保护方面。为了避免投资者因不了解塞浦路斯法律规定而违法被处罚,建议投资者选择当地的律师事务所或者咨询机构并建立长期的合作关系。

2. 关于投资安全,目前塞浦路斯经济仍不稳定,投资者应当警惕潜在的金融风险,减少在塞的资金规模,经营场所尽量少存现金,关注欧元汇率变动和塞银行的动态。另外,由于受到2013年金融危机和银行存款减记等冲击,塞浦路斯当地企业普遍缺少资金。中资企业承包当地工程项目时,应当做好对业主的尽职调查,掌握业务贷款抵押资产的真实价值,将贷款风险降低到最小。②

3. 关于招投标,由于塞浦路斯的官方语言为希腊语和土耳其语,招标文件作为一种法律文件,大部分项目招标文件均采用希腊文书写,同时提供英文版本的较少,部分投标标书也要求采用希腊文书写。因此建议中资企业选择一家当地的项目咨询公司作为代理,以便及时了解招投标信息、制作合格的投标文件并顺利中标。

4. 若承包工程项目在动工后发生事前不可预测的情况而需要更改设计并追加投资的,建议承包方应当及时与招标方进行沟通达成一致意见,并将双方达成一致的意见写入项目合同补充条款中,以此避免可能给工程承包企业带来的损失。③

五、小结

塞浦路斯有着良好的投资前景,地处欧亚非三大洲海上交通要道,是打开欧洲、北非和中东地区市场的重要跳板。塞浦路斯资源贫乏,工业基础薄弱是一个严重依赖进口的国家。为了融入欧盟,塞浦路斯加强对本国基础设施的建设力度,在国家发展规划中提出了许多基础设施新建、改建项目规划。

---

① 宿迁外侨网:《塞浦路斯国家概况》,http://www.suqian.gov.cn/swb/gjgk/201504/48c1bb34f6c74f65b7b6e52e1b4d0803.shtml。

② 搜狐新闻:《京师律师封跃平律师解读塞浦路斯投资问题》,http://www.sohu.com/a/162842887_99935500?ad=1。

③ 同上。

希 腊

一、希腊国情简介

希腊共和国（The Republic of Greece，又名 The Hellenic Republic，以下简称"希腊"）是一个位于欧洲巴尔干半岛最南端的议会民主制共和国。北面与保加利亚、阿尔巴尼亚、马其顿三国接壤，东北紧邻土耳其的欧洲部分，西南濒爱奥尼亚海，东临爱琴海，南隔地中海与非洲大陆相望。希腊国土面积为13万1957平方公里，其中15％为岛屿。希腊属于东2区，较北京时间晚6个小时；夏季（每年3至10月）则实行夏令时，较北京时间晚5个小时。希腊属亚热带地中海式气候，冬季湿冷多雨，气温在0～13℃之间，夏季干燥炎热，气温可高达41℃。①

希腊全国分为7个大区、13个行政省和325个行政市。13个行政省分别为：阿提卡省、中部马其顿省、伯罗奔尼撒省、克里特省、伊庇鲁斯省、东部马其顿—色雷斯省、西部马其顿省、塞萨利亚省、中部希腊省、西部希腊省、南爱琴海省、北爱琴海省和伊奥尼亚省。希腊首都雅典是世界历史名城，城内有世界文化遗产雅典卫城，著名古建筑帕提农神庙是西方文化的象征。②

希腊历史悠久，可一直上溯至公元前3000年的克里特——迈锡尼文明，而之后产生的爱琴文明，特别是雅典城邦文明通常被视为西方文明的摇篮。古希腊文明所取得的文化成就与技术进步通过亚历山大大帝和罗马帝国传播至东方世界和西方世界，曾对世界文明发展产生巨大的影响。现代希腊是联合国创始成员国之一，欧盟与北约的成员国，是巴尔干地区最大的经济体。③希腊属欧盟中较弱的发达国家之一，经济基础较薄弱，海运和农业较为发达，工业制造业则相对较为落后。

希腊国家元首为总统，总统每届任期为五年。现任总统普罗卡比斯·帕夫洛普洛斯，2015年1月18日当选。2009年末爆发主权债务危机以来，希腊政府推出紧缩财政政策，引发多次大规模罢工和示威游行，执政党支持率下降，社会稳定受较大影响。2014年12月29日，因当时的希腊总理萨马拉斯提名的总统候选人在议会举行的三轮投票中都没有获得通过，根据希腊宪法，萨马拉斯宣布解散议会提前举行大选。2015年1月25日齐普拉斯领导的左联在选举中胜出成为执政党，萨马拉斯领导的新民主党成为最大反对党，随后左联与独立希腊人党组成联合政府。④

---

① 中国驻希腊大使馆经济商务参赞处：《希腊概况》，http：//gr. mofcom. gov. cn/article/ddgk/201506/20150601021850. shtml。
② 江苏商务云公共服务平台：《希腊的地理环境怎样？》，http：//www. jscc. org. cn/model/view. aspx? m _ id=1&id=44137。
③ 搜狐网历史频道：《希腊历史的简介》，http：//www. sohu. com/a/117788835 _ 501385。
④ 中国驻希腊大使馆经济商务参赞处：《希腊概况》，http：//gr. mofcom. gov. cn/article/ddgk/201506/20150601021850. shtml。

中希经贸往来历史悠久，合作广泛。1992年6月25日，中希两国就签署了《中华人民共和国政府和希腊共和国政府关于鼓励和相互保护投资协定》，2002年6月3日，中希两国签署了《中华人民共和国政府和希腊共和国政府关于对所得避免双重征税和防止偷漏税的协定》，该协定自2005年11月11日起生效，自2006年1月1日起执行。[①] 2014年6月李克强总理出访希腊，双方发表了《中华人民共和国和希腊共和国关于深化全面战略伙伴关系的联合声明》，中希双方愿共同深化中希全面战略伙伴关系，在互利共赢原则指导下，不断加强两国在各领域的合作。2016年7月，希腊总理对中国进行了正式访问，双方在北京发表了《中华人民共和国和希腊共和国关于加强全面战略伙伴关系的联合声明》，表示将进一步加强高层交往，在互利基础上延续两国传统友谊，深化两国全面战略伙伴关系。[②] 本届希腊政府上台后，虽未明确提出继续坚持发展外向型经济，但其总理及多位内阁成员在不同场合表示过将会维护并进一步加强同中国的经贸合作关系[③]。

【小结】

希腊地理位置十分优越，该国地处陆海相连、欧亚非三大洲相接之要冲，良港众多，海运条件得天独厚；希腊是"一带一路"建设、打造亚欧海陆联运新通道的关键节点，也是中国企业经由东南欧国家进入欧盟市场的理想门户。在中希两国交往不断深入，希腊积极响应"一带一路"号召，与中国合作共建"丝绸之路经济带""21世纪海上丝绸之路"的背景下，中欧互联互通平台为中希两国在海陆运输、港口建设和服务领域的合作发展带来了新的重要机遇，这不仅将使相关地区的基础设施得以升级，还将为全球贸易的繁荣发展做出贡献。

二、希腊投资建设法律问题

（一）希腊项目投资立法

1. 贸易法规体系

希腊是欧盟成员国，对外贸易政策由欧盟统一制定，成员国只能执行欧盟对外贸易政策或经欧盟授权实施贸易措施。希腊与欧盟其他成员国之间的货物服务自由流动，与欧盟外国家的贸易适用欧盟统一的贸易政策。《共同关税税则》（Common Customs Tariff，Council Regulation 2658/87）规定了欧盟成员国对非欧盟国家贸易适用的关税税则。《欧洲共同体综合税则》（Integrated Tariff of the European Communities，简称Taric）囊括欧盟正在实施的贸易措施，例如优惠税率、关税配额、反倾销反补贴措施等，在互联网上公布，定期更新。除了欧盟相关法规之外，欧盟给予发展中国家单边税收减免（Generalized System of Preferences，GSP），并与部分国家签署了双边自由贸易协定（Free Trade A-

---

[①] 中国驻希腊大使馆经济商务参赞处：《中希对所得避免双重征税和防止偷漏税协定》，http://gr.mofcom.gov.cn/article/ddfg/200801/20080105339691.shtml。

[②] 《中华人民共和国和希腊共和国关于深化全面战略合作伙伴关系的联合声明》。

[③] 商务部国际贸易经济合作研究院，商务部投资促进事务局，中国驻希腊大使馆经济商务参赞处：《对外投资合作国别（地区）指南—希腊（2016年版）》，http://fec.mofcom.gov.cn/article/gbdqzn/upload/xila.pdf。

greements，FTAs)。欧盟与上述协议所涉国家开展贸易依据协定条款执行。①

2. 贸易管理的相关规定

希腊按照欧盟《关于建立欧盟海关法典的第 2913/92 号规则》等有关规定实现欧盟共同贸易政策，并实行欧盟统一的关税税率和管理制度。

(1) 进口管理：希腊执行欧盟《关于对进口实施共同原则的第（EC）3285/94 号规则》和《关于对某些第三国实施共同进口原则的第（EC）519/94 号规则》，对相关进口产品实行进口许可、进口配额和进口登记等措施。

(2) 出口限制：希腊实行欧盟《关于实施共同出口原则的第（EEC）2603/1969 号规则》《关于文化产品出口的第（EEC）3911/1992 号规则》《关于文化产品出口的第（EEC）3911/1992 号规则》等，对少数产品实施出口管理措施。此外，希腊还对部分涉及核扩散和大规模杀伤性武器等领域的产品和技术的出口执行欧盟的许可制度和最终用户监督制度。②

3. 特殊经济区域

目前希腊还没有设立经济特区，为改善希腊商业环境，欧盟曾于 2011 年 10 月表示，将与希腊政府讨论建立经济特区的问题。

(1) 工业园。希腊 ETVA 工业园区公司负责开发和管理希腊所有的工业园区。该公司成立于 2003 年，比雷埃夫斯银行和希腊政府各持有其 65% 与 35% 的股份。

(2) 保税区。希腊有 3 个保税区，分别位于比雷埃夫斯，萨洛尼卡和伊拉克利翁的港口地区，根据欧盟法规 2504/88 和 2562/90 进行装卸作业。转口货物也可储存在保税自由贸易区内。区内可进行再包装、分类和贴标签等作业。希腊政府为保税区专门制定优惠政策，包括货物在保税仓库内存放或再组装等免交关税及增值税；区内新增投资项目给予 30% 的补贴，投资十年内如未分配利润，税收可减免。此外，位于希腊西海岸的 ASTAKOS 港口保税工业园是希腊具有保税功能的港口工业园。希腊西海岸靠近苏伊士——直布罗陀这一国际主要海洋运输通道，是南欧"欧盟——希腊——东欧"这一轴线的交通枢纽。根据希腊有关法律规定，在该港口保税工业园内建立的公司将享受以下优惠条件：①企业免税经营，希腊政府不向工业园内企业征收进口关税和其他有关税费，且无进口数量限制及其他类似的贸易限制措施；②与在园外建厂相比，建厂条件更为优惠；③在该保税工业园设立的公司将享受其投资额 30% 的政府补贴，并在前 5 年内免征税收。③

(二) 希腊工程建设相关法律

1. 外国公司承包当地工程

外国承包商在希腊承包工程与当地企业适用相同的法律法规，按招标方要求提供相应资质文件。希腊政府对外国承包商在工程建设过程、工程验收等方面无特别规定。几年前虽然曾有中国企业反映，希腊公共电力公司在招标过程中，要求主投标人所在国必须是

---

① 中国驻希腊大使馆经济商务参赞处：《希腊对外国投资合作的法规和政策》，http://gr.mofcom.gov.cn/article/ztdy/201505/20150500979766.shtml。

② 同上。

③ 同上。

WTO组织中签署了"政府采购协议"的成员国,故中国企业不能作为主投标人参与项目投标。此规定限制了中国企业参与类似项目的工程总承包投标,经中国驻希腊大使馆经济商务参赞处向希方相关部门做工作,此事已顺利解决,近年没有再出现新的类似案例。外国自然人在希腊承揽工程与法人适用同等的法律法规和资质要求。出于种种因素,希腊法律限制外国承包商承包在边境地区及边境岛屿的工程。[1]

2. 土地法

希腊没有专门的《土地法》,根据购买土地的不同性质,需要向不同的部门提交申请;希腊实行土地私有制,外资企业可通过购买等方式在希腊获得土地并取得对土地的所有权。但是希腊对边境地区土地购买有严格的规定,因手续极其繁琐,非欧盟公民很难购置到边境地区土地。[2]

3. 劳动法

欧盟公民只需取得居留许可即可在希腊工作。具体程序为:入境希腊后的3个月内向居住地的警察局申请居留许可,经批准可在希腊居留5年,5年届满后,经申请可自动延续。非欧盟公民要在希腊工作,则须在入境前经希腊内政与公共秩序部审批申请居留许可和工作许可,但此项审批程序极为复杂,特别是技术含量低的外国劳工很难获得许可。现时,外来移民已成为希腊劳动力供应的重要来源。希腊有专门保护外来劳工的法律,但依照外来劳工的国籍区别对待:外来劳工如来自欧盟成员国,则其可与希腊劳工享受该国劳动法上的各项同等权利;但如来自非欧盟成员国,则劳工的最低工资标准较希腊劳工低,工作时限亦较本地劳工长。同时外来劳工经常遇到更新绿卡困难、雇主拒付社保费用等问题。总体而言希腊劳动法律对外来劳工的保护力度不足。[3]

(三) 希腊PPP相关政策与法律

目前,希腊在通过特许权招标进行公共工程建设方面适用如下两个法律框架:第3669/2008号法适用于大型基础设施项目的特许经营;第3389/2005号是适用于公私合营项目的法律框架,具体为满足特定要求且预算低于5亿欧元的项目。希腊政府在PPP项目上的规定则可参考3389/2005法案,适用于满足法案要求的合作项目。

截至2014年,希腊已签订协议的PPP项目共七项,总金额4.65亿欧元,正在商谈的项目有五项。这些项目主要集中在交通、能源、环保、城市发展、信息技术、和旅游方面。私营合作方主要是希腊本国企业。目前中资企业在希腊跟进的PPP项目有克里特岛首府伊拉克利翁将要招标的新机场项目等。

另外,欧盟统计局要求,所有成员国政府职能在负责管理PPP项目的特殊目的公司中占有少量股份和受限制的权力,否则,这些公司的银行贷款和建筑成本将被计入该国政府债务。欧盟统计局希望政府在PPP项目中持股不超过33%,且不拥有任何特别权力。[4]

---

[1] 中国驻希腊大使馆经济商务参赞处:《希腊对外国投资合作的法规和政策》,http://gr.mofcom.gov.cn/article/ztdy/201505/20150500979766.shtml。

[2] 同上。

[3] 同上。

[4] 同上。

【实例一】 Rion-Antirion 大桥

该大桥建成于 2004 年。作为特许经营权获得者，Gefyra 公司在 42 年的特许经营期内，负责大桥的设计、建设、融资、维护和运营。法国公司 Vinci 是该公司的主要股东。

【实例二】 Attiki 公路

该公路全部建成于 2004 年，作为特许经营权获得者，ATTIKI ODOS 公司与希腊政府签订了特许经营合同，承担公路的设计、建设、融资、运营和维护。该公司股东主要为希腊公司。

【实例三】 雅典国际机场

该机场于 2001 年 3 月开始运营。成立于 1996 年的雅典国际机场公司（AIA）为公私合营公司，与希腊政府签署了 30 年的特许经营权协议，负责机场的设计、融资、建设、完善、试运营、维护、运营、管理和发展。

【实例四】 比港二号、三号码头项目

中远比雷埃夫斯码头公司租用和建成的比港二号、三号码头项目是中资企业在希腊开展的唯一的最大 BOT 项目，也是中国在欧洲取得的第一个全资大型集装箱码头特许经营权项目。2008 年，在时任国家主席胡锦涛的见证下，中远集团与希腊比雷埃夫斯港务局签订了特许经营协议，其中二号码头为租用，三号码头为自建，该项目总的工程、设备投资额为 5.53 亿欧元，营运期 35 年，期满后将项目完整地交还给希腊政府。目前该项目经济和社会效益十分显著，比雷埃夫斯港吞吐量由中资企业接手时的 68 万标箱跃升至 2015 年的 300 多万标箱，成为中国和希腊合作的典范项目。①

三、希腊司法体系及争议解决

（一）司法体系

现行的希腊共和国宪法生效于 1975 年 6 月 11 日，宪法规定，国家实行"总统议会共和制"。总统为国家元首，任期 5 年并可连任一届。立法权由议会和总统掌握，行政权属总理，司法权由法院行使。1986 年通过的宪法修正案缩小了总统的权力。

希腊议会实行一院制，议员由全国普选产生，其主要职能是立法和监督政府工作。

希腊最高司法机构包括最高法院和最高行政法院及检察机构。法院分初级、上诉及最高法院三级。各级法院设有检察官，初级地方治安法院设有公诉人。②

（二）争议解决制度

在希腊解决商务纠纷的主要途径包括：

1. 在合作协议中就规定了发生纠纷的解决方式。有的是聘请双方共同认可的专业机构，有的是约定仲裁，如都无法解决，最终将依照法律法规提起诉讼。

---

① 中国驻希腊大使馆经济商务参赞处：《希腊对外国投资合作的法规和政策》，http://gr.mofcom.gov.cn/article/zdy/201505/20150500979766.shtml。

② 中国驻希腊大使馆经济商务参赞处：《希腊概况》，http://gr.mofcom.gov.cn/article/ddgk/201506/20150601021850.shtml。

2. 由于投资企业的主体在希腊，可能争议的标的和主体都在希腊境内，因此在签订投资协议时，基本适用希腊法律。

3. 如涉及国际业务，希腊法律允许异地仲裁。但是双方在协议中应有事先约定，并事先咨询律师。

希腊于1969年签署《纽约公约》，外国投资者与希腊政府的争端可诉诸ICSID寻求国际仲裁。中远比雷埃夫斯港集装箱码头公司曾经通过双方在协议中事先约定的友好协商办法，解决了协议中的争议，取得了良好效果。

（三）中希司法协助

中国和希腊已达成《中华人民共和国和希腊共和国关于民事和刑事司法协助的协定》，其主要内容包括：

1. 民事司法协助的范围（第十条）

缔约双方应根据本协定，相互提供下列司法协助：

（1）送达和转递司法文书和司法外文书，包括有关个人身份证明的文件；

（2）代为调查取证；

（3）承认和执行法院裁决和仲裁裁决。

2. 免予提供担保（第十一条）

缔约一方法院对于缔约另一方国民，不得仅因为其是外国国民或在该缔约一方境内没有住所或居所而要求其提供诉讼费用担保。

3. 诉讼费用的免除和司法救助提供（第十二条）

（1）缔约一方国民在缔约另一方境内，可以在与缔约另一方国民同等的条件下和范围内，申请免除诉讼费用和享受免费司法救助。

（2）本条第一款规定的优惠应适用于某一特定诉讼案件的全过程，包括裁决的承认与执行。

4. 须承认与执行的裁决（第二十条）

在本协定生效后，缔约双方应根据本协定规定的条件在其境内予以承认与执行缔约另一方作出的：

（1）民事裁决；

（2）刑事判决中有关损害赔偿的部分；

（3）仲裁裁决、法院制作的调解书和仲裁调解书。

5. 请求的提出（第二十一条）

承认与执行裁决的请求书应由申请人向作出该裁决的缔约一方法院提出，该法院应通过本协定第三条所规定的途径将该请求转交给缔约另一方法院，申请人可直接向承认或/和执行该裁决的主管法院提出。[①]

---

① 以上内容皆直接来源于《中华人民共和国和希腊共和国关于民事和刑事司法协助的协定》。

四、营商环境及法律风险防范

（一）希腊整体营商环境

希腊政府积极鼓励企业投资，并颁布和制订了各种鼓励国内外投资的法律及政策。2013年4月9日，希腊议会通过新投资法案（第4146/2013号法），旨在为战略投资创建良好环境。该法案包括一系列优先事项安排及鼓励政策，使投资程序更加快捷、透明和富有成效。该法案还包括"购房送居留许可"的内容，即非欧盟公民在希腊境内购买25万欧元或以上房产，即可申请为期5年的希腊居留许可，5年后只要该房产所有权不出售，其拥有的居留可以延续。2013年5月31日，希腊内政部发布了实施第4146/2013号法的部长决定，保障非欧盟国家公民购买希腊房产获得居留许可的权利。

世界经济论坛《2015—2016年全球竞争力报告》显示，在全球最具竞争力的140个国家和地区中，希腊排第81位。

世界银行发布的《2017年营商环境报告》显示，希腊在全球190个经济体中，其经商适宜度排名第61位。[①]

（二）希腊投资与承包工程风险及建议

1. 投资方面

中国企业在希腊开展投资合作需注意：

（1）政治：2015年，希腊政府更迭，全年希腊经历了两次大选和一次全民公投，左翼联盟党在两次选举中都获得了胜利。左联虽然按照与债权人达成的协议在推进私有化进程，但这其中仍然夹杂着一些不同的声音，政府推进改革的难度仍不能小觑。反对紧缩、私有化和改革的游行、罢工此起彼伏；

（2）经济、金融：2015年，伴随着政治局势不断波动，希腊经济发展也面临着很大困难。根据希腊统计局数据，2015年希腊GDP同比下降0.2%。2015年6月底，希腊成为第一个向IMF违约的发达国家，并于6月29日开始实施资本管制措施。2015年中希双边贸易额同比下降12.8%。根据与债权人达成的协议，希腊政府正在推行并将继续推出很多提高税率的措施；

（3）政策：①在希腊建立企业步骤较多，耗时较长。希腊政府与投资相关的各项职能并非由一个统一的部门行使，也缺乏为外资服务的专门机构，协调各个投资管理部门职权分工的难度亦较大。各种审批许可使企业无形成本上升。②希腊某些政策调整幅度较大，影响到中资企业的正常发展。如希腊政府曾于2006年6月出台新的可再生能源法案，大幅提升光伏上网电价，但随着光伏产业出现爆发性增长，希腊政府出台光伏新政策：大幅下调光伏上网电价补贴率，并开始对可再生能源电站征收名目繁多的税种，这其中一些特别税还具有可追溯性。所有这些政策的不可预见性，令在希腊的中资光伏发电企业遭遇一

[①] 商务部国际贸易经济合作研究院，商务部投资促进事务局，中国驻希腊大使馆经济商务参赞处：《对外投资合作国别（地区）指南—希腊（2016年版）》，http://fec.mofcom.gov.cn/article/gbdqzn/upload/xila.pdf.

定困境。此外，如希政府实施与欧洲债权人达成的协议，则各种税费必还将有所上升。③社保政策。目前，中国企业派驻希腊人员，既需要在希腊缴纳社会保险，也需按规定在国内缴纳医疗、失业、养老等社会保险，且绝大部分中方人员将在几年后回到中国，并不能享受到在希腊缴纳社会保险，特别是养老保险所带来的福利，这加重了中资企业和员工的负担。

2. 承包工程方面

企业在希腊参加工程项目投标，通常需要报送大量材料，履行几十个手续，耗时几个月甚至几年。此外，由于政府更迭，某些项目的招标过程会拖延很久，甚至数年，中资企业应早作准备，避免因时间拖延造成损失。企业新增建设用地，需经希国中央和地方两级审批，手续十分繁琐、耗时耗力。同时，希腊政府投资管理职能不统一，业主协调能力有限，经常影响工程按期交付；同时，希腊劳资双方矛盾不断，使得企业雇佣当地职工的隐性成本较高。

3. 劳务合作方面

（1）市场容量有限。希腊失业率较欧盟平均水平为高，为保护本国劳动力起见，希腊对外籍劳工的工作许可和居留许可审批制度较为严苛。外籍劳工在希腊申请工作许可需缴纳社保费用；

（2）希腊劳动法律法规严格，希腊本国劳动力保护尤为严密。其劳动法规对工时、工资、解雇条件、用工合同等均有严格规定，加重了中资企业的用工成本；

（3）对外籍劳工保护程度不高。希腊虽有保护外籍劳工的法律，但保护程度不高。外籍劳工工资标准较低、工作时间较长，而且可能遇到延长居留困难、雇主拒付社保费用、超长工作等问题。

4. 投资合作风险防范

在希腊开展投资、贸易、工程承包及对外劳务合作的过程中，要特别注意投资前的风险预警，认真调查分析并评估可能出现的风险，投资过程中应做好风险规避和管理工作，以切实保障中资企业自身利益。中资企业应充分调查和评估项目或贸易客户及相关方的资信，认真分析项目本身实施的可行性和项目所在地的政治风险及商业风险，并着重防范与规避风险。我国企业应积极利用相关风险管理机构的各种业务，采取不同渠道来保障自身利益，如保险机构提供的贸易、投资、承包工程和劳务类信用保险、财产保险、人身安全保险等，银行的保理业务和福费廷业务，各类担保业务（政府担保、商业担保、保函），以及其他专业风险管理机构的相关业务等。中资企业对希腊投资及在希开展业务合作过程中，可使用中国出口信用保险公司提供的信用风险保障产品，保险覆盖范围包括政治风险、商业风险；也可使用中国进出口银行等政策性银行提供的商业担保服务。

如果在没有有效风险规避情况下发生了风险损失，也要根据损失程度大小，尽快自救或通过相关途径追偿损失。若投资者经营之业务事先已由信用保险机构承保，则由信用保险机构确定损失并审核是否应赔偿损失，并由相关机构协助追偿。

五、小结

中国和希腊作为东西方的两个文明古国，有着悠久的交往历史，自 1972 年中希两国建交以来，经贸往来密切，人民世代友好。近年来，随着中希全面战略伙伴关系的深入发展，中希经贸关系也获得了长足的发展，越来越多的中国企业利用希腊在贸易、投资、海运、旅游等领域的发展优势，开始在希腊投资兴业，并不断加强与希腊政府及企业的合作。中远集团在比雷埃夫斯集装箱码头公司项目上取得的巨大成功，以及中远海运集团成功控股比雷埃夫斯港务局，都已成为中希合作互利共赢的示范项目。

需要指出的是，希腊近年经济持续衰退，政府更迭导致其施政政策不确定性增强，对中国投资产生一定的负面影响，但总体而言，希腊对中国投资的大门是敞开的，希腊欢迎并期待中国投资。对于中国投资者而言，因希腊市场相对较为陌生，中资企业及从业人员需进一步积累开拓希腊市场的经验，加强与希腊政府的交流及联系，深入了解希腊及欧盟的政策、法律、法规。

第八章

附 录

"一带一路"政策法规列表

序号	名称	发布日期	发布机关	效力层级	文号
	"一带一路"建设工程领域司法解释性文件				
1	最高人民法院关于人民法院为"一带一路"建设提供司法服务和保障的若干意见	2015.06.16	最高人民法院	司法解释	法发〔2015〕9号
2	最高人民法院为"一带一路"建设提供司法服务和保障的典型案例	2105.07.07	最高人民法院	司法解释性质文件	
3	最高人民检察院职务犯罪预防厅关于印发《关于做好检察机关预防职务犯罪工作服务和保障"一带一路"倡议的十条意见》	2015.06.04	最高人民检察院	两高工作文件	
4	最高人民法院第二批涉"一带一路"建设典型案例	2017.05.15	最高人民法院	司法解释性质文件	
	"一带一路"建设工程相关领域的部门规范性文件				
1	关于推进绿色"一带一路"建设的指导意见	2017.04.24	环境保护部、外交部、国家发展和改革委员会、商务部	部委文件	
2	国家税务总局关于进一步做好税收服务"一带一路"建设工作的通知	2017.04.24	国家税务总局	部委文件	税总发〔2017〕42号
3	中国保监会关于保险业服务"一带一路"建设的指导意见	2017.04.13	中国保监会	部委文件	保监发〔2017〕38号
4	国防科工局、发展改革委关于加快推进"一带一路"空间信息走廊建设与应用的指导意见	2016.10.22	国家国防科技工业局 国家发展和改革委员会	部委文件	
5	标准联通"一带一路"行动计划（2015—2017）	2015.10.22	国务院推进"一带一路"建设工作领导小组办公室	部委文件	
6	国家质量监督检验检疫总局关于推进"一带一路"建设工作的意见	2015.04.14	国家质量监督检验检疫总局	部委文件	国质检通〔2015〕151号
7	推动共建丝绸之路经济带和21世纪海上丝绸之路的愿景与行动	2015.03.28	国家发展改革委、外交部、商务部	部委文件	

续表

序号	名　称	发布日期	发布机关	效力层级	文　号
\multicolumn{6}{c}{"一带一路"其他规范性部委文件}
1	授权发布《共建"一带一路"：理念、实践与中国的贡献》（七语言版本）	2017.05.11	国务院推进"一带一路"建设工作领导小组办公室	部委文件	
2	国家海洋局、工业和信息部关于加强2017年"一带一路"高峰论坛期间海底光缆保护的通知	2017.05.02	国家海洋局、工业和信息化部	部委文件	国海管字〔2017〕224号
3	交通运输部安委办关于切实做好"五一"及"一带一路"国际合作高峰论坛期间安全生产工作的通知	2017.04.24	交通运输部	部委文件	交安委办明电〔2017〕5号
4	文化部关于印发《文化部"一带一路"文化发展行动计划（2016—2020年）》的通知	2016.12.29	文化部	部委文件	文外发〔2016〕40号
5	国家中医药管理局、国家发展和改革委员会关于印发《中医药"一带一路"发展规划》（2016－2020年）的通知	2016.12.26	国家中医药管理局，国家发展和改革委员会（含原国家发展计划委员会、原国家计划委员会）	部委文件	国中医药国际发〔2016〕44号
6	农业部关于中国水产科学研究院"一带一路"国际水产养殖试验基地等3个建设项目可行性研究报告的批复	2016.12.25	农业部	部委文件	农计发〔2016〕102号
7	关于打造江苏"江海一体"的国际海港区服务"一带一路"倡议和"长江经济带"建设的建议的答复	2016.11.02	交通运输部	部委文件	
8	推进"一带一路"建设工作领导小组办公室印发《关于加强和规范"一带一路"对外交流平台审核工作的通知》	2016.10.24	国务院推进"一带一路"建设工作领导小组办公室	部委文件	
9	科技部发展改革委外交部商务部关于印发《推进"一带一路"建设科技创新合作专项规划》的通知	2016.09.08	科学技术部、国家发展和改革委员会、外交部、商务部	部委文件	
10	国家认监委办公室关于组织开展检验检疫标准化服务"一带一路"工作的通知	2016.08.01	国家认证认可监督管理委员会	部委文件	认办科函〔2016〕49号

续表

序号	名　称	发布日期	发布机关	效力层级	文　号
"一带一路"其他规范性部委文件					
11	教育部关于印发《推进共建"一带一路"教育行动》的通知	2016.07.13	教育部	部委文件	教外〔2016〕46号
12	国家质量监督检验检疫总局关于发布《"一带一路"计量合作愿景与行动》的公告	2016.06.21	国家质量监督检验检疫总局	部委文件	国家质量监督检验检疫总局公告2016年第58号
13	国家发展和改革委员会关于"一带一路"（江苏沿海）南通新型城镇化建设集合债券核准的批复	2016.05.04	国家发展和改革委员会	部委文件	发改企业债券〔2016〕177号
14	国家卫生计生委办公厅关于印发《国家卫生计生委关于推进"一带一路"卫生交流合作三年实施方案（2015—2017）》的通知	2015.10.14	国家卫生和计划生育委员会	部委文件	国卫办国际函〔2015〕866号
15	交通运输部办公厅关于转发《辽宁省交通厅、沈阳铁路局、中国民用航空辽宁安全监督管理局、辽宁省邮政管理局关于融入国家"一带一路"发展战略构筑"辽满欧"综合交通运输大通道的实施意见》的通知	2015.08.19	交通运输部	部委文件	交办运〔2015〕128号
16	国家税务总局关于落实"一带一路"发展战略要求做好税收服务与管理工作的通知	2015.04.21	国家税务总局	部委文件	税总发〔2015〕60号
"一带一路"建设工程相关领域的地方规范性文件					
1	大同市人民政府办公厅关于参与省"一带一路"倡议工作推进方案	2016.03.16	大同市政府	地方政府文件	同政办发〔2016〕19号
2	辽宁省人民政府办公厅关于贯彻落实"一带一路"倡议推动企业"走出去"的指导意见	2015.01.21	辽宁省人民政府办公厅	地方政府文件	辽政办发〔2015〕14号
3	大连市人民政府办公厅关于印发《大连市对接"一带一路"倡议构建开放新格局发展规划（2016—2020年）》的通知	2016.07.28	大连市人民政府办公厅	地方政府文件	大政办发〔2016〕111号
4	大连市人民政府办公厅关于贯彻"一带一路"倡议扩大国际经贸合作的实施意见	2015.09.11	大连市人民政府办公厅	地方政府文件	大政办发〔2015〕82号

续表

序号	名　　称	发布日期	发布机关	效力层级	文　号
"一带一路"建设工程相关领域的地方规范性文件					
5	连云港市人民政府办公室关于转发连云港供电公司参与"一带一路"建设行动实施方案的通知	2015.11.10	连云港市人民政府办公室	地方政府文件	连政办发〔2015〕163号
6	南通市人民政府关于抢抓"一带一路"建设机遇进一步做好境外投资工作的意见	2015.04.16	南通市人民政府	地方政府文件	通政发〔2015〕28号
7	无锡市人民政府关于抢抓"一带一路"建设机遇进一步做好境外投资工作的实施意见	2015.02.26	无锡市人民政府	地方政府文件	锡政发〔2015〕57号
8	江西省人民政府办公厅关于印发江西省2016年参与"一带一路"建设工作要点的通知	2016.04.20	江西省人民政府办公厅	地方政府文件	赣府厅字〔2016〕48号
9	青岛市人民政府办公厅关于推动工程建设企业参与"一带一路"建设的实施意见	2016.07.03	青岛市人民政府办公厅	地方政府文件	青政办字〔2016〕86号
10	湖南省人民政府关于印发《湖南省对接"一带一路"倡议行动方案（2015—2017年）》的通知	2015.08.14	湖南省人民政府	地方政府文件	湘政发〔2015〕34号
11	湖南省人民政府办公厅关于印发《湖南省对接"一带一路"倡议推动优势企业"走出去"实施方案》的通知	2015.09.26	湖南省人民政府办公厅	地方政府文件	湘政办发〔2015〕80号
12	岳阳市人民政府办公室关于印发《岳阳市对接"一带一路"推动优势企业"走出去"实施方案》的战略通知	2016.02.23	岳阳市政府	地方政府文件	岳政办发〔2016〕9号
13	宜昌市政府办公室关于印发2015年宜昌市对接落实"一带一路"长江经济带长江中游城市群"一元多层次"等国家和省重大战略工作要点的通知	2015.09.16	宜昌市政府	地方政府文件	宜府办发〔2015〕44号
14	深圳市地方税务局关于印发《服务"一带一路"建设实施办法》的通知	2015.04.22	深圳市地方税务局	地方政府文件	深地税发〔2015〕68号
15	广西壮族自治区人民政府国有资产监督管理委员会关于印发《自治区国资委关于贯彻落实"一带一路"倡议推动企业"走出去"的指导意见》的通知	2015.08.19	广西壮族自治区人民政府国有资产监督管理委员	地方政府文件	

续表

序号	名　　称	发布日期	发布机关	效力层级	文　　号
"一带一路"建设工程相关领域的地方规范性文件					
16	成都市人民政府办公厅关于印发成都市融入"一带一路"国家战略推动企业"走出去"五年（2016—2020年）行动计划的通知	2016.09.06	成都市人民政府办公厅	地方政府文件	成办函〔2016〕128号
17	攀枝花市人民政府关于印发《攀枝花市推进"一带一路"建设重点工作（2015~2016年）》的通知	2015.11.13	攀枝花市人民政府	地方政府文件	攀府发〔2015〕31号
18	中共昆明市委、昆明市人民政府关于昆明服务和融入"一带一路"倡议的实施意见	2016.07.08	昆明市人民政府	地方政府文件	昆发〔2016〕15号
19	陕西省人民政府办公厅关于印发《陕西省"一带一路"建设2017年行动计划》的通知	2017.04.05	陕西省人民政府办公厅	地方政府文件	陕政办发〔2017〕22号
20	陕西省人民政府办公厅关于印发《陕西省"一带一路"建设2016年行动计划》的通知	2016.05.26	陕西省人民政府办公厅	地方政府文件	陕政办发〔2016〕42号
21	宝鸡市人民政府办公室关于做好东西部协作苏陕就业扶贫招聘洽谈会暨2017"一带一路"中国·宝鸡人才招聘洽谈会筹备工作的通知	2017.03.31	宝鸡市人民政府办公室	地方政府文件	宝政发〔2015〕20号
22	宁夏回族自治区人民政府办公厅关于转发人行银川中心支行等五部门金融支持宁夏融入"一带一路"加快开放宁夏建设意见的通知	2016.02.04	宁夏回族自治区政府	地方政府文件	宁政办发〔2016〕30号
23	中共银川市委办公厅关于加快开放银川建设打造"一带一路"倡议节点城市的若干意见	2016.01.06	中共银川市委	地方政府文件	
24	宁夏回族自治区党委关于融入"一带一路"加快开放宁夏建设的意见	2015.07.27	中共宁夏回族自治区党委	地方政府文件	宁党发〔2015〕22号

续表

序号	名　　称	发布日期	发布机关	效力层级	文　号
"一带一路"其他地方规范性文件					
1	关于转发《国家中医药管理局、国家发展和改革委员会关于印发〈中医药"一带一路"发展规划（2016—2020年）〉的通知》的通知	2017.02.04	上海市卫生和计划生育委员会	地方政府文件	沪卫计中发〔2017〕004号
2	天津市人民政府办公厅关于成立天津市推进"一带一路"建设工作领导小组的通知	2016.12.24	天津市人民政府办公厅	地方政府文件	津政办发〔2016〕120号
3	山东省住房和城乡建设厅关于召开山东省建设行业对外开放暨"一带一路"走出去动员大会的通知	2016.12.08	山东省住房和城乡建设厅	地方政府文件	
4	山东省国家税务局关于印发《税收服务"一带一路"发展战略十项措施》的通知	2015.05.13	山东省国家税务局	地方政府文件	鲁国税发〔2015〕106号
5	山东省人民政府关于同意举办"一带一路"农业科技合作高层论坛的批复	2016.08.22	山东省人民政府	地方政府文件	鲁政字〔2016〕188号
6	北京市卫生和计划生育委员会关于印发《卫生计生系统消防安全"大排查大整治大宣传大培训"专项行动暨"一带一路"国际合作高峰论坛火灾防控工作方案》的通知	2017.04.13	北京市卫生和计划生育委员	地方政府文件	京卫监督字〔2017〕22号
7	北京市教育委员会关于公布2016和2017年度北京市外国留学生"一带一路"奖学金入选项目的通知	2016.12.02	北京市教育委员会	地方政府文件	京教外〔2016〕11号
8	关于北京融商一带一路法律与商事服务中心成立登记的行政许可	2016.10.18	北京市民政局	地方政府文件	
9	宝鸡市人民政府办公室关于印发《"一带一路"海外宝鸡2016年行动计划》的通知	2016.06.02	宝鸡市人民政府办公室	地方政府文件	宝政办函〔2016〕70号
10	湖北省经济和信息化委员会办公室关于"一带一路"产业对接湖北行活动有关前期准备工作的通知	2016.05.24	湖北省经济和信息化委员会办公室	地方政府文件	

续表

序号	名称	发布日期	发布机关	效力层级	文号
"一带一路"其他地方规范性文件					
11	湖南省商务厅、湖南省发改委、湖南省财政厅、湖南省政府金融办关于举办湖南对接"一带一路"海外融资(香港)洽谈会的通知	2016.04.07	湖南省商务厅、湖南省发改委、湖南省财政厅、湖南省政府金融办	地方政府文件	
12	广西壮族自治区地方税务局关于深入贯彻落实"五大发展理念"服务"一带一路"发展战略若干税收政策的通知	2016.04.07	广西壮族自治区地方税务局	地方政府文件	桂地税发〔2016〕34号
13	开封市人民政府办公室关于印发2016中国(开封)清明文化节"一带一路"投资贸易"双百"行动招商方案的通知	2016.01.28	开封市人民政府办公室	地方政府文件	汴政办〔2016〕9号
14	安顺市政府关于贵州(安顺)"一带一路"石材产业园产业发展规划的批复	2016.01.18	安顺市政府	地方政府文件	安府函〔2016〕6号
15	西安市人民政府关于印发西安市系统推进全面创新改革试验打造一带一路创新中心实施细则的通知	2017.01.11	西安市人民政府	地方政府文件	市政发〔2017〕2号
16	西安市人民政府办公厅关于印发一带一路建设2016年行动计划的通知	2015.12.07	西安市人民政府办公厅	地方政府文件	市政办发〔2015〕119号
17	宝鸡市人民政府办公室关于印发《宝鸡市积极融入"一带一路"建设(2015—2017年)实施方案》的通知	2015.11.06	宝鸡市人民政府办公室	地方政府文件	宝政办发〔2015〕78号
18	宝鸡市人民政府关于积极融入"一带一路"建设进一步做好境外投资工作的实施意见	2015.09.08	宝鸡市人民政府	地方政府文件	宝政发〔2015〕20号
19	连云港市人民政府办公室印发《关于2015年"一带一路"农业国际合作示范区工作方案》的通知	2015.09.06	连云港市人民政府办公室	地方政府文件	连政办发〔2015〕137号
20	连云港市人民政府关于加快推进"一带一路"连云港农业国际合作示范区建设的意见	2015.09.09	连云港市人民政府办公室	地方政府文件	连政发〔2015〕120号
21	沈阳市人民政府办公厅关于印发沈阳市贯彻落实"一带一路"倡议推动企业"走出去"实施方案的通知	2015.08.25	沈阳市人民政府办公厅	地方政府文件	沈政办发〔2015〕55号

续表

序号	名　　称	发布日期	发布机关	效力层级	文　号
"一带一路"其他地方规范性文件					
22	湖南省人民政府办公厅关于印发《湖南对接国家"一带一路"倡议工作方案》的通知	2015.08.19	湖南省人民政府办公厅	地方政府文件	湘政办发〔2015〕67号
23	攀枝花市人民政府办公室关于印发《攀枝花市2015～2017年度实施"一带一路"倡议推进对外经济合作工作方案》的通知	2015.07.27	攀枝花市人民政府办公室	地方政府文件	
24	关于印发《连云港地税支持企业参与"一带一路"建设十五项举措》的通知	2015.07.14	连云港市地方税务局	地方政府文件	连地税办函〔2015〕78号
25	陕西省人民政府办公厅关于印发"一带一路"建设2015年行动计划的通知	2015.06.17	陕西省人民政府办公厅	地方政府文件	陕政办发〔2015〕57号
26	铜川市人民政府办公室关于印发《"一带一路"建设2015年行动计划》的通知	2015.08.27	铜川市人民政府办公室	地方政府文件	铜政办发〔2015〕40号
27	河北省教育厅关于印发《河北省推进共建"一带一路"教育行动计划》的通知	2016.09.01	河北省教育厅	地方政府文件	冀教外〔2016〕108号
28	河北省国家税务局转发《国家税务总局关于落实"一带一路"发展战略要求做好税收服务与管理工作的通知》	2015.05.18	河北省国家税务局	地方政府文件	
29	关于重庆银行业支持国家"一带一路"倡议和建设长江经济带的指导意见	2015.03.26	中国银行业监督管理委员会重庆监管局	地方政府文件	渝银监发〔2015〕12号
30	内蒙古质监局关于开展2015年世界认可日暨"认证认可服务'一带一路'建设愿景与行动"系列活动的通知	2015.06.01	内蒙古质监局	地方政府文件	内质监认发〔2015〕136号
31	南通市人民政府办公室印发《贯彻落实〈市政府关于抢抓"一带一路"建设机遇进一步做好境外投资工作的意见〉重点工作分工方案》的通知	2015.07.17	南通市人民政府办公室	地方政府文件	通政办发〔2015〕117号

"一带一路"相关案例列表

序号	国家	项目名称及案例	模式	关注焦点
1	蒙古	阿拉坦布拉格—乌兰巴托—扎门乌德高速公路项目	BOT模式	中标企业将获得该公路30年经营权
		那林苏海图—锡伯库伦50公里公路项目	BOT模式	特许经营年限共17年
		图勒门100KWT电厂项目	BOT模式	特许经营权期限为22年
		阿勒坦布拉格—扎门乌德997公里快速路项目	/	特许经营权期限为28年
		乌兰巴托市巴格诺尔地区2×350MW坑口火电厂项目	BOT模式	特许经营期25年,项目总投资约9亿美元,为迄今为止蒙古规模最大的电力项目
		乌兰巴托某施工总承包工程	/	项目存在诸多风险,如土地使用权属风险、项目融资风险和还款风险——充分认识工程项目所涉目标地块土地使用权属风险;控制项目融资风险优先于追究违约责任;采用担保方式降低还款风险
		浙江高院不予承认蒙古国家仲裁法庭73/23—06号仲裁裁决案	/	合同双方未约定明确的仲裁地与明确的仲裁机构——重视《纽约公约》第五条中有关不予承认仲裁裁决的理由
2	俄罗斯	中俄原油管道项目	/	是中国与俄罗斯建的第一条石油管道,具有标志性意义
		莫斯科至喀山高铁项目	/	该项目作为中国高铁真正意义上走出去的第一单,标志着中俄高铁合作项目向前迈出了实质性一步
3	哈萨克斯坦	卡沙甘油田开采项目	/	因违法燃烧和生产导致巨额罚款处罚——可以考虑通过国际仲裁的途径解决纠纷
		某电力承包工程	/	业主拒绝保障申请中国赴哈萨克斯坦工程技术人员劳务配额,对中国企业履约造成了严重影响——与业主签合同时需要将业主保障申请劳务配额作为履约的先决条件写入合同条款
		某大型承包工程	/	国内技术和施工人员进入哈萨克斯坦面临使馆认证和签证困难,严重制约项目建设进展——重视使馆认证和签证问题,避免项目建设进度面临重大履约风险

续表

序号	国家	项目名称及案例	模式	关注焦点
4	乌兹别克斯坦	双边贸易项目	/	遭遇外汇换汇困难——联系国家开发银行的当地分行,由银行与项目所在地银行沟通合作,通过美元转贷款方式,解决换汇难题
		轮胎制造厂项目	EPC总承包	总金额近1.84亿美元
5	土库曼斯坦	Kiliç İnşaat İthalat İhracat Sanayi Ve Ticaret Anonim Şirketi v. Turkmenistan	/	建设工程合同纠纷导致当地政府及政府官员通过行政手段勒令Kilic公司停止了所有的建设工程与其他业务
		Garanti Koza LLP v. Turkmenistan	/	该工程签约并准备建设后,总统通过特令拆分了该主管部门为两个相分离的企业,并将工程相应地拆分为两个部分,并将其中一部分指派给另一家案外企业承接——虽然双边投资协议在土库曼斯坦的法律保护效力存在障碍,但是必要时刻可以诉诸国际仲裁,维护投资者权益
6	吉尔吉斯斯坦	加拿大森特拉(Centerra)公司与吉尔吉斯斯坦政府仲裁案	/	政府希望将其在森特拉公司的32.7%的股权与合资企业控制库姆托尔金矿一半的股权互换,但是重组交易未能成交
		Belokon v. Kyrgyzsta 贝洛孔诉吉尔吉斯斯坦	/	吉尔吉斯斯坦的相关法律违反了《吉尔吉斯斯坦—拉脱维亚双边投资协定》,构成对投资的不合理限制
7	印度尼西亚	DBK-MRC煤炭开发及运输通道基础设施项目	EPC总承包	特许经营期为40年
		KNI2B岛围海造陆项目	/	工程总造价达4.8亿美元
		唐格朗围海造陆项目	/	
8	泰国	曼谷第二高速公路项目	BOT模式	特许期限30年
9	马来西亚	铁路建设项目一个标段工程	/	由于当地公司负责的线下工程进度连续五个月不达标,严重滞后,导致线上施工无法展开——当地工人习惯了"慢节奏",不愿意加班,项目不得不和分包商反复谈判,并采取节点奖励制度,激发其积极性
		SSP第二地铁线建设项目	/	在中马联营公司中,中方占股51%,马方占股49%
		沐若水电站	EPC总承包	以典型的EPC合同模式为主体,并结合业主与总承包商的特点,有如下设置:采用中国标准,合理规避汇率风险,价差调整,暂定价处理,变更与索赔

续表

序号	国家	项目名称及案例	模式	关注焦点
10	新加坡	某轨道交通 EPC 项目	EPC 模式	新加坡当地施工标准与规则和中国有着较大差别——在承接工程之前，中国企业就应该学习了解新加坡当地的报审程序、标准规范、图纸提交与批复规则等，并仔细研究合同中的条款，结合自身优势，制定客观合理的施工计划
		新加坡地铁有限公司购买中国地铁列车事件	/	在例行检查时发现车身在衔接车身与转向架的部位出现如发丝般极细的裂纹（Hairline crack）裂痕——新加坡法制健全，对于工程材料和永久设备的质量标准规定也比较细致并且标准较高，检验的程序也非常繁琐，建议承包商特别注意。承包商必须详细了解并严格按照合同约定的工程质量标准、制造方法等实施后提供工程材料和设备
11	东帝汶	康菲石油公司涉嫌未交巨额应纳税款事件	/	康菲公司认为东帝汶政府行为严重损害了其利益，将东帝汶政府告上新加坡仲裁法庭——新加坡仲裁庭目前尚未对此税案做出最终裁决
		东帝汶电信	BOT 模式	/
		蒂巴港建设项目	PPP 模式筹资，BOT 模式经营	/
		污水处理厂	BOT 模式	/
		帝力深水港	/	/
12	菲律宾	北吕宋铁路项目	/	菲律宾不仅没有忠实履行中菲北方铁路合作协议，还企图将案件提交国际仲裁庭借以逃避自己的还债义务——菲律宾政府在 PPP 项目合作中的信誉并不好，频繁更迭的政策对于投资方来讲蕴含了巨大的风险
		风电和光伏一体化项目	EPC 总承包	中菲双方经贸合作能源领域的第一个大型项目，标志着杜特尔特时期中菲工程合作的良好开端
		国家电网特许经营项目	/	/

续表

序号	国家	项目名称及案例	模式	关注焦点
13	缅甸	密松水电站	/	缅政府以"可能会造成生态破坏"为由，曾叫停其一度支持的该项目——中方投资方前期投入了70亿美元资金，工程叫停后将造成中方的巨大损失
		瑞丽江一级水电站项目	BOT模式	由合资公司运营40年后再移交给缅甸政府
		太平江水电站	施工总承包	
		中缅油气管道项目	/	是一个涉及"四国六方"的多国参与的项目
14	柬埔寨	甘再水电站项目	BOT模式	是柬埔寨第一个BOT项目，特许经营期为44年，其中建设期4年，经营期40年
15	老挝	色贡变电站至西格玛水电站输变电项目	EPC总承包	合同金额3.17亿美元，工期2.5年
		塞坎曼水电站	EPC总承包	预计建成后年发电量7亿度
		Nam Dik一期水电站项目	EPC总承包	工程合同总额为4290万美元
		南普水电站项目	EPC总承包	工程合同额约1亿美元
		南俄5水电站项目	BOT模式	总投资约27亿元人民币，装机16.8万千瓦
16	文莱	恒逸文莱PMB石油化工项目	/	该项目于2011年获文莱政府批准，2013年获中国国家发改委和商务部境外投资项目核准
17	越南	中国出口商与越南进口商的氧化锌买卖合同纠纷	/	双方在合同中约定，"本合同遵守及受管辖于中国和越南法律"，后发生纠纷，如何处理中、越两国法律的适用却成为了复杂问题——当事人当首先力争选择本国法律为适用法律；相对方坚决不予同意的，可以不具体约定所应适用的法律，而由仲裁机构或法院根据国际私法最密切联系原则或一国冲突规范确定所应适用的法律；如果一定要选择对方国家法律的，或选择两国法律的，则企业公司业务人员、法务人员对对方所在国法律制度，至少对合同法或相关的贸易法、投资法应有一基本了解，以免由于法律知识的缺乏陷入被动，或作好聘请该国律师提供咨询或代理案件的准备
		清化省宜山热电厂BOT项目	BOT模式	该项目设计功率为2×60万千瓦，项目总投资23亿美元，有越南政府担保
		永新一期燃煤电厂项目	/	总投资逾20亿美元，装机总容量120万千瓦，年发电量80亿度

续表

序号	国家	项目名称及案例	模式	关注焦点
18	印度	法律尽职调查过程中发现存在家庭土地分割纠纷	/	在印度的实践中，几乎每个土地项目都或多或少地存在这样或者那样的法律问题，诉讼是比较常见的法律问题之一
19	巴基斯坦	卡拉奇——拉合尔高速公路（哈内瓦尔至拉合尔段）项目	EPC总承包	特许经营期共30年，自签订《特许权协议》起算，融资期约1年，建设期3年，运营期约26年
20	孟加拉国	达卡高速公路PPP项目	/	本项目特许授权期限为25年，包括3年零6个月的建设期，但是在签署协议六年后该项目仍未动工——孟加拉国虽然制定了PPP法案，但该法案只是一个框架性的法案，对融资、资本回收等具体内容都由投资者与公共部门在PPP协议中约定，且孟加拉国本地投资环境较差，PPP项目经验不足，因此投资者一定要注意PPP项目可行性调研等前期工作的重要性
21	阿富汗	昆都士公路修建项目	/	曾经历阿富汗恐怖分子第一次发动的专门针对中国人的袭击的恶性事件
21	阿富汗	艾娜克铜矿项目	/	在开采阿富汗艾娜克铜矿过程中因发现大量文物古迹，工程一度长时间中断。并且，在开采过程中面临着水资源短缺等严重影响铜矿采矿进程的环境问题，导致中冶集团实际开采时间缩短
22	尼泊尔	West-Seti水电站项目	PPP模式	项目总投资额近16亿美元，是迄今为止我国企业在尼泊尔投资额最大、影响范围最广的项目
22	尼泊尔	加德满都谷地供水改善项目合同	PPP模式	运营五年后移交招标人
23	斯里兰卡	科伦坡港口城发展PPP项目	/	该项目于2014年9月正式动工，2015年3月初，斯新政府以"缺乏相关审批手续"、"重审环境评估"等为由叫停了该项目。2016年3月，政府取消对港口城项目暂停决定。2016年12月12日，中斯双方在斯里兰卡首都科伦坡签署科伦坡港口城项目新协议——是我国与斯里兰卡迄今为止最大的双边投资合作项目，也是斯里兰卡迄今为止吸引的最大的外商直接投资项目

续表

序号	国家	项目名称及案例	模式	关注焦点
24	斯里兰卡	汉班托塔港口二期SOT项目	SOT＋EPC总承包模式	已于2012年11月15日正式开工，DB阶段项目已完成，目前正在推进SOT阶段项目的实施
		WELIRRTI供水项目	PPP模式	/
		莫罗嘎哈勘达水库渠首工程	/	是一座集灌溉、给水和发电为一体的多功能建筑物，也是斯里兰卡最大的农业灌溉项目工程
		斯里兰卡南部高速公路延长线项目	/	该项目由中国进出口银行提供18亿美元优惠贷款，总长96公里，分为4个标段，工期约为3年半
25	马尔代夫	中马友谊大桥即马累—机场岛跨海大桥工程	EPC总承包	该项目建设资金由中国政府无偿援助、中国政府优惠贷款和马尔代夫政府自筹资金三部分组成
		马尔代夫国际机场跑道修复工程	/	/
		太阳能计划的试点项目	/	全部建成运营后，所在岛屿50%的电力供应将来自太阳能发电
		1000套公益房项目	EPC总承包	是马尔代夫政府重要惠民举措，对改善民众居住条件意义重大
		1500套住房二期工程	/	分布在该国南部省与上南部省共9个岛屿，距首都马累500余公里，且岛与岛间距在100公里以上
26	卡塔尔	2022世界杯主体育场鲁塞尔体育场建设项目	/	该体育场建成之后可以容纳观众92000人，将举办卡塔尔2022世界杯的开幕式、闭幕式、决赛等各类重要的活动，也将同时成为卡塔尔新的地标建筑，具有重要的意义
27	阿联酋	阿联酋N字水工项目	/	该项目面临成本、工期和管理等多重风险，且由于业主在进行项目总体规划时候出现了失误，造成项目停工——要全面加强工程管理、控制工程成本，成立项目全过程专家咨询机制，为项目提供及时有效的专业意见，培养项目团队的合同意识、法律意识、索赔意识和成本意识，在项目出现风险之后及时采取以索赔为代表的措施，与业主谈判，争取提高索赔成功的概率，减少项目风险

535

续表

序号	国家	项目名称及案例	模式	关注焦点
28	沙特	沙特麦加轻轨项目	/	截至2010年10月31日，按照总承包合同金额（66.5亿沙特里亚尔）确认的合同预计总收入为人民币120.51亿元，预计总成本为人民币160.45亿元，另发生财务费用人民币1.54亿元，项目预计净亏损人民币41.48亿元，其中已完工部分累计净亏损人民币34.62亿元，未完工部分计提的合同预计损失为人民币6.86亿元——强化风险防范意识，强化管理水平，做好市场调研
29	巴林	穆哈拉克废水处理装置合同项目	/	特许经营24年
		天然气接收和气化终端项目	BOOT模式	合资公司经营期限20年
30	土耳其	胡努特鲁燃煤电站项目	EPC总承包	总投资逾17亿美元
31	埃及	新开罗城市污水处理厂项目	PPP模式	PPP合约价值：4.82亿美元，20年期特许权
		亚历山大大学医院项目	PPP模式	/
32	阿塞拜疆	10万吨级电解铝厂项目	EPC总承包	新的电解铝厂项目建成后，将把阿的电解铝年产能力从目前的6万吨提高到16万吨，不但能够促进阿非石油行业出口能力的扩大，同时可为当地创造数百个新的就业岗位，因此受到阿政府的高度重视
33	亚美尼亚	风电项目总承包	总承包	该项目包含前期开发咨询和工程建设两部分。项目总装机容量为20万千瓦，包含两座装机容量为10万千瓦的风场
		南北公路M1塔林至久姆里（兰及科—久姆里段）公路	/	公路全长27.47千米，预计耗资超过7000万欧元，该工程款由亚洲发展银行提供
34	叙利亚	水泥厂自备电站项目		
35	伊拉克	米桑油田改造项目中的CPF（central processing facility）终端处理厂	/	该项目的合同签订中业主占绝对优势地位，其顺利竣工得益于海工英派尔对现场及合同的精细化管理

续表

序号	国家	项目名称及案例	模式	关注焦点
36	科威特	科威特大学萨巴赫·萨利姆大学城附属设施项目	总承包	项目建成后,将为整个大学城校区提供学生住宿、教职工休闲娱乐、餐饮服务、邮政服务、印刷服务、行政科研、废物处理以及从幼儿园到高中示范性教学等一系列相关配套服务
37	黎巴嫩	贝鲁特港集装箱码头港机采购项目	/	是中国公司首次在黎重大工程和成套设备进口国际招标中获标,然而,之后黎巴嫩发生的战争使上述工程都停滞下来。中资企业人员全面撤离后,在黎的建设项目也处于缺乏保护的状态下
38	约旦	阿塔拉特油页岩循环流化床矿电联营项目	EPC 总承包	该项目是约旦首次利用本国储量丰富的油页岩进行发电,有助于降低其长期居高不下的对外能源依存度,还可为当地提供几千个就业机会,将对约旦的经济社会发展起到积极促进作用
		亚喀巴侯赛因国王国际机场(KHIA)	BOT 模式	为期 15 年
		亚喀巴集装箱码头项目	BOT 模式	为期 25 年
		Disi 输水工程项目	BOT 模式	/
		约旦新机场	BOT 模式	机场前 6 年营业收入的 54.4%交政府,后 19 年营业收入的 54.6%交政府
39	格鲁吉亚	第比利斯 Park Hyatt Hotel 五星级酒店项目	施工总承包	合同金额 1.55 亿美元,工期 28 个月。受全球金融危机影响,欧洲复兴开发银行停止项目贷款,业主融资出现困难。2009 年 6 月,中方人员暂时撤回,待新设计完成后重签合同。目前仍处于停滞状态,格方亦在积极寻求新投资方加入
		RIKOTI 公路隧道修复工程项目	/	是中国公司在格通过国际竞标获得的第一个项目

续表

序号	国家	项目名称及案例	模式	关注焦点
40	以色列	特拉维夫轻轨红线项目	/	2006年,通过招标程序,红线项目的特许经营权被授予给联合体MTS。受到2008年全球金融危机外部环境影响,再加上非洲以色列投资公司本身融资失败,政府方依据MTS申请,不得不将协议约定的时间表屡次延期。2009年,以色列政府与MTS谈判失败后,政府正式取消了MTS对红线项目的特许经营资格——2010年12月,红线项目正式由MTS移交至以色列国有公司NTA,项目接下来的所有建设资金将全部来自于以色列政府财政资金
41	阿曼	穆珊旦120兆瓦燃气电站	/	/
		Khazaen一体化物流中心项目	/	中标企业将负责首期工程的设计、建设、融资及40年期的运营
		Salalah和Sharqiyah独立水厂项目	/	两个项目总的海水淡化能力达18万立方米/天,其中Salalah独立水厂将于2019年第三季度投入商业运营,Sharqiyah独立水厂将于2020年第二季度完工
		位于伊比利和苏哈尔的独立电力项目	/	该项目内容包括建设两座天然气联合循环发电站,总装机量达3219MW。中标的联合体将负责建设、持有并运营这两座电站,之后将生产电力以15年的购电协议销售给阿曼电力和水资源采购公司,项目投资额达8.85亿里亚尔(约合23亿美元)
		海水淡化设施工程与采购合同纠纷		
42	也门	也门Ras Isa油库项目	/	因也门石油矿产部和财政部无法支付中标方项目安装费用,完成Ras Isa油库项目现已成为一个疑问——不仅仅Ras Isa项目,整个国家在涉及执行国际合同时都存在信用风险
		连接也门与阿拉伯世界的铁路项目	BOT或者PPP方式进行融资	该项目于2011年开始分三期实施,预计2025年完成

续表

序号	国家	项目名称及案例	模式	关注焦点
43	阿尔巴尼亚	地拉那特蕾莎修女国际机场（TIA）项目	/	特许经营权至2027年
44	塞尔维亚	贝尔格莱德至匈牙利布达佩斯铁路现代化改造项目	/	2015年11月26日塞尔维亚总理武契奇参加第四届中国—中东欧领导人会晤并访华时签署该项目合同
		"泽蒙—博尔查"跨多瑙河大桥项目	设计—施工总承包	该项目总投资约为1.7亿欧元，桥身长1500米，建设期为三年。于2011年春季开始施工建设，2014年建成通车
		科斯托拉茨B电站		向中方申请优买贷款并由中资企业承建
		莫拉瓦运河综合开发项目		塞方表示希望中方企业通过特许经营模式，仿照中国三峡模式进行建设
		Horgos-Pozega公路特许经营项目	/	该项目于2008年失败，原因在于贷款人评估该项目不具备可融资性，因此该项目未能获得融资
45	保加利亚	普罗夫迪夫机场项目	/	特许经营期限为35年。该项目在上一次特许经营流程中无人中标
		布尔加斯西港和尼科沃普尔港	/	中标者将获得港口35年的特许经营权
46	乌克兰	利沃夫—克拉科维茨公路	BOT（建设—经营—移交）模式	工程建设投资60%来自特许经营者，国家投资40%，特许经营年限45年
		基辅市环城路一期项目	/	建设151.6公里的4车道一级公路，总投资金额12.5亿美元
47	摩尔多瓦	摩尔多瓦首都中心地带商务中心楼	/	/
48	捷克	核电领域的四方战略合作	/	
49	波兰	波兹南市垃圾热处理工厂	PPP模式	建设周期，PPP协议签订后的43个月内；运营周期，建设周期结束后25年
		克拉科夫市有轨电车四期	PPP模式	已经在波兰经济发展部备案，并有望从欧盟基金获得50%的启动资金
		新松奇市地方法院新址	PPP模式	第一个国家级PPP项目：设计、建设、融资和20年的管理维护

续表

序号	国家	项目名称及案例	模式	关注焦点
50	匈牙利	NOSTRA 水泥厂项目	EP 总承包	从原料卸车到水泥发运系统整条水泥生产线的工程设计、机械设备及钢结构供货
		匈塞铁路	/	匈牙利铁路公司在匈牙利组建联营体作为项目总承包商,负责项目的总包管理。中国公司在联营体中共持有85%的份额
51	克罗地亚	萨格勒布 Gorican 高速公路	/	前期规划不合理,导致后期投资方与政府部门发生纠纷,社会资本不到位,导致项目失败
52	黑山	黑山南北高速公路 BAR-BOLJARI 的一期工程	/	修建该高速公路重大项目中一期工程所需8.09亿欧元投资,其中的85%将由中国进出口银行提供贷款,其余15%由黑山政府提供。中国进出口银行早前还向黑山政府提供年利率2%、还款期20年的贷款
53	马其顿	科佳水电站项目	/	由中国银行提供90%的买方信贷,中国人民保险公司(现为中国出口信用保险公司)提供信用保险。中方承包商负责提供并安装2台4万千瓦的发电机组,马其顿业主负责电站的土建
		首都斯科普里亚历山大大帝机场新航站楼	/	土耳其 TAV 公司,特许经营年限为20年
54	波黑	斯坦里煤矿	/	东方电气公司以"交钥匙"模式进行建设,塞尔维亚 EFT 集团为总承包商,东方电气公司为项目 EPC 交钥匙分包商
		39万千瓦火电站项目	交钥匙模式	该项目完成后,由德国公司 STEAG 负责运营、维护15年后交给波黑泽尼察市
55	爱沙尼亚	北海岸物流园项目	/	是"一带一路"框架内中爱两国务实合作的一个节点项目
56	立陶宛	连云港至克莱佩达港的物流通道	/	打造向东延伸至东北亚和东南亚、向西延伸至北欧和西欧的洲际物流链

续表

序号	国家	项目名称及案例	模式	关注焦点
57	希腊	雅典国际机场	/	成立于1996年的雅典国际机场公司（AIA）为公私合营公司，与希腊政府签署了30年的特许经营权协议，负责机场的"设计、融资、建设、完善、试运营、维护、运营、"管理和发展"
		Attiki公路	/	作为特许经营权获得者，ATTIKI ODOS公司与希腊政府签订了特许经营合同，承担公路的设计、建设、融资、运营和维护。该公司股东主要为希腊公司
		Rion-Antirion大桥	/	Gefyra公司在42年的特许经营期内，负责大桥的设计、建设、融资、维护和运营
		比港二号、三号码头项目	BOT模式	中国在欧洲取得的第一个全资大型集装箱码头特许经营权项目，二号码头为租用，三号码头为自建，该项目总的工程、设备投资额为5.53亿欧元，营运期35年，期满后将项目完整地交还给希腊政府

参 考 文 献

我国政府文献

1. 商务部国际贸易经济合作研究院,商务部投资促进事务局,中国驻"一带一路"沿线国家大使馆经济商务参赞处.《对外投资合作国别(地区)指南(2016年版)》,http://fec.mofcom.gov.cn/article/gbdqzn/。

2. 商务部网站."一带一路"沿线国家《国别贸易报告》,https://countryreport.mofcom.gov.cn/default.asp。

3. 中国银行业监督管理委员会."一带一路"沿线国家《"一带一路"金融合作概览》,http://www.cbrc.gov.cn/chinese/home/docViewPage/301.html。

4. 中国国际贸易促进委员会.《"一带一路"沿线国家主权信用分析报告发布》,http://www.ccpit.org/Contents/Channel_4126/2017/0505/801232/content_801232.htm。

5. 中国驻"一带一路"沿线国家大使馆经济商务参赞处文献。

6. 商务部文献.http://www.mofcom.gov.cn/。

7. 国家发展改革委,外交部,商务部.《推动共建丝绸之路经济带和21世纪海上丝绸之路的愿景与行动》,http://zhs.mofcom.gov.cn/article/xxfb/201503/20150300926644.shtml。

8. 中国国际贸易促进委员会.http://www.ccpit.org.htm/。

9. 中国对外承包工程商会.http://obor.chinca.org。

10. 中国世界贸易组织政府采购公共信息咨询平台.http://gpa.mofcom.gov.cn/。

11. 最高人民法院.关于不予承认蒙古国家仲裁法庭73/23-06号仲裁裁决的报告的复函(2009)。

12. 山东省商务厅.《印尼主要贸易政策》,http://www.shandongbusiness.gov.cn/public/html/news/201502/336933.htm。

13. 青岛市商贸发展服务中心.《"中小商贸流通企业服务年"之"走出去"发展系列之泰国(八)——泰国对外国投资的市场准入有何规定》,http://www.8858.gov.cn/article/5756。

14. 商务部中国企业家境外商务投诉中心.《与我国驻东帝汶大使馆经商参赞处丁恬参赞网上交流》,http://shangwutousu.mofcom.gov.cn/aarticle/lbqz/lbjg/201003/20100306843158.html。

15. 广西壮族自治区外事办公室.《东盟十国投资指南之四(缅甸篇)》,http://www.gxgg.gov.cn/news/2014-11/78112.htm。

16. 上海市商务委.《东盟十国工程承包法律精要之马来西亚、文莱》,http://www.scofcom.gov.cn/swdt/242442.htm。

17. 山东省国际投资促进中心.http://www.shandongbusiness.gov.cn/public/touzicujin/world.php?w=alianqiu。

18. 国家税务总局.《中国居民赴格鲁吉亚投资税收指南》,http://www.chinatax.gov.cn/n810219/n810744/n1671176/n1671206/c2581119/part/2581134.pdf。

19. 中国人民银行.《金融机构大额交易和可疑交易报告管理办法(中国人民银行令〔2016〕第3号)》,http://www.pbc.gov.cn/goutongjiaoliu/113456/113469/3223812/index.html。

20. 国家税务总局网站.《国外税收政策管理—马来西亚》,http://www.chinatax.gov.cn/

2013/n1586/n1904/n1933/n31845/n31866/n31868/c310424/content. html。

21. 香港贸发局. http：//www. hktdc. com/sc-supplier/。

外国政府及组织文献

1. 世界银行.《2017年全球营商环境报告》，http：//images. mofcom. gov. cn/gn/201610/20161027171453550. pdf。

2. 世界经济论坛.《2016-2017年全球竞争力报告》，http：//www3. weforum. org/docs/GCR2016-2017/05FullReport/TheGlobalCompetitivenessReport2016-2017_FINAL. pdf。

3. 世界银行国际投资仲裁机构案例库. https：//www. italaw. com/cases/1220。

4. 世界银行Doing Business统计. http：//www. doingbusiness. org/data/exploreeconomies/kyrgyz-republic/#dealing-with-construction-permits。

5. 国际货币基金组织基本国情汇报. http：//www. imf. org/external/pubs/ft/weo/2017/01/weodata/weorept. aspx?pr. x=38&pr. y=11&sy=2017&ey=2020&scsm=1&ssd=1&sort=country&ds=. &br=1&c=923&s=NGDPD%2CNGDPDPC%2CPPPGDP%2CPPPPC%2CLP&grp=0&a=。

6. globalEDGE. Kyrgyzstan：Economy，https：//globaledge. msu. edu/countries/kyrgyzstan/economy。

7. 2017 Index of Economic Freedom：Kyrgyz Republic. http：//www. heritage. org/index/country/kyrgyzrepublic。

8. 俄罗斯政府招商网站. http：//torgi. gov. ru/index. html。

9. 哈萨克斯坦PPP中心网站. http：//kppf. kz。

10. 哈萨克斯坦投资和发展部. 哈萨克斯坦投资指南（2017年），http：//invest. gov. kz/uploads/files/2017/02/24/investrors-guide-2017. pdf。

11. 德勤.《印度尼西亚投资指南》，http：//www. useit. com. cn/thread-14802-1-1. html。

12. Kalikova & Associates专栏. http：//www. k-a. kg/eng/public-private-partnership-new-opportunities-kyrgyzstan。

13. 泰国投资委员会.《泰国投资简讯》，http：//www. docin. com/p-584333690. html。

14. OECD iLibrary. OECD Investment Policy Reviews：Philippines 2016，http：//www. oecd-ilibrary. org/finance-and-investment/oecd-investment-policy-reviews-philippines-2016_9789264254510-en。

15. 老挝宪法全文. http：//www. 360doc. com/content/15/0520/09/3872310_471878660. shtml。

16. 越南外交部.《国家概况》，http：//www. mofa. gov. vn/en/tt_vietnam。

17. 越南中央政府门户网站（中文版）. http：//cn. news. chinhphu. vn/Home/。

18. 越南建设部官方网站. http：//www. xaydung. gov. vn/web/guest/legal-documents/-/legal/TB4r/en_US/18/203509/55213。

19. FINANCIER. Vietnam. new Decree on public-private partnership，investments，https：//www. financierworldwide. com/vietnam-new-decree-on-public-private-partnership-investments/#. WQK0gYVOLD4。

20. Oliver Massmann.《越南争议解决黄金规则》（英），https：//www. linkedin. com/pulse/vietnam-dispute-resolution-golden-rule-oliver-massmann。

21. Index mundi. India Dmographics Profile 2016，http：//www. indexmundi. com/india/demo-

graphics _ profile. html.

22. Department of Industrial Polic & Promotion. http://dipp. nic. in/English/Policies/Policy. aspx.

23. Financial express. GST may come into force from July 1: 11 salient features of the tax, http://www. financialexpress. com/economy/gst-to-come-into-force-soon-11-salient-features-of-the-tax/641652/.

24. THE WORLD BANK. Ease of Doing Business in India, http://www. doingbusiness. org/data/exploreeconomies/india#resolving-insolvency.

25. 尼泊尔政府投资委员会，尼泊尔政府工业部.《尼泊尔投资指南（2016 年版）》，http://ibn. gov np/uploads/files/repository/IBN _ Investment%20Guide%20Book _ Chinese. pdf.

26. Asian Development Bank. " Bhutan´s Hydropower Sector. 12 Things to Know" . 30 January, 2014.

27. The Centre for Bhutan Studies. " GNH Survey 2010"（PDF）. Retrieved 17 October 2013.

28. 节能斯里兰卡网.《斯里兰卡内阁正在筹建一个专门委员会来计划斯里兰卡的第一个基于PPP 模式的 WELIRRTI 供水项目》，http://www. cecep. cn/g8891/s17379/t46950. aspx.

29. 斯里兰卡投资局. http://www. investsrilanka. com.

30. 锡兰建筑研究所. http://ciob. lk.

31. 阿联酋司法部网站. http://www. minjust. by/.

32. 土耳其共和国投资支持与促进局. http://www. invest. gov. tr/zh-N/turkey/factsandfigure.

33. 土耳其共和国投资支持与促进局.《在土耳其创办企业》，http://www. invest. gov. tr/zh-cn/investmentguide/investorsguide/pages/establishingabusinessintr. aspx.

34. 以色列国家旅游部驻中国办事处.《以色列国》http://www. goisrael. cn/%e4%bb%a5%e8%89%b2%e5%88%97%e5%9b%bd.

35. International Labour Organization. Israel, http://www. ilo. org/dyn/natlex/natlex4. detail?p _ lang=en&p _ isn=79956&p _ country=ISR&p _ count=167.

36. 以色列财经网站"环球".《以色列住建部招募外国建筑公司建造以色列住宅的招标公告》，http://www. globes. co. il/en/article-housing-cabinet-approves-'importing-foreign-construction-firms-1001108645.

37. 欧洲投资银行（European Investment Bank）研究报告，http://www. eib. org.

38. 非洲以色列投资公司（Africa Israel Investments Ltd.）.《2010 年合并财务报表（英文）》，http://www. afigroup-global. com/userfiles/File/Finance%20Docs/Annual2010ChapCEng. pdf.

39. 阿曼苏丹国司法部. http://www. moj. gov. om.

40. 白俄罗斯 TUT. BY 门户网站. https://www. tut. by/.

41. 波兰政府新门户网站.《First PPP at State level》，http://www. ppp. gov. pl/English/News/Strony/FirstPPPatStatelevel. aspx.

42. 斯洛文尼亚贸易投资促进局. http://www. investslovenia. org.

43. 新加坡公司注册网.《新加坡印花税》，http://www. sgcr. org/html/71/.

44. 新加坡经济发展局. https://www. edb. gov. sg/content/edb/zh. html.

著作类文献

1. 江苏南通司法局，上海对外经贸大学."一带一路"国家法律服务和法律风险指引手册［M］.

北京：知识产权出版社，2016年1月第1版。

2. 国家开发银行. "一带一路"国家法律风险报告（上、下）[M]. 北京：法律出版社，2016年8月第1版。

3. 系列丛书编委会.《企业境外法律风险防范国别指引（俄罗斯）》. 北京：经济科学出版社，2013年7月第1版。

4. 陈泽明，马志忠，付红玲. 西部企业跨国经营. 上海：复旦大学出版社，2004年4月第1版。

5. 瞿健文. GMS研究2007，云南：云南大学出版社，2008年。

6. 刘瑛. 公司投资管理. 北京：法律出版社，2007年10月第1版。

7. 施荣华. 中泰文化交流. 云南：云南美术出版社，1997年。

8. 王守清. 欧亚基础设施建设公私合作（PPP）案例分析. 辽宁：辽宁科学技术出版社，2010年8月第1版。

9.《国家地理系列》编委会. 环球国家地理：黄金典藏版 亚洲·大洋洲. 吉林出版集团有限责任公司，2007年9月第1版。

10. 本书编写组. 埃及. 内蒙古：内蒙古人民出版社，2004年9月版。

11. 李树藩. 最新各国概况-欧洲分册. 吉林：长春出版社，2007年1月第1版。

报纸期刊类文献

1. 柳经纬. 民商事法律体系化及其路径选择 [J]. 河南财经政法大学学报，2014年第6期。

2. 金瑞庭. 蒙古经济形势分析及推进中蒙经贸合作的对策建议 [J]. 中国经贸导刊，2016年第12期。

3. 何志丹，彭同乐. 攻克世界难题 中俄原油管道成功穿越黑龙江 [J]. 经济参考报，2010年4月30日。

4. 丁超. 俄罗斯公私合作及其在保障性住房领域的实践探索 [J]. 俄罗斯东欧中亚研究，2016年第1期。

5.《大陆桥视野》编辑部：中国高铁即将驶入俄罗斯 [J]. 大陆桥视野，2015年第9期。

6. 闫玉玉，李萌. 土库曼斯坦外国投资市场准入法律制度解析 [J].《新西部（下旬刊）》，2017年第1期。

7.《印刷世界》编辑部：印度尼西亚概况 [J]. 印刷世界，2004年第5期。

8. 班永陡. 如何开拓印尼承包工程市场 [J]. 国际工程与劳务，2007年第7期。

9. 胤颖. 亚洲五国宪法司法制度的比较与借鉴——以印度尼西亚、韩国、蒙古、泰国、柬埔寨王国的宪法司法制度为例 [J]. 浙江工商大学学报，2005年第5期。

10. 李莉. 印度尼西亚检察制度简介 [J]. 法制与经济（下旬刊）2010年第10期。

11. 石维有. 华裔国家认同与泰国1932年立宪革命 [J]. 广西师范大学学报（哲学社会科学版），2009年第4期。

12. 王霁虹，徐一白. 泰国投资基建项目的法律环境 [J]. 国际工程与劳务，2016年第12期。

13. 钟合. 青岛举行首届国际仲裁论坛 [J]. 走向世界，2014年46期。

14. 周丹.《泰国政治动荡的政党制度原因分析》[D]. 湖南师范大学硕士论文，2016年。

15. 陈兴华. 东盟国家法律制度 [M]. 北京：中国社会科学出版社，2015年第1版。

16. 薛洪涛. 中菲北方铁路项目始末：菲借口仲裁逃避债务 [J].《法治周末》，2012年10月10日。

17. 蒋红彬，漆思剑. 缅甸外资法律政策研究 [J]. 东南亚纵横，2011年1月。

545

18. 梁晨，杨艳. 缅甸投资环境研究［J］. GMS 研究 2008，云南大学出版社，2009 年。
19. 梧桐. 开展投资合作应注意的事项［J］. 国际工程与劳务，2015 年。
20. 《电力系统装备》编辑部.《资讯》［J］. 电力系统装备 2007 年第 7 期。
21. 马立鹏. 境外 BOT 风险管理［J］. 中国外汇，2013 年第 13 期。
22. 牛珣. 缅甸太平江水电站砂石料生产系统简介［J］. 云南水力发电，2011 年第 3 期。
23. 杨振发. 中缅油气管道运输的争端解决法律机制分析［J］. 红河学院学报，2014 年第 2 期。
24. 李旭. 柬埔寨投资环境概览［J］. 国际工程与劳务，2015 年第 9 期。
25. 谭家才. 柬埔寨投资法律制度概况［J］. 中国外资，2013 年第 24 期。
26. 张文超. 柬埔寨对外贸易制度和政策研究［J］. 东南亚纵横，2004 年第 4 期。
27. 柬埔寨投资与经贸风险分析报告［J］. 国际融资，2013 年第 3 期。
28. 高潮. 老挝参与"一带一路"建设意愿强烈［J］.《中国对外贸易》，2016 年第 7 期。
29. 孟于群. 跨境经济合作区的争端解决机制研究——以云南跨境经济合作区为例［J］. 云南大学学报法学版，2015 年 6 月。
30. 谭家才，韦龙艳. 老挝投资法律制度概况［J］. 经济与法，2013 年 11 月下。
31. 陈志波，米良. 东盟国家对外经济法律制度研究［M］. 北京：云南大学出版社，2006 年 1 月第 1 版。
32. 赵振宇，吴攀昊. 厘清国际工程承包市场进入条件［J］. 施工企业管理，2014 年第 8 期。
33. 聂槟. 试析东南亚各国投资环境及中国企业对东南亚的投资［J］. 东南亚纵横，2009 年第 9 期。
34. 徐晨，乔程新. 越南社会主义共和国［J］. 中国海关，2016 年第 2 期。
35. 王萍，赵俊明. 巴基斯坦高速公路 PPP 模式投融资浅析［J］. 江苏交通科技，2015 年第 4 期。
36. 蒋惠岭，何帆编译. 巴基斯坦国家司法发展战略［J］. 人民法院报，2012 年 9 月 21 日第八版。
37. 李诗隽. 阿富汗与"一带一路"［J］. 江南社会学院学报，2015 年第 4 期。
38. 郭颖. 不丹式的幸福［J］. 时代金融（上旬），2016 年 9 期。
39. 龙兴春. 印度在南亚的霸权外交［J］. 成都师范学院学报，2016 年第 8 期。
40. 《法律与生活》编辑部. 马尔代夫：通过宪法修正案允许外国人购买土地［J］. 法律与生活出，2015 年 16 期。
41. 施工企业管理编辑部. 信息动态［J］. 施工企业管理，2016 年 6 期。
42. 胡书东. 未来 20 年来中国经济增长潜力巨大［J］. 国有资产管理，2012 年第 10 期。
43. 李岚，甄明，王敏. 当代伊斯兰国家诉讼法律制度的特征［J］. 河北法学，2004 年第 9 期。
44. 柳栋钧. 国际工程承包市场分析［J］. 科学之友，2012 年第 20 期。
45. 姜英梅. 卡塔尔经济发展战略与"一带一路"建设［J］. 阿拉伯世界研究，2016 年第 6 期。
46. 沈祎. 魅力迪拜［J］. 国际市场，2014 年第 6 期。
47. 柳经纬. 民商事法律体系化及其路径选择［J］. 河南财经政法大学学报，2014 年第 6 期。
48. 苟超. 政府投资工程建设项目招投标的法律制度研究［J］. 招标与投标，2015 年。
49. 王超，姜串. 迪拜：用司法助力建设国际金融中心［J］.《检察风云》，2016 年第 6 期。
50. 黄晓松. 从一宗案件看阿联酋法律体系［J］. 中国经贸，2012 年第 5 期。
51. 曾益. 沙特 PC 项目投标阶段应注意要点［J］. 建筑工程技术与设计，2015 年第 21 期。
52. 张广荣. 中国企业"走出去"的六大风险［J］. 经济，2011 年第 9 期。
53. 姜明军，张明江. 伊朗新版石油合同的型构思路与实施展望［J］. 国际石油经济，2015 第

11期.

54. Rayhan Asat. 土耳其工程法［J］. 国际工程与劳务（International Project Contracting & Labour Service），2014年第8期.

55. 王雷，李国宝，赵国良，金坎辉，姜岳. PPP模式在土耳其水利基础设施建设中的应用经验研究［C］. 2016第八届全国河湖治理与水生态文明发展论坛论文集，第39页.

56. 赵军. 埃及发展战略与"一带一路"建设［J］. 阿拉伯世界研究，2016年第3期.

57. 李静.《世界银行发布〈2015年营商环境报告〉》［J］. 中国新时代，2014年第12期.

58. 王希. 阿萨德政治体制简析［J］. 西亚非洲，2003年3期.

59. 吴晓飞. 浅谈伊拉克CPF项目合同界面管理［J］. 商品与质量，2016年第46期.

60. 张智海. 伊拉克承包工程保险问题概述［J］. 国际经济合作，1986年第4期.

61.《国际商务财会》编辑部. 对外投资国别产业指引［J］. 国际商务财会，2012年第3期.

62. 以葡萄酒著称于世的格鲁吉亚［J］. 中国经贸，2015年6期.

63. 彭兵，蓝天彬. 护航"一带一路"，江苏律师在行动［J］. 新华日报，2017年5月26日.

64. 陈克勤，王盼盼. 中国工人赴以建房避开敏感地点［J］. 环球网，2017年4月25日.

65. 拉乌尔·乌特利夫. 以色列建筑工人死亡事故调查率仅50%［J］. 以色列时报，2016年10月6日，http://cn.timesofisrael.com/报告：以色列建筑工人死亡事故调查率仅50.

66. 李屏. 知悉政策法规 企业投资阿曼需做足功课［J］. 中国工业报，2017年5月11日.

67. 韩璐. 中国与白俄罗斯经贸关系：现状、问题及对策［J］. 俄罗斯中亚东欧市场，2013年第6期.

68. 白俄罗斯共和国境内的外国投资法［J］. 俄罗斯中亚东欧市场，1998年第9期.

69. 赵路. 白俄罗斯检察院监督法律的准确执行［J］. 检察日报，2012年2月2日.

70. 季美君，萨齐科·保罗〔白俄〕. 白俄罗斯检察制度的发展［J］. 国家检察官学院学报，2012年第6期.

71. 陶海东. 白俄罗斯税收体系改革及其对外资的影响分析［J］. 商业时代，2009年第27期.

72. 刘玉香. 企业境外投资需注意的法律问题［J］. 商业经济，2015年第2期.

73. 赵嘉政. "一带一路"的名片项目泽蒙—博尔察大桥赢得"中国桥"美誉［J］. 光明日报，2017年8月29日，第10版.

74. 陈曦. 蒙启良出席贵州省企业与摩尔多瓦共和国酒企签约授权仪式［J］. 贵州日报，2014年9月11日.

75. 蒋万庚. 论我国商法地方性研究的实现路径［J］. 法制与经济，2016年第6期.

76. 管克江. 共绘中捷关系发展新蓝图——捷克各界积极评价习近平主席对捷克进行国事访问［J］. 人民日报，2016年3月31日02版.

77. 孙万胜，韦经建，石成军. 关于东欧四国司法制度变革情况的考察报告［J］. 当代法学，2006年第1期.

78. 欧丹. 仲裁：捷克诉讼程序的一种替代性程序［J］. 人民法院报，2016年6月24日第8版.

79. 范丽萍，张田雨，于戈. 中东欧16国外资企业注册审批政策及流程概览［J］. 世界农业，2015年第11期.

80. 范丽萍，于戈，叶东亚. 中东欧16国土地政策概览［J］. 世界农业，2015年第7期.

81. 刘婷，王守清，盛和太，胡一石. PPP项目资本结构选择的国际经验研究［J］. CONSTRUCTION ECONOMY，2014年.

82. 戈丹娜·久多维奇，张佳慧，吴锋. 中黑两国经贸和农业的合作现状与未来展望［J］. 江南大学学报，2015年第2期.

83. 范丽萍，于戈，叶东亚. 中东欧 16 国土地政策概览［J］. 世界农业，2015 年第 7 期。

84. 其庄. 连云港港口集团与立陶宛铁路公司、克莱佩达港口局签署战略合作框架协议［J］. 大陆桥视野，2014 年第 21 期。

85. 韩飞. 服务业引领马来西亚经济腾飞［J］.《经营管理者》，2012 年第 10 期。

86. 叶宝松. 国际工程模式选择与税务筹划-源于马来西亚 EPC 项目实例的分析［J］. 财会学习，2015 年第 2 期。

87. 苏昊，陈晓娇. 国际工程 EPC 水电项目管理——以马来西亚沐若项目为例［J］. 工程经济，2014 年第 9 期。

88. 邹平学. 新加坡法治的制度、理念和特色［J］. 法学评论，2002 年第 5 期。

89. 谭家才，韦龙艳. 新加坡投资法律制度概况［J］. 中国外资（下半月），2013 年第 9 期。

90. 赵珍. 新丝路经济带视域下中亚五国贸易发展趋势探析［J］. 地方财政研究，2015 年第 11 期。

91. 钟磊. 建设"丝绸之路经济带"背景下投资乌兹别克斯坦的机遇与风险［J］. 对外经贸实务，2015 年第 2 期。

92. 周国光，江春霞. 交通基础设施 PPP 项目失败因素分析［J］. 技术经济与管理研究，2015 年第 11 期。

网络文献

1. 人民网.《习近平主席在上海合作组织成员国元首理事会第十四次会议上的讲话〈凝心聚力精诚协作推动上海合作组织再上新台阶〉》，http：//politics. people. com. cn/n/2014/0913/c1024-25653631. html。

2. 中国网智库中国.《"一带一路"列国投资政治风险研究》，http：//www. china. com. cn/opinion/think/node_7221960. htm。

3. 新华网.《中国公司完成蒙古国电厂扩容改造项目》，http：//news. xinhuanet. com/world/2014-06/16/c_1111169366. htm。

4. 环球网.《"一带一路"之蒙古投资法律实践与规则》，http：//finance. huanqiu. com/roll/2015-04/6258909. html。

5. 中国黄金报.《蒙古国："一带一路"对接面临考验》，http：//mt. sohu. com/20160827/n466295927. shtml。

6. 田文静，徐越，马轲.《俄罗斯 PPP 项目的新选择》，http：//www. kwm. com/zh/cn/knowledge/insights/new-choices-of-russia-ppp-project-20151016。

7. 新闻晨报.《中国高铁海外签第一单：全长 770 公里时速 400 公里》，http：//military. china. com/important/11132797/20150621/19879043. html。

8. "一带一路"国际商事调解中心.《中国企业在哈萨克斯坦开展投资合作应该注意哪些事项》，http：//www. bnrmediation. com/Home/Article/detail/id/57. html。

9. 中国对外投资合作洽谈会网.《如何抓住"一带一路"带来的海外投资商机—哈萨克斯坦投资风险评估》，http：//www. codafair. org/index. php? m＝content&c＝index&a＝show&catid＝33&id＝876。

10. 中国新闻网.《人民币对塔吉克斯坦索莫尼汇率挂牌交易启动实施》，http：//www. chinanews. com/cj/2015/12-14/7670039. shtml。

11. 新华网.《乌兹别克斯坦概况》，http：//news. xinhuanet. com/ziliao/2002-06/18/content_

445959_2. htm。

12. 美通社. 《践行"一带一路"保利科技承建乌兹别克斯坦橡胶厂开工》, http://www.prnasia.com/story/132128-1.shtml。

13. 中国网. 《"一带一路"投资政治风险研究之乌兹别克斯坦》, http://opinion.china.com.cn/opinion_57_126957.html。

14. 搜狐财经. 《"一带一路"叙利亚、印度尼西亚、菲律宾,这里的风景独好》, http://www.sohu.com/a/136802582_174487。

15. 中国金融信息网. 《"一带一路"之印度尼西亚投资法律规则与实践》, http://world.xinhua08.com/a/20150518/1499966.shtml。

16. 南宁新闻网. 《印尼政府限制外企在基建工程投资》, http://www.nnnews.net/xwzx/DMBL/DMCY/201001/t20100126_216882.htm。

17. 中国网. 《"一带一路"投资政治风险研究之印度尼西亚》, http://opinion.china.com.cn/opinion_64_124264.html。

18. 中国走出去网. 《中国企业"走出去"重点国家介绍之印度尼西亚》, http://www.chinagoabroad.com/zh/guide/19148。

19. 南亚东南亚商务通网. 《外国企业在印尼—获得土地》, http://www.qtbclub.com/sarticle.aspx?id=3457。

20. 中交一航局第三工程有限公司. 《中国港湾积极践行"五商中交"战略签约印尼EPC合同》, http://www.boraid.cn/company_news/read_238143.html。

21. 河海集团. 《新中标印尼4.8亿美元围海造陆项》, http://www.taizhou.gov.cn/art/2013/1/27/art_24_191001.html。

22. 中国搜索. 《中国与各国建交简况:亚洲-泰国》, http://nation.chinaso.com/detail/20150418/1000200032788801429349198994287195_1.html。

23. 搜狐财经. 《"一带一路"法律环境之泰国》, http://www.sohu.com/a/138348407_791507。

24. 南博网. 《2016年马来西亚投资2079亿马币 同比增长7.7%》, http://www.caexpo.com/news/info/invest/2017/03/07/3671864.html。

25. 人民日报. 《马来西亚迎来"中国投资热"》, http://www.scio.gov.cn/ztk/wh/slxy/31208/Document/1470609/1470609.htm。

26. 上海中驰集团. 《高铁之后,再下一城!中企拿下马来西亚地铁项目》, http://www.shazcspz.cn/news/news_detail-100.htm。

27. 经济观察网. 《马来西亚房产投资风险》, http://www.eeo.com.cn/2014/0321/258008.shtml。

28. 和讯网. 《"一带一路"之新加坡投资法律规则与实践》, http://forex.hexun.com/2015-07-13/177502752.html。

29. 崔丽君. 《新加坡政府PPP项目管理概述》, http://www.sohu.com/a/139760803_481621。

30. 葛斌斌,俞文喜. 《桥梁铁兵风雨三载坚韧战狮城》, http://js.china.cn/information/zgjsw65/msg20712325366.html。

31. 联合早报. 《新加坡发声明:中国制造的地铁列车真的有问题吗》, http://www.zaobao.com/。

32. 新华社. 《中国公司承建菲律宾最大风电和光伏一体化项目举行开工仪式》, http://silkroad.news.cn/news/14968.shtml。

33. 新浪财经.《菲律宾 PPP 项目前景遭质疑》, http://finance.sina.com.cn/roll/2017-02-03/doc-ifyaexzn8779376.shtml.

34. 搜狐财经.《"一带一路"沿线各国家简介——缅甸》, http://www.sohu.com/a/157964936_999523 83.

35. 中国金融信息网.《"一带一路"之缅甸投资法律规则与实践（下）》, http://www.mmwmm.com/Ch/NewsView.asp? ID=12673.

36. 土流网.《柬埔寨投资和融资政策有哪些看点》, http://www.tuliu.com/read-26491.html.

37. 南博网.《在柬埔寨开展投资合作的手续及注意事项》, http://www.caexpo.com/news/info/original/2016/03/22/3659314.html.

38. 中国金融信息网.《"一带一路"之柬埔寨投资法律规则与实践（下）》, http://world.xinhua08.com/a/20150810/1536940.shtml.

39. 东盟网.《在柬埔寨承揽工程项目的程序》, http://www.seacc.net/viewtopic.php? t=1732.

40. 老挝资讯网.《老挝全况介绍之老挝是一个什么样的国家》, http://www.360laos.com/? action-viewnews-itemid-214.

41. 东南亚南亚信息港.《老挝对外国投资合作政策法规》, http://www.ectpa.org/article/zcfg/201210/20121000021913.shtml.

42. 中国金融信息网.《"一带一路"之老挝投资法律规则与实践（下）》, http://finance.huanqiu.com/roll/2015-08/7323501.html? from=groupmessage&isappinstalled=1.

43. 老挝资讯网.《老挝投资合作指南（三）外国企业在老挝是否能获得土地》, http://www.tuliu.com/read-26548.html.

44. 环球财经.《"一带一路"之老挝投资法律规则与实践（下）》, http://finance.huanqiu.com/roll/2015-08/7323501.html.

45. 东盟网.《文莱的历史之路》, http://www.asean168.com/a/20140716/8147.html.

46. 新华网.《文莱经济概况》, http://intl.ce.cn/sjjj/qy/201310/09/t20131009_1593782.shtml.

47. 东盟网.《文莱法律体系一览》, http://edu.asean168.com/a/20150309/2978.html.

48. 东盟网.《文莱历史之文莱第一部成文宪法》, http://www.asean168.com/a/20140711/4496.html.

49. 和讯网.《中国企业在文莱投资、贸易、承包工程注意事项》, http://news.hexun.com/2012-12-20/149278471.html.

50. 越通社.《越南多项重要法律 2017 年 1 月 1 日起生效》, https://zh.vietnamplus.vn/越南多项重要法律2017年1月1日起生效/59869.vnp.

51. 越南人民报.《越南并购市场努力寻找突破口》, http://cn.nhandan.org.vn/economic/item/5345201-越南并购市场努力寻找突破口.htm.

52. 中国高校网.《越南投资法律规则与实践》, http://www.glxcb.cn/news/guoji/201601/1601B_14518835286781.html.

53. Wikipedia. India, https://en.wikipedia.org/wiki/List_of_countries_by_English-speaking_population.

54. Statistics Times. GDP of India, http://statisticstimes.com/economy/gdp-of-india.php.

55. Livemint. FDI inflows into India jump 18% to a record $46.4 bn in 2016 despite global fall, http://www.livemint.com/Politics/JV5cFZfUieY1Orp5bL8SqM/FDI-inflows-into-India-jumps-18-

to-a-record-464-bn-in-201. html。

56. 中国服务贸易指南网.《承包工程市场国别报告-巴基斯坦》,http：//tradeinservices. mofcom. gov. cn/c/2009-03-16/69410. shtml。

57. 中国金融信息网.《"一带一路"之巴基斯坦投资法律规则与实践（上）》,http：//finance. huanqiu. com/roll/2015-05/6360013. html。

58. 中央人民广播电台.《中企参与的孟加拉燃煤电站项目引纠纷 商务部回应》,http：//news. cnr. cn/native/gd/20170203/t20170203_523552343. shtml。

59. 江苏商务云公共服务平台.《孟加拉国的基础设施状况如何？》,http：//www. jscc. org. cn/model/view. aspx？m_id＝1＆id＝43135。

60. 中国新闻网.《恐怖事件难撼援外工程援阿昆都士公路进展顺利》,http：//www. chinanews. com/news/2005/2005-08-31/8/619197. shtml。

61. 南亚东南亚商务通.《尼泊尔承揽工程项目的程序》,http：//www. qtbclub. com/Article. aspx？id＝3565。

62. 中财网.《巴安水务：关于签订尼泊尔加德满都谷地供水改善项目合同的公告》,http：//www. cfi. net. cn/p20170217001099. html。

63. 搜狐财经.《"一带一路"—不丹、阿联酋、泰国，带你领略不一样的风光！》,http：//www. sohu. com/a/137606414_174487。

64. 出国在线网.《不丹外国直接投资发展政策》,http：//www. chuguo. cn/news/171103. xhtml。

65. 中国政府采购网.《中国交建海外投资PPP项目介绍》,http：//www. ccgp. gov. cn/ppp/gj/201607/t20160708_7017577. htm。

66. 南亚东南亚商务通.《马尔代夫承揽工程项目的程序是什么》,http：//www. qtbclub. com/sArticle. aspx？id＝3251。

67. 中国机械工业联合会机经网.《中国电建中标马尔代夫国际机场跑道修复工程》,http：//www. mei. net. cn/jxgy/201504/606393. htm。

68. 环球网.《中冶天工参建马尔代夫住房二期工程正式开工》,http：//china. huanqiu. com/News/sasac/2014-12/5237114. htm。

69. 搜狐网.《一路一带国别市场指引—卡塔尔蕴含着怎样的商机》,http：//www. sohu. com/a/133077590_498526。

70. 和讯网.《"一带一路"之卡塔尔投资法律规则与实践（上）》,http：//forex. hexun. com/2015-07-06/177309582. html。

71. 中国金融信息网.《"一带一路"之卡塔尔投资法律规则与实践（下）》,http：//world. xinhua08. com/a/20150706/1521400. shtml。

72. 人民网.《财经观察：阿联酋发展规划与"一带一路"深度契合》,http：//world. people. com. cn/n/2015/0518/c157278-27017792. htm。

73. 国际贸易法律网.《迪拜国际仲裁中心》,http：//www. tradelawchina. com/susong/HTML/1944. html。

74. 搜狐网.《在迪拜，"一带一路"为4200多家中国企业创造机会》,http：//www. sohu. com/a/84171956_417877。

75. 信报网.《2016（中东）国际影像产业博览会为企业创造机遇》,http：//www. stardaily. com. cn/2016/0628/26270. shtm。

76. 中国金融信息网.《"一带一路"之伊朗投资法律规则与实践（上、下）》,http：//

world. xinhua08. com/a/20150804/1534608. shtml。

77. 海湾资讯网.《投资伊朗法规与实践一二三》,http：//www. gulfinfo. cn/info/show-5673. shtml。

78. 安丰网.《STCN解读：上海电力土耳其燃煤电厂项目取得实质性进展》,http：//www. anfone. net/economy/SHDLGP/2015-1/1493867. htm。

79. 中国干部学习网.《埃及》,http：//zt. ccln. gov. cn/dgzl/lgz/58138. shtml。

80. 搜狐财经.《埃及出口风险持续上升》,http：//www. sohu. com/a/133520217_649040。

81. 人民网.《阿塞拜疆概况》,http：//world. people. com. cn/GB/8212/72474/72475/5046282. html。

82. 江苏政务云.《亚美尼亚对外国投资合作的法规和政策有哪些》,http：//www. jscc. org. cn/model/view. aspx? m_id=1&id=43425。

83. 中国起重机械网.《中电工程华北院签署亚美尼亚风电项目总承包合同》,http：//www. chinacrane. net/news/201607/20/106666. html。

84. 网易新闻.《叙利亚邀请中国参与重建承诺给予优先权》,http：//news. 163. com/17/0509/14/CK0HD3OM0001875O. html。

85. 科技世界网.《伊拉克对外贸易政策和法规》,http：//www. twwtn. com/detail_105490. htm。

86. 南方周末.《中东战火与中国关联有几多》,http：//news. qq. com/a/20060810/001477. htm。

87. 中国商品网.《格鲁吉亚工程承包市场报告》,http：//ccn. mofcom. gov. cn/spbg/show. php? id=11673。

88. 中国日报中文网.《中国与格鲁吉亚实质性结束自由贸易协定谈判》,http：//www. chinadaily. com. cn/hqzx/2016-10/08/content_26993059. htm。

89. 中国江苏网.《南通中院公布2012-2016年度十大典型案例》,http：//jsnews. jschina. com. cn/nt/a/201702/t20170215_61425. shtml。

90. 地图看世界.《巴勒斯坦地区——苦难的犹太民族和独特的以色列国》,http：//blog. sina. com. cn/s/blog_555b8d8b010110y5. html。

91. 华夏时报.《"一带一路"穿越"奶和蜜之地",巴勒斯坦期待中国经贸"大礼包"》,http：//www. chinatimes. cc/article/66830. htm。

92. 新华丝路网.《巴勒斯坦》,http：//silkroad. news. cn/2017/0718/39516. shtm。

93. 中国中东研究网.《"在中东推进一带一路建设的机遇与挑战"学术研讨会在杭州举行》,http：//www. mesi. shisu. edu. cn/3e/b5/c3715a81589/page. htm。

94. 环球日报.《中资企业在也门项目处停滞状态损失尚无统计》,http：//www. chinadaily. com. cn/hqgj/jryw/2015-04-09/content_13519469. html。

95. 中商情报网.《"一带一路"沿线国家：阿尔巴尼亚2015基本情况介绍》,http：//www. askci. com/news/finance/2015/11/09/133713qbo5. shtml。

96. 山东国际商务网.《阿尔巴尼亚投资环境简介》,http：//wap. shandongbusiness. gov. cn/index/content/in/zc/sid/83168. html。

97. 华龙网.《阿尔巴尼亚外长："一带一路"促进了经济发展和地区合作》,http：//finance. ifeng. com/a/20160826/14813175_0. shtml。

98. 中国海运信息网.《白俄罗斯2016年1—11月GDP同比下降2.7%》,http：//www. chinashippinginfo. net/cataitem. aspx? art。

99. 趋势财经.《中国与白俄罗斯签署"一带一路"建设清单》,http：//stock. cngold. com. cn/

gnhg/20160930d1985n90155221. html。

100. 环球网.《塞尔维亚基本情况及我"一带一路"倡议实施条件》http：//china. huanqiu. com/News/mofcom/2015-03/5928024. html。

101. 凤凰财经网.《塞尔维亚资源禀赋、主要产业、吸引外资政策、投资环境及我在塞投资情况》，http：//finance. ifeng. com/a/20140508/12291173_0. shtm。

102. 走出去智库.《中东欧六国PPP模式法律及应用最新分析》，http：//www. cggthinktank. com/2016-07-19/100075725. html。

103. 建筑网.《中咨公司组织中国城市轨道交通代表团成功考察欧洲三国（瑞士—西班牙—波兰）PPP项目》，http：//ppp. cbi360. net/news/3427. html。

104. 人民网.《李克强将出席第三届中国—中东欧经贸论坛并发表演讲》，http：//world. people. com. cn/n/2013/1122/c1002-23630511. html。

105. 国际投资贸易网.《罗马尼亚对外国投资的市场准入的规定》，http：//www. china-ofdi. org/ourService/0/577。

106. 中国拟在建项目网.《中国—中东欧投资合作基金收购匈牙利著名电信公司》，http：//www. bhi. com. cn/ydyl/gwdt/35857. html。

107. 中国新闻网.《中国企业中标匈牙利—塞尔维亚铁路项目》，http：//finance. chinanews. com/cj/2015/11-25/7641373. shtm。

108. 环球网.《"一带一路"引领中国与斯洛文尼亚两国合作走向繁荣》，http：//world. huanqiu. com/hot/2017-04/10472496. html。

109. 莱芜新闻网.《从广州到驿板卧铺/大巴车 176-6521-7311 大巴车票价》，http：//www. laiwunews. cn/b2b/show-36-420277. html。

110. 搜狐新闻.《京师律师封跃平律师解读塞浦路斯投资问题》，http：//www. sohu. com/a/162842887_999355500? ad=1。

111. 宿迁外侨网.《塞浦路斯国家概况》，http：//www. suqian. gov. cn/swb/gjgk/201504/48c1bb34f6c74f65b7b6e52e1b4d0803. shtml。

112. 格特威.《柬埔寨与投资合作相关的主要法律有哪些》，http：//www. qtbclub. com/Article. aspx? id=4531。

113. 颖瑜.《投资移民泰国需注意法律政策》，http：//yjbys. com/liuxue/chuguo/taiguo/205682. html。

114. 中国西电电气股份有限公司.《西电国际承担的菲律宾成套工程项目顺利投运》，http：//www. xdect. com. cn/structure/xwzx/xsjgdtnr_36668_1. htm。

115. 中信保资信.《菲律宾基础设施行业报告目录》，http：//www. sinosure. cn/sinoratingnew/xxfb/sinoratingdt/168722. html。

116. 中国国际电子商务中心.《"一带一路"之缅甸投资法律规则与实践》，http：//gpj. mofcom. gov. cn/article/zuixindt/201509/20150901102617. shtml。

117. 周金虎.《"一带一路"之缅甸投资法律规则与实践》，http：//world. xinhua08. com/a/20150828/1544849. shtml。

118. ASEAN.《柬埔寨投资领域及优惠政策情况》，http：//news. asean168. com/a/20141204/865. html。

119. 中国对外承包工程商会.《老挝法律、法规和政策》，http：//www. chinca. org/cms/html/quanyi/col422/2014-10/16/20141016153450378608023_1. html。

120. 阿克山.《外来直接投资对老挝经济发展的影响应用研究》，http：//max. book118. com/ht-

ml/2016/0118/33535322. shtm。

121. 中国-东盟研究院.《"一带一路"与"2035宏愿":中国与文莱的战略对接及其挑战》,http: //www. 3023. com/4/003947560. html。

122. 谭家才.《东盟业务法律资讯—文莱》,https: //wenku. baidu. com/view/06f938e4fc0a79563c1e729f. html。

123. 格特威.《文莱对外贸易的法规和政策规定》,http: //www. gongsizhuce168. com/bru/3944. html。

124. 中国国际工程咨询协会.《丝路65国国别市场指引—文莱》,https: //www. ishuo. cn/doc/sbkhnfqf. html。

125. 黄文.《中国、越南法律的双重选择与争议处理》,http: //www. docin. com/p-882051581. html。

126. 北京外国语大学.《印度基本国情》,http: //www. fdi. gov. cn/1800000618_4_36_0_7. html? syle=1800000618-4-10000007。

127. 封跃平.《解读孟加拉国投资风险》,https: //www. sohu. com/a/164144517_451318。

128. 光电建筑应用委员会.《马尔代夫提那度岛太阳能电站项目一期启用》,http: //www. bipvcn. org/news/project-news/pjt-update-a/25469. html。

129. 北京百璨投资.《"一带一路"西进:多哈或成为下一个迪拜》,http: //zh. baicanholding. com/news/info/120。

130. 河北大学伊斯兰国家社会发展研究中心.《中方愿用共建"一带一路"统领中阿友好发展》,http: //jc. hbu. cn/gndt/2463. jhtml。

131. 广东省对外经济合作企业协会.《阿联酋投资贸易指南》,http: //www. doc88. com/p-1943037704212. html。

132. 乐清市国坤配电箱厂.《垃圾处理市场调研:告诉你一个真实的迪拜》,http: //www. gkdfzx. com/news/171. html。

133. 贺灵童.《沙特阿拉伯建筑业概况》,https: //www. douban. com/note/484748185/? type=like。

134. 中国出口保险公司资信评估中心.《国别投资经营便利化状况报告(2016年版)》,http: //fec. mofcom. gov. cn/article/tzhzcj/gbtz/201702/20170202517915. shtm。

135. 张凤玲.《丝绸之路上的老朋友,愿与中国共谱一带一路新篇章》,http: //www. sohu. com/a/142580305_157514。

136. 中国能建广东院.《广东院签约又一格鲁吉亚水电站总承包项目》,http: //www. gedi. com. cn/art/2016/11/9/art_6441_1251568. html。

137. 天辰.《天辰公司正式签署格鲁吉亚230MW联合循环电站项目》,http: //cn. chinatcc. com/Plus/m_default/Cms/docDetail. php? ID=283。

138. 猛狮科技.《关于公司与摩尔多瓦共和国国家能源部签署合作备忘录的公告》,http: //www. topcj. com/html/0/GSGG/20161203/2159965. shtml。

139. 孟春,杨文淇.《波兰垃圾处理PPP模式的运作经验及对我国的启示》,http: //www. cn-hw. net/html/sort054/201408/46799. html。

140. 中欧低碳生态国际合作促进会.《罗马尼亚》,http: //www. celceicpa. com/news/html/?968. html。

141. 人大经济论坛.《"一带一路"之乌克兰投资法律规则与实践》,http: //bbs. pinggu. org/k/news/847701. html。

142. 中国日报中国网.《乌克兰议会通过新版〈司法体系与法官地位〉法》，http://www.chinadaily.com.cn/hqzx/2016-06/20/content_25775668.htm。
143. 中国人大网.《中华人民共和国和乌克兰关于民事和刑事司法协助的条约》，http://www.npc.gov.cn/wxzl/gongbao/2000-12/28/content_5002968.htm。
144. 黄日涵.《"一带一路"投资政治风险之乌克兰》，http://opinion.china.com.cn/opinion_5_144405.htm。
145. 微口网.《乌克兰投资风险简析》，http://www.vccoo.com/v/2bb34f。
146. 中国中小企业信息网.《立陶宛2016经济概况 2017出口、消费以及投资是新的驱动力》，http://coids.miit.gov.cn/cms/news/100000/0000000274/2017/6/15/0cd909071b2645afbc7757ee434454ac.shtml。
147. 任琳，丁天恒.《"一带一路"投资政治风险研究之立陶宛》，http://opinion.china.com.cn/opinion_0_137900.html。
148. 刘作奎.《欧洲的"桥梁"立陶宛》，http://opinion.china.com.cn/opinion_4_135704.html。
149. 中国对外承包工程商会.《立陶宛外国投资市场准入的相关规定》，http://obor.chinca.org/tzzn/55394.jhtml。
150. 中国对外承包工程商会.《立陶宛对外国公司承包当地工程的有关规定》，http://obor.chinca.org/tzzn/55400.jhtml。
151. 汤军.《与我国驻立陶宛共和国大使馆经商参处汤军经济商务参赞网上交流》，http://gzly.mofcom.gov.cn/website/face/www_face_history.jsp?sche_no=1556。
152. 新华网. 中远希腊比雷埃夫斯港码头扩建工程启动，http://news.xinhuanet.com/world/2015-01/23/c_1114106872.htm。

其他文献

1. 中建海外事业部.《中建股份海外事业部驻外机构经营环境调查报告》。
2. 娜仁图雅. 中蒙外国投资法比较研究[D]. 山东大学硕士学位论文，2010年。
3. 徐剑. 中资企业投资老挝万象商业地产项目的价值链分析研究[D]. 云南财经大学硕士学位论文，2016年。
4. 高宝宇. 老挝外国投资法研究[D]. 西南政法大学硕士学位论文，2015年。
5. 潘松明. 论老挝对外资的法律保护[D]. 浙江大学硕士学位论文，2011年。
6. 洪霞. 吉尔吉斯斯坦矿业投资法律制度研究[D]. 新疆大学硕士论文，2014年。
7. 单红. 中国与缅甸经贸合作发展趋势分析[D]. 广西大学硕士论文，2014年。
8. 王文强. 中国-东盟自由贸易区投资争端解决机制构建研究[D]. 广西师范大学硕士学位论文，2009年。
9. 朱丙梅. 云南旅游企业面向文莱跨国经营研究[D]. 云南财经大学硕士学位论文，2016年。
10. 马恩茹. 论职业公诉人及其自由裁量权[D]. 山东大学硕士学位论文，2006年。
11. 李微. 183天规则适用的若干法律问题研究[D]. 华东政法大学硕士论文，2008年。
12. 胡登宁. 阿联酋工程项目市场特点和管理对策研究[D]. 山东大学硕士学位论文，2015年。
13. 丁红武. 中国工程承包商进入海湾国家工程承包市场研究[D]. 华北电力大学硕士学位论文，2010年。
14. 夏军. 中联重科股份有限公司拓展国际市场的策略研究[D]. 湖南大学工商管理学院硕士论

文，2005年。

15. 鲁虹. X建筑公司阿联酋市场拓展战略[D]. 广西大学硕士学位论文，2015年。

16. 吉汉. 土耳其的新闻自由实际情况与其管理制度[D]. 复旦大学硕士论文，2012年。

17. 李海. 外国仲裁裁决在我国的承认与执行研究——以海事仲裁为重点[D]. 大连海事大学博士论文，2014年。

18. Katherine Lynch，颜云青，郭国汀（译）.《亚洲的国际商事仲裁中心及其仲裁制度的特点》，http://www.docin.com/p-1440378774.html。

19. 上海市建纬（北京）律师事务所.《"一带一路"法律环境之柬埔寨》，http://yidaiyilu.juhangye.com/201605/weixin_2638642.html。

20. 海外研究中心专题报告.《海外重点国别市场研究（印尼）》，http://www.docin.com/p-1122438275.html。

21. 北京市中伦律师事务所.《泰国投资基建项目的法律环境》，http://www.chinca.org/cms/html/main/col141/2017-01/04/20170104145006663462505_1.html。

22. 京师律师事务所.《塞浦路斯投资考察报告》，http://www.sohu.com/a/157098739_99935500。

23. 国浩律师事务所.《塞浦路斯外商直接投资法律概况（中）》，http://www.ilouzhu.com/yuedu/440-v.htm。

本书各章节作者列表

章　　节	作者姓名及单位
第一章	张春玲（建纬上海总所）
第二章	胡敏（建纬上海总所）、裴敏（建纬武汉分所）、杨睿奇（建纬南昌分所）、林芳漩（建纬福州分所）
蒙古	谭敬慧（建纬北京分所）
俄罗斯	赵国宇（建纬福州分所）
哈萨克斯坦	李晨阳、刘彦林（建纬西安分所）
乌兹别克斯坦	王思捷（建纬北京分所）
土库曼斯坦	金哲远（建纬上海总所）
吉尔吉斯斯坦	金哲远（建纬上海总所）
塔吉克斯坦	金哲远（建纬上海总所）
印度尼西亚	郭珩（建纬北京分所）
泰国	郭珩（建纬北京分所）
马来西亚	朱中华、王梦璇（建纬北京分所）
新加坡	朱中华、王思捷（建纬北京分所）
东帝汶	王文娟、彭丹（建纬深圳分所）
菲律宾	赵国宇（建纬福州分所）
缅甸	郭珩（建纬北京分所）
柬埔寨	郭珩（建纬北京分所）
老挝	郭珩（建纬北京分所）
文莱	郭珩（建纬北京分所）
越南	曹珊（建纬南京分所）
印度	李文林（建纬上海总所）
巴基斯坦	林桢、林芳漩（建纬福州分所）
孟加拉国	李晨阳、刘彦林（建纬西安分所）
阿富汗	吴冬雪、彭丹（建纬深圳分所）
尼泊尔	李晨阳、刘彦林（建纬西安分所）

续表

章　节	作者姓名及单位
不丹	刘蕊、薛佳林（建纬西安分所）
斯里兰卡	李晨阳、刘彦林（建纬西安分所）
马尔代夫	张良（建纬南京分所）
卡塔尔	郭珩、陈可意（建纬北京分所）
阿联酋	郭珩、陈可意（建纬北京分所）
沙特	裴敏（建纬武汉分所）
伊朗	胡敏（建纬上海总所）
巴林	王垚、彭丹（建纬深圳分所）
土耳其	徐寅哲（建纬上海总所）
埃及	张校闻（中建海外事业部）
阿塞拜疆	栗魁（建纬郑州分所）
亚美尼亚	栗魁（建纬郑州分所）
叙利亚	徐海亮（建纬郑州分所）
伊拉克	徐燕君（建纬南京分所）
科威特	孙宁连（建纬南京分所）
黎巴嫩	张庆亮（建纬郑州分所）
约旦	李贵修（建纬郑州分所）
格鲁吉亚	刘柳（建纬上海总所）
以色列	曹珊、李志灵（建纬上海总所）
巴勒斯坦	杨石朋（建纬武汉分所）
阿曼	毛亦浓、刘彦林（建纬西安分所）
也门共和国	李晨阳、刘彦林（建纬西安分所）
阿尔巴尼亚	刘柳（建纬上海总所）
白俄罗斯	郭珩、陈可意（建纬北京分所）
斯洛伐克	张校闻（中建海外事业部）
塞尔维亚	李晨阳、刘彦林（建纬西安分所）
保加利亚	李晨阳、刘彦林（建纬西安分所）
罗马尼亚	张校闻（中建海外事业部）
乌克兰	林隐、李玉（建纬南京分所）

续表

章　　节	作者姓名及单位
摩尔多瓦	苏保伍（建纬郑州分所）
捷克	裴敏（建纬武汉分所）
波兰	李晨阳、刘彦林（建纬西安分所）
匈牙利	李晨阳、刘彦林（建纬西安分所）
斯洛文尼亚	李晨阳、刘彦林（建纬西安分所）
克罗地亚	王梦璇（建纬北京分所）
黑山	夏晶（建纬上海总所）
马其顿	夏晶（建纬上海总所）
波黑	易飞（建纬武汉分所）
爱沙尼亚	吴炜春（建纬上海总所）
立陶宛	裴敏（建纬武汉分所）
拉脱维亚	吴炜春（建纬上海总所）
塞浦路斯	刘健、陈然（建纬南京分所）
希腊	庄林冲（建纬南京分所）
第八章	李志灵（建纬上海总所）、陈可意（建纬北京分所）、戴儒杰（建纬上海总所）